Entscheidungen

des

Reichsgerichts.

Herausgegeben

von

den Mitgliedern des Gerichtshofes
und der Reichsanwaltschaft.

Entscheidungen in Zivilsachen.

131. Band.

Berlin und Leipzig 1931

Walter de Gruyter & Co.

vormals G. J. Göschen'sche Verlagshandlung – J. Guttentag, Verlags-
buchhandlung – Georg Reimer – Karl J. Trübner – Veit & Comp.

Entscheidungen

des

Reichsgerichts

in

Zivilsachen.

---

131. Band.

Mit Anhang: Entscheidung des Staatsgerichtshofs.

Berlin und Leipzig 1931

Walter de Gruyter & Co.

vormals G. J. Göschen'sche Verlagshandlung – J. Guttentag, Verlagsbuchhandlung – Georg Reimer – Karl J. Trübner – Veit & Comp.

Druck von Metzger & Wittig in Leipzig.

Inhalt.

I. Bürgerliches Recht.

a. Reichsrecht.

b. Landesrecht.

II. Öffentliches Recht.

III. Gerichtliches Verfahren.

Anhang: Entscheidung des Staatsgerichtshofs.

1. Zum Begriff des Schuldscheindarlehns im Sinne des § 30 Abs. 3 in Verbindung mit § 40 Abs. 3 des Anleiheablösungsgesetzes.

IV. Zivilsenat. Urt. v. 17. November 1930 i. S. Reichsversicherungsanstalt für Angestellte (Kl.) w. Stadtgemeinde Potsdam (Bekl.). IV 678/29.

I. Landgericht Potsdam.
II. Kammergericht Berlin.

Die Klägerin verlangt aufgewertete Zinsen in Höhe von 111202,65 RM. aus einem der Beklagten gewährten Vorkriegsdarlehen von 3000000 M. für die Zeit vom 1. Januar 1923 bis 1. Dezember 1926. Die Beklagte beantragte Klagabweisung, weil ein Schuldscheindarlehen im Sinne des § 30 Abs. 3 AnlAblG. vorliege. Das Landgericht erkannte nach dem Klagantrag, das Kammergericht wies die Klage ab. Die Revision der Klägerin blieb ohne Erfolg.

Gründe:

Das Kammergericht ist davon ausgegangen, daß für das der Beklagten in der Schuldurkunde vom 18./20. September 1913 versprochene Darlehen von 3000000 M. zwei Zins- und Tilgungspläne mit der gleichen Überschrift „Zins- und Tilgungsplan für das der Stadtgemeinde Potsdam von der Reichsversicherungsanstalt für Angestellte dargeliehene Kapital von 3000000 M." ausgestellt und von beiden Parteien unterschriftlich vollzogen worden seien. Der erste Plan sei am 20./22. August 1913 aufgestellt und von dem Direktorium der Klägerin am 8. Januar 1914 unterschrieben worden, während der Zeitpunkt der Vollziehung durch die Beklagte aus der Urkunde nicht ersichtlich sei. Während des Krieges sei die Aufstellung eines neuen Plans notwendig geworden, der am 13. Juni 1916 von der Beklagten, am 29. Juni 1916 von der Klägerin unterschrieben worden sei. In den Worten „für das dargeliehene Kapital" in der Überschrift sieht das Kammergericht ein Empfangsbekenntnis und es betrachtet den ersten Tilgungsplan „mindestens in Verbindung mit der Schuldurkunde", der er kraft ausdrücklicher Bestimmung ihres § 4 als dauernde Anlage beizuheften gewesen sei, als Schuldschein im Sinne des § 30 Abs. 3 AnlAblG. In rechtlicher Beziehung geht dabei das Kammergericht davon aus, daß der Begriff des Darlehns, über das ein Schuldschein ausgestellt ist, nicht im verwaltungsüblichen, sondern im bürgerlichrechtlichen Sinne aufzufassen sei. Unter einem Schuldschein verstehe demnach auch der § 30 Abs. 3 AnlAblG. eine die Schuldverpflichtung begründende oder bestätigende, vom Schuldner zum Zwecke der Beweissicherung für das Bestehen der Schuld errichtete Urkunde, wie das auch in der ständigen Rechtsprechung des Reichsgerichts anerkannt sei.

Diese Darlegungen haben dem erkennenden Senat Anlaß gegeben, seine bisherige Rechtsprechung zu § 30 Abs. 3 AnlAblG. einer Nachprüfung zu unterziehen, zumal da im Schrifttum von neuem Bedenken dagegen laut geworden sind (vgl. Jockusch Die Einheit des Schuldscheins bei der Ablösung öffentlicher Anleihen). Der Kern dieser Bedenken liegt darin, daß der erkennende Senat im Gegensatz zu dem V. Zivilsenat (RGZ. Bd. 116 S. 170) den von ihm in RGZ. Bd. 117 S. 59 und im Urteil vom 1. März 1928 IV 616/27 entwickelten Schuldscheinbegriff nicht dem Bürgerlichen Gesetzbuch, sondern dem § 30 Abs. 3 AnlAblG. entnommen habe, während er in späteren Entscheidungen, ohne diese Anschauung preiszugeben, auf den Schuldscheinbegriff des Bürgerlichen Gesetzbuches zurückgegriffen habe, obwohl dieses die über die Einheit des Schuldscheins entwickelten Grundsätze nicht kenne und das Anleiheablösungsgesetz einen besonderen, von dem des Bürgerlichen Gesetzbuches abweichenden Schuldscheinbegriff nicht aufgestellt habe.

Diese Kritik nimmt die vielfach im Schrifttum vertretene Meinung nicht auf, daß für den Schuldscheinbegriff die verwaltungsübliche Auffassung maßgebend sei. Insoweit hat auch der erkennende Senat keinen Anlaß gefunden, diese oftmals von ihm abgelehnte Auffassung von neuem zu widerlegen, zumal da irgendwelche neuen Gesichtspunkte seitdem auch im Schrifttum nicht geltend gemacht worden sind.

Richtig ist, daß der V. Zivilsenat in RGZ. Bd. 116 S. 173 den Schuldscheinbegriff aus dem Bürgerlichen Gesetzbuch hergeleitet und als Schuldschein eine die Schuldverpflichtung begründende oder bestätigende, vom Schuldner zum Zwecke der Beweissicherung für das Bestehen der Schuld ausgestellte Urkunde bezeichnet hat. Ob und unter welchen Umständen zwei äußerlich getrennte, aber innerlich zusammengehörige Urkunden diesen Begriff erfüllen können, hat der V. Zivilsenat nicht untersucht, da der damalige Fall hierzu keinen Anlaß gab. Diese Stellungnahme war aber für den erkennenden Senat in dem der Entscheidung RGZ. Bd. 117 S. 59 zugrunde liegenden Fall geboten. Dort ist ausgeführt, daß der schriftliche Vertrag kein Schuldschein sei, weil er nur einen Darlehnsvorvertrag darstelle, dagegen nicht die Darlehnsschuldverpflichtung beweise, und daß einem ein Empfangsbekenntnis enthaltenden Bestätigungsschreiben der Schuldscheincharakter gleichfalls fehle, weil in ihm die Bestimmungen über die Fälligkeit und Verzinsung — also wesentliche Darlehnsbedingungen — fehlten. Auch wird dort erörtert, daß zwar durch beide Urkunden zusammengenommen der Darlehnsbeweis geführt werden könne, daß dies aber nicht genüge, weil das Bestätigungsschreiben, wenn es als Schuldschein im Sinne der §§ 30, 40 AnlAblG. gelten solle, für sich allein geeignet sein müsse, diesen Beweis zu erbringen. Damit ist unzweideutig die Auffassung abgelehnt worden, daß die bloß innere Zusammengehörigkeit zweier Urkunden als Schuldschein genügen könne, wenn beide erst in ihrer Verbindung miteinander geeignet sind, den wesentlichen Inhalt der Darlehnsverpflichtung zu beweisen. Dieser grundsätzliche Standpunkt ist damit gerechtfertigt worden, daß in § 30 Abs. 3 AnlAblG. die Schuldscheine mit den Schuldverschreibungen und verzinslichen Schatzanweisungen auf eine Stufe gestellt seien. Diese Gleichstellung müsse ihren Grund darin haben, daß die Schuldscheine — obwohl nicht Wertpapiere — doch im übrigen jenen Wertpapieren entsprächen und infolgedessen geeignet sein müßten, für sich allein den Beweis des wesentlichen Inhalts der Schuldverpflichtung zu erbringen. Derartige Schuldscheine würden wirtschaftlich den Schuldverschreibungen gleichgewertet, sie böten dem Gläubiger die gleiche Sicherheit, auch werde die Veräußerung der Forderung durch sie erleichtert.

Es ist nun richtig, daß die Grundsätze dieser Entscheidung nicht lediglich auf das Bürgerliche Gesetzbuch gestützt worden sind, sondern daß das Erfordernis der Einheit des Schuldscheins aus § 30 Abs. 3 AnlAblG. abgeleitet worden ist, was in dem angeführten Urteil vom 1. März 1928 noch besonders dahin verdeutlicht worden ist, daß für den Darlehnsschuldschein im Sinne der §§ 30, 40 Abs. 3 AnlAblG. zu den Erfordernissen eines Schuldscheins nach dem Bürgerlichen Gesetzbuch das weitere hinzutreten müsse, daß er für sich allein geeignet sei, den Beweis des wesentlichen Inhalts der Schuldverpflichtung zu erbringen. Gleichwohl ist in späteren Entscheidungen des Senats mehrfach betont worden, daß sich ebenso wie der Begriff des Darlehns, auch der des Schuldscheins nach dem Bürgerlichen Gesetzbuch bestimmt (vgl. insbes. RGZ. Bd. 127 S. 169, Bd. 129 S. 325), was damit zusammenhängt, daß inzwischen, insbesondere in den Urteilen vom 5. Juli 1928 IV 829/27 (JW. 1928 S. 2632 Nr. 17) und vom 21. November 1929 IV 82 und 365/29 die Anschauung vertreten wurde, die in RGZ. Bd. 117 S. 59 aufgestellten Grundsätze über die Einheit des Schuldscheins seien in Anwendung des § 126 BGB. auch aus dem bürgerlichen Recht unmittelbar herzuleiten. Dort ist unter Bezugnahme auf RGZ. Bd. 105 S. 289, Bd. 107 S. 291 ausgeführt worden, daß nur dann, wenn in dem einen Schriftstück auf eine unmittelbar und dauernd beigefügte Anlage zur Ergänzung seines Inhalts Bezug genommen werde, beide Urkunden als eine der Schriftform genügende Einheit zu betrachten seien, daß dies aber nicht der Fall sei, wenn ein Schriftstück erst im Zusammenhalt mit einer anderen nicht mit ihm auch äußerlich verbundenen Urkunde den wesentlichen Inhalt der Verpflichtung erkennen lasse.

Die an diese Urteile geknüpfte Kritik ist unberechtigt. Es wird von Jockusch behauptet, nur die Bezugnahme auf dem Aussteller fremde, also von anderen Personen unterzeichnete Urkunden genüge dem Erfordernis der Schriftlichkeit nicht, dagegen sei vom Reichsgericht noch nirgends ausgesprochen, daß eine Bezugnahme auf eigene, von dem Aussteller unterschriebene anderweitige Erklärungen nicht genüge. Es braucht demgegenüber nur auf die in RGZ. Bd. 105 S. 292 in Bezug genommene Entscheidung in RGZ.

Bd. 57 S. 262 verwiesen zu werden, wo es heißt: „Es soll nicht genügen, daß der rechtsgeschäftliche Wille der einen oder anderen Partei erst aus dem Zusammenhang mehrerer Schriftstücke erkennbar wird, sondern es soll dieser Wille sich unmittelbar aus demjenigen Schriftstück ergeben, durch dessen Abfassung der Form genügt werden soll. Das entspricht auch den allgemeinen Gründen, aus denen überhaupt der Formzwang sich rechtfertigt." Dem wird auf S. 263 noch deutlicher hinzugefügt: „Es liegt nun auf der Hand, daß diesem Zwecke des Formzwangs in einer ganz anderen Weise entsprochen wird, wenn die Erklärung, welche der Aussteller des Schriftstücks . . . unterschreibt, die rechtliche Handlung, die er vornehmen will, also die Bürgschaftsübernahme, selbst enthält und unmittelbar erkennen läßt, als wenn erst die Bezugnahme auf andere Erklärungen, seien es eigene oder fremde, den Willensinhalt ergibt."

Das Ergebnis ist also, daß das Wesentliche einer der gesetzlichen Form bedürftigen Erklärung sich aus derjenigen Urkunde ergeben muß, durch die der Form genügt werden soll. Ist dies erst aus zwei Urkunden, wenn auch der ausstellenden Partei, zu ermitteln, von denen die eine auf die andere Bezug nimmt, ohne dauernd mit ihr verbunden zu sein, so reicht dies zur Wahrung der Form nicht aus.

Es bedarf jedoch keiner weiteren Auseinandersetzungen in dieser Frage, weil es durchaus zweifelhaft ist, ob sich die für Willenserklärungen aufgestellten gesetzlichen Formvorschriften des § 126 BGB. auf Darlehnsschuldscheine, die nur Beweisurkunden zu sein brauchen, überhaupt übertragen lassen. Der jener Formvorschrift zugrunde liegende Gedanke, daß demjenigen, der eine Erklärung abgibt, die das Gesetz zur formbedürftigen gemacht hat, ihre Tragweite besonders eindringlich zum Bewußtsein gebracht werden soll, ist hier nicht verwendbar. Das Anleiheablösungsgesetz hat auch nicht die schriftliche Form angeordnet, sondern es will auf Darlehen der Länder, Gemeinden und Gemeindeverbände nur angewandt sein, falls sie durch Schuldschein verbrieft worden sind. Anderseits kann der Schuldschein begrifflich nur als Schein, das heißt als schriftliche Urkunde gedacht werden. Dieser Begriff wird im Bürgerlichen Gesetzbuch nirgends näher umschrieben. Bei den Vorschriften über das Darlehen wird er nicht einmal erwähnt, in den §§ 371, 952 BGB. und in § 344 Abs. 2 HGB. wird er vorausgesetzt.

In § 952 BGB. wird der Schuldschein als bewegliche Sache aufgefaßt, an der dem Gläubiger das Eigentum zusteht. Ihm werden Urkunden über andere Rechte, kraft deren eine Leistung gefordert werden kann, gleichgestellt, insbesondere Hypotheken-, Grundschuld- und Rentenschuldbriefe. Das Gesetz geht hiernach von dem Regelfall aus, daß der Schuldschein sich in einer einheitlichen Urkunde verkörpert. Ob zwei innerlich zusammengehörige Urkunden, von denen die eine auf die andere Bezug nimmt, als Schuldschein im Sinne des Bürgerlichen Gesetzbuches aufgefaßt werden können, läßt sich, da das Gesetz insoweit schweigt, nur aus dem Zweck ermitteln, dem die aufgestellten Vorschriften dienen sollen. Diejenigen über das Eigentum würden die Einheit des Schuldscheins nicht erfordern, und der im § 371 verwirklichte Gedanke, daß der Gläubiger, der befriedigt wird, nicht nur Quittung zu erteilen, sondern auch den Schuldschein zurückzugeben hat, führt dazu, das Vorhandensein eines Schuldscheins auch dann zu bejahen, wenn sich die in RGZ. Bd. 116 S. 170 aufgestellten Schuldscheinerfordernisse in zwei nur innerlich zusammengehörigen Urkunden finden, von denen die eine auf die andere Bezug nimmt. Denn der Zweck dieser Herausgabepflicht besteht darin, daß der befriedigte Gläubiger nicht Schulddokumente behalten soll, die ihn instand setzen könnten, abermalige Zahlung zu verlangen. Es könnte daher für die Klage auf Herausgabe des Schuldscheins nichts ausmachen, wenn das, was als Schuldschein zurückbegehrt wird, zwei selbständige Urkunden wären, und zwar — was hier nur in Betracht kommt — ein Darlehnsvorvertrag und ein auf ihn sich beziehendes Empfangsbekenntnis des Darlehnsschuldners.

Der Senat verkennt daher nicht, daß sich seine Rechtsprechung über die Einheit des Schuldscheins mit den Vorschriften des Bürgerlichen Gesetzbuches allein nicht rechtfertigen läßt. Es ist also die Frage, ob sie sich aus § 30 Abs. 3 AnlAblG. herleiten läßt. Es ist nun grundsätzlich zu betonen, daß es darauf ankommt, von welchem Schuldscheinbegriff das Anleiheablösungsgesetz ausgegangen ist. Wie andere Gesetze, auch das Bürgerliche Gesetzbuch, den Schuldscheinbegriff auffassen, ist nicht maßgebend, wenn aus jenem Gesetz andere oder ergänzende Begriffsmerkmale zu entnehmen sind. Auf diesen grundsätzlichen Standpunkt hat sich der erkennende Senat neuerdings auch in RGZ. Bd. 127 S. 46 bis 48 gestellt.

Dort hat er bei der Beantwortung der Frage, ob der Begriff „öffentlichrechtliche Körperschaften“ auch Anstalten deckt, der Begriffsbestimmung durch andere Gesetze die Bedeutung abgesprochen und ausgeführt, daß durch Auslegung des Anleiheablösungsgesetzes selbst zu ermitteln sei, ob unter ihn auch Anstalten fallen sollen. Die letztere Frage ist mit Rücksicht auf die Entstehungsgeschichte des Gesetzes bejaht worden.

In gleicher Weise ist hier zu verfahren. Nach § 16 der Dritten Steuernotverordnung galt das Moratorium, das den Anleihen des Reichs, der Länder und Gemeinden zugestanden wurde, nur für Schuldverschreibungen, Schuldbuchforderungen sowie für solche anderen Anleihen, bei denen nicht eine Verpflichtung zur Rückzahlung der ganzen Anleihe innerhalb zweier Jahre nach der Aufnahme der Anleihe bestand. Für die Anleihen der Gemeinden konnte entweder durch Reichsgesetz oder in Einzelfällen beim Vorliegen besonderer Verhältnisse durch die oberste Landesbehörde eine abweichende Regelung getroffen werden. In der Rechtsprechung bestand damals keine Einigkeit, ob unter die Anleihen auch Darlehen zu rechnen seien, die von den Gemeinden bei Einzelpersonen aufgenommen waren. Durch das Anleiheablösungsgesetz sollte die Ablösung der Markanleihen des Reichs, der Länder und der Gemeinden grundsätzlich einheitlich geordnet werden. Dementsprechend wurde nach dem Ausschußbericht (Drucksachen des Reichstags III 1924/25 Nr. 1150) gegenüber einem Antrag, aus § 30 AnlAblG. die Darlehen, über welche Schuldscheine ausgestellt sind, herauszunehmen und sie nach allgemeinen gesetzlichen Vorschriften aufzuwerten, von der Reichsregierung betont, daß für die Gemeinden, und zwar gerade für die leistungsschwachen, auf dem Anleihemarkt nicht kreditwürdigen kleinen Gemeinden, die Aufwertung aller solcher auf Schuldscheine gewährten Darlehen sehr erhebliche finanzielle Bedeutung habe. Die im Regierungsentwurf vorgesehene Regelung entspreche dem § 16 der Dritten Steuernotverordnung. Allerdings sei die Rechtsprechung in dieser Frage nicht einheitlich. Um so notwendiger sei es, jetzt eine endgültige und einwandfreie Regelung zu treffen. So wurden unter Aufgabe der in § 16 a. a. O. angeordneten zeitlichen Beschränkung auf diejenigen Anleihen, die nicht innerhalb von zwei Jahren nach Aufnahme rückzahlbar waren, den Schuldverpflichtungen aus Schuldverschreibungen, Buchschulden und verzinslichen Schatzanweisungen die Darlehen, über welche Schuldscheine ausgestellt sind, an die Seite gestellt. Auf die Schuldverbriefung der Anleihen wurde hiernach ihre Ablösbarkeit ausschließlich abgestellt.

Es ist nicht zu leugnen, daß hier, von den Buchschulden abgesehen, zwei rechtlich verschiedene Formen der Verbriefung, nämlich solche mit Wertpapiercharakter und solche ohne diesen Charakter, in ihrer Wirkung gleichbehandelt werden. Das wird auch in RGZ. Bd. 117 S. 60 keineswegs verkannt, sondern ausdrücklich betont. Was dort aus der Gleichstellung der Urkunden — richtiger der beurkundeten Schuldverhältnisse — gefolgert wird, ist nur, daß zur Gesetzesanwendung die Beurkundung, wie bei Schuldverschreibungen und Schatzanweisungen, in einer einzigen Urkunde gefordert werden müsse. Hätte hier der Gesetzgeber das Gewicht auf die urkundliche Beweisbarkeit des Darlehns legen wollen, die sich auf mehrere Urkunden so gut wie auf eine einzige gründen läßt, so würde man vergebens nach einem inneren Grunde suchen, warum die Beweisbarkeit durch andere Beweismittel als durch Urkunden hätte ausgeschlossen werden sollen. Die Entziehung der Beweismittel aber ist nach § 952 BGB. der gesetzgeberische Grund, warum der befriedigte Gläubiger sein Eigentum, den Schuldschein, gleichviel ob er aus einer oder mehreren Urkunden besteht, zurückgeben soll. Die Bedeutung des Schuldscheins nach dem Anleiheablösungsgesetz ist eine hiervon völlig verschiedene. Von seiner Ausstellung, also von der Erfüllung eines in der Vergangenheit liegenden, rein formalen Erfordernisses, wird materiell die Beeinträchtigung des Gläubigerrechts abhängig gemacht. Das rechtfertigt allein schon auch eine rein formale Betrachtungsweise des Schuldscheins. Eine solche kann nichts gemein haben mit den Beweiserleichterungs- und Sicherungszwecken, die das Bürgerliche Gesetzbuch mit seinen Schuldscheinvorschriften verfolgt.

Hiernach wären im Hinblick auf die entscheidende Frage, ob mehrere äußerlich nicht zu einer Einheit verbundene Urkunden einen Schuldschein bilden können, nur zwei Auffassungen möglich, wobei vorausgeschickt wird, daß diese Auffassungen sich von dem grundlegenden Gedanken des Bürgerlichen Gesetzbuches, daß der Darlehnsschuldschein von dem Darlehnsschuldner ausgestellt sein und ein Empfangsbekenntnis, also ein Bekenntnis als Darlehnsschuldner enthalten muß, nicht entfernen können. Die eine Auffassung würde sein, daß, wie die Anleihen in der gesetzlichen oder herkömmlichen Form in Schuldverschreibungen, Buchschulden oder Schatzanweisungen verbrieft sein müssen, so auch bei Darlehen denjenigen Schuldscheinformen genügt sein müsse, die von den Gemeinden herkömmlich oder nach ihren Verwaltungsvorschriften gewählt worden sind, um ihre Darlehnsverpflichtungen urkundlich festzulegen. Diese von den Gemeinden selbst vertretene Anschauung hat der Senat nach reiflichen Erwägungen abgelehnt. Sie würde der aus der Entstehungsgeschichte des Gesetzes sich ergebenden Absicht der Reichsregierung, eine einwandfreie Regelung zu schaffen, nicht gerecht werden. Denn während bei den Anleihen die Formen der Verbriefung in Begriffen festgelegt sind, die in der Gesetzessprache und Rechtsprechung unumstößlich feststehen — Schatzanweisungen, Buchschulden, Schuldverschreibungen —, würde die Schuldscheinverbriefung nicht nur der einheitlichen, sondern auch der einwandfreien Regelung ermangeln.

Der Anleihebegriff, der das ganze Gesetz beherrscht, ist daher von dem erkennenden Senat als der Ausgangspunkt betrachtet worden, von dem aus der Schuldscheinbegriff zu bestimmen ist. Von diesem Gedanken aus hat er die Auffassung vertreten, der Darlehnsschuldschein habe, wenn er nach festen einheitlichen Merkmalen umgrenzt werden sollte, den Schuldverschreibungen, Schatzanweisungen und Buchschulden in der Form angenähert werden sollen, derart, daß gleich wie bei diesen auch hier der wesentliche Inhalt der Verpflichtung aus der Urkunde für sich allein hervorgehen müsse; daher werde die Einheit des Schuldscheins nur durch eine auch äußerliche Verbindung mehrerer Urkunden gewahrt. Dabei braucht kein Gewicht darauf gelegt zu werden, ob es richtig ist — was Jockusch verneint —, daß diese Form der Verbriefung in einer Urkunde dem Gläubiger mehr Sicherheit bietet und die Veräußerung der Forderung erleichtert. Es kommt nicht darauf an, ob der Verkehr von solchen Anschauungen beherrscht wird oder nicht, sondern darauf, ob der Gesetzgeber, gleichviel aus welchen Erwägungen, den Schuldschein den anderen in § 30 AnlAblG. aufgezählten Urkunden formell hat näher bringen wollen. Diese Auffassung hat auch im Schrifttum Anhänger gefunden. So hebt von der Trenck in JW. 1929 S. 2927 hervor, daß sich diese Betrachtungsweise formell und materiell rechtfertige, da die Ähnlichkeit der Schuldverbriefung im Schuldschein mit der Verbriefung einer gedruckten Anleihe und diejenige der Verkehrsfähigkeit beider von dem Gesetzgeber zum Versuche der Begründung seiner Maßnahmen in den Vordergrund geschoben worden sei. Auch sonst hat dieser Standpunkt des Senats Billigung gefunden (vgl. die fortlaufenden Anmerkungen von Heinrici in der JW., insbesondere 1928 S. 2632 Nr. 17). Auch Abraham hat in JW. 1929 S. 2117 anerkannt, daß vom Reichsgericht in der Frage der Schuldscheindarlehen so klare Richtlinien für die Bedeutung der einschlägigen Probleme herausgearbeitet worden seien, daß mit einer baldigen Klärung aller wesentlichen Streitfragen gerechnet werden könne (vgl. ferner Rademacher in der Deutschen Steuerzeitung 1926 S. 839).

Wenn dem von Jockusch entgegengehalten wird, daß auch bei Schuldverschreibungen eine Verbriefung in zwei Urkunden stattfinde, nämlich in einer Hauptschuldverschreibung und einer solchen über die Zinsen, so ist dieser Einwand nicht berechtigt. Denn daß eine auf den Inhaber gestellte Schuldverpflichtung der Spaltung in zwei selbständige Schuldverschreibungen fähig ist (§ 803 BGB.), beweist gerade, daß sich bei jeder dieser Urkunden, falls überhaupt besondere Zinsscheine ausgegeben werden, der wesentliche Inhalt der Verpflichtung aus der Urkunde selbst ergibt. Hier handelt es sich nicht darum, daß ein Gläubigerrecht skripturmäßig in zwei selbständige Forderungen zerfiele. Was miteinander zu vergleichen ist, ist daher auf der einen Seite eine Inhaberschuldverschreibung als Urkunde, die den wesentlichen Inhalt der Verpflichtung für sich allein wiedergibt, und auf der anderen Seite der Darlehnsschuldschein, der neben den sämtlichen wesentlichen Darlehnsbedingungen ein Empfangsbekenntnis enthalten muß. Für diesen Vergleich ist die mögliche Zweiteilung von Haupt- und Zinsforderung bei einer Schuldverschreibung nicht von Belang.

Unter diesen Umständen besteht für den Senat kein Anlaß, von den Richtlinien seiner Entscheidung vom 2. Mai 1927 (RGZ. Bd. 117 S. 59) abzugehen. Er würde dazu auch nicht ohne weiteres in der Lage sein, da sich schon der V. Zivilsenat in den Urteilen vom 1. Juni 1927 V 506/26 und vom 11. Januar 1930 (RGZ. Bd. 127 S. 86) ausdrücklich jener Entscheidung angeschlossen hat.

Hinzu kommt noch folgendes. Schon in JW. 1928 S. 2632

Nr. 17 hat der Senat darauf hingewiesen, daß das Anleiheablösungsgesetz den Charakter eines Ausnahmegesetzes habe und daß daher das Anwendungsgebiet seiner Vorschriften, soweit sie die Rechte der Gläubiger einschränken, so eng zu begrenzen sei, als es nach Wortlaut und Zusammenhang des Gesetzes erforderlich erscheine. Es sei daher grundsätzlich an dem Satz festzuhalten, daß, wenn der Gesetzgeber einen Eingriff in bestehende Rechte vornehme, verlangt werden müsse, daß er sich deutlich darüber ausspreche, unter welchen Voraussetzungen und in welchem Umfang der Rechtsverlust eintreten solle. Habe er seinem Willen eine Fassung gegeben, die dem gewollten Zwecke nicht vollständig entspreche, so müsse ihm überlassen bleiben, die Unvollständigkeit seiner Anordnung im Wege einer neuen gesetzlichen Vorschrift zu ergänzen. Ein solche Ergänzung ist nicht erfolgt. In dem vom 13. (Rechtspflege-) Ausschuß des Reichstags gebildeten Unterausschuß wurde bei der zweiten Lesung von dem Vertreter der Reichsregierung betont, daß die rein formale Auslegung des Reichsgerichts über den Schuldscheinbegriff der Auffassung des Gesetzgebers vom Jahre 1925 entspreche. Es sei jetzt nach zwei Jahren unmöglich, irgendeine andere Regelung zu treffen, insbesondere könne beim Stande des gesamten Aufwertungsproblems nicht die Rede davon sein, an irgendeiner Stelle die Rechtslage der Gläubiger zu verschlechtern. Darauf hat der Unterausschuß in seiner Mehrheit der Auffassung des Reichsgerichts, insbesondere auch der Entscheidung vom 2. Mai 1927 (RGZ. Bd. 117 S. 59) zugestimmt. Gebilligt wurde ebenso die Ansicht des Regierungsvertreters, daß das Ablösungsrecht unter keinen Umständen zum Nachteile der Gläubiger geändert werden dürfe, obwohl nicht verkannt wurde, daß die Grundsätze auf dem Gebiet der Schuldscheindarlehen insofern zu unbefriedigenden Ergebnissen geführt hätten, als eine Unterscheidung zwischen Darlehen aus Vorverträgen und Darlehen mit nachträglicher Schuldscheinsicherung für geboten erachtet worden sei. Einig war man sodann darin, daß die in der öffentlichen Kritik vielfach erhobene Forderung, im § 30 AnlAblG. die Worte „über die Schuldscheine ausgestellt sind" zu streichen, nicht berücksichtigt werden könne, weil damit die Rechtslage der Gläubiger eine Verschlechterung erfahren würde (Drucks. des Reichstags III 1924/27 Nr. 3604, Bericht des 13. Ausschusses vom 7. Juli 1927 S. 117flg.).

Es ist hiernach daran festzuhalten, daß der Schuldschein im Sinne des § 30 Abs. 3 AnlAblG. den Inhalt der Verpflichtung im wesentlichen wiedergeben und geeignet sein muß, für sich allein den Beweis dieses wesentlichen Inhalts der Verpflichtung zu erbringen, und daß dieser Beweis auch durch zwei äußerlich zu einer Einheit verbundene Urkunden erbracht werden kann, daß dazu aber zwei nur innerlich zusammengehörende Urkunden in der Regel nicht ausreichen. Wenn der erkennende Senat von diesen Grundsätzen eine Ausnahme insofern gemacht hat, als er Vertrag und Nachtragsvertrag als rechtliche Einheit angesehen und beide in ihrer Zusammenfassung, auch ohne äußerlich gewollte und vollzogene Verbindung zu einer Urkunde, als Schuldschein betrachtet hat, so könnte sich höchstens fragen, ob diese zum Vorteil der Gemeinden ausschlagende Auffassung nicht aufgegeben werden muß. Der Senat hat jedoch geglaubt, auch an ihr festhalten zu sollen und zwar mit der Begründung, die er ihr im Urteil vom 22. November 1928 IV 246/28 gegeben hat, daß nämlich hier eine einheitliche Urkunde um deswillen anzunehmen ist, weil sie aus zwei gleichwertigen, jedesmal von den Parteien unterschriebenen Teilen besteht.

In der Sache betrachtet das Kammergericht den Zins- und Tilgungsplan, der von den Parteien unterschriftlich vollzogen worden ist, zusammen mit dem Darlehnsvorvertrag, dem er nach § 4 das. beigeheftet werden sollte, als eine Einheit, die alle Merkmale eines Schuldscheins, insbesondere auch ein Empfangsbekenntnis enthalte. (Das wird gebilligt.)

---

2. Inwieweit ist ein Kaufmann verpflichtet, die Mitteilung des Registergerichts über die Vornahme einer von ihm beantragten Eintragung in das Handelsregister auf ihre Richtigkeit und Vollständigkeit nachzuprüfen?

BGB. §§ 276, 839 Abs. 3. HGB. § 25.

III. Zivilsenat. Urt. v. 25. November 1930 i. S. Preuß. Staat (Bekl.) w. R. (Kl.). III 38/30.

I. Landgericht Königsberg.
II. Oberlandesgericht daselbst.

Der Kläger erwarb durch notariellen Vertrag vom 27. Oktober 1924 von dem Kaufmann H. in J. ein Schirmgeschäft mit der Firma. Der Übergang der ausstehenden Forderungen und der Schulden wurde ausgeschlossen. Der Kläger führte das Geschäft vom 31. Oktober 1924 ab unter der alten Firma weiter. Am gleichen Tage reichte der Notar im Auftrage des Klägers die Anmeldung zum Handelsregister ein, welche dort am 1. November 1924 einging. Die Eintragung erfolgte am 5. November, jedoch wurde infolge eines Versehens des mit der Erledigung der Sache befaßten Rechtspflegers der Ausschluß des Übergangs der Forderungen und Schulden nicht mit eingetragen. Dieser Vermerk unterblieb auch in den auf Grund eines Sammelauftrags erfolgten Veröffentlichungen vom 21. und 25. November 1924. Am 8. oder 9. November ging dem Kläger die Benachrichtigung über die Eintragung zu. Erst durch einen Brief eines Gläubigers der Firma H. vom 25. November wurde er auf die fehlerhafte Erledigung der Registereintragung aufmerksam gemacht und veranlaßte nun sogleich eine Berichtigung, welche am 27. November 1924 vorgenommen, am 29. November und 2. Dezember veröffentlicht wurde.

Der Kläger wurde von verschiedenen Gläubigern des H. in Anspruch genommen und mußte sie, nachdem er in Konkurs geraten war, nach Maßgabe eines Zwangsvergleichs befriedigen. Er fordert vom verklagten Preußischen Staat Ersatz seines Schadens, da sich der Registerbeamte durch Nichteintragung des vereinbarten Ausschlusses des Überganges von Forderungen und Schulden einer fahrlässigen Amtspflichtverletzung schuldig gemacht habe. Der Beklagte hat eingewandt, der Kläger habe es fahrlässig unterlassen, die Entstehung des Schadens durch Einlegung einer Beschwerde abzuwenden. Er hätte sich um die Erledigung der Eintragung kümmern, insbesondere nach Empfang der Mitteilung über sie Nachforschungen anstellen müssen.

Das Landgericht gab der Klage statt. Die Berufung des Beklagten wurde zurückgewiesen. Seine Revision führte zur Aufhebung des Berufungsurteils und zur Abweisung der Klage.

Aus den Gründen:

... Der Berufungsrichter hat ein Verschulden des Klägers bei Unterlassung der Einwendungen verneint, die ihm gemäß Art. VI § 3 des Gesetzes zur Entlastung der Gerichte vom 11. März 1921 (RGBl. S. 229) beim Registerrichter oder im Wege der Dienstaufsichtsbeschwerde zustanden. Er geht zutreffend davon aus, daß diese Rechtsbehelfe als Rechtsmittel im Sinne des § 839 Abs. 3 BGB. anzusehen sind. Nach seiner Ansicht ist aber dem Kläger keine Fahrlässigkeit zur Last zu legen. Der Kläger sei, so führt der Berufungsrichter aus, wohl Kaufmann, jedoch Einzelkaufmann und Inhaber eines Ladengeschäfts. Kenntnis in Registersachen, insbesondere davon, daß aus dem Fehlen des Vermerks über den Ausschluß des Überganges von Forderungen und Schulden in der Benachrichtigung zu folgern sei, dieser sei gar nicht eingetragen, sei ihm billigerweise nicht zuzumuten. Der Verkehr eines Kaufmanns mit dem Registerrichter sei nach allgemeinen Erfahrungen auf wenige Eintragungen beschränkt. Für einen Laien sei der Fehler nicht ohne weiteres erkennbar gewesen. Der Kläger habe nicht wissen können, was in der Benachrichtigung zu stehen habe und ob die Benachrichtigung gegenüber der Eintragung abgekürzt sein könne. Bei der Klarheit des Rechtsvorgangs und der Einfachheit der Erledigung durch das Gericht habe er mit der ordnungsgemäßen Erledigung rechnen müssen; er habe daher gar nicht annehmen können, daß ein Versehen vorliege. In einem solchen Falle seien die einschlägigen Lebens- und Verkehrsverhältnisse sowie die Stellung des Verletzten zu berücksichtigen.

Es ist der Revision zuzugeben, daß diese Ausführungen des Berufungsrichters nicht frei von Rechtsirrtum sind und insbesondere das Maß von Sorgfalt verkennen, das jeder im Geschäftsleben stehende Kaufmann der Erledigung seiner Rechtsangelegenheiten widmen muß. Auszugehen ist von der Bestimmung des § 25 HGB., über deren Inhalt und Tragweite der Kläger sich vergewissern mußte, als er das Geschäft unter Ausschluß der Haftung für die Schulden erwarb. Diese Vorschrift, welche der Rechtssicherheit dient, ist im Leben eines Kaufmanns von der größten Bedeutung und stellt für jeden Geschäftskäufer die wesentlichste Rechtsvorschrift dar. Wenn der Kläger über ihren Inhalt unterrichtet war oder sich darüber unterrichtet hätte, so mußte er erkennen, daß der von ihm gewählte Weg der handelsgerichtlichen Eintragung nur dann zu dem erstrebten Ziele führte, wenn Eintragungen und Bekanntmachungen vorschriftsmäßig erfolgten. Allerdings konnte er bei der Einfachheit des Rechtsvorgangs damit rechnen, daß das Gericht ordnungsgemäß verfahren werde. Immerhin war die Möglichkeit von Unregelmäßigkeiten und Versehen nicht ausgeschlossen; letztere konnten auch bei dem Druck der Veröffentlichungen, unabhängig von dem Verhalten des Gerichts, eintreten. Deshalb war der Kläger der Pflicht zur eigenen Verfolgung der Angelegenheit nicht enthoben. Er mußte sich über die Bedeutung und den erforderlichen Inhalt der Eintragungen eigene Kenntnis verschaffen, um beurteilen zu können, ob der Vorschrift des § 25 HGB. Genüge geleistet war. Dies muß um so mehr im Hinblick auf die erhebliche Bedeutung gelten, die der Ausschluß der Schulden für ihn hatte. Mit Recht weist die Revision darauf hin, daß sich der Kläger um nichts gekümmert hat. Erst als er das Schreiben eines Gläubigers erhielt, wurde er aufmerksam und entdeckte, nunmehr zu spät, das Versehen des Gerichts. Bei einiger Aufmerksamkeit und bei Prüfung an Hand des § 25 Abs. 2 HGB. mußten aber dem Kläger auch als einem Laien Bedenken kommen, ob der von ihm unterschriebene Eintragungsantrag, in dem der Ausschluß der Schuldenübernahme noch handschriftlich eingefügt worden war, bezüglich dieses ganz besonders wichtigen Punktes ordnungsgemäß erledigt worden war. Es konnte dem Kläger nicht entgehen, daß der Zweck der Benachrichtigung doch der war, ihn als Eintragungspflichtigen darüber aufzuklären, was im einzelnen auf seinen Antrag geschehen, und insbesondere, was tatsächlich eingetragen war. Die Mitteilung zählte auch nummernweise die erfolgten Eintragungen auf. Diese Bedenken mußten ihn zu Nachforschungen veranlassen, welche alsdann nach den in der Entscheidung RGZ. Bd. 75 S. 142 entwickelten Grundsätzen noch eine rechtzeitige Berichtigung hätten herbeiführen können. Die Ausführungen des Berufungsrichters, daß der Kläger habe annehmen können, die Benachrichtigung sei eine abgekürzte, erscheinen abwegig und sind mit der Bedeutung der Mitteilung in Verbindung mit § 25 HGB. nicht vereinbar.

Wer im heutigen Geschäftsleben steht, darf sich nicht dahinter verschanzen, daß er nicht die nötige Kenntnis von den Einrichtungen der gerichtlichen Register habe und deshalb die zu seiner Benachrichtigung ihm gemachten Mitteilungen nicht richtig prüfen könne. Von ihm muß auch, insbesondere bei der vielfachen Überlastung gerichtlicher Behörden, verlangt werden, daß er die ordnungsmäßige Erledigung gerichtlicher Eintragungen mit nachprüft, und es stellt eine Verletzung der im Verkehr gebotenen Pflicht dar, wenn er selbst untätig bleibt und sich auf das richtige Arbeiten der Behörden ohne weiteres verläßt. Dies muß, wie auch der Senat in der Entscheidung vom 28. Februar

1928 III 264/27 (JW. 1928 S. 1586 Nr. 31) bereits anerkannt hat, ganz besonders bei der Erwirkung handelsgerichtlicher Eintragungen gelten. Es bedarf des Vorliegens besonderer Umstände, damit im Einzelfall das Unterbleiben einer eigenen Nachprüfung als entschuldbar angesehen werden kann. Solche Umstände sind hier nicht gegeben. Die Frage, ob der Kläger erkennen mußte, daß die Mitteilung den Ausschluß der Haftung für die Schulden nicht ergab, ist rechtlicher Natur; sie unterliegt mithin der Nachprüfung des Revisionsgerichts. Der Kläger war Kaufmann, er hatte ein Handelsgeschäft unter Ausschluß der Haftung für die Schulden übernommen. Wie schon hervorgehoben, hatte er die Pflicht, sich über die in Betracht kommenden Vorschriften eingehend zu unterrichten. Daß er annehmen konnte, der Notar, der die Eintragung eingereicht hatte, werde die ordnungsmäßige Erledigung der Angelegenheit prüfen, ist weder behauptet noch ersichtlich. Der Kläger würde dadurch auch der eigenen Nachprüfung nicht enthoben worden sein. Er hat sich aber völlig untätig verhalten. Vor allem hat er auch unterlassen nachzuprüfen, ob die vorgeschriebene und nach dem Gesetze notwendige Veröffentlichung erfolgte. Dies konnte er mit leichter Mühe tun, indem er die in F. erscheinende Zeitung durchsah. Der Kläger hat somit die im Verkehr erforderliche Sorgfalt verletzt. Es ist für die Anwendung des § 839 Abs. 3 BGB. unerheblich, daß sein Verschulden nicht als besonders schwer erscheint. Es genügt auch leichtes Verschulden, um die Klagabweisung nach dieser Gesetzesvorschrift zu begründen.

---

3. Können für einen Kreis von Forderungen mehrere selbständige Höchstbetragshypotheken in der Art bestellt werden, daß der Gläubiger demnächst frei bestimmen darf, für welche Forderungen die eine und für welche die andere Hypothek haften soll?

BGB. §§ 1113, 1132, 1190.

V. Zivilsenat. Urt. v. 29. November 1930 i. S. Th. & Co. AG. (Kl.) w. G. GmbH. (Bekl.). V 394/29.

I. Landgericht Leipzig.
II. Oberlandesgericht Dresden.

Die Klägerin und einige andere dem gleichen Konzern angehörige Firmen standen mit der Firma Deutsche Patentgrudeofenfabrik Walter R. & Co. GmbH. in L. in Geschäftsverbindung. Diese Firma war Eigentümerin des im Grundbuch von L. auf Bl. 570 eingetragenen Grundstücks. Der mit ihr befreundeten Firma Patentgasherdwerk Walter R. & Co. GmbH. in L. gehörte das in demselben Grundbuch auf Bl. 552 verzeichnete Grundstück. Alleiniger Geschäftsführer beider Gesellschaften war der Kaufmann Walter R. in L. Er war persönlich Eigentümer des Grundstücks Bl. 273 des Grundbuchs von L. Am 9. Juli 1924 erklärte er in notariell beglaubigter Form:

Die Deutsche Patentgrudeofenfabrik Walter R. & Co. GmbH. steht mit der Th. & Co. AG. in M. — der Klägerin — sowie anderen Firmen des Th.-Konzerns in Geschäftsverbindung. Zur Sicherung aller Forderungen und Ansprüche, welche die Th. & Co. AG. gegen die obengenannte GmbH. erworben hat oder erwerben wird, einschließlich der Forderungen und Ansprüche, welche ihr von anderen dem Th.-Konzern angehörenden Firmen abgetreten werden, bestelle ich zugunsten der Th. & Co. AG. folgende Sicherungshypotheken:

1. als Geschäftsführer der Firma Deutsche Patentgrudeofenfabrik Walter R. & Co. GmbH. eine Sicherungshypothek im Höchstbetrag von 200000 Feingoldmark auf dem der Gesellschaft gehörenden, im Grundbuch von L. auf Blatt 552 eingetragenen Grundstück,

2. als Geschäftsführer der Firma Patentgasherdwerk Walter R. & Co. GmbH. eine weitere Sicherungshypothek im Höchstbetrag von 200000 Feingoldmark auf dem der Gesellschaft gehörenden, im Grundbuch von L. auf Blatt 570 eingetragenen Grundstück,

3. im eigenen Namen handelnd eine Sicherungshypothek im Höchstbetrag von 50000 Feingoldmark auf dem mir gehörenden, im Grundbuch von L. Blatt 273 eingetragenen Grundstück

und bewillige und beantrage die Eintragung dieser Sicherungshöchsthypotheken auf den genannten Grundbuchblättern.

In dieser Urkunde waren die Blattnummern 552 und 570 miteinander verwechselt worden. Das Grundbuchamt trug aber, ohne den Irrtum zu bemerken, am 18. Juli 1924 die Hypotheken auf allen drei Grundbuchblättern ein, und zwar in der Form:

Sicherungshypothek zum Höchstbetrag von ... für Th. & Co. AG. in M. wegen ihrer in der Eintragungsbewilligung bezeichneten Ansprüche aus Geschäftsverbindung.

Am 8. September 1927 wurde dem Grundbuchamt eine öffentlich beglaubigte Erklärung des Kaufmanns Walter R. vorgelegt, daß er als Geschäftsführer der Firma Patentgasherdwerk Walter R. & Co. GmbH. die Erklärung genehmige, die er am 9. Juli 1924 in seiner Eigenschaft als Geschäftsführer der Firma Deutsche Patentgrudeofenfabrik Walter R. & Co. GmbH. abgegeben habe, und ebenso als Geschäftsführer der letztgenannten Firma die Erklärung, die er am 9. Juli 1924 in seiner Eigenschaft als Geschäftsführer der Firma Patentgasherdwerk Walter R. & Co. GmbH. abgegeben habe.

Im August 1928 machte die Beklagte, für die auf den Grundbuchblättern 552 und 570 je eine Hypothek im Rang hinter den der Klägerin bestellten eingetragen war, das Grundbuchamt darauf aufmerksam, daß die drei Höchstbetragshypotheken der Klägerin inhaltlich unzulässig seien, weil sie als selbständige Einzelhypotheken zur Sicherung eines und desselben Forderungskreises bestellt seien. Das Grundbuchamt trug darauf von Amts wegen Widersprüche zugunsten der nachstehenden Berechtigten auf allen drei Grundbuchblättern ein, „weil die Ansprüche, für die die drei Hypotheken haften sollten, nicht im einzelnen abgegrenzt seien." Die Klägerin erhob Beschwerde beim Landgericht, die in der Folgezeit zur Löschung der Widersprüche führte, und gleichzeitig Klage mit dem Antrag, festzustellen, daß durch die am 18. Juli 1924 im Grundbuch von L. auf Blatt 552 und Blatt 570 zugunsten der Klägerin erfolgten Eintragungen die verzeichneten beiden Sicherungshypotheken zum Höchstbetrag von je 200000 Feingoldmark rechtswirksam zur Entstehung gelangt seien. Ihr Interesse an der alsbaldigen Feststellung begründete sie einmal mit dem von der Beklagten beim Grundbuchamt unternommenen Schritte und weiter damit, daß der Termin zur Zwangsversteigerung der beiden Grundstücke Blatt 552 und Blatt 570 unmittelbar bevorstehe. Kurz nach Eingang der Klage fand die Zwangsversteigerung statt; die Klägerin blieb Meistbietende; die beiden Grundstücke wurden ihr am 20. November 1928 zugeschlagen. Nach den Versteigerungsbedingungen blieben weder die Hypotheken der Klägerin noch die der Beklagten bestehen. Zur Berücksichtigung bei der Verteilung des

Versteigerungserlöses meldete die Klägerin auf ihre am Grundstück Blatt 570 eingetragene Hypothek 200000 RM., auf die am Grundstück Blatt 552 eingetragene 119357,73 RM. an. Im Verteilungsplan wurden ihr auf die erstere nur 80492,30 RM., auf die letztere nur 40023,95 RM. zugeteilt. Mit den überschießenden Beträgen sollte sie ausfallen; auf die Hypotheken der Beklagten entfiel nichts. Die Beklagte erhob in beiden Verfahren gegen die Zuteilungen an die Klägerin Widerspruch, den diese nicht anerkannte. Die Klägerin behielt von der Barzahlung, die sie als Ersteherin zu leisten hatte, die Beträge von 80492,30 und 40023,95 RM. zurück. Mit Rücksicht darauf und auf den von der Beklagten gegen den Teilungsplan erhobenen Widerspruch ordnete der Versteigerungsrichter an, daß der Beklagten für den Fall ihres Obsiegs im Vorrangstreit gegen die Klägerin je eine Sicherungshypothek zu übertragen sei bis zur Höhe des vom Widerspruch erfaßten Resterlöses. Die Beklagte erhob binnen Monatsfrist Klage gegen die Klägerin mit dem Antrag, diese zur Zahlung von 80492,30 RM. und von 40023,95 RM. zu verurteilen. Über diese Klage war am Tage der landgerichtlichen Verhandlung im vorliegenden Rechtsstreit noch nicht mündlich verhandelt worden.

Das Landgericht hat mit Rücksicht auf diese andere Klage das Feststellungsinteresse der Klägerin im gegenwärtigen Rechtsstreit verneint und die Klage abgewiesen. Die Klägerin hat Berufung eingelegt, ihren Antrag wiederholt und mit Rücksicht darauf, daß inzwischen gemäß der Anordnung des Versteigerungsrichters nach Umschreibung der beiden Grundstücke Blatt 570 und Blatt 552 auf die Klägerin die beiden bedingten Sicherungshypotheken zugunsten der Beklagten eingetragen worden waren, den weiteren Antrag gestellt, die Beklagte zu verurteilen, in die Löschung der beiden Sicherungshypotheken zu willigen. Das Oberlandesgericht hat die Berufung zurückgewiesen. Es bejaht zwar das Feststellungsinteresse, hält aber die streitigen Höchstbetragshypotheken für von Anfang an inhaltlich unzulässig.

Auf die Revision der Klägerin hat das Reichsgericht die Feststellung getroffen, daß die beiden streitigen Hypotheken rechtswirksam zur Entstehung gelangt sind, und die Beklagte verurteilt, in die Löschung der auf Anordnung des Zwangsversteigerungsrichters für sie eingetragenen Sicherungshypotheken zu willigen.

Gründe:

(Es wird zunächst ausgeführt, daß dem Berufungsgericht in der Bejahung des Feststellungsinteresses beizutreten sei und daß Bedenken gegen die Rechtswirksamkeit der Hypotheken nicht aus der in der Eintragungsbewilligung untergelaufenen Nummernverwechslung herzuleiten seien. Dann wird fortgefahren:)

Dagegen ist es nicht zu billigen, wenn das Berufungsgericht meint, die Hypotheken seien inhaltlich unzulässig gewesen. Diese Unzulässigkeit soll daraus folgen, daß die Hypotheken zur Sicherung eines und desselben ungeteilten Forderungskreises bestellt worden seien. Das widerspreche dem auch für Höchstbetragshypotheken geltenden allgemeinen Grundsatz, daß für eine und dieselbe Forderung nicht mehrere selbständige Einzelhypotheken bestellt werden könnten. Sollten für einen bestimmten Kreis von Forderungen mehrere Grundstücke in der Form von Höchstbetragshypotheken haften, so könne das nur in der Weise erreicht werden, daß entweder eine alle Grundstücke ergreifende Gesamthöchsthypothek geschaffen oder der Kreis der zu sichernden Forderungen in eine der Zahl der zu belastenden Grundstücke entsprechende Anzahl von gegeneinander ausreichend bestimmt abgegrenzten Teilkreisen zerlegt und jeder dieser Teilkreise durch eine entsprechend bemessene Höchsthypothek an einem der mehreren Grundstücke gesichert werde. Im vorliegenden Fall sei weder eine Gesamthypothek gewollt noch eine Zerlegung des Gesamtforderungskreises in erkennbar abgegrenzte Teile erfolgt. Die Klägerin habe nach dem Willen der Beteiligten das Recht haben sollen, wegen jeder ihrer Forderungen sich ohne Einhaltung einer bestimmten Reihenfolge nach ihrem freien Belieben an irgendeines der drei belasteten Grundstücke zu halten. Die Belastung von Grundstücken mit derartig gestalteten Rechten sei im Gesetz nicht vorgesehen, Rechte solchen Inhalts seien nicht zulässig, die gleichwohl eingetragenen Hypotheken seien rechtlich unwirksam.

Richtig ist zwar der Ausgangspunkt, daß für eine Forderung grundsätzlich nicht mehrere selbständige gewöhnliche Hypotheken, seien es Verkehrs- oder Sicherungshypotheken, bestellt werden können. Ob etwa von dieser Regel eine Ausnahme für den Fall zu machen ist, daß neben einer Vertragshypothek eine Zwangshypothek auf einem anderen Grundstück eingetragen werden soll

(RGZ. Bd. 98 S. 106), oder für den Fall, daß dem Gläubiger einer Hypothek zur Sicherung derselben Forderung an demselben Grundstück neben der bisherigen noch eine Hypothek besseren Ranges eingeräumt werden soll (wie das Kammergericht in seinem Beschluß vom 14. Dezember 1905 [ROLG. Bd. 12 S. 282] angenommen hat), steht hier nicht zur Entscheidung. Nach jenem Grundsatz kann die Haftung mehrerer Grundstücke für eine Forderung nur entweder in der Weise begründet werden, daß sämtliche Grundstücke mit einer Gesamthypothek belastet werden, oder so, daß die Forderung in ziffermäßig bestimmte Teile zerlegt und für jeden dieser Teile eines der zur Verfügung stehenden Grundstücke belastet wird (§ 1132 Abs. 2 BGB., § 867 Abs. 2 ZPO.). Durch die Teilung entstehen mehrere selbständige Teilforderungen (RGZ. Bd. 113 S. 233), von denen an sich jede samt der zugehörigen Hypothek ihren eigenen Weg gehen kann. Die ziffermäßige Bestimmung der Teile reicht zu ihrer Kennzeichnung aus, und zwar auch dann, wenn etwa die Teilbeträge unter sich gleich hoch sind; die Teilforderungen unterscheiden sich immer ausreichend schon dadurch, daß die eine durch Hypothek auf dem Grundstück a, die andere auf dem Grundstück b gesichert ist.

Beide Wege stehen auch zur Verfügung, wenn mehrere Grundstücke zur Sicherung einer Forderung in der Form von Höchstbetragshypotheken belastet werden sollen. Es ist möglich, an allen Grundstücken eine auf einen Höchstbetrag lautende Gesamthypothek zu bestellen; möglich ist es aber auch, die Forderung in entsprechend viele Teile zu teilen und für jeden einzelnen Teil eine entsprechend niedriger bemessene Höchstbetragshypothek auf je einem der mehreren Grundstücke einzutragen. Letzteres ist der durch § 932 in Verbindung mit § 867 Abs. 2 ZPO. für die Arresthypothek vorgeschriebene Weg; nach der letztgenannten Bestimmung ist der Betrag der Forderung zu verteilen, es entstehen selbständige Einzelhypotheken zur Sicherung der einzelnen Forderungsteile (vgl. RGZ. Bd. 84 S. 277). Insoweit kommen lediglich die soeben für gewöhnliche Hypotheken entwickelten Gesichtspunkte in Betracht. Die Höchstbetragshypothek bietet aber infolge ihrer sie von der gewöhnlichen Hypothek unterscheidenden Besonderheiten noch weitere Möglichkeiten. Ihre Eigenart besteht nach § 1190 BGB. darin, daß nur der Höchstbetrag der Haftung bestimmt, im übrigen die Feststellung der Forderung vorbehalten wird; auch kann die Forderung nach den allgemeinen Vorschriften über Forderungsübertragung übertragen werden, wobei der Übergang der Hypothek ausgeschlossen ist. Anerkannt ist ferner, obwohl eine ausdrückliche Gesetzesbestimmung fehlt, daß die Höchstbetragshypothek, ohne ihre Einheitlichkeit einzubüßen, zur Sicherung mehrerer selbständiger Forderungen dienen kann oder auch zur Sicherung eines ganzen Kreises von Forderungen, die von vornherein nur nach bestimmten Gattungsmerkmalen bezeichnet sind, etwa — wie im vorliegenden Fall — in der Art, daß die Hypothek für alle aus einer bestimmten Geschäftsverbindung erwachsenen oder erwachsenden Forderungen haften solle. Soll nur eine einzige Forderung gesichert werden, etwa das künftige Schlußguthaben aus einem bestimmten Kontokorrentverhältnis, so ist es möglich, von vornherein die künftige, zur Zeit in ihrer Höhe noch nicht feststellbare Forderung in einen Grundbetrag x und den diesen übersteigenden Rest zu teilen und zu bestimmen, daß bis zur Höhe x das Grundstück a, für den Rest bis zum Höchstbetrag y das Grundstück b haften soll (RGZ. Bd. 118 S. 164). Eine solche Teilung kam aber im vorliegenden Fall schon deshalb nicht in Frage, weil nicht eine einzelne Forderung, sondern ein ganzer Kreis selbständiger Forderungen gesichert werden sollte. Gangbar wäre hier weiter — abgesehen von der Schaffung einer Gesamthypothek — der Weg gewesen, den Kreis nach gewissen engeren Merkmalen in einzelne Teilkreise zu zerlegen und die mehreren Grundstücke mit je einer Höchstbetragshypothek zur Sicherung eines dieser Teilkreise zu belasten. Das hätte dem Fall der Teilung einer Einzelforderung in mehrere Teilforderungen und der Sicherung dieser Forderungsteile durch je eine selbständige Hypothek entsprochen. Nach dem vom Berufungsgericht ohne Rechtsirrtum festgestellten, in der Eintragungsbewilligung und in den Grundbucheintragungen zum Ausdruck gekommenen Parteiwillen sollte diese Teilung der späteren freien Entschließung der Klägerin vorbehalten bleiben. Auch das muß als zulässig anerkannt werden.

Der für gewöhnliche Hypotheken geltende Grundsatz, daß von vornherein genau bestimmt oder bestimmbar sein muß, für welche Forderung eine Hypothek haftet, ist für Höchstbetragshypotheken schon damit durchbrochen, daß hier die Feststellung der Forderung vorbehalten ist und daß der Gläubiger nach seinem Belieben die Forderung oder einzelne Forderungen aus einem gesicherten Forderungskreis durch einfache Abtretung aus der Hypothekenhaftung herausnehmen kann (§ 1190 Abs. 4 BGB.). Aus der Möglichkeit, mehrere selbständige Forderungen und sogar einen ganzen Kreis von zunächst nur gattungsmäßig bestimmten Einzelforderungen durch eine einheitliche Höchstbetragshypothek zu sichern, ergibt sich schon die Notwendigkeit, dem Gläubiger ein gewisses Verfügungsrecht darüber einzuräumen, für welche der einzelnen Forderungen, die an sich der Hypothek unterfallen, er die Haftung des Grundstücks in Anspruch nehmen will. Übersteigt der Gesamtbetrag der Forderungen den eingetragenen Höchstbetrag, so muß der Gläubiger, wenn nichts anderes bestimmt ist, diejenigen Forderungen auswählen können, wegen deren er Befriedigung aus dem Grundstück verlangen will. Dann aber ist nicht einzusehen, warum es dem Begriff der Höchstbetragshypothek widerstreiten soll, wenn dem Gläubiger mehrere nur dem Höchstbetrag nach bestimmte, unter sich selbständige Hypothekenrechte zur Verfügung gestellt werden mit der Befugnis, seinerzeit nach seinem Ermessen seine Forderung oder seine mehreren Forderungen auf die mehreren Hypotheken zu verteilen und zu bestimmen, für welchen Teil die eine und für welchen die andere Hypothek haften soll. Ebenso verträgt es sich mit dem Begriff der Höchstbetragshypothek, dem Gläubiger das Recht einzuräumen, in dem Fall, daß seine Gesamtforderung die Summe der Höchstbeträge der einzelnen Hypotheken nicht erreicht — d. h. im Fall der Überdeckung als dem Gegenstück des schon erwähnten Falls der Unterdeckung —, zu bestimmen, in welchem Umfang er sich aus dem einen und aus dem anderen Grundstück befriedigen will. Eine solche Verteilung der künftigen Forderungen auf die drei Hypotheken lag im vorliegenden Fall im Willen der Beteiligten und war der späteren Entschließung der Klägerin überlassen. Im Endergebnis sollte also keine der zu sichernden Forderungen durch mehrere Einzelhypotheken gesichert sein, sondern jede einzelne Forderung nur durch eine einzige Hypothek, und zwar durch die von der Klägerin seinerzeit zu bestimmende. Das Bedenken, das dem Beschluß des Kammergerichts vom 26. Januar 1916 (KGJ. Bd. 49 S. 222) zugrunde lag, ist also wenigstens für den vorliegenden Fall gegenstandslos.

Die Bestellung der drei in der Eintragungsbewilligung vom 9. Juli 1924 bewilligten Hypotheken verstieß somit nicht gegen zwingende Grundsätze des Hypothekenrechts; die Eintragungen waren nicht inhaltlich unzulässig. Danach erweist sich die Feststellungsklage als sachlich begründet, anderseits der Widerspruch der Beklagten im Zwangsversteigerungsverfahren, der sich allein auf die rechtliche Unwirksamkeit der Hypotheken der Klägerin stützt, als unberechtigt.

---

4. Kann ein bedingter Vertragsschluß in einer Urkunde gefunden werden, worin eine Partei erklärt, der Vertrag solle erst nach ihrer Gegenbestätigung in Kraft treten?

BGB. § 158. Preuß. Stempelsteuergesetz v. 27. Oktober 1924 § 3, Tarifstellen 7 und 21.

VII. Zivilsenat. Urt. v. 5. Dezember 1930 i. S. Firma M. (Kl.) w. Preuß. Staat (Bekl.). VII 59/30.

I. Landgericht Breslau.
II. Oberlandesgericht daselbst.

Die klagende Firma betreibt die Fabrikation von Kühl- und Gefrieranlagen. Bei ihren Vertragsverhandlungen verfährt sie in der Weise, daß sie von den Bestellern, nachdem sie ihnen vorher Kostenanschläge und Lieferungsbedingungen übersandt hat, ein vorgedrucktes, entsprechend dem Einzelfall auszufüllendes Schreiben unterzeichnen läßt, das schon die gedruckte Unterschrift der Klägerin „als Lieferant" trägt. Der Vordruck enthält zunächst die Übertragung des Baues einer Kühl- und Eiserzeugungsanlage, läßt dann Raum für die Einrückung der Zahlungsbedingungen, spricht danach den Eigentumsvorbehalt der Klägerin bis zur vollständigen Bezahlung der Gesamtsumme aus und schließt mit dem Satze: „Dieser Vertrag tritt in Kraft nach erfolgter Gegenbestätigung durch die Firma F. M."

Für drei von verschiedenen Bestellern am 1. Oktober 1926, 3. und 16. Februar 1927 unterzeichnete Schreiben dieses Inhalts hat das Finanzamt die Versteuerung mit $^2/_3$% der Lieferungspreise nach Tarifst. 21 (Werkverdingungsverträge) in Verb. mit

Tarifst. 7 Abs. 1b des preuß. Stempelsteuergesetzes vom 27. Oktober 1924 gefordert. Nach vergeblicher Durchführung des Beschwerdeverfahrens bei den Verwaltungsbehörden hat die Klägerin den sich ergebenden Gesamtbetrag von 112,50 RM. entrichtet. Mit der Klage verlangt sie Rückzahlung dieses Betrags, indem sie die Stempelpflichtigkeit der drei Urkunden bestreitet.

Das Landgericht hat den Beklagten nach dem Klagantrag verurteilt; das Oberlandesgericht hat die Klage abgewiesen. Auf die Revision der Klägerin hat das Reichsgericht das erste Urteil wiederhergestellt.

Gründe:

Die Entscheidung des Rechtsstreits hängt davon ab, ob in dem Vordruckschreiben, das die Besteller auf Veranlassung der Klägerin verwendet haben, ein stempelsteuerfreies Vertragsangebot oder aber der bedingte Abschluß eines Werkverdingungsvertrags zu sehen ist, der nach den vom Finanzamt angewendeten Gesetzesvorschriften stempelsteuerpflichtig wäre. Die erstere Meinung wird vom Landgericht, die letztere vom Oberlandesgericht vertreten. Dieses führt aus, es sei eine Einigung auf Grund der geeinten beiderseitigen Willenserklärungen beurkundet, demnach also ein Vertrag; der letzte Satz bedeute die Hinzufügung einer auf den freien Willensentschluß einer Partei abgestellten sog. Willkürbedingung zu dem abgeschlossenen Vertrag. Das Reichsgericht habe in RGZ. Bd. 124 S. 336 hervorgehoben, daß Verträge der gedachten Art, bei denen ein fester, aber durch das Nichtwollen, durch die Ablehnung des Verkäufers auflösend bedingter Kaufvertrag beurkundet sei, unbedenklich möglich seien. Der damals vom Reichsgericht vermißte Nachweis, daß die Parteien diese mögliche Form tatsächlich gewählt hätten, ergebe sich im vorliegenden Falle aus der Fassung der von der Klägerin und den Bestellern unterzeichneten Urkunden. Die Hinzufügung von Bedingungen sei aber für die Stempelpflichtigkeit ohne Bedeutung.

Die Revision rügt Verletzung der §§ 1, 3 und der Tarifst. 21 StStG. und bezeichnet die Auffassung des Oberlandesgerichts, daß ein bindender Vertrag beurkundet sei, als rechtsirrig. Zur Rechtfertigung ihres Standpunkts beruft sie sich auf das Urteil des erkennenden Senats RGZ. Bd. 117 S. 89.

Der Revision ist stattzugeben.

Ob das Berufungsgericht einen Vertragsschluß unter auflösender oder unter aufschiebender Bedingung annimmt, erhellt aus seinen Darlegungen nicht mit voller Klarheit. Offenbar aber käme nur eine aufschiebende Bedingung in Frage, wenn im vorliegenden Falle der Zusatz „dieser Vertrag tritt in Kraft nach erfolgter Gegenbestätigung durch die Firma F. M." überhaupt als Bedingung im Sinne des § 158 BGB. aufzufassen wäre. Wäre das anzunehmen, so müßte unter diesem Gesichtspunkt gemäß § 3 Abs. 2 StStG. die Stempelpflichtigkeit bejaht werden. Es kann aber bei den streitigen Urkunden nicht von einer Bedingung im Rechtssinn die Rede sein. Der Eintritt der angeblichen Bedingung würde nur von der einseitigen Entschließung der einen am Vertragsschluß beteiligten Partei abhängen. Zwar kann auch eine solche Willkürbedingung den Rechtscharakter der eigentlichen Bedingung (§ 158 BGB.) tragen; dabei darf aber nicht schon die Bindung der Partei in die Willkür gestellt sein, weil dann das Zustandekommen des Vertrags selbst, der hier das im ersten wie im zweiten Absatz des § 158 BGB. vorausgesetzte Rechtsgeschäft bedeutet, in Frage gestellt wäre (vgl. RGRKomm. Vorbem. 2 Abs. 2 vor § 158). Der Beschluß der Vereinigten Zivilsenate in RGZ. Bd. 72 S. 385 spricht aus, es sei rechtlich nicht möglich, das bloße Wollen des Verpflichteten zur Vertragsbedingung zu machen; „wer sich verpflichtet, falls er künftig wolle, gibt gegenwärtig eine verpflichtende Erklärung noch nicht ab". Anders aber sei der Fall zu beurteilen, wenn die Verpflichtung nicht vom künftigen Wollen, sondern von einem Tun des Verpflichteten abhängig gemacht werde, das auch in seinem Belieben stehen könne. In RGZ. Bd. 104 S. 100 bezeichnet es der I. Zivilsenat als der — dort zusammengestellten — ständigen Rechtsprechung des Reichsgerichts entsprechend, daß bei gegenseitigen Verträgen, bei denen mit Notwendigkeit jeder Teil zugleich Gläubiger und Schuldner sei, die Vertragserfüllung von der reinen Willkür einer Vertragspartei abhängig gemacht werden könne (zweifelnd der III. Zivilsenat in RGZ. Bd. 104 S. 307). Auch wenn man dem I. Senat in vollem Maße beistimmen wollte, wäre doch immer zu fordern, daß eine „Vertragserfüllung" in Frage kommt. Solange noch kein Vertrag geschlossen ist, kann kein Anspruch auf Vertragserfüllung gegeben und auch keine Vertragsbedingung vorhanden sein. So liegen aber die Dinge hier. Die Klägerin hat sich die Entschließung vorbehalten, ob sie überhaupt Verträge mit den Bestellern abschließen wollte. Ihrerseits hatte sie sich noch in keiner Weise gebunden, und auch die Besteller waren noch keine weitergehende Bindung eingegangen, als sie für jeden auf den Abschluß eines Vertrags Antragenden nach den §§ 145 flg. BGB. besteht. Wenigstens ist aus den streitigen Urkunden nichts davon Abweichendes zu entnehmen (§ 3 Abs. 1 StStG.). Es geht aber sicherlich nicht an, in jedem Vertragsangebot einen durch die Zustimmung des anderen Teils aufschiebend bedingten Vertragsschluß zu sehen.

Diese Auffassung steht im Einklang mit der Rechtsprechung des erkennenden Senats (RGZ. Bd. 117 S. 89, Bd. 124 S. 336; Urt. v. 28. Juni 1921 VII 17/21). Von den dort behandelten Fällen weicht der hier zu erörternde insofern ab, als die Urkunden auch die Unterschrift der Klägerin (Lieferantin) tragen. Hierauf ist aber kein entscheidendes Gewicht zu legen. Der Inhalt der Schriftstücke ergibt mit Deutlichkeit, daß die Klägerin trotz ihrer schon beigesetzten Unterschrift noch nicht hat vertraglich gebunden sein wollen. Demnach muß der Grundsatz des § 3 Abs. 1 StStG. dazu führen, daß nur Vertragsangebote der Besteller als vorliegend angesehen werden können. Diese sind aber nicht stempelpflichtig.

---

5. Kann die Mitteilung, daß bei Einbringung eines Handelsgeschäfts mit Firma in eine zu gründende Aktiengesellschaft der Ausschluß der Schuldenübernahme vereinbart worden sei, mit Wirkung gegen Dritte schon vor der Eintragung der Aktiengesellschaft ins Handelsregister gemacht werden?

HGB. §§ 25, 188, 200.

II. Zivilsenat. Urt. v. 9. Dezember 1930 i. S. K. & Ku. AG. (Bekl.) w. E. (Kl.). II 48/30.

I. Landgericht Köln.
II. Oberlandesgericht daselbst.

Am 25. Juli 1924 schloß der Kläger mit der Kommanditgesellschaft in Firma K. & Ku. in Köln einen Vertrag ab, durch den er sein Speditionsgeschäft einschließlich seiner bisher innegehabten Vertretung der Köln-Düsseldorfer Dampfschiffahrtsgesellschaft mit Wirkung vom 1. August 1924 auf die Kommanditgesellschaft übertrug; letztere verpflichtete sich, ihm auf die Dauer von 10 Jahren eine monatliche Vergütung von 350 Goldmark zu bezahlen.

Mit der im Oktober 1927 erhobenen Klage verlangte der Kläger Zahlung der seit Ende August 1925 fällig gewordenen und der künftig fällig werdenden Raten der vereinbarten Vergütung. Er begründete den Antrag damit, daß die Kommanditgesellschaft nur bis Ende August 1925 Zahlungen geleistet und daß sie ihr Handelsgeschäft mit der Firma bei Gründung der verklagten Aktiengesellschaft in diese eingebracht habe; die Beklagte hafte deshalb nach § 25 HGB. für die Schuld der Kommanditgesellschaft. Ebenso hafte sie gemäß § 419 BGB., weil sie das Vermögen der Kommanditgesellschaft übernommen habe. Die Beklagte erhob Einwendungen gegen den Anspruch selbst, bestritt aber auch ihre Haftbarkeit. Sie gab zwar zu, daß am 12. Dezember 1925 ein notarieller Vertrag über die Gründung der verklagten Gesellschaft zustande gekommen sei, dessen § 5 bestimmt habe: „Die Kommanditgesellschaft K.&Ku. bringt in die Aktiengesellschaft ihr zu Köln unter der Firma K. & Ku. betriebenes Handelsgeschäft ein unter Ausschluß der ausstehenden Forderungen und Passiven." Die neu gegründete Aktiengesellschaft sei auch am 26. Februar 1926 ins Handelsregister eingetragen worden. Eine Einbringung des Handelsunternehmens der Kommanditgesellschaft habe aber niemals stattgefunden, da dies durch mehrere gegen die Kommanditgesellschaft durchgeführte Zwangsvollstreckungen unmöglich geworden sei; sie — die Beklagte — habe das Handelsgewerbe der Kommanditgesellschaft nicht fortgeführt, auch deren Vermögen nicht übernommen. Ferner berief sich die Beklagte auf den vertragsmäßigen Ausschluß ihrer Haftung. Dieser sei zwar nicht ins Handelsregister eingetragen worden, da ein dahin gehender Antrag bei Anmeldung der Aktiengesellschaft aus Versehen nicht gestellt worden sei. In der Bekanntmachung der Eintragung der Aktiengesellschaft sei aber der Ausschluß der Haftung veröffentlicht worden. Außerdem sei dem Kläger durch einen von den persönlich haftenden Gesellschaftern der Kommanditgesellschaft namens R. der Ausschluß der Schuldenübernahme etwa um Weihnachten 1925 fernmündlich mitgeteilt worden.

Das Landgericht wies die Klage ab. Das Oberlandesgericht dagegen verurteilte die Beklagte zur Zahlung der bis zum 1. Oktober

1929 fällig gewordenen Beträge und der seit dem 1. November 1929 bis zum 31. August 1934 fällig werdenden Monatsraten. Die Revision der Beklagten führte zur Aufhebung und Zurückverweisung.

Gründe:

Der Berufungsrichter geht davon aus, daß die Beklagte durch den Gründungsvertrag vom 12. Dezember 1925 das von der Kommanditgesellschaft K. & Ku. betriebene Handelsgeschäft mit der bisherigen Firma erworben und es tatsächlich fortgeführt hat. Die Revisionsklägerin hat um Nachprüfung gebeten, ob zutreffend angenommen worden sei, daß die Beklagte das Handelsgeschäft der Kommanditgesellschaft fortgeführt habe. Die sich hierauf beziehenden Ausführungen des angefochtenen Urteils, die auf rein tatsächlichen Feststellungen beruhen, lassen aber keinen Rechtsirrtum erkennen. Der Berufungsrichter befindet sich auch in Übereinstimmung mit der Rechtsprechung des Reichsgerichts, wenn er Beibehaltung der bisherigen Firma annimmt, obwohl dem Firmennamen die Bezeichnung „Aktiengesellschaft" oder eine Abkürzung dieses Wortes hinzugefügt worden ist. Denn es kommt hierbei nicht auf eine wort- und buchstabentreue Gleichheit, sondern darauf an, ob nach der Auffassung des Verkehrs die bisherige Firma fortgeführt wird (RGZ. Bd. 113 S. 306).

Die Revision erhebt keine Rüge, insoweit der Berufungsrichter eine Befreiung der Beklagten von der Haftung auf Grund der ersten Möglichkeit des § 25 Abs. 2 HGB. verneint, da diese sowohl die Eintragung des vertragsmäßigen Ausschlusses der Schuldenübernahme ins Handelsregister als auch die Bekanntmachung der Eintragung erfordert, eine solche Eintragung aber nicht stattgefunden hat; sie war auch bei der Anmeldung der Aktiengesellschaft zum Handelsregister gar nicht beantragt worden. Das Berufungsgericht hält aber auch die Befreiung der Beklagten auf Grund der zweiten Möglichkeit des § 25 Abs. 2 HGB. nicht für gegeben. Voraussetzung der dort vorgesehenen Mitteilung an den Dritten durch den Veräußerer oder den Erwerber sei, daß die Aktiengesellschaft, um als Erwerber in Tätigkeit treten zu können, überhaupt bestehe. Sie sei durch ihre Eintragung ins Handelsregister vom 26. Februar 1926 entstanden (§ 200 HGB.). Daß nach diesem Zeitpunkt, und zwar bevor oder als die Beklagte mit dem Betrieb des ehemaligen Geschäfts der Kommanditgesellschaft begann, diese oder die Beklagte dem Kläger den vereinbarten Ausschluß des Übergangs der Passiven mitgeteilt habe, sei nicht behauptet worden. Eine vorherige Mitteilung, die nach Lage der Sache nur dahin gehen könne, daß dieser Ausschluß beabsichtigt sei, habe keine rechtliche Wirkung. Es komme deshalb nicht darauf an, ob dem Kläger im Dezember 1925 (um die Weihnachtszeit) von der Kommanditgesellschaft R. & Ku. eine solche Mitteilung gemacht worden sei.

Die hiergegen gerichtete, auf Verletzung des § 25 HGB. gestützte Revisionsrüge ist gerechtfertigt. Allerdings kann in den Verhandlungen, die zwischen dem Kläger und dem persönlich haftenden Gesellschafter der Kommanditgesellschaft, R., letztmals Ende November oder Anfang Dezember 1925 stattgefunden haben sollen, keine Mitteilung im Sinne des § 25 Abs. 2 HGB. gefunden werden. Der Kläger konnte daraus zwar erkennen, daß die Kommanditgesellschaft wegen Gründung einer Aktiengesellschaft mit Dritten in Verhandlungen stand und daß dabei auch der Ausschluß der Übernahme der Passiven der Kommanditgesellschaft in Aussicht genommen war. Er konnte jedoch daraus nur entnehmen, was die Kommanditgesellschaft für die Zukunft plante. Dagegen mußte er auf Grund dieser Mitteilung nicht mit einer feststehenden Tatsache rechnen, auf die er sich einrichten konnte, etwa dadurch, daß er Sicherungsmaßnahmen traf. Der Zweck der Mitteilung ist aber nur erreicht, wenn sie sich auf eine Tatsache bezieht, die den Dritten in die Lage versetzt, alsbald seine Rechte zu wahren.

Die Beklagte hat weiter behauptet, R., der persönlich haftende Gesellschafter der Kommanditgesellschaft, habe dem Kläger um die Weihnachtszeit 1925 telephonisch erklärt, der Übergang der Aktiven und Passiven auf die Aktiengesellschaft sei ausgeschlossen. Träfe diese Behauptung zu, so wäre die Mitteilung in die Zeit nach Abschluß des Gründungsvertrags gefallen, wonach zugleich der Erwerb des Handelsunternehmens der Kommanditgesellschaft vereinbart wurde und die Gründer sämtliche Aktien übernahmen. Dann galt aber die Gesellschaft mit dem Abschluß des Gründungsvertrags als errichtet (§ 188 HGB.). Allerdings entstand die Aktiengesellschaft als solche nach § 200 das. erst mit der Eintragung ins Handelsregister; daraus folgt aber nicht, daß die vorhergegangenen Rechtshandlungen, insbesondere der Abschluß des Gesellschaftsvertrags und der damit verbundene Einbringungsvertrag, vor der Eintragung keine Rechtswirkung hatten. Es ergab sich vielmehr ein Schwebezustand, der mit der Eintragung sein Ende erreichte. Auch während dieses Schwebezustands bestand eine rechtliche Bindung der Gründer. Diese bildeten eine Gesellschaft bürgerlichen Rechts, die mit der Eintragung der Gesellschaft in diese überging. Die Gründer konnten von ihren Mitgründern in Vollzug des Gründungsvertrags die Mitwirkung bei der Eintragung verlangen und damit auch erreichen, daß die übernommenen Sacheinlagen geleistet wurden (Staub-Pinner Anm. 4 zu § 188, Anm. 2flg. zu § 200 HGB.). War aber der Vertrag über die Veräußerung des Handelsunternehmens der Kommanditgesellschaft an die zu gründende Aktiengesellschaft in rechtlich bindender Form zustande gekommen, so stand auch der Mitteilung durch den Veräußerer nichts mehr im Wege. Denn nunmehr konnte der Dritte, dem die Mitteilung zuging, klar erkennen, daß die Übernehmerin des Handelsunternehmens für die im Betrieb begründeten Verbindlichkeiten des früheren Inhabers nicht eintreten werde.

Hiernach mußte der Berufungsrichter Stellung nehmen zu dem Vorbringen der Beklagten, der eine persönlich haftende Gesellschafter der veräußernden Kommanditgesellschaft habe dem Kläger um Weihnachten 1925, also nach Abschluß des Gesellschaftsvertrags, von dem vertragsmäßig erfolgten Ausschluß der Schuldenhaftung der Beklagten Mitteilung gemacht. Unter Umständen wird die Entscheidung des Rechtsstreits auch davon abhängen, ob die Beklagte (wozu sich das Berufungsgericht bisher nicht geäußert hat) nach § 419 BGB. in dem dort gegebenen Rahmen haftet. Denn diese Haftung kann auch bestehen, wenn sich die Haftung nicht auf § 25 HGB. gründen läßt.

---

6. Ist der ordentliche Vorsitzende eines Senats durch die Tätigkeit als Reichstagsabgeordneter dauernd verhindert, den Vorsitz zu führen?

GVG. §§ 62, 66, 117.

IX. Zivilsenat. Urt. v. 10. Dezember 1930 i. S. Ehefr. W. (Kl.) w. Ehem. W. (Bekl.). IX 279/30.

I. Landgericht Duisburg.
II. Oberlandesgericht Düsseldorf.

Aus den Gründen:

Die Revision bemängelt die Besetzung des Berufungsgerichts. Der ordentliche Vorsitzende, Senatspräsident Sch., sei durch seine Tätigkeit als Reichstagsabgeordneter so in Anspruch genommen, daß er die Tätigkeit als Vorsitzender im 10. Zivilsenat seit über einem halben Jahre nicht mehr ausgeübt habe und voraussichtlich auch in der nächsten Zeit nicht ausüben könne. An seiner Stelle habe der Oberlandesgerichtsrat B. als Vertreter den Vorsitz geführt. Die darin liegende Rüge der Verletzung des § 551 Nr. 1 ZPO. ist unbegründet. Sie könnte zu einer Aufhebung des Urteils wegen unvorschriftsmäßiger Besetzung des Gerichts nur dann führen, wenn der ordentliche Vorsitzende des erkennenden Senats zur Zeit der mündlichen Verhandlung am 14. März 1930 als dauernd an der Führung des Vorsitzes verhindert hätte angesehen werden müssen. Nach der amtlichen Auskunft des Oberlandesgerichtspräsidenten in Düsseldorf vom 16. Oktober 1930 hat der Senatspräsident Sch. die Geschäfte des Vorsitzenden des 10. Zivilsenats am 1. Juli 1928 übernommen. Am 16. April 1929 ist er infolge der Mandatsniederlegung eines Abgeordneten in den Reichstag eingetreten. An seiner Stelle hat seitdem das jeweils älteste Mitglied des Senats die Geschäfte des Vorsitzenden geführt. Als Mitglied des Reichstags bedurfte der Senatspräsident Sch. zur Ausübung seines Mandats keines Urlaubs. Er war aber stets in der Lage, seine Tätigkeit als Vorsitzender des Senats auszuüben, wenn und soweit ihm seine Tätigkeit als Abgeordneter Zeit dazu ließ, und bei längeren Vertagungen des Reichstags, für den Fall seiner Schließung oder Auflösung konnte und mußte vom Standpunkt der Geschäftsverteilung aus mit der Führung des Vorsitzes durch den Senatspräsidenten Sch. gerechnet werden. Danach mußte ihm trotz seines Abgeordnetenmandats der Vorsitz in einem Senat übertragen werden, und die Führung des Vorsitzes an seiner Stelle durch den dienstältesten Oberlandesgerichtsrat konnte nur als eine vorübergehende und aushilfsweise, jedenfalls nicht für unabsehbare Zeit geltende und deshalb dauernde angesehen werden. Daran ändert der Umstand nichts, daß zur Zeit der Erlassung des angefochtenen Urteils der Senatspräsident Sch. infolge seiner Abgeordnetentätigkeit längere Zeit den Vorsitz nicht geführt hatte. (Es folgen Ausführungen zur Sache selbst.)

7. Gilt für die Rückzahlung von Teilbeträgen einer Anleihe auf Grund einer Auslosung § 25 oder § 29 AufwG.?

AufwG. §§ 25, 29, 33, 36. DurchfVo. z. AufwG. vom 29. November 1925 Art. 36, 40.

IV. Zivilsenat. Urt. v. 4. Dezember 1930 i. S. Industrieobligationen-Aufw.-GmbH. (Kl.) w. A.E.G. AG. (Bekl.). IV 197/30.

I. Landgericht I Berlin.
II. Kammergericht daselbst.

Die verklagte Aktiengesellschaft hat im Jahre 1905 die Serie V einer Obligationenanleihe ausgegeben, die aus Schuldverschreibungen auf den Inhaber im Nennbetrage von früher 1000 M., jetzt 150 GM. besteht. Den Ausgabebedingungen zufolge ist die Anleihe nach einem bestimmten Plan in der Weise zu tilgen, daß jährlich insgesamt 600000 M. für Verzinsung und Tilgung aufzubringen sind. Die Beklagte hat die jährlichen Auslosungen der zu tilgenden Schuldverschreibungen seit dem Inkrafttreten des Aufwertungsgesetzes noch nicht wieder aufgenommen. Die Klägerin ist Inhaberin von mindestens 75000 GM. Schuldverschreibungen dieser Anleihe. Sie verlangt Aufnahme der Auslosungen mit Wirkung vom 1. Januar 1926 ab. Ihre Klage wurde in allen Instanzen abgewiesen.

Gründe:

Nach § 25 Abs. 1 Satz 1 AufwG. kann der Gläubiger die Zahlung des Aufwertungsbetrags der Hypothek vor dem 1. Januar 1932 weder von dem Eigentümer des belasteten Grundstücks noch von dem persönlich haftenden Schuldner verlangen. Dagegen ruht nach § 29 Satz 1 AufwG. die Verpflichtung zur Leistung von Tilgungsbeträgen nur bis zum 1. Januar 1926. Die im Schrifttum herrschende Meinung geht davon aus, daß bei Anwendung der einen oder anderen der vorstehenden Bestimmungen, die unter IV des zweiten Abschnitts (Aufwertung von Hypotheken) mit der Überschrift „Rückzahlung, Verzinsung, Tilgung" behandelt werden, zwischen Abzahlungs- und Tilgungshypotheken zu unterscheiden sei. Sie spricht von Tilgungshypotheken, wenn die Tilgungsbeträge in Form von prozentualen Zuschlägen zu den Zinsen in wiederkehrenden Leistungen periodisch zahlbar sind, von Abzahlungshypotheken, wenn eine Abzahlung der Hauptsumme in Raten vereinbart ist und im Falle der Verzinslichkeit daneben die Zinsen zu entrichten sind. Im letzteren Falle will diese Meinung § 25 Abs. 1 Satz 1 anwenden, sodaß die einzelnen Raten zu den verabredeten Fälligkeitsterminen, jedoch nicht vor dem 1. Januar 1932 gefordert werden können, im ersteren Falle hält sie § 29 Satz 1 für einschlägig, wonach die Verpflichtung zur Leistung von Tilgungsbeträgen bis zum 1. Januar 1926 ruht und von da ab regelmäßig in der vertragsmäßigen Höhe, ausnahmsweise zu einem höheren Satze, wieder zu erfüllen ist.

Das Kammergericht meint, dieser Unterschied sei dem Aufwertungsgesetz fremd. Richtig ist, daß das Gesetz selbst die Begriffe „Abzahlungs-" und „Tilgungs"-Hypothek nicht verwendet. Anders dagegen die Durchführungsverordnung zum Aufwertungsgesetz vom 29. November 1925. Deren Art. 67 behandelt den Fall, daß „Tilgungshypotheken" zu einer Teilungsmasse gehören, und läßt insoweit die besonderen Vorschriften der Art. 68 bis 70 gelten. In Art. 69 Abs. 1 zu a wird bestimmt, daß die Aufwertungsstelle die „Tilgungshypothek" unter Aufhebung des Tilgungsplans in eine durch bestimmte Zahlungen zu tilgende Hypothek (das ist eine Abzahlungshypothek) umwandeln kann. Wie diese Durchführungsverordnung, so unterscheidet auch die Wissenschaft mit Recht zwischen beiden Arten von Hypotheken. Auch die daraus für die Anwendung der §§ 25, 29 AufwG. von der Wissenschaft gezogenen Folgerungen sind zu billigen.

Das Aufwertungsgesetz hat nun in seinem vierten, von der Aufwertung von Industrieobligationen und verwandten Schuldverschreibungen handelnden Abschnitt und zwar in § 36, der die Überschrift trägt: „4. Rückzahlung, Verzinsung, Kündigung (richtig: Tilgung)" bestimmt, daß für die Rückzahlung, Verzinsung und Tilgung des Aufwertungsbetrags die Vorschriften der §§ 25, 26, 28, 29 entsprechend gelten sollen, soweit nicht die Reichsregierung etwas anderes bestimmt. Um die Bedeutung der entsprechenden Anwendung der §§ 25, 29 AufwG. auf Schuldverschreibungen und die Tragweite der der Reichsregierung zugestandenen Ermächtigung, von der sie in Art. 36, 40 DurchfVo. v. 29. November 1925 Gebrauch gemacht hat, wird gestritten. Die Klägerin vertritt den Standpunkt, daß wie bei Hypotheken auch bei Obligationenanleihen zwischen Abzahlungs- und Tilgungsanleihen zu unterscheiden sei und daß daher bei Tilgungsanleihen, zu denen die streitige gehöre, § 29 AufwG. entsprechend anzuwenden, der Beginn der Auslosung also nur bis zum 1. Januar 1926 aufgeschoben sei. Dagegen bezögen sich die Art. 36, 40 DurchfVo. nur auf Abzahlungsanleihen, da sie von einer Rückzahlung sprächen. Falls aber Art. 40 auch Tilgungsanleihen umfasse, sei er ungültig, weil er alsdann über den Rahmen der der Reichsregierung in § 36 erteilten Ermächtigung hinausgehe. Das Kammergericht ist der Meinung, ein Unterschied zwischen Abzahlungs- und Tilgungsanleihen sei ebenso wie der zwischen Abzahlungs- und Tilgungshypotheken dem Aufwertungsgesetz fremd. Er beruhe nur auf der späteren Unterscheidung der Wissenschaft, welche die Abzahlungshypotheken den Vorschriften für Hypothekenrückzahlung unterstelle. Es sei sehr zweifelhaft, ob ein derartiger Unterschied für Obligationenanleihen in Frage komme. Auch sei dem Senat nicht bekannt, ob es Obligationenanleihen mit Abzahlung des Kapitals überhaupt gebe. Die hier fragliche Anleihe sei jedenfalls eine Tilgungsanleihe und auf solche Anleihen bezögen sich die §§ 36, 29 AufwG. Aber auch die Art. 36, 40 DurchfVo. hätten Tilgungsanleihen im Auge, denn Art. 40 umfasse alle im Wege der Auslosung tilgbaren Obligationenanleihen. Ungültig sei Art. 40 nicht, denn § 36 AufwG. lasse der Regierung freie Hand, etwas anderes zu bestimmen. Nach Art. 40 habe aber die Auslosung der streitigen Obligationenanleihe nicht vor dem Jahre 1932 zu beginnen, sodaß die Klage, welche frühere Auslosung und Zahlung verlange, unbegründet sei.

Diesen Darlegungen ist in ihrem Endergebnis beizutreten. Durch die in § 29 des Gesetzes genannten Tilgungsbeträge wird die einzelne Hypothek im Wege periodischer Zahlungen allmählich abgetragen. Die durch § 36 vorgeschriebene entsprechende Anwendung der §§ 25, 29 des Gesetzes auf Schuldverschreibungen würde daher bedeuten, daß da, wo die einzelne Schuldverschreibung, ebenso wie eine Hypothek, allmählich getilgt werden soll, diese Tilgungsbeträge bis zum 1. Januar 1926 gestundet werden. Handelt es sich dagegen um Teilbeträge einer Anleihe, also um Teilschuldverschreibungen, und werden im Wege einer Auslosung oder Kündigung nicht Tilgungsbeträge auf die einzelne Teilschuldverschreibung entrichtet, sondern diese Schuldverschreibungen, soweit sie ausgelost oder gekündigt sind, im ganzen zurückgezahlt, so würde, wenn das Anwendungsgebiet des § 36 die einzelne Schuldverschreibung ist, insoweit von einer Rückzahlung, nicht von einer Tilgung, gesprochen werden müssen. Die Frage ist daher, ob § 33 AufwG. nur von Wertpapieren handelt, die als Teilbeträge einer Anleihe ausgegeben sind, oder ob er alle Inhaber- und Orderpapiere trifft, auch wenn sie nicht mit einer Anleihe ausgegeben, also nicht Teilschuldverschreibungen sind. Ist das erstere der Fall, so kann, da eine einzelne Teilschuldverschreibung einer Anleihe nicht in Einzelbeträgen getilgt zu werden pflegt, sondern regelmäßig nur ausgeloste oder gekündigte Stücke im ganzen zurückgezahlt werden, die entsprechende Anwendung des § 29, wenn sie überhaupt ein Anwendungsgebiet vorfinden soll, nur bedeuten, daß der Hypothek nicht die einzelne Schuldverschreibung, sondern die Anleihe als solche gleichgestellt werden soll, daß mithin die Rückzahlung einzelner Schuldverschreibungen im Wege der Auslosung oder Kündigung als Tilgung eines Teils der Anleihe erscheint. Träfe dagegen § 33 nicht nur Teilschuldverschreibungen, sondern Schuldverschreibungen überhaupt, so bliebe die Auffassung möglich, das Anwendungsgebiet des § 29 sei darauf zu beschränken, daß eine einzelne Schuldverschreibung wie eine Hypothek im Wege der Tilgung durch Tilgungsbeträge allmählich abgezahlt wird, daß dagegen da, wo Teilschuldverschreibungen im ganzen zurückgezahlt werden, der § 25 die anwendbare Norm wäre, weil eine Rückzahlung vorläge.

Darüber, ob durch § 33 nur Teilschuldverschreibungen getroffen werden, herrscht im Schrifttum keine Einigkeit. Während von Quassowski 5. Aufl. S. 386, Schlegelberger § 33 Anm. 1, Neukirch S. 353 Anm. 2, Abraham S. 220, 221, Reichardt S. 2 die Meinung vertreten wird, daß unter Schuldverschreibungen alle das Versprechen der Zahlung einer bestimmten Geldsumme enthaltenden Inhaber- und Orderpapiere zu verstehen seien, beschränken Michaelis § 33 Anm. 4, Lehmann-Böseseck § 33 Anm. 2, Mügel § 33 Anm. 1 den Begriff auf den engeren Sinn, wie er in den Reichsgesetzen vom 4. Dezember 1899 (RGBl. S. 691) und vom 14. Mai 1914 (RGBl. S. 121) über die gemeinsamen Rechte der Besitzer von Schuldverschreibungen verwendet wird, also auf Teilschuldverschreibungen. Das Reichsgericht hat hierzu bisher noch nicht Stellung genommen. In RGZ. Bd. 117 S. 146, 150 hat der erkennende Senat diese Frage offen gelassen; sie bedarf auch hier keiner Entscheidung, da durch Art. 36, 40 DurchfVo. die hier zu entscheidende

Frage gelöst wird, ob die Rückzahlung von Teilbeträgen einer Anleihe im Wege der Auslosung als Tilgung oder als Rückzahlung gilt.

Die Durchführungs-Verordnung enthält in ihrem dritten, die Aufwertung von Industrieobligationen und verwandten Schuldverschreibungen regelnden Abschnitt unter III drei Unterabschnitte über Rückzahlung (Art. 35, 36, 37), Verzinsung (Art. 38, 39) und Tilgung (Art. 40). Während Art. 35 die Beseitigung von Spitzenbeträgen vorsieht, ist die Tragweite des Art. 36 darin zu sehen, daß er den nach § 36 des Gesetzes auf Schuldverschreibungen anwendbaren § 25 ergänzt und zwar dahin, daß, wenn Teilbeträge einer Anleihe nach den Ausgabebedingungen von Zeit zu Zeit zurückzuzahlen sind, die Feststellung der zurückzuzahlenden Schuldverschreibungen, soweit sie bis zum 31. Dezember 1931 zu erfolgen hat, einheitlich erst im Laufe des Jahres 1931 stattzufinden braucht, gleichviel wie nach den Bedingungen die einzelnen Schuldverschreibungen zu ermitteln sind, die jeweils zur Rückzahlung gelangen. Das gilt insbesondere, wenn im Wege der Auslosung festzustellen ist, auf welche Schuldverschreibungen sich die jeweilig zurückzuzahlenden Teilbeträge der Anleihe verteilen. Der Aufwertungsbetrag für diese Schuldverschreibungen ist — ebenso wie derjenige der Abzahlungen bei einer Abzahlungshypothek — bis zum 1. Januar 1932 gestundet, was sich auch daraus ergibt, daß es einer Auslosung nicht bedarf, wenn die letzte Auslosung vor dem 1. Januar 1932 zu erfolgen hat, da alsdann an diesem Tage die ganze Emission fällig wäre, die Auslosung also eine überflüssige Maßnahme sein würde. Die Frage ist hiernach, wie sich zum Art. 36 DurchfVo. der Art. 40 das. verhält, durch den angeordnet wird, daß die Rückzahlung von Teilbeträgen einer Anleihe auf Grund einer Auslosung nicht als Tilgung im Sinne des § 29 des Gesetzes gilt.

Die Revision meint, es sei, wie zwischen Abzahlungs- und Tilgungshypothek, auch zwischen Abzahlungs- und Tilgungsanleihe zu unterscheiden. Da wo das Gesetz von Rückzahlung von Teilbeträgen einer Anleihe spreche, treffe es nur die Abzahlungsanleihen, sodaß für Tilgungsanleihen der § 29 des Gesetzes unverändert gelte, woraus sich ohne weiteres ergebe, daß die Verpflichtung zur Leistung von Tilgungsbeträgen auf den Gesamtanleihebetrag am 1. Januar 1926 wieder beginne. Träfe diese Ansicht zu, so wäre der Art. 40 DurchfVo. eine überflüssige gesetzgeberische Maßnahme. Denn wenn davon Tilgungsanleihen nicht hätten berührt werden, für sie also nach wie vor § 29 AufwG. hätte in Geltung bleiben sollen, so hätte es auch für Abzahlungsanleihen der Vorschrift nicht bedurft, weil diese ebenso wie Abzahlungshypotheken gemäß § 36 AufwG. ohne weiteres unter die Vorschrift des § 25 AufwG. gefallen wären.

Die Bedeutung der Art. 36, 40 DurchfVo. ist denn auch eine andere. Der Art. 36 verschiebt überall da, wo Teilbeträge einer Anleihe zurückzuzahlen sind, ihre Auslosung oder anderweitige Feststellung dergestalt, daß sie erst im Laufe des Jahres 1931 zu erfolgen hat. Vor dem 1. Januar 1932 kann daher grundsätzlich auch keine Rückzahlung von Teilbeträgen verlangt werden. Die Revision fragt, welche Bedeutung bei dieser Auslegung noch dem Art. 40 zukommen solle. Diese Bedeutung liegt in folgendem: Würde Art. 40 fehlen, so würde neben dem nach § 36 des Gesetzes anwendbaren § 25 auch § 29 des Gesetzes gelten. Nach § 29 ruht aber die Verpflichtung zur Leistung von Tilgungsbeträgen bis zum 1. Januar 1926. Sie ist also nicht bis dahin gestundet, sondern erst von da ab in Höhe der vereinbarten, nunmehr aufzuwertenden Sätze wieder zu erfüllen. Auch kann nach Satz 2 des § 29 auf Antrag des Gläubigers ein höherer als der vereinbarte Tilgungssatz durch die Aufwertungsstelle festgesetzt werden. Ohne die Vorschrift des Art. 40 würde also die in § 36 des Gesetzes vorgeschriebene entsprechende Anwendung des § 29 dahin führen, daß überall da, wo im Wege der Auslosung periodisch wiederkehrend Schuldverschreibungen nach Hundertsätzen der Gesamtemission — ähnlich wie bei einer Tilgungshypothek — zu tilgen sind, zwar nach Art. 36 die bis zum 1. Januar 1932 fälligen Auslosungen im Jahre 1931 nachzuholen wären, nicht aber auch die planmäßig bis zum 1. Januar 1926 zu erfüllenden Tilgungsbeträge. Es würde sich also der Rechtszustand ergeben, daß am 1. Januar 1932 nur die seit dem 1. Januar 1926 fälligen Tilgungsbeträge nachzuholen wären, während sich die Gesamttilgungsperiode infolge der bis zum 1. Januar 1926 ruhenden Verpflichtungen um eine entsprechende Zahl von Jahren verlängern würde, wobei dem Gläubiger auch vorbehalten wäre, eine verstärkte Tilgung zu verlangen. Demgegenüber wird durch Art. 40 zweierlei klargestellt: einmal, daß die Verpflichtung zur Leistung von Tilgungsbeträgen nicht bis zum 1. Januar 1926 ruht, sondern daß sie nur an dem Moratorium bis zum 1. Januar 1932 teilnimmt, sodaß die bis dahin planmäßig zu zahlenden Tilgungsbeträge nachzuzahlen sind, und ferner, daß folgerichtig auch keine Verstärkung der Tilgungssätze verlangt werden kann, weil sich die Gesamttilgungsperiode nicht verlängert.

Wenn demgegenüber von der Klägerin die Meinung verfochten wird, daß die Reichsregierung doch noch ein Anwendungsgebiet des § 29 für möglich gehalten haben müsse, weil man sonst die Fassung gewählt hätte, § 29 solle entgegen dem § 36 des Gesetzes für Schuldverschreibungen nicht gelten, so wird dieses Anwendungsgebiet im Schrifttum darin gesehen, daß, wenn die einzelnen Obligationen gleich einer Tilgungshypothek einer allmählichen Tilgung unterworfen sind, § 29 unberührt bleibe (vgl. Quassowski § 36 IV; Mügel S. 1127 zu Art. 40 DurchfVo.). Daß solche Möglichkeit bei Anleihen, also bei Teilschuldverschreibungen, kaum gegeben sein dürfte, schließt nicht aus, daß die Regierung mit einer solchen Möglichkeit doch bei einer einzelnen Schuldverschreibung, die nicht Teil einer Anleihe ist, gerechnet haben mag. Aus der vorsichtigen Fassung der Verordnung sind mithin für die hier zu entscheidende Frage keine Schlüsse zu ziehen.

Die Beklagte braucht daher weder vor dem 1. Januar 1932 Rückzahlungen zu leisten noch Auslosungen früher als im Laufe des Jahres 1931 vorzunehmen, wenn es in der Macht der Reichsregierung lag, die Anwendbarkeit des § 29 zu verneinen. Der unzweideutige Wortsinn des § 36 AufwG. ergibt von vornherein, daß das Gesetz selbst eine endgültige Regelung gar nicht beabsichtigt hat, sondern daß diese in die Hand der Regierung gelegt werden sollte. Diese sollte an Stelle der gesetzlichen Regelung in § 36 eine „andere" setzen dürfen. Man kann somit nicht daran gedacht haben, daß grundsätzlich die Regierung an § 36 gebunden wäre, also von den dort aufgestellten Grundsätzen hätte ausgehen und nur Einzelheiten ohne Veränderung des Grundgedankens näher hätte regeln sollen, sondern ihr wurde die Befugnis gegeben, über die Anwendbarkeit der in § 36 angezogenen Paragraphen selbständig und endgültig Bestimmungen zu treffen. Aus der Entstehungsgeschichte des Gesetzes ergibt sich nichts Gegenteiliges, sondern sie bestätigt nur die hier vertretene Auffassung. Es ist zunächst unerheblich, daß zu § 88 AufwG. der Regierungskommissar Dr. Schlegelberger im Reichstag (Sten. Ber. Nr. 3100) bemerkt hat, „daß durch die Dritte Steuernotverordnung der Regierung die Befugnis gegeben worden sei, auch von der Hauptverordnung abweichende Vorschriften zu erlassen, während diese Vorlage ihı nur das Recht gebe, solche Bestimmungen zu treffen, die zur Durchführung des Gesetzes erforderlich seien". Die Erklärung bedeutet und wird auch im Schrifttum dahin ausgelegt, daß sich die Durchführungsverordnungen im Rahmen von Ausführungsvorschriften zu halten haben, das Gesetz selbst also nicht abzuändern vermögen. Hätte also, auf die hier streitige Frage angewendet, der Gesetzgeber im § 36 AufwG. den § 29 das. ohne weiteren Zusatz, also schlechthin, für entsprechend anwendbar erklärt, so würde die Reichsregierung nicht befugt gewesen sein, im Rahmen einer Durchführungsverordnung das Gegenteil zu erklären. Eine solche Verordnung würde den Rahmen der gesetzlichen Ermächtigung überschreiten und daher ungültig sein. Darum handelt es sich hier nicht. Die Sonderermächtigung des § 36, die von § 88 nicht berührt wird, geht nicht dahin, daß die Reichsregierung befugt sein sollte, die entsprechende Anwendung des § 29 durchzuführen, sondern das Gesetz hat sich selbst beschränkt, es will nur maßgebend sein, wenn die Reichsregierung nichts anderes bestimmt. Es legt also, anders als bei der Delegation des Erlasses von Durchführungsverordnungen, nicht die Durchführung seiner Maßnahmen in die Hand der Reichsregierung, sondern beansprucht nur dann Geltung für sich, wenn die Reichsregierung eine gegenteilige Anordnung unterläßt. Da, wo eine solche Absicht nicht bestand, ist dem auch sonst im Aufwertungsgesetz durch eine entsprechende Fassung der Bestimmung Rechnung getragen worden.

Die in § 50 AufwG. der Reichsregierung erteilte Ermächtigung, die näheren Bestimmungen zur Feststellung der bei der Verteilung zu berücksichtigenden Ansprüche, über die Bildung und Verteilung der Teilungsmasse usw. zu treffen, enthält die Generalklausel: darüber hinaus zur Ergänzung der Vorschriften des Aufwertungsgesetzes die Anordnungen zu treffen, welche die Regierung zur Durchführung der Aufwertung für notwendig erachtet. Hier könnte der Zweifel auftauchen, ob auch von dem Aufwertungsgesetz abweichende Anordnungen getroffen werden dürfen. Durch die Entstehungsgeschichte wird der Zweifel gelöst. Nach der Regierungsvorlage sollte die Regierung ermächtigt werden, „darüber hinaus in Abweichung von den Vorschriften dieser Verordnung oder zu ihrer Ergänzung die Anordnungen zu treffen, die sie zur Durchführung der Aufwertung für notwendig erachtet" (Reichstagsdrucks. Nr. 804 III. Wahlperiode 1924/25 § 6 Abs. 2 des Entwurfs). Durch Beschluß des Reichstagsausschusses wurden die Worte „in Abweichung von" gestrichen und es wurde damit zum Ausdruck gebracht, daß vom Aufwertungsgesetz abweichende Anordnungen nicht in die Hand der Regierung gelegt werden sollten. Die Anordnungen konnten daher zwar neues Recht schaffen, durften aber nur Lücken ausfüllen, nicht eine Änderung des Aufwertungsgesetzes selbst enthalten (vgl. RGZ. Bd. 127 S. 40). Abweichend hiervon wurde in § 36 AufwG. der Reichsregierung unzweideutig die Macht verliehen, etwas anderes zu bestimmen. Daß die ursprüngliche Fassung dahin lautet, „abweichendes" zu bestimmen, die endgültige „anderes", macht keinen Unterschied. Die in den Vorinstanzen von der Klägerin vertretene Meinung, daß darin eine Abschwächung liege, ist nicht haltbar. Die eine wie die andere Fassung besagt, daß die Regierung von der Regelung des § 36 abgehen, also andere Bestimmungen an deren Stelle setzen kann. Die Auffassung, daß hier der Regierung die selbständige Regelung überlassen ist, wird auch im Schrifttum ausnahmslos anerkannt. Hätte die Regierung nur Ausführungsvorschriften erlassen sollen, so würde es an jedem Maßstab dafür fehlen, welche Einzelheiten die Regierung dann zu regeln befugt wäre. Überall, wo das Aufwertungsgesetz es durch Sonderermächtigung der Reichsregierung oder den Länderregierungen überläßt, Einzelheiten zu regeln, gibt es an, worin diese Ermächtigung bestehen soll und welche Einzelheiten es den anderen Stellen überlassen will (vgl. § 2 Abs. 2 Schlußsatz, § 7 Abs. 4 Schlußsatz, § 22 Abs. 2 Schlußsatz, § 28, § 59 Abs. 2, §§ 61, 64, 72, 73).

Da sonach § 29 AufwG. nur gilt, soweit die Regierung nichts anderes angeordnet hat, dies aber durch Art. 40 DurchfVo. geschehen ist, so ist die Klage mit Recht als unbegründet abgewiesen worden.

---

8. Ist auf die Tilgung einer 1911 in Deutsch-Südwestafrika zwischen Deutschen begründeten Darlehnsschuld das deutsche Aufwertungsrecht oder die Währungsproklamation des englischen Administrators vom 15. Dezember 1920 anzuwenden?

BGB. § 242. AufwG. § 63 Abs. 1.

IV. Zivilsenat. Urt. v. 8. Dezember 1930 i. S. Gl. (Kl.) w. H. (Bekl.). IV 149/30.

I. Landgericht Bremen.
II. Oberlandesgericht Hamburg.

Der Sachverhalt und die Entscheidung ergeben sich aus den folgenden

Gründen:

Nach den Feststellungen des Berufungsgerichts hat der Beklagte im Dezember 1911, zu einer Zeit, als beide Parteien, die deutsche Staatsangehörige sind, in Deutsch-Südwestafrika ansässig waren, von dem Kläger in Lüderitzbucht ein Darlehen von 10000 M. empfangen, das zu 8% verzinst und auf einem Grundstück des Beklagten in Maltahöhe hypothekarisch sichergestellt werden sollte. Die Sicherstellung ist unterblieben, das Darlehen ist bisher nicht zurückgezahlt worden. Der Kläger, der sich 1913/14 besuchsweise nach Deutschland begeben hatte und Anfang 1925 nach Südwestafrika zurückgekehrt ist, verlangt jetzt von dem Beklagten, der seit 1919 in Deutschland wohnhaft ist, die Rückzahlung des Darlehns in Reichsmark, und zwar nach einem Umrechnungssatz, der durch eine „Debts Settlement Proclamation" des englischen Administrators vom 15. Dezember 1920 für das frühere deutsche Schutzgebiet Südwestafrika eingeführt worden ist. Danach sollten alle Vorbesetzungsschulden zum Kurse von 20 M. = 1 Pfund Sterling zahlbar gemacht und einem Moratorium unterworfen werden, das einen Zeitraum von fünf Jahren seit dem Inkrafttreten der Proklamation nicht überschreiten sollte.

Der Berufungsrichter hält diese Proklamation, möge sie obligationen- oder währungsrechtlichen Charakter tragen, nicht für anwendbar auf das deutschem Recht unterstehende Schuldverhältnis, sondern unterstellt die Forderung als Markforderung dem deutschen Aufwertungsrecht, auf Grund dessen er in Übereinstimmung mit dem Landgericht das Darlehen als Vermögensanlage auf 25% aufgewertet hat. Dieser Auffassung, die von der Revision des Klägers als rechtsirrig angegriffen wird, ist im Ergebnis beizutreten.

Nach § 3 des Schutzgebietsgesetzes vom 10. September 1900 (RGBl. S. 813) gelten in den Schutzgebieten die im § 19 des Gesetzes über die Konsulargerichtsbarkeit vom 7. April 1900 (RGBl.

S. 213) bezeichneten Vorschriften der Reichsgesetze und preußischen Gesetze. Zu ihnen gehören nach Nr. 1 des § 19 die dem bürgerlichen Recht angehörenden Vorschriften der Reichsgesetze. Der zwischen den Parteien geschlossene Darlehnsvertrag unterstand hiernach den privatrechtlichen Vorschriften des Bürgerlichen Gesetzbuchs. Erfüllungsort für die Verpflichtung zur Rückzahlung des Darlehns war nach § 269 BGB., wie auch der Berufungsrichter angenommen hat, der Wohnsitz, den der Beklagte zur Zeit der Entstehung des Schuldverhältnisses in Südwestafrika hatte. Inhalt dieses Schuldverhältnisses war ein Anspruch, dessen Nennbetrag auf Mark lautete, die Schuld war also eine Markschuld alter Währung. Zwar galten die Währungsgesetze des Stammlandes als öffentlichrechtliche Normen nicht ohne weiteres in den Schutzgebieten, allein nach § 1 der Verordnung des Reichskanzlers betreffend das Geldwesen der Schutzgebiete außer Deutsch-Ostafrika und Kiautschou vom 1. Februar 1905 (Kolonialblatt S. 103) wurde die „Reichsmarkrechnung" in den Schutzgebieten eingeführt und es wurden nach § 2 zu gesetzlichen Zahlungsmitteln erklärt die sämtlichen Münzen, die auf Grund reichsgesetzlicher Bestimmungen im Reichsgebiet gesetzliche Zahlungsmittel waren (§§ 1 bis 5 des Gesetzes betreffend die Ausprägung von Reichsgoldmünzen vom 4. Dezember 1871; Art. 3, 15 des Münzgesetzes vom 9. Juli 1873), jedoch mit der Maßgabe, daß neben den Reichsgoldmünzen und Talern auch die Reichssilbermünzen für jeden Betrag in Zahlung genommen werden mußten und daß die Nickel- und Kupfermünzen sowohl im Privatverkehr als auch im Verkehr mit den amtlichen Kassen gesetzliche Zahlungsmittel bis zum Betrage von 5 M. waren. Nach § 6 jener Verordnung waren die Reichskassenscheine bei allen amtlichen Kassen zu ihrem Nennwert in Zahlung zu nehmen, während im Privatverkehr ein Zwang zu ihrer Annahme nicht stattfand, und nach § 7 waren die amtlichen Kassen ermächtigt, die von der Reichsbank ausgegebenen Noten in Zahlung zu nehmen, sodaß auch für sie im Privatverkehr kein Annahmezwang bestand.

Daran ist in den Schutzgebieten auch durch die spätere Reichsgesetzgebung nichts geändert worden, durch welche die Reichsbanknoten (Gesetz vom 1. Juni 1909, RGBl. S. 515) und auch die Reichskassenscheine (Gesetz vom 4. August 1914, RGBl. S. 347) bis auf weiteres zu gesetzlichen Zahlungsmitteln erklärt und die

Reichshauptkasse und die Reichsbank ebenso wie die Privatnotenbanken bis auf weiteres von der Goldeinlösungspflicht befreit wurden. Denn entsprechende Bestimmungen sind für die Schutzgebiete nicht erlassen worden. Wie sich dann die Währungslage in Südwestafrika weiter entwickelt hat und ob etwa der Gouverneur in der Kriegszeit nach § 8 Nr. 1 der angeführten Reichskanzlerverordnung, von der ihm dort gegebenen Befugnis, die zur Aufrechterhaltung eines geregelten Geldumlaufs erforderlichen polizeilichen Vorschriften zu erlassen, Gebrauch machend, die Reichskassenscheine und Reichsbanknoten zu gesetzlichen Zahlungsmitteln erklärt hat oder ob sie vielleicht diese Eigenschaft kraft Gewohnheitsrechts erlangt haben, bedarf keiner Untersuchung.

Es kann hiernach nicht — wie die Revision will — davon gesprochen werden, daß für die Schutzgebiete eine andere Währungseinheit, eine besondere Kolonialmark neben der reichsdeutschen Mark geschaffen worden wäre. Seit Einführung der Reichsmarkrechnung war vielmehr wie im Stammlande, so in dem Schutzgebiet die Grundeinheit der Markwährung die reichsdeutsche Mark, wenn auch die Währungselemente teilweise verschieden waren. Auch kann nicht etwa darin, daß die Reichskanzlerverordnung sich des Ausdrucks „Reichsmarkrechnung" bedient, ein grundsätzlicher Gegensatz zur Reichsmarkwährung gefunden werden. Etwas Gegenteiliges ist auch in RGZ. Bd. 107 S. 82 nicht ausgesprochen worden. Dort ist gesagt, daß in den Schutzgebieten zwar die Reichsmarkrechnung, nicht aber allgemein auch die Reichswährung gegolten habe. Der Gegensatz ist, wie die diesem Satz folgenden Ausführungen zeigen, nur in der Abweichung der Währungselemente gesehen worden. Trotz dieser — bereits erörterten — Abweichungen blieb die Währung dieselbe. Der Ausdruck „Reichsmarkrechnung" zeigt nur an, daß in den Schutzgebieten die reichsdeutschen Währungsgesetze weder ohne weiteres galten, weil die Schutzgebiete ja nicht schlechthin Inland waren, noch dort im ganzen eingeführt werden sollten. Er deutet die Abweichungen an, denen der Geldverkehr durch die zum Teil andere Regelung des Annahmezwangs unterworfen wurde. Das bestätigt nur die Auffassung, daß die Grundeinheit der Währung hier wie dort die Mark deutscher Währung sein sollte, woran auch dadurch nichts geändert wird, daß infolge des Annahmezwangs für Silbermünzen von einer „hinkenden Doppelwährung" gesprochen werden könnte. Auch der Umstand, daß den Gouverneuren in § 8 Nr. 4 der Verordnung die Befugnis eingeräumt wurde, fremden Goldmünzen gesetzliche Zahlungskraft in einem bestimmten Kursverhältnis zur Reichsmark beizulegen, zeigt nur, daß insoweit Geldzeichen eines ausländischen Systems — mit abgegrenztem Geltungsbereich — als fremdartige Bestandteile in die Markwährung übernommen werden konnten (vgl. auch Schnee Deutsches Koloniallexikon S. 695 bis 697, wo Südwestafrika zu den Schutzgebieten mit Reichsmarkwährung gerechnet wird, während in Ostafrika der Übergang zur Reichsmarkwährung nicht vorgenommen sei, Kiautschou eine selbständige Währung überhaupt nicht gehabt habe). Örtliche Besonderheiten innerhalb eines einheitlichen Währungsgebietes kommen auch bei anderen Währungen vor. So wird bei Nußbaum Das Geld S. 46 darauf hingewiesen, daß die italienische Währung (Dekret vom 28. April 1910) Banknoten mit provinziell begrenztem Annahmezwang kennt. Die Einheit der Währung wird dadurch nicht berührt.

Weder schuldrechtlich noch währungsrechtlich wurde durch den Souveränitätswechsel in Deutsch-Südwestafrika als solchen das Schuldverhältnis zwischen den Parteien berührt. Erst die Proklamation des britischen Administrators vom 15. Dezember 1920 hat mit der Umrechnungsnorm von der Währungsseite her, mit der Anordnung eines Moratoriums auch rein schuldrechtlich in die bestehenden Schuldverhältnisse eingegriffen. Ob diese Proklamation nicht dahin auszulegen wäre, daß von ihr die noch nicht abgewickelten Schuldverhältnisse nur insoweit ergriffen werden, als auch ihre Träger der neuen Gebietshoheit unterstanden, hat das Berufungsgericht nicht untersucht. Es will die Verordnung, wenn sie währungsrechtlicher Natur sein sollte, um deswillen außer Anwendung lassen, weil die in deutscher Mark begründete Schuldverbindlichkeit im ganzen mangels Unterwerfung der Parteien unter das jeweilige südwestafrikanische Recht nach deutschem Recht zu beurteilen sei. Das in Mark begründete Schuldverhältnis sei daher in die jetzige deutsche Währung überzuleiten, und wie das zu geschehen habe, sei eine lediglich nach deutschem Recht zu beantwortende Frage.

Diese Erwägungen treffen, wie die Revision mit Recht geltend macht, nicht den Kern der Frage. Daß ein Parteiwille, das jederzeitige südwestafrikanische Recht gelten zu lassen, nicht feststellbar ist und daß das Schuldverhältnis unter der Herrschaft deutschen Rechts mit damals deutschem Erfüllungsort begründet wurde, ist so wenig schlechthin entscheidend, wie der Umstand, daß Gegenstand des Schuldverhältnisses bei seiner Begründung eine Markverpflichtung war. Nur wenn Personen in fremder Währung Verträge geschlossen haben, die fremde Währung also die Schuldwährung ist, würde ein Schuldverhältnis von einem Währungswechsel im eigenen Lande schlechthin unberührt bleiben und den Währungsänderungen des fremden Landes folgen, sofern der eigene Souverän diese Unterwerfung nach seinem Recht gelten läßt. Hier war die Eingehung der Markverpflichtung nicht die Übernahme einer Fremdwährungsschuld, da die Markwährung die Währung nicht nur des Stammlandes, sondern auch des Schutzgebiets war. Entscheidend ist daher, ob im Gegensatz zu den Schicksalen der Markschulden in Deutschland durch die Abtrennung eines Teils des bisher einheitlichen Währungsgebiets bewirkt wurde, daß ein unter den bisherigen in Südwestafrika geltenden Gesetzen entstandenes und in bisheriger Währung begründetes Schuldverhältnis den Wandlungen folgte, denen die dortige Währung — weil auf öffentlichrechtlicher Grundlage ruhend — zufolge der Anordnungen des neuen Souveräns unterlag.

Es muß nun jedenfalls angenommen werden, daß nicht nur dann, wenn sich die Parteien dem jeweiligen südwestafrikanischen Recht unterworfen hätten, sondern auch dann, wenn bei Inkrafttreten der den Währungswechsel vorbereitenden Währungsproklamation Gläubiger und Schuldner örtlich dem Machtbereich des neuen Souveräns unterstanden, dessen öffentlichrechtliche Vorschriften, also auch die Umrechnungsnorm, für sie bindend geworden wären und daß dies kraft völkerrechtlicher Normen auch von den deutschen Gerichten anerkannt werden müßte. Das erstere ist nach den Feststellungen des Berufungsrichters nicht der Fall. Was die letztere Frage anlangt, so wird der gleiche grundsätzliche Standpunkt vom I. Zivilsenat in RGZ. Bd. 107 S. 122 und vom III. Zivilsenat in RGZ. Bd. 108 S. 303 sowie im Urteil vom 24. März 1924 III 345/23 (LZ. 1924 Sp. 588) eingenommen, und zwar bei Erörterung des in Ostafrika eingetretenen Währungswechsels. Dagegen haben alle diese Entscheidungen die Maßgeblichkeit der dort neu eingeführten Währungsvorschriften des englischen Rechts trotz des in Ostafrika liegenden Erfüllungsortes für den hier allein in Betracht kommenden Fall verneint in welchem der Schuldner zur Zeit des Inkrafttretens des Währungswechsels dem örtlichen Machtbereich des neuen Souveräns nicht unterstand. Die Entscheidungen haben zustimmende (Frankenstein Internationales Privatrecht I S. 213 Anm. 45) und ablehnende (Neumeyer in JW. 1928 S. 137; Nußbaum Das Geld S. 24 Anm. 5, S. 55 Anm. 2, S. 161 Anm. 3; Mügel Das gesamte Aufwertungsrecht 5. Aufl. S. 253) Beurteiler gefunden. Während sich der I. Senat mit den Schicksalen der ostafrikanischen Rupienwährung, in der die Zahlung verlangt war, überhaupt nicht befaßt, auch die Frage der Aufwertung nicht erörtert hat, vertritt der III. Senat den Standpunkt, daß die ehemalige deutsche Rupienwährung ihr Ende erreicht habe, die Rupie daher nicht mehr Währungsgeld sei, und daß die in Deutschland domizilierte Beklagte die Schuld aufzuwerten habe. An die letztere Auffassung knüpft sich die im Schrifttum geübte Kritik, die angesichts einer untergegangenen Kolonialwährung die Überführung der Schuld in die örtlich neu eingeführte Währung aus dem Gesichtspunkt verlangt, daß jede Rechtsgrundlage für die Anwendung des deutschen Aufwertungsrechts fehle (so insbesondere Nußbaum a. a. O. S. 161 Anm. 3).

Die hier gegebene Rechtslage ist eine andere. Es handelt sich nicht um eine untergegangene Kolonialwährung, die ihren Anschluß an die neue Währung hätte finden müssen, sondern um eine Markschuld, die auch nach Abtrennung eines Teils des einheitlichen Währungsgebiets in Mark weiter bestehen konnte und daher die Anknüpfung an das deutsche Aufwertungsrecht von vornherein in sich trug. Man hat daher hier nur zu fragen, wie die Grenze für den Machtbereich des neuen Souveräns zu ziehen ist, ob als maßgebend der Erfüllungsort anzusehen ist, wie die Revision will, oder ob das räumliche Trennungsmerkmal in dem Wohnsitz des Schuldners zur Zeit des Inkrafttretens der Währungsänderung zu finden ist. Dabei handelt es sich um eine Verquickung einer international privatrechtlichen mit einer ebensolchen währungsrechtlichen Frage.

Zu der ersten Frage geht die ständige Rechtsprechung des Reichsgerichts davon aus, daß nach den Gesetzen der lex fori in erster Linie der ausdrückliche oder mutmaßliche Wille der Parteien, in zweiter Linie der Erfüllungsort über das anzuwendende Recht entscheide. Auf die im Schrifttum viel erörterte Frage, ob der Erfüllungsort oder die Zulässigkeit einer Vereinbarung des anzuwendenden Rechts auf Grund des Heimatrechts des Schuldners, seines Wohnsitzes oder der lex fori zu bestimmen sei, kommt es hier nicht an. Aus allen in Betracht kommenden Gesichtspunkten entscheidet sich, wie der Berufungsrichter mit Recht angenommen hat, nach deutschem internationalem Privatrecht, ob auf das Schuldverhältnis deutsches oder ausländisches Recht anzuwenden ist. Es kommt daher in erster Linie nicht auf den Erfüllungsort, der in Südwestafrika liegt, sondern auf den Parteiwillen an. Dabei ist zu beachten, daß, solange Südwestafrika in deutschen Händen war, nur eine nationalrechtliche Frage bestand. Internationalrechtlicher Beurteilung wurde das Schuldverhältnis erst zugänglich, als Südwestafrika unter fremde Gebietshoheit geriet und zwei national verschiedene Rechtsordnungen zueinander in Gegensatz traten. Es kommt daher in erster Reihe darauf an, ob sich die Parteien dem neu eingeführten Recht unterworfen haben, was die fortdauernde Geltung deutschen Rechts hindern müßte, dessen Grundsätzen eine solche Unterwerfung nicht entgegenstehen würde. Dabei ist nicht zu fragen, was die Parteien über das anzuwendende Recht bestimmt haben würden, wenn sie den Weltkrieg und seine Folgen vorausgesehen hätten, sondern was sie beim Vertragsschluß ausdrücklich erklärt oder unter den damals herrschenden Verhältnissen mutmaßlich gewollt haben. Die Beantwortung dieser Frage führt nicht, wie die Revision will, zur Anwendung des jetzigen südwestafrikanischen Rechts. Wenn zwei deutsche Reichsangehörige ein Schuldverhältnis in deutscher Mark in deutschem oder unter deutscher Hoheit stehendem Gebiet und unter der Herrschaft deutschen Rechts begründen, so ist in Ermanglung gegenteiliger Anhaltspunkte nur zu mutmaßen, daß sie sich für die Abwicklung ihres Schuldverhältnisses dem am Erfüllungsort geltenden deutschen Recht und niemals einer ausländischen Rechtsordnung unterwerfen wollten. Die Tatsache allein, daß der ehemals deutsche Erfüllungsort unter fremde Herrschaft geraten ist, ändert nichts daran, daß nach deutschem internationalem Privatrecht das Schuldverhältnis nach wie vor dem deutschen Rechte unterstand (vgl. auch die Entscheidung des Deutsch-Tschechoslowakischen Schiedsgerichtshofes vom 15. Februar 1925 im Recueil des décisions Bd. 5 S. 575). Gegenüber diesem Recht als der vorgehenden Norm konnte sich eine andere nur durchsetzen, wenn sie von dem Parteiwillen aufgenommen wurde oder wenn sie die vorgehende Norm kraft eigenen Hoheitsrechts zu beseitigen vermochte. Das Schuldverhältnis von der währungsrechtlichen Seite aus zu ändern, lag nun nicht schon dann in der Macht des neuen Souveräns, wenn der Erfüllungsort unter seine Gebietshoheit geriet; maßgebend konnte vielmehr die Umrechnungsnorm des neuen Souveräns für die Parteien nur dann werden, wenn dieser kraft seiner Gebietshoheit imstande war, die fortdauernde Geltung deutschen Rechts durch eine entgegenstehende Norm auszuschließen. Da seine Macht notwendig an den Grenzen seines Herrschaftsbereichs endete, so konnte sich das anzuwendende Recht nur ändern, wenn sich nunmehr beide Parteien dem neuen Recht unterwarfen oder wenn sie dem örtlichen Herrschaftsbereich des neuen Souveräns unterstanden. Wäre letzteres beim Inkrafttreten der Währungsproklamation der Fall gewesen, so hätte die Umrechnungsnorm maßgebliche Bedeutung erlangt und es hätte ein späterer Wohnsitzwechsel, sei es des Gläubigers oder des Schuldners, an der Anwendbarkeit der Umrechnungsnorm auch für deutsche Gerichte nichts ändern können. Denn alsdann ließe sich mit der Revision sagen, daß weder der Wohnsitzwechsel des Gläubigers noch der des Schuldners, der damit seine Lage einseitig verbessert haben würde, eine Änderung des Schuldverhältnisses habe herbeiführen können. Ob freilich hypothekarische Kapitalanlagen nicht auch hinsichtlich der persönlichen Schuld als in dem Lande befindlich gelten müßten, in welchem das belastete Grundstück liegt, bedarf keiner Erörterung, da eine Hypothek für die Darlehnsforderung nur in Aussicht genommen, aber nicht bestellt worden war.

Die Anwendbarkeit der Umrechnungsnorm, die ihren eigenen Geltungsbereich nicht umgrenzt und möglicherweise selbst nur die Regelung des örtlichen Zahlungsverkehrs unter dort ansässigen Personen im Auge hat, ist daher mit dem Berufungsrichter zu verneinen, da der Beklagte zur Zeit ihres Inkrafttretens schon längst seinen Wohnsitz in Deutschland genommen hatte.

Da Deutschland diese Markverbindlichkeiten für die seiner Hoheit unterworfenen Personen nach Kriegsende nicht besonders geregelt hat, so finden sie ihren Anschluß an die deutsche Aufwertungsgesetzgebung. Denn es ist deutsches Recht anzuwenden und die Frage nach der Aufwertung gehört zum Inhalt der Schuld.

Es läßt sich auch nicht geltend machen, daß die Forderung deshalb nicht entwertet worden sei, weil sie in Hartgeldmünzen habe erfüllt werden müssen. Zwar ist in RGZ. Bd. 107 S. 80 ausgeführt, daß die Löschung einer Hypothek gegen eine Zahlung in Mark nicht gefordert werden könne, weil nach dem im früheren Schutzgebiete Südwestafrika in Geltung gewesenen Rechte Papiergeld kein gesetzliches Zahlungsmittel gewesen sei, der Beklagte also zu dessen Annahme nicht verpflichtet wäre. Indessen ist dort nicht dargelegt, worauf sich jene Markschuld gerichtet habe, wenn nicht auf die Mark alter Währung. Daneben sind auch noch zwei andere Möglichkeiten offen gehalten, nämlich die Anwendbarkeit der englischen Währungsproklamation, die hier erörtert ist, und die Aufwertbarkeit der Forderung nach südwestafrikanischem Recht. Da die Rechnungseinheit der Mark im Stammlande wie in Südwestafrika die gleiche war, so ist die hier fragliche Schuld eine Markschuld alter Währung. Mit dem Wesen der Geldschuld ist es aber unvereinbar, daß diese Markschuld in dem außer Kurs gesetzten Hartgeld der alten Währung erfüllt werden müsse, weil dies gleichbedeutend mit einer Erfüllung in reinen Gattungssachen sein würde (vgl. Nußbaum a. a. O. S. 47). Nur wenn von einer selbständigen Kolonialwährung gesprochen werden könnte, ließe sich sagen, daß die Kolonialmark nicht in die Schicksale der deutschen Markwährung verflochten worden sei. Bei der hier gegebenen Rechtslage folgte die Markschuld des Beklagten dem Wandel der deutschen Gesetzgebung. Der Kläger kann sich daher entweder auf § 5 Abs. 2 des Münzgesetzes vom 30. August 1924 berufen, wonach der Schuldner, sofern eine Schuld in Mark bisheriger Währung bezahlt werden kann, berechtigt ist, die Zahlung in gesetzlichen Zahlungsmitteln in der Weise zu leisten, daß eine Billion Mark einer Reichsmark gleichgesetzt wird, oder er kann Aufwertung verlangen. Praktisch kommt hiernach nur die Aufwertung in Frage, die der Berufungsrichter unter der Annahme, daß eine Vermögensanlage vorliegt, auf 25% des Goldmarkbetrags bemessen hat. Insoweit hat die Revision keine Bedenken erhoben. Anlaß zu rechtlicher Beanstandung besteht auch nach dieser Richtung nicht.

9. Findet das Aufwertungsgesetz auf eine Hypothek und die durch sie gesicherte Forderung Anwendung, wenn die Hypothek nach dem 13. Februar 1924 eingetragen worden ist?

AufwG. §§ 1, 2, 5, 9, 10, 15, 62.

VI. Zivilsenat. Urt. v. 8. Dezember 1930 i. S. R. (Bekl.) w. Sch. (Kl.). VI 165/30.

I. Landgericht München I.
II. Oberlandesgericht daselbst.

Durch notariellen Vertrag vom 7. September 1922 verkaufte der Kläger an den Beklagten vier in München gelegene Hausgrundstücke. Ein Teil des bar zu zahlenden Kaufpreises mit 400000 M. sollte noch im Jahre 1922, der Restbetrag von 500000 M. sollte in Teilbeträgen in den Jahren 1923 bis 1926 gezahlt werden. Im notariellen Vertrage wurde für den bar zu zahlenden Kaufpreis von 900000 M. Hypothek mit den Grundstücken in der Weise bestellt, daß zwei Grundstücke für je 105325 M., ein Grundstück für 297600 M. und das letzte für 391750 M. haften sollten. In einer notariellen Urkunde vom 23. Mai 1924 wurde diese Vertragsbestimmung dahin geändert, daß nach Zahlung der 400000 M. zur Sicherstellung des Kaufpreisrestes von 500000 M. Gesamthypothek mit allen vier Grundstücken bestellt wurde; die Eintragung der Gesamthypothek erfolgte am 27. Mai 1924.

Im Rechtsstreit verlangt der Kläger u. a. die Feststellung der Verpflichtung des Beklagten, die hypothekarisch gesicherte Kaufpreisforderung von 500000 M. dinglich und persönlich aufzuwerten. Er erklärte hierzu im zweiten Rechtsgang: falls das Berufungsgericht das Vorliegen einer hypothekarisch gesicherten Forderung verneine, weil die Hypothek erst im Mai 1924 eingetragen sei, und demgemäß das Prozeßgericht über die Höhe der Aufwertung entscheiden müsse, so ergebe sich auf Grund der Parzellentheorie ein Aufwertungsbetrag von 50000 RM. Der Beklagte bestritt nicht, in Höhe von 100000 M. zur Aufwertung verpflichtet zu sein. In Höhe von 400000 M. rechnet er mit einer Gegenforderung auf, die das Berufungsgericht für unbegründet erklärte. Er bestritt außerdem, daß insoweit die Voraussetzungen des Aufwertungsgesetzes vorlägen. Das Berufungsgericht entsprach dem Feststellungsbegehren des Klägers in vollem Umfange. Die Revision des Beklagten wendet sich u. a. gegen die Aufwertung der 400000 M.; sie führte insoweit zur Aufhebung und zur Zurückverweisung.

Aus den Gründen:

... Die Einwendungen der Revision gehen dahin: Die Entscheidung über die Aufwertung der hypothekarisch gesicherten Forderung sei nach dem Aufwertungsgesetz zu treffen. Für das dingliche Recht gelte als Erwerbstag nach § 5 AufwG. der Tag der Eintragung der Hypothek in das Grundbuch. Da die Gesamthypothek von 500000 M. am 27. Mai 1924 eingetragen sei, unterliege die Forderung nach § 15 das. nicht mehr der rückwirkenden Aufwertung. Wenn auch die persönliche Forderung am 7. September 1922 begründet worden sei, so sei sie doch überhaupt nicht, also auch nicht innerhalb der Rückwirkungsfrist zurückgezahlt worden. Auch ein Vorbehalt des Aufwertungsanspruchs sei nicht erfolgt. Deshalb fehle es an den Voraussetzungen der Aufwertung.

Diese Ausführungen gehen zunächst insoweit fehl, als sie sich mit der Frage der Rückwirkung und des Vorbehalts der Aufwertung befassen. Der Betrag der Hypothek ist überhaupt nicht zurückgezahlt; also kommt weder eine Rückwirkung noch ein Vorbehalt in Betracht. Auch die Berufung auf § 5 AufwG. kann nicht durchgreifen, da diese Vorschrift sich nur mit der Berechnung des Goldmarkbetrags der Hypothek befaßt. Wohl aber bestehen rechtliche Bedenken nach folgender Richtung, mit denen das Berufungsgericht sich zu Anfang seiner Entscheidungsgründe auseinandersetzt. Es prüft dort, ob im vorliegenden Fall das Aufwertungsgesetz oder die allgemeine Aufwertung aus § 242 BGB. Platz zu greifen habe. Das Aufwertungsgesetz setze eine durch Hypothek gesicherte Forderung voraus, die auf einem vor dem 14. Februar 1924 begründeten Rechtsverhältnis beruhe. Letzteres sei der Fall, da die Forderung am 7. September 1922 begründet worden sei. Bei der Frage, ob es sich um eine durch Hypothek gesicherte Forderung handle, bestehe Streit darüber, ob als Stichtag der Tag des Inkrafttretens des Aufwertungsgesetzes oder der Tag des Inkrafttretens der Dritten Steuernotverordnung anzusehen sei. Das Berufungsgericht schließt sich der ersteren Auffassung an. Es meint jedoch, es komme darauf nicht an; denn der Kläger stütze seinen Anspruch auf das Aufwertungsgesetz. Der Beklagte habe hinsichtlich eines Teilbetrags von 100000 M. aus der Gesamthypothek von 500000 M. seine Aufwertungspflicht auf Grund des Aufwertungsgesetzes anerkannt. Es gehe nicht an, daß von der gleichen, im vollen Umfang noch bestehenden Hypothekenforderung ein Teil als unter das Aufwertungsgesetz fallend erklärt, hinsichtlich des anderen Teils aber die Aufwertung auf Grund des Aufwertungsgesetzes abgelehnt werde. Der Beklagte habe auch in seinem Schreiben vom 10. Dezember 1926 erklärt, daß er die Aufwertung dem Grunde nach nicht bestritten habe, sondern lediglich der Höhe nach. Selbst wenn man sich daher auf den Standpunkt stelle, daß eine durch Hypothek gesicherte Forderung im Sinne des § 9 AufwG. nicht vorliege, stehe nichts im Wege, daß die Parteien freiwillig ihre gegenseitigen Beziehungen dem Aufwertungsgesetz unterwerfen. Beide Teile seien darin einig, daß dieses Gesetz Anwendung zu finden habe.

Diese Erwägungen können nicht gebilligt werden. Es mögen zwar gegen die Rechtswirksamkeit einer Vereinbarung, durch die in dem hier in Betracht kommenden Zeitraum die Anwendung des Aufwertungsgesetzes verabredet wird, im Sinne des § 67 Abs. 3 AufwG. keine Bedenken bestehen (vgl. RGZ. Bd. 120 S. 256). Eine solche Vereinbarung gerade während des Rechtsstreits, in dem der Beklagte die Abweisung der Klage beantragt, wird immerhin nur ausnahmsweise vorkommen. Im vorliegenden Fall ergeben die Erklärungen des Beklagten mit Deutlichkeit, daß seine Ausführungen über die Anwendbarkeit des Aufwertungsgesetzes lediglich Rechtsausführungen waren und daß er nicht beabsichtigte, eine bindende Vereinbarung mit dem Gegner über die Anwendung jenes Gesetzes herbeizuführen, wozu auch ein entsprechender Wille des Klägers gehört hätte. (Folgt Verweisung auf Schriftsätze.) Es fehlt zum mindesten an jedem Anhalt dafür, daß die Parteien etwas anderes als die Anwendung derjenigen Rechtssätze wünschten, die den von ihnen gestellten Anträgen zum Siege verhelfen könnten. Der Kläger hat überdies hilfsweise vorgetragen, in welcher Höhe er die Aufwertung für angezeigt halte, falls eine hypothekarisch gesicherte Forderung nicht vorliege. Es bedarf daher der richterlichen Prüfung, welche gesetzlichen Vorschriften hier anzuwenden sind. Der Berufungsrichter beschränkt sich bei der sachlichen Prüfung auf die Ausführung, die Forderung beruhe auf einem vor dem 14. Februar 1924 begründeten Rechtsverhältnis; es bestehe Streit darüber, welcher

Zeitpunkt der Beurteilung der Frage zugrunde zu legen sei, ob es sich um eine durch eine Hypothek im Sinne des § 9 AufwG. gesicherte Forderung handle; er schließt sich der Auffassung an, daß der Tag des Inkrafttretens des Aufwertungsgesetzes maßgebend sei. Soweit § 9 zur Anwendung kommt, besteht allerdings Streit darüber, ob zur Zeit des Inkrafttretens der Dritten Steuernotverordnung oder des Aufwertungsgesetzes die Forderung durch eine Hypothek gesichert sein müsse. Der V. Zivilsenat des Reichsgerichts hat in der Entscheidung vom 16. Juni 1926 V 457/25 (JW. 1926 S. 2357 Nr. 1) unter Anführung der Stimmen, die sich im Schrifttum und in der Rechtsprechung für die eine und für die andere Auffassung ausgesprochen haben, die Frage des maßgebenden Zeitpunkts dahingestellt gelassen, für den damaligen Fall aber ausgeführt, das Aufwertungsgesetz biete keinen Anhalt dafür, daß der 1. Januar 1918 (§ 2 Abs. 1 Satz 1 AufwG.) habe zugrunde gelegt werden sollen und daß alle Forderungen, für die zwar am 1. Januar 1918 eine Hypothek bestanden habe, deren hypothekarische Sicherung nach diesem Tage aber weggefallen sei, noch als hypothekarisch gesicherte Forderungen im Sinne des § 9 das. anzusehen seien. Die Abweichung von dieser Entscheidung in dem späteren Urteil RGZ. Bd. 118 S. 346 kommt in diesem Zusammenhang nicht in Betracht. Ebenso wie jenem Urteil vom 16. Juni 1926 lag auch den dort angeführten Erörterungen des Schrifttums und der Rechtsprechung der Fall zugrunde, daß eine vor der Dritten Steuernotverordnung entstandene Hypothek später weggefallen war, und es stand in Frage, nach welchem Zeitpunkt es sich entscheide, ob die Forderung noch als hypothekarisch gesicherte anzusehen sei (vgl. auch RGZ. Bd. 121 S. 76). Mügel (Bem. 3 zu § 9, 5. Aufl. S. 588) nimmt an, daß dieser Frage keine große praktische Bedeutung beizumessen sei, da die Fälle selten seien, wo durch Rechtsgeschäfte die Hypothek in der Zeit vom 14. Februar 1924 (Dritte Steuernotverordnung) bis zum 15. Juli 1925 (Aufwertungsgesetz) aufgehoben worden sei. Ebenso Becker in JW. 1925 S. 2544; Hachenburg in JW. 1925 S. 2533; Nadler in JW. 1925 S. 2574; Boesebeck in JW. 1926 S. 2637; ferner Bayer. ObLG. in JR. 1926 Nr. 1963 u. a. Im vorliegenden Falle beruht zwar die persönliche Forderung auf einem Kaufvertrag vom 7. September 1922; die Eintragung der dort zur Sicherung der Forderung vorgesehenen Einzelhypotheken auf den gekauften vier Grundstücken ist jedoch überhaupt nicht erfolgt; vielmehr wurde im Mai 1924 vereinbart, daß an Stelle der Einzelhypotheken eine Gesamthypothek, aber nur für einen Teil der Forderung, eingetragen werden sollte, die nach dem Kaufvertrag zu sichern gewesen wäre, und die Gesamthypothek wurde am 27. Mai 1924 eingetragen. Die Frage, ob hiernach eine die Forderung sichernde Hypothek bestanden hat, die zur Anwendung des § 9 AufwG. auf die persönliche Forderung führen könnte, ist nach § 1 das. zu beantworten. Für das dingliche Rechtsverhältnis kommt die dort eingeführte Unterscheidung zwischen dem Entstehen eines Anspruchs und dem Beruhen eines Anspruchs auf einem vor dem 14. Februar 1924 begründeten Rechtsverhältnis nicht in Betracht. Das dingliche Rechtsverhältnis entsteht vielmehr nach § 873 BGB. erst mit der Eintragung; es genügt zur Anwendung des Aufwertungsgesetzes nicht, daß die Einigung über die Begründung des Rechtsverhältnisses vor dem 14. Februar 1924 stattgefunden hat (vgl. Michaelis Anm. 1 zu § 1, Neukirch Anm. 2 zu § 1, Lehmann-Boesebeck Anm. 3 zu § 1, Quassowski Anm. I C zu § 9 in Verb. mit der Anm. zu § 10 Nr. 5, 5. Aufl. S. 195). Diese aus der allgemeinen Rechtsregel des bürgerlichen Rechts zu entnehmende Auffassung steht im Einklang mit § 2 Abs. 1 Satz 4 AufwG., wonach bei der Berechnung des Goldmarkbetrags als Grundlage der Aufwertung ein Erwerb außer Betracht bleibt, der nach dem 13. Februar 1924 stattgefunden hat. Hier wird vom Gesetz angenommen, daß bei einer unter der Herrschaft der Dritten Steuernotverordnung erfolgten Veräußerung des Anspruchs die durch diese bestimmte Aufwertung in dem Erwerbspreise berücksichtigt worden ist (vgl. Michaelis Anm. 5 zu § 2 u. a.). Daß der Erwerb des Anspruchs in dem angegebenen Zeitpunkt vollendet sein muß, ist Voraussetzung dieser Gesetzesvorschrift. Der entgegengesetzten Annahme von Mügel (Anm. 12 zu § 1, 5. Aufl. S. 348, in Verb. mit Anm. 4 zu § 2 sowie in der Anmerkung in JW. 1926 S. 273) kann nicht beigetreten werden. Daß der Erwerb im Sinne des § 2 im Rechtssinn und nicht im wirtschaftlichen Sinne zu verstehen ist, hat das Reichsgericht ständig ausgesprochen (RGZ. Bd. 121 S. 267). Dem steht auch nicht entgegen, daß im Falle der Aufwertung einer Kaufgeldforderung aus einem Vertrage, bei dem das Angebot und die Annahme zeitlich auseinanderfallen, der Tag des Angebots zugrunde gelegt wird (RGZ. Bd. 115 S. 16); denn hier wurde das Ergebnis bei dem Mangel einer ausdrücklichen Gesetzesvorschrift im Wege der Auslegung des Willens der Parteien nach Treu und Glauben gewonnen. Das gleiche geschah im Falle der Aufwertung einer Kaufgeldforderung aus einem Vertrag, bei dem der Mangel der Form durch Auflassung und Eintragung geheilt wurde (RGZ. Bd. 115 S. 6). Ein solcher Weg ist aber bei der Prüfung des Erwerbs eines dinglichen Rechts verschlossen. Anderseits steht der hier für zutreffend erachteten Rechtsauffassung nicht die Rechtsprechung entgegen, nach der im Fall des § 10 Nr. 5 AufwG. bei der Aufwertung einer Kaufgeldforderung, die nach dem 31. Dezember 1908 begründet worden ist, auf Grund des Wortlauts des Gesetzes und bei dem Mangel einer erkennbar entgegengesetzten Absicht des Gesetzgebers das entscheidende Gewicht auf den Zeitpunkt der Begründung der persönlichen Forderung und nicht auf den Zeitpunkt gelegt wurde, in dem die dingliche Sicherung begründet wurde (RGZ. Bd. 113 S. 345). Mit Recht fügt aber Quassowski a. a. O. S. 195 hinzu, daß es in jenem Falle zwar auf den Tag der Eintragung der Hypothek nicht ankomme, daß aber die Eintragung der Hypothek — und zwar vor dem 14. Februar 1924 — erfolgt sein müsse. Letzteres traf in dem vom Reichsgericht in dem erwähnten Urteil vom 16. Juni 1926 entschiedenen Falle zu.

Fehlt es hiernach im vorliegenden Falle an einer durch Hypothek gesicherten Forderung im Sinne des § 9 AufwG., so wird das Berufungsgericht entsprechend dem Hilfsverlangen des Klägers den Klaganspruch von dem Gesichtspunkt der allgemeinen Aufwertung aus (§ 62 AufwG.) zu prüfen haben. ...

---

10. Ist der Prozeßrichter bei Prüfung des Fristablaufs nach § 7 Abs. 3, 4 des preußischen Gesetzes über den Verkehr mit Grundstücken vom 10. Februar 1923 (GrVG.) an den von der Verwaltungsbehörde gemäß § 6 Abs. 2 daselbst bescheinigten Zeitpunkt des Eingangs eines ordnungsmäßigen Genehmigungsantrags gebunden?

V. Zivilsenat. Urt. v. 10. Dezember 1930 i. S. Eheleute S. (Kl.) w. J. (Bekl.). V 66/30.

I. Landgericht II Berlin.
II. Kammergericht daselbst.

Durch notariellen Vertrag vom 28. Januar 1923 verkauften die Kläger ihr im Bezirk Groß-Berlin gelegenes Grundstück an den Beklagten. Der Kaufpreis wurde unrichtig beurkundet. Nachdem die Auflassung am 7. Juni 1923 erfolgt und der notarielle Vertrag am 25. Juli 1923 behördlich genehmigt war, wurde der Beklagte am 3. August 1923 als Eigentümer in das Grundbuch eingetragen. Später erhoben die Kläger, gestützt auf den Mangel der behördlichen Genehmigung zu dem wirklich vereinbarten Kaufvertrag, Klage auf Berichtigung des Grundbuchs dahin, daß sie die Eigentümer seien, und auf Herausgabe des Grundstücks. Das Landgericht gab der Klage statt. Das Kammergericht wies sie ab, nachdem sich im Laufe des Berufungsverfahrens folgendes ereignet hatte:

Mit einer Eingabe vom 2. Juli 1928 beantragte der Beklagte die Genehmigung des wirklich vereinbarten Kaufvertrags. Der Antrag ging am 4. Juli 1928 beim zuständigen Bezirksamt ein. Dieses beanstandete ihn durch Verfügung vom 9. Juli 1928 und teilte dem Beklagten mit, daß erst nach Beibringung weiterer, im einzelnen bezeichneter Unterlagen das Genehmigungsverfahren eingeleitet werden könne. Der Beklagte legte gegen diese Verfügung am 23. Juli 1928 Beschwerde ein. Der Oberpräsident wies durch Verfügung vom 18. August 1928 das Bezirksamt an, das Genehmigungsverfahren einzuleiten und in diesem Verfahren die Beteiligten zu hören. Die Verfügung ging am 23. August 1928 beim Bezirksamt ein. Dieses erteilte unter dem 27. August 1928 eine Bescheinigung nach § 6 Abs. 2 GrVG. dahin, daß der Genehmigungsantrag mit dem 23. August 1928 als ordnungsmäßig gestellt gelte, und forderte zur Beseitigung der sachlich gegen die Genehmigung zu erhebenden, im einzelnen dargelegten Bedenken auf. Durch Bescheid vom 12. September 1928, der an demselben Tage beim Grundbuchamt einging, versagte es die Genehmigung. Der Beklagte legte am 25. September 1928 Beschwerde ein. Der Oberpräsident wies die Beschwerde durch Bescheid vom 1. August 1929 mit der Begründung zurück, das Bezirksamt habe seine Entscheidung ohne erkennbaren Irrtum getroffen.

Die Revision der Kläger führte zur Aufhebung und Zurückverweisung.

Gründe:

Der Berufungsrichter geht zutreffend davon aus, daß die Ansprüche der Kläger bis zur behördlichen Genehmigung entweder des mündlich geschlossenen Kaufvertrags oder der Auflassung begründet waren. Er hält die Genehmigung zu dem mündlichen Vertrag aber gemäß § 7 Abs. 3, 4 GrVG. für erteilt und damit den bis dahin dem Eigentumserwerb des Beklagten entgegenstehenden Mangel für beseitigt. Zur Begründung dieser Ansicht führt er aus: Schon am 4. Juli 1928 sei ein ordnungsmäßiger Genehmigungsantrag des Beklagten beim Bezirksamt eingegangen. Das Bezirksamt hätte also zur Vermeidung der gesetzlichen Vermutung einer schweigend erteilten Genehmigung bis zum 25. Juli 1928 dem Grundbuchamt gegenüber eine Erklärung abgeben müssen. Das habe es nicht getan. Seine in der Bescheinigung vom 27. August 1928 enthaltene Erklärung, daß ein ordnungsmäßiger Genehmigungsantrag erst mit dem 23. August 1928 als gestellt gelte, stehe im Widerspruch zum Bescheide des Oberpräsidenten vom 18. August 1928 und zum wirklichen Verlauf der Dinge, sei also willkürlich und nicht verbindlich für den ordentlichen Richter, der den Fristablauf nach § 7 Abs. 3, 4 GrVG. selbständig zu prüfen habe. Die Bescheide des Bezirksamts vom 12. September 1928 und des Oberpräsidenten vom 1. August 1929 könnten die gesetzlich vermutete Genehmigung nicht beseitigen.

Mit dieser Begründung hält das angefochtene Urteil der Revision nicht stand. Zwar hat das ordentliche Gericht den Fristablauf nach § 7 Abs. 3, 4 GrVG. selbständig zu prüfen und den Eintritt der Genehmigungserteilung durch dreiwöchiges Schweigen auf einen ordnungsmäßig gestellten Genehmigungsantrag selbständig festzustellen, ohne durch Feststellungen oder Rechtsansichten der Genehmigungsbehörden in dieser Hinsicht gebunden zu sein. Anderseits steht aber nach der ständigen Rechtsprechung des Reichsgerichts fest, daß der Prozeßrichter dann, wenn die Verwaltungsbehörden die Genehmigung erteilt oder versagt haben, das diesen Bescheiden vorangegangene Verfahren nicht nachzuprüfen hat und namentlich an den gemäß § 6 Abs. 2 GrVG. bescheinigten Zeitpunkt des Eingangs eines die Frist des § 7 Abs. 3,4 GrVG. in Gang setzenden ordnungsmäßigen Genehmigungsantrags gebunden ist (JW. 1927 S. 1856 Nr. 36; RGZ. Bd. 119 S. 359, Bd. 121 S. 376; RGUrt.

vom 13. November 1929 V 403/28 und vom 12. November 1930 V 81/30). Hier hat nun das Bezirksamt bescheinigt, daß der Genehmigungsantrag des Beklagten erst mit dem 23. August 1928 als ordnungsmäßig gestellt anzusehen sei. Mit Unrecht meint das Berufungsgericht, daß der Oberpräsident insoweit dem Bezirksamt entgegengetreten sei und den Genehmigungsantrag als schon am 4. Juli 1928 gestellt habe behandelt wissen wollen. Wäre das die Ansicht des Oberpräsidenten gewesen, so hätte er sich schon bei seiner Verfügung vom 18. August 1928 der Erkenntnis nicht verschließen können, daß die Genehmigung bereits damals kraft Gesetzes als erteilt gegolten hätte; er hätte also nicht mehr das Bezirksamt anweisen können, ein Genehmigungsverfahren einzuleiten und darin die Beteiligten zu hören. Noch weniger hätte er aber im Bescheid vom 1. August 1929 die Versagung der Genehmigung durch das Bezirksamt als ohne Irrtum erfolgt bestätigen können, wenn er die Genehmigung als kraft Gesetzes erteilt in Rechnung gestellt und damit die Rechtsgrundlage für eine Versagung durch die Behörde als beseitigt angesehen hätte. Hiernach hat nicht nur das Bezirksamt, sondern auch der Oberpräsident den Genehmigungsantrag des Beklagten erst mit dem 23. August 1928 als ordnungsmäßig gestellt behandelt. Daran ist der Prozeßrichter bei seiner Prüfung des Fristablaufs nach § 7 Abs. 3, 4 GrVG. gebunden. Er darf sich dieser Bindung nicht dadurch entziehen, daß er von seiner abweichenden Ansicht über den Eingang eines ordnungsmäßigen Genehmigungsantrags aus das Verfahren der Verwaltungsbehörden in diesem Punkte als willkürlich bezeichnet. Von einem fehlerhaften Staatsakt der Art, daß eine Behörde „sich über jede Rechtsschranke hinweggesetzt hätte und ihr Verhalten deshalb überhaupt nicht mehr als obrigkeitliches Handeln anzusehen wäre", kann hier schon deshalb keine Rede sein, weil das Bezirksamt in seiner Verfügung vom 9. Juli 1928 mit eingehender Begründung dargelegt hat, warum es den am 4. Juli eingegangenen Antrag vom 2. Juli 1928 einstweilen noch nicht als einen ordnungsmäßigen, die Frist des § 7 Abs. 3, 4 GrVG. in Lauf setzenden Antrag ansehe und behandeln werde.

Somit steht nicht die Erteilung der Genehmigung gemäß § 7 Abs. 4, sondern ihre Versagung gemäß § 8 Abs. 2 GrVG. endgültig fest. Daß der Oberpräsident die Frist des § 8 Abs. 2

Satz 2 nicht eingehalten hat, beeinträchtigt die Wirksamkeit seines Bescheids vom 1. August 1929 nicht (RGZ. Bd. 117 S. 365). Das Berufungsgericht wird nunmehr vom Rechtsstandpunkt der versagten Genehmigung aus den im übrigen noch nicht spruchreifen Streitstoff erneut zu prüfen haben.

---

11. Zur Frage des Eigentumserwerbs an An- oder Aufschüttungen am Ufer öffentlicher Flüsse nach preußischem Recht.

Preuß. ALR. I 9 §§ 225, 244, 270; II 14 § 21; II 16 §§ 8flg. Preuß. Gesetz betr. die Befugnisse der Strombauverwaltung gegenüber den Uferbesitzern an öffentlichen Flüssen (Strombauverwaltungsgesetz) vom 20. August 1883 (GS. S. 333).

V. Zivilsenat. Urt. v. 10. Dezember 1930 i. S. Preuß. Staat (Kl.) w. B. u. Gen. (Bekl.). V 11/30.

I. Landgericht II Berlin.
II. Kammergericht daselbst.

Als der Preußische Staat im Jahre 1879 den Katzengraben, einen Spreearm bei Berlin-Köpenick, durch Ausbaggerung schiffbar machte, ließ er ausgehobenen Boden an der Wasserseite eines oberhalb an die Spree stoßenden Grundstücks ablagern, das heute den Beklagten gehört. Durch diese Aufschüttung ist die Katasterparzelle K. Bl. 9 Nr. 985/1 von 17,04 a entstanden, über deren Eigentum die Parteien streiten. Der Staat hat die Eigentumsklage erhoben und beantragt, die Beklagten zu verurteilen: 1. die Parzelle sofort zu räumen; 2. ihre Benutzung und Nutzung in Zukunft zu unterlassen; 3. vom 1. April 1927 bis zur endgültigen Räumung ihm eine Entschädigung unter Zugrundelegung eines Jahresbetrags von 1363,20 RM zu zahlen.

Beide Vorinstanzen wiesen die Klage ab. Die Revision des Klägers führte zur Aufhebung und Zurückverweisung.

Gründe:

Zwar ist das Berufungsgericht mit Recht dem Entscheidungsgrunde des ersten Richters nicht beigetreten, daß der ordentliche Rechtsweg versagt sei. Denn der Vortrag der Parteien läßt keinen Zweifel darüber, daß jede von ihnen den Anspruch erhebt, privatrechtlicher Eigentümer der streitigen Parzelle zu sein. Es handelt sich demnach um einen privatrechtlichen Eigentumsstreit im eigentlichen Sinne.

Nicht beizupflichten ist aber der sachlichen Beurteilung, die der Berufungsrichter dem Streitfall hat angedeihen lassen. Unstreitig handelt es sich um ein Grundstück, das — im Verhältnis zum Flusse — schon seit dem Jahre 1879 als selbständiges Landgrundstück besteht. Von der Annahme ausgehend, daß hier eine Anlandung im Sinne der Bestimmungen des preußischen Strombauverwaltungsgesetzes vom 20. August 1883 in Frage stehe, wenden beide Vorinstanzen Vorschriften dieses Gesetzes an, das Landgericht ohne jede Erörterung, weshalb dem Gesetze Rückwirkung auf einen Tatbestand von 1879 zukomme, das Kammergericht mit der Begründung, es ergebe sich aus der Vorschrift des § 5 Abs. 2 daselbst, daß § 5 Abs. 3 auch für schon vor dem Inkrafttreten des Gesetzes erfolgte künstliche Anlandungen gelte. Inwieweit dieser Begründung für eine Rückwirkung des Gesetzes vom 20. August 1883 beigetreten werden könnte (vgl. dazu Mahraun Das Strombauverwaltungsgesetz § 5 Anm. 3, bes. Abs. 3, S. 18), bedarf hier nicht der Entscheidung. Denn um eine Anlandung im Sinne der Vorschriften dieses Gesetzes handelt es sich im vorliegenden Fall überhaupt nicht, sodaß seine Anwendung schon aus diesem Grunde entfällt. Nach seinen Eingangsworten hat § 5 des Gesetzes Anlandungen im Auge, die infolge von Anlagen der in § 3 gedachten Art, d. h. Deckwerken, Buhnen, Kupierungen oder anderen Stromregulierungswerken, „entstehen", also sog. künstliche (vgl. Abs. 4 das.) oder künstlich herbeigeführte Anlandungen im Gegensatz zu den natürlichen, die ohne menschliche Nachhilfe durch allmähliche Anspülung (§ 225 ALR. I 9) sich von selbst bilden und, wo das Gesetz von Anlandungen überhaupt spricht (§§ 8, 11), darunter mitbegriffen werden. Auch die künstlichen Anlandungen haben aber, wie der Ausdruck des Gesetzes zeigt, zur begrifflichen Voraussetzung, daß sie „entstehen", d. h. daß sie sich zwar unter menschlichem Zutun bilden, jedoch ohne unmittelbare Erschaffung durch menschliche Arbeit. An- oder Aufschüttungen dagegen, die unmittelbar durch menschliche Bodenbewegung geschaffen werden, fallen nicht unter den Begriff der Anlandung und sind als solche im Gesetz vom 20. August 1883 nicht Gegenstand einer Regelung gewesen. Sie mögen zwar bei Deckwerken, Buhnen, Kupierungen oder anderen Stromregulierungswerken tatsächlich vorkommen, werden aber insoweit im Gesetz nicht als rechtlicher Sonderbegriff behandelt, und es beruht auf Rechtsirrtum, wenn das Berufungsgericht auf eine An- oder Aufschüttung, die behufs bloßer Beseitigung ausgehobenen Bodens erfolgt, das Gesetz vom 20. August 1883 schon deshalb für anwendbar erachtet, weil die Ausbaggerung aus Anlaß einer Stromregulierungsarbeit geschah. Die Schiffbarmachung eines Wasserlaufteils, mag sie auch in Erweiterung der Fahrstraße bestehen, ist, als Ganzes betrachtet, kein Stromregulierungswerk oder (allgemeiner) keine Anlage im Sinne des § 3 des Gesetzes, wo vielmehr darunter einzelne Erdbauten verstanden werden. Es entspricht weder dem sprachlichen Ausdruck noch dem Sinn des Gesetzes, unter den „Anlandungen, die infolge von Anlagen der im § 3 gedachten Art entstehen", An- oder Aufschüttungen mitzubegreifen, die an einem von der Stelle der Stromregulierung räumlich getrennten Orte mit dem von dort wegzubringenden Baggerboden nur nebenher geschaffen werden. Das Gesetz vom 20. August 1883 hat hiernach für den Streitfall ganz außer Betracht zu bleiben (RGZ. Bd. 71 S. 66).

Als künstlich geschaffenes neues Landgrundstück schied die streitige Parzelle, wie der Kläger mit Recht ausführt, aus dem Bereich des öffentlichen Flusses und damit aus dem gemeinen Eigentum des Staates aus (§ 21 ALR. II 14). Sie wurde deshalb aber auch nicht mehr — wie gegen eine andere Ausführung des Klägers zu sagen ist — von der Rechtsänderung ergriffen, vermöge deren seit dem Inkrafttreten des preußischen Wassergesetzes vom 7. April 1913 privatrechtliches Eigentum des Preußischen Staates am Wasserlauf der Spree einschließlich des Flußbettes entstand (§ 7 das.). Auf diese Änderung der Gesetzgebung kann daher der Kläger seinen Eigentumsanspruch nicht gründen.

Hatte aber die streitige Parzelle durch ihre Aufhöhung mit Naturnotwendigkeit (RGZ. Bd. 71 S. 63) die Eigenschaft einer dem Verkehr entzogenen Sache verloren und die Befähigung erlangt, Gegenstand freien Privateigentums zu sein, so unterlag sie, insofern sie zunächst herrenlos war, dem Aneignungsrecht des Staates; den Stromanliegern (Ufereigentümern) dagegen stand in Ansehung solcher Aufschüttungsgrundstücke nach dem Allg. Landrecht kein Aneignungsrecht zu (§ 8 ALR. I 9; §§ 3, 8 ALR. II 16; vgl. RGZ. Bd. 28 S. 209, Bd. 71 S. 63, auch Bd. 87 S. 26). Nach § 8 ALR. II 16 konnte der Staat Grundstücke, die noch niemandes Eigentum gewesen, für sich selbst in Besitz nehmen, aber auch an andere sowohl zum Eigentum als zur Nutzung überlassen; nach § 9 das. mußte aber, wer das Eigentum eines bisher herrenlosen Grundstücks durch eine stillschweigende Einwilligung des Staates erlangt zu haben behauptete, einen 44jährigen ruhigen Besitz (oder den Besitzstand des Jahres 1740) nachweisen. Zu der Behauptung des Klägers, daß er sich die streitige Parzelle im Sinne des § 8 ALR. II 16 angeeignet habe, ohne sie einem anderen zu überlassen, haben die Vorinstanzen bisher nicht Stellung genommen. Diese tatsächliche Frage läßt sich von hier aus nicht entscheiden. Es bedarf daher der Zurückverweisung der Sache zu anderweitiger tatsächlicher Erörterung. Hierbei ist auf folgendes hinzuweisen: Nach dem Parteivortrag ist zwar der Satz in den Entscheidungsgründen des Berufungsurteils „eine tatsächliche Besitznehmung (§ 7 ALR. I 9) behaupte der Kläger selber nicht" insoweit nicht zu beanstanden, als der Kläger nicht in Anspruch genommen hat, noch nach Beendigung der Aufschüttung auf dem Grundstück selbst äußere Besitzhandlungen vorgenommen zu haben. Daß er aber damit zugeben wollte, niemals Besitzer des neuen Grundstücks geworden zu sein, widerlegt sich schon durch seine Ausführung, wonach er in der Aufschüttung selbst die Besitzergreifungs- und Aneignungshandlung sieht, die ihn nach § 8 ALR. II 16 zum Eigentümer gemacht habe. Er hat weiter ausgeführt, daß erforderlichenfalls auch in der Inanspruchnahme des Eigentums bei Gelegenheit der Verkaufsverhandlungen von 1890/91, ferner in der damals von ihm veranlaßten katastermäßigen Aufnahme und Vermessung des Grundstücks und schließlich auch in der Erhebung der Klage Aneignungshandlungen zu sehen seien. Auf der anderen Seite wird das Berufungsgericht zu prüfen haben, ob nicht eine wirksame Überlassung der streitigen Parzelle durch den Fiskus an einen Rechtsvorgänger der Beklagten oder an diese selbst — zum Eigentum oder zur Nutzung — stattgefunden hat.

Die Möglichkeit des Eingreifens provinzialrechtlicher Besonderheiten hat das Berufungsgericht bisher nicht erörtert. Eine irrevisible Verneinung des Bestehens von solchen liegt darin nicht. Auch diese Prüfung wird geeignetenfalls nachzuholen sein (vgl. §§ 244, 270 ALR. I 9 sowie das in Strieth. Arch. Bd. 81 S. 73 abgedr. Erkenntnis des Obertribunals vom 24. November 1870).

12. Zur Anwendung des § 892 BGB.

V. Zivilsenat. Urt. v. 10. Dezember 1930 i. S. Emil M. (Bekl.) w. H. (Kl.). V 412/29.

I. Landgericht I Berlin.
II. Kammergericht daselbst.

Die Klägerin begehrt die Löschung einer für den Beklagten auf ihrem Grundstück eingetragenen Grundschuld von 10000 RM., die sie als von einem Unbefugten bestellt nicht als wirksam gelten lassen will. Das Grundstück war von dem Ehemann der Klägerin an die Aktiengesellschaft T. veräußert worden; die Klägerin hat jedoch als Erbin ihres Mannes mit der Behauptung, daß ungenehmigter Schwarzverkauf vorgelegen habe, die Wiedereintragung als Eigentümerin für sich erstritten. Inzwischen hatte ein Bruder des Beklagten, Eugen M., als Bevollmächtigter jener Aktiengesellschaft das Grundstück am 12. Juni 1924 mit der streitigen Grundschuld belastet zugunsten einer Grundstücksgesellschaft mbH. W.-Fr., deren einziger Gesellschafter und Geschäftsführer er war. Von dieser hat durch Abtretung vom 5. August 1927 der Beklagte die Grundschuld erworben.

Das Landgericht hat die Klage abgewiesen; das Kammergericht dagegen hat den Beklagten verurteilt, die Löschung der Grundschuld zu bewilligen. Die Revision des Beklagten hatte Erfolg.

Gründe:

Von seinem Standpunkt aus mit Recht hat der Berufungsrichter die Frage ungeprüft gelassen, ob die Rechtsvorgängerin des Beklagten, die Grundstücksgesellschaft mbH. W.-Fr. (weiterhin nur Grundstücksgesellschaft genannt) beim Erwerbe der streitigen Grundschuld im Juni 1924 die damals bestehende Unrichtigkeit des Grundbuchs, nämlich das Nichteigentum der die Grundschuld bestellenden Aktiengesellschaft T. (im folgenden als Aktiengesellschaft bezeichnet) gekannt und infolgedessen für ihre Person die Grundschuld nicht wirksam erworben habe. Denn der Vorderrichter hält den § 892 BGB. unter den Umständen des vorliegenden Falls wegen Gleichheit der auf beiden Seiten der Grundschuldbestellung beteiligten Personen für überhaupt unanwendbar und hat deshalb die erst bei grundsätzlicher Anwendbarkeit des § 892 auftauchende Frage, ob im Einzelfall dem öffentlichen Glauben des Grundbuchs Kenntnis seiner Unrichtigkeit entgegenstehe, für hier nicht erheblich erachtet. Das Berufungsgericht hat geglaubt, damit die Grenzen zulässiger Ausdehnung der Rechtsprechung nicht zu überschreiten, die in Fällen solcher Art, wie sie der Entscheidung des erkennenden Senats vom 26. November 1927 (RGZ. Bd. 119 S. 126) zugrunde lagen, den Grundsatz des öffentlichen Glaubens des Grundbuchs nach dessen Grundgedanken und Zweck eingeschränkt hat. Einer so weitgehenden Einschränkung, wie sie das Berufungsgericht vertritt, kann aber nicht beigepflichtet werden.

In Berücksichtigung einer mit der äußeren rechtlichen Gestaltung nicht übereinstimmenden wirtschaftlichen Sachlage hat der Vorderrichter bei seiner Entscheidung die Tatsache, daß die eingetragene Grundstückseigentümerin und Grundschuldbestellerin, die Aktiengesellschaft, als Person von der Erwerberin der Grundschuld, der Grundstücksgesellschaft, durchaus verschieden war, außer acht lassen zu dürfen geglaubt. Er hat als ausschlaggebend angesehen, daß der wirtschaftliche Beherrscher des Grundstücks, Eugen M., dem der Anspruch auf Auflassung des Grundstücks von dem Bankier R., einem Aktionär der Aktiengesellschaft, in dessen Auftrag diese das Grundstück erworben hatte, abgetreten, und dem von dieser Gesellschaft selbst unwiderrufliche Vollmacht zu dessen Belastung und Veräußerung erteilt war, zugleich alleiniger Gesellschafter und Geschäftsführer der die Grundschuld erwerbenden Gesellschaft gewesen war. Dabei hat er in Ansehung der wirtschaftlichen Herrschaft über das Grundstück dem Umstand keine Bedeutung beigemessen, daß der Abtretung des Auflassungsanspruchs von R. an Eugen M. die erforderliche behördliche Genehmigung mangelte. Diese Erstreckung eines an sich berechtigten Rechtsgedankens überschreitet aber in der Beiseiteschiebung der bestehenden rechtlichen Gestaltung die zulässige Grenze. Auf der Erwerberseite würde allerdings die formale rechtliche Verschiedenheit zwischen der Grundstücksgesellschaft und Eugen M. als ihrem alleinigen Gesellschafter kein Hindernis für die Ausschaltung des § 892 BGB. bilden (RGZ. Bd. 119 S. 126). Für die Veräußererseite aber kann nach den Umständen des Falls dem Berufungsgericht nicht zugegeben werden, daß Eugen M. in solchem Grade (wirtschaftlicher) Herr des Grundstücks gewesen sei, daß es erlaubt erschiene, unter Nichtbeachtung des Eigentums der Aktiengesellschaft Personengleichheit auf beiden Seiten des Rechtsgeschäfts der Grundschuldbegründung anzunehmen. Ob die Sache etwa anders zu beurteilen wäre, wenn R. oder Eugen M. nicht nur Auftraggeber der Aktiengesellschaft, sondern deren Treugeber im engeren Sinn der Rechtsprechung des Reichsgerichts (RGZ. Bd. 84 S. 214, Bd. 91 S. 12, Bd. 92 S. 341) gewesen wären, dergestalt, daß sie das Grundstück als Bestandteil ihres Vermögens der Aktiengesellschaft erst anvertraut hätten und demgemäß in deren Konkurs aussonderungsberechtigt oder einer Zwangsvollstreckung gegenüber widerspruchsberechtigt gewesen wären, oder dann, wenn zu ihren Gunsten eine die Aktiengesellschaft in der Verfügung beschränkende Auflassungsvormerkung im Grundbuch eingetragen gewesen wäre, bedarf hier nicht der Entscheidung, da der Fall nicht so liegt. Die Aktiengesellschaft hatte das Grundstück nur im Auftrage des R. von dritter Seite, nämlich vom Ehemann der Klägerin erworben. Eine Auflassungsvormerkung war nach dem Tatbestande der Vorinstanzen zugunsten des R. oder des Eugen M. nicht eingetragen. Durch die Ansprüche aus dem Auftrage war die Aktiengesellschaft nur schuldrechtlich gebunden. Auch durch die Erteilung der Vollmachten war sie, von schuldrechtlicher Bindung abgesehen, nicht gehindert, ihrerseits über das Grundstück noch frei zu verfügen. Dazu kommt, daß sie, wie sie es später auch mit Erfolg getan hat, dem Eugen M. die mangelnde behördliche Genehmigung seines Abtretungserwerbes von R. entgegensetzen konnte. Bei solcher Sachlage kann die Ausschaltung des § 892 BGB. nicht als gerechtfertigt anerkannt werden. Denn die Folge der Auffassung des Berufungsgerichts würde sein, daß derjenige, der nur einen schuldrechtlichen Anspruch auf Übereignung eines Grundstücks gegen einen Beauftragten hat, falls er als dessen unwiderruflich bevollmächtigter Vertreter das auf den Namen des Beauftragten erworbene Grundstück an sich selbst auflassen oder zu eigenen Gunsten belasten wollte, dies niemals unter dem Schutze des öffentlichen Glaubens des Grundbuchs tun könnte, sich vielmehr in bezug auf bestehende Unrichtigkeiten des Grundbuchs, sofern nicht schon sein Vormann geschützt wäre, rechtlich immer so behandeln lassen müßte, als ob er schon als Eigentümer eingetragen wäre. Damit würde aber der Grundsatz des § 892 BGB., entgegen dem Grundgedanken der ihn einschränkenden Rechtsprechung, auch für echte Verkehrsgeschäfte außer Kraft gesetzt werden. Eine so weitgehende Einschränkung des § 892 hat auch der VI. Zivilsenat im Urteil vom 6. März 1930 (RGZ. Bd. 127 S. 341) abgelehnt, wobei dahingestellt bleiben kann, ob den hierher gehörigen Erwägungen in den Gründen dieser Entscheidung durchweg beigetreten werden könnte.

Mit der von ihm gegebenen Begründung konnte sich demnach das Berufungsgericht einer Prüfung der Frage nicht entziehen, ob zu der Zeit, als Eugen M. das Grundstück zugunsten der Grundstücksgesellschaft belastete, eine der Voraussetzungen vorlag, welche nach § 892 BGB. den grundsätzlich zugunsten der Erwerberin wirksam werdenden öffentlichen Glauben des Grundbuchs hinsichtlich des Eigentums der Grundschuldbestellerin aufhoben, wie dies die Klägerin behauptet. Denn wenn das Berufungsgericht zur Verneinung dieser Frage gelangte, so erledigte sich die weitere Frage, ob der Beklagte bei seinem Erwerbe der Grundschuld von der Grundstücksgesellschaft gutgläubig war, dadurch, daß bereits ein unanfechtbarer Rechtserwerb seiner Rechtsvorgängerin vorlag. Die Notwendigkeit der Nachholung jener tatsächlichen Feststellung führt zur Aufhebung der Vorentscheidung und zur Zurückverweisung der Sache an die Vorinstanz. (Folgen Ausführungen für den Fall, daß das Berufungsgericht wiederum zur Verneinung eines wirksamen Erwerbs der Grundschuld durch die Grundstücksgesellschaft gelangen sollte.)

---

13. Unter welchen Voraussetzungen haftet die Krankenkasse dem Kassenmitglied für die Folgen der unrichtigen Begutachtung durch den mit der Nachuntersuchung beauftragten Vertrauensarzt? Befreit sorgfältige Auswahl des Vertrauensarztes von der Haftung?

BGB. §§ 831, 276, 278, 254.

IX. Zivilsenat. Urt. v. 8. November 1930 i. S. P. (Kl.) w. Allg. Ortskrankenkasse in W. (Bekl.). IX 46/30.

I. Landgericht Elberfeld.
II. Oberlandesgericht Düsseldorf.

Der Kläger war ursprünglich gesetzlich, später freiwillig Mitglied der verklagten Krankenkasse. Auf einer Reise nach seiner württembergischen Heimat erkrankte er im April 1925 in G. und wurde dort von dem praktischen Arzt Dr. S. behandelt. Die Beklagte gewährte dem Kläger zunächst Krankengeld und die Kosten der ärztlichen Behandlung, forderte aber Mitte Juni 1925 den Kläger auf, in den (im Rheinland gelegenen) Kassenbezirk zurückzukehren, falls er über den 30. Juni 1925 hinaus als krank behandelt sein wolle. Der Kläger kehrte darauf zurück und meldete sich am 26. Juni 1925 bei der Beklagten, die ihn im Hinblick auf seine Angabe, daß er noch nicht völlig wiederhergestellt sei, an ihren Vertrauensarzt Dr. V. zur Untersuchung überwies. Dieser Arzt erklärte in einer Bescheinigung vom gleichen Tage, daß der Kläger gesund und arbeitsfähig, daß insbesondere auch kein krankhafter Lungenbefund festzustellen sei. Die Beklagte stellte darauf mit sofortiger Wirkung ihre Leistungen ein. Der Kläger begab sich nun zu Verwandten nach Schlesien. Hier ließ er sich von dem Facharzt Dr. W. am 27. August 1925 untersuchen, nachdem er einen Blutsturz erlitten hatte. Dieser Arzt stellte eine fortgeschrittene tuberkulöse Lungenerkrankung fest und bescheinigte nach einer Röntgendurchleuchtung, daß dieses Leiden des Klägers schon längere Zeit in der Entwickelung begriffen sei, auch bei einigermaßen sorgfältiger Untersuchung schon drei Monate zuvor von Dr. V. unbedingt hätte erkannt werden müssen, sowie daß bei rechtzeitiger Erkenntnis und sachgemäßer Behandlung das Leiden zweifellos zum Stillstand gekommen sein würde.

Inzwischen hatte sich der Kläger über die Entscheidung der Beklagten zunächst vergeblich beschwert, dann aber im Klagewege beim Versicherungsamt in O. für die Zeit seit dem 27. August 1925 und schließlich beim Oberversicherungsamt in D. seit dem 20. April 1925 Krankenhilfe auf die Dauer von 39 Wochen zugesprochen erhalten. Der Kläger behauptet, sein Leiden habe sich infolge ungenügender Behandlung wesentlich verschlimmert, sodaß er bis auf weiteres völlig erwerbsunfähig sei. Die Beklagte habe ihre Fürsorgepflicht verletzt, insbesondere aber habe Dr. V., für dessen Verhalten die Beklagte einzustehen habe, fahrlässig infolge ungenügender Untersuchung des Klägers die ihm ungünstige Haltung der Beklagten verursacht. Diese sei ihm daher vertraglich wie auch aus unerlaubter Handlung schadensersatzpflichtig. Sie müsse ihm bis auf weiteres den entgangenen Jahresarbeitsverdienst mit jährlich 1500 RM. und außerdem jährlich 500 RM. als Ersatz der notwendigen Heilungskosten zahlen. Auf Zahlung dieser Beträge und Feststellung weiterer Schadensersatzpflicht der Beklagten ist die Klage gerichtet. Für die Behauptung schuldhaften Verhaltens der Organe und Angestellten der Beklagten hat der Kläger noch besonders vorgetragen, daß sie eine Bescheinigung des Dr. S. über die Notwendigkeit einer Röntgenuntersuchung nicht beachtet, auch sein gleichlautendes mündliches Verlangen unberücksichtigt gelassen hätten. Die Beklagte bestreitet jede Schadensersatzpflicht. Sie meint, daß sie sich auf die Untersuchung des Dr. V. und deren Ergebnis habe verlassen dürfen und demgemäß völlig einwandfrei gehandelt habe.

Das Landgericht hat auf einen Eid für den Kläger erkannt, daß er schriftlich und mündlich gegenüber der Beklagten betont habe, der behandelnde Arzt (Dr. S.) halte eine Röntgendurchleuchtung der Lungen für erforderlich. Auf die Berufung der Beklagten hat das Oberlandesgericht die Klage abgewiesen. Die Revision des Klägers führte zur Aufhebung und Zurückverweisung.

Gründe:

Das Oberlandesgericht erörtert zunächst die Zulässigkeit des Rechtswegs für die vom Kläger geltend gemachten Schadensersatzansprüche und bejaht diese mit zutreffenden Gründen. Die weiteren Ausführungen des Berufungsgerichts über die Haftung der Beklagten behandeln in erster Linie die Frage, ob die Organe der Beklagten, für deren Handlungen diese einzustehen hat, ein eigenes Verschulden trifft, namentlich ob sie Veranlassung gehabt hätten, eine fachärztliche Untersuchung des Klägers herbeizuführen, und ob sie schuldhaft die Leistungen an den Kläger verzögert haben, ganz besonders, nachdem das Gutachten des Dr. W. vorlag, und vor allem, nachdem der Spruchausschuß des Versicherungsamtes die Rechtsauffassung der Beklagten zurückgewiesen hatte, der Kläger sei der Mitgliedschaft durch Verzug in der Beitragsleistung verlustig gegangen. Diese Ausführungen bewegen sich im wesentlichen auf tatsächlichem Gebiete und sind auch von der Revision nicht angefochten worden. ...

Hiervon abgesehen ist es aber rechtlich zu beanstanden, wenn das Oberlandesgericht eine Haftung der Beklagten für ein etwaiges pflichtwidriges Verhalten des Dr. V. nach § 831 BGB. deshalb verneint, weil sie ihrer Pflicht genügt habe, indem sie den Kläger dem Dr. V. zur Untersuchung überwies und sich nach deren Ergebnis richtete; die Fürsorgepflicht der Krankenkasse erstrecke sich nicht auf die nach eigenem Ermessen getroffenen Entscheidungen des Arztes. Diese Auffassung ist verfehlt; denn sie berücksichtigt in keiner Weise die besondere Stellung des Vertrauensarztes, sondern verwechselt diese offenbar mit der Stellung des Kassenarztes. Letzterer erfüllt allerdings nicht die der Krankenkasse obliegende Fürsorgepflicht; er wird vielmehr den Kassenmitgliedern in Erfüllung dieser Pflicht nur zur Verfügung gestellt. Ob die Krankenkasse ihre Pflicht zur Gewährung von Krankenpflege durch Gewährung ärztlicher Behandlung (§ 182 Ziff. 1 RVO.) erfüllt hat, sobald sie diese Behandlung vertraglich sichergestellt hat, und inwieweit dabei die Krankenkasse für sorgfältige Auswahl der Kassenärzte und für deren Tätigkeit zu haften hat, bedarf im gegebenen Falle keiner Prüfung. Hier kommt es nur darauf an, daß die Stellung des Vertrauensarztes grundsätzlich eine völlig andere ist als die des behandelnden Kassenarztes. Der Vertrauensarzt gehört als solcher überhaupt nicht zu den Kassenärzten; seine nach den Bestimmungen des Reichsausschusses erfolgte Anstellung hat nach Abschn. VII Abs. 10 der Richtlinien des Reichsausschusses vom 12. Mai 1924 hauptsächlich den Zweck, Nachuntersuchungen im Interesse der Kasse vorzunehmen, wenn Zweifel an der Notwendigkeit weiterer Behandlung eines Kassenmitglieds bestehen. Da seine Entscheidung maßgebend ist, also die Arbeitsfähigkeit des Kassenmitglieds oder das Gegenteil verbindlich feststellt, so hat der Vertrauensarzt mit der Behandlung selbst nichts zu tun; er entscheidet nur, ob die Kasse weitere Leistungen zu bewirken hat. Der von der Krankenkasse mit der Nachuntersuchung eines Kassenpatienten beauftragte Vertrauensarzt ist daher von ihr zu einer Verrichtung bestellt, die der Krankenkasse im Rahmen ihrer Fürsorgepflicht selbst obliegt, und die sie nicht ohne weiteres auf einen anderen, den Vertrauensarzt, abschieben kann. Die Kasse haftet daher nach § 831 BGB. grundsätzlich für den Schaden, den dieser Arzt dem Patienten widerrechtlich zufügt. Daran ändert auch der Umstand nichts, daß die Krankenkasse nicht in der Lage ist, die erforderliche Untersuchung des Patienten durch ihre Organe vornehmen zu lassen, sondern sich dazu eines approbierten Arztes bedienen muß. Es kommt deshalb nur darauf an, daß der Arzt von der Krankenkasse mit der Vornahme der tatsächlich erfolgten Untersuchung beauftragt ist. Die Kasse haftet, wenn der Arzt bei Ausführung der Nachuntersuchung dem Patienten widerrechtlich Schaden zufügt. Daß er widerrechtlich handelt, wenn er die Untersuchung nicht mit der erforderlichen Sorgfalt vornimmt, kann nicht zweifelhaft sein. Einen solchen Mangel an Sorgfalt von seiten des Dr. V. hat der Kläger behauptet und unter Hinweis auf das Gutachten des Dr. W. unter Beweis gestellt. Es ist deshalb rechtsirrig, wenn das Oberlandesgericht glaubt, hierzu nicht Stellung nehmen zu müssen. Wie die Revision mit Recht betont, ist für diese Instanz die Behauptung des Klägers als richtig zu unterstellen, daß Dr. V. bei einigermaßen sorgfältiger Untersuchung das Leiden des Klägers (Tuberkulose) hätte erkennen müssen und daß dann bei sachgemäßer Behandlung das Leiden zum Stillstand gekommen wäre. Dann hat Dr. V. widerrechtlich gehandelt, um so mehr, als er tatsächlich — offenbar im Anschluß an den Befund des Arztes Dr. S., der den Kläger zuerst behandelte — die Untersuchung auf die Lunge des Klägers erstreckt und doch das Fehlen eines krankhaften Befundes bescheinigt hat. Der Arzt konnte nicht im Zweifel darüber sein, welche Folge seine Bescheinigung über den Gesundheitszustand des Klägers haben werde; die sorgfältige Untersuchung des Klägers war daher Rechtspflicht, ihre Unterlassung ein widerrechtliches Handeln. Das Oberlandesgericht geht hierauf gar nicht ein, sondern bemerkt nur, daß ein zum Schadensersatz verpflichtendes Verhalten des Dr. V. nicht vorliege, wie rechtskräftig im Vorprozeß diesem gegenüber festgestellt worden sei. Diese Begründung ist verfehlt, weil dem Urteil jenes Vorprozesses hier keinerlei Rechtskraft zukommt, wie keiner näheren Begründung bedarf. Es ist übrigens zweifelhaft, ob sich das Berufungsgericht den maßgeblichen Erwägungen des Vorprozeßurteils anschließen will, die einen ursächlichen Zusammenhang zwischen der Untersuchung des Klägers auf Arbeitsfähigkeit und dem weiteren Verhalten der Beklagten verneinen. Sowohl diese Ausführungen wie auch die weitere Annahme im Vorprozeß, es komme auf ein Verschulden des Dr. V. nicht an, unterliegen jedenfalls erheblichen Bedenken.

Abwegig ist auch die Unterscheidung des Oberlandesgerichts, daß die Untersuchung des Dr. V. sich nur auf die Arbeitsfähigkeit des Klägers, nicht auf dessen sonstigen Gesundheitszustand bezogen habe. Arbeitsfähig ist nur der Versicherte, der ohne Gefährdung seiner Gesundheit arbeiten kann. Nun ist es allerdings richtig, daß die Arbeitsfähigkeit hier nur relativ, d. h. in Beziehung auf die besondere Berufsarbeit des Klägers zu prüfen war. In dieser Beschränkung kommt es aber bei einer Nachuntersuchung durch den Vertrauensarzt nicht nur darauf an, ob diejenigen Krankheitserscheinungen beseitigt sind, die zur Krankmeldung geführt haben, sondern auch darauf, ob nicht sonstige Krankheitserscheinungen erkennbar geworden sind, welche die Arbeitsfähigkeit aufheben. Zu solcher Prüfung lag nach dem Befund des Dr. S. aller Anlaß vor. So faßte auch Dr. V. mit Recht seine Aufgabe auf, indem er bei dem Kläger eine Lungenuntersuchung vornahm. Muß man aber unterstellen, daß er dabei oberflächlich verfuhr, nicht mit der genügenden Sorgfalt untersuchte, so handelte er widerrechtlich und fügte dadurch dem Kläger Schaden zu, wenn es, wie weiter unterstellt werden muß, richtig ist, daß bei damaliger Erkenntnis des Leidens eine Heilung oder mindestens eine Verhinderung weiterer Verschlimmerung möglich war.

Die Beklagte versucht allerdings durch ihren Einwand, daß sie zu einer Heilstättenbehandlung überhaupt nicht verpflichtet sei, den ursächlichen Zusammenhang zwischen ihrem schuldhaften Verhalten und dem Schaden des Klägers zu leugnen, jedoch vergeblich. Unterstellt man, daß schon Dr. V. das Untersuchungsergebnis des Dr. W. gefunden hätte, so wäre zu prüfen gewesen, ob nicht die Beklagte die Aufnahme des Klägers in eine Lungenheilstätte angeordnet hätte, falls eine andere Art der Behandlung nicht ausreichend erschienen wäre, und ob sich nicht notfalls der Kläger bei ablehnender Haltung der Beklagten an die zuständige Versicherungsanstalt der Invalidenversicherung hätte wenden und diese zum Eingreifen gemäß §§ 1518, 1269, 1270, 1305 RVO. hätte veranlassen können. Es muß damit gerechnet werden, daß die Versicherungsanstalt die nach ärztlichem Urteil erforderliche Heilstättenbehandlung angeordnet hätte. Keinesfalls aber kann man ohne weiteres annehmen, daß der Kläger trotz ärztlicher Bescheinigung ohne die sein Leiden zum Stillstand bringende ärztliche Behandlung geblieben wäre. Verhindert wurde dies offenbar durch die Bescheinigung des Dr. V. Dann ist der ursächliche Zusammenhang gegeben.

Die Beklagte könnte sich deshalb von der aus § 831 BGB. folgenden Haftung nur durch den Nachweis sorgfältiger Auswahl des Vertrauensarztes befreien. Hierüber läßt das angefochtene Urteil jede Erörterung vermissen. Zwar erwähnt es, daß Dr. B. von der Beklagten als gewissenhaft bezeichnet werde und daß gegen seine Zuverlässigkeit keine faßbaren Einwände geltend gemacht seien. Das ist aber keine Würdigung des Entschuldigungsbeweises, den die Beklagte zu führen hat; dieser Beweis hat sich positiv mit den Maßnahmen zu beschäftigen, welche sie bei der Auswahl ihres Vertrauensarztes zu treffen hatte. Das Oberlandesgericht verkennt, daß nicht der Kläger, sondern die Beklagte beweispflichtig ist, daß nicht ohne weiteres jeder praktische Arzt gewählt werden kann, um die Beklagte des Beweises sorgfältiger Auswahl zu überheben, und daß schließlich der dem Dr. B. im vorliegenden Fall gemachte Vorwurf völlig ausreicht, um Bedenken gegen seine Eignung zum Vertrauensarzt und demgemäß wohl auch gegen eine sorgfältige Auswahl zu rechtfertigen. Ob allerdings nicht vielleicht die bei der Bestellung des Vertrauensarztes erforderliche Mitwirkung der Arztvertretung (Nr. 6 der Bestimmungen des Reichsausschusses vom 14. November 1925) hier ausreichen würde — eine Frage, die das Berufungsgericht nicht erwähnt, — kann dahingestellt bleiben, weil das Urteil aus einem anderen Grunde aufgehoben werden muß und deshalb die Haftung der Beklagten aus § 831 BGB. überhaupt keine entscheidende Rolle spielt. Denn mit Grund rügt die Revision weiter, daß der Vorderrichter zu Unrecht eine Haftung aus § 278 BGB. abgelehnt hat. Daß diese Vorschrift und demgemäß auch § 276 BGB. nicht nur auf privatrechtliche, sondern auch auf öffentlichrechtliche Vertragsverhältnisse Anwendung zu finden hat, ist in der Rechtsprechung des Reichsgerichts anerkannt (RGZ. Bd. 112 S. 293, Bd. 113 S. 296, Bd. 118 S. 41, Bd. 120 S. 163), sofern nicht die Besonderheit des öffentlichrechtlichen Vertragsverhältnisses eine Ausnahme im einzelnen Falle rechtfertigt. Dafür liegt hier nicht der geringste Anlaß vor. Im Gegenteil muß angenommen werden, daß Maßregeln einer Krankenkasse wie die vorliegende, also die ausdrückliche Überweisung eines Kassenpatienten an den Vertrauensarzt zur Nachuntersuchung auf Arbeitsfähigkeit, über das öffentlichrechtliche Verhältnis der allgemeinen Fürsorgepflicht hinaus eine besondere

Verpflichtung bestimmten Inhalts, nämlich zu sorgfältiger, sachgemäßer Untersuchung begründen. Damit wird ein öffentlichrechtliches Vertragsverhältnis begründet, dessen Zweck keineswegs erreicht werden könnte, wenn man den in § 278 BGB. enthaltenen Rechtsgrundsatz hier außer Anwendung lassen wollte. Denn auch die von der Krankenkasse angeordneten besonderen Untersuchungen der Versicherten sind niemals reine Verwaltungsmaßregeln, sondern dienen letzten Endes nur der Erfüllung der der Kasse obliegenden öffentlichrechtlichen Vertragspflicht, nämlich der Fürsorge für erkrankte Kassenmitglieder. Deshalb ist es auch unerheblich, ob es sich um pflichtmäßig versicherte oder um freiwillig beigetretene Mitglieder handelt (vgl. RGUrt. vom 2. Juli 1929 III 482/28, abgedr. HRR. 1929 Nr. 2103). Vielmehr haftet die Krankenkasse in beiden Fällen für die Tätigkeit des Vertrauensarztes nach § 278 BGB., ohne daß die Kasse in der Lage wäre, sich darauf zu berufen, daß sie bei der Auswahl des Arztes sorgfältig gehandelt habe. Nebenbei mag bemerkt werden, daß dieser Grundsatz nicht nur für diejenigen Handlungen des Vertrauensarztes, die unter der Herrschaft der Richtlinien von 1924 vorgenommen wurden, sondern ebensosehr für diejenige Tätigkeit gilt, die nach Erlaß der zur Zeit gültigen Vertragsrichtlinien vom 14. November 1928 ausgeübt wird. Denn diese Vorschriften decken sich, soweit es hier darauf ankommt, mit den älteren Bestimmungen nach Zweck und Inhalt und beruhen in gleicher Weise auf dem in § 368e RVO. zum Ausdruck gebrachten Gedanken, Einrichtungen zu treffen, die zur Sicherung der Kasse gegen eine unnötige und übermäßige Inanspruchnahme der Krankenhilfe erforderlich sind.

Geht man von diesen rechtlichen Grundsätzen aus, so besteht kein Zweifel, daß das Oberlandesgericht die Frage nicht dahingestellt lassen durfte, ob Dr. V. fahrlässigerweise den Kläger nur oberflächlich untersucht hat, jedoch bei genügender Sorgfalt dessen tuberkulöse Erkrankung hätte erkennen müssen. Daß zur Verneinung der Frage nicht auf die Rechtskraft des Vorprozeßurteils verwiesen werden kann, ist bereits gesagt. Es fehlt daher jede Prüfung der Frage.

Rechtsirrig ist schließlich auch die Anwendung des § 254 BGB. zuungunsten des Klägers. Er soll die Verschlimmerung seines Leidens dadurch selbst verschuldet haben, daß er sich nicht alsbald nach der Ablehnung der Beklagten anderweit in ärztliche Behandlung begeben, sondern damit zwei Monate gewartet hat. Mit Recht sagt die Revision, daß sich der Kläger zunächst auf das Gutachten des Dr. V. verlassen durfte. Wenn er im Vertrauen auf dieses Gutachten von weiteren Maßnahmen zur Wiederherstellung seiner Gesundheit einstweilen absah, auch die Wiederaufnahme einer Tätigkeit nicht als gefährlich ansah, so kann man ihm daraus keinen Vorwurf machen. Es ist auch ohne weiteres einleuchtend, daß der Kläger gar nicht in der Lage war, die erforderliche Röntgenaufnahme vornehmen zu lassen oder sich in spezialärztliche Behandlung zu begeben. Dazu fehlten ihm die Mittel. Wenn er schließlich aus Anlaß eines Blutsturzes doch einen Facharzt zu Rate zog, so beweist das nichts für eigenes Verschulden des Klägers, sondern rechtfertigt die sehr naheliegende Annahme, daß er in dieser äußersten Not von seinen Verwandten mit Geldmitteln unterstützt wurde.

---

14. Inwieweit ist ein Wettbewerb mit Reklamesätzen statthaft, die im Komparativ gefaßt sind?

UnlWG. §§ 1, 3, 14. BGB. § 826.

II. Zivilsenat. Urt. v. 12. Dezember 1930 i. S. Li. Werke AG. (Bekl.) w. Le. Werke GmbH. (Kl.). II 172/30.

I. Landgericht Dresden.
II. Oberlandesgericht daselbst.

Die Parteien stehen im Wettbewerb beim Vertrieb von Zahnpasta und Mundwasser. Die Klägerin bringt ihre Erzeugnisse unter dem Namen „Chlorodont", die Beklagte die ihrigen unter dem Namen „Odol" in den Handel. Seit Jahren ließ die Klägerin eine Anzahl Berliner Kraftomnibusse — ihrer Behauptung nach 60 — zur Reklame mit dem Worte „Chlorodont" versehen. Die Beklagte brachte seit Herbst 1928 ebenfalls an zehn solchen Omnibussen ihre Reklame an, wobei sie an den Stirnseiten das Wort „Odol", an den Längsseiten Schilder mit der Aufschrift „. . . ja, aber Odol ist besser" verwendete. Die Klägerin sieht darin unlauteren Wettbewerb im Sinne von §§ 1, 3, 14 UnlWG., § 826 BGB., indem sie behauptet, daß im Berliner Straßenverkehr häufig Omnibusse mit der beiderseitigen Reklame zusammenträfen, und so der Satz „. . . ja, aber Odol ist besser" vom Publikum auf ihr Chlorodont bezogen werde, wie dies auch die Beklagte beabsichtige. Sie verlangt daher mit der Klage, daß der Beklagten die fernere Omnibusreklame mit dem erwähnten Satz verboten werde. Die Beklagte hält ihre Reklame für eine einwandfreie, keinen Vergleich mit Erzeugnissen des Wettbewerbs enthaltende Anpreisung ihres Odols, von dem sie nie behauptet habe, daß es besser als Chlorodont sei.

Das Landgericht hat die Beklagte antragsgemäß verurteilt. Das Oberlandesgericht hat ihre Berufung mit der Maßgabe zurückgewiesen, daß das Verbot nur so lange gelte, als die Klägerin die Aufschrift Chlorodont auf Berliner Kraftomnibussen verwende. Auf die Revision der Beklagten hat das Reichsgericht die Klage abgewiesen aus folgenden

Gründen:

Nach der Meinung des Berufungsgerichts fällt der Beklagten ein Verstoß gegen §§ 1, 3, 14 UnlWG., § 826 BGB. zur Last, weil sie durch die Verwendung ihres für sich allein nicht zu beanstandenden Reklamesatzes „. . . ja, aber Odol ist besser" im Berliner Omnibusverkehr mit Bewußtsein die Möglichkeit einer Beziehung dieses Satzes auf das gleichfalls an Berliner Omnibussen angepriesene Chlorodont der Klägerin herbeigeführt, damit aber einen Wertvergleich der beiderseitigen Erzeugnisse beim Publikum hervorgerufen habe, dessen Richtigkeit sie selbst nicht behaupte. Diese Erwägungen sind nicht frei von rechtlichen Bedenken. Die Beklagte hat den fraglichen Satz schon vor der Verwendung im Berliner Straßenverkehr als Reklame benutzt. Er findet sich z. B. in der Nummer 261 der „B. Z. am Mittag" vom 7. Oktober 1927 inmitten des redaktionellen Teils außerhalb des Raumes für sonstige Anzeigen. Die beanstandete Reklame war also von vornherein nicht auf bestimmte Wettbewerbsgegner der Beklagten zugeschnitten. Ein Zusammentreffen mit Reklamen von Wettbewerbsfirmen, wie es an den Berliner Omnibussen vorgekommen ist, war an sich in jedem Zeitungsblatt, an jeder Plakatsäule und dergl. möglich, ohne daß eine besondere Absicht der Beklagten vorzuliegen brauchte. Die Frage, ob dies einwandfrei war, ist somit nicht sowohl aus der an sich gewiß nicht belanglosen Willensrichtung der Beklagten, als vielmehr in erster Linie danach zu beantworten, ob eine derartige vergleichende Reklame mit Rücksicht auf die dadurch dem Publikum gebotenen Vergleichsmöglichkeiten überhaupt im Wettbewerb für zulässig zu halten ist. Zwischen Komparativ und Superlativ besteht in bezug auf das in ihnen enthaltene Vergleichsmoment an sich nur ein Gradunterschied, insofern dieser die fragliche Eigenschaft dem damit bezeichneten Gegenstand in noch höherem Maße beilegt als jener. In Wirklichkeit kann die in den Ausdrücken liegende Beurteilung die gleiche sein, sofern es auf dasselbe hinausläuft, ob man z. B. eine Ware gegenüber allen anderen oder gegenüber einer Mehrzahl von anderen, ja auch, wie der Sprachgebrauch häufig ergibt, gegenüber nur einer bestimmten anderen als die beste oder die bessere bezeichnet. In beiden Fällen kann darin eine tatsächliche Beschaffenheitsangabe oder ein bloßes Werturteil enthalten sein; es ist aber auch möglich, daß damit nur eine reklamehafte Übertreibung zum Ausdruck gebracht werden soll. So hat sich, wie die Revision mit Recht hervorhebt, der Verkehr vielfach daran gewöhnt, Reklamen im Superlativ als marktschreierische Anpreisungen ohne tatsächlichen Hintergrund hinzunehmen, sodaß diese Form der Reklame als nur noch wenig wirksam gilt. Der Satz „. . . ja, aber Odol ist besser" ergibt für sich allein keinen Sinn, ein Vergleichsgegenstand wird nicht genannt, und der in den Anfangsworten „ja, aber" liegende Gegensatz würde auch noch nicht erklärt, wenn man sich den Namen irgendeines Konkurrenzfabrikats allein vorangestellt dächte. Offenbar soll also dieser Satz, den, wie erwähnt, die Beklagte auch für sich allein als Zeitungsreklame gebraucht, schon für sich wirken, und es ist nicht zu verkennen, daß ihm die einleitenden Worte „ja, aber Odol" in ihrer überraschenden Eindringlichkeit etwas Schlagkräftiges geben. Gerade um seiner absonderlichen Fassung willen wird er dem Publikum auffallen; deshalb wird aber das Publikum auch geneigt sein, in diesem Satz nichts anderes zu sehen als eine eigentümliche Gestaltung rein formaler unpersönlicher Reklame. Es wird daher die Bezeichnung „besser" auch nicht anders bewerten als gewisse übertreibende Superlative und die Anpreisung eben dahin verstehen, daß Odol als „das Beste für die Zähne" bezeichnet werden soll, woran kein Anstoß zu nehmen wäre. Unter diesen Umständen kann das Zusammentreffen der Reklame der Beklagten mit der Chlorodontreklame der Klägerin an den Berliner Omnibussen nicht zu einer abweichenden Beurteilung führen. Bei der großen Gesamtzahl dieser Omnibusse, der verhältnismäßig kleinen der mit der

Reklame der Klägerin ausgerüsteten und der verschwindend geringen Zahl der die Reklame der Beklagten tragenden Wagen ist mit einem häufigeren, dem Publikum in die Augen springenden Zusammentreffen der beiden Reklamen, noch dazu auf einen längeren Zeitraum, ohnehin nicht zu rechnen. Jedenfalls wird dadurch an dem Charakter der Reklame der Beklagten als einer nur wirkungsvoll gefaßten, eines ernsthaften Hintergrundes entbehrenden und vom Publikum auch so beurteilten Anpreisung nichts geändert, und die Beklagte durfte, wenn sie die Reklame wirklich in dem Bewußtsein veranstaltete, daß dadurch die Möglichkeit eines Zusammentreffens von Odol- und Chlorodontreklame gegeben sei, damit rechnen, daß auch der am wenigsten intelligente Teil des Straßenpublikums den Satz „. . . ja, aber Odol ist besser" nicht als eine „Angabe", als eine irreführende tatsächliche Behauptung, verstehen, sondern als reklamehafte Satzbildung ohne eigentlichen Wesensgehalt zweifelsfrei erkennen werde.

Daher ist die Meinung des Berufungsgerichts abzulehnen, das den fraglichen Satz, allein gesehen, für einwandfrei erklärt, aber im Falle des Zusammentreffens mit der Reklame der Klägerin als dem unlauteren Wettbewerb unterfallend annimmt. Es liegt weder eine Zuwiderhandlung gegen §§ 1, 3, 14 UnlWG. noch eine solche gegen § 826 BGB. vor, und demgemäß ist auf Klagabweisung zu erkennen.

---

15. Ist eine im Rheinland unter der Herrschaft des Code civil getroffene Vereinbarung, daß eine Schuld in deutschen Reichsgoldmünzen zahlbar sei, als Goldmünzklausel oder als verschärfte Goldwertklausel zu deuten?

Code civil Art. 1156, 1162, 1602, 1654, 1895. Preuß. Ausführungsgesetz zum BGB. Art. 25. Verordnung des Bundesrats vom 28. September 1914 (RGBl. S. 417). AufwG. § 1.

VI. Zivilsenat. Urt. v. 15. Dezember 1930 i. S. E. (Bekl.) w. offene Handelsgesellschaft J. Kl. (Kl.). VI 825/29.

I. Landgericht Köln.
II. Oberlandesgericht daselbst.

Der Vater der Beklagten, Notar C. E., verkaufte am 1. August 1885 einen Teil seines Grundeigentums in Köln an den Maurermeister B. N. Der Kaufpreis von 14000 M. wurde unter Bildung einer Hypothek gestundet und war nach dem Vertrage „in deutschen Reichsgoldmünzen" zahlbar. Der Verkäufer behielt sich ferner das Recht vor, bei Nichterfüllung der den Kaufpreis betreffenden Verbindlichkeiten den Eigentumsübergang durch Auflösungsklage rückgängig zu machen. Bei der Anlegung des Grundbuchs im Jahre 1892 wurde die Hypothek, jedoch ohne den Vermerk „zahlbar in deutschen Reichsgoldmünzen", auf Grund des Kaufvertrags in Abteilung III, zugleich wurde das genannte Auflösungs- (Resiliations-) Recht in Abteilung II eingetragen. Seit dem 31. Januar 1899 ist die Klägerin Eigentümerin des Grundstücks. Sie zahlte am 30. Juni 1919 die Hypothek mit 14000 M. an die Beklagte aus, auf welche jene Rechte durch Erbgang übergegangen waren. Die Hypothek wurde am 15. August 1919 gelöscht, nicht jedoch das Auflösungsrecht. Die Klägerin verlangt jetzt Einwilligung der Beklagten in die Löschung dieses Rechts. Die Beklagte hält sich dazu nicht für verpflichtet, weil sie Zahlung in entwertetem Gelde erhalten habe. Nach ihrer Meinung ist wegen der Vereinbarung „zahlbar in deutschen Reichsgoldmünzen" der Kaufpreis erst dann getilgt, wenn er vollwertig bezahlt ist. Ein etwaiges Anerkenntnis der Tilgung, das in ihrer löschungsfähigen Quittung vom 23. Juli 1919 gefunden werden könnte, fordert sie wegen ungerechtfertigter Bereicherung der Klägerin zurück; sie beruft sich ferner auf eine im Jahre 1924 schriftlich erklärte Anfechtung wegen Irrtums. Die Klägerin sieht in jener Vereinbarung eine reine, durch die Bundesratsverordnung vom 28. September 1914 für unverbindlich erklärte Goldmünzklausel.

Beide Vorinstanzen verurteilten die Beklagte nach dem Klagantrag. Ihre Revision blieb erfolglos.

Gründe:

Ob die Beklagte verpflichtet ist, in die Löschung des auf Art. 1654 des Code civil beruhenden, durch Art. 25 des preußischen Ausführungsgesetzes zum Bürgerlichen Gesetzbuch als Anspruch mit Auflassungsvormerkung aufrechterhaltenen Auflösungsrechts zu willigen, hängt, wie die Vorinstanzen zutreffend angenommen haben, von der Auslegung der Vereinbarung „zahlbar in deutschen Reichsgoldmünzen" ab. Denn wenn die Schuld als gewöhnliche Geldschuld anzusehen ist, hat die Beklagte nach dem Aufwertungsgesetz nichts mehr zu beanspruchen. Ist die Schuld aber wertbeständig vereinbart, hat sie also nicht die Zahlung einer bestimmten Geldsumme zum Gegenstand, so findet das Aufwertungsgesetz (§ 1) keine Anwendung (vgl. JW. 1925 S. 1483 Nr. 8; AufwRspr. 1929 S. 489).

Das Berufungsurteil ergibt keinen Anhalt dafür, daß das Oberlandesgericht, wie die Revision meint, den leicht faßlichen, von der Beklagten eindringlich erörterten Sinn mißverstanden haben könnte, den sie mit der Klausel „zahlbar in deutschen Reichsgoldmünzen" verbunden wissen will. Schon daraus, daß es die Begriffsbestimmung der Goldmünz- und der Goldwertklausel in RGZ. Bd. 121 S. 111 wörtlich anführt und dann sagt, es müsse im Einzelfalle etwas besonderes hinzukommen, damit in einer Goldmünzklausel auch noch eine Goldwertklausel gefunden werden könne, ist zu entnehmen, daß das Berufungsgericht die Beklagte richtig verstanden hat. Ebenso wie die Revision versteht es die Behauptung der Beklagten dahin, daß die Klausel den Sinn habe, es solle nicht nur in Reichsgoldmünzen gezahlt werden, sondern vor allem auch der Wertbetrag dieser Münzen erhalten bleiben, also den Sinn einer verschärften Goldwertklausel, einer kumulativen Sicherung des Gläubigers, deren Bedeutung durch die dinglich wirkende Eintragung des Auflösungsrechts noch erhöht worden sei. Wenn anderseits das Berufungsgericht den Sinn einer Goldmünzklausel darin findet, daß sie dem Gläubiger das „unbedingte" Recht gebe, die Leistung in Goldmünzen zu verlangen, so ist aus der Wahl dieses Ausdrucks nicht zu schließen, daß das Berufungsgericht diesem Recht — entgegen RGZ. Bd. 103 S. 384 — jede Begrenzung habe absprechen wollen. Das Berufungsgericht hat den Unterschied, der sich ergibt, je nachdem man die Klausel nur als Münzklausel oder als verschärfte Goldwertklausel auffaßt, zutreffend erkannt, es hat sich aber nicht davon überzeugen können, daß die vorliegende Vereinbarung im letzteren Sinne zu verstehen sei. Das ist lediglich eine Frage der Auslegung.

Daß der Berufungsrichter hierbei zuungunsten der Beklagten gegen die Regeln des Code civil (Art. 1156flg., vgl. §§ 133, 157 BGB.) verstoßen habe oder von gläubigerfeindlichen Tendenzen beeinflußt worden sei, kann der Revision nicht zugegeben werden. Er hat sich noch nicht einmal auf die der Beklagten ungünstige Regel des Art. 1162 C. c. gestützt, wonach im Zweifel ein Vertrag gegen denjenigen auszulegen ist, der sich etwas ausbedungen, und zum Vorteile dessen, der die Verbindlichkeit übernommen hat, und ebensowenig auf die Regel des Art. 1602 das., nach der ein zweideutiger Kaufvertrag gegen den Verkäufer auszulegen ist (Zachariä-Crome 8. Aufl. II S. 443, 470). Keinesfalls kann dem Berufungsgericht vorgeworfen werden, daß es an dem Wortlaut der Vereinbarung gehaftet habe. Daß der Wortlaut bei der Auslegung mitberücksichtigt werden muß, ist eine Selbstverständlichkeit, die weder in der von der Revision angeführten Entscheidung RGZ. Bd. 121 S. 111 noch sonst jemals in der Rechtsprechung des Reichsgerichts in Zweifel gezogen worden ist (vgl. für die Goldklausel AufwRspr. 1928 S. 452, 1929 S. 185). Und es läßt sich nun einmal nicht leugnen, daß die Vereinbarung so, wie sie lautet, von dem Sinn, den ihr die Beklagte geben will, nichts enthält; sie besagt nur, daß in Reichsgoldmünzen zu zahlen ist, aber sie besagt nicht, wie es gehalten werden soll, wenn die Zahlung in Reichsgoldmünzen nicht ausführbar oder die Vereinbarung dieser Zahlungsart für unverbindlich erklärt ist. Es läßt sich auch nicht beanstanden, daß das Berufungsgericht die Frage aufwirft, warum die Vertragschließenden, wenn sie etwas über den Wortlaut Hinausgehendes wollten, dies nicht gesagt, warum sie insbesondere, wenn sie die Vorschrift des Art. 1895 C. c. ausschließen wollten, sich nicht an deren Wortlaut angelehnt haben.

Trotz dieser Erwägungen hat das Berufungsgericht, und zwar mit Recht, untersucht, ob die Beklagte sich auf eine Verkehrssitte berufen kann, die ihre Auslegung stützt. Daß eine allgemeine Verkehrssitte bestände, wonach Vereinbarungen des von der Beklagten behaupteten Sinnes in die vorliegende oder eine ähnliche Form gekleidet zu werden pflegten, macht sie in der Revisionsinstanz nicht mehr geltend. Sie würde sich damit auch zu der feststehenden Rechtsprechung des Reichsgerichts (RGZ. Bd. 121 S. 112 flg. mit Anführungen) in Widerspruch setzen, von der abzuweichen keine Veranlassung vorliegt. Die Revision will aber für das Rheinland oder doch für Köln eine solche Verkehrssitte anerkannt wissen. Ob in diesem beschränkten Umfange eine Verkehrssitte bestanden hat oder besteht, ist aber vom Tatrichter zu prüfen. Das Berufungsgericht hat darüber Beweis erhoben, hat sich jedoch von der Richtigkeit der Behauptung der Beklagten nicht überzeugen können. Daß es dabei für das Vorhandensein einer Verkehrssitte zu viel verlangt, insbesondere eine Regel ohne Ausnahme gefordert hätte, trifft nicht zu. Das Berufungsurteil enthält zwar den Ausdruck „ausnahmslose Anschauung", spricht aber gleich darauf von einer Klausel mit allgemein üblicher und feststehender Auslegung. Nach dem Zusammenhang ist anzunehmen, daß der Vorderrichter zu einer der Beklagten günstigen Entscheidung gelangt wäre, wenn er hätte feststellen können, daß die Vereinbarung zu der Zeit, als sie getroffen wurde, regelmäßig im Sinne der Beklagten verstanden worden sei. Diese Feststellung hat er nicht getroffen, sondern er ist nach dem Beweisergebnis zu der Überzeugung gelangt, daß davon keine Rede sein könne. Darin liegt kein Rechtsirrtum.

Nun greift zwar die Revision das Urteil auch wegen Verletzung des § 286 ZPO. an, weil bei der Prüfung des Bestehens jener Verkehrssitte einzelnes überhaupt nicht, anderes unrichtig gewürdigt worden sei. Indessen können auch diese Angriffe keinen Erfolg haben.

Zunächst beanstandet die Revision, daß das Berufungsgericht nur geprüft habe, ob die Goldklausel im vorliegenden Falle, und nicht, ob sie vor 1900 in der Regel nicht ins Grundbuch eingetragen worden sei. Richtig ist, daß das Urteil hierzu nur feststellt, die vorliegende Goldklausel sei bei der Anlegung des Grundbuchs in den Anmeldungen überhaupt nicht erwähnt worden. Mit keinem Worte ist aber gesagt oder nur angedeutet, daß das nach der Ansicht des Berufungsrichters auf ein Versehen zurückzuführen sei. Er meint nur, daß sich für die Frage, ob eine eintragungsfähige Goldmünzklausel oder eine eintragungsfähige Goldwertklausel (RGZ. Bd. 50 S. 145) vorliege, aus der Nichteintragung nichts gewinnen lasse, wenn das Grundbuchamt gar nicht vor diese Frage gestellt worden sei. Das spricht er für den vorliegenden Fall aus, jedoch in einer Weise, die erkennen läßt, daß er derselben Meinung für alle Fälle ist, in denen ein Versuch, die Eintragung zu erlangen, überhaupt nicht gemacht worden war, auch wenn diese Fälle im Rheinland die Regel bilden sollten. In dem Unterlassen des Eintragungsantrags allein, selbst in dem regelmäßigen Unterlassen, findet das Berufungsgericht noch keinen genügenden Anhalt dafür, daß Klauseln der vorliegenden Art verkehrsüblicherweise als Goldwertklauseln verstanden worden seien. Das liegt auf tatsächlichem Gebiet und ist rechtlich nicht zu beanstanden. Die Beklagte hat aber keinen Fall anführen können, in dem die Eintragung einer derartigen Klausel beantragt und wegen Eintragungsunfähigkeit abgelehnt worden wäre. Derartiges ergibt sich auch nicht aus dem in der Revisionsinstanz vorgelegten Werke von Dorst (Die notarielle Urkunde nach Form und Inhalt). Dagegen zeigt das von der Klägerin mitgeteilte Urteil des Oberlandesgerichts in Köln vom 25. April 1929 (6 U 193/27), daß eine Klausel ganz ähnlichen Inhalts wie die vorliegende („Alle Zahlungen haben zu geschehen in kursierender Goldmünze des Deutschen Reichs") auf Grund eines Vertrags vom Jahre 1898 in das Grundbuch von Düren eingetragen worden ist (vgl. auch RGZ. Bd. 107 S. 400 für eine im Jahre 1910 im Rheinland vereinbarte Goldklausel). Soweit Goldklauseln nach dem Inkrafttreten des Bürgerlichen Gesetzbuchs vereinbart worden sind, konnte ihre Eintragung durch Bezugnahme auf die Eintragungsbewilligung ersetzt werden (RGZ. Bd. 50 S. 145). Es mag dahingestellt bleiben, ob das nicht bei der Eintragung der Darlehnshypothek von 30000 M. zugunsten der Witwe E. vom 25. März 1902 und so auch in anderen Fällen in ausreichender Weise geschehen ist.

Das Berufungsgericht hat das Gutachten von Weisweiler (Zeitschrift für das Notariat in Rheinpreußen S. 104flg.) nicht für überzeugend gehalten und die Vereinbarung von Klauseln der vorliegenden Art durch die Abneigung gegen die zahlreichen, im Rheinland früher im Umlauf gewesenen, zum Teil minderwertigen Geldsorten und besonders gegen das Papiergeld für genügend erklärt erachtet. Die Revision will demgegenüber den Nachweis führen, daß das keine Eigentümlichkeit des Rheinlands gewesen sei, sondern daß die gleiche Erscheinung sich auch in Westfalen und den östlichen Provinzen gefunden habe; daraus schließt sie, daß dieser Übelstand die Ausbildung einer im Rheinland allgemein üblichen Goldklausel nicht erklären könne. Aber es liegt doch nicht so, daß die Goldklausel etwa auf das Rheinland beschränkt wäre. Sie findet sich auch anderwärts keineswegs selten und mag auch dort die gleiche Entstehungsursache gehabt haben. Etwas anderes hat auch das Berufungsgericht weder gesagt noch gemeint. Wenn sie sich im Rheinland besonders häufig findet, so ist das nach der Ansicht des Berufungsgerichts vielleicht eine Nachwirkung der Erfahrungen, die man mit den französischen Assignaten gemacht hatte. Daß die Klausel beibehalten wurde, obwohl für anderes als Währungsgeld kein Annahmezwang bestand, ist dem Vorderrichter nicht entgangen.

Er erklärt das damit, daß auch sonst erfahrungsgemäß oft vertraglich nochmals festgelegt werde, was im Gesetz schon bestimmt sei, und daß die Klausel aus Formularverträgen herrühre. In alledem ist kein Rechtsirrtum zu finden. Im übrigen hat das Berufungsgericht zutreffend darauf hingewiesen, daß nach Art. 15 des Münzgesetzes vom 9. Juli 1873 (RGBl. S. 233) für die Ein- und Zweitalerstücke deutschen Gepräges unter Berechnung des Talers zu 3 M. ein Annahmezwang bestand, der zwar vertraglich ausgeschlossen werden konnte, aber erst durch die Bekanntmachung vom 27. Juni 1907 (RGBl. S. 401) sein Ende fand. Ferner wurden durch die Novelle zum Bankgesetz vom 1. Juni 1909 (RGBl. S. 515) die Noten der Reichsbank und durch das Gesetz vom 4. August 1914 (RGBl. S. 347) die Reichskassenscheine zu gesetzlichen Zahlungsmitteln erklärt. Die Goldmünzklausel hatte daher sowohl zur Zeit des Vertragsschlusses (1885) als auch später praktische Bedeutung, bis durch die Bundesratsverordnung vom 28. September 1914 (RGBl. S. 417) die vor dem 31. Juli 1914 vereinbarten Goldmünzklauseln für unverbindlich erklärt wurden. Daß der Ausschluß von Zahlung in Talern der einzige oder der Hauptzweck der Klausel gewesen sei, hat das Berufungsgericht nicht gesagt; die hiergegen gerichteten Ausführungen der Revision können deshalb auf sich beruhen.

Das Berufungsgericht erklärt weiter die Vereinbarung von Goldmünzklauseln damit, daß früher in ganz anderem Maße als heute im privaten Haushalt Geld angesammelt wurde. Das ist eine tatsächliche, rechtlich unbedenkliche Feststellung, die von der Revision nicht mit der Begründung angegriffen werden kann, daß sie für das Rheinland oder doch für die rheinischen Städte nicht zutreffe. Wenn das Berufungsgericht diese Feststellung durch die massenhafte Verwahrung der französischen Assignaten bestätigt findet, so kann dahingestellt bleiben, ob diese Erscheinung, wie die Revision meint, nicht vielmehr darauf zurückzuführen ist, daß die Besitzer der Assignaten außerstande waren, sie anderwärts unterzubringen. Denn jene Feststellung bedurfte keiner Bestätigung. Daß Weisweiler in seinem Gutachten einen Hauptgrund der rheinischen Goldklausel in der Besorgnis vor der Einführung einer reinen Papierwährung sieht, brauchte für das Berufungsgericht nach § 286 ZPO. nicht maßgebend zu sein; ebensowenig, ob dieses Gutachten sonst Anklang gefunden hat.

Auch war das Berufungsgericht nach § 286 ZPO. nicht genötigt, der Meinung Weisweilers beizutreten, daß der zweite Hauptzweck der rheinischen Goldklausel gewesen sei, die Vorschrift des Art. 1895 C. c. auszuschließen und damit den Gefahren einer Münzverschlechterung zu begegnen. Ob der Streit über die öffentlichrechtliche Natur des Art. 1895 vom Standpunkte des Berufungsgerichts von Bedeutung war, mag dahingestellt bleiben. Keinesfalls ist seine Erwägung zu beanstanden, daß es nahe gelegen hätte, den Wortlaut der Klausel an den des Art. 1895 anzulehnen, wenn der Zweck der Vereinbarung gewesen wäre, diese Vorschrift auszuschließen. Schon diese, auf tatsächlichem Gebiete liegende Erwägung trägt hier das Urteil. Im übrigen muß der Revision aber auch entgegengehalten werden, daß nicht einzusehen ist, inwiefern die Vereinbarung „zahlbar in Reichsgoldmünzen" den Gläubiger vor einem Rechtssatz bewahren soll, der ihn nötigen würde, im Falle einer Münzverschlechterung die verschlechterte Münze zu dem auf ihr angegebenen Werte anzunehmen. Das von Zachariä-Crome (8. Aufl. II S. 326 Anm. 8) zur Erläuterung des Art. 1895 C. c. gebildete, von der Beklagten in den Vorinstanzen herangezogene Beispiel, daß ein Fünffrankenstück den Nennwert von zehn Franken erhält, läßt sich ebensogut auf die deutsche Reichsgoldmünze anwenden. Wären Zwanzigmarkstücke ausgegeben worden, die in ihrem Goldgehalt den ehemaligen Zehnmarkstücken gleichgekommen wären, so hätte die Klausel „zahlbar in Reichsgoldmünzen" keinen Schutz vor der Vorschrift des Art. 1895 C. c. geboten. Ob eine anders gefaßte Klausel dazu geeignet gewesen wäre, kann dahingestellt bleiben; welche Fassung Mater (Traité juridique de la Monnaie et du Change S. 185) im Auge hat, ist nicht ersichtlich. Das Berufungsgericht sagt zutreffend, daß hier nur die Klausel in der vorliegenden Fassung in Betracht kommt. Es hat sich nicht davon überzeugen können, daß alle von Weisweiler angeführten Klauseln denselben Sinn und zwar den gehabt hätten, den Weisweiler und die Beklagte darin finden. Das ist mit dem Rechtsmittel der Revision nicht angreifbar.

Soweit das Beweisergebnis der Beklagten günstig war, hat das Berufungsgericht es nicht für ausreichend gehalten zur Feststellung der von ihr behaupteten Verkehrssitte. Das gilt von der

Anhäufung von Assignaten im Rheinlande und von der Äußerung des Justizrats La., daß die Goldklausel für den Fall eines Krieges große Bedeutung habe. Sowohl jene Anhäufung als diese Äußerung sieht der Vorderrichter als bewiesen an; er ist aber der Meinung, daß beides mindestens ebensowohl für den Gebrauch einer Goldmünzklausel als für den einer Goldwertklausel spreche. Das ist Sache der freien Beweiswürdigung, die dem Gericht nach § 286 ZPO. obliegt. Soweit aber das Beweisergebnis für die Beklagte ungünstig ausgefallen ist, was bei den Aussagen der Notare B. und Le. zutrifft, war es für die Entscheidung nicht ausschlaggebend. Das Berufungsgericht findet darin nur eine Bestätigung seiner Ansicht, daß die Auffassung Weisweilers von den Goldklauseln nicht als allgemein gültig angesehen wurde. Es konnte deshalb für das Berufungsgericht nicht darauf ankommen, ob dem Zeugen Le., der sich sehr bestimmt gegen die Auslegung der Beklagten ausgesprochen hatte, in der Frage, ob er um 1885 oder später noch Goldklauseln beurkundet habe, ein Gedächtnisfehler unterlaufen war. Daß der Notar F., der den Kaufvertrag vom 1. August 1885 beurkundet hat, persönlich die Klausel im Sinn der Beklagten verstanden haben möge, unterstellt der Berufungsrichter zu ihren Gunsten. Daß er aber eine solche persönliche, nicht allgemein gültige und den Vertragschließenden nicht nachweislich bekannt gegebene Auffassung für kein geeignetes Auslegungsmittel hält, ist nicht zu beanstanden. Hatte der eine Vertragsteil, nämlich der Notar E., dieselbe Auffassung, so konnte das doch nicht für den andern gelten, wenn keine Verkehrssitte bestand, wonach die Klausel im allgemeinen in diesem Sinn zu verstehen war.

Nach alledem konnte die Revision keinen Erfolg haben. Auch der IV. Zivilsenat hat in seinem Urteil vom 29. April 1929 (AufwRspr. S. 661) keinen Anlaß gefunden, der Auslegung einer rheinischen Goldklausel als einer Goldmünzklausel entgegenzutreten (vgl. auch RGZ. Bd. 103 S. 384, Bd. 107 S. 400; JW. 1925 S. 1483 Nr. 8). Der Unterschied, den die Revision in dieser Hinsicht für die Zeit vor und nach dem 1. Januar 1900 machen will, ist vom Berufungsgericht nicht festgestellt worden.

16. Kann ein Beamter dem Staate gegenüber wirksam auf sein Ruhegehalt verzichten?

III. Zivilsenat. Urt. v. 16. Dezember 1930 i. S. B. (Kl.) w. Deutsches Reich (Bekl.). III 44/30.

I. Landgericht I Berlin.
II. Kammergericht daselbst.

Das Reichsgericht hat die Frage bejaht aus folgenden

Gründen:

Ob das Gesuch des Klägers, eines Marineoberzahlmeisters, vom 25. September 1920, durch das er seinen Abschied unter Verzicht auf Ruhegehalt erbat, rechtswirksam war, hängt davon ab, ob ein Beamter überhaupt auf sein Pensionsrecht wirksam verzichten kann. Es ist jetzt nahezu unbestritten, daß die vermögensrechtlichen Ansprüche der Beamten auf Zahlung ihres Gehalts, ihres Wartegelds oder ihres Ruhegehalts dem öffentlichen Recht und nicht dem Privatrecht unterstehen. Aus dieser öffentlich-rechtlichen Natur der Ansprüche auf Gebührnisse folgt, daß die privatrechtlichen Vorschriften, nach denen man über vermögensrechtliche Ansprüche grundsätzlich frei verfügen kann, auf öffentlich-rechtliche Ansprüche nicht ohne weiteres Anwendung finden können, weil hier wichtige öffentliche Belange in Frage stehen. Es kann jedoch dahingestellt bleiben, ob im allgemeinen ein Verzicht auf den Gehalts- oder Ruhegehaltsanspruch rechtswirksam ausgesprochen werden kann oder nicht. Denn für einen bestimmten Fall wird diese Frage ganz überwiegend bejaht, nämlich dann, wenn der Beamte nicht diesen Verzicht für sich allein ausspricht, sondern wenn er sich dabei im Rahmen einer weitergehenden Willenserklärung hält, d. h. wenn er auf seine Beamtenstellung überhaupt verzichtet. Es besteht in dieser Richtung ein allgemeines Gewohnheitsrecht, daß der Beamte jederzeit seine Entlassung fordern kann, wenn er auf Titel, Rang, Gehalt und jeglichen Pensionsanspruch verzichtet und seine Amtsgeschäfte vollständig erledigt hat. Für die Reichsbeamten ist diese allgemeine Norm in § 100 RBG. enthalten, wenn die Vorschrift selbst auch nur auf den besonderen Fall abstellt, daß ein Disziplinarverfahren gegen den Beamten eingeleitet ist. Sie ist aus der Notwendigkeit erwachsen, einen Beamten, der seiner Stellung seine ganze Persönlichkeit widmen soll, nicht länger gegen seinen Willen in einem Amte zu halten, das er nicht mehr bekleiden will. Diese Ansicht wird jetzt in der Wissenschaft fast allgemein vertreten und ist vom Reichsgericht schon in der Entscheidung des erkennenden Senats vom 14. Oktober 1910 III 418/09 grundsätzlich gebilligt worden. Im Rahmen einer solchen Entlassung muß ein Verzicht auf die Gebührnisse, welcher Art sie auch sein mögen, als rechtswirksam und zulässig gelten. Das hat auch das Reichsgericht in RGZ. Bd. 96 S. 302 mittelbar anerkannt, sofern es in dem damals zur Beurteilung stehenden Falle die Erklärung des Beamten, auf alle seine Rechte verzichten zu wollen, nur nicht für klar und bestimmt erachtete und deshalb die ganze Entlassung für rechtsunwirksam erklärte. Hieraus folgt für den vorliegenden Fall, daß an sich die Entlassung des Klägers aus seinem Beamtenverhältnis in der seinerzeit durchgeführten Weise möglich war. Der Kläger hat unzweideutig erklärt, daß er seine Stellung als Beamter unter allen Umständen aufgeben wolle, weil er sich einem anderen Berufe widmen wolle. Dabei hat er in seiner Erklärung vom 25. September 1920 klar und bestimmt auf sein Ruhegehalt verzichtet und lediglich gebeten, ihm die bis dahin noch ihm zustehenden Gebührnisse zukommen zu lassen. Dafür, daß diese Erklärung unter einem rechtlich in Betracht kommenden Zwang abgegeben worden sei, liegt kein Anhalt vor. Auch ist es nicht richtig, daß schon damals die Voraussetzungen für eine Zurruhesetzung des Klägers infolge Dienstunfähigkeit vorgelegen hätten. Noch am 21. September 1920, also wenige Tage vor Abgang des Entlassungsgesuches, hatte der zuständige Militärarzt den Kläger untersucht und ihn für völlig gesund und seedienstfähig erklärt.

Hiernach kann der Erklärung des Klägers vom 25. September 1920 die Rechtswirksamkeit nicht abgesprochen werden. Sie bildete die Voraussetzung für die Entlassungserklärung der Behörde. ...

---

17. Kann von einer Hypothek, die über den Preis einer bestimmten Menge Roggen lautet, ein auf einen bestimmten Reichsmarkbetrag gestellter Teil abgetreten werden?

BGB. § 1151. Gesetz über wertbeständige Hypotheken v. 23. Juni 1923 (RGBl. I S. 407) § 1.

V. Zivilsenat. Urt. v. 17. Dezember 1930 i. S. F. (Kl.) w. E. GmbH. (Bekl.). V 56/30.

I. Landgericht III Berlin.
II. Kammergericht daselbst.

Der Kläger ist grundbuchmäßiger Gläubiger einer Roggenbriefhypothek über den Preis von 10000 Ztrn. Roggen. Er hat sich durch Vertrag vom 24. August 1927 gegenüber dem Kaufmann Willy P. in Berlin verpflichtet, der Firma M. L. Gesellschaft mbH. Willy P. & Co., deren Geschäftsführer P. war, ein Darlehen von 25000 GM. zu gewähren, und zwar in der Weise, daß er 5000 GM. bar gab und seine Roggenhypothek zwecks Aufnahme weiterer 20000 GM. zur Verfügung stellte. Er übergab alsbald dem P. den Hypothekenbrief und eine notariell beglaubigte Abtretungserklärung folgenden Wortlauts:

> Für mich ist ... eine Hypothek über den Preis von 10000 Ztrn. Roggen eingetragen. Von dieser Hypothek trete ich hiermit eine Teilpost im Werte von 40000 RM. an Herrn Direktor Willy P. in Berlin ab.

P. trat diese Teilpost unter Übergabe des Briefs weiter an eine Geldvermittlerfirma, die H.-Aktiengesellschaft, ab und diese wiederum an die Beklagte, die auch den Brief erhielt. Die Abtretung an die Beklagte erfolgte ausdrücklich zur Sicherung ihrer Forderungen an die H.-Aktiengesellschaft. Die letztere erhielt auf die Sicherheit ein Darlehen von 25000 RM., und zwar 15000 RM bar und 10000 RM. in Gestalt eines Kraftwagens, führte aber diese Werte nicht ab, sondern unterschlug sie.

Der Kläger verlangt von der Beklagten in erster Linie die Herausgabe des Hypothekenbriefs, indem er den Standpunkt vertritt, die Abtretung einer Teilpost von 40000 RM. von einer Roggenhypothek sei rechtlich unmöglich, er sei also nach wie vor Alleingläubiger der Hypothek geblieben und nach § 952 BGB. Alleineigentümer des Briefs, den er nach § 985 BGB., notfalls nach den Vorschriften über die Herausgabe einer ungerechtfertigten Bereicherung herausverlangen könne. Mit einem zweiten Antrage begehrt er — unter der Behauptung, er habe die Beklagte schon früher vergeblich zur Herausgabe des Briefs aufgefordert — die Feststellung, daß sie ihm den durch ihre Herausgabeweigerung entstandenen und noch entstehenden Schaden ersetzen müsse. Weiter hat er beim Landgericht den Antrag gestellt, festzustellen, daß die Beklagte kein Recht habe, die Teilpost im Grundbuch auf ihren Namen umschreiben zu lassen. Dieses Verlangen hat er damit begründet, daß die Beklagte, freilich ohne Erfolg, versucht habe, diese Umschreibung zu erwirken.

Das Landgericht hat die Klage abgewiesen. In der Berufungsinstanz hat der Kläger seine drei Anträge wiederholt, den dritten mit der Änderung, es möge festgestellt werden, daß die Beklagte kein Recht habe, die Teilpost als ihr Eigentum im Grundbuch auf ihren Namen umschreiben zu lassen. Daneben hat er für den Fall, daß sein Rechtsstandpunkt, wonach die Abtretungen nichtig seien und die Beklagte deshalb kein Recht an dem Brief erworben habe, mißbilligt werden sollte, folgende Hilfsanträge gestellt: 1. festzustellen, daß die Beklagte nur ein Pfandrecht an der Teilpost erworben habe und sich nur wegen der ihr tatsächlich zustehenden Forderung daraus befriedigen dürfe; 2. die Beklagte zu verurteilen, unter Bildung eines Teilbriefs für ihren Pfandbesitz wegen der Teilpost den Stammbrief herauszugeben. Das Kammergericht hat die Berufung zurückgewiesen. Die Revision des Klägers führte zur Aufhebung und Zurückverweisung.

Gründe:

Die Klage auf Herausgabe des Briefs stützt sich auf § 952 BGB., setzt also voraus, daß der Kläger noch Vollgläubiger des ganzen verbrieften Hypothekenrechts ist, d. h. daß die Teilabtretung rechtlich unwirksam war. Das Berufungsgericht hat, im Widerspruch zu der einhellig im Schrifttum vertretenen Ansicht, diese Voraussetzung aus folgenden Erwägungen verneint. Die Hypothek laute auf einen jederzeit oder doch jedenfalls für den Zeitpunkt der Fälligkeit bestimmbaren Reichsmarkbetrag. Der Gläubiger könne die Gefahr von Schwankungen des Roggenpreises auf sich allein nehmen und einen bestimmten, ein für alle Male feststehenden Reichsmarkbetrag abzweigen, von dem er und der Erwerber der Teilpost annähmen, daß er zur Zeit der Fälligkeit sicher werde gezahlt werden müssen. Sei wider Erwarten der Roggenpreis am Fälligkeitstag so niedrig, daß der abgezweigte Reichsmarkbetrag nicht erreicht werde, so habe der neue Gläubiger den ganzen Betrag zu erhalten und für den alten Gläubiger verbleibe nichts.

Jedenfalls sei der Gegenstand der Abtretung hinreichend bestimmt; danach sei die Wirksamkeit einer Teilabtretung der in Rede stehenden Art anzunehmen.

Demgegenüber rügt die Revision mit Recht, von der Abtretung eines Teils, wie ihn § 1151 BGB. voraussetze, könne hier keine Rede sein. Zwar folgt das nicht, wie die Revision meint, schon daraus, daß der abgetretene Teil je nach dem Stande des Roggenpreises jeweils einen anderen Bruchteil des Ganzen ergebe. Denn es ist kein Anhalt dafür gegeben, daß nach § 1151 BGB. zu verlangen sei, der abzutrennende Teil müsse in einem für alle Zeit feststehenden bestimmten Bruchteilsverhältnis zur ganzen Forderung auszudrücken sein. Dem Begriff des Teils widerstreitet es an sich nicht, ein Ganzes von beweglichem Wert in zwei Stücke zu spalten, deren eines grundsätzlich einen bestimmten Festwert hat, während das andere sich auf den jeweils verbleibenden Rest beschränkt, wobei es freilich im ungünstigsten Fall auf den Wert Null herabsinken kann. Wohl aber setzt § 1151 BGB. voraus, daß der abgetrennte Teil in sich selbständig ist und seinen eigenen Weg unabhängig von dem Stammrecht gehen kann. Daran aber fehlt es im vorliegenden Falle. Ob der abgetretene Teil den Betrag von 40000 RM. erreicht, kann jeweils nur nach Feststellung des maßgeblichen Roggenpreises errechnet werden. Mag der hierfür entscheidende Stichtag der Tag der Fälligkeit oder der Tag der tatsächlichen Zahlung sein (worüber die Ansichten im Schrifttum geteilt sind), jedenfalls muß er, damit die notwendige Berechnung angestellt werden kann, für beide Teile immer und notwendig derselbe sein. Daraus ergibt sich, daß die abgetretene Teilpost niemals völlig losgelöst von dem Stammrecht bestehen kann.

Die Unzulässigkeit der Teilabtretung würde für den gegebenen Fall übrigens auch schon daraus folgen, daß ihr der Grundstückseigentümer nicht zugestimmt hat. Diese Zustimmung wäre deshalb notwendig gewesen, weil die Teilung in die Rechtslage des Grundstückseigentümers eingreift. Diese gestaltet sich verschieden, wenn eine Zahlung auf die ungeminderte Roggenhypothek oder wenn sie auf die abgezweigte Teilpost geleistet wird. Mit dem Kammergericht (JFG. 2 S. 347) und Güthe-Triebel Grundbuchordnung 5. Aufl. Bd. 2 S. 1959 ist anzunehmen, daß die Roggenhypothek sich durch Zahlung nicht in ein starres, auf den gezahlten Reichsmarkbetrag lautendes Recht verwandelt, sondern wie bisher „wertbeständig“ bleibt. Erfolgt also eine Zahlung auf das Stammrecht, so erwirbt der Eigentümer eine auf Roggenpreis lautende Eigentümergrundschuld. Wird dagegen auf den abgezweigten Reichsmarkteil gezahlt, so entsteht für den Eigentümer eine feststehende, auf Reichsmark lautende Eigentümergrundschuld; der Eigentümer geht dabei des Vorteils verlustig, daß sich der Wert seiner Eigentümergrundschuld bei steigendem Roggenpreise erweitert.

Danach ist der Kläger trotz der Teilabtretung noch Gläubiger der vollen Roggenhypothek und zufolge § 952 BGB. Eigentümer des Hypothekenbriefs geblieben. Seinem Herausgabeanspruch hat aber die Beklagte den Einwand entgegengesetzt, ihr stehe ein Recht zum Besitz zu, das auch der Kläger gelten lassen müsse. Dieser Einwand ist an sich begründet. Denn der Kläger war mit der Weitergabe des Briefs an einen zu seiner Beleihung bereiten Geldgeber einverstanden, wie sich aus dem Vertrag vom 24. August 1927, aus der Erteilung der Abtretungserklärung und der Hingabe des Briefs ergibt. Aber der Kläger hatte im Schriftsatz vom 30. August 1929 behauptet, er habe sich mündlich ausdrücklich seine Zustimmung zur endgültigen Beleihung vorbehalten, habe das auch der Beklagten mitgeteilt und sie vor der Beleihung des Briefs gewarnt. Wäre das richtig, so könnte sich die Beklagte dem Kläger gegenüber nicht darauf berufen, von der H.-Aktiengesellschaft ein Recht zum Besitz erlangt zu haben. Diese Behauptung hat das Berufungsgericht, wie die Revision mit Recht rügt, übergangen.

---

18. Inwieweit ist der Wegfall der Geschäftsgrundlage zu berücksichtigen, wenn eine während der Zeit des Währungsverfalls bewirkte Auseinandersetzung zwischen Gesellschaftern in Frage steht?

BGB. § 242.

II. Zivilsenat. Urt. v. 19. Dezember 1930 i. S. Sp. (Kl.) w. F. (Bekl.). II 296/30.

I. Landgericht Krefeld.
II. Oberlandesgericht Düsseldorf.

Die Parteien, die seit dem Jahre 1919 in Form einer offenen Handelsgesellschaft Großhandelsgeschäfte betrieben hatten, haben

Ende 1921 die Gesellschaft aufgelöst und das vorhandene Vermögen unter sich geteilt. Vorhanden waren an Vermögenswerten das bis zum 1. April 1937 an die U.-Aktiengesellschaft für jährlich 30000 M. vermietete Grundstück N.straße 6 in K., das Haus B.straße 73 ebenda und eine Schuldverschreibung der Stadt K. vom 4. April 1921 über 1000000 M. Die Parteien stellten danach folgende Teilungsberechnung auf:

1000000 M.	die Schuldverschreibung,
300000 „	das Grundstück N.straße 6,
247500 „	die Summe der dafür erwachsenden Mieten auf 15 Jahre, soweit der Jahresbetrag $4\frac{1}{2}\%$ von 300000 M. überstieg,
61500 „	das Grundstück B.straße 73
1609000 M.	

Diesen Vermögensbestand teilten die Parteien derart unter sich zur Hälfte, daß der Kläger die Schuldverschreibung übernahm und dem Beklagten noch 195500 M. als Barausgleich zu zahlen versprach, während dieser die beiden Grundstücke zugewiesen erhielt. Den Ausgleichsbetrag zahlte der Kläger im Juni 1922. Das Miet- und sonstige Vertragsverhältnis mit der U.-Aktiengesellschaft wurde zufolge rechtskräftiger Prozeßentscheidungen wegen positiver Vertragsverletzungen der Mieterin aufgehoben. Der Aufwertungsbetrag der Schuldverschreibung wurde von der Stadt K. im Jahre 1929 auf 3620 RM. angegeben.

Der Kläger ficht die Auseinandersetzung an, da die Folgezeit die Ungleichwertigkeit der beiderseitigen Teile und die Unrichtigkeit der angenommenen Geschäftsgrundlage ergeben habe. Er klagt: 1. auf Vornahme einer neuen Auseinandersetzung, 2. auf Vornahme einer neuen Abrechnung über das frühere Vermögen der Gesellschaft und dessen Einkünfte, 3. hilfsweise auf Zahlung des nach freiem richterlichem Ermessen aufzuwertenden Auseinandersetzungsguthabens.

Die Klage wurde in den Vorinstanzen abgewiesen. Die Revision des Klägers führte zur Aufhebung und Zurückverweisung.

Gründe:

Das Berufungsgericht ist der Meinung, das Teilungsabkommen der Parteien sei weder nach §§ 119, 123 BGB. anfechtbar, noch habe sich die dabei beiderseits angenommene Geschäftsgrundlage als fehlerhaft erwiesen. Beide Parteien hätten gleiche Teile erhalten sollen; die dazu vorgenommene Bewertung der zu verteilenden Gegenstände sei, wenn auch in Papiermark bewirkt, so doch insofern verhältnismäßig richtig gewesen, als alle Wertgrößen ungefähr derselben Zeit entstammt und sonach „kommensurabel" gewesen seien. Auf den wirklichen Wert komme danach nichts an. Ein Aufwertungsanspruch des Klägers scheide aus, weil ihm keine Geldforderung an den Beklagten zustehe.

Den Angriffen der Revision gegen diese Ausführungen ist die Beachtung nicht zu versagen. Zwar sind die eingeklagten Ansprüche auf Vornahme einer Neuteilung und einer Neuabrechnung über das frühere Vermögen der Gesellschaft der Parteien und dessen Einkünfte ohne weiteres abzuweisen. Denn der Kläger verfolgt damit nicht einen ihm auf Grund der Auseinandersetzung zustehenden Leistungsanspruch, sondern den Auseinandersetzungsanspruch selbst, den er, nachdem einmal die Teilung erfolgt ist, nicht deshalb erneuern kann, weil die Geldentwertung dabei angeblich nicht berücksichtigt worden sei (vgl. RGUrt. vom 14. Oktober 1929 IV 596/28, abgedr. bei Zeiler Aufwfälle Nr. 1845 und JW. 1929 S. 3488 Nr. 1).

Wohl aber bestände die Möglichkeit, daß für den Fall fehlerhafter Teilung dem Kläger ein Ausgleichsanspruch, ein Anspruch auf Zahlung des ihm nach Berichtigung des Teilungsplans gebührenden Betrags, auf Grund einer anderen Bewertung der geteilten Vermögensstücke zustände, wie er diesen offenbar mit seinem Hilfsantrag zu 3 verfolgen will. Die Revision rügt insofern, daß die Parteien, entgegen der Annahme des Berufungsgerichts, bei der Teilung von der irrigen Vorstellung ausgegangen seien, die beiden Teile seien gleich. Diese Auffassung sei nur darauf zurückzuführen, daß sie die einzelnen Vermögensstücke in Papiermark umgerechnet hätten, ohne ihren inneren Wert zu berücksichtigen. Die Geschäftsgrundlage sei also falsch gewesen. Trifft diese Annahme zu, so würde sich allerdings der Beklagte nicht auf die an sich sicher gewollte Endgültigkeit der Auseinandersetzung berufen können, ohne gegen Treu und Glauben zu verstoßen, da ohne Zweifel die Einigung der Parteien bei verständiger Würdigung der Sachlage nicht so erfolgt sein würde, wenn eine andere, von ihnen nicht in

Betracht gezogene richtige Berechnung eine wesentliche Verschiedenheit der Anteile ergeben hätte (vgl. das oben angezogene Urteil in JW. 1929 S. 3488 Nr. 1; RGZ. Bd. 103 S. 329, Bd. 112 S. 329, Bd. 122 S. 200). Eine Bereicherung des einen auf Kosten des anderen sollte gerade durch die Halbierung der Vermögensmasse ausgeschlossen werden. Die Erwägungen des Berufungsgerichts reichen aber nicht aus, um das von den Parteien gewollte und angenommene Gleichgewicht der beiderseitigen Anteile bei Vornahme der Teilung als gegeben erscheinen zu lassen. Die Annahme des angefochtenen Urteils, daß sich die Bewertung der Vermögensstücke in Papiermark auf ungefähr gleiche Zeiten gründe, und daß daher die eingestellten Zahlen auch denselben inneren Wert darstellten, beruht auf einer Verkennung der Wesensverschiedenheit der zugeteilten Gegenstände. Die Schuldverschreibung lautete „unter Ausschluß jeder Valutaklausel" auf eine bis 1935 in Raten rückzahlbare Darlehnssumme, also auf inländisches Geld, das, wie den Parteien nicht bewußt zu sein brauchte, aber die Folgezeit bewiesen hat, der Gefahr des Wertverfalls in stärkstem Maße ausgesetzt war. Der Beklagte erhielt dafür Grundstücke, also Sachwerte, bei denen Geld nur als Wertmesser in Frage kam, somit Vermögensstücke, die namentlich in ihrer Eigenschaft als Immobilien eine ungleich höhere Wertbeständigkeit in sich trugen. Die Papiermarkzahlen, mit denen sie damals etwa der Verkehr bewerten mochte, waren bei den verworrenen Inflationsverhältnissen auf dem Gebiete des Grundstückswesens für ihren inneren Wert, der hier in erster Linie ermittelt werden muß, nicht ohne weiteres maßgebend. Danach war das von den Parteien zur Ermittlung der Anteile eingeschlagene Verfahren grundsätzlich falsch, insofern es Schuldverschreibung und Immobilien gleichmäßig nach dem damaligen vermeintlichen Verkehrswert in Papiermark bewertete. Das Berufungsurteil wiederholt diesen Fehler. Deswegen braucht das Ergebnis der Teilung noch nicht notwendig falsch zu sein. Nur kann man zu keiner Entscheidung gelangen ohne Prüfung der damaligen inneren Werte aller verteilten Vermögensstücke. Diese Prüfung hat nicht nur die Grundstücke, sondern auch die Schuldverschreibung zu umfassen. Der Kläger hat für die Zeit ihrer Ausstellung (4. April 1921) ihren Goldwert mit 75000 GM. bemessen; es wird sich fragen, ob und zu welchem Werte die Schuldverschreibung etwa nach der Teilung umsetzbar war und danach den Kläger in die Lage setzte, sich Barmittel zu verschaffen, die den damaligen Wert der Grundstücke vielleicht aufwogen. Wegen der Grundstücke ist zu berücksichtigen, daß die damalige Zeit diese allerdings außerordentlich niedrig bewertete. Der Mietertrag war im Vergleich zum Währungsverfall gering, die Unterhaltung der Häuser in Papiermark berechnet unverhältnismäßig kostspielig; man sprach von Sozialisierung des Hausbesitzes, von Enteignung des Grund und Bodens. Im Streitfall kam dazu, daß das Grundstück N.straße 6, auf das die Klage im wesentlichen abzielt, für lange Jahre zu einem festen, die Geldentwertung nicht berücksichtigenden Mietzins vermietet, durch notariellen Kaufantrag vom 7. März 1921 der Mieterin bis zum 1. April 1937 zum Preise von 300000 M. fest angestellt war, und daß sich diese Bindung nur durch spätere, auf unvoraussehbares Verhalten der Mieterin zurückzuführende Prozesse erledigt hat. In diesem Zusammenhang wird auch die auffallende Tatsache mitzubeachten sein, daß die Parteien die Erträgnisse dieses Grundstücks auf 15 Jahre in die Teilungsberechnung aufgenommen haben.

Erst wenn auf Grund aller dieser Umstände und der sonstigen für die Beurteilung wesentlichen Tatsachen, wie namentlich auch des baulichen Zustands der Häuser, der innere Wert der Teilungsobjekte für den Zeitpunkt der Teilung ermittelt ist, wird sich ersehen lassen, ob die vom Kläger behauptete, nach Vergleichung mit den heutigen Werten offenbar gegebene Unbilligkeit auch bereits für die damalige Zeit als vorhanden anzunehmen war. Die seit der Teilung verstrichene lange Zeit würde, da es sich nicht um ein Geschäft des täglichen Lebens, insbesondere des kaufmännischen Umsatzes handelt, sondern eine für beide Teile lebenswichtige Vereinbarung vorliegt (RGZ. Bd. 115 S. 201), an sich ebensowenig der Nachprüfung des Abkommens entgegenstehen wie der Umstand, daß dieses schon damals vollständig erfüllt worden ist (JW. 1929 S. 179 Nr. 12). Wohl aber ist zu berücksichtigen, daß der Beklagte dem Klaganspruch wegen verspäteter Geltendmachung auch den Einwand der sog. Verwirkung entgegensetzt. Nach dieser Richtung ist der Rechtsstreit von den Vorinstanzen bisher nicht erörtert worden. Es bedarf aber auch dieser Punkt der Prüfung, und zwar in erster Linie.

19. Bedarf es zum Übergang des Grundstückseigentums einer neuen Eintragung des Eigentumswechsels im Grundbuch, wenn die behördliche Genehmigung zur Auflassung erst erteilt wurde, nachdem die frühere Eintragung des Erwerbers im Wege der Berichtigung des Grundbuchs bereits wieder beseitigt worden war?

BGB. §§ 184, 873. Preuß. Gesetz über den Verkehr mit Grundstücken v. 10. Februar 1923 § 1.

V. Zivilsenat. Urt. v. 20. Dezember 1930 i. S. P. (Kl.) w. U. u. Gen. (Bekl.). V 59/30.

I. Landgericht I Berlin.
II. Kammergericht daselbst.

Der Kläger verkaufte durch notariellen Vertrag vom 23. November 1922 an den Kaufmann A. ein in Berlin gelegenes Grundstück. Der Kaufpreis wurde unrichtig beurkundet. Die Auflassung wurde in den Vertrag mit aufgenommen. A. wurde am 5. Mai 1923 als Eigentümer eingetragen, ohne daß sein Erwerb nach dem preußischen Gesetz über den Verkehr mit Grundstücken vom 10. Februar 1923 (GrVG.) genehmigt worden war. Er bot in einer notariellen Urkunde vom 14. Januar 1927 das Grundstück den Beklagten zum Kaufe an und bewilligte und beantragte gleichzeitig die Eintragung einer Vormerkung für diese zur Erhaltung des Rechts auf Auflassung und einer Briefgrundschuld von 7500 GM. für sich selbst. Die Vormerkung und die Grundschuld wurden am 5. März 1927 eingetragen. Am 9. Juli 1928 nahmen die Beklagten in notarieller Verhandlung das Angebot rechtzeitig an.

Inzwischen war aber der Kläger mit Ansprüchen auf das Grundstück gegen A. vorgegangen. Er hatte zunächst eine einstweilige Verfügung erwirkt, durch welche die Eintragung von Widersprüchen gegen das Eigentum des A. und gegen die Grundschuld angeordnet wurde, weil A. mangels behördlicher Genehmigung zu dem Veräußerungsgeschäft mit dem Kläger das Eigentum an dem Grundstück nicht erworben habe. Die Widersprüche wurden im September und Oktober 1927 eingetragen. Am 17. September 1928 erlangte der Kläger gegen A. ein demnächst rechtskräftig gewordenes Versäumnisurteil, wodurch A. verurteilt wurde: 1. die Berichtigung des Grundbuchs auf den Kläger als Eigentümer des Grundstücks zu bewilligen, 2. das Grundstück an ihn herauszugeben, 3. die Grundschuld an ihn abzutreten und ihm den Brief herauszugeben. Auf Grund dieses Urteils wurde der Kläger am 15. November 1928 wieder als Eigentümer eingetragen. Der Grundschuldbrief befand sich damals im Besitz des Notars St. Der Kläger erwirkte einen Pfändungs- und Überweisungsbeschluß, durch den der Anspruch des A. gegen St. auf Herausgabe des Briefs für ihn gepfändet und ihm zur Einziehung überwiesen wurde. Der Notar hinterlegte nunmehr den Grundschuldbrief beim zuständigen Amtsgericht als Streitgegenstand zwischen dem Kläger, dem A. und den Beklagten.

Im Januar 1929 erhob der Kläger gegen die Beklagten Klage auf Einwilligung in die Löschung der Vormerkung und in die Herausgabe des hinterlegten Grundschuldbriefs. Das Landgericht gab der Klage statt. Die Beklagten legten Berufung ein. Während der Rechtsstreit in der Berufungsinstanz schwebte, erteilte auf Antrag des A. das zuständige Bezirksamt am 3. Juli 1929 die behördliche Genehmigung zur Auflassung vom 23. November 1922. Die Mitteilung von der Genehmigung ging an demselben Tage beim Grundbuchamt ein. Das Kammergericht wies daraufhin die Klage ab. Die Revision des Klägers hatte Erfolg.

Gründe:

Der Kläger stützt seine Ansprüche auf das Grundstückseigentum, das er für sich in Anspruch nimmt und für das zu seinen Gunsten die Vermutung des § 891 Abs. 1 BGB. spricht. Die Beklagten machen ihm das Eigentum streitig und bekämpfen die gesetzliche Vermutung durch Berufung auf die am 3. Juli 1929 behördlich genehmigte Auflassung vom 23. November 1922 und auf die Eigentumsumschreibung vom 5. Mai 1923. Die Entscheidung des Rechtsstreits hängt daher in erster Linie davon ab, welche Rechtswirkungen die nachträglich erteilte Genehmigung vom 3. Juli 1929 auf die Eigentumsverhältnisse am Grundstück gehabt hat. Daß sie die Auflassung vom 23. November 1922 von der ihr bis dahin anhaftenden schwebenden Unwirksamkeit (§ 1 Abs. 1 Satz 3, § 15 GrVG.) befreit und rückwirkend vollwirksam gemacht hat, ist nach der festen Rechtsprechung des Reichsgerichts nicht zu bezweifeln (RGZ. Bd. 123 S. 327, Bd. 125 S. 53 u. and.). Fraglich ist nur, ob aus der rückwirkend eingetretenen Wirksamkeit der Auflassung auch folgt, daß nunmehr davon auszugehen ist, das Grundstückseigentum sei, ohne daß es einer wiederholten Eigentumsumschreibung bedurfte, schon mit der Eintragung vom 5. Mai 1923 auf A. übergegangen, das Grundbuch sei also durch die auf Grund des Urteils vom 17. September 1928 vorgenommene Wiedereintragung des Klägers am 15. November 1928 unrichtig geworden und A. könne sich im Wege der Rückberichtigung als Eigentümer eintragen lassen. Das Berufungsgericht hat diese Frage bejaht. Der erkennende Senat ist ihm nicht beigetreten.

Im Schrifttum ist streitig, ob die nachträgliche behördliche Genehmigung zu einer Auflassung den Erwerber auch dann zum Eigentümer macht, wenn er zwar vor ihrer Erteilung zunächst als Eigentümer in das Grundbuch eingetragen war, wenn diese Eintragung aber im Augenblick der Erteilung der Genehmigung bereits durch Berichtigung des Grundbuchs auf den Veräußerer wieder beseitigt und eine neue Eintragung des Eigentumswechsels nicht erfolgt ist. Manche Schriftsteller legen in Übereinstimmung mit dem Berufungsgericht der rückwirkenden Kraft der Genehmigung eine so weitgehende Bedeutung bei (Asch Grundstückskauf 3. Aufl. S. 137; Elsas in JRsch. 1929 S. 9; Weigert in JW. 1929 S. 712; Schweitzer im „Grundeigentum" 1929 S. 431 unter IV 3). Die herrschende Meinung lehnt aber diese Ansicht mit Recht ab (Wolffsohn in JRsch. 1929 S. 53; Schneider ebenda S. 109; Hamburger in JW. 1928 S. 2812; OLG. Breslau in JW. 1929 S. 788; Lipschitz ebenda; RG. 1. Zivilsenat in HRR. 1930 Nr. 887 und 1515; auch wohl Hagelberg in JW. 1929 S. 714).

Zur rechtsgeschäftlichen Übertragung des Eigentums an einem Grundstück gehören zwei Dinge: wirksame Auflassung und wirksame Eintragung des Erwerbers. Beide Erfordernisse müssen zeitlich zusammentreffen und gleichzeitig vorhanden sein, wenn der Erwerber Eigentümer werden soll. Fällt die zunächst erklärte Auflassung vor der Eintragung wieder fort, so kann die trotzdem erfolgte Eintragung den Erwerber nicht ohne neue Auflassung zum Eigentümer machen. Fällt die Eintragung des Erwerbers durch Grundbuchberichtigung fort, ehe eine wirksame Auflassung vorliegt, so kann der ehemals eingetragene Erwerber nur auf Grund einer neuen, nicht mehr auf Grund der aus dem Grundbuch beseitigten Eintragung Eigentümer werden. Wenn auch die beseitigte Eintragung zunächst eine dem § 873 BGB. entsprechende Einschreibung in das Grundbuch darstellte, so hat doch die späterhin erfolgte Berichtigung des Grundbuchs auf den Veräußerer jene Eintragung mit der Wirkung beseitigt, daß der Erwerber sich nicht mehr auf sie berufen darf, sondern sich im Verhältnis zum Veräußerer so behandeln lassen muß, als wäre er niemals in das Grundbuch hineingelangt. Damit wird der Rechtsgrundsatz, daß der Begriff der Eintragung im § 873 BGB. nicht den Zustand des Eingetragenseins, sondern den behördlichen Akt des Eintragens als solchen bedeutet, nicht verlassen, sondern lediglich festgestellt, daß eine an sich bewirkte Eintragung, die aber mangels einer gültigen Einigung zu Unrecht erfolgt und deshalb im Wege der Berichtigung wieder aus dem Grundbuch entfernt ist, später vom Erwerber auch dann nicht mehr als Rechtsgrundlage für den Eigentumswechsel herangezogen werden kann, wenn der Mangel der Einigung beseitigt wird. Das gilt auch bei der rückwirkenden Heilung eines Mangels der Einigung, wie sie durch die behördliche Genehmigung nach dem Grundstücksverkehrsgesetz herbeigeführt wird. Denn diese Genehmigung kann zwar die Auflassung heilen. Sie kann aber weder daran etwas ändern, daß bis zu ihrer Erteilung eine geheilte Auflassung fehlte, das Grundbuch mit der Eintragung des Erwerbers unrichtig war und zu Recht auf den Veräußerer berichtigt wurde, noch kann sie die Tatsache aus der Welt schaffen, daß bei ihrer Erteilung und damit beim Vorhandensein einer wirksamen Auflassung schon wieder die Eintragung des Erwerbers im Grundbuch fehlte, also — zusammengefaßt — zeitlich niemals eine wirksame Auflassung und eine wirksame Eintragung des Erwerbers als Eigentümer zusammengefallen sind. Wollte man nach Erteilung der Genehmigung dem Erwerber auf Grund der alten, damals zu Unrecht erfolgten, später mit Recht im Wege der Grundbuchberichtigung beseitigten Eintragung das Eigentum zusprechen, so müßte man die in der Rechtsfigur der Rückwirkung liegende Fiktion dahin erweitern, daß man auch die beseitigte Eintragung als noch fortbestehend annähme. Darüber ist sich auch die Meinung klar, die im Ergebnis so weit gehen will. Ihr Hauptvertreter Elsas (a. a. O. S. 11) bekennt, sein Ergebnis beruhe auf der ihm nicht unbedenklichen Fiktion, die Rechtslage sei so zu beurteilen, als ob die Eintragung des Eigentümers, die seinerzeit auf Grund der unwirksamen Auflassung vorgenommen wurde, noch fortbestehe; die auf Grund des Berichtigungsurteils erfolgte Wiedereintragung des Veräußerers sei einfach zu „eliminieren". Das geht indessen zu weit. Wie alle gesetzlichen Fiktionen darf auch die Fiktion der Rückwirkung der Genehmigung nicht überspannt werden. Sie muß Halt machen vor Tatsachen, auf die sie sich nach ihrer begrenzten gesetzlichen Tragweite nicht erstreckt und die sie folglich nicht „wegfingieren" oder „eliminieren" kann. Eine solche Tatsache ist die Beseitigung der Eintragung des Erwerbers im Grundbuch, der eine neue Eintragung noch nicht gefolgt ist. Es ist also im Ergebnis für den vorliegenden Fall nicht richtig, zu sagen, mit der Genehmigung vom 3. Juli 1929 sei die Rechtslage so, als wäre nicht nur die Auflassung vom 23. November 1922 von Anfang an gültig gewesen, sondern als wäre auch die am 15. November 1928 beseitigte Eintragung des A. vom 5. Mai 1923 noch vorhanden und könnte ihm im Verein mit der geheilten Auflassung das ihm bis zum 3. Juli 1929 unstreitig fehlende Eigentum mit Rückwirkung auf den 5. Mai 1923 verschaffen. Richtig ist vielmehr folgende Beurteilung der Rechtslage wegen des Eigentums am Grundstück: Durch die Genehmigung vom 3. Juli 1929 ist zwar die Auflassung vom 23. November 1922 rückwirkend geheilt; zum Eigentumserwerbe des A. fehlt aber noch eine mit dieser wirksam gewordenen Auflassung zeitlich zusammenfallende Eintragung des Erwerbers. Bisher ist also immer noch der Kläger nicht nur buchmäßiger, sondern wahrer Grundstückseigentümer.

Mit dieser Beurteilung fällt das Berufungsurteil, das sich maßgeblich auf den vermeintlichen Mangel des Grundstückseigentums beim Kläger stützt. Da der Rechtsstreit im übrigen noch nicht spruchreif ist, mußte er zur anderweiten Verhandlung und Entscheidung in die Vorinstanz zurückverwiesen werden.

---

20. Gilt die für die Aufwertung der Guthaben bei Fabrik- und Werksparkassen getroffene Sonderregelung auch zugunsten von Einlegern, die nicht Arbeitnehmer des Betriebs sind oder gewesen sind, zu dem die Sparkasse gehört?

AufwG. § 63 Abs. 2 Nr. 6, § 64. Durchführungsverordnung zum Aufwertungsgesetz über die Aufwertung der Guthaben bei Fabrik- und Werksparkassen sowie der Ansprüche an Betriebs-Pensionskassen vom 8. Juli 1926 (RGBl. I S. 403).

VIII. Zivilsenat. Urt. v. 22. Dezember 1930 i. S. N. W. AG. (Bekl.) w. Sch. (Kl.). VIII 379/30.

I. Landgericht Bremen.
II. Oberlandesgericht Hamburg.

Der Kläger hat ein Sparguthaben bei der Kammgarnspinnerei G. Dieses Werk war ursprünglich im Besitz eines Einzelkaufmanns v. W. und wurde 1898 von der verklagten Aktiengesellschaft übernommen, nachdem es schon 1896 von seinem Inhaber zu einer Aktiengesellschaft gestaltet worden war. Die Beklagte führte das Werk nach der Verschmelzung zunächst als Filialunternehmen. Im Jahre 1920 wandelte sie es in eine Gesellschaft mbH. um, die aber wirtschaftlich der Beklagten unselbständig angegliedert blieb. Schon seit der Besitzzeit des Industriellen v. W., und zwar auch schon als der Kläger im Jahre 1886 bei diesem als Diener in Stellung trat, bestand bei dem Werk eine Spareinrichtung. Bei dieser Sparkasse legte der Kläger seit Beginn seines Dienstes laufend seine Ersparnisse an, wie er behauptet, durch seinen Dienstherrn veranlaßt. Die Spareinrichtung der Spinnerei bestand über die rechtlichen Wandlungen hinaus fort. Der Kläger machte auch noch zur Besitzzeit der Beklagten weitere Einlagen.

Nach Inkrafttreten der Durchführungsverordnung zum Aufwertungsgesetz über die Aufwertung der Guthaben bei Fabrik- und Werksparkassen ... vom 8. Juli 1926 stellte die Beklagte bei der nach Art. 9 dieser Verordnung und nach der Verordnung der Freien Hansestadt Bremen vom 5. Oktober 1924 (Gesetzbl. S. 454) gebildeten Spruchstelle beim Landgericht Bremen Antrag auf Aufwertungsentscheidung, und zwar sowohl hinsichtlich der Sparkasse der G.-GmbH. wie in bezug auf die Sparkassen bei anderen Tochterwerken. An diesem Verfahren beteiligten sich neun Sparer. Zwischen ihnen und der Beklagten wurde am 21. Januar 1929 ein Vergleich geschlossen, nach dem die Sparguthaben bei den Werksparkassen der früheren Filialen der Antragstellerin auf 80 v. H. des Goldmarkbetrags aufgewertet werden sollten. Der Vergleich bestimmt weiter die Zahlung der Hälfte bis zum 1. Mai 1929, je eines Viertels am 1. April 1930 und am 1. April 1931. Diesen Vergleich erklärte die Spruchstelle gemäß Art. 14 Abs. 2, Art. 18 der Verordnung vom 8. Juli 1926 für allgemeinverbindlich.

Hierauf, hilfsweise auch auf das sonstige Aufwertungsrecht sich berufend, nimmt der Kläger die Beklagte in Anspruch. Er fordert, seinem Sparguthaben entsprechend, Zahlung von insgesamt 7555,18 RM. mit einer gemäß den Vergleichsregeln abgestuften Verzinsung. Die Beklagte unterlag in allen drei Rechtszügen.

Gründe:

Die Passivlegitimation der Beklagten für den Anspruch des Klägers aus dem Vergleich hat der Berufungsrichter ohne Rechtsirrtum bejaht.

Die Geltung des für allgemeinverbindlich erklärten Vergleichs erstreckt der Berufungsrichter deshalb auf den Kläger, weil das dem Willen der am Vergleich Beteiligten entsprochen habe. Ob die Feststellung dieses Willens, wie die Revision behauptet, den § 286 ZPO. verletzt, bedarf keiner Prüfung, weil die vom Vorderrichter aus dem Abschlußwillen gezogene Folgerung rechtsirrig ist. Denn nach dem Berufungsurteil liegt die Sache nicht so, daß der Kläger Partei des abgeschlossenen Vergleichs gewesen wäre, sodaß ihm die Rechte aus dem Vergleich kraft Vertragsrechts zuständen. Die Allgemeinverbindlichkeits-Erklärung aber, die allein als Quelle des vom Kläger in Anspruch genommenen Rechts in Frage kommt, hat ihre Grundlage im Gesetzesrecht der Verordnung vom 8. Juli 1926 Art. 14 Abs. 2, Art. 18, nicht dagegen im Parteiwillen, wenn sie auch, wie die Allgemeinverbindlichkeits-Erklärung des Tarifrechts nach § 2 TVO., das Ergebnis der freien Vereinbarung zum Inhalt der behördlichen Regelung macht. Spielraum für eine mehr oder minder weite Erstreckung der Vergleichsgeltung gibt Art. 18 der Spruchstelle nicht. Es ist auch nicht ihre Sache, die gesetzlichen Begriffe der Allgemeinheit der Gläubiger oder der „übrigen Gläubiger" im Sinne des Art. 18 maßgeblich zu deuten. Ihre Zuständigkeit ist in Art. 14 der Durchführungsverordnung gültig begründet (RGZ. Bd. 115 S. 145; AufwRspr. 1927 S. 402), aber auch erschöpfend umrissen. Sie entscheidet danach, von der Allgemeinverbindlichkeits-Erklärung abgesehen, nur über die Fragen:

ob die Kasse als eine Werksparkasse zu gelten hat; inwieweit ihre Mittel aus freiwilligen Zuwendungen des Arbeitgebers herrühren; ob sie ihr Vermögen gesondert zu verwalten und anzulegen hatte und entsprechend gehandelt hat; endlich über die Höhe des Aufwertungssatzes und die Fälligkeit der Guthaben.

Dieser unüberschreitbare Zuständigkeitsring gilt ebensowohl für die in den Art. 14flg. geregelte Sachentscheidung, deren Tragweite die Verordnung in Art. 15 Abs. 2 selbst bestimmt, wie für die Allgemeinverbindlichkeits-Erklärung nach Art. 14 Abs. 2, Art. 18 (ebenso Holländer D. Steuerzeitung 1927 Sp. 86; Köppel daselbst 1928 Sp. 642flg.; Quassowski AufwG. 5. Aufl. S. 839). In den Rahmen dieser Kollektiventscheidung über die Eigenart der Kasse und den für sie angemessenen Aufwertungssatz gehört die Bestimmung des Personenkreises der Kassengläubiger nicht, wenngleich sich die Spruchstelle, um über die Eigenschaft der Kasse als Werksparkasse und den Aufwertungssatz sachgemäß zu entscheiden, ein Bild von der Zahl der Beteiligten und der Höhe ihrer Guthaben machen muß. Gerade in dem vorliegenden Fall hat die Entscheidung darüber, ob der Kläger an der Werksparkassen-Aufwertung teilnimmt, den ordentlichen Gerichten um so mehr zu verbleiben, als die Beklagte an Stelle der G.-GmbH. die Haftung nur für die Werksparkassen-Aufwertung übernommen hat, sodaß in diesem Streit der Bestand des Klaganspruchs gegenüber der Beklagten im Spiel ist (vgl. RGZ. Bd. 115 S. 145, Bd. 114 S. 86).

Es war deshalb unabhängig von der Auffassung der Spruchstelle auf Grund von § 63 Abs. 2 Nr. 6, § 64 AufwG. und der Durchführungsverordnung vom 8. Juli 1926 zu entscheiden, ob der Kläger zu den übrigen Gläubigern des Art. 18 gehört.

Die Revision bestreitet das, weil der Kläger nicht zu den Arbeitnehmern des Betriebs gehört hat, bei dem die Kasse besteht. Keinen Anhalt für diese grundsätzlich auch von Köppel a. a. O. vertretene Auffassung gibt der Umstand, daß die in Art. 1 DurchfVo. gegebene, durch § 64 AufwG. gedeckte Begriffsbestimmung der Werksparkasse unter deren Merkmalen nennt, daß „Spareinlagen der Arbeitnehmer des Betriebs aufgenommen werden". Wollte man das so verstehen, daß ausschließlich Spareinlagen der Arbeitnehmer des Betriebs anzunehmen sind, so würde daraus folgen, daß eine Kasse, die auch von Werkfremden Einlagen annimmt, keine Werksparkasse im Sinne des Gesetzes sei. Für den vorliegenden Fall steht aber nach Art. 20 DurchfVo. das Gegenteil fest durch die Rechtskraft des in der Allgemeinverbindlichkeits-Erklärung liegenden Spruchs der Aufwertungsstelle bei dem Landgericht Bremen. Es entspricht auch der in dieser Frage entscheidenden, übrigens zu billigenden Rechtsprechung des Reichswirtschaftsgerichts, daß eine beschränkte Beteiligung fremder Sparer der Anerkennung einer Kasse als Werksparkasse nicht entgegensteht (RWiG. in JW. 1928 S. 3276 Entsch. XXXII 3/27 und in JW. 1929 S. 215/216 Entsch. XXXII 5/27, 15/27, 16/27; Quassowski in JW. 1930 S. 91).

Es bliebe danach nur die von Köppel a. a. O. vertretene Annahme, daß innerhalb einer Werksparkasse zu scheiden sei zwischen den eigentlichen Kassengläubigern, den Arbeitnehmern des Betriebs, und den sonstigen Einlegern, die an der besonderen Aufwertung nach § 63 Abs. 2 Nr. 6, § 64 AufwG. und folgerichtig auch an dem in der Durchführungsverordnung geordneten Verfahren nicht teilhätten. In den für die Auslegung entscheidenden Bestimmungen der §§ 63, 64 AufwG. ist unterschiedslos von „Guthaben" bei Werksparkassen die Rede. Die Durchführungsverordnung läßt zwar nach der Fassung des Art. 8 Satz 2 vermuten, daß bei der Ordnung des Verfahrens das Vorhandensein werkfremder Einleger nicht in Betracht gezogen worden ist, da sie eine Anmeldepflicht (für rückwirkende Aufwertung) den Gläubigern auferlegt, „die dem Betrieb nicht mehr angehören". Im übrigen aber ist, vielleicht aus dieser Vorstellung heraus, im ganzen Bereich der Verordnung nur von „Gläubigern" (Art. 5, 7, 13, 15, 17, 18, 19), „Kassengläubigern" (Art. 12) oder von „Beteiligten" (Art. 16) die Rede (ohne daß ersichtlich mit dem Wechsel in diesen Bezeichnungen ein anderer Sinn verbunden werden sollte). Durch die Ordnung des Verfahrens, wie sie mittels der vorgeschriebenen Bekanntmachungen und Zustellungen nach außen gelangt, wird danach eher der Anschein einer unterschiedslosen Behandlung der Einleger erweckt.

Die Revision meint, die Beschränkung des Aufwertungsrechts aus § 63 Abs. 2 Nr. 6, § 64 AufwG. auf die Arbeitnehmer des Betriebs folge zwingend aus dem gesetzlichen Zweck dieser Normen. Ebenso wie in den §§ 65, 66 Abs. 2 das. komme in ihnen der Wille zum Ausdruck, der engen Verbundenheit zwischen dem Unternehmen und seinen Arbeitnehmern Rechnung zu tragen. Im Vordergrund hat indes nach dem Bericht des Aufwertungsausschusses (erste Lesung des Gesetzes) S. 39 nicht dieser Gedanke gestanden, sondern die Anschauung, daß die Einlagen solcher Sparkassen fast überall dazu gedient hätten, in den gewerblichen Betrieben als Kapital zu arbeiten oder Sachwerte zu beschaffen. Daneben war der soziale Charakter solcher Spareinrichtungen von Bedeutung, wie das darin zutage tritt, daß ein Antrag, den Einlagen der Arbeitnehmer allgemein eine gleiche Behandlung zu sichern, unter Hinweis gerade auf die zu beachtende soziale Stellung der Einleger abgelehnt wurde. Dennoch hat die Revision nicht unrecht darin, daß auch das arbeitsrechtliche Verhältnis als Grundlage des Sparverhältnisses entsprechend den Bestimmungen der §§ 65, 66 Abs. 2 und 63 Abs. 3 AufwG. bedeutsam gewesen sein wird. Damit ist aber nicht gesagt, daß dieser Gedanke die gesamte Regelung durchdringen müßte, die auf alle Fälle den Arbeitnehmerbelangen durch Begünstigung der für sie bestimmten Spareinrichtungen Rechnung trägt. Es liegt in der Natur der Sache, daß sich solche Spareinrichtungen, auch wenn sie an ihrem Wirtschaftsziel voll festhalten, nicht streng an die Betriebszugehörigkeit der Sparer binden. Köppel a. a. O. Sp. 645 erkennt an, daß für die von ihm vertretene Auffassung der Arbeitnehmerbegriff nicht eng ausgelegt werden darf. So will er wie Einlagen Betriebsangehöriger auch die Einlagen gelten lassen, die der Arbeitnehmer eines fremden, aber dem gleichen Konzern angehörigen Werkes macht.

Aber auch mit so weiter Spannung des Begriffs der Betriebszugehörigkeit kommt man nicht aus. Sicherlich werden Einlagen der Familienangehörigen des Arbeitnehmers regelmäßig in dem gleichen Sinn angenommen werden wie Einlagen des Arbeitnehmers, und sie werden dann nicht anders behandelt werden können, ebensowenig Guthaben der Erben und anderer Rechtsnachfolger eines Arbeitnehmers. Aber auch abgesehen von solchen Fällen, denen der vorliegende nahe steht, ist im Auge zu behalten, daß der Gesetzgeber nicht unmittelbar den Arbeitnehmer begünstigen will, sondern den Kreis der Sparer bei Werksparkassen, der sich nach der Einrichtung solcher Kassen ungefähr und wenigstens sozial (aber nicht ausnahmslos) mit dem Kreise der Sparer aus den Belegschaften deckt. Es bedarf nach Lage des Falls keiner Erörterung, ob nach diesem Gedanken des Gesetzes von den Vorteilen der § 63 Abs. 2 Nr. 6, § 64 und von der Teilnahme am Verfahren der Durchführungsverordnung diejenigen Einleger auszuschließen sind, von denen entgegen den allgemeinen Zielen solcher Kassen oder im Widerspruch zu dem besonderen Geschäftsplan Einlagen angenommen worden sind. Für den zu entscheidenden Fall kann das schon nach den vorliegenden Feststellungen verneint werden. Der Kläger war bei Beginn seiner Einlagen und noch lange Zeit nachher Arbeitnehmer des damaligen Betriebsinhabers; im Zusammenhang mit diesem Dienstverhältnis war er Sparer der Kasse geworden und geblieben. Seine soziale Stufe war ungefähr die der Arbeiterschaft. Demnach gehörte der Kläger noch zu den Sparern, denen das Gesetz die Sonderstellung zuweisen will. Dafür, daß seine Zulassung als Sparer dem besonderen Geschäftsplan der Werksparkasse G. zuwider gewesen wäre, geben weder die Feststellungen des Vorderrichters noch der Vortrag der Beklagten einen Anhalt. Somit hat der Berufungsrichter im Ergebnis zutreffend dem der Höhe nach unbestrittenen Klaganspruch stattgegeben.

---

21. Ist in dem Falle, wenn der Lauf einer an sich mit einem Sonntag auslaufenden Frist zum Nachweise der Zahlung der Prozeßgebühr durch Einreichung eines Armenrechtsgesuchs gehemmt wurde, der auf den Sonntag folgende Werktag in den von Beendigung der Hemmung ab laufenden übrigen Teil der Frist einzurechnen?

ZPO. § 222 Abs. 2, § 519 Abs. 6.

VII. Zivilsenat. Beschl. v. 2. Januar 1931 i. S. v. A. (Kl.) w. G. (Bekl.). VII A 598/30.

I. Landgericht I Berlin.
II. Kammergericht daselbst.

Die Frage wurde verneint aus folgenden, zugleich den Sachverhalt darstellenden

Gründen:

Der Klägerin, die gegen das ihre Klage abweisende Urteil des Landgerichts Berufung eingelegt hatte, war zum Nachweise der Einzahlung der Prozeßgebühr eine Frist bis zum 1. Juni 1930 bestimmt worden. Sie zahlte die Gebühr aber erst am 7. Juli 1930 ein, nachdem ihr am 23. Mai eingereichtes Gesuch um Bewilligung des Armenrechts abgelehnt und der ablehnende Beschluß ihr am 11. Juni zugestellt worden war. Das Kammergericht verwarf mit Urteil vom 1. November 1930 die Berufung als unzulässig, indem es erwog, daß der zur Zeit der Einreichung des Armenrechtsgesuchs noch übrige Fristteil, der zwei Wochen nach Zustellung des ablehnenden Beschlusses zu laufen begonnen habe, 9 Tage oder bei Mitzählung des Tages der Einreichung 10 Tage betragen habe, die Frist somit 14 + 9, äußerstenfalls 14 + 10 Tage nach dem

11. Juni, d. h. am 4., äußerstenfalls am 5. Juli abgelaufen sei. Die Klägerin will diese Entscheidung mit der Revision, zu der sie das Armenrecht nachsucht, deshalb angreifen, weil § 222 Abs. 2 ZPO. übersehen sei. Da der 1. Juni ein Sonntag gewesen sei, so habe nach dieser Vorschrift die der Klägerin bestimmte Frist erst am 2. Juni geendigt; sie sei mithin infolge der durch das Armenrechtsgesuch verursachten Hemmung nicht 14 + 10, sondern 14 + 11 Tage nach Zustellung des das Armenrecht versagenden Beschlusses, also am 6. Juli abgelaufen und, da dieser Tag wieder ein Sonntag gewesen sei, erst mit dem 7. Juli. Diese Rüge ist indessen als unbegründet und die Berechnung des Berufungsrichters als richtig zu erachten.

Nach § 519 Abs. 6 Satz 3 ZPO. wird durch die rechtzeitige Einreichung eines Armenrechtsgesuchs „der Lauf der Frist bis zum Ablauf von 2 Wochen nach Zustellung des auf dieses Gesuch ergehenden Beschlusses ... gehemmt". Schon aus diesem Wortlaute des Gesetzes ergibt sich, daß in dem von ihm vorausgesetzten Falle nicht etwa der Ablauf der Frist zu dem ursprünglich bestimmten Zeitpunkt eintritt und dann nach Beendigung der Hemmung „der noch übrige Teil der Frist" (vgl. § 223 Abs. 1 Satz 2 ZPO.) gewissermaßen als besondere Nachfrist neu zu berechnen ist, sondern daß infolge der Hemmung der ursprünglich bestimmte Tag des Ablaufs nicht mehr als Tag des Ablaufs, sondern nur noch zur Errechnung des neu zu bestimmenden Ablauftages in Betracht kommt. Zur Anwendung des § 222 Abs. 2 ZPO. kann es demgemäß in dem vorausgesetzten Falle nicht führen, wenn der ursprünglich bestimmte Ablauftag auf einen Sonntag oder allgemeinen Feiertag fällt, sondern nur, wenn dies für den infolge der Hemmung sich ergebenden Ablauftag zutrifft. Diese Auffassung entspricht auch allein dem Zwecke der Vorschrift, die nur eine Hinausrückung des Fristablaufs für den Fall vorsehen will, daß der letzte Tag der Frist infolge der gesetzlichen Feiertagsruhe nicht zur Vornahme der an die Frist gebundenen Handlung ausgenutzt werden kann. Im übrigen muß auch auf dem Gebiete des Privatrechts der Wortlaut der §§ 193 und 205 BGB. zu einer entsprechenden Berechnung der Verjährungshemmung führen.

Da hiernach die beabsichtigte Revision aussichtslos ist, muß das Armenrecht versagt werden.

22. Zum Versäumnisverfahren in der Berufungsinstanz.

ZPO. § 542.

II. Zivilsenat. Urt. v. 2. Januar 1931 i. S. G. (Bekl.) w. P. (Kl.). II 36/30.

I. Landgericht Kiel.
II. Oberlandesgericht daselbst.

Der Kläger beschäftigte sich seit Frühjahr 1922 mit der Vermittlung von Lieferungsaufträgen auf Reparationskonto zwischen der deutschen Industrie und der Marine des südslawischen Staates. Auf demselben Gebiet war auch der Beklagte tätig; beide traten zueinander in Beziehungen. In W. war eine südslawische staatliche Einkaufskommission tätig, deren Einsetzung der Kläger auf Wunsch des Beklagten herbeigeführt haben will. Mit dieser Kommission verhandelte der Beklagte. Es kamen große Abschlüsse zwischen deutschen Firmen und dem südslawischen Staat zustande, wofür Provisionen ausbedungen wurden und an den Beklagten zu zahlen waren. Hiervon beansprucht der Kläger acht Zehntel; er behauptet auch ein Anerkenntnis des Beklagten. Dieser bestreitet jedes Vertragsverhältnis mit dem Kläger.

Der Kläger beantragte Verurteilung des Beklagten zur Erteilung bestimmter Auskünfte. Das Landgericht gab nach Beweiserhebungen der Klage statt. Die Berufung des Beklagten wurde beim Ausbleiben des Klägers im Verhandlungstermin durch Versäumnisurteil des Oberlandesgerichts zurückgewiesen. Die Revision des Beklagten war erfolglos.

Aus den Gründen:

... Dem Vorderrichter hat der Tatbestand des Urteils des Landgerichts mit dessen Beweiserhebungen und den in erster Instanz beigebrachten Urkunden, sowie ein dem Kläger rechtzeitig zugestellter Schriftsatz vom 13. Juni 1929 mit der zwei Beweisanträge enthaltenden Berufungsbegründung und der mündliche Vortrag des Beklagten als Berufungsklägers zur Entscheidung vorgelegen. Er ist in seinem Versäumnisurteil, das gemäß § 542 ZPO. erlassen und ausdrücklich als solches bezeichnet ist, zur Zurückweisung der Berufung gelangt. Danach handelt es sich um ein sogenanntes unechtes Versäumnisurteil, gegen welches die Revision stattfindet (Stein-Jonas

§ 542 III 6 und Vorbem. vor § 330 III 3). Das Oberlandesgericht tritt dem ersten Richter darin bei, daß unanfechtbar zwischen den Parteien ein Gesellschaftsvertrag zustandegekommen sei. Das wird als durch den Briefwechsel erwiesen erachtet. Dagegen macht sich der Berufungsrichter die Feststellung des Landgerichts nicht zu eigen, daß durch das Zeugnis des G., das der Beklagte als unglaubwürdig und als in sich unschlüssig angegriffen hatte, eine nachträgliche Einigung auf Überlassung der Hälfte der Provisionen an den Kläger, also auf gleichmäßige Teilung, zustandegekommen sei. Das Gericht hält aber nach dem Briefwechsel gleichwohl den Vertrag — mit Vorbehalt weiterer Einigung über die Verteilung der Provisionen — für abgeschlossen und findet sich mit der Vorschrift des § 154 BGB. durch die Erklärung ab, die Parteien seien, obwohl auf eine Einigung über diesen Punkt bedacht und darüber noch nicht einig, doch des Willens gewesen, den Vertrag mit Vorbehalt späterer Einigung hierüber als geschlossen anzusehen und in Wirksamkeit treten zu lassen und sich für den Anfang damit zu begnügen, daß der Grundsatz einer angemessenen Verteilung der Provisionen beiderseits anerkannt worden sei. Daraus leitet es die vom ersten Richter ausgesprochene Verpflichtung des Beklagten gleichfalls ab und erachtet somit die Berufung für unbegründet.

Zu Unrecht rügt die Revision Verletzung des § 542 ZPO. sowie der §§ 154, 722 BGB. Sie bringt vor, der Beklagte habe in zweiter Instanz ausgeführt, eine Provisionsvereinbarung sei nicht erfolgt und demzufolge sei der Vertrag nach § 154 BGB. als noch nicht zustandegekommen anzusehen. Mit der Annahme des Vorderrichters aber, der Vertrag sei doch — vor der Einigung über die Provision — geschlossen, werde § 542 ZPO. verletzt. Nach dieser Vorschrift, so meint die Revision, sollen „die Behauptungen des Berufungsklägers" als zugestanden gelten, soweit ihnen das im ersten Urteil festgestellte Sachverhältnis nicht entgegenstehe. Das landgerichtliche Urteil enthalte aber keine Feststellung darüber, daß der Gesellschaftsvertrag auch beim Unterbleiben der geplanten Einigung über die Verteilung der Provision wirksam sein solle. Dem stehe auch die landgerichtliche Bezugnahme auf § 722 BGB. nicht entgegen; denn diese Bestimmung sei nur anwendbar, wenn der bereits fertige Vertrag eine entsprechende Vereinbarung (über den Anteil am Gewinn und Verlust) nicht vorsehe, also eine solche Vereinbarung überhaupt nicht geplant gewesen sei. Die „Behauptung", daß mit Rücksicht auf die beabsichtigte, aber nicht zustandegekommene Einigung über die Provisionsverteilung der Vertrag nicht zustandegekommen sei, habe als vom Kläger zugestanden zu gelten. Daher sei kein Raum für eine Prüfung, ob die Vermutung des § 154 BGB. nicht etwa durch die sonstigen Umstände widerlegt sei.

Diese Ausführung ist mehrfach rechtsirrtümlich. Nach § 542 Abs. 2 ZPO. gelten im Falle der Terminsversäumnis des Berufungsbeklagten nicht „die Behauptungen" des Berufungsklägers als zugestanden, sondern nur das „tatsächliche mündliche Vorbringen", und zwar dieses gemäß § 542 Abs. 1, § 331 Abs. 1, § 335 Abs. 1 Nr. 3 ZPO. nur insoweit, als es der nicht erschienenen Partei rechtzeitig durch Schriftsatz mitgeteilt war, und kraft des Vorbehalts des § 542 Abs. 2 selbst auch nur insoweit, als „das festgestellte Sachverhältnis nicht entgegensteht". „Festgestelltes Sachverhältnis" sind aber die im Tatbestand der ersten Urteils festgestellten Behauptungen und Erklärungen der Parteien sowie die aufgenommenen Beweise (RGZ. Bd. 95 S. 137 [141 flg.]; JW. 1908 S. 558 Nr. 23; Jur. Rdsch. 1927 Nr. 534). Was nun aber hier der Beklagte zu § 154 BGB. behauptet haben soll, findet sich in seiner dem Kläger mitgeteilten Berufungsbegründung vom 13. Juni 1929, wo der Vertragsschluß bestritten wird, überhaupt nicht, sondern ist nur im Tatbestand des Berufungsurteils als „Ausführung" des Berufungsklägers vorgetragen. Das war also nur eine Ausführung in der mündlichen Berufungsverhandlung. Daher konnte eine Versäumnisfolge nach § 542 Abs. 2 ZPO. hieraus nicht gezogen werden, selbst wenn es sich um eine tatsächliche Behauptung gehandelt hätte. Das Vorbringen kann jedoch nur als eine Rechtsausführung zu dem Briefwechsel und zu den Aussagen des Zeugen G. gelten. Auf rechtliche Aufstellungen bezieht sich aber § 542 Abs. 2 ZPO. nicht. Vielmehr war es Sache des Berufungsgerichts, auf Grund des in der Vorinstanz festgestellten Sachverhältnisses, nämlich des sachlichen Parteivortrags, der Urkunden und der Zeugenbeweise, in eine freie tatsächliche und rechtliche Nachprüfung einzutreten, wie die Sachlage wegen des Vertragsschlusses zwischen den Parteien zu beurteilen sei. Die in dem mitgeteilten Schriftsatz enthaltenen Beweisanerbietungen spielen dabei keine Rolle. Die eine bezieht sich auf Tatsachen, welche das Anfechtungsrecht gegenüber dem geschlossenen Vertrag stützen sollen, und die andere betrifft die Glaubwürdigkeit der Zeugen G. und L., deren Aussagen der Vorderrichter bei seiner Entscheidung dieses Punktes nicht verwertet. Der Vorderrichter hat, indem er den schon in erster Instanz vorgelegten und vorgetragenen Briefwechsel auslegt und danach tatsächliche Feststellungen über den Vertragswillen der Parteien trifft, den § 542 ZPO. nicht verletzt. Selbst wenn die Ausführung des Berufungsklägers zu § 154 BGB. als tatsächliche Behauptung anzusehen gewesen wäre, hätte der Vorderrichter ihre Annahme als Versäumnisfolge ablehnen dürfen, eben weil das festgestellte Sachverhältnis, nämlich der Inhalt der in erster Instanz vorgelegten Urkunden nach seiner Würdigung, der Behauptung entgegengestanden hätte.

Die mündliche Revisionsbegründung hat dem Berufungsgericht eine Verletzung des § 542 Abs. 2 ZPO. auch noch in dem Punkte der Behandlung des Beweisantrags zur Glaubwürdigkeit der Zeugen G. und L. vorgeworfen. Auf die Aussagen dieser Zeugen stützt sich der Vorderrichter neben anderem bei der Zurückweisung der Vertragsanfechtung wegen arglistiger Täuschung. In der Berufungsbegründungsschrift wurde mit Anerbieten von Zeugenbeweis neu vorgetragen, die beiden Zeugen seien am Ausgang des Rechtsstreits nicht unbeteiligt, denn sie hätten sich zusammen mit dem Kläger bei deutschen Firmen um Provisionszusagen bemüht. Die Revision ist der Ansicht, dieses Vorbringen hätte gemäß § 542 Abs. 2 ZPO. als zugestanden angesehen werden müssen, während der Vorderrichter hierzu erklärt, nach § 542 sei zu unterstellen, daß die benannten Zeugen die vom Beklagten behaupteten Tatsachen bestätigt haben würden. Im Anschluß daran wird ausgeführt, aus diesem Umstand könne nicht geschlossen werden, daß die beschworenen Aussagen des L. und des G. über die Bedeutung der Persönlichkeit des Klägers und über seinen Einfluß in Belgrad unrichtig seien, zumal da diese Bekundungen von einer Reihe weiterer Beweise gestützt würden. Hiernach kann unentschieden bleiben, ob der Vorderrichter die über die beiden Zeugen vorgebrachte tatsächliche Behauptung nicht, wie er es getan hat, als erwiesen, sondern als zugestanden und daher des Beweises nicht bedürftig zu behandeln hatte, was hinsichtlich ihrer Feststellung sich gleich kommt. Denn er vermag der Behauptung keinen Einfluß auf seine Beweiswürdigung einzuräumen. Es liegt also hier keinesfalls eine Prozeßrechtsverletzung vor, auf der das Urteil beruhen könnte. Im übrigen ist aber diese Rüge auch nicht mehr zulässig und daher unbeachtlich. Denn es handelt sich um die Behauptung der Verletzung einer Verfahrensvorschrift; dafür gilt das Erfordernis des § 554 Abs. 3 Nr. 2b ZPO., daß schon die schriftliche Revisionsbegründung die Bezeichnung der Tatsachen enthalten muß, welche den Mangel ergeben. Daß § 542 ZPO. in Verbindung mit anderen Tatsachen als verletzt bezeichnet worden ist, gewährt dem Revisionskläger nicht die Freiheit, die Rüge der Verletzung desselben Prozeßgesetzes bei einem ganz anderen Tatsachenbestand nachzuschieben. . . .

---

23. Gehört die Heimstätte im Sinne des Reichsheimstättengesetzes zur Konkursmasse des Heimstätters?

Reichsheimstättengesetz (RHG.) v. 10. Mai 1920 (RGBl. S. 962) §§ 11, 20. KO. §§ 1, 3, 14, 43. ZPO. §§ 256, 766.

V. Zivilsenat. Urt. v. 3. Januar 1931 i. S. J. (Kl.) w. J. Konkursverw. (Bekl.). V 237/30.

I. Landgericht Leipzig.

Im Gegensatz zum Landgericht hat auf die vom Kläger unmittelbar eingelegte Revision das Reichsgericht die Frage der Überschrift verneint und der Klage des Heimstätters auf Feststellung, daß die Heimstätte nicht zur Konkursmasse des Heimstätters gehöre, stattgegeben aus folgenden

Gründen:

Die Zulässigkeit der Klage wird vom Landgericht bejaht, weil der Kläger mit Rücksicht auf die gegen das Heimstättengrundstück eingeleitete Zwangsversteigerung ein rechtliches Interesse an der alsbaldigen Feststellung habe. Wenn es sich nur um diese Maßregel handelte, möchte der Kläger vielleicht auf die Erinnerung zu verweisen sein, die ihm nach § 766 ZPO. gegen das Zwangsvollstreckungsverfahren zusteht. Aber die Klage erstrebt mehr; sie will zugleich alle künftig möglichen Versuche ausschließen, das Grundstück zwangsweise oder freihändig, ganz oder teilweise, dauernd oder vorübergehend zugunsten der Konkursgläubiger zu verwerten oder sonst in irgendeiner Weise so zu behandeln, wie es dem verklagten Konkursverwalter kraft seines Verwaltungs- und Verfügungsrechts über die Masse zustehen würde. Dazu ist die verlangte Feststellung im ordentlichen Rechtsstreit erforderlich. Die Feststellungsklage ist deshalb zuzulassen, ohne daß geprüft zu werden braucht, unter welchen Voraussetzungen sich der Gemeinschuldner gegen die Besitznahme eines nicht zur Konkursmasse gehörigen Gegenstandes durch den Konkursverwalter mit der Klage wenden kann (vgl. RGZ. Bd. 37 S. 398 und den Meinungsstand bei Jaeger Konkursordnung 6./7. Aufl. Bd. 1 S. 35 Anm. 50 zu § 1).

Die Einwendung des Beklagten, der Kläger erhebe einen Aussonderungsanspruch im Sinne des § 43 KO. und ein solcher stehe begrifflich nie dem Gemeinschuldner zu, hat das Landgericht mit Recht zurückgewiesen. Im § 43 ist nur der Fall geregelt, daß ein angeblich nicht dem Gemeinschuldner gehöriger Gegenstand aus der Masse verlangt wird, während das Heimstättengrundstück unstreitig Eigentum des Klägers ist und nur darüber entschieden werden soll, ob es zur Masse gehört.

Die Zugehörigkeit der Heimstätte zur Konkursmasse hat Jaeger a. a. O. S. 16 Anm. 19a zu § 1 KO. und in ZZP. Bd. 53 S. 411 bejaht; ebenso Senst-Müller Die Verwaltung von Konkursen 9. Aufl. S. 41. Denselben Standpunkt nimmt nach den Gründen des angefochtenen Urteils das Sächsische Arbeits- und Wohlfahrtsministerium ein. Dagegen haben Erman (Deutsches Wohnungsarchiv 1927 S. 346flg.; ZZP. Bd. 53 S. 406flg.; Arch. f. ziv. Pr. Bd. 132 S. 99flg.) und Krüger-Wenzel (Komm. zum RHG. 3. Aufl. S. 118flg. Anm. 1 zu § 20) die Frage verneint, wenigstens für den gegebenen Fall, daß nicht der Eigentümer selbst die Heimstätte in die Masse hineingibt. An Erman schließt sich Bleyer an (KO. 3. Aufl. S. 194 Anm. 1 a. E. zu § 47). Das Landgericht teilt die erste, bei der Entscheidung über das Armenrecht auch vom Oberlandesgericht Dresden gebilligte Ansicht. Der erkennende Senat hat sich für die zweite entschieden.

Nach § 1 Abs. 1 KO. umfaßt das Konkursverfahren das gesamte einer Zwangsvollstreckung unterliegende Vermögen des Schuldners, das ihm zur Zeit der Eröffnung des Verfahrens gehört. § 20 Abs. 1 RHG. erklärt die Zwangsvollstreckung in die Heimstätte wegen einer persönlichen Schuld des Heimstätters für unzulässig. Zur Verwirklichung dinglicher Belastungen ist sie also nicht untersagt. Insoweit hat man sich damit begnügt, durch Einschränkung der Belastungen (§§ 17 flg.) sowie durch die Ausgestaltung des Heimfall- und Vorkaufsrechts des Ausgebers (§§ 12 flg.) tunlichst zu verhüten, daß sich Anlaß dazu ergibt. Aber diese rechtliche Möglichkeit hat für die Anwendung des § 1 KO. keine Bedeutung, weil das Konkursverfahren nur zur Befriedigung der persönlichen Gläubiger des Gemeinschuldners bestimmt ist (§ 3 KO.). Vielmehr unterliegt nach dem Grundsatz des § 20 Abs. 1 RHG. die Heimstätte nicht der Zwangsvollstreckung im Sinne des § 1 Abs. 1 KO. In zwei Fällen erlaubt das Reichsheimstättengesetz nun freilich auch persönlichen Gläubigern den Zugriff. Einmal darf wegen einer Schuld, die schon beim Erwerb der Heimstätte bestanden hat, bis zum Ablauf eines Jahres nach dem Erwerb die Zwangsvollstreckung durch Eintragung einer Sicherungshypothek und, wenn die Schuld fünf Jahre nach der Eintragung dieser Hypothek noch nicht getilgt ist, die Zwangsversteigerung beantragt werden (§ 20 Abs. 2 RHG.). Man hat hier aus Billigkeit eine Übergangsvorschrift getroffen, um die alten Gläubiger des Heimstätters nicht ganz von dem darin angelegten Vermögenswert auszuschließen. Sie müssen ihre Rechte in bestimmter Frist wahren und sich während einer langen Schonfrist, die dem Schuldner die Erhaltung der Heimstätte ermöglichen soll, mit einer Sicherung begnügen. Die zweite Ausnahme geht dahin, daß die Vorschriften über die Beitreibung öffentlicher Abgaben unberührt bleiben (§ 20 Abs. 3 RHG.). Auch diese kann nur schonend stattfinden; im Bereich der Reichsabgabenordnung z. B. sind die Zwangsversteigerung und die Zwangsverwaltung in eine vom Schuldner bewohnte Kleinsiedlung, also auch in eine Heimstätte, wenigstens wenn der Heimstätter ein Inländer ist, nur mit dessen Einwilligung zulässig (§ 345 RAbgO.). Soweit für die Beitreibung Landesrecht gilt, bestehen andere, oft nicht so weitgehende Vorbedingungen. Man kann übrigens ganz absehen von diesen den bevorzugten Gläubigern auferlegten Beschränkungen, die bei der Behandlung der Streitfrage geltend gemacht werden und den praktischen Unterschied zwischen der zugelassenen Einzelvollstreckung und der konkursrechtlichen Verwertung zeigen sollen. Ein Gegenstand, in den nach dem Gesetz nur einzelne Gläubiger die Zwangsvollstreckung betreiben dürfen,

8*

unterliegt ihr nicht im Sinne des § 1 KO. Das Konkursverfahren, das zur gemeinschaftlichen Befriedigung aller Gläubiger dient, gilt vielmehr dem auch durch Einzelvollstreckung allen zugänglichen Vermögen (Jaeger a. a. O. S. 15 Anm. 18, S. 22 Anm. 28 zu § 1 KO.); es kommen z. B. die nach § 850 Abs. 4 ZPO. der Pfändung durch bestimmte Gläubiger freigegebenen Forderungen für das Konkursverfahren nicht in Betracht. Danach ist auch unerheblich, ob an dem Konkursverfahren alte Gläubiger des Heimstätters beteiligt sind, wie es hier der Beklagte für möglich erklärt — nach § 20 Abs. 2 RHG. geschützte Gläubiger können es mangels Eintragung einer Sicherungshypothek nicht sein —, und daß, wie Jaeger betont, wohl in jedem Konkursverfahren öffentliche Abgaben angemeldet werden.

Hiernach wäre eine besondere Vorschrift erforderlich, um die Heimstätte in die Konkursmasse des Heimstätters einzubeziehen. Sie wird von der Gegenmeinung im § 11 Abs. 1 RHG. gefunden, der nach dem ersten Satze: „Veräußert der Heimstätter die Heimstätte, so hat der Ausgeber das Vorkaufsrecht" fortfährt: „Das Vorkaufsrecht gilt für alle Verträge des Heimstätters, die auf Veräußerung der Heimstätte gerichtet sind, sowie für den Verkauf im Wege der Zwangsvollstreckung oder durch den Konkursverwalter. Die §§ 504, 505, 508 bis 510, 513 BGB. gelten entsprechend." Demgegenüber ist zunächst festzustellen, daß § 11 weder die Zugehörigkeit der Heimstätte zur Konkursmasse des Heimstätters noch die Zulässigkeit ihres Verkaufs durch den Konkursverwalter, sondern das Vorkaufsrecht des Ausgebers ordnet. Nur weil dabei auch die Möglichkeit eines Verkaufs der Heimstätte durch den Konkursverwalter erwähnt ist, soll hier versteckt bestimmt worden sein, was, wenn man es so wollte, mit klaren Worten im § 20 RHG. auszusprechen war. Dieser Gedanke liegt fern. Mit Sicherheit läßt sich die Fassung des § 11 in dieser Beziehung freilich nicht aufklären, weil die Begründung des Gesetzentwurfs und die Berichte über seine Beratung darüber keine Auskunft geben (Drucks. d. Reichsrats 1920 Nr. 40, der Nationalversammlung S. 2487, 2799; SitzBer. S. 5153flg., 5614flg.). Daß man, wie geltend gemacht wird, vielleicht daran gedacht habe, der Heimstätter könne der Einbeziehung der Heimstätte in seine Konkursmasse zustimmen und dadurch das Vollstreckungsverbot des § 20 entkräften, trifft schwerlich zu, mag der Stand der Meinungen über die Wirkung eines Verzichts auf Pfändungsbeschränkungen es auch erlaubt haben, mit der Geltung einer solchen Zustimmung des Heimstätters zu rechnen (vgl. Stein-Jonas ZPO. Anm. I zu § 811; Mentzel KO. 3. Aufl. Anm. 3 C g zu § 1 S. 14). Es ist vielmehr nach der von Erman dargestellten Vorgeschichte am wahrscheinlichsten, daß nur ein Redaktionsversehen vorgekommen ist. Beim Entschluß, ein Vorkaufsrecht des Ausgebers zu schaffen, hat man die Bestimmungen darüber aus dem § 11 des Reichssiedlungsgesetzes vom 11. August 1919 übernommen, um, wie dort, die Beschränkungen des persönlichen Vorkaufsrechts auszuschließen, das nach § 512 BGB. bei Verkäufen im Wege der Zwangsvollstreckung und durch den Konkursverwalter nicht gilt. Aber man hat dabei allem Anschein nach nicht zuvor geprüft, ob ein Verkauf der Heimstätte durch den Konkursverwalter überhaupt in Betracht kommt. Dafür spricht auch, daß die ersten Darstellungen des Reichsheimstättenrechts durch die an der Ausarbeitung des Gesetzes Beteiligten die Frage nicht berührt haben (Dronke in Schmollers Jahrb. Bd. 44 S. 49; Krüger Komm. zum RHG.). Jedenfalls treten die durch § 11 RHG. immerhin hervorgerufenen Bedenken gegen die aus § 20 das. für den Konkursfall gegebene Folge zurück, sobald man den Zweck des Reichsheimstättengesetzes würdigt. Der Heimstätter steht mit Bezug auf die Verfügung und die Verwertung der Heimstätte hinter dem gewöhnlichen Grundeigentümer zurück. Aber dafür soll ihre Nutzung ihm und den Seinigen eine gegen die Wechselfälle des Lebens gesicherte Heimat bieten und dadurch die Grundlage eines gesunden Familienlebens gewähren. Deshalb wird die Heimstätte nach dem Grundgedanken des Heimstättenrechts nicht nur gegen den Heimstätter selbst, sondern mit den unerläßlichen Ausnahmen vor allem auch gegen seine Gläubiger geschützt. Der sozialpolitische Gedanke, der damit verwirklicht werden soll, richtet sich nicht nur gegen die Einzelvollstreckung, sondern muß sich erst recht bewähren, wenn die Not des Heimstätters am größten wird und es zum Konkursverfahren kommt. Anders aufgefaßt würde die gesetzliche Regelung die persönlichen Gläubiger gerade veranlassen, das Verbot der Einzelvollstreckung durch den Konkursantrag gegenstandslos zu machen. Dronke, der Sachbearbeiter des Reichsjustizministeriums, aus dessen Entwurf der § 11 RHG. übernommen worden ist, hat in seinem Vortrag über das neue Heimstättenrecht (Schmollers Jahrb. a. a. O.) den Inhalt des Vollstreckungsschutzes dahin wiedergegeben: „Hindert das Sonderrecht den Heimstätter selbst, den Geldwert seines Eigentums restlos und ganz nach Belieben zu nutzen, so darf erst recht kein außenstehender Fremder diese Befugnis haben. Entschlossen zieht das Gesetz diese Folgerung und verbietet die Zwangsversteigerung in die Heimstätte wegen einer persönlichen Schuld des Heimstätters schlechthin. Jede Art der Zwangsvollstreckung ist ausgeschlossen, nicht nur die Zwangsversteigerung. ... So bringt das Heimstättenrecht eine großzügige Erweiterung des vollstreckungsfreien Notbedarfs." Damit ergibt sich auch die Entscheidung für den dort nicht erwähnten Konkursfall. Jaeger wendet allerdings ein, der Schutz sei verwirkt, sobald der Heimstätter bis zum allgemeinen Vermögensverfall abgewirtschaftet habe; dann möge der Ausgeber das Grundstück zurücknehmen und es in bessere Hände legen. Diese Ausführung wird jedoch dem Zweck des Reichsheimstättengesetzes nicht gerecht. Die Heimstätte dient als Wohnheimstätte allein, als Wirtschaftsheimstätte immerhin auch zur Sicherung des Wohnbedürfnisses des Schuldners und seiner Familie. Wie ihre Begründung, so ist der Fortbestand der Heimstätte deshalb unabhängig von der wirtschaftlichen Selbständigkeit des Heimstätters, welcher der Konkurs ein Ende setzt. Wenn der Heimstätter nach § 12 RHG. bei grober Mißwirtschaft dem Verlust der Heimstätte ausgesetzt ist, so wird damit ein falsche, zweckwidrige Behandlung und Benutzung des Grundstücks gemeint, die keineswegs mit dem Konkurs verbunden zu sein braucht. Aus diesem Grunde ist es auch verfehlt, die Zugehörigkeit der Heimstätte zur Konkursmasse trotz der Unzulässigkeit der Einzelvollstreckung entsprechend dem § 1 Abs. 2 KO. zu rechtfertigen. Die dort erwähnten Gesetze dienen nur der Erhaltung einer selbständigen Wirtschaft, die durch den Konkurs beendigt wird. Ebensowenig greift das Bedenken Jaegers (a. a. O. Anm. 19a zu § 1 KO.) durch, daß bei abweichender Auffassung die Gläubiger öffentlicher Abgaben nach § 14 KO. gehindert sein würden, sich während des Konkurses gemäß § 20 RHG. an die Heimstätte zu halten. In solchen Fällen gilt nach den eigenen Darlegungen von Jaeger (Anm. 29 zu § 1 KO.) § 14 seinem Zwecke nach nicht.

24. Welche Anforderungen sind an den Führer eines Kraftwagens zu stellen, wenn er ein anderes Kraftfahrzeug überholen will?

BGB. §§ 254, 276, 823. KFG. §§ 7, 9, 17. KFVo. v. 16. März 1928 §§ 18, 19.

VI. Zivilsenat. Urt. v. 5. Januar 1931 i. S. St. (Bekl.) w. H. (Kl.). VI 455/30.

I. Landgericht Erfurt.
II. Oberlandesgericht Naumburg.

Am 22. Juli 1928 fuhr der Kläger in einem B.-Sportwagen mittags gegen 12 Uhr auf der Landstraße von Weimar nach Erfurt. Hinter dem Dorfe L. holte er den Beklagten ein, der auf einem Kraftrade vor ihm herfuhr. Beim Überholen kam es zu einem Zusammenstoß. Die Parteien wurden hierbei schwer verletzt und erlitten Sachschaden an ihren Fahrzeugen. Ein Mitfahrer des Klägers starb am folgenden Tage infolge der Verletzungen. Jede Partei mißt dem Gegner die Schuld an dem Unfall bei und macht — der Beklagte im Wege der Widerklage — Schadensersatzansprüche geltend, die sowohl auf Zahlung wie auf Feststellung gerichtet sind. Das Landgericht erklärte Klage und Widerklage (auch soweit Feststellung begehrt wird) je zur Hälfte für gerechtfertigt. Das Berufungsgericht erklärte auf die Berufung des Klägers unter Zurückweisung der Anschlußberufung des Beklagten den Klaganspruch in voller Höhe, also auch wegen des Feststellungsanspruchs, dem Grunde nach für gerechtfertigt und wies die Widerklage ab. Die Revision des Beklagten führte zur Aufhebung und Zurückverweisung.

Gründe:

Die Revision erhebt zunächst die Verfahrensrüge, daß die Schlußbemerkung im Tatbestand des angefochtenen Urteils, es seien dem Aktenzeichen nach bezeichnete Strafakten Gegenstand der mündlichen Verhandlung gewesen, nicht erkennen lasse, welche Bestandteile dieser Akten vorgetragen seien. Die Rüge ist an sich begründet, weil nach § 313 ZPO. der Tatbestand, auch soweit er eine Bezugnahme enthält, Klarheit über das schaffen muß, was in Wirklichkeit Gegenstand der mündlichen Verhandlung gewesen ist (RGZ. Bd. 102 S. 330). Zur Aufhebung des Urteils könnte die Rüge aber nicht in dieser Allgemeinheit, sondern nur dann führen, wenn sie in Beziehung zu einem bestimmten Prozeßvorgang gesetzt, insbesondere die prozeßwidrige Erledigung oder Übergehung von Beweisanträgen gerügt oder Ungewißheit über das Parteivorbringen geltend gemacht würde (RG. in Recht 1908 Nr. 2207). In dieser Beziehung hat aber die Revision nichts vorgebracht. Es wird bei der sachlichrechtlichen Prüfung zu erörtern sein, wieweit als vorgetragen anzusehendes Vorbringen nicht berücksichtigt worden ist.

In der Sache selbst ist die Revision als begründet anzusehen. Nach den Feststellungen des Berufungsgerichts fuhr der Beklagte mit einer Geschwindigkeit von 20 km auf einem Kraftrade. Hinter ihm her kam der von dem Kläger geführte Kraftwagen mit einer Geschwindigkeit von 80 km. Schon hiernach handelte der Kläger in besonders grober Weise fahrlässig und verstieß ferner gegen § 18 KFVo. vom 16. März 1928, wenn er mit der ungeheueren Geschwindigkeit von 80 km den Beklagten überholen wollte (§§ 276, 823 Abs. 1 u. 2 BGB.). Der erkennende Senat hat wiederholt betont, daß der Kraftwagenführer beim Überholen eines anderen Kraftfahrzeugs oder auch eines Radfahrers schon unter Berücksichtigung der allgemeinen im Verkehr erforderlichen Sorgfalt besondere Vorsicht beobachten muß. Namentlich sei auf RGZ. Bd. 120 S. 155 hingewiesen; dort ist ausgeführt, daß der Kraftwagenführer mit Rücksicht auf zwei vor ihm herfahrende Radfahrer eine so mäßige Geschwindigkeit hätte einhalten müssen, daß er seinen Wagen rechtzeitig hätte zum Stehen bringen können, falls die Radfahrer aus irgendwelchen Gründen zum Anhalten gezwungen waren oder aber in die Seitenstraße einbiegen wollten. Im vorliegenden Falle lag die Sache so, daß der zu überholende Kraftradfahrer nach links in den dort vorhandenen, die Grenze zwischen den Ländern Preußen und Thüringen bildenden Weg einbiegen wollte, um zu seinen dort gelegenen Ländereien zu gelangen. Das Berufungsgericht nimmt zwar auch an, daß jeder Kraftwagenführer beim Überholen mit Hindernissen und Unvorsichtigkeiten anderer rechnen müsse; aber der Kläger habe wahrgenommen, daß der Beklagte sich umgesehen und den Kraftwagen bemerkt habe; der Beklagte sei in ruhiger Fahrt geblieben und habe zunächst kein auf die Absicht der Fahrtänderung hindeutendes Zeichen gegeben. Deshalb habe der Kläger annehmen dürfen, daß der Beklagte ihn bemerkt habe und in der alten Fahrtrichtung weiterfahren wolle. Der an der Grenze einmündende Feldweg sei für den Kläger nicht sichtbar gewesen; deshalb habe er nicht auf den Gedanken kommen können, daß der Beklagte dort einbiegen werde.

In diesen Ausführungen liegt eine völlige Verkennung der Sachlage. Dabei ist vor allem nicht berücksichtigt, daß der Kläger bei der von ihm eingehaltenen Geschwindigkeit von 80 km die Entfernung von 100 bis 150 m in etwa 5 bis 6 Sekunden zurücklegte, daß also nur ein ganz geringer Zeitraum zwischen dem Augenblick, in dem der Beklagte beim Umdrehen auf dem Kraftrad den Kraftwagen beobachtete, und dem Zusammenstoß lag. Es fehlt bisher jede Begründung für die etwaige Annahme, daß sich der Kläger in diesem Zeitraum ein irgendwie sicheres Bild davon machen konnte, wie sich der Beklagte verhalten würde, nachdem dieser ihn gesehen hatte; es fragt sich, ob das in dem kurzen Zeitraum überhaupt möglich war. Der Kläger bestreitet sogar, entgegen der Feststellung des Berufungsgerichts, daß der Beklagte das Zeichen gegeben habe, mit dem er die Absicht der Fahrtänderung ausdrückte; man müßte danach annehmen, daß er es überhaupt nicht gesehen hat. Dazu kommt, daß sich der Kläger einer Wegekreuzung näherte. Diese gab den Anlaß, daß der Beklagte seine Fahrtrichtung änderte, weil er auf seine an dem Kreuzungswege gelegenen Ländereien gelangen wollte. Das Berufungsgericht meint, der Kläger habe das Vorhandensein des Kreuzungswegs nicht erkannt. Doch würde dessen Übersehen wohl wesentlich auf die übermäßige Geschwindigkeit zurückzuführen sein, die der Kläger anwenden zu dürfen glaubte. Mag er darauf nicht zu achten haben, solange auf der Strecke keine Menschen verkehren, deren Leben in Gefahr geraten könnte; davon, daß der Kraftwagenführer auf solche Kreuzungswege auch dann nicht zu achten hätte, wenn er im Begriffe ist, einen Kraftradfahrer zu überholen, kann aber keine Rede sein (§ 18 KFVo.; vgl. RGZ. a. a. O.).

Dazu kommt, daß der Kläger nicht einmal ein Zeichen mit der Hupe gegeben hat, bevor er den Beklagten überholte. Der Hinweis des Berufungsgerichts darauf, daß der Beklagte ihn vorher gesehen habe, versagt auch hier wieder mit Rücksicht auf die schon dargelegte ganz kurze Zeitspanne zwischen dieser Wahrnehmung und dem Unfall. Das Hupenzeichen, das nach § 19 KFVo. vom 16. März 1928 überall da zu geben ist, wo die Sicherheit des

Verkehrs es erfordert, soll rechtzeitig auf das Nahen des Kraftfahrzeugs aufmerksam machen. Es versteht sich von selbst, daß ein Hupenzeichen von einem mit 80 km Geschwindigkeit fahrenden Kraftwagen nicht erst einige Sekunden vor dem Überholen hätte gegeben werden dürfen, wenn es überhaupt einen Zweck haben sollte; daraus folgt, daß das Zeichen nicht dadurch überflüssig geworden sein kann, daß der Beklagte den Kraftwagen einige Sekunden vor der Überholung wahrgenommen hat. Falls aber das Hupenzeichen aus größerer Entfernung als 100 bis 150 m, die in einigen Sekunden zurückgelegt werden, nicht wirkungsvoll sein konnte, so ergibt sich daraus wieder, daß die Fahrgeschwindigkeit zu groß war.

Ferner ist darauf hinzuweisen, daß nach der Feststellung des Berufungsgerichts die Entfernung von der Unfallstelle bis zur nächsten Kurve der Straße etwa 200 m beträgt. Diese Kurve ist ausweislich der zum Gegenstand der mündlichen Verhandlung gemachten Lichtbildaufnahme eine außerordentlich starke; berücksichtigt man die ganz kurze Zeitspanne, binnen deren sie der Kläger bei seiner Fahrgeschwindigkeit erreichen mußte, so bedeutet es auch eine Außerachtlassung der erforderlichen Sorgfalt, wenn er nicht durch rechtzeitige Ermäßigung der Fahrgeschwindigkeit dafür sorgte, daß er die Kurve in angemessener Fahrweise durchfahren konnte, ohne dabei das Leben auch seines Mitfahrers aufs Spiel zu setzen. Es verdient besondere Beachtung, daß das Lichtbild am 17. April aufgenommen worden ist, als die an der Straße stehenden Bäume noch keine Blätter trugen. Das dürfte aber am 22. Juli, dem Tage des Unfalls, anders gewesen sein. Wie das angrenzende Land bestellt gewesen ist, ob sich dort etwa hochragende Pflanzen oder Halme befunden haben, welche die Aussicht gleichfalls behindert haben könnten, weiß man nicht. Es steht also dahin, ob die Übersichtlichkeit der Örtlichkeit, die das Berufungsgericht lediglich aus dem Lichtbild folgert, in Wirklichkeit gegeben war.

Das Berufungsgericht ist schließlich der Meinung, es sei dem Kläger nicht als Verschulden anzurechnen, daß er einen neu gekauften Rennwagen mit einer so hohen Geschwindigkeit auf einer verkehrsreichen Straße gefahren habe; es spreche auch nichts dafür, daß er mit der Handhabung seines Wagens nicht vollkommen vertraut gewesen sei. Letztere Erwägung könnte nur für die Begründung der Widerklage aus unerlaubter Handlung, nicht aber unter dem

Gesichtspunkt des § 7 KFG. in Betracht kommen, der dem Kraftwagenführer die Pflicht zur Entlastung in vollem Umfange zuschiebt. Aber davon abgesehen hat das Berufungsgericht in diesem Punkt den Streitstoff nicht erschöpfend gewürdigt. In den oben erwähnten Strafakten ist eine polizeiliche Auskunft dahin erteilt worden, daß der Kläger kein Rennfahrer sei und sich hierzu auch nicht eignen dürfte, weil ihm an der rechten Hand vier Finger fehlten; er besitze nur noch den Daumen und vier kleine Stumpen und wisse, daß er die Steuerung nicht so handhaben könne wie eine Person mit allen Gliedmaßen; er habe vorher ein Kraftrad besessen; für die Erlangung des für dieses erforderlichen Führerscheins seien ihm vom Kreisarzt damals bestimmte, näher angegebene Beschränkungen auferlegt worden — sie haben Einrichtungen am Kraftrad zum Gegenstande, welche den vorwiegenden Gebrauch der linken Hand bezwecken —; für den Kraftwagen seien ihm keine besonderen Beschränkungen auferlegt worden. Diese Auskunft hatte der damalige Einzelrichter des Berufungsgerichts, der an der jetzt zu beurteilenden Entscheidung des Oberlandesgerichts nicht mitgewirkt hat, zum Gegenstand weiterer Nachforschung gemacht. Es kann also keinem Bedenken unterliegen, daß diese Erörterungen aus den Strafakten in den jetzigen Rechtsstreit eingeführt worden sind. Der Einzelrichter hat dann auch durch Augenscheinseinnahme entsprechende Feststellungen getroffen. Das Berufungsgericht hat sich damit nicht befaßt. Worauf es beruht, daß unter solchen Umständen dem Kläger ein Führerschein für den Kraftwagen überhaupt erteilt werden konnte (vgl. § 2 KFG.), ist nicht ersichtlich. Jedenfalls durfte das Berufungsgericht an diesen Umständen nicht vorübergehen, zumal da der Beklagte behauptet hatte, daß der Kläger den Rennwagen erst zwei Tage vor dem Unfall gekauft, vorher aber nur einen kleinen Opel-Wagen gefahren habe. Das wird bestätigt durch die Aussage des Zeugen M. Der Beklagte hatte außerdem eine eingehend begründete gutachtliche Äußerung eines Oberingenieurs D. vorgelegt, der ausführt, ursächlich für den Unfall sei das falsche Handeln des Klägers gewesen, da er, bisher nur vertraut mit den Eigenschaften seines kleinen Opel-Wagens, gegenüber dem ihm plötzlich entgegenstehenden Hindernis bremsend darauf zuhielt, statt mit Geistesgegenwart rechts hinter dem einbiegenden Beklagten vorbeizufahren. Es ist nicht ersichtlich, was für eine Stellung das Berufungsgericht hierzu eingenommen hat; die allgemeine Ausführung, daß der Kläger den nach Lage der Sache einzig möglichen Versuch gemacht habe, nach links an dem Beklagten vorbeizukommen, sollte eine Auseinandersetzung mit jenem Gutachten offenbar nicht darstellen, ist jedenfalls dazu ungeeignet. Ob hier nicht ein anderes Verfahren hätte eingeschlagen werden müssen, und zwar bei Anwendung der größten, für einen Kraftwagenführer gebotenen Aufmerksamkeit, die über die gewöhnliche Sorgfaltspflicht hinausgeht und auch in der Not des Augenblicks das zur Abwendung der Gefahr erforderliche Mittel ergreift (RGZ. Bd. 96 S. 131), und ob der Kläger trotz seiner körperlichen Behinderung die gewählte Maßnahme sachgemäß durchgeführt hat, wäre zu prüfen gewesen. Vorher aber hätte festgestellt werden müssen, ob er sich nicht selbst schuldhaft dadurch in diese Lage gebracht hat, daß er trotz der körperlichen Behinderung einen Rennwagen benutzte, dessen Bedienung ihm noch nicht geläufig war, und ob er nicht auch unter diesem Gesichtspunkt zu besonderer Vorsicht, namentlich bei der Fahrgeschwindigkeit veranlaßt war. Die Vorschrift des § 254 BGB., auf welche § 9 KFG. Bezug nimmt, setzt nicht voraus, daß das Verschulden des Beschädigten gerade bei dem schädigenden Ereignis hervorgetreten sein müßte, sofern es nur bei der Entstehung des Schadens mitgewirkt hat (vgl. auch Oertmann 5. Aufl. S. 81 Bem. 2 γ zu § 254 BGB.). Es hätte sich hierbei auch ein Eingehen auf die Frage empfohlen, ob der Charakter einer „Trainingsfahrt", die der Kläger (nach seiner Angabe bei der Vernehmung im Strafverfahren) am Unfalltage gemacht haben will, was das erste in der Strafsache ergangene Urteil aber nicht annimmt, nicht doch eine Rolle bei der Art des Fahrens gespielt hat. Übungsfahrten zu Rennzwecken auf öffentlichen, dem allgemeinen Verkehr dienenden Straßen sind ohne besondere polizeiliche Maßnahmen unzulässig, und der Fahrer hat es sich in erster Reihe selbst zuzuschreiben, wenn er hierbei im Zusammentreffen mit anderen Benutzern der Straße zu Schaden kommt. Übrigens hat ausweislich der Akten der Kläger bereits im Jahre 1927 beim Durchfahren einer Kurve mit starker Geschwindigkeit einen Unfall erlitten.

Inwiefern dem Kläger überhaupt kein Anteil an dem entstandenen Schaden auferlegt werden könnte, ist nach dem bisher festgestellten Sachverhalt mit Rücksicht auf die von ihm beim Überholen des Beklagten angewandte übermäßige Geschwindigkeit nicht verständlich. Wieweit eine Abwägung nach § 254 BGB. und gegebenenfalls nach § 17 KFG. (vgl. hierzu RGZ. Bd. 123 S. 164) vorzunehmen ist, kann erst nach Aufklärung aller erörterten Umstände beurteilt werden. Eine Abwägung ist regelmäßig erst möglich, wenn das Maß des beiderseitigen Verschuldens festgestellt ist (RGUrt. vom 11. Dezember 1930 VI 207/30, vom 28. November 1904 VI 43/04 = JW. 1905 S. 44; WarnRspr. 1914 Nr. 327; RGUrt. vom 20. März 1922 VI 746/21, vom 4. Juli 1927 VI 4/27 u. a.). Was das etwaige Verschulden des Beklagten angeht, so wird es der Prüfung bedürfen, ob er, als er das Herannahen des Kraftwagens in einer Entfernung von 100 bis 150 m bemerkte, damit rechnen konnte, der Kläger werde sich mit einer so ungeheueren Geschwindigkeit nähern, daß er ihn schon nach einigen Sekunden erreicht haben würde (RGUrt. vom 29. April 1929 VI 637/28, das gleichfalls das Überholen eines Kraftrades durch ein Kraftfahrzeug mit unzulässiger Geschwindigkeit betrifft). Ohne weiteres brauchte der Beklagte auf die angegebene Entfernung die Stärke der Geschwindigkeit des Kraftwagens beim Umdrehen auf dem Kraftrade keineswegs zu erkennen. In zweiter Reihe wäre zu erörtern, ob er damit rechnen konnte, daß der Kläger die Geschwindigkeit unter den vorliegenden Umständen herabsetzen werde. Es wird dann auch zu prüfen sein, ob bei geringerer Geschwindigkeit des Kraftwagens das Kraftrad des Beklagten die Straße ohne Gefahr hätte überqueren können, wie das die gutachtliche Äußerung des Oberingenieurs D. annimmt.

In der neuen Verhandlung wird auch zu berücksichtigen sein, daß ein keine Summe nennender Feststellungsanspruch nicht für dem Grunde nach gerechtfertigt erklärt werden kann.

---

25. Wieweit sind bei der Bemessung einer Enteignungsentschädigung künftig zu erwartende Ereignisse zu berücksichtigen?

Preuß. Enteignungsgesetz v. 11. Juni 1874 § 8.

VII. Zivilsenat. Urt. v. 6. Januar 1931 i. S. D.-D. Kleinbahn-GmbH. (Kl.) w. Ehel. B. (Bekl.). VII 172/30.

I. Landgericht Düsseldorf.
II. Oberlandesgericht daselbst.

Durch Ministerialerlaß vom 9. April 1925 war der Klägerin für die Herstellung des Eisenbahnkörpers der von ihr zu betreibenden Kleinbahn das Enteignungsrecht verliehen worden. Im Planfeststellungsbeschluß vom 14. November 1925 stellte der Regierungspräsident zu D. die zu enteignenden Grundstücke fest. Den Beklagten wurde dabei unter Durchschneidung ihres Grundbesitzes eine Fläche von 842 qm entzogen, während ihnen außer dem Lande bei ihrem Gehöft noch ein Grundstücksrest von 4611 qm jenseits des Bahnkörpers verblieb. Am 15. November 1925 wurde die Klägerin in den Besitz des enteigneten Geländes eingewiesen. Durch Beschluß vom 14. August 1926 setzte der Regierungspräsident die den Beklagten zu gewährende Entschädigung auf 23685,70 RM. fest.

Die Klägerin hält diese Entschädigung für zu hoch und nur 8847 RM. für berechtigt, die sie gezahlt hat. Sie verlangt mit der Klage die Herabsetzung der Entschädigungssumme auf 8847 RM. Die Beklagten halten dagegen die festgesetzte Entschädigung für zu niedrig und begehren widerklagend deren Erhöhung auf 30276,70 RM.

Das Landgericht hat die Entschädigung auf 26420,20 RM. erhöht; dementsprechend hat es die Klage abgewiesen und auf die Widerklage die Klägerin zur Zahlung von noch 17573,20 RM. nebst Zinsen verurteilt. Die Klägerin hat Berufung, die Beklagten haben Anschlußberufung eingelegt. Das Oberlandesgericht hat den Beklagten noch weitere 231 RM. zugesprochen. Die von der Klägerin eingelegte Revision ist zurückgewiesen worden.

Gründe:

Das Berufungsgericht hat den Beklagten u. a. gemäß § 8 Abs. 2 des preuß. Enteignungsgesetzes als Minderwert der Restfläche jenseits des Bahnkörpers 18380 RM. zugebilligt. Die Revision wendet sich nur gegen diese Post, von der sie bloß 5000 RM. als berechtigt ansieht. Der Vorderrichter ist zu dem Betrage von 18380 RM. auf folgende Weise gelangt. Er hat im Anschluß an das Gutachten des Sachverständigen A. angenommen, daß der vom Gehöft abgeschnittene Teil des Grundbesitzes der Beklagten (4611 qm jenseits der Bahn) im Rahmen des schon bisher von den Beklagten auf ihrem ganzen Grundstück ausgeübten Gärtnereibetriebes nur mit einem jährlichen Mehraufwand von 919 RM.

zu bewirtschaften sei, und er hat diesen Betrag dann zu 5. v. H. kapitalisiert. Dieser Weg zur Feststellung des Minderwerts, der für den dem Enteigneten verbliebenen Grundbesitz — oder, wie hier, für einen Teil davon — durch die Abtretung entsteht, entspricht dem Gesetz und der Rechtsprechung des Reichsgerichts (vgl. bes. das Urteil des erkennenden Senats vom 1. Juli 1910 JW. 1910 S. 847 Nr. 95). Die Revision bekämpft dies auch an sich nicht. Sie wendet sich jedoch, abgesehen von der Beanstandung des der Kapitalisierung zugrundegelegten Satzes von 5 v. H., dagegen, daß der Berufungsrichter bei Bemessung des Minderwerts der 4611 qm wegen deren erschwerter wirtschaftlicher Benutzung gewisse von ihm angeblich als wahr unterstellte Behauptungen nicht berücksichtigt habe. Die Klägerin hatte nämlich vorgetragen, in zehn Jahren würden die Grundstücksverhältnisse an der in Betracht kommenden Stelle ganz andere sein, die Benutzung der Grundstücke zum Gärtnereibetrieb werde dann nicht mehr in Frage kommen und auch diese Restgrundstücke würden dann in einem bebauten Stadtteil liegen, wobei sie selbst von der Bebauung ausgeschlossen sein würden; für die spätere Zeit kämen also die Wirtschaftserschwernisse für einen Gärtnereibetrieb nicht mehr in Betracht und das Berufungsurteil habe zu Unrecht diese Wirtschaftserschwernisse als unbeschränkt dauernd seiner Bemessung des Minderwerts zugrunde gelegt. Das Berufungsgericht hat nun allerdings nicht von Behauptungen der Klägerin gesprochen, die es unterstelle; wohl aber hat es Stellung dazu genommen, daß die Sachverständigen des zweiten Rechtszuges ausgeführt hätten, die Entschädigung für Wirtschaftserschwernis komme nur für zehn Jahre in Frage, weil nach dem inzwischen aufgestellten Bebauungsplan der Stadt D. damit zu rechnen sei, daß nach zehn Jahren eine Bebauung der in der fraglichen Gegend gelegenen Ländereien eintreten werde, wobei der Grundbesitz der Beklagten nicht bebaut werden dürfe. Es kann aber auf sich beruhen, ob zwischen dieser Ausführung der Sachverständigen und der Darstellung der Klägerin, wie sie die Revision wiedergibt, noch ein Unterschied insofern besteht, als in der ersteren nicht mit ausgesprochen ist, daß nach zehn Jahren die Benutzung der Grundstücke zum Gärtnereibetrieb in der betreffenden Gegend nicht mehr in Frage komme. Jedenfalls hat das Berufungsurteil die Berücksichtigung dieses Umstandes mit folgender Begründung abgelehnt: Für die Festsetzung der Entschädigung sei der 15. November 1925 als Tag der Besitzeinweisung der Klägerin maßgebend. Damals sei aber der Bebauungsplan der Stadt D. noch nicht rechtskräftig festgestellt gewesen, das sei vielmehr erst inzwischen geschehen. Abgesehen davon könne eine etwa durch den Bebauungsplan eingetretene Baubeschränkung auch deshalb nicht berücksichtigt werden, weil die Beklagten für die Baubeschränkung die ihnen verfassungsmäßig zustehende Entschädigung bisher nicht erhalten hätten, durch die jetzt vollzogene Enteignung aber die Aussicht verlören, diese Entschädigung später bei der von der Gemeinde durchzuführenden Enteignung zu erhalten.

Diese Ausführungen sind, besonders in ihrem ersten Teile, rechtlich zutreffend. Die Entschädigung für die Enteignung hat sich grundsätzlich nach einem bestimmten Zeitpunkt, und zwar nach dem der Zustellung des Entschädigungsfeststellungsbeschlusses, oder wenn die Besitzübertragung früher liegt — wie für den vorliegenden Fall vom Berufungsgericht festgestellt worden ist — nach deren Zeitpunkt zu richten (vgl. wegen des letzteren Falles Koffka Enteignungsgesetz 2. Aufl. § 8 Anm. 46, 46a S. 98; Meyer Enteignungsgesetz 3. Aufl. § 8 Anm. I 2 S. 80 und die dort angezogenen Entscheidungen, sowie die Urteile des erkennenden Senats vom 2. Mai 1911 VII 418/10, vom 20. Februar 1925 VI 324/24, vom 28. November 1930 VII 627/29; auch RGZ. Bd. 102 S. 195). Spätere Ereignisse, die von außen herantreten und nicht etwa in der Beschaffenheit des Grundstücks selbst ihre Grundlage haben (wie z. B. die in gewisser Zeit bevorstehende Erschöpfung von Bodenschätzen), müssen dagegen grundsätzlich unberücksichtigt bleiben. Das gilt namentlich auch von einem erst bevorstehenden Bebauungsplan; ganz besonders im gegebenen Falle, wo sich die Ausgestaltung des Plans wie auch seine praktischen Auswirkungen für die einzelnen beteiligten Grundstücke als noch durchaus nicht sichere zukünftige Ereignisse darstellen. (Es folgen noch Ausführungen über die vom Berufungsgericht vorgenommene Kapitalisierung des jährlichen Mehraufwandes von 919 RM. nach dem Satze von 5 v. H.; diese wird nicht beanstandet.)

26. Kommt der Deutschen Reichsbahn-Gesellschaft hinsichtlich des § 12 Abs. 2 des Beamten-Unfallfürsorgegesetzes vom 18. Juni 1901 dieselbe Stellung zu wie dem ehemaligen Unternehmen „Deutsche Reichsbahn" und wie dem Deutschen Reiche?

Beamten-Unfallfürsorgegesetz v. 18. Juni 1901 (RGBl. S. 211)/ 12. Dezember 1923 (RGBl. I S. 1181) §§ 1 bis 7, § 12. Reichsbahn-Personalgesetz v. 30. August 1924 (RGBl. II S. 287) § 9. Reichsbahngesetz v. 30. August 1924 (RGBl. II S. 272)/13. März 1930 (RGBl. II S. 369) § 5 Abs. 4, § 16 Abs. 4, § 17.

IX. Zivilsenat. Urt. v. 7. Januar 1931 i. S. S. (Kl.) w. Deutsche Reichsbahn-Gesellschaft (Bekl.). IX 165/30.

I. Landgericht Hof.
II. Oberlandesgericht Bamberg.

Der Kläger, der als Postschaffner in einem Bahnpostwagen Dienst leistete, wurde am 19. November 1925 auf der Station S. körperlich verletzt, als der Postwagen an einen anderen Zug angehängt werden sollte. Er behauptet, diese Verletzung sei durch unsachgemäßes Verschieben verursacht worden. Für den entstandenen Schaden machte er die Reichsbahn-Gesellschaft verantwortlich. Diese erkannte an, daß sie für den Schaden im Rahmen des Reichshaftpflichtgesetzes hafte, und wiederholte dieses Anerkenntnis mehrfach vor Beginn und während des Rechtsstreits. Gleichwohl erhob der Kläger gegen sie Klage mit dem Antrage, festzustellen, daß die Beklagte für den ihm aus dem Unfall erwachsenen und auch für den künftigen Schaden aufzukommen habe. Die Vorinstanzen wiesen die Klage ab. Die Revision des Klägers führte zur Aufhebung und Zurückverweisung.

Gründe:

Das Oberlandesgericht geht davon aus, daß dem Kläger wegen des im Postdienste erlittenen Betriebsunfalls gegen die Reichspostverwaltung Anspruch auf Ruhegehalt usw. nach §§ 1 flg. des Beamten-Unfallfürsorgegesetzes (BUFG.) vom 18. Juni 1901 zustehe; die dem Kläger gegen die Beklagte an sich nach dem Reichshaftpflichtgesetz zustehenden Ansprüche seien nach § 12 Abs. 1 BUFG. auf die Reichspostverwaltung übergegangen, soweit diese ihm auf Grund des Gesetzes vom 18. Juni 1901 Ruhegehalt usw.

zu gewähren habe. Für die vom Kläger weiter erhobenen Ansprüche gelte § 12 Abs. 2 des genannten Gesetzes; danach seien insbesondere weitere Ansprüche aus dem Reichshaftpflichtgesetz sowohl wie aus unerlaubter Handlung ausgeschlossen. Die Beklagte genieße auf Grund des § 16 Abs. 4 des Reichsbahngesetzes (RBahnG.) dieselbe Stellung hinsichtlich des § 12 Abs. 2 BUFG. wie das Deutsche Reich. Der Kläger sei also nicht sachberechtigt. In dem Anerkenntnis der Beklagten, nach Maßgabe des Reichshaftpflichtgesetzes zu haften, liege kein Schuldanerkenntnis nach § 781 BGB., da sie lediglich das Bestehen einer bereits vorliegenden Schuld bestätigen, nicht aber vertragsmäßig einen neuen Verpflichtungsgrund habe schaffen wollen. Dem Kläger stehe somit auch kein Anspruch auf Grund eines solchen Vertrages zu.

Die Revision meint, § 16 Abs. 4 RBahnG. könne nicht angewendet werden, weil der Kläger kein Bediensteter der Reichsbahn-Gesellschaft, sondern ein solcher der Deutschen Reichspost sei; daß sich die Reichsbahn-Gesellschaft auch bezüglich der Bediensteten anderer Verwaltungen „in einem derartigen Falle" auf § 12 BUFG. berufen könne, sei jedenfalls nicht ausdrücklich im Reichsbahngesetz bestimmt. Die Beklagte könne sich auch nicht dem Sinne nach darauf berufen, da sie kein Unternehmen des Reiches, sondern eine selbständige Aktiengesellschaft eigenen Rechtes sei, welche den Betrieb der Reichsbahn auf eigene Rechnung führe.

Offenbar begehrt der Kläger nicht etwa die Feststellung, die Reichsbahn-Gesellschaft schulde ihm die Leistungen, die ihm nach § 12 Abs. 1 BUFG. in Verb. mit §§ 1 bis 7 das. die Reichspostverwaltung schuldet; denn insoweit kann ihm kein Schaden entstanden sein. Er will vielmehr die Feststellung erreichen, daß die Beklagte verpflichtet sei, ihm eben seinen Schaden zu ersetzen, der nur darin bestehen kann, daß er durch die Gewährung der Leistungen nach den §§ 1 bis 7 BUFG. schlechter gestellt ist, als wenn der Unfall nicht eingetreten, er also weiter im Dienst verblieben wäre.

Die Frage, ob eine im Reichsdienste stehende Person der in § 1 BUFG. näher bezeichneten Art, wenn sie im Dienste, aber außerhalb der Betriebsverwaltung, bei der sie beschäftigt ist, einen Betriebsunfall erlitten hat und deswegen nach § 1 BUFG. oder nach sonstigen reichsgesetzlichen Vorschriften Ruhegehalt (Heilungskosten, Renten) erhält, gegen den Urheber des Unfalls den Anspruch auf Ersatz eines außerhalb des Rahmens des § 1 des Reichshaftpflichtgesetzes liegenden Schadens dann hat, wenn dieser Urheber eine Betriebsverwaltung des Reiches (so z. B. die frühere Deutsche Reichsbahn) ist, hat der VI. Zivilsenat des Reichsgerichts, bei teilweiser Änderung seiner früheren Rechtsprechung, in der Entscheidung vom 15. Oktober 1908 (RGZ. Bd. 69 S. 349) und seither in ständiger Rechtsprechung (RGZ. Bd. 75 S. 12, Bd. 105 S. 212 sowie Urt. vom 30. November 1914 VI 361/14) verneint. Der in jenen Entscheidungen niedergelegten Rechtsauffassung schließt sich der erkennende Senat an. Danach hätte also der Kläger irgendwelche Ansprüche über die ihm gegen die Reichspostverwaltung nach § 12 Abs. 1 mit §§ 1 bis 7 BUFG. zustehenden hinaus, namentlich auch aus unerlaubter Handlung, jedenfalls dann nicht, wenn die durch das Reichsbahngesetz vom 30. August 1924 eingetretenen Änderungen, insbesondere die Übertragung des Betriebes der Deutschen Reichsbahn durch das Reich auf die neugegründete Reichsbahn-Gesellschaft und die damit verbundenen, im wesentlichen durch eben jenes Gesetz getroffenen Neuregelungen nicht stattgefunden hätten, oder wenn sie für das Verhältnis des Klägers zur Beklagten aus besonderen Gründen ohne rechtliche Wirkung geblieben wären.

Es kann dahingestellt bleiben, ob die Beklagte ein Schuldanerkenntnis im Sinne des § 781 BGB. hat abgeben, insbesondere vertragsmäßig einen neuen Verpflichtungsgrund etwa dadurch hat schaffen wollen, daß sie ihre Haftpflicht anerkennen wollte ohne Rücksicht darauf, ob sie gesetzlich bestand oder nicht, und ob die Klage auf ein solches Schuldanerkenntnis gestützt ist. Denn die Beklagte hat für die Ansprüche des Klägers, die Gegenstand seiner Feststellungsklage sind, auf Grund gesetzlicher Vorschriften zu haften.

Nach dem Ausgeführten ist Voraussetzung hierfür, daß die Beklagte nicht die Stellung einnimmt, die im gleichen Falle das Reich einnehmen würde oder die Deutsche Reichsbahn eingenommen hätte, daß sie sich also nicht auf § 12 Abs. 2 BUFG. berufen kann, wie sie es im zweiten Teile des Rechtsstreits getan hat und der Revision gegenüber noch tut. Dabei stützt sie sich zu Unrecht auf § 9 des Reichsbahn-Personalgesetzes vom 30. August 1924. Diese Bestimmung kann weder für noch gegen die Beklagte verwertet werden (so auch Fritsch Handbuch der Eisenbahngesetzgebung 3. Aufl. 1930 S. 200 Fußnote cc und in „Das deutsche Eisenbahnrecht" 3. Aufl. S. 312). Denn jenes Gesetz befaßt sich nur mit den Verhältnissen des Reichsbahnpersonals und will sich nur damit befassen; aus der Nichterwähnung der Reichsbahn-Gesellschaft in § 9 a. a. O. kann deshalb nach Zweck und Zusammenhang kein Schluß auf die Anwendbarkeit des Beamten-Unfallfürsorgegesetzes in Beziehung auf Beamte, die nicht der Reichsbahn-Gesellschaft angehören, für und gegen die Reichsbahn-Gesellschaft gezogen werden. Ebensowenig kann aus § 5 Abs. 4 des Reichsbahngesetzes vom gleichen Tage (nun in der Fassung der Bekanntmachung vom 13. März 1930) ein Recht der Beklagten hergeleitet werden, sich auf § 12 Abs. 2 BUFG. zu berufen. Das Reichsgericht hat im Beschluß vom 14. November 1924 (RGZ. Bd. 109 S. 90), der sich mit der Anwendbarkeit des § 90 GKG. auf die Reichsbahn-Gesellschaft befaßt, ausgeführt, daß diese, im Gegensatz zur „Deutschen Reichsbahn", nicht als eine Anstalt zu betrachten ist, welche für Rechnung des Reiches verwaltet wird, weil sie eine Aktiengesellschaft ist, allerdings mit stark öffentlich-rechtlichem Einschlag, weil ihr Betrieb vollständig losgelöst von der Staatsverwaltung kraft eigenen Rechtes und auf eigene Rechnung geführt wird, und weil ferner ihre Organe keine Behörden und keine amtlichen Stellen, die Reichsbahnbeamten keine Reichsbeamten sind. § 5 Abs. 4 RBahnG. habe nur Vermögensrechte im Auge, dingliche oder schuldrechtliche, auch öffentlichrechtliche, aber nicht Berechtigungen (wie das dort den Gegenstand der Entscheidung bildende Recht auf Gebührenfreiheit). Diesen Ausführungen, die auch Breithaupt (bei Eger Bd. 47 S. 214 [217]) wiedergibt und unterstreicht, schließt sich der Senat an; durch sie wird unmittelbar auch die Frage verneint, ob sich die Beklagte hier auf § 5 Abs. 4 RBahnG. berufen kann, um die Rechtsstellung, die das Reich nach § 12 Abs. 2 BUFG. genießt, für sich in Anspruch zu nehmen. Auch § 17 RBahnG. kann aus den gleichen Gründen nicht von der Beklagten herangezogen werden; denn wie das Reichsgericht ebenfalls in dem erwähnten Beschlusse ausgeführt hat, handelt es sich hier nur um Befugnisse zur Ausübung der Staatsgewalt, um sicherheitspolizeiliche und gewerbepolizeiliche Befugnisse, Beurkundungs- und Beglaubigungsrechte, um das Recht auf Anforderung von Akten und Strafregisterauszügen und dgl. Es genügt, auf die Ausführungen jener Entscheidung Bezug zu nehmen.

Es kann sonach zur Begründung des Anspruchs der Beklagten, die Stellung einzunehmen, die dem Unternehmen des Deutschen Reiches „Deutsche Reichsbahn“ zukam und dem Deutschen Reiche selbst zukommt, nur § 16 Abs. 4 RBahnG. herangezogen werden. Der Wortlaut dieser Bestimmung ist durch das Gesetz vom 13. März 1930 (RGBl. II S. 359) in die Fassung der Bekanntmachung vom gleichen Tage (RGBl. II S. 369) abgeändert worden. Doch hat diese Fassungsänderung keine sachliche Änderung gebracht; sie diente nur der Klarstellung. Hiernach steht zur Entscheidung die Frage, ob § 12 Abs. 2 BUFG. eine Sonderstellung begründet, welche für die Verwaltung des Reiches auf dem Gebiete des Fürsorgerechtes — denn nur dieses von den mehreren in § 16 Abs. 4 a. a. O. aufgeführten Rechtsgebieten kommt hier in Frage — besteht und welche deshalb von der Beklagten für sich in Anspruch genommen werden kann. Nur wenn diese Frage zu bejahen wäre, käme es weiter darauf an, in welcher Weise diese Inanspruchnahme zu erfolgen hatte und ob sie erfolgt ist. Die Frage ist aber zu verneinen.

Die Vorschrift des § 12 Abs. 2 BUFG. ist, wie schon die Motive zum Unfallfürsorgegesetz vom 15. März 1886 (Nr. 5 der Reichstagsdrucksachen, 6. Legislaturperiode, II. Session 1885/86) ergeben (vgl. auch Graef, Unfallversicherungsgesetz, zu § 12 Abs. 2 BUFG.) der Niederschlag eines Grundgedankens, der mehrfach im Versicherungsrecht zum Ausdruck gekommen ist. Danach soll dem betriebsverletzten Angestellten ein Anspruch gegen den Unternehmer des Betriebs, in welchem die Verletzung erfolgte, im allgemeinen dann nicht zustehen, wenn dieser Unternehmer personengleich ist mit dem Arbeitgeber des Verletzten, auch wenn der Betrieb selbst, in dem der Verletzte angestellt ist, ein anderer ist als derjenige, in dem er verunglückt ist (vgl. die §§ 95, 97, 98 UnfallversG. vom 6. Juli 1884 [RGBl. S. 69], später §§ 135, 139, 140 GewUnfallversG. vom 5. Juli 1900, nun §§ 633, 898 flg. RVO.). Hiernach liegt es nahe, die Lösung der Frage, ob § 12 Abs. 2 BUFG. nach § 16 Abs. 4 RBahnG. zugunsten der Reichsbahn-Gesellschaft angewendet werden kann, darauf abzustellen, ob der Unternehmer — die Deutsche Reichsbahn-Gesellschaft — noch als personengleich gelten kann mit dem Arbeitgeber des Verletzten, dem Reiche oder den Ländern. Da nun gerade die Unternehmer-Eigenschaft des Reiches in bezug auf die Reichsbahnen durch das Reichsbahngesetz verloren gegangen ist (vgl. RGZ. Bd. 109 S. 90), so muß insofern diese Frage verneint werden. Es müßte also eine positive Bestimmung vorliegen, wenn sich die Reichsbahn-Gesellschaft dem verletzten Beamten gegenüber gleichwohl auf § 12 Abs. 2 BUFG. sollte berufen können. Diese könnte nur in § 16 Abs. 4 RBahnG. gefunden werden. Ob sich die Gesetzesstelle als eine solche positive Bestimmung darstellt, ist zu untersuchen.

Die Begründung des Reichsbahngesetzes (S. 171) führt zu Abs. 4 aus:

Auf dem Gebiete des Arbeitsrechtes ergibt sich für die Reichsbahnverwaltung eine Sonderstellung z. B. durch die §§ 13 und 61 des Betriebsrätegesetzes und durch § 13 der Arbeitszeitverordnung vom 21. Dezember 1923; auf dem Gebiete des Wohnungsrechtes durch § 16 des Reichsmietengesetzes, § 32 des Mieterschutzgesetzes vom 1. Juni 1923 und durch Sonderbestimmungen über den Wohnungstausch versetzter Beamter; auf dem Gebiete des Fürsorgerechtes durch § 4 des Gesetzes über die Beschäftigung Schwerkriegsbeschädigter vom 6. April 1920; auf dem Gebiete des Wirtschaftsrechtes gilt für die Reichsverwaltung z. B. nicht die Verordnung über Stillegung von Betrieben vom 8. November 1920. Für die Gesellschaft macht sich das Bedürfnis nach einer Sonderstellung hier in gleicher Weise geltend wie für die bisherige Reichsverwaltung.

Was die Anführung des § 4 des Gesetzes über die Beschäftigung Schwerbeschädigter vom 6. April 1920 als Beispiel für eine Sonderstellung auf dem Gebiete des Fürsorgerechtes betrifft, so ist dadurch die Reichsregierung ermächtigt worden, mit Zustimmung des Reichsrats anzuordnen, daß das Reich, die Länder usw. zahlenmäßig bestimmte Bruchteile der Arbeitsplätze mit Schwerbeschädigten zu besetzen haben.

Auf allen diesen Gebieten gibt die Begründung des Gesetzes nur Beispiele. Diese zeigen aber, daß es sich bei der Inanspruchnahme einer solchen Sonderstellung jeweils um eine Gesamtregelung von bestimmten Rechtsverhältnissen in allen ihren Beziehungen handeln muß, die einerseits bestimmte Rechte, anderseits bestimmte Verpflichtungen bedingen. Die Vorschrift des Beamten-Unfallfürsorgegesetzes aber würde der Reichsbahn-Gesellschaft, wenn sie sich darauf berufen könnte, lediglich einen bestimmten Vorteil gewähren. Ihr die Wahl freizulassen, ob sie einen solchen reinen Vorteil für sich in Anspruch nehmen wolle oder nicht, wäre sinnlos gewesen. Hätte der Gesetzgeber das gewollt, so hätte er der Reichsbahn-Gesellschaft alsbald das Recht der Haftungsbeschränkung verliehen, da nicht zweifelhaft hätte sein können, daß sie diesen Vorteil für sich in Anspruch nehmen würde.

Die Befreiungsvorschrift des § 12 Abs. 2 BUFG. für sich allein — und nur um sie kann es sich handeln — ist also keine Bestimmung des „Fürsorgerechtes", betrifft also auch keine Sonderstellung des Reiches auf diesem Gebiete, die nach § 16 Abs. 4 RBahnG. die Beklagte für sich in Anspruch nehmen könnte. Sie ist ein bloßes Einzel-Sondervorrecht, welches dem Reich und den Bundesstaaten (Ländern) aus öffentlichrechtlichen Gesichtspunkten und insbesondere auch aus dem erwähnten, im Versicherungsrechte vielfach zum Ausdruck gelangten Grundgedanken des billigen Ausgleiches von Rechten und Pflichten bei der Personengleichheit des Fürsorgepflichtigen und des Ersatzpflichtigen verliehen worden ist; an der Anwendbarkeit gerade dieses Grundgedankens fehlt es aber mangels Gleichheit des Versicherungsträgers (Fürsorgepflichtigen) und des Ersatzpflichtigen. Ein solches Vorzugsrecht darf auch nicht ausdehnend ausgelegt werden; denn es stellt nur einen Ausgleich dar für die dem Reiche und den Ländern in demselben Gesetze denselben Personen gegenüber auferlegte Fürsorge, zu deren Lasten es zur Anwendung kommt. Dabei verschlägt es nichts, daß im Beamten-Unfallfürsorgegesetz nicht zwischen Reich und Ländern unterschieden wird; denn es handelt sich doch nur um eine verschiedenartige Gestaltung der als einheitlich gedachten öffentlichen Gewalt, die man sich als fürsorgepflichtigen Unternehmer personengleich mit dem Ersatzpflichtigen vorgestellt hatte; gerade an dieser Gleichheit fehlt es aber bei der nunmehrigen rechtlichen Gestaltung der Reichsbahn-Gesellschaft. Der nicht näher begründeten Ansicht von Joh. Schulz (Reichsbahn—Reichspost 2. Teil 1929 S. 43) kann nach dem derzeitigen Stande der Gesetzgebung nicht beigetreten werden. Wenn der Entwurf eines neuen Unfallfürsorgegesetzes für Reichsbeamte unter dem Begriffe „Reich" die Reichsbahn-Gesellschaft im Sinne der Bestimmung des bisherigen § 12 Abs. 2 BUFG. mitumfassen will, so will er nicht, wie Schulz meint, bestehendes Recht bestätigen, sondern, wie Breithaupt a. a. O. (S. 219) ausführt, neues Recht schaffen.

Aus diesen Gründen ist die Anwendbarkeit des § 16 Abs. 4 RBahnG. auf § 12 Abs. 2 BUFG. zu verneinen.

Selbst wenn aber das Sonderrecht des Reiches aus § 12 Abs. 2 BUFG. unter § 16 Abs. 4 RBahnG. einzureihen wäre, so würde es an der Voraussetzung der Inanspruchnahme dieser Sonderstellung durch die Beklagte fehlen. Denn nicht erst das Gesetz vom 13. März 1930 hat den Genuß solcher Sonderstellungen von ihrer ausdrücklichen Inanspruchnahme abhängig gemacht; sondern durch Einschaltung des Satzes 2 in Abs. 4 des § 16 RBahnG. ist lediglich klargestellt worden, was schon vorher Rechtens war. Danach hätte jedenfalls diese Sonderstellung nur durch eine Erklärung der Reichsbahn-Gesellschaft der Reichsregierung gegenüber herbeigeführt werden können. Wer diese Erklärung für die Reichsbahn-Gesellschaft abzugeben gehabt hätte, ergibt sich aus § 18 RBahnG. mit §§ 17, 18 der Gesellschaftssatzung (Anl. 1 zu § 1 Abs. 2 des Gesetzes) im Zusammenhang mit der Geschäftsordnung der Deutschen Reichsbahn-Gesellschaft (Nr. 291 des Reichsanzeigers vom 10. Dezember 1924). Abzulehnen ist hiernach die Auffassung — die Roser Personal-Ordnung 4. Aufl. S. 59 vertritt —, daß die Inanspruchnahme dieser Sonderstellung durch einfachen Verwaltungsakt gegenüber Gerichten, Behörden und anderen Stellen erfolgen könne; diese Auffassung war nach dem vorher Gesagten auch für die bis zum 13. März 1930 geltende Fassung des § 16 Abs. 4 RBahnG. unzutreffend. Solange also die Inanspruchnahme nicht rechtswirksam geschehen war, hätte der Beklagten die von ihr beanspruchte Sonderstellung auch dann nicht zugestanden, wenn § 16 Abs. 4 das Sonderrecht des Reiches aus § 12 Abs. 2 BUFG. in sich begriffe. Daß eine solche Inanspruchnahme erfolgt sei, ist nicht behauptet und nicht ersichtlich; jedenfalls ist das nicht veröffentlicht worden, wie es in anderen einschlägigen Fällen geschehen ist (vgl. RMBl. 1925 S. 23, 83, 985; 1926 S. 968).

Das angefochtene Urteil war daher aufzuheben, und die Sache an die Vorinstanz zurückzuverweisen. Hierbei wird nunmehr auch die Frage der Haftung der Beklagten aus dem Rechtsgrund der unerlaubten Handlung (§§ 823, 31, 89, 831 BGB.) zu erörtern sein.

27. Kommt den Anliegerbeiträgen ein Konkursvorrecht zu?

KO. § 61 Nr. 2. Preuß. Gesetz betreffend die Anlegung und Veränderung von Straßen und Plätzen in Städten und ländlichen Ortschaften (sog. Fluchtliniengesetz) v. 2. Juli 1875 (GS. S. 561) § 15.

VII. Zivilsenat. Urt. v. 9. Januar 1931 i. S. H. als Verwalter im Konkursverfahren über das Vermögen der Baugenossenschaft B. (Kl.) w. Stadtgemeinde H. (Bekl.). VII 165/30.

I. Landgericht Stade.

Die Baugenossenschaft B. war der verklagten Stadtgemeinde für die Herstellung des Bürgersteigs an Grundstücken der Genossenschaft einen Anliegerbeitrag in Höhe von 12155,83 RM. schuldig geworden, der am 21. September 1928 fällig war. Am 24. Oktober 1928 wurde über das Vermögen der Genossenschaft das Konkursverfahren eröffnet und der Kläger zum Verwalter bestellt. Die Beklagte meldete jene Forderung zur Konkurstabelle an und beanspruchte für sie das Vorrecht aus § 61 Nr. 2 KO. Der Kläger erkannte die Forderung an, bestritt aber das Vorrecht. Er erhob Klage mit dem Antrag auf Feststellung, daß die Forderung nicht gemäß § 61 Nr. 2 KO. bevorrechtigt sei.

Das Landgericht wies die Klage ab. Auf die vom Kläger unmittelbar eingelegte Revision erkannte das Reichsgericht nach seinem Antrage.

Gründe:

Die Entscheidung des Rechtsstreits hängt in erster Reihe ab von der Auslegung des Ausdrucks „öffentliche Abgaben", der in Nr. 2 des § 61 KO. gebraucht ist. Die Rechtsprechung des Reichsgerichts hat sich damit schon wiederholt beschäftigt. In RGZ. Bd. 21 S. 49 und Bd. 28 S. 86 gelangte sie zu der Auffassung, daß hier eine engere, den Begriff auf Steuern und steuerähnliche Gefälle beschränkende Auslegung geboten sei. Diese Ansicht wurde gegen erhobene Angriffe in RGZ. Bd. 83 S. 206 mit eingehender Begründung verteidigt, und in RGZ. Bd. 114 S. 373 bekannte sich der erkennende — damals als der VI. bezeichnete — Zivilsenat noch ausdrücklich zu ihr. Sie wird auch im Schrifttum von der herrschenden Meinung gebilligt, vgl. namentlich Jaeger

Konkursordnung 5. Aufl. Bd. 1 S. 862flg. Anm. 20 zu § 61; Mentzel Konkursordnung 3. Aufl. S. 323 Anm. 4 Abs. 2 zu § 61.

Auch der Vorderrichter tritt dieser grundsätzlichen Auffassung nicht entgegen. Er hebt hervor, daß im Urteil RGZ. Bd. 83 S. 206 das Konkursvorrecht von Gebühren (Kanalisationsgebühren) verneint wurde, und schließt daran die Erwägung, die Anliegerbeiträge seien keinesfalls zu den Gebühren in dem dort angegebenen Sinne zu rechnen. Es handle sich bei der Heranziehung zu diesen Beiträgen nicht um einen nach privatrechtlichen Gesichtspunkten zu beurteilenden Erstattungsanspruch, sondern um eine öffentlich-rechtliche Gemeindeabgabe. Diese sei, indem sie für die Herstellung der Straße und ihre Unterhaltung während fünf Jahren erhoben werde, als eine besonders geartete steuerähnliche Abgabe aufzufassen. So habe das Reichsgericht in der Entscheidung vom 8. Juli 1886 (RGZ. Bd. 17 S. 199, auch abgedr. im Preuß. Verwaltungsblatt Bd. 8 S. 53) die Beiträge aus § 15 des preuß. Gesetzes vom 2. Juli 1875 als indirekte Gemeindesteuern gekennzeichnet. Nach dem Sinn und Zweck der Vorschrift des § 61 Nr. 2 KO. liege somit gemäß der Rechtsprechung des Reichsgerichts kein Anlaß vor, den Anliegerbeiträgen das Konkursvorrecht zu versagen. Ferner treffe der vom Reichsgericht entwickelte Gedanke, die Privatgläubiger eines in Konkurs geratenen Schuldners dürften durch Vorrechte der Forderungen öffentlicher Korporationen nicht zu sehr geschädigt werden, auf Anliegerbeiträge nicht zu, da der Gegenwert in dem den Gläubigern zugute kommenden erhöhten Werte des Vermögens des Gemeinschuldners stecke, die Gläubiger also bei Versagung des Vorrechts gewissermaßen ungerechtfertigt bereichert würden.

Die Stellungnahme des Landgerichts kann nicht gebilligt werden. Fehlsam ist schon der Ausgangspunkt seiner Erwägungen, die Anliegerbeiträge seien nicht zu den Gebühren zu rechnen. Das ist in keiner Weise entscheidend. Zwar hatten es die erwähnten Urteile im 21., 28. und 83. Bande der RGZ. mit solchen Fällen zu tun, wo für gewisse Gebühren das Konkursvorrecht in Anspruch genommen worden war. Indem dort das Bestehen des Vorrechts verneint wurde, sollte aber keineswegs gesagt sein, daß alle Abgaben, denen der Gebührencharakter fehlt, des Vorrechts teilhaftig seien. Vielmehr ist bei jeder Abgabe besonders zu prüfen, ob sie dem Begriffe der Steuern oder steuerähnlichen Gefälle einzuordnen ist, wie ihn die eingangs erörterte Rechtsprechung im Sinne hat. Als „Steuern" werden in RGZ. Bd. 83 S. 211 zutreffend die Geldbeiträge bezeichnet, die der einzelne an den Staat oder an die Gemeinde als Untertan, Bürger oder Einwohner zahlt, ohne daß dabei eine genaue Beziehung der Leistung zu bestimmten Vorteilen bestände. Demgemäß ist für „steuerähnliche Gefälle" mindestens so viel zu erfordern, daß ihnen dieses entscheidende Merkmal der Steuer nicht abgehen darf. Der die gesetzliche Grundlage der Anliegerbeiträge bildende § 15 des preußischen Gesetzes betreffend die Anlegung und Veränderung von Straßen und Plätzen in Städten und ländlichen Ortschaften vom 2. Juli 1875 (GS. S. 561), das sich von vornherein nicht als ein Steuergesetz darstellt, läßt aber gerade eine nahe Beziehung der den Anliegern aufzuerlegenden Geldleistungen zu den Vorteilen erkennen, die ihnen durch die Anlegung einer neuen Straße und deren Unterhaltung erwachsen. Nach Abs. 1 Satz 1 das. kann durch Ortsstatut festgesetzt werden, daß bei der Anlegung einer neuen Straße sowie in einigen diesem Vorgang gleichgestellten Fällen von dem Unternehmer der neuen Anlage oder von den angrenzenden Eigentümern, sobald diese an der neuen Straße Gebäude errichten, die Freilegung, erste Einrichtung, Entwässerung und Beleuchtungsvorrichtung der Straße in der dem Bedürfnis entsprechenden Weise beschafft und deren zeitweise, höchstens jedoch fünfjährige Unterhaltung vorgenommen werde, beziehungsweise daß ein verhältnismäßiger Beitrag oder der Ersatz der zu allen diesen Maßnahmen erforderlichen Kosten geleistet werde. Die in Rede stehenden Beiträge bezwecken demnach den Ersatz von Aufwendungen, welche die Gemeinde für solche Anlagen macht, die in erster Reihe den Straßenanliegern (oder dem Unternehmer der neuen Anlage) zugute kommen. Die Beziehung der Beitragsleistungen zu den Vorteilen, die durch jene besondere Veranstaltung der Gemeinde den Leistungspflichtigen in höherem Maße als der Allgemeinheit zufließen, liegt also klar zutage. Zwar hat das Landgericht darin recht, daß privatrechtliche Erstattungsansprüche hier nicht in Frage stehen. Aber obwohl anzunehmen ist, daß die auf Grund des § 15 a. a. O. erlassenen Ortsstatute die Erstattungsansprüche der Gemeinden auf öffentlichrechtliche Grundlage stellen, ist doch eine Steuerähnlichkeit jener Beiträge in keiner Weise erkennbar.

Die Ansicht von Hatschek (Lehrbuch des deutschen und preußischen Verwaltungsrechts 5./6. Aufl. § 33 II 1 S. 267), daß die Anliegerbeiträge keine Vorteilsausgleichungen, sondern Akte der Besteuerung seien, kann der erkennende Senat nicht teilen. Aus einer Vergleichung des preußischen mit dem französischen Rechte, wodurch Hatschek seine Meinung zu stützen sucht, läßt sich nur entnehmen, daß das Verfahren zur Festsetzung der Beiträge in den beiden Gesetzgebungen verschieden geordnet ist. Der Umstand, daß man in Preußen die Grundzüge für die Berechnung der Kosten der gesamten Straßenanlage und ihrer Unterhaltung sowie den „Beitragsfuß" für alle Anlieger einheitlich bestimmt, kann nicht die Annahme begründen, die preußische Gesetzgebung erstrebe keine Vorteilsausgleichung. Es handelt sich dabei um Zweckmäßigkeitsmaßnahmen, die um so mehr gerechtfertigt sind, als sich kaum ein Fall denken läßt, wo ein Anlieger, der an der neuen Straße baut — nur solche haben Beiträge zu leisten —, vom Ausbau der Straße keinen Vorteil ziehen sollte, dieser Vorteil mithin vom Gesetz ohne weiteres unterstellt werden durfte.

Demnach ist zu verneinen, daß Anliegerbeiträge das Konkursvorrecht des § 61 Nr. 2 KO. genießen, in Übereinstimmung mit Mentzel a. a. O., der — offenbar auf Grund gleicher Erwägungen — allgemein die Beiträge davon ausschließt. Zu diesem Ergebnis muß auch der Rechtsgedanke führen, daß eine ausdehnende Auslegung der Ausnahmen vom allgemeinen Grundsatz der Gleichberechtigung aller Konkursgläubiger, die § 61 KO. aufstellt, keinesfalls in Frage kommen kann (vgl. RGZ. Bd. 62 S. 231).

Was der Vorderrichter noch anführt, ist nicht geeignet, seine abweichende Ansicht zu stützen. Das Reichsgerichtsurteil vom 8. Juli 1886 (RGZ. Bd. 17 S. 199) behandelt die Frage der Zulässigkeit des Rechtswegs für Gemeindeabgaben und kann somit für die hier anzustellende Prüfung nicht von Bedeutung sein. Endlich versagt auch die Erwägung, daß bei einer Entscheidung zugunsten der Klage die Konkursgläubiger gewissermaßen ungerechtfertigt bereichert würden. Denn der Gedanke, daß eine versio in rem Anspruch auf vorzugsweise Befriedigung gewähre, ist in solcher Allgemeinheit dem geltenden Konkursrecht durchaus fremd; die Sondervorschrift des § 49 Abs. 1 Nr. 3 KO. läßt sich hier nicht heranziehen.

Nach alledem ist das Landgerichtsurteil aufzuheben und in Anwendung des § 565 Abs. 3 Nr. 1 ZPO. der negativen Feststellungsklage des Konkursverwalters stattzugeben.

---

28. Zur Frage der Nichtigkeit von Gesellschafterbeschlüssen einer Gesellschaft mbH., insbesondere der Bilanzgenehmigung.

GmbHGes. § 46. BGB. § 138.

II. Zivilsenat. Urt. v. 9. Januar 1931 i. S. Firma T. (Kl.) w. R.werk GmbH. (Bekl.). II 158/30.

I. Landgericht Altona.
II. Oberlandesgericht Kiel.

Gegenstand der Klage war ursprünglich das Verlangen der Klägerin, es sollten gewisse Änderungen des Gesellschaftsvertrags der Beklagten, die in der Gesellschafterversammlung vom 21. April 1913 beschlossen worden waren, sowie ein in der Gesellschafterversammlung der Beklagten vom 28. März 1914 gefaßter Beschluß auf Genehmigung ihrer Geschäftsbilanz für das Jahr 1913 und auf Entlastung der Geschäftsführer und des Aufsichtsrats für nichtig erklärt und die Beklagte zur Streichung des in jener Bilanz enthaltenen Patentkontos verurteilt werden. Landgericht und Oberlandesgericht wiesen die Klage ab. Auf die Revision der Klägerin wurde das damalige Berufungsurteil insoweit, als die Nichtigerklärung des Beschlusses vom 28. März 1914 abgelehnt worden war, aufgehoben und in diesem Umfang die Sache an das Berufungsgericht zurückverwiesen; im übrigen war die Revision erfolglos. Auf Grund der neuen Verhandlung gelangte der Berufungsrichter, soweit es sich um die Nichtigkeit der am 28. März 1914 beschlossenen Bilanzgenehmigung und um die Streichung des Patentkontos handelt, wiederum zur Abweisung der Klage. Die Revision der Klägerin gegen dieses oberlandesgerichtliche Teilurteil blieb ohne Erfolg.

Gründe:

Die Klägerin beanstandet das mit in der Bilanz 1000001 M. ausgewiesene Patentkonto, weil die darunter fallenden, mit

1000000 M. eingestellten Patente und Erfindungen, welche die Beklagte für 1500000 M. ihrem Geschäftsführer N. abgekauft gehabt habe, zum Teil schon vor dem Ankauf der Beklagten gehört hätten, im übrigen aber vollständig wertlos gewesen seien. Der Ankauf der Patente stelle sich — so meint die Klägerin — als ein sittenwidriges einverständliches Zusammenwirken des N. mit Vorstand und Aufsichtsrat der Beklagten zu deren Nachteil und zum Vorteil des N. dar; somit sei die Aufnahme eines Postens von 1000000 M. für diese Patente und Erfindungen in die Bilanz unzulässig. Die Beklagte hält die Bilanz für zahlenmäßig richtig, weil die fraglichen Patente und Erfindungen Ende 1913 tatsächlich den eingestellten Wert gehabt hätten.

Die Erwägungen, mit denen das Berufungsgericht neuerdings die Klage für unbegründet erklärt, soweit sie die Nichtigkeit der Bilanz für 1913 und die Streichung des Patentkontos betrifft, sind folgende: Für die Aufstellung der Bilanz komme es nicht darauf an, auf Grund welcher Tatsachen die Gesellschaft die Bilanzwerte erworben habe, sofern sich diese nur überhaupt im Gesellschaftsvermögen befänden. Das Patentkonto enthalte die mit 1000000 M. eingestellten, von N. erworbenen Patente und Erfindungen. Diese seien, auch wenn sich der Kaufvertrag mit N. als nichtig erweisen sollte, bei Aufstellung der Bilanz jedenfalls im Vermögen der Beklagten gewesen, nur habe ihre Einstellung dann nicht mit dem Kaufpreis, sondern mit ihrem wirklichen Werte erfolgen müssen. Der wirkliche Wert sei aber nach freier, an Hand von Sachverständigenbegutachtung vorgenommener Schätzung dem beanstandeten Bilanzposten mindestens gleichzusetzen. Danach könne über die Bilanzstreitigkeit durch Teilurteil entschieden werden ohne Rücksicht auf die noch zu klärende Frage der Entlastung der Verwaltungsorgane für das Jahr 1913.

Die Entscheidung des Berufungsgerichts ist im Ergebnis zutreffend und mit den von der Revision geltend gemachten Einwendungen nicht zu erschüttern. Die Revision vermißt in erster Linie die im früheren Urteil des Revisionsgerichts für wesentlich erachtete Prüfung der Frage, ob die Patente betrügerisch erheblich überbewertet worden seien. Das frühere Revisionsurteil erklärt diese Prüfung für erforderlich, weil die Klägerin eine betrügerische Handlungsweise der Verwaltung und der Gesellschafter der Beklagten behaupte, die zum Nutzen eines einzelnen unter Mißachtung des Gesetzes einen „Nonvaleur“ für die Gesellschaft erworben oder einen solchen Erwerb gebilligt hätten. Warum die fraglichen Patente und Erfindungen als wertlos zu betrachten seien, hat die Klägerin nicht näher dargelegt. Zuzugeben ist ihr, daß in diesem Falle der Bilanzgenehmigungs-Beschluß unheilbar nichtig wäre, da die Bilanz durch das dann nicht zu Recht bestehende Patentkonto eine Überbewertung der Aktivseite aufwiese, die gegen zwingende, im öffentlichen Interesse, insbesondere mit Rücksicht auf die Gesellschaftsgläubiger gegebene gesetzliche Vorschriften verstoßen würde (vgl. RGZ. Bd. 120 S. 32, 366). Auf die Frage, ob der Gesellschafterbeschluß auf sittenwidrigen Gründen beruhte oder ob ihm eine betrügerische Handlung der Verwaltung zugrunde lag, käme dann nichts an, weil er allein schon wegen der Tatsache der Überbewertung nichtig wäre. Der Berufungsrichter hat sich nun der Prüfung des Wertes der fraglichen Patente und Erfindungen durch Erhebung von Sachverständigenbeweis unterzogen. Er ist zu dem Ergebnis gelangt, daß von den im Sachverständigengutachten aufgeführten Schutzrechten u. dgl. allein schon die unter 1 bis 3 bezeichneten — von denen die Klägerin übrigens selbst nicht behaupten kann, daß sie wertlos gewesen seien — einen den Bilanzposten deckenden Wert von 1000000 M. besessen hätten. Die Positionen 4 bis 13, die der Sachverständige allerdings (wie die Revision hervorhebt) als wertlos bezeichnet, läßt das Berufungsgericht für seine Beurteilung außer Betracht. Läßt sich aber nach diesen rein tatsächlichen Feststellungen die Bilanzbewertung der unstreitig im Besitze der Beklagten befindlichen, unter den fraglichen Posten fallenden Patente und Erfindungen mit 1000000 M. jedenfalls rechtfertigen, so entfällt die Möglichkeit einer Nichtigerklärung der Bilanzgenehmigung wegen Überbewertung des Patentkontos, da diese dann insoweit eine nicht zu bemängelnde, nicht offenbar willkürliche Wiedergabe des wirklichen Vermögensstandes der Gesellschaft enthielt, also auch ihre Genehmigung durch die Gesellschaftermehrheit nicht zu beanstanden war.

Nun behauptet die Klägerin allerdings, daß die hiernach für den Ansatz des Patentkontos maßgebenden Patente 1 bis 3 bei Abschluß des Kaufvertrags mit N. als sog. Werkserfindungen der Beklagten bereits gehört hätten, ihr Ankauf also auf sittenwidrige

Machenschaften zurückgehe. Aber auch mit dieser Begründung kann man nicht zur Annahme der Nichtigkeit des Bilanzgenehmigungs-Beschlusses gelangen. Zunächst läßt die Klägerin jede nähere Darlegung darüber vermissen, was sie unter Werkserfindungen versteht und inwiefern es sich im Streitfall um solche handeln soll. Der Begriff der Werks- oder Betriebserfindung ist in der Entscheidung RGZ. Bd. 127 S. 202 eindeutig festgelegt. Die Sachlage spricht in keiner Weise dafür, daß dieser Fall hier gegeben sei, zumal da z. B. das Patent zu 3 (Behandlung von Hämoglobin) in keinem erkennbaren Zusammenhang zum Gegenstand des Unternehmens der Beklagten stand. Anscheinend will die Klägerin eher behaupten, daß es sich bei den fraglichen Patenten um sog. Angestelltenerfindungen (Diensterfindungen) gehandelt habe, die als der Beklagten zustehend zu behandeln gewesen wären. Indessen ist es nach den in der erwähnten Entscheidung dargelegten Grundsätzen ganz Frage des einzelnen Falles, ob und inwieweit eine Angestelltenerfindung als in den Bereich der Dienstleistung des Erfinders fallend anzusehen ist. In dieser Richtung hätte also die Klägerin zur Begründung ihrer Behauptung nähere Umstände darlegen müssen, was nicht geschehen ist. Insbesondere ist die Stellung des N. im Betrieb der Beklagten keineswegs geklärt. Handelte es sich, womit zu rechnen ist, um Schutzrechte, über deren Inhaberschaft zwischen N. und der Beklagten Streit bestand, so war der formelle käufliche Erwerb dieser Rechte durch die Beklagte nur der Ausdruck einer vergleichsweise erfolgten Beilegung der bestehenden Unklarheit und daher ebensowenig zu beanstanden, wie wenn N. in Wirklichkeit allein der Inhaber der Rechte war. Aber auch wenn die Rechte bei Abschluß des Kaufvertrages tatsächlich bereits der Beklagten zugestanden haben sollten, wäre der Bilanzgenehmigungs-Beschluß nicht nichtig. Die Satzung der Beklagten sieht in § 9 Abs. 3 vor, daß zur Festlegung der Gewißheit über die Rechtsgültigkeit der Gesellschafterbeschlüsse diese nur innerhalb eines Monats nach der Beschlußfassung sollen angefochten werden können. Die Regelung der Anfechtung ist also der Anfechtung von Generalversammlungs-Beschlüssen der Aktiengesellschaft (§ 271 HGB.) nachgebildet. Für das Recht der Aktiengesellschaft hat aber der Senat in ständiger Rechtsprechung daran festgehalten, daß eine Nichtigkeit von Generalversammlungs-Beschlüssen nur dann angenommen werden kann, wenn diese im öffentlichen Interesse gegebene, unverzichtbare Vorschriften verletzen oder sonst mit dem Wesen der Aktiengesellschaft unverträglich sind (vgl. auch § 135 des Entwurfs zum Aktiengesetz) oder einen Verstoß gegen die guten Sitten enthalten. Die erste Möglichkeit scheidet im Streitfall aus, da, wie erwähnt, eine Überbewertung des Vermögens der Gesellschaft nicht vorliegt; auch die zweite Möglichkeit ist nicht gegeben, und, was die Frage der Sittenwidrigkeit anlangt, so kommt diese nach der Rechtsprechung des Senats (RGZ. Bd. 115 S. 383) entgegen der nach § 138 BGB. anzustellenden Prüfung auf Inhalt, Beweggrund und Zweck des fraglichen Rechtsaktes nach der für das Recht der Aktiengesellschaft anzunehmenden und daher auch für den Streitfall gültigen Sonderregelung als Nichtigkeitsgrund allein dann in Betracht, wenn der Inhalt des Beschlusses gegen die guten Sitten verstößt. Ein unsittlicher Beweggrund oder Zweck, eine Sittenwidrigkeit nur in der Art des Zustandekommens des Beschlusses vermag dagegen höchstens dessen Anfechtbarkeit zu begründen. Der im vorliegenden Fall beanstandete Beschluß der Bilanzgenehmigung ist nun aber unzweifelhaft „sittlich indifferent" (vgl. Brodmann Aktienrecht S. 405) und daher inhaltlich jedenfalls nicht sittenwidrig. Seine Nichtigkeit scheidet also aus. Ob etwaige bei der Verwaltung der Beklagten oder der zustimmenden Mehrheit bei Vorbereitung und Fassung des Beschlusses vorhandene sittenwidrige Motive, insbesondere die Absicht ungerechtfertigter Vorteilszuwendungen an N., eine Anfechtbarkeit des Genehmigungsbeschlusses begründet haben könnten, ist nicht zu prüfen, da die Klägerin eine Anfechtungsklage nicht geltend macht und auch die dazu gehörigen sachlichen Ausführungen erst lange Jahre nach Ablauf der satzungsmäßigen Anfechtungsfrist vorgebracht hat.

Demgemäß hat das Berufungsgericht für den auf das Patentkonto und die Bilanzgenehmigung bezüglichen Teil der Klage das klagabweisende Urteil der ersten Instanz mit Recht bestätigt. Wenn die Revision noch bemängelt, daß zu Unrecht die wegen des Patentkaufs entstandenen Ansprüche der Beklagten aus unerlaubter Handlung gegen N. und den früheren Aufsichtsratsvorsitzenden Th. in der Bilanz nicht berücksichtigt seien, so vermag dies an der Entscheidung nichts zu ändern, da die Übergehung von an sich in die Bilanz gehörigen Aktiven nur eine Unterbewertung des Vermögens der Gesellschaft zur Folge gehabt haben würde, die den Bilanzgenehmigungs-Beschluß wiederum höchstens anfechtbar, nicht aber nichtig gemacht hätte (vgl. RGZ. Bd. 115 S. 382).

---

29. Kann der Sicherheitszessionar von Geschäftsanteilen einer Gesellschaft mbH. gegenüber der Klage eines Gesellschaftsgläubigers, der die Stammeinlageforderung gepfändet hat, einwenden, daß er für Einlagen nicht hafte?

GmbH. §§ 15, 16.

II. Zivilsenat. Urt. v. 9. Januar 1931 i. S. Frau G. (Bekl.), Nebenintervv. M., w. Frau F. (Kl.). II 157/30.

I. Landgericht I Berlin.
II. Kammergericht daselbst.

Die Klägerin hat auf Grund einer ihr an die D.-Gesellschaft mbH. in B. zustehenden vollstreckbaren Forderung von 13108,31 RM. nebst Zinsen durch Beschluß des Amtsgerichts Berlin-Tempelhof vom 17. Dezember 1928 die angebliche Forderung der Gesellschaft an die Beklagte auf Volleinzahlung ihrer Stammeinlagen pfänden und sich zur Einziehung überweisen lassen. Sie behauptet, auf das Stammkapital der Gesellschaft von 20000 RM. seien erst 25% eingezahlt, sodaß die Beklagte, welche Inhaberin aller Geschäftsanteile sei, noch 15000 RM. einzuzahlen habe. Die Klägerin hat deshalb auf Zahlung des genannten Schuldbetrags gegen sie geklagt. Die Beklagte begründet ihren Antrag auf Abweisung der Klage damit, daß sie durch einen Vertrag vom 20. Juni 1928 die Geschäftsanteile der Gesellschaft nur als Sicherheit für die Ansprüche erworben habe, die ihr aus der Übernahme der Verpflichtung, die Gesellschaft zu finanzieren, erwachsen würden. Überdies sei das Stammkapital nahezu voll eingezahlt. Ein Dr. M. trat der Beklagten als Nebenintervenient bei.

Das Landgericht wies die Klage ab; das Kammergericht verurteilte die Beklagte nach dem Klagantrag. Die Revision des Nebenintervenienten führte zur Wiederherstellung des landgerichtlichen Urteils.

Gründe:

Das angefochtene Urteil erklärt den Anspruch der Gesellschaft mbH. gegen ihre Gesellschafter auf Einzahlung der Stammeinlagen für pfändbar und betrachtet die gesamten Geschäftsanteile der D.-Gesellschaft mbH. zufolge des Vertrags vom 20. Juni 1928 als auf die Beklagte übergegangen, und zwar nicht nur pfandweise, sondern im Wege der Sicherungsübereignung. Das Urteil sieht danach die Beklagte als für die bisher noch nicht eingezahlten drei Vierteile des Stammkapitals, das sind 15000 RM., haftbar an und gelangt so zu ihrer Verurteilung nach dem Klagantrag.

Zur wiederholten Erörterung der vom Senat bereits mehrfach in zustimmendem Sinne (RGZ. Bd. 76 S. 434, Bd. 85 S. 351) entschiedenen Frage nach der Pfändbarkeit des Anspruchs der Gesellschaft mbH. auf Leistung der Stammeinlagen bietet der vorliegende Fall keinen Anlaß. Für diese Frage kann es logisch auch keinen Unterschied machen, ob sich der Anspruch gemäß § 16 Abs. 3 GmbHG. gegen einen späteren Erwerber des Geschäftsanteils richtet. Die von der Revision angezogene Entscheidung RGZ. Bd. 79 S. 182 unterscheidet vielmehr diesen Fall von dem des Bestehens des Anspruchs gegenüber dem ursprünglichen Gesellschafter nur in bezug auf die dagegen geltend zu machenden Einreden. Gegenüber den Ausführungen der Revision ist ferner dem Berufungsgericht darin beizutreten, daß es im Falle der Pfändung keiner Einforderung der ausstehenden Stammeinlagen durch Gesellschafterbeschluß bedarf. Denn dieser Beschluß stellt, wie in der Entscheidung RGZ. Bd. 76 S. 434 dargelegt ist, lediglich die Ausübung eines Rechts der Gesellschaft dar, das mit der Übertragung oder Pfändung des Einzahlungsanspruchs auf den Rechtsnachfolger übergeht (vgl. Brodmann GmbHG. § 19 Anm. 6d). Doch bedürfen auch diese rechtlichen Gesichtspunkte für den Streitfall keiner näheren Erörterung. Mit Recht weist nämlich die Revision darauf hin, daß die besondere Rechtsnatur des Vertrags vom 20. Juni 1928 vom Berufungsgericht nicht hinreichend gewürdigt worden ist. Dieser Vertrag hat keineswegs die Übertragung der Geschäftsanteile des damaligen Geschäftsführers Br. auf die Beklagte zum alleinigen Gegenstand, sondern stellt ein Abkommen der Beklagten auch mit der als Vertragsbeteiligte ausdrücklich aufgeführten Gesellschaft selbst dar, sofern die Beklagte in der im Vertrag angegebenen

Weise die Finanzierung der Gesellschaft übernahm und diese sich dafür zum Schutze der Beklagten gewissen Beschränkungen in der Geschäftsführung unterwarf und ihr einen bestimmten Anteil am Geschäftsumsatz zusagte. Zur Sicherstellung der Beklagten für ihre Ansprüche wurden ihr nach dem Vertrag nicht nur eine Reihe von Vermögenswerten der Gesellschaft übereignet, sondern es trat auch deren Geschäftsführer Br. zur weiteren Sicherheit eben seine Geschäftsanteile von 20000 RM. der Beklagten ab. Es kann auf sich beruhen, ob diese Abtretung, die — weil vom Geschäftsführer selbst bewirkt (wie das Berufungsgericht zutreffend in Übereinstimmung mit der Entscheidung des Senats RGZ. Bd. 127 S. 240 sagt) — keiner Anmeldung bei der Gesellschaft nach § 16 Abs. 1 GmbHG. bedurfte, nur als pfandweise oder als im Wege der Sicherungsübereignung bewirkt anzusehen ist. Jedenfalls erwarb die Beklagte auch im letzteren Falle der Gesellschaft gegenüber nur die durch den Sicherungszweck bedingte und begrenzte, unter eigener vertraglicher Mitwirkung der Gesellschaft geschaffene Rechtsstellung, sodaß sie, wenn auch nach außen als Vollgesellschafterin legitimiert, doch im Innenverhältnis zur Gesellschaft und ihrem Geschäftsführer Br. nur nach dem Vertrag vom 20. Juni 1928 berechtigt und verpflichtet war, im übrigen aber, soweit der Zweck ihrer Sicherung nicht entgegenstand, der Geschäftsführer Br. in der Gesellschafterstellung verblieb. Lediglich das durch den Vertrag begründete Innenverhältnis der Vertragschließenden ist aber — und das verkennt das Berufungsgericht — für die Haftung der Beklagten gemäß dem Klaganspruch entscheidend, da die Klägerin kraft ihrer Pfändung lediglich die Rechte der Gesellschaft gegenüber der Beklagten geltend machen kann und sich die gegen die Gesellschaft begründeten Einreden der Beklagten entgegenhalten lassen muß (§ 404 BGB.). Nun kann aber bei einer die Grundsätze von Treu und Glauben berücksichtigenden Vertragsauslegung nicht zweifelhaft sein, daß die Leistungspflicht der Beklagten der Gesellschaft gegenüber nach dem Vertrag vom 20. Juni 1928 nur in der darin von ihr übernommenen Finanzierung bestehen sollte, und daß die Geschäftsanteile des Br. für die hieraus erwachsenden Ansprüche als Sicherheit dienen, nicht aber durch deren Abtretung an die Beklagte für diese etwa neue weitere Verpflichtungen in Gestalt von Einlagezahlungen erwachsen sollten. Der Zweck der

Sicherung der Beklagten wäre in sein Gegenteil verkehrt worden, wenn die Meinung der Vertragsbeteiligten dahin gegangen wäre, der Beklagten damit nicht lediglich als Gegenwert für ihre finanziellen Leistungen dienende Rechte zuzuwenden, sondern sie mit den schwerwiegenden, an den Geschäftsanteilen hängenden Zahlungsobliegenheiten des eigentlichen Gesellschafters Br. zu belasten. Als übereinstimmender Wille der Beteiligten muß daher angenommen werden, daß für diese Nachzahlungen im Verhältnis der Beklagten zu Br. sowohl wie zu der von diesem vertretenen Gesellschaft Br. allein haftbar bleiben, die Zahlungspflicht der Beklagten aber jedenfalls ausgeschlossen und deren Rechtsstellung nur die ihrer Sicherung dienende Stellung sein sollte. An dieser Beurteilung wird dadurch, daß sich die Beklagte, wie das Berufungsurteil feststellt, in der Folgezeit als vollberechtigte Gesellschafterin der Gesellschaft mbH. benommen hat, nichts geändert, da etwaige Überschreitungen ihrer durch den Sicherungsvertrag erlangten Berechtigungen nur ihr Verhältnis zu Br., nicht aber ihre Stellung gegenüber der Gesellschaft berühren würden. Ist bei solcher Rechtslage eine Haftung der Beklagten für die Einzahlungen auf die Stammeinlagen der Gesellschaft und damit auch gegenüber der Klägerin als ihrer Rechtsnachfolgerin abzulehnen, so bedarf es keines weiteren Eingehens auf die sonstigen Revisionsrügen.

---

30. Muß der Hypothekengläubiger die landesgesetzlichen Vorschriften gegen sich gelten lassen, die zur Sicherung der Verwendung der bei der Feuerversicherung zu leistenden Entschädigungssumme erlassen worden sind?

Versicherungsvertragsgesetz §§ 97, 193. BGB. § 1130.

VII. Zivilsenat. Urt. v. 13. Januar 1931 i. S. Th. Bank (Kl.) w. A. u. St. Versicherungs-AG. (Bekl.). VII 155/30.

I. Landgericht I Berlin.

Das auf einem Grundstück der Firma Gebr. S. in W. (Thüringen) errichtete Sägewerk war nebst anderen Baulichkeiten bei der Beklagten gegen Feuer versichert. Auf dem Grundstück lastete eine

Sicherungshypothek von 120000 RM. zugunsten der Klägerin. Anfangs 1927 brannte das Sägewerk ab. Die Brandentschädigung wurde von der Beklagten gemäß einer Anordnung des Thüringischen Ministeriums für Inneres und für Wirtschaft, die sich auf § 89 der thüringischen Brandversicherungs-Ordnung vom 20. Dezember 1922 (GS. 1923 S. 21) stützte, bei der Kasse des Kreisamts in A. hinterlegt. Später ordnete das Ministerium die Auszahlung von 13000 RM. der hinterlegten Summe an den Grundstückseigentümer an; demgemäß wurde verfahren. Nach der Behauptung der Klägerin wurde der ausgezahlte Betrag nicht zur Wiederherstellung der Gebäude verwendet. Sie beantragt im vorliegenden Rechtsstreit, die Beklagte Zug um Zug gegen Abtretung eines letztstelligen Teilbetrags von 8000 RM. der Hypothek zu verurteilen, ihr 8000 RM. zu zahlen.

Das Landgericht wies die Klage ab. Die von der Klägerin nach § 566a ZPO. eingelegte Revision wurde zurückgewiesen.

Aus den Gründen:

Ist der Versicherer nach den Versicherungsbestimmungen verpflichtet, die Entschädigungssumme nur zur Wiederherstellung des versicherten Gebäudes zu zahlen, so kann der Versicherungsnehmer die Zahlung erst verlangen, wenn die bestimmungsmäßige Verwendung des Geldes gesichert ist (§ 97 VVG.). Die Landesgesetze können bestimmen, in welcher Weise im Falle des § 97 die Verwendung des Geldes zu sichern ist (§ 193 Abs. 2 VVG.). Nach der Annahme des Landgerichts hat das Land Thüringen von dieser Ermächtigung Gebrauch gemacht, indem es in der Brandversicherungs-Ordnung vom 20. Dezember 1922 dem Wirtschaftsministerium die Befugnis zu der Anordnung beilegte, daß der Versicherer den Entschädigungsbetrag zur Sicherung der bestimmungsmäßigen Verwendung bei der gesetzlichen Hinterlegungsstelle, bei einer öffentlichen Kasse oder mit Zustimmung der Beteiligten in anderer Weise hinterlege; in diesem Falle hat das Wirtschaftsministerium die Auszahlung des hinterlegten Betrags, dem Fortschreiten des Baues entsprechend, in angemessenen Teilbeträgen zu veranlassen (§ 89 III a. a. O.). Unstreitig ist im vorliegenden Fall die Hinterlegung des Entschädigungsbetrags und die Auszahlung an den Versicherungsnehmer auf Grund solcher Anordnungen des Wirtschaftsministeriums erfolgt.

Das Landgericht ist der Ansicht, durch die Hinterlegung sei die Beklagte von jeder Verpflichtung aus dem Versicherungsvertrag gegenüber dem Versicherungsnehmer und gegenüber den Realgläubigern befreit worden, da die Hinterlegung an die Stelle der Zahlung an den Versicherungsnehmer getreten und daher als Erfüllung anzusehen sei.

Die Revision bekämpft als rechtsirrig die Annahme, daß gegenüber den Realgläubigern die Beklagte durch die Hinterlegung befreit worden sei. Sie meint, § 97 VVG. beziehe sich nur auf das Verhältnis zwischen Versicherer und Versicherungsnehmer, durch § 193 VVG. sei allein die Regelung dieses Verhältnisses den Landesgesetzen überlassen, während das Verhältnis zwischen Versicherer und Realgläubiger ausschließlich durch Reichsrecht (insbesondere § 99 VVG.) geordnet worden sei. Die Stellungnahme des Landgerichts beruhe also auf unzulässiger Anwendung des Landesrechts.

Diese Ausführungen können nicht gebilligt werden.

Wenn die nach den Versicherungsbestimmungen nur zur Wiederherstellung zu zahlende Entschädigungssumme nach Maßgabe dieser Bestimmungen an den Versicherungsnehmer gezahlt wird, so ist die Zahlung auch den Hypothekengläubigern gegenüber wirksam (§ 1130 BGB.). Zu den Versicherungsbestimmungen gehören auch die in § 193 VVG. bezeichneten Landesgesetze. Daraus ergibt sich, daß die in § 193 Abs. 2 vorgesehene landesgesetzliche Regelung nicht nur das Verhältnis zwischen Versicherer und Versicherungsnehmer, sondern dasjenige zwischen Versicherer und Hypothekengläubiger gleichfalls erfassen darf und erfaßt. Demnach muß auch der Hypothekengläubiger die landesgesetzlichen Vorschriften, die zur Sicherung der Verwendung des Geldes auf Grund des § 193 Abs. 2 VVG. getroffen worden sind, gegen sich gelten lassen. Das Landgericht stützt also seine Annahme, daß die Hinterlegung als Erfüllung anzusehen sei, zulässigerweise auf landesgesetzliche, nicht revisible Vorschriften. ...

---

31. Darf von der Partei, der auf ihren Antrag ein Notfristzeugnis erteilt und durch die Post übersandt wird, eine Postgebühr erhoben werden?

GKG. § 72 Nr. 1. ZPO. § 706.

IV. Zivilsenat. Beschl. v. 15. Januar 1931 i. S. Th. (Kl.) w. St. (Bekl.). IV Tgb. 14/31.

Der Prozeßbevollmächtigte der Klägerin übersandte der Geschäftsstelle des Reichsgerichts eine Ausfertigung des Berufungsurteils mit dem Gesuch um Erteilung des Notfristzeugnisses; er bat — unter Bezugnahme auf die Beschlüsse des Bayerischen Obersten Landesgerichts vom 7. Mai 1930 (DRZRspr. 1930 Nr. 532) und des Oberlandesgerichts in Düsseldorf vom 26. Oktober 1930 (JW. 1931 S. 226 Nr. 2) — um portofreie Rücksendung. Die Geschäftsstelle erteilte das Notfristzeugnis gemäß § 706 Abs. 2 ZPO. Sie bewirkte aber die Rücksendung der Urteilsausfertigung mit dem Zeugnis in einem nicht freigemachten Umschlage mit der Aufschrift „Gebührenpflichtige Dienstsache", sodaß der Anwalt bei Aushändigung der Sendung durch die Post 0,30 RM. Postgebühr zahlen mußte. Auf die Erinnerung der Klägerin hat das Reichsgericht den Ansatz der Postgebühr aufgehoben.

Gründe:

Nach dem Grundsatz des § 1 GKG. in der Fassung der Bekanntmachung vom 5. Juli 1927 (RGBl. I S. 152) werden Auslagen der Gerichte nur erhoben, soweit das Gesetz dies in den §§ 71 bis 73 vorsieht; andere als die dort angegebenen Auslagen werden als durch die Gerichtsgebühren mitabgegolten betrachtet, bei deren gesetzlicher Bemessung bereits auf die nicht zur Erhebung kommenden Auslagen Rücksicht genommen worden ist. Zu den von diesem Grundsatz betroffenen Auslagen gehören die Postgebühren für die Sendungen, welche im Rahmen der gerichtlichen gebührenpflichtigen Tätigkeit erfolgen. Auch diese Postgebühren gelten im allgemeinen als durch die Gerichtsgebühren gedeckt. Das Gesetz macht in § 72 Nr. 1 hiervon nur zwei Ausnahmen: a) für die Übersendung der auf Antrag erteilten Ausfertigungen und Abschriften, also solcher Ausfertigungen und Abschriften, für die nach § 71 Abs. 1 auch Schreibgebühren erhoben werden; b) für die Ladungen von Zeugen und Sachverständigen. Fällt eine Sendung an die Partei unter die Ausnahme a, so wird die Postgebühr regelmäßig in der Weise erhoben, daß die Sendung unfrei als gebührenpflichtige Dienstsache abgelassen wird. Wird die Sendung, z. B. auf Grund der Vorschriften über den Verkehr der Behörden miteinander, freigemacht, so wird die Postgebühr als Auslage in besonderer Rechnung angesetzt. Liegt kein Fall vor, in dem nach dem Gerichtskostengesetz Postgebühren erhoben werden dürfen, so ist auch die unfreie Übersendung als gebührenpflichtige Dienstsache unstatthaft. Für die Berechtigung der Partei, gegen ihre Belastung mit einer Postgebühr eine Erinnerung aus § 4 GKG. zu erheben, kann es keinen Unterschied machen, ob die Postgebühr gegen sie auf dem einen oder dem anderen der beiden möglichen Wege angesetzt wird.

Von den beiden Fällen des § 72 Nr. 1 GKG. kommt der Fall b hier nicht in Betracht. Auch der Fall a ist nicht gegeben, was auch die Geschäftsstelle des Reichsgerichts insofern beachtet hat, als sie keine Schreibgebühr erhoben hat. Als eine Ausfertigung stellt sich ein mit der Unterschrift des zuständigen Beamten und dem Dienstsiegel (Stempel) der Behörde versehenes, zur Hinausgabe bestimmtes Schriftstück dann nicht dar, wenn es eine Urschrift ist. Das von der Geschäftsstelle des Reichsgerichts der Klägerin erteilte Notfristzeugnis ist aber in Urschrift hinausgegangen. Es bedarf deshalb hier keiner Erörterung, ob nicht auch dann, wenn einer Partei das Notfristzeugnis in Ausführung einer bei den Akten zurückbleibenden Anordnung in Ausfertigung zugehen würde, die Anwendung der §§ 71 Abs. 1, 72 Nr. 1a GKG. aus dem Grunde abgelehnt werden müßte, weil sich der Antrag der Partei nicht auf die Erteilung einer Ausfertigung, sondern auf die Vornahme einer gerichtlichen Handlung richtete (vgl. Jonas GKG. 2. Aufl. § 71 Anm. 1 Abs. 1 und Abs. 3a, § 72 Anm. 1a; Sydow-Busch und Krieg GKG. 11. Aufl. § 71 Anm. 2 und 3, § 72 Anm. 1).

Es fragt sich hiernach nur noch, ob die Erteilung des Notfristzeugnisses etwa aus dem Rahmen der gebührenpflichtigen Tätigkeit des Gerichts herausfällt. Das ist zu verneinen. Die Erteilung eines Rechtskraftzeugnisses durch die Geschäftsstelle des Prozeßgerichts gemäß § 706 Abs. 1 ZPO. gehört zum „Prozeßverfahren" im Sinne der Eingangsworte des § 20 GKG., und zwar zu dem „Verfahren im allgemeinen" im Sinne der Nr. 1 dieses Paragraphen; sie wird deshalb durch die Prozeßgebühr mitabgegolten. Das Notfristzeugnis des § 706 Abs. 2 ZPO. dient lediglich als ein

Beweismittel für den unbenutzten Ablauf der Rechtsmittelfrist behufs Erlangung des Rechtskraftzeugnisses. Indem die Geschäftsstelle des für das Rechtsmittel zuständigen Gerichts jenes Zeugnis erteilt, leistet sie einen Hilfsdienst im Bereiche des Prozeßverfahrens vor demjenigen Gericht, dessen Geschäftsstelle zur Erteilung des Rechtskraftzeugnisses berufen ist. Auch diese Hilfstätigkeit der Geschäftsstelle eines anderen Gerichts wird darum durch die beim Prozeßgericht erwachsende Prozeßgebühr gedeckt.

---

32. Nach welchen Grundsätzen ist die Aufwertung der Forderung des Verkäufers eines Grundstücks zu beurteilen, wenn im Kaufvertrage vereinbart ist, daß der Käufer eine Hypothekenschuld nur übernehme, wenn der Gläubiger sie stehen lasse, und daß andernfalls der Verkäufer den Gläubiger zu befriedigen und die auf ihn übergehende Hypothek dem Käufer zu belassen habe?

BGB. §§ 415, 1163, 1164. AufwG. § 63 Abs. 3.

VI. Zivilsenat. Urt. v. 15. Januar 1931 i. S. D. H. Grunderwerbsgesellschaft mbH. (Bekl.) w. C. (Kl.). VI 303/30.

I. Landgericht I Berlin.
II. Kammergericht daselbst.

Durch notariellen Vertrag vom 9. Mai 1921 verkaufte der Kläger sein in Berlin-Schöneberg gelegenes Grundstück an die Beklagte. Im § 2 des Vertrages wurde bestimmt, daß die Beklagte in Anrechnung auf den Kaufpreis von 415000 M. die in Abteilung III unter Nummer 3 und 5 eingetragenen Hypotheken von 300000 M. und 3000 M. übernehme, und in bezug auf die Hypothek Nr. 3 hinzugefügt:

> Sofern die Gläubigerin der Hypothek Nr. 3 infolge der Veräußerung des Grundstücks Rückzahlung eines Teils ihrer Hypothekenforderung fordern sollte, verpflichtet sich der Verkäufer, diese Zahlung zu leisten und der Käuferin den dadurch auf ihn übergehenden Teil der Hypothek unter den bisherigen, bei dieser Post eingetragenen Bestimmungen auf deren Laufzeit, also bis 30. Juni 1924 zu belassen.

Nachdem die Beklagte am 7. Juni 1921 als Eigentümerin im Grundbuch eingetragen worden war, zahlte der Kläger am 12. September 1921 an die Gläubigerin der Hypothek Nr. 3 auf deren Verlangen einen Teilbetrag von 51000 M. Auf Grund der ihm von der Gläubigerin ausgehändigten Umschreibungsbewilligung wurde am 28. September 1921 bei der Hypothek Nr. 3 vermerkt, daß 51000 M. zufolge Befriedigung der Gläubigerin durch den Voreigentümer und persönlichen Schuldner auf diesen mit dem Range nach dem Reste nebst den Zinsen seit dem 12. September 1921 übergegangen seien.

Im Jahre 1925 beantragte der Kläger bei der Aufwertungsstelle, seine Teilhypothek von 51000 M. auf 25% und die zugrunde liegende persönliche Forderung auf mindestens 100% aufzuwerten. Die Aufwertungsstelle wertete die Teilhypothek nebst der persönlichen Forderung auf 549,53 GM. auf und lehnte eine höhere Aufwertung der persönlichen Forderung ab. Das Landgericht stellte auf die Beschwerde des Klägers fest, daß die der Teilhypothek zugrunde liegende persönliche Forderung eine Restkaufgeldforderung im Sinne des § 10 Abs. 1 Nr. 5, Abs. 3 AufwG. sei. Der von der Beklagten angerufene Aufwertungssenat des Kammergerichts wies die Beschwerde des Klägers gegen den Beschluß der Aufwertungsstelle mit der Maßgabe zurück, daß sein Antrag auf Mehraufwertung der persönlichen Forderung wegen Unzuständigkeit der Aufwertungsstelle abgewiesen werde. Der Aufwertungssenat sah die Forderung des Klägers als eine durch den Vertrag vom 9. Mai 1921 begründete Kaufgeldforderung an, die nicht durch eine Hypothek, sondern durch eine Grundschuld gesichert sei.

Der Kläger verlangt mit der vorliegenden Klage die Aufwertung der Forderung von 51000 M. nach den Grundsätzen der freien Aufwertung. Er fordert Zahlung eines Teilbetrags von 12750 RM. Seinem Antrage wurde in beiden Rechtszügen entsprochen. Die Revision der Beklagten wurde zurückgewiesen.

Gründe:

Das Berufungsgericht geht zunächst davon aus, daß das Prozeßgericht die rechtliche Natur des vom Kläger geltend gemachten Anspruchs selbständig zu prüfen habe und daß die Entscheidung des Kammergerichts im Aufwertungsverfahren dem nicht entgegenstehe. Das ist zutreffend. Die Entscheidung der Aufwertungsstelle ist der materiellen Rechtskraft nur insoweit fähig, als über den im Aufwertungsverfahren gestellten Antrag sachlich entschieden worden ist (RG. in JW. 1929 S. 1990 Nr. 3). Im vorliegenden Falle aber wurde im Aufwertungsverfahren in der letzten Instanz der Antrag auf „Mehraufwertung" mit der Begründung abgewiesen, daß die Aufwertungsstelle insoweit unzuständig sei. Eine Sachentscheidung ist also im Aufwertungsverfahren über die sog. Mehraufwertung nicht getroffen worden; dagegen hat die Entscheidung über den Betrag von 549,53 GM. Rechtskraft erlangt, da nur der Kläger den Beschluß der Aufwertungsstelle angefochten hatte.

In der Sache selbst beruht das Urteil des Berufungsgerichts im wesentlichen auf folgenden Erwägungen: Der Kläger habe sich als Verkäufer für den Fall zur Zahlung verpflichtet, daß die Gläubigerin der Hypothek von 300000 M. einen Teil der Forderung infolge der Veräußerung zurückverlange. Die Beklagte habe deshalb die Hypothek mit der ihr zugrunde liegenden Darlehnsforderung nur für den Fall übernommen, daß ihr die Hypothek von der Gläubigerin belassen werde; soweit dagegen die Hypothekengläubigerin Zahlung verlange, also die Schuldübernahme nicht genehmige, habe der Kläger als persönlicher Schuldner zahlen sollen. Daß ihm in Höhe der Zahlung eine Ersatzforderung gegen die Beklagte habe zustehen sollen, ergebe weder der Vertrag noch der Umschreibungsantrag des Klägers in den Grundakten. Dieser habe eine eigene Verpflichtung erfüllt; die Beklagte habe gegenüber der Hypothekengläubigerin insoweit überhaupt keine Verpflichtung gehabt. Die — bedingte — Schuldübernahme sei infolge des Ausfalls der Bedingung nicht die geschuldete Leistung; geschuldet sei vielmehr nunmehr eine Kaufpreisforderung, die unter den Bedingungen der alten Darlehnsschuld gestundet worden sei, die aber nicht durch eine Hypothek, sondern durch eine Grundschuld gesichert sei und der freien Aufwertung unterliege.

Die Revision wendet sich hiergegen mit der Begründung, daß der Berufungsrichter die Vorschrift des § 1164 BGB. irrtümlich auslege. Es sei nicht erforderlich, daß die Ersatzforderung ausdrücklich aus dem Vertragsverhältnis herzuleiten sei; es komme nur darauf an, ob dem persönlichen Schuldner ein Ersatzanspruch gegen den Eigentümer überhaupt zustehe.

Die Rüge geht fehl. Ob die Übernahme einer Fremdhypothek in Anrechnung auf den Kaufpreis im einzelnen Falle dahin zu verstehen ist, daß damit ein entsprechender Teil der Leistung des Käufers unmittelbar bewirkt wird, oder ob zunächst eine Geldforderung in Höhe der übernommenen Hypothek begründet wird, ist eine Frage der Vertragsauslegung, die vom Tatrichter vorzunehmen ist. Das hat der erkennende Senat wiederholt ausgesprochen (RGZ. Bd. 121 S. 41 und dort angef. Entsch.). Hier stellt nun das Berufungsgericht fest, daß die Vertragschließenden nur eine bedingte Übernahme der Hypothek beabsichtigt haben, bedingt durch die Entschließung der Hypothekengläubigerin, die Hypothek stehen zu lassen. Das ist in Höhe eines Teilbetrags nicht geschehen; die Bedingung ist insoweit ausgefallen. Für diesen Fall sollte von vornherein nach der beim Abschluß des Kaufvertrags zum Ausdruck gebrachten Absicht der Parteien keinerlei Zahlungspflicht der Beklagten als Käuferin entstehen; vielmehr sollte der Kläger — der Verkäufer — als persönlicher Schuldner die Hypothekengläubigerin befriedigen und danach eine Geldforderung in entsprechender Höhe als Kaufgeldforderung — also aus dem Vertrage, als unmittelbare vertragliche Leistung — gegen die Beklagte haben. Somit fehlt es an den Voraussetzungen des § 1164 BGB. Denn dort wird erfordert, daß der die Hypothekengläubigerin befriedigende persönliche Schuldner von dem Eigentümer oder einem Rechtsvorgänger des Eigentümers Ersatz verlangen kann. Diese Verpflichtung zum Ersatz kann auf einer beliebigen Vorschrift des bürgerlichen Rechts beruhen; aber es muß sich um einen Ersatz, also um einen rechtlichen Ausgleich dafür handeln, daß der persönliche Schuldner eine Leistung bewirkt hat, die im Verhältnis zum Eigentümer oder zu einem Rechtsvorgänger des Eigentümers einem von diesen und nicht dem Zahlenden oblag. Dann tritt nicht die Regel des § 1163 BGB. ein, daß der Eigentümer die Hypothek erwirbt, wenn die Forderung erlischt; sondern aus Billigkeitsgründen geht die Hypothek auf den Zahlenden insoweit über, als er vom Eigentümer Ersatz verlangen kann. Es handelt sich dann um eine Hypothekenübertragung mit gesetzlicher Forderungsauswechslung (Enneccerus Sachenrecht § 144 I 3); an Stelle der Forderung, die der Hypothek zugrunde lag und gemäß § 362 BGB. erloschen ist, tritt die Ersatzforderung als neue Forderung (RGZ. Bd. 81

S. 78, Bd. 129 S. 30). So ist die Rechtslage, wenn der Grundstückskäufer in Anrechnung auf den Kaufpreis lediglich eine Hypothek übernommen hat, die dann der Verkäufer wegen Nichtgenehmigung der Schuldübernahme durch den Gläubiger auszahlt; dann hat der Verkäufer gegen den Käufer nach § 415 Abs. 3 BGB. eine Ersatzforderung infolge der Erfüllungsübernahme (vgl. RGRKomm. Bem. 3 zu § 1164 BGB.; Enneccerus a. a. O.). Im vorliegenden Falle liegt die Sache aber umgekehrt. Der Käufer hatte bei Ausfall der Bedingung, an welche die Schuldübernahme geknüpft war, keinerlei Verpflichtung den Hypothekengläubigern gegenüber, sondern nur eine Kaufschuld gegenüber dem Verkäufer.

Die Sicherung dieser Forderung des Klägers gegen die Beklagte hatten sich die Parteien allerdings so gedacht, daß das dingliche Recht auf den Kläger übergehen sollte; und sie nahmen an, daß dieses Recht in der eingetragenen Hypothek bestehe. Das trifft nun freilich nicht zu. Denn die Hypothek ging infolge Erlöschens der ihr zugrunde liegenden Darlehnsforderung auf die Beklagte als damalige Eigentümerin über (RGZ. Bd. 78 S. 404) und wurde in ihrer Hand zur Grundschuld (§ 1177 BGB.). Jedenfalls sollte aber das dingliche Recht, mochte es nun eine Hypothek oder eine Grundschuld sein, nach dem Kaufvertrag dem Kläger zur Sicherung seiner Kaufgeldforderung dienen. Es liegt also eine durch eine Grundschuld gesicherte Kaufpreisforderung vor, die nach allgemeinen Vorschriften aufzuwerten ist (§ 63 Abs. 3 AufwG.). . . .

---

33. 1. Nach welchen Grundsätzen sind Verträge auszulegen, durch die unter der Herrschaft des Preußischen Allgemeinen Landrechts Grunddienstbarkeiten bestellt worden sind?

2. Zum Begriff der Unterhaltung einer Anlage im Sinne des § 1021 BGB.

3. Welche Grenzen gelten für die Anwendung des § 242 BGB.?

4. Zur Auslegung des § 249 Satz 1 BGB.

BGB. §§ 133, 157, 242, 249, 1018 bis 1021, 1105, 1108. EG. z. BGB. Art. 115, 116, 184. Preuß. AG. z. BGB. Art. 89. Preuß. ALR. §§ 65 bis 74 I 4, §§ 252 bis 269 I 5, § 23 I 8, §§ 14 bis 18 I 19, §§ 8,

27, 30, 35, 71 I 22, § 11 II 15. Preuß. Reallasten-Ablösungsgesetz vom 2. März 1850 (GS. S. 77) §§ 6, 7, 91. Preuß. Eigentumserwerbsgesetz vom 5. Mai 1872 (GS. S. 433) § 12 Abs. 2.

VI. Zivilsenat. Urt. v. 15. Januar 1931 i. S. Preuß. Domänenfiskus (Bekl.) w. Z. (Kl.). VI 272/30.

I. Landgericht Elbing.
II. Oberlandesgericht Marienwerder.

Der Kläger ist seit 1920 Eigentümer des Ritterguts T., der Beklagte seit 1905 Eigentümer der Domäne G. Beide Güter waren früher in einer Hand. Durch einen von den Rechtsvorgängern der Parteien notariell abgeschlossenen Kaufvertrag vom 28. Juni 1895 wurde T. abverkauft. Der § 3 B dieses Vertrags lautet:

Der heute das verkaufte Gut T. mit der öffentlichen Landstraße verbindende Privatweg wird, soweit er innerhalb des Gutes G. liegt, für das Gut T. zur beliebigen und sachgemäßen Mitbenutzung freigegeben. Dieser Weg muß auf Verlangen des Besitzers von T. bis 8 m verbreitert und von dem Besitzer resp. Nutznießer von G. unterhalten werden ...

In Abt. II des Grundbuchs der Domäne G. wurde nach näherer Bestimmung dieses § 3 B am 23. September 1895 eine Wegegerechtigkeit für das Rittergut T. eingetragen. Auf jenem Wege spielt sich der gesamte für dieses Gut notwendige Verkehr ab. Der Weg ist ein unbefestigter Landweg, der über schweren Lehmboden führt.

Der Kläger behauptet, der Beklagte habe den Weg nicht ordnungsmäßig unterhalten; dadurch sei der Weg in einen solchen Zustand versetzt worden, daß er bei Regen, insbesondere im Frühjahr und Herbst, mit schweren Fuhren nur bei übermäßiger Bespannung befahrbar sei, von Kraftwagen aber zu diesen Zeiten überhaupt nicht befahren werden könne. Ärzte und Händler weigerten sich daher, nach T. zu kommen, und dem Kläger sei es unmöglich, seine Milch in der auf größeren Gütern üblichen Weise mit einem Lieferkraftwagen abzufahren. Der Weg genüge nicht im mindesten den Bedürfnissen des jetzt erheblich nachhaltiger als im Jahre 1895 bewirtschafteten Gutes T. Der gesteigerten Art der Bewirtschaftung könne nur durch Anlegung einer Pflasterstraße entsprochen werden.

Auf Grund der Wegegerechtigkeit sei der Beklagte hierzu verpflichtet. Zu dem gleichen Ergebnis führe aber auch der Gesichtspunkt des Schadensersatzes. Denn der infolge der jahrelang fortgesetzten Unterlassung ordnungsmäßiger Instandhaltung grundlos gewordene Weg könne nunmehr nicht anders als durch Pflasterung wieder in einen den Bedürfnissen von T. entsprechenden Zustand versetzt werden. Aus Entgegenkommen sei der Kläger bereit, 15 v. H. der durch die Pflasterung entstehenden Kosten und, falls die Kosten 54329,50 RM. überstiegen, von dem Mehrbetrag 20 v. H., in diesem Falle aber mindestens 10000 RM. im ganzen, zu tragen.

Der Kläger hat daher Klage erhoben mit folgenden Anträgen:

den Beklagten zu verurteilen, den das Gut T. mit der öffentlichen Landstraße bis zu der Hochfahrscheune des Gutes G. verbindenden Weg, soweit dieser zu dem Gute G. gehört, instandzusetzen, insbesondere:

a) Seitengräben anzulegen und sie, soweit sie vorhanden sind, gründlich zu öffnen,

b) zwei Bergkuppen abzutragen und den dadurch gewonnenen Boden zur Auffüllung der tiefer liegenden Wegestrecken zu verwenden,

c) die Fahrbahn durch geeignete Befestigungsstoffe zu befestigen, insbesondere sie in einer Breite von 3,50 m zu pflastern nach Anlegung einer Sandunterbettung von mindestens 25 cm Stärke, oder sonst geeignete Maßnahmen zu treffen, durch die der Weg derart instandgesetzt werde, daß er zu jeder Jahreszeit für Fußgänger, Wagen, Lastwagen und Autoverkehr bequem passierbar sei,

hilfsweise den Beklagten zu verurteilen, den Weg so instandzusetzen, daß er zu jeder Zeit für Fußgänger und Wagen jeder Art bequem passierbar sei, und zu diesem Zweck alle Maßnahmen zu treffen, die ein vom Gericht zu vernehmender Sachverständiger hierzu für erforderlich halte.

Der Beklagte hat Klagabweisung beantragt. Er gibt zwar zu, daß der Weg den Bedürfnissen einer intensiven Bewirtschaftung von T. nicht entspreche. Jedoch meint der Beklagte, er sei zu einer Änderung in dieser Richtung nicht verpflichtet, da für das Maß der ihm obliegenden Wegeunterhaltung nicht die Anforderungen der neueren Entwicklung der Landwirtschaft, sondern der Wille der

Vertragsparteien bei Abschluß des Vertrags vom 28. Juni 1895 und der damalige Zustand des Weges entscheidend seien. Seiner Pflicht, den Weg in diesem Zustande zu erhalten, sei er nachgekommen; diese Pflicht habe von altersher in dem Ausräumen der Seitengräben und in dem Einebnen des Weges durch Pflügen und Abeggen bestanden.

Das Landgericht hat unter Abweisung der Klage im übrigen den Beklagten verurteilt, den Weg ordnungsmäßig instandzusetzen und instandzuhalten, insbesondere die Seitengräben, soweit solche vorhanden sind, gründlich zu öffnen und die Fahrbahn des Weges in geeigneter Weise durch Abpflügen an den Seiten und Abrundung der Mitte auszubessern. Gegen dieses Urteil haben der Kläger mit dem Antrage, in vollem Umfang nach den Klaganträgen zu erkennen, Berufung und der Beklagte mit dem Antrage, die Klage vollständig abzuweisen, Anschlußberufung eingelegt. Das Oberlandesgericht hat unter Zurückweisung der Anschlußberufung und unter Abweisung der Klage im übrigen dahin erkannt:

Der Beklagte wird verurteilt, den Weg instandzusetzen und instandzuhalten, insbesondere

1. Seitengräben anzulegen und sie, soweit sie vorhanden sind, gründlich zu öffnen,
2. zwei Bergkuppen abzutragen und den hierdurch gewonnenen Boden zur Auffüllung der tiefer liegenden Wegestrecken zu verwenden, soweit dies für die unter Ziff. 3 vorgesehene Pflasterung notwendig erscheint,
3. die Fahrbahn nach einer Sandunterbettung von 30 cm Stärke in der Mitte in einer Breite von 3,50 m zu pflastern, den übrigen Weg mit einer 10 cm hohen Kieslage einzudecken.

Die Verurteilung zu Ziff. 2 und 3 hat zur Voraussetzung, daß der Kläger:

a) von den Kosten der Instandsetzung zu Ziff. 2 und 3, nämlich der Abtragung der Kuppen sowie der Pflasterung, 15 v. H. trägt und, sofern der veranschlagte Betrag von 54329,50 RM. überschritten wird, 20 v. H. des Mehrbetrags zahlt, und zwar in letzterem Fall mindestens 10000 RM. im ganzen;
b) den auf seinem Grundstück liegenden Teil des Weges gleichzeitig in gleicher Weise auf eigene Kosten pflastert.

Die Revision des Beklagten wurde insoweit zurückgewiesen, als über die Anschlußberufung erkannt ist. Im übrigen führte sie zur Aufhebung und Zurückverweisung.

Gründe:

1. Zur rechtlichen Beurteilung des Falles ist im allgemeinen folgendes vorauszuschicken.

Da der Vertrag, durch den die streitige Grunddienstbarkeit begründet wurde, unter der Herrschaft des Preußischen Allgemeinen Landrechts abgeschlossen ist, so ist die Dienstbarkeit zunächst nach dessen Bestimmungen zu beurteilen, zumal da auch die grundbuchliche Eintragung der Last, deren es übrigens nicht bedurft hätte (§ 12 Abs. 2 des preuß. Eigentumserwerbsgesetzes vom 5. Mai 1872, vgl. Art. 184 EG. z. BGB.), vor dem 1. Januar 1900 erfolgt ist. Da ferner der damalige Käufer von T. die Grundgerechtigkeit durch einen lästigen Vertrag erworben hatte, so folgt die Pflicht des Eigentümers von G. zur Erhaltung des Weges schon aus dem Gesetz (§ 35 I 22 ALR.); die Unterhaltungspflicht hatte der Verkäufer überdies vertraglich übernommen. Sie bildete, wie in der Rechtsprechung allgemein anerkannt ist (RGZ. Bd. 111 S. 93 nebst Nachweisen; weitere Nachweisungen bei Rehbein Entsch. des Obertribunals Bd. 3 S. 936, 937; vgl. Förster-Eccius Preuß. Privatrecht 6. Aufl. Anm. 94 zu § 187 Bd. 3 S. 397), eine bloß nebensächliche Leistung neben der von dem Verkäufer übernommenen Hauptverpflichtung, die Benutzung des Weges durch den Eigentümer von T. zu dulden, nicht aber eine Reallast. Das preußische Reallasten-Ablösungsgesetz vom 2. März 1850 stand daher, wie dessen § 7 ergibt, der Auferlegung der Wegeunterhaltungspflicht nicht entgegen, obwohl dieses Gesetz im allgemeinen, nämlich mit Ausnahme fester Geldrenten, die Übernahme beständiger, d. h. ohne zeitliche Begrenzung bestellter, Reallasten verbietet (§ 6 Abs. 1, § 91 Abs. 2 das.; vgl. Güthe-Triebel Grundbuchordnung 5. Aufl. Bd. 2 S. 2019, 2020).

Mit dem Inkrafttreten des Bürgerlichen Gesetzbuchs blieb gemäß Art. 184 EG. z. BGB. (vgl. Art. 115, 116 das.) die Wegegerechtigkeit grundsätzlich mit ihrem sich aus den bisherigen Gesetzen ergebenden Inhalt bestehen; es finden jedoch auf sie die Vorschriften der §§ 1020 bis 1028 BGB. Anwendung (RGZ. Bd. 56 S. 378; Planck Erl. 7 zu § 1021 BGB.). Dies gilt also namentlich auch für den § 1021, der in Abs. 1 Satz 1 eine vertragliche Bestimmung für zulässig erklärt, wonach der Eigentümer des belasteten Grundstücks die Anlagen zu unterhalten hat, welche zur Ausübung einer Grunddienstbarkeit gehören, sofern die Anlagen sich auf dem belasteten Grundstück befinden und soweit das Interesse des Berechtigten die Unterhaltung der Anlagen erfordert. Auch § 1021 BGB. betrachtet die Unterhaltungspflicht nicht als eine Reallast (RGZ. Bd. 60 S. 87, Bd. 79 S. 375), er ordnet vielmehr (Abs. 2) nur an, daß auf die Unterhaltungspflicht, die vom Gesetzgeber als zum Inhalt der Grunddienstbarkeit gehörig und als eine Nebenverpflichtung des belasteten Grundstücks angesehen wird (Protokolle S. 3906, 3907 in Mugdan Materialien Bd. 3 S. 735; Mot. III S. 483, 484), die Vorschriften über die Reallasten — und zwar die des Bürgerlichen Gesetzbuchs und nicht die landesgesetzlichen (Art. 116 EG. z. BGB.; RGZ. Bd. 60 S. 93) — entsprechende Anwendung zu finden haben. Von diesen Vorschriften ist hier § 1108 Abs. 1 BGB. von Bedeutung, wonach der Eigentümer des belasteten Grundstücks, also der Beklagte und nicht — im Verhältnis zum Kläger — dessen Pächter, für die während der Dauer seines Eigentums fällig werdenden Leistungen auch persönlich haftet, vorbehaltlich einer abweichenden, hier nicht getroffenen Vertragsbestimmung. Auf diese Vorschrift, nicht aber, wie beide Vorderrichter rechtsirrig angenommen haben, auf die §§ 1027, 1004 BGB. sind die Klagansprüche gestützt. Denn der Beklagte handelt nicht etwa der ihm obliegenden Duldungspflicht zuwider, er beeinträchtigt nicht durch seine Handlungen die dem Kläger zustehende Wegegerechtigkeit, sondern er erfüllt nach dessen Behauptung nicht seine Verpflichtung zur Unterhaltung des Weges. Aus diesem Grunde (§ 1108 Abs. 1 BGB.) ist die von ihm bestrittene Passivlegitimation des Beklagten zweifelsfrei gegeben.

2. (Die teilweise Zurückweisung der Revision wird begründet.)

3. Anders liegt die Sache insoweit, als das Oberlandesgericht auf die Berufung den Beklagten zu weiteren Leistungen verurteilt hat. Das angefochtene Urteil hat hierfür im wesentlichen folgende Gründe gegeben.

Die Unterhaltungsmaßnahmen, wie sie vom Beklagten umrissen worden und bisher üblich gewesen seien, genügten nicht, um dem Kläger die ihm nach dem Wegerecht zustehende Befugnis der „beliebigen“ und „sachgemäßen“ Benutzung des Weges zu gewähren. Gemäß diesem Inhalt der Wegegerechtigkeit in Verbindung mit der Auslegungsregel des § 71 I 22 ALR. stehe dem Kläger das Recht zu, den Weg in einem Rahmen zu benutzen, der allen Bedürfnissen seines Gutes ohne Unterschied entspreche, soweit sie der landwirtschaftliche Betrieb mit sich bringe. Soweit eine Steigerung dieser Betriebsart eine erhöhte Benutzung des Weges verursache, sei diese ebenfalls rechtlich zulässig. Gemäß § 35 I 22 ALR. steigere sich auch entsprechend die Unterhaltungspflicht des Beklagten, da er den Weg so zu unterhalten habe, daß der Kläger die ihm zustehende Befugnis ausüben könne. Die Einschränkung der Rechte und Pflichten durch die §§ 71, 8 I 22 ALR. dahin, daß sich der Kläger des Weges nicht zu „neuen Anlagen“ bedienen dürfe, komme hier nicht in Betracht, da die „Intensivierung“ des landwirtschaftlichen Betriebes des Klägers, wie sie allgemein zu beobachten sei und der wirtschaftlichen Lage der Landwirtschaft nach Kriegsende entspreche, keine „neue Anlage“ darstelle (Koch ALR. Anm. 76 zu § 71 a. a. O.; vgl. RGZ. Bd. 89 S. 220; RGRKomm. Erl. 5 zu § 1021 BGB.). Durch Sachverständigengutachten sei erwiesen, daß T. intensiv bewirtschaftet werde. Der Intensität der Wirtschaft entspreche nach dem Beweisergebnis die vom Kläger geübte Benutzungsart des Weges. Auch die Benutzung mit Kraftwagen halte sich nach der heutigen Verkehrsauffassung im Rahmen einer intensiven Landwirtschaft. Wenn sich daher der Weg in einem solchen Zustande befinde, daß seine Benutzung in dieser Art und Weise von etwa November bis etwa zum Mai unmöglich sei, so müsse der Beklagte auf Grund seiner Unterhaltungspflicht die entsprechenden Maßnahmen treffen. Er gebe selbst zu, daß die bisher übliche Pflege des Weges nicht geeignet sei, den Weg ordnungsmäßig für den stärkeren Verkehr instandzuhalten. Wenn er geltend mache, die im Vertrag vorgesehene Bestimmung über die Verbreiterung des Weges auf 8 m deute schon auf die Unbenutzbarkeit des Weges hin, da dadurch dessen Zweispurigkeit habe erreicht werden sollen, so stehe dem die unbestrittene Angabe des Klägers entgegen, daß der Weg auch vor der Verbreiterung bereits $6^1/_2$ bis 7 m breit und daher schon zweispurig gewesen sei. Freilich deute die Zweispurigkeit schon selbst auf die schwere Benutzbarkeit hin. Dem werde dadurch begegnet, daß dem Kläger eine Beitragspflicht auferlegt werde. Nach dem Sachverständigengutachten seien, abgesehen von der Anlegung und Öffnung der Seitengräben, die Abtragung der beiden Bergkuppen nach den Mulden zu und die Pflasterung des Weges in der aus der Urteilsformel ersichtlichen Weise erforderlich.

Das Gericht habe sich jedoch dem Einwand des Beklagten nicht verschließen können, daß der Kläger in gewissem Umfang an den durch die Pflasterung und die Abtragung der Bergkuppen entstehenden Kosten teilnehmen müsse. Die rechtliche Grundlage hierfür sei in dem auch das Sachenrecht beherrschenden § 242 BGB. gegeben. Es sei dabei die Tatsache maßgebend, daß der Weg schon zur Zeit der Begründung des Wegerechts zu gewissen Jahreszeiten feucht und nur schwer benutzbar gewesen sein müsse. Wenn er nunmehr gepflastert werde, so werde dieser Übelstand vollständig behoben und der Weg dadurch, auch abgesehen von der Frage der Intensivierung, besser gemacht, als er jemals gewesen sei. Es sei daher nur recht und billig, dem Kläger einen Teil der Kosten aufzubürden. Für die Höhe der Beitragsleistung hätten das Sachverständigengutachten und das Anerbieten des Klägers einen ausreichenden Anhalt gegeben. Hiernach sei die Beitragspflicht, wie geschehen, als angemessen festgesetzt worden. Ferner habe für die Zukunft der Bestand des Weges nur in der Weise gewährleistet werden können, daß auch der Kläger seinem Erbieten entsprechend den auf seinem Gute liegenden Wegeteil in gleicher Weise pflastere. Die dem Kläger auferlegte Beitragspflicht beziehe sich lediglich auf die Kosten der Instandsetzung, nicht aber auch auf die der Instandhaltung. Denn erstere Kosten seien mit 50000 bis 60000 RM. derart hoch, daß ihre Tragung für den Beklagten nach § 242 BGB. angesichts der hervorgehobenen, über den Anfangszustand erheblich hinausgehenden Wegeverbesserung nur zumutbar sei, wenn der Kläger einen nennenswerten Beitrag leiste. Dieser liege in der Zahlung von 15 bis 20 v. H. der Gesamtkosten der Abtragung der Bergkuppen und der Pflasterung sowie in der Pflasterung des auf dem Lande des Klägers liegenden Wegeteils auf seine Kosten, ferner aber liege ein erheblicher weiterer Ausgleich in den Vorteilen, die auch das Gut G. aus der Pflasterung beider Wegeteile ziehe. Dagegen könnten die Kosten der Instandhaltung des Wegeteils, der auf dem Boden von G. liege, unschwer vom Beklagten ganz getragen werden.

Die Revision rügt Verletzung des materiellen Rechts, insbesondere der §§ 1021, 1027, 1004 BGB. und der §§ 71, 35 I 22 ALR., und macht folgendes geltend. Das Berufungsgericht mute dem Beklagten nicht eine Instandhaltung des vorhandenen Weges, sondern dessen völlige Veränderung durch Ausgleichung der von der Natur gegebenen Ebenen-Unterschiede und durch Schaffung eines neuen, befestigten Wegekörpers zu. Das gehe weit über die bloße Unterhaltungspflicht hinaus und werde auch durch die neuzeitliche Betriebsführung des Klägers nicht gerechtfertigt. Erfordere diese eine Änderung der Lage des Weges in der Ebene und die Schaffung eines neuen Wegekörpers, so habe der Kläger diese Maßnahmen selbst zu treffen, und es könne sich nur fragen, ob und inwieweit der Beklagte zur Unterhaltung des neuen Weges verpflichtet wäre. Diese Frage sei aber nicht im vorliegenden Rechtsstreit auszutragen.

Die Revision ist begründet, soweit auf die Berufung des Klägers zu seinen Gunsten erkannt ist.

Allerdings ist der Auffassung des Berufungsrichters lediglich beizutreten, daß der Kläger den Weg entsprechend den durch den Übergang zur neuzeitlichen landwirtschaftlichen Betriebsführung gesteigerten Bedürfnissen des Gutes T. benutzen darf. Denn dadurch, daß er dieses nachhaltig bewirtschaftet, hat er dort nicht im Sinne des noch jetzt geltenden § 71 I 22 ALR. (vgl. § 209 das. und den durch Art. 89 Nr. 1b Pr. AG. z. BGB. aufgehobenen § 8 I 22 ALR.) eine „neue Anlage" geschaffen (vgl. u. a. Strieth. Archiv Bd. 87 S. 198, Bd. 98 S. 54; Rehbein a. a. O. Bd. 3 S. 1048 bis 1050 Anm. nebst weiteren Nachweisen; RGZ. Bd. 76 S. 326; WarnRspr. 1913 Nr. 154 = Gruch. Bd. 57 S. 1161; WarnRspr. 1916 Nr. 30 = JW. 1916 S. 143 Nr. 24). Für die Beurteilung nach dem Recht des Bürgerlichen Gesetzbuchs würde gemäß §§ 1018, 1019 das gleiche zu gelten haben, wenn diese Vorschriften durch Art. 184 EG. z. BGB. auf altrechtliche Grunddienstbarkeiten für anwendbar erklärt worden wären (RGUrt. im Recht 1917 Nr. 58; KommRGR. Erl. 1 zu § 1019; Staudinger BGB. Anm. 3a zu § 1019; Güthe-Triebel a. a. O. S. 1901). Ein Recht des Klägers auf Inanspruchnahme des Weges in erhöhtem Umfang erscheint um so mehr begründet, als der Weg dem Eigentümer von T. in dem Vertrage vom 28. Juni 1895 zur „beliebigen" (und „sachgemäßen") Benutzung freigegeben worden ist. Dieser Zusatz ließe sich wohl ohne weiteres dahin auslegen, daß dem Eigentümer von T. auch die Befugnis eingeräumt worden sei, den Weg in einen seinen Bedürfnissen entsprechenden Zustand zu versetzen, ihn also zu pflastern oder auf sonstige Weise in eine befestigte Landstraße umzuwandeln, ihn einzuebnen und zu diesem Zweck vielleicht sogar einige Bergkuppen abzutragen (Meisner-Stern Preuß. Nachbarrecht S. 416 Anm. 3). Allein um eine solche Befugnis des Klägers wird in dem gegenwärtigen Rechtsstreit nicht gestritten; es muß im Gegenteil nach Lage der Akten angenommen werden, daß der Beklagte solchen Maßnahmen des Klägers keine Hindernisse in den Weg legen würde. Den Streitpunkt bildet vielmehr die Frage, ob der Kläger oder der Beklagte die Kosten dieser Maßregeln tragen muß. Das Berufungsgericht hat diesen Kernpunkt des Prozesses nur unzureichend behandelt. Es erachtet den Beklagten, wenigstens grundsätzlich, deshalb für kostentragungspflichtig, weil daraus, daß dem Kläger das Recht zur beliebigen Benutzung des Weges und also in einem der nachhaltigen Bewirtschaftung des Gutes T. entsprechenden Umfange zustehe, die gesteigerte Unterhaltungspflicht des Beklagten kraft einer gesetzlichen Vorschrift, nämlich gemäß § 35 I 22 ALR., ohne weiteres folge. Diese Begründung beruht auf Rechtsirrtum. Denn das angefochtene Urteil hat übersehen, daß § 35 a. a. O., auf den es sich stützt, durch den Art. 89 Nr. 1b Pr. AG. z. BGB. ausdrücklich aufgehoben worden ist (vgl. RGZ. Bd. 63 S. 131); jene Vorschrift des Landrechts ist gemäß Art. 184 EG. z. BGB. durch § 1021 BGB. ersetzt und also auch nicht als Übergangsvorschrift (Eingang des Art. 89 AG. z. BGB.) aufrechterhalten worden.

Sieht man zunächst von der durch § 1021 BGB. eingetretenen Änderung der Rechtslage ab, so muß die Entscheidung der Streitfrage aus der Auslegung des Vertrags, durch den die Grunddienstbarkeit bestellt worden ist, nicht aber aus dem im Grundbuch eingetragenen Vermerk, entnommen werden (§ 27 I 22 ALR.; Strieth. Arch. Bd. 67 S. 113; RGZ. Bd. 93 S. 63; Rehbein a. a. O. Bd. 3 S. 1026 Anm. I). Nun steht zwar die neuere Rechtsprechung (LZ. 1917 Sp. 917 Nr. 5; Gruch. Bd. 68 S. 529 = SeuffArch. Bd. 79

Nr. 117; JRsch. 1928 Nr. 2079; RGUrt. vom 9. Oktober 1930 VI 814/29 und vom 3. November 1930 VI 837/29; RGRKomm. Erl. 7a zu § 873 BGB.) für das Recht des Bürgerlichen Gesetzbuchs auf dem zu billigenden Standpunkt, daß in den Fällen, in denen es sich um die Bestellung einer dinglichen Verpflichtung handelt, der Inhalt und der Umfang des dinglichen Rechts ohne Rücksicht darauf, was die ursprünglichen Vertragsparteien gemeint haben, nach dem Wortlaut und Sinn der die Grundlage des dinglichen Rechts bildenden Urkunde so auszulegen sei, wie ihn jeder spätere Eigentümer des belasteten Grundstücks aus der Urkunde entnehmen müsse. Ob eine solche eingeschränkte Auslegung, welche übrigens nicht an Umständen vorübergehen darf, die sich aus der Lage der besonderen Verhältnisse des Einzelfalls ohne weiteres ergeben, auch bei Grundgerechtigkeiten Platz zu greifen hat, die unter der Herrschaft des Allgemeinen Landrechts entstanden sind, kann erheblichen Zweifeln unterliegen. Der Senat ist jedoch aus folgenden Gründen zur Verneinung der Frage gelangt. Für ihre Bejahung spricht die rechtspolitische Erwägung, daß bei dinglichen Rechten die Auslegung des ihrer Bestellung zugrunde liegenden Titels dem Umstand Rechnung tragen müsse, daß dritte Berechtigte und Verpflichtete nicht auf den Inhalt von Verhandlungen verwiesen werden sollen, die vielleicht vor langer Zeit unter nicht mehr oder nur mit Schwierigkeiten zu ermittelnden Umständen von den Vertragschließenden geführt wurden, daß vielmehr eine davon losgelöste objektive Grundlage bestehen solle; dieser Grundsatz müsse gerade bei altrechtlichen Grunddienstbarkeiten um so mehr Anwendung finden, als hier der Bestellungsvertrag viele Jahre zurückliege. Allein dieser Erwägung kann keine ausschlaggebende Bedeutung beigemessen werden. Zwar würde ihr der Umstand nicht entgegenstehen, daß nach dem Allgemeinen Landrecht Grundgerechtigkeiten außer durch schriftlichen Vertrag auch trotz § 135 I 5 ALR. unter Umständen (vgl. Rehbein-Reincke ALR. Anm. 15 zu § 13 I 22 nebst Nachweisen; Meisner-Stern a. a. O. S. 451) auch durch mündlichen Vertrag und durch stillschweigende Willenserklärung (Meisner-Stern S. 452 nebst Nachweisen) eingeräumt werden konnten, daß ihr Erwerb sogar durch „Verjährung" (Ersitzung) möglich war (§§ 13, 28 I 22 ALR.). Denn selbstverständlicher praktischer Erschwerungen ungeachtet würden sich auch mündliche und stillschweigende Willenserklärungen nach dem Grundsatz der objektiven Auslegung auslegen lassen. Allein einmal steht dieser neue Auslegungsgrundsatz (auf dessen Nichtanwendung freilich die Vertragschließenden und ihre Rechtsnachfolger keinen Anspruch hätten, obwohl die ersteren bei Vertragsschluß mit der neueren Rechtsprechung nicht rechnen konnten und daher annehmen durften, daß der Vertrag nach ihrer Willensmeinung ausgelegt werden würde) in engstem Zusammenhang mit dem Grundsatz, daß dingliche Rechte zu ihrer Entstehung der Eintragung in das Grundbuch bedürfen und das Grundbuch über den Inhalt und Umfang der dinglichen Rechte für jeden gutgläubigen Grundstückserwerber die maßgebliche Auskunft erteilt. Für Grunddienstbarkeiten, die unter der Herrschaft des Allgemeinen Landrechts begründet worden sind, trifft dies nicht zu; ihr Erwerb vollzog sich außerhalb des Grundbuchs auf Grund des Titels und des damit nach den Anschauungen des Landrechts zusammenfallenden dinglichen Bestellungsaktes. Der Titel wurde auch nicht zu den Grundakten eingereicht oder mußte wenigstens nicht eingereicht werden und war daher regelmäßig für den Grundstückserwerber weder aus dem Grundbuch noch aus den Grundakten ersichtlich; was der Erwerber über den Titel erfuhr, stand nicht unter dem guten Glauben an die Richtigkeit des Grundbuchs. Nun wurde allerdings im vorliegenden Falle die Grundgerechtigkeit nicht nur in das Grundbuch eingetragen, sondern der Vertrag wurde auch zu den Grundakten gebracht und der Eintragungsvermerk nimmt sogar auf ihn Bezug. Allein es geht nicht an, diesem zufälligen, für die wirksame Bestellung der Dienstbarkeit unerheblichen Umstand eine maßgebliche Bedeutung für die Auslegungsfrage einzuräumen. Das ergibt sich aus dem als Übergangsvorschrift durch Art. 89 Pr. AG. z. BGB. aufrechterhaltenen § 27 I 22 ALR. und leitet über zu dem zweiten entscheidenden Gesichtspunkt, welcher der Anwendung des Grundsatzes der Auslegung dinglicher Rechte auf objektiver Grundlage hier entgegensteht. Denn da nach § 27 a. a. O. bei Grundgerechtigkeiten, die aus Verträgen entspringen, der Inhalt des Vertrags den Gegenstand und die Grenzen des Rechts bestimmt, so muß der Vertrag, worauf noch einzugehen sein wird, nach den Auslegungsregeln des Allgemeinen Landrechts ausgelegt werden; auf die Auslegung des Eintragungsvermerks kommt es, wie bereits bemerkt, nicht an. Nun würde es freilich nichts ausmachen, daß dem Landrecht eine der neueren reichsgerichtlichen Rechtsprechung zur Auslegungsfrage entsprechende Regel fremd ist. Allein die Auslegungsregeln des Landrechts — insbesondere die §§ 66, 67, 68, 69, 71 I 4 — lassen keinen Zweifel darüber, daß Verträge (vgl. § 252 I 5 ALR.) so ausgelegt werden müssen, wie es der Willensmeinung der Vertragschließenden entspricht, nicht aber so, wie dritte am Vertragsschluß Unbeteiligte den Vertrag verstehen müssen. Nach alledem ist es geboten, von einer Übertragung des neueren Auslegungsgrundsatzes auf landrechtliche Grunddienstbarkeiten abzusehen. Diese Auffassung entspricht auch der bisherigen Rechtsprechung für das preußische Recht (RGZ. Bd. 60 S. 91 nebst Nachweisen; RG. im Recht 1913 Nr. 1604; vgl. für ersessene Grunddienstbarkeiten RGZ. Bd. 1 S. 337 und ferner Oberlandesgericht Stuttgart im Recht 1913 Nr. 1744). Demnach müssen die Erwerber der beteiligten Grundstücke die Grunddienstbarkeit so hinnehmen, wie sie von ihren Rechtsvorgängern nach deren im Wege der Auslegung zu ermittelnder Willensmeinung zur Zeit der Bestellung vereinbart worden ist, und Sache der Erwerber ist es, sich vor dem Erwerb die nötigen Unterlagen über den Inhalt der Grundgerechtigkeit zu beschaffen.

Weiter war die Frage zu prüfen, ob die Verträge, durch welche unter der Herrschaft des Allgemeinen Landrechts Grundgerechtigkeiten bestellt worden sind, nach den Auslegungsregeln des Bürgerlichen Gesetzbuchs (§§ 133, 157) oder des Landrechts auszulegen sind. Diese Frage ist in WarnRspr. 1913 S. 188 offengelassen und auch, soweit ermittelt, in der sonstigen reichsgerichtlichen Rechtsprechung noch nicht entschieden (vgl. aber Entsch. des Bayer. ObLG. Bd. 12 S. 802), auch im Schrifttum, soweit ersichtlich, bisher nicht erörtert worden. Nun läßt sich nicht verkennen, daß es vom gesetzgeberischen Standpunkt aus und aus praktischen Erwägungen unerwünscht ist, auf landrechtliche Grunddienstbarkeiten, also auf Rechtsverhältnisse von ganz besonderer Dauerhaftigkeit Rechtsregeln aus dem Allgemeinen Landrecht — als gemäß Art. 89 Pr. AG. z. BGB. insoweit aufrechterhaltene Übergangsvorschriften — anzuwenden und damit Rechtssätzen, die der heutigen geläuterten Rechtsanschauung vielleicht nicht überall mehr entsprechen, auf kaum absehbare Zeit Geltung zu verleihen. Auf der anderen Seite muß es aber bedenklich erscheinen, wenn sich die Vertragsparteien und ihre Rechtsnachfolger gefallen lassen müßten, daß ihr Wille unter Anwendung gesetzlicher Vorschriften ausgelegt würde, von denen sie — wie hier die Vertragsparteien im Jahre 1895 — zur Zeit des Vertragsschlusses noch nichts wissen konnten, während sie die durch die damalige Gesetzgebung vorgeschriebenen Auslegungsregeln und gesetzlichen Vermutungen gekannt und sich ihnen unterworfen haben. Die Entscheidung der Frage der Anwendbarkeit des alten oder des neuen Rechts ist aus der Übergangsvorschrift des Art. 184 EG. z. BGB. zu schöpfen. Danach bleiben die Grunddienstbarkeiten mit dem sich aus den bisherigen Gesetzen ergebenden Inhalt bestehen, abgesehen von dem Eingreifen der §§ 1020 bis 1028 BGB., die im vorliegenden Fall nur für die Zulässigkeit der Übernahme der Unterhaltungspflicht durch das dienende Grundstück in Betracht kommen (§ 1021), aber nichts über die Auslegung sagen. Da hier der Inhalt der Dienstbarkeit gemäß § 27 I 22 ALR., dem bisherigen Gesetz, aus dem Vertrage zu ermitteln ist, so ist dieser Vertrag (vgl. den für Schuldverhältnisse maßgebenden Art. 170 EG.BGB.) nach dem bisherigen Recht zu beurteilen; dazu gehört auch die Auslegung des Vertrags, die überhaupt erst den Inhalt der Dienstbarkeit ergibt. Man kann auch nicht sagen, daß die §§ 133, 157 BGB. deswegen an die Stelle der landrechtlichen Auslegungsregeln zu treten hätten, weil sie, wie z. B. § 138 BGB., zu den so bedeutsamen Vorschriften zu rechnen wären, daß sie nach dem Willen des Gesetzgebers sofort in Geltung hätten treten sollen. Dem steht nicht entgegen, daß das Reichsgericht in RGZ. Bd. 56 S. 378 die §§ 278, 254 BGB. auf einen Schadensersatzanspruch angewendet hat, der darauf beruhte, daß eine Unterhaltungspflicht, die dem Verpflichteten auf Grund einer altrechtlichen Dienstbarkeit oblag, nach dem Inkrafttreten des Bürgerlichen Gesetzbuchs mangelhaft erfüllt worden war. Denn dort handelte es sich um die Erfüllung der Dienstbarkeit, während hier ein Tatbestand, der Vertragsschluß, zur Beurteilung steht, der sich vor dem 1. Januar 1900 vollendet hat. Wollte man endlich annehmen, daß nur die §§ 1020 bis 1028 BGB. den Inhalt der altrechtlichen Grunddienstbarkeiten in Zukunft bestimmen sollen, so würde man dazu gelangen, daß es auf den Inhalt und folgeweise auch auf die Auslegung des Begründungsvertrags überhaupt nicht mehr ankomme, sondern der Inhalt nur noch nach dem Gesetz zu beurteilen sei. Eine so weitgehende Folgerung läßt sich indessen aus den §§ 1020 bis 1028 BGB. offensichtlich nicht ziehen. Insbesondere spricht § 1021 die Zulässigkeit der hier behandelten Vereinbarungen nur im allgemeinen aus; im einzelnen bleibt aber das in Geltung, was die Parteien über den Inhalt des Rechts vereinbart haben, freilich nur innerhalb des gesetzlichen Rahmens. Soweit die Beteiligten Vereinbarungen getroffen haben, welche über diesen Rahmen hinaus dem belasteten Grundstück weitere Verpflichtungen, als nach §§ 1020 bis 1028 und insbesondere nach § 1021 zulässig ist, auferlegt haben, treten diese Abreden der Parteien in gleicher Weise außer Kraft, wie dies bei weitergehenden landesgesetzlichen Vorschriften der Fall ist. Nach alledem sind die bisherigen gesetzlichen Bestimmungen und insbesondere die landrechtlichen Auslegungsregeln für den Inhalt der durch den Vertrag vom 28. Juni 1895 begründeten Grunddienstbarkeit auch jetzt noch maßgebend.

Als gesetzliche Auslegungsregeln kommen hiernach die Vorschriften in den §§ 65 bis 74 I 4 ALR. über Auslegung von Willenserklärungen und in den §§ 252 bis 269 I 5 ALR. über Auslegung von Verträgen in Betracht. Somit wird der Tatrichter unter anderem die Anwendbarkeit des § 267 I 5 zu prüfen haben, wonach „die Auslegung gegen den zu machen ist, welcher ungewöhnliche Vorteile begehrt, die in Verträgen dieser Art nicht eingeräumt zu werden pflegen"; es käme also darauf an, ob sich Fälle ermitteln lassen, in denen die Besteller von Grunddienstbarkeiten die Verpflichtung übernommen haben, die zur Ausübung der Dienstbarkeit bestimmten Anlagen auf ihre Kosten in einen den jeweiligen Bedürfnissen des herrschenden Grundstücks entsprechenden Zustand zu versetzen. Nach § 268 a. a. O. ferner sind äußerstenfalls zweifelhafte Stellen so zu erklären, wie es dem Verpflichteten am wenigsten lästig ist.

Aus den im Allgemeinen Landrecht aufgestellten gesetzlichen Vermutungen, dem landrechtlichen Eigentumsbegriff und dem Zusammenhang der landrechtlichen Vorschriften über Grunddienstbarkeiten hat das Preußische Obertribunal (Entsch. Bd. 16 S. 219) den Schluß gezogen, daß Grunddienstbarkeiten „strikte zu interpretieren" seien. Dem ist beizutreten. Nach § 23 I 8 ALR. streitet die Vermutung für die Uneingeschränktheit des Eigentums (vgl. auch § 181 I 7,

§ 14 I 19). Nach § 15 I 19 ALR. findet bei Zweifelhaftigkeit der Art der Eigentumseinschränkung die Vermutung für diejenige Art der Einschränkung statt, welche dem Eigentümer am wenigsten lästig ist. Nach § 16 I 19 wird, wenn es zweifelhaft ist, ob der Verpflichtete in seiner Sache etwas zu tun oder nur etwas zu dulden verpflichtet sei, letzteres angenommen. Der § 17 I 19 schreibt vor, daß, auch wenn die Art des Rechts auf eine fremde Sache an sich bestimmt sei, dasselbe dennoch im Zweifelsfall zum Besten des Eigentümers eingeschränkt werden müsse, soviel es die Natur des Rechts und der ausdrücklich erklärte Zweck seiner Bestimmung zulassen; doch sei dabei darauf zu sehen, daß der Berechtigte an dem nützlichen Gebrauche seines Rechts nicht gehindert oder ihm dasselbe gar vereitelt werde (§ 18 das.). Nach § 30 I 22 ferner wird nicht vermutet, daß der Besitzer des belasteten Grundstücks tätige Hilfe zur Ausübung der Grundgerechtigkeit zu leisten schuldig sei. Auch die hier nicht unmittelbar in Betracht kommenden §§ 24, 25 I 19 und §§ 37, 38, 208flg. I 22 sind Einzelanwendungen des in § 23 I 8 ALR. aufgestellten Grundsatzes.

Aus alledem ergibt sich, daß, solange Zweifel an dem vom Kläger beanspruchten Umfang der Grunddienstbarkeit übrig bleiben, diese Zweifel zugunsten des Beklagten ausschlagen müssen. Die Auslegung des Bestellungsvertrages selbst hängt in erster Reihe von der Würdigung der Umstände und der Ermittlung des Willens der Vertragschließenden an der Hand des Wortlauts und Sinnes des § 3B des Vertrags vom 28. Juni 1895 ab; sie ist daher Aufgabe des Tatrichters. Immerhin sei nach bisheriger Sachlage zu dieser Frage auf folgendes hingewiesen. Nach der angeführten Vertragsbestimmung wurde der Weg dem Käufer zur „beliebigen" (und „sachgemäßen") Mitbenutzung freigegeben und der Verkäufer übernahm die Pflicht, den Weg zu „unterhalten". Dieser Wortlaut könnte dafür sprechen, daß sich die „Unterhaltungspflicht" des Veräußerers entsprechend der Art der Benutzung durch den Erwerber, sofern sich diese in sachgemäßen Grenzen hielt, erhöhen sollte, zumal da der damals in Geltung befindliche § 35 I 22 ALR., der für die Auslegung des Parteiwillens herangezogen werden könnte, eine „Erhaltungspflicht" des Bestellers derart anordnet, daß der Berechtigte seine Befugnis darauf ausüben könne; daß in dieser Vorschrift von „erhalten" statt „unterhalten" gesprochen wird, dürfte keinen Unterschied machen. Fraglich kann es weiter sein, ob die Verbreiterung des Weges auf 8 m, welche der Erwerber nach dem Vertrage verlangen durfte, das Mindestmaß oder das Höchstmaß der Ansprüche darstellen sollte, die der Käufer bezüglich der Verbesserung des Weges stellen konnte. Sodann hat der Kläger betont, daß der Weg die einzige zweckmäßige Verbindungsstraße für den Verkehr vom Gute T. sei und daß dieses im Jahre 1895 unverkäuflich gewesen wäre, wenn nicht der Veräußerer die vom Kläger behauptete weitgehende Unterhaltungspflicht übernommen hätte. Anderseits handelte es sich schon im Jahre 1895 um einen unbefestigten, durch schweren Lehmboden führenden und in gewissen Jahreszeiten schwer oder gar nicht benutzbaren Landweg, dessen Zustand den Vertragsparteien sicherlich bekannt war; die Kosten der Wegebesserung, wie sie der Kläger verlangt, werden von den Sachverständigen jetzt auf rund 55000 RM. geschätzt und werden daher auch schon für 1895 auf einen erheblichen Betrag zu veranschlagen sein. Es könnte vielleicht bedenklich erscheinen, daß die Vertragsparteien die Übernahme einer so schwerwiegenden Belastung des Gutes G. durch den kurzen Vermerk in § 3B, zumal in einem notariellen Vertrage, geregelt haben sollten. Es könnte aber auch auf das Verhältnis des im Jahre 1895 für das Gut T. erzielten Kaufpreises zu dem Betrage der damaligen Kosten der vom Kläger verlangten Wegebesserung und auf den damaligen Wert des Gutes G. sowie auf das Maß des Interesses dieses Gutes an der Wegebesserung ankommen. Ferner ist der Kläger der Meinung, die Unterhaltungspflicht des Beklagten wegen des Weges sei nach den Vorschriften zu bemessen, die für die Unterhaltung öffentlicher Wege maßgebend seien. In dieser Form kann der Auffassung des Klägers nicht beigetreten werden. Denn die Unterhaltung der öffentlichen Wege ist nach wesentlich anderen — öffentlichrechtlichen — Gesichtspunkten geregelt, als sie für die Beurteilung der vertraglich übernommenen Pflicht zur Unterhaltung privater Wege Maß geben. Aber je nach den Umständen kann es zulässig oder sogar geboten sein, zur Auslegung des Parteiwillens die für die Unterhaltung öffentlicher Wege bestehenden Vorschriften mitheranzuziehen, wie solche zur Zeit des Vertragsschlusses galten. Nun ist freilich der Begriff der „Unterhaltung" öffentlicher Wege in der Sprache der Gesetze durchaus kein einheitlicher. Im weitesten

Sinne versteht man darunter die gesamte Wegebaulast, also auch die Pflicht zur Anlegung neuer Wege (vgl. z. B. § 11 II 15 ALR.; Germershausen Wegerecht 2. Aufl. § 2 Bd. 1 S. 23flg.); im engsten Sinn bedeutet das Wort die Erhaltung der Wege in einem dem Verkehrsbedürfnis entsprechenden Zustand unter Ausschluß von Verbesserungen (so gerade § 10 Nr. 2 der erst nach Abschluß des hier fraglichen Vertrags erlassenen Wegeordnung für die Provinz Westpreußen vom 27. September 1905 [GS. S. 357]; vgl. dazu das Erläuterungsbuch von Just Anm. 9 zu § 10). Die Prüfung, ob die zur Zeit des Vertragsschlusses in Westpreußen und insbesondere in dem hier in Betracht kommenden Teile dieser Provinz in Geltung gewesenen, nach § 549 ZPO. nicht revisiblen, für die Auslegung des § 3B der Urkunde etwa heranzuziehenden Rechtsnormen (vgl. Germershausen a. a. O. § 14 Bd..1 S. 176flg.) Sachdienliches ergeben, muß dem Berufungsgericht überlassen werden. Zusammenfassend kann das Revisionsgericht zur Auslegungsfrage nur so viel sagen, daß es darauf ankommen wird, ob unter Würdigung aller Umstände angenommen werden kann, daß der Veräußerer des Gutes T. in dem Kaufvertrage den Willen erklärt habe, die Wegeunterhaltungspflicht in dem vom Kläger behaupteten Umfang zu übernehmen, oder ob wenigstens der Erwerber die Erklärungen des Verkäufers in diesem Sinne aufzufassen befugt war (vgl. Förster-Eccius a. a. O. § 28 bei Note 28 Bd. 1 S. 154).

Sollte die Auslegung zu einem dem Kläger günstigen Ergebnis führen, so wäre weiter zu prüfen, ob sich die Vereinbarung der Vertragsparteien über die Unterhaltungspflicht in dem dann erwiesenen weiten Umfang mit dem gemäß Art. 116, 184 EG. z. BGB. nunmehr anzuwendenden § 1021 BGB. in Einklang hält. Zunächst würde daraus kein Bedenken zu entnehmen sein (wie dies der Beklagte meint), daß die Unterhaltungspflicht nach § 1021 Abs. 2 und § 1105 Abs. 1 BGB. wiederkehrende Leistungen voraussetzt. Denn auch unregelmäßig wiederkehrende Leistungen, wie sie hier der Kläger verlangt, erfüllen den Begriff der Reallast (RGRKomm. Erl. 6 zu § 1105 BGB.) und damit auch den der Unterhaltung von Anlagen. Nicht unzweifelhaft könnte es dagegen erscheinen, ob sich die vom Kläger verlangten Maßnahmen noch als solche der Unterhaltung des Weges darstellen. Wäre dies nicht der Fall, so würde insoweit die Vereinbarung in

§ 3B des Vertrags durch § 1021 Abs. 1 Satz 1 BGB. aufgehoben sein, da sie den Inhalt der Grunddienstbarkeit in einer mit dieser Vorschrift nicht vereinbaren Weise geregelt hätte (RGZ. Bd. 56 S. 378; RGRKomm. Erl. 5 zu § 1021); denn über das Maß dieser Bestimmung hinaus können durch Bestellung einer Grunddienstbarkeit dem belasteten Grundstück keine Verpflichtungen auferlegt werden (Erl. 2 a. a. O.; Johows Jahrb. Bd. 41 S. 228, Bd. 51 S. 249; ROLG. Bd. 18 S. 147, Bd. 34 S. 192). Nun sagt das Gesetz nicht, was unter „Unterhaltung" einer Anlage zu verstehen ist. Man wird diesen Begriff nicht allzu eng fassen dürfen. Den Gegensatz zur Unterhaltung bildet offenbar die Neuherstellung, soweit sie nicht als Ersatz für eine in Abgang gekommene Anlage dient. Ob Verbesserungen an bestehenden Anlagen als „Unterhaltung" anzusehen sind, wird man nur von Fall zu Fall entscheiden können; man wird die Frage aber jedenfalls dann bejahen müssen, wenn sich die Verbesserung als eine sachgemäße Unterhaltungsmaßregel darstellt (vgl. § 1020 Satz 2 BGB.: „in ordnungsmäßigem Zustande erhalten"). Ein Fall dieser Art könnte nach den bisherigen Feststellungen des Berufungsgerichts hier in Betracht kommen. Immerhin wird die Frage vom Tatrichter geprüft werden müssen, der bisher die Vereinbarkeit der vom Kläger verlangten Maßnahmen mit § 1021 Abs. 1 Satz 1 BGB. überhaupt nicht erörtert hat.

Dadurch, daß das Berufungsgericht den Kläger — übrigens seinem Erbieten entsprechend, aber ohne daß die Klaganträge geändert worden sind, sodaß das Erbieten nur als eine Art Hilfsantrag aufgefaßt werden kann — zu gewissen Beiträgen zu den Kosten der Wegebesserung herangezogen und ihm die Pflicht zur Pflasterung des auf seinem Grund und Boden liegenden Wegeteils auferlegt hat, ist der Beklagte an sich nicht beschwert. Die gesetzliche Grundlage für diese Anordnungen sieht der Vorderrichter in § 242 BGB. Wäre diese Vorschrift überhaupt anwendbar, so würde eine Beschwernis für den Beklagten darin liegen, daß das angefochtene Urteil eine irgendwie ausreichende Aufklärung der besonderen Umstände des Falles vermissen läßt, nach denen die Beitragspflicht des Klägers so, wie geschehen, zu bemessen war. Eine nähere Erörterung hierzu erübrigt sich jedoch. Denn die Anwendung des § 242 BGB. ist, zum mindesten nach dem bisher festgestellten

Sachverhalt, rechtsgrundsätzlich verfehlt. Das geltende Recht und insbesondere § 242 BGB. gewähren dem Richter grundsätzlich nicht die Macht, in bestehende Vertragsverhältnisse einzugreifen und dem Schuldner in der Erfüllung von ihm übernommener Verbindlichkeiten Erleichterungen deshalb zu gewähren, weil die uneingeschränkte Vertragserfüllung eine unbillige Härte für den Schuldner bedeutete und dem Gläubiger einen unbillig großen Vorteil brächte. Nur in zwei Fällen hat die bisherige Rechtsprechung des Reichsgerichts, über die hinauszugehen der vorliegende Fall keinen Anlaß bietet (vgl. auch RGUrt. vom 23. September 1929 VI 816/28), es für zulässig erachtet, im § 242 BGB. eine gesetzliche Unterlage für die Schaffung eines solchen billigen Ausgleichs der beiderseitigen Belange zu sehen. Es ist dies erstens in der Zeit des fortschreitenden Währungsverfalls geschehen, aber auch nur unter ganz besonderen Voraussetzungen, um — wie es in RGZ. Bd. 100 S. 132 heißt — „einen Treu und Glauben und jedem Gebote von Gerechtigkeit und Billigkeit hohnsprechenden, einfach nicht zu ertragenden Zustand" zu vermeiden. Von einem Fall dieser Art kann hier schon deshalb keine Rede sein, weil — zum mindesten bisher — nicht festgestellt worden ist, daß der Verkäufer des Gutes T. im Jahre 1895 weder die Möglichkeit der neuzeitlichen Entwicklung des Landwirtschaftsbetriebs noch die etwa seitdem eingetretene, in unerträglichem Ausmaß hohe Steigerung der Kosten habe voraussehen können, die durch die vom Kläger verlangte Wegebesserung entstehen würden. Der zweite, hier ebenfalls nicht in Betracht kommende Fall, in dem sich die Rechtsprechung des Reichsgerichts zu einer Anwendung des § 242 BGB. zwecks Herbeiführung eines billigen Interessenausgleichs entschlossen hat, betrifft den Ausgleichsanspruch. Hier war es die unvorhersehbare Änderung der gesetzlichen Vorschriften, insbesondere die Aufwertungsgesetzgebung, welche die Anwendung des § 242 BGB. als gerechtfertigt erscheinen ließ (vgl. u. a. RGZ. Bd. 112 S. 329, Bd. 119 S. 133, Bd. 121 S. 56 und S. 141, Bd. 125 S. 37 und für das frühere Recht die landrechtliche Entscheidung RGZ. Bd. 22 S. 81 im Gegensatz zu der gemeinrechtlichen Entscheidung Bd. 21 S. 178 das.). Der ebenfalls aus § 242 BGB. abgeleitete Aufwertungsanspruch gehört schon deshalb nicht hierher, weil er dazu bestimmt ist, unbillige, aus dem Währungsverfall sich ergebende Härten von dem Gläubiger abzuwenden.

Demnach stellt sich der Lösungsversuch des Oberlandesgerichts zwar, wie nicht verkannt werden soll, als eine — vorbehaltlich der Prüfung der Höhe der Beitragsleistung des Klägers — durchaus geeignete Grundlage für eine Einigung der Parteien zur Beilegung dieses — letzten Endes wohl von einer nicht unzweifelhaften Auslegungsfrage abhängigen — Rechtsstreits dar, aber es fehlt an der gesetzlichen Unterlage, um den Lösungsversuch zur Grundlage der gerichtlichen Entscheidung machen zu können. Hiernach kann es auf sich beruhen, ob § 242 BGB., wenn auch zeitlich seiner Anwendung auf die Erfüllung des vor dem Inkrafttreten des Bürgerlichen Gesetzbuchs begründeten dinglichen Rechtsverhältnisses keine Bedenken entgegenstehen (Art. 184 EG. BGB.; § 1021 Abs. 1 Satz 1 BGB., vgl. RGZ. Bd. 56 S. 378), auf sachenrechtliche Rechtsverhältnisse überhaupt anwendbar ist, was zum mindesten nicht unbestritten ist (RGZ. Bd. 92 S. 11, Bd. 93 S. 243), und ob § 1108 Abs. 1 BGB. ein Vertragsverhältnis der Beteiligten begründet.

4. Das Berufungsgericht hat, von seinem Standpunkt aus zutreffend, die Klagansprüche, soweit sie auf Verzug des Beklagten (richtiger vielleicht Nichterfüllung der Unterhaltungspflicht in dem vom Beklagten anerkannten Umfang) gestützt sind, bisher nicht geprüft. Der Anwendung der § 286 Abs. 1, § 249 Satz 1 (§ 280 Abs. 1) BGB. würden auch in zeitlicher Beziehung rechtliche Bedenken nicht entgegenstehen (RGZ. Bd. 56 S. 378). Sofern also der Kläger den Beweis führen kann, infolge der Vernachlässigung der Unterhaltungspflicht durch den Beklagten könne der vordem bestehende Zustand nunmehr nur noch in der Weise hergestellt werden, daß die vom Kläger verlangten Besserungsarbeiten an dem Wege vorgenommen werden, so sind die Klagansprüche aus dem Gesichtspunkt des Schadensersatzes gerechtfertigt. Der Umstand, daß hierdurch eine Verbesserung des Weges gegenüber seinem früheren Zustande herbeigeführt werden würde, stände rechtlich nicht entgegen, da § 249 Satz 1 BGB. nicht die Wiederherstellung, sondern die Herstellung des früher bestehenden Zustandes vorschreibt, also nicht schlechthin auf die frühere Sachlage abstellt (RGZ. Bd. 76 S. 147, Bd. 108 S. 59, RGUrt. vom 27. November 1930 VI 128/30, teilweise abweichend RGZ. Bd. 103 S. 420).

34. 1. Ist es unzulässig und unwirksam, wenn sich ein Gesellschafter einer Gesellschaft mit beschränkter Haftung verpflichtet, in der Gesellschafterversammlung für die Bestellung einer bestimmten Person zum Geschäftsführer zu stimmen?

2. Enthält die schiedsrichterliche Verurteilung zu der vereinbarten Abstimmung eine Verurteilung zur Vornahme einer verbotenen Handlung?

GmbHG. §§ 45, 47. ZPO. § 1041.

VII. Zivilsenat. Urt. v. 16. Januar 1931 i. S. Witwe Paul M. (Kl.) w. Witwe Heinrich M. (Bekl.). VII 192/30.

I. Landgericht Köln.
II. Oberlandesgericht daselbst.

Die Brüder Paul und Heinrich M. waren Gesellschafter der in K. bestehenden Gesellschaft mbH. Gebrüder M. Beide sind verstorben. Zuerst starb Paul M., der Ehemann der Klägerin. Nach seinem Tode traf seine Witwe als seine Erbin mit Heinrich M. am 20. Dezember 1915 eine notariell beurkundete Vereinbarung, durch welche Bestimmungen über die Geschäftsführung der Gesellschaft festgelegt wurden. In § 3 dieses Abkommens verpflichtete sich die Klägerin, für den Fall, daß Heinrich M. oder seine Erben einen der Söhne des Heinrich M. als Geschäftsführer bestellt zu sehen wünschten, dieser Bestellung zuzustimmen, sofern nicht begründete Einwendungen gegen den Charakter und die Fähigkeiten der Vorgeschlagenen beständen. Bei einem etwaigen Streit über die Bedingungen der Bestellung oder die Eignung des betreffenden Sohnes sollte nach § 4 des Abkommens ein Schiedsgericht entscheiden.

Im Jahre 1924 schlug die mit ihren Kindern in fortgesetzter Gütergemeinschaft lebende Witwe des inzwischen auch verstorbenen Heinrich M., die Beklagte, ihren Sohn Ernst als Geschäftsführer der jetzt zwischen den Parteien bestehenden Gesellschaft vor. Die Klägerin war aber mit dessen Bestellung nicht einverstanden. Es wurde darauf das im Vertrag vom 20. Dezember 1915 vorgesehene Schiedsgericht gebildet. Dieses verurteilte durch Spruch vom 12. Dezember 1924 die Klägerin, in die Bestellung des Ernst M. als Geschäftsführer neben dem bereits als Geschäftsführer tätigen Direktor B. zu willigen, und zwar nach Maßgabe näherer, in dem Schiedsspruch festgestellter Bedingungen. Danach sollte Ernst M. zunächst probeweise das Amt eines Geschäftsführers bekleiden und nur in Gemeinschaft mit dem Geschäftsführer B. zeichnungsberechtigt sein; vom 1. Januar 1926 ab sollte er jedoch vollberechtigter Geschäftsführer mit selbständiger Vertretungsbefugnis werden, falls nicht die Klägerin bis spätestens 15. November 1925 aus einem der im Schiedsspruch angegebenen Gründe ihre Zustimmung verweigerte. Dazu sollte sie besonders wegen grober Pflichtverletzung des Ernst M. während seiner probeweisen Geschäftsführung und wegen seiner etwa erwiesenen Unfähigkeit zur ordnungsmäßigen Geschäftsführung befugt sein; im Streitfall sollte wiederum das Schiedsgericht entscheiden. Am 11. November 1925 erklärte die Klägerin, daß sie ihre Zustimmung zur weiteren Geschäftsführung des Ernst M. verweigere. Die Beklagte rief darauf die Entscheidung desselben Schiedsgerichts an, das den Spruch vom 12. Dezember 1924 gefällt hatte. Die Klägerin widersprach der Entscheidung durch dieses Schiedsgericht und erhob in einem Vorprozeß gegen die Beklagte Klage auf Feststellung, daß die Anrufung des früheren Schiedsgerichts zum Zwecke der Entscheidung auch des neuen Streitfalls unzulässig sei. Die Klage wurde in drei Instanzen abgewiesen. Darauf entschied das Schiedsgericht am 5. Dezember 1928 dahin, daß die Weigerung der Klägerin, der Beibehaltung des Ernst M. als Geschäftsführer der Gesellschaft zuzustimmen, unbegründet sei.

Im gegenwärtigen Rechtsstreit verlangt die Klägerin die Aufhebung sowohl des Schiedsspruchs vom 12. Dezember 1924 wie des Spruchs vom 5. Dezember 1928. Sie meint, es sei unzulässig und verboten, einen Gesellschafter dazu zu zwingen, in der Gesellschafterversammlung in einem bestimmten Sinne seine Stimme abzugeben, und sie hält deshalb ihre Verpflichtung, unter bestimmten Voraussetzungen der Ernennung und Beibehaltung des Ernst M. als Geschäftsführer zuzustimmen, für unwirksam. Daraus will sie einen Grund zur Aufhebung beider Schiedssprüche herleiten.

In den Vorinstanzen wurde die Klage abgewiesen. Auf die Revision der Klägerin hat das Reichsgericht die beiden Schiedssprüche aufgehoben.

Gründe:

Die Revision macht geltend, daß es an einem Schiedsvertrage fehle, weil das Abkommen vom 20. Dezember 1915 unzulässig gewesen sei, soweit es die Zustimmung zur Bestellung eines Sohnes des Heinrich M. zum Geschäftsführer betreffe. Wenn sie damit behaupten will, daß das Schiedsverfahren mangels eines Schiedsvertrages unzulässig gewesen sei, kann sie mit ihrem Angriff nicht gehört werden. Denn auf die Unzulässigkeit des schiedsgerichtlichen Verfahrens ist die Klage nicht gestützt. Sie ist vielmehr auf § 1041 Abs. 1 Nr. 2 ZPO. (ä. F.) gegründet, wonach die Aufhebung eines Schiedsspruchs verlangt werden kann, wenn er eine Partei zu einer Handlung verurteilt, deren Vornahme verboten ist. Richtig mag sein, daß auch das schiedsrichterliche Verfahren im ganzen nicht für zulässig erachtet werden könnte, wenn die in einem Schiedsspruch ausgesprochene Verurteilung und damit auch die Vollstreckung unzulässig wäre (RGZ. Bd. 57 S. 334). Aber für die Anwendung des § 1041 Abs. 1 Nr. 1 ZPO. bleibt dann immer noch erforderlich, daß in dem zur Entscheidung stehenden Fall die Aufhebungsklage auch auf diese Vorschrift gestützt sein muß.

Die Entscheidung hängt sonach davon ab, ob der erste Schiedsspruch vom 12. Dezember 1924 die Klägerin zu einer verbotenen Handlung verurteilt hat. Bei dem zweiten Schiedsspruch vom 5. Dezember 1928 kommt eine solche Verurteilung zwar nicht unmittelbar in Frage, weil er die Klägerin nicht zur Zustimmung verurteilt, sondern nur ihre Einwendungen gegen die feste Bestellung des Ernst M. zum Geschäftsführer für unbegründet erklärt. Aber da die beiden Schiedssprüche ein Ganzes bilden, so zieht die Entscheidung über den ersten Schiedsspruch, sofern sie auf dessen Aufhebung lautet, ohne weiteres auch die Aufhebung des zweiten Spruches nach sich.

Das Berufungsgericht hat die Voraussetzungen des § 1041 Abs. 1 Nr. 2 ZPO., der nach Art. IV der Novelle vom 25. Juli 1930 noch in seiner früheren Fassung zur Anwendung kommt, nicht für gegeben erachtet und diese Annahme besonders damit begründet, daß beim Erlaß des im Vorprozeß ergangenen Revisionsurteils vom 30. März 1928 offenbar auch das Reichsgericht in Abweichung von der Entscheidung in RGZ. Bd. 112 S. 279 von der Zulässigkeit einer Verurteilung der Klägerin zur Einwilligung in die endgültige Bestellung des Ernst M. zum Geschäftsführer ausgegangen sei. In Wirklichkeit kann aber aus dem Urteil des erkennenden Senats vom 30. März 1928 nicht entnommen werden, daß die jetzt zur Entscheidung stehende Frage schon damals geprüft und bejaht worden wäre. Denn in dem Vorprozeß handelte es sich ausschließlich um die Frage, ob auch für den neuen Streitfall über die Einwendungen der Klägerin gegen die feste Bestellung des Ernst M. zum Geschäftsführer ein schiedsgerichtliches Verfahren zulässig sei, was die Klägerin bestritt, weil für diese Entscheidung ein Schiedsverfahren vertraglich nicht vorgesehen sei und die bei dem Schiedsspruch vom 12. Dezember 1924 beteiligten Schiedsrichter nicht die Befugnis gehabt hätten, sich selbst eine neue Aufgabe zu stellen. Hiermit allein hat sich der Senat in dem früheren Urteil befaßt. Dabei hat er allerdings nicht nur zu den letzterwähnten Angriffsmitteln der Klägerin, sondern auch zur Frage der Gültigkeit des Abkommens vom 20. Dezember 1915 Stellung genommen. Doch hat er diese nur unter dem Gesichtspunkt, ob das Abkommen gegen die guten Sitten verstoße, geprüft und die Sittenwidrigkeit verneint. Wenn die Revision meint, daß sich das Berufungsgericht möglicherweise auf Grund des § 565 Abs. 2 ZPO. an die vermeintliche Rechtsauffassung des Reichsgerichts in dem Vorprozeß gehalten habe, was wegen der Verschiedenheit beider Prozesse fehlerhaft gewesen wäre, so fehlt hierfür die Unterlage. Die Ausführungen des Berufungsrichters lassen vielmehr deutlich erkennen, daß er aus dem früheren Reichsgerichtsurteil nur den Schluß gezogen hat, das Reichsgericht sei bei seiner damaligen Entscheidung offenbar von der Zulässigkeit einer Verurteilung im Sinne des Schiedsspruchs vom 12. Dezember 1924 ausgegangen. Er hat sich überdies noch ohne Rücksicht auf das frühere Revisionsurteil mit selbständigen Gründen zu dieser Meinung bekannt, womit das Bedenken der Revision ohne weiteres ausgeräumt ist. Aus den gleichen Erwägungen erscheint es darum auch ausgeschlossen, daß sich etwa das Berufungsgericht durch die Rechtskraft des Vorprozeßurteils für gebunden gehalten hätte, wie geschehen zu entscheiden.

Das Berufungsgericht hat jedoch die in dem Schiedsspruch vom 12. Dezember 1924 ausgesprochene Verurteilung der Klägerin rechtsirrig für zulässig gehalten. Schlechthin ist eine Abrede unter den Gesellschaftern oder unter einzelnen Gesellschaftern einer Gesellschaft mbH., in der Gesellschafterversammlung in einer bestimmten Weise zu stimmen, zwar nicht ungültig und durch das Gesetz nicht verboten. Aber nichtig ist die Abrede, wenn sie ein Prinzip des Gesetzes betreffend die Gesellschaften mit beschränkter Haftung umgeht und zu einer Schädigung der Gesellschaft führen kann. Von diesem Gesichtspunkt aus hat das Reichsgericht verneint, daß sich einzelne Mitglieder einer Gesellschaft mbH. rechtsverbindlich unter einander verpflichten können, bei der durch die Versammlung aller Gesellschafter vorzunehmenden Wahl des Aufsichtsrats für eine bestimmte Person zu stimmen oder nicht zu stimmen (RGZ. Bd. 57 S. 205). Aus demselben Grunde muß aber auch eine Verpflichtung als unzulässig angesehen werden, für die Wahl einer bestimmten Person zum Geschäftsführer einer Gesellschaft mbH. zu stimmen, worauf die Verpflichtung zur Einwilligung in deren Bestellung tatsächlich hinausläuft. Denn der Wille des Gesetzes geht dahin, daß der Geschäftsführer durch das in freier Wahl bekundete Vertrauen der Mehrheit berufen wird, und dieser Grundsatz darf nicht durchbrochen werden (vgl. auch Hachenburg Gesetz betr. die Gesellschaften mbH. Note 44 zu § 45; Brodmann desgl. Note 3 zu § 47). Darum geht es auch nicht an, durch äußeren Zwang in die Willensbildung eines Körperschaftsorgans, hier der Gesellschafterversammlung, einzugreifen, wie es geschähe, wenn sich ein Gesellschafter den anderen gegenüber verbindlich machte, zur Bestellung einer bestimmten Person als Geschäftsführer, sei es auch nur unter gewissen Bedingungen, seine Einwilligung zu geben, und wenn diese Einwilligung im Weigerungsfall erzwungen würde (RGZ. Bd. 112 S. 279). Denn dieser Zwang hindert den Gesellschafter an der freien Entschließung bei der Abstimmung über die in der Gesellschafterversammlung zu beschließende Wahl des Geschäftsführers und kann zur Folge haben, daß die Wahl nicht auf diejenige Person fällt, mit deren Bestellung den Belangen der Gesellschaft am besten gedient wäre. Eine solche Gestaltung würde aber besonders dann zu Nachteilen für die Gesellschaft ausschlagen, wenn sich nach der Eingehung der Verpflichtung zu einer bestimmten Abstimmung die Verhältnisse der allgemeinen Wirtschaft oder auch nur die der Gesellschaft so geändert hätten, daß die Geschäftsführung der Gesellschaft langbewährte und erfahrene Kräfte erfordern würde. Auch wenn — wie hier — die Gesellschaft nur zwei stimmberechtigte Gesellschafter hat, ist die Rechtslage nicht anders. Im Gegenteil müssen dann die vorher entwickelten Grundsätze um so mehr gelten, als in diesem Fall durch die dem einen Gesellschafter auferlegte Verpflichtung, in bestimmter Weise zu stimmen, der Beschluß der Gesellschafterversammlung in der Regel schon festgelegt wäre, während bei einer größeren Zahl von Gesellschaftern die Mehrheit den Ausschlag gäbe und hierdurch die einem der Gesellschafter aufgezwungene Abstimmung unter Umständen einflußlos bleiben könnte.

Wenn die Revisionsbeantwortung der sich aus dem Vorstehenden ergebenden Unzulässigkeit der zwischen der Klägerin und Heinrich M. getroffenen Vereinbarung damit ausweichen will, daß sie in der notariellen Urkunde vom 20. Dezember 1915 die Beurkundung eines Gesellschafterbeschlusses findet, so kann sie mit dieser Einwendung keinen Erfolg haben. Denn ein solcher Beschluß ist dort nicht beurkundet, vielmehr handelt es sich um die Beurkundung eines zwischen den damaligen beiden Gesellschaftern geschlossenen Vertrages, der eine rein schuldrechtliche Verpflichtung der einen Gesellschafterin gegenüber dem anderen Gesellschafter betraf und damit außerhalb des gesellschaftlichen Rechtskreises lag. Dies geht schon aus dem Wortlaut des § 3 des Abkommens vom 20. Dezember 1915 hervor, wo es heißt: „Wenn Herr Heinrich M. einen seiner Söhne als Geschäftsführer unter angemessenen Bedingungen bestellt zu sehen wünscht, so verpflichtet sich Frau Paul M. für sich und ihre Erben, dieser Bestellung zuzustimmen, es sei denn, daß begründete Einwendungen gegen den Charakter oder die Fähigkeiten des Sohnes erhoben werden können." In den Vorinstanzen ist übrigens Abweichendes auch nicht behauptet worden.

Daß die Klägerin nach dem Abkommen mit Heinrich M. unter den angegebenen Voraussetzungen ihre Zustimmung zu der Bestellung des Ernst M. als Geschäftsführer verweigern konnte und auch der Schiedsspruch vom 12. Dezember 1924 ihr freiließ, dessen endgültige Bestellung als Geschäftsführer abzulehnen, wenn er sich während seiner Probezeit einer groben Pflichtverletzung schuldig gemacht hätte oder seine Unfähigkeit zur ordnungsmäßigen Geschäftsführung zutage getreten wäre, schützte weder die Klägerin noch die Gesellschaft genügend. Denn dadurch wurde nicht ausgeschlossen, daß die Klägerin gegebenenfalls gehindert gewesen wäre, ihre Stimme für einen besseren und besonders geeigneten Geschäftsführer abzugeben, weil sie eben für den Sohn des Heinrich M. stimmen mußte, soweit nicht die angegebenen Umstände sie von dieser Pflicht befreiten. Die Einschränkung ihrer Verpflichtung schaltete deshalb deren Unzulässigkeit und Unwirksamkeit nicht aus.

Ist hiervon auszugehen, so stellt sich die von der Klägerin im Abkommen vom 20. Dezember 1915 eingegangene Verpflichtung und deshalb auch die nach Maßgabe der Verpflichtung von ihr verlangte Abstimmung als eine verbotene Handlung dar. Denn verboten sind nicht bloß Handlungen, die gegen ein ausdrückliches Verbotsgesetz verstoßen, sondern auch solche, deren Verbotswidrigkeit sich mittelbar aus den Grenzen der Zulässigkeit und Wirksamkeit einer Rechtshandlung ergibt (RGZ. Bd. 57 S. 334; Stein-Jonas Anm. II. 2 zu § 1041 ZPO.). Damit erscheint aber auch die im Schiedsspruch vom 12. Dezember 1924 ausgesprochene Verurteilung der Klägerin als eine Verurteilung zur Vornahme einer verbotenen Handlung, wegen deren auf Grund des § 1041 Abs. 1 Nr. 2 ZPO. (ä. F.) die Aufhebung des Schiedsspruchs verlangt werden kann. Die Zulässigkeit der Verurteilung läßt sich auch nicht mit dem Berufungsgericht daraus herleiten, daß die Klägerin die Verpflichtung zur Einwilligung in die Bestellung eines Sohnes des Heinrich M. zum Geschäftsführer freiwillig übernommen habe. Denn wenn die Verpflichtung der Klägerin ungültig und unzulässig war, so läßt sich mit ihr auch die ihr entsprechende Verurteilung der Klägerin nicht rechtfertigen. Aber selbst wenn gegen die Zulässigkeit und Gültigkeit der Vereinbarung vom 20. Dezember 1915 nichts einzuwenden wäre, würde ihr nach der Rechtsprechung des Reichsgerichts (RGZ. Bd. 112 S. 279) die Erzwingbarkeit fehlen, weil mit ihr in die freie Willensbildung der Gesellschafterversammlung unzulässig eingegriffen würde. Nicht erzwingbare Handlungen gelten aber auch als verboten im Sinne des § 1041 Abs. 1 Nr. 2 ZPO. (RGZ. Bd. 26 S. 376). Die Schiedssprüche waren deshalb aufzuheben.

---

35. Zur Anwendung des § 717 Abs. 2 ZPO.

IX. Zivilsenat. Urt. v. 21. Januar 1931 i. S. B. (Bekl.) w. L. & S. GmbH. (Kl.). IX 337/30.

I. Landgericht Bremen.
II. Oberlandesgericht Hamburg.

Die Klägerin erwirkte am 5. Juli 1928 gegen den Beklagten ein Urteil auf Zahlung von 21200 RM., das gegen Sicherheitsleistung von 22000 RM. vorläufig vollstreckbar war. Das Gericht gestattete der Klägerin, die Sicherheit dadurch zu leisten, daß durch Vertrag mit ihr eine Bank zugunsten des Beklagten die Verpflichtung übernahm, diesem gegebenenfalls den durch die Vollstreckung des Urteils oder deren Abwendung entstehenden Schaden zu ersetzen. Eine solche Verpflichtungserklärung wurde von der Klägerin beschafft und bei der Gerichtskasse hinterlegt. Das Urteil wurde dann aufgehoben und die Klage wurde rechtskräftig abgewiesen. Die Klägerin verlangt im gegenwärtigen Rechtsstreit vom Beklagten die Einwilligung in die Rückgabe der Verpflichtungserklärung, hilfsweise die Feststellung, daß dem Beklagten keine Schadensersatzansprüche aus einer Vollstreckung des Urteils und daher auch keine Ansprüche gegen die Bürgin zuständen.

Der Beklagte wendet ein, er habe gegen die Klägerin Schadensersatzansprüche nach § 717 Abs. 2 ZPO., wofür die Bank nach dem Verpflichtungsschein einstehen müsse. Die Firma R. K. AG., die Inhaberin der sämtlichen Geschäftsanteile der Klägerin, habe ihm am 9. Juli 1928 mit der Vollstreckung des Urteils vom 5. Juli 1928 gedroht. Dadurch sei er gezwungen gewesen, am 10. Juli 1928 seinen Gläubigern die Einstellung seiner Zahlungen mitzuteilen. Trotzdem habe ihn die Klägerin durch ihren Anwalt mit Schreiben vom 17. Juli aufgefordert, bis zum 20. Juli zu zahlen, widrigenfalls sie das Urteil vollstrecken werde. Auf diese Drohung hin habe er seine Gläubiger ersucht, der Eröffnung des Vergleichsverfahrens zuzustimmen, und mit der erforderlichen Mehrheit der Gläubiger am 27. Juli die Einleitung des Verfahrens beantragt. Diesem Antrage habe das Gericht am 9. August entsprochen. Inzwischen habe die Klägerin bereits am 29. Juli in seiner Wohnung die Zwangsvollstreckung durch einen Gerichtsvollzieher versucht; dieser habe aber nichts Pfändbares gefunden. Am 9. August habe die Klägerin in seinem Geschäft pfänden lassen. Die Pfändung sei aber am 18. August als unzulässig aufgehoben worden. Das Vergleichsverfahren habe mit einem Zwangsvergleich geendet. Der Beklagte meint, die Klägerin habe ihm nach § 717 Abs. 2 ZPO. den ihm durch das Vergleichsverfahren, durch den Verlust seines Geschäfts und durch den Pfändungsversuch vom 29. Juli 1928 entstandenen Schaden zu ersetzen, den er auf über 80000 RM. veranschlagt.

Das Landgericht verurteilte den Beklagten, die von der Klägerin mit ihrem Hauptantrage verlangte Erklärung abzugeben. Das Oberlandesgericht wies seine Berufung zurück. Auch die Revision des Beklagten hatte keinen Erfolg.

Gründe:

Beide Vorinstanzen haben eine Schadensforderung des Beklagten aus § 717 Abs. 2 ZPO. verneint, weil die Zahlungseinstellung und das Vergleichsverfahren keine zur Abwendung der Vollstreckung gemachten Leistungen im Sinne dieser Bestimmung seien. Als solche komme — so wird erwogen — nur eine Leistung in Betracht, die zugunsten des Gläubigers erfolgt sei mit dem Ziel, die Vollstreckung rechtlich unmöglich zu machen. Eine ausdehnende Auslegung der Vorschrift dahin, daß auch ein Fall der vorliegenden Art erfaßt werde, verbiete sich durch ihre Eigenschaft als Sonderbestimmung, die eine Schadensersatzpflicht ohne Verschulden begründe. Durch die angeblich in seiner Wohnung erfolgte Vollstreckung sei dem Beklagten kein Schaden erwachsen.

Die Revision rügt Verletzung des § 717 Abs. 2 ZPO., auf Grund dessen die Klägerin den dem Beklagten durch das Vergleichsverfahren entstandenen Schaden zu ersetzen habe. Diese Ansicht will sie in doppelter Weise begründen.

Zunächst meint die Revision, der dem Beklagten erwachsene Schaden sei so zu behandeln, als sei er durch die Vollstreckung entstanden. Unter Vollstreckung im Sinne des § 717 sei nicht eine „durchgeführte" Vollstreckung zu verstehen. Schon durch eine Pfändung könne Schaden entstehen. Es könne deshalb auch nicht bezweifelt werden, daß die Klägerin nach erfolgter Pfändung und nach der Einleitung des Vergleichsverfahrens für den dadurch entstandenen Schaden aufzukommen habe, wenn nur die Pfändung als adäquate Verursachung für das Verfahren und den dadurch verursachten Schaden angesehen werden müsse. Es sei aber auch eine eigentliche Vollstreckung gar nicht erforderlich, um die Ansprüche aus § 717 Abs. 2 zu begründen. Wenn Leistungen gemacht würden, um eine nur drohende Vollstreckung abzuwenden, so fielen dem Gläubiger auch die Schäden zur Last, die durch solche Leistungen entständen. Genüge aber die bloße Drohung, um Leistungen, die zur Abwendung der Vollstreckung gemacht würden, als auf Verantwortung des Gläubigers geschehen anzusehen, so ergebe sich daraus, daß schon die Folgen der Drohung in den Ersatzgedanken des § 717 ZPO. einzubeziehen seien.

Ferner macht die Revision geltend, der Leistung im Sinne des § 717 Abs. 2 könne man sinngemäß die zur Verhütung der Vollstreckung erklärte Zahlungseinstellung und den Antrag auf Einleitung des Vergleichsverfahrens gleichstellen. Leistung werde in erster Linie die Zahlung, in zweiter Linie die Hinterlegung sein. Schon hierbei kämen vorbereitende Handlungen in Betracht. Wenn sich der Schuldner die erforderlichen Beträge unter ungewöhnlichen Aufwendungen verschaffen müsse, so gehörten auch diese Aufwendungen zu dem ihm entstandenen Schaden. Werde nach Beschaffung der Beträge die Vollstreckung unzulässig und unterbleibe dann die Zahlung oder Hinterlegung, so würde es sinnwidrig sein, eine Schadensersatzpflicht deshalb nicht anzuerkennen, weil es zu keiner Leistung gekommen sei. Fasse man den durch eine Vollstreckung entstandenen Schaden selbst ins Auge, so werde man den Fall heranziehen dürfen, daß die Vollstreckung schon geschehen sei und dann erst die Zahlungseinstellung und der Antrag auf Einleitung des Vergleichsverfahrens erfolgt seien. Auch in diesem Falle wäre die Vollstreckung nachher unzulässig geworden. Trotzdem wäre der Schaden durch die Vollstreckung entstanden, wenn sich die Maßnahmen des Schuldners als infolge der Vollstreckung gerechtfertigt erweisen würden. Wenn aber die Folgen einer Zahlungseinstellung als Schadensfolgen der Vollstreckung möglich seien und auf der anderen Seite bei drohender Vollstreckung eine zu deren Abwendung führende Rechtshandlung einen adäquaten Schaden erzeugen könne, ohne eine Leistung zu sein, so sei § 717 Abs. 2 ZPO. auch dann anzuwenden, wenn die Zahlungseinstellung vor der Vollstreckung und zwar zum Zwecke ihrer Vereitelung vorgenommen worden sei.

Dieser Auffassung ist nicht beizutreten. Eine ausdehnende Auslegung des § 717 Abs. 2 ZPO. ist nach seinem klaren Wortlaut und Sinn in Verbindung mit der Entstehungsgeschichte ausgeschlossen. Die Vorschrift bestimmt: „Wird ein für vorläufig vollstreckbar erklärtes Urteil aufgehoben oder abgeändert, so ist der Kläger zum Ersatze des Schadens verpflichtet, der dem Beklagten durch die Vollstreckung des Urteils oder durch eine zur Abwendung der Vollstreckung gemachte Leistung entstanden ist. Der Beklagte kann den Anspruch auf Schadensersatz in dem anhängigen Rechtsstreit geltend machen." Der Absatz lautete früher: „Soweit ein für vorläufig vollstreckbar erklärtes Urteil aufgehoben oder abgeändert wird, ist der Kläger auf Antrag des Beklagten zur Erstattung des von diesem auf Grund des Urteils Gezahlten oder Geleisteten zu verurteilen." Danach haftete der Kläger früher für den aus der Vollstreckung des Urteils entstandenen Schaden nicht nach § 717 Abs. 2, sondern lediglich nach den allgemeinen Vorschriften des bürgerlichen Rechts, d. h. regelmäßig nur insoweit, als ihn ein Verschulden traf. Auch konnte nur der Anspruch auf Erstattung des Gezahlten oder Geleisteten in demselben Rechtsstreit geltend gemacht werden, während ein Schadensersatzanspruch in einem besonderen Prozeß zu verfolgen war. Durch die Novelle zur Zivilprozeßordnung vom 17. Mai 1898 wurde dann, weil die Durchführung eines Anspruchs im Zwangswege vor seiner endgültigen Feststellung außerhalb des gewöhnlichen Ganges des Verfahrens liegt, neben der Pflicht zur Erstattung des Gezahlten oder Geleisteten noch eine hierüber hinausgehende unbedingte, von einem Verschulden des Klägers unabhängige Schadensersatzpflicht zugunsten des Beklagten aus Billigkeitsgründen festgesetzt, namentlich mit Rücksicht auf die Fälle, in denen ihm durch die Vollstreckung eines zu einer Handlung oder zu einem Unterlassen verurteilenden Erkenntnisses oft erheblicher Schaden zugefügt wird. Ferner wurde bestimmt, daß sowohl der eine wie der andere Ersatzanspruch im anhängigen Rechtsstreit geltend gemacht werden kann. Der Leistung auf Grund der Vollstreckung des Urteils wurde weiter die Leistung gleichgestellt, die der Beklagte zur Abwendung der Vollstreckung gemacht hat. Als solche kommt neben der Zahlung mit oder ohne Vorbehalt nach § 713 Abs. 2 ZPO. nur Sicherheitsleistung oder Hinterlegung in Betracht. Hier wird dem Beklagten im Rahmen einer prozessualen Bestimmung über die Vorschriften des bürgerlichen Rechts hinaus ein materieller Anspruch gewährt. Er soll auch ohne Verschulden des Klägers von diesem Ersatz des Schadens fordern können, der ihm dadurch entstanden ist, daß er infolge der Vollstreckung des Urteils oder zu ihrer Abwendung im Rahmen des Urteils zur Befriedigung oder Sicherstellung des Klägers eine Leistung gemacht hat. Eine Ausdehnung dieser Schadensforderung auf Fälle wie hier, in denen der Beklagte der drohenden Vollstreckung auf andere W e i s e aus dem Wege geht, ist nicht angängig. Eine solche Forderung ließe sich nur nach den Vorschriften des Bürgerlichen Gesetzbuchs begründen. Sie wird hier nicht geltend gemacht.

---

36. Setzt die Beschränkung der Haftung nach § 8 Nr. 1 des Kraftfahrzeuggesetzes voraus, daß der Verletzte einen Beförderungsvertrag geschlossen hat?

KFG. §§ 7, 8, 18.

VI. Zivilsenat. Urt. v. 22. Januar 1931 i. S. M. (Kl.) w. H. u. Gen. (Bekl.). VI 294/30.

I. Landgericht Hamburg.
II. Oberlandesgericht daselbst.

Durch einen Lastkraftwagen und einen Anhänger, welche dem Erstbeklagten H. gehörten, wurden am 8. März 1928 Steine zu einem Neubau Ecke H.- und S.-Straße in Hamburg gefahren. Nachdem man dort angekommen war, zeigte sich, daß die Wagen für die ordnungsmäßige Abladung zu nahe herangefahren waren. Deshalb fuhr der Führer des Motorwagens, der Zweitbeklagte M., alsbald um das anschließende Häuserviereck, um in der H.-Straße besser vorzufahren. Hierbei bemerkte er nicht, daß der Beifahrer W. vom Anhänger abgestiegen war. Mehrere Knaben waren auf den Anhänger geklettert, der $7^1/_2$ Jahre alte Kläger hatte den Führerstand des Anhängers erstiegen. Die übrigen Knaben sprangen ab und der Kläger suchte an einem schmalen Vorsprung des Wagens nach hinten zu gelangen, um dort abzuspringen. Er stolperte über eine den Wagen überspannende Kette, hielt sich noch kurze Zeit und fiel dann so hinab, daß sein rechtes Bein vom Hinterrad des Wagens zerquetscht wurde. Das Bein mußte später abgenommen werden.

Der Kläger fordert Schadensersatz. Beide Vordergerichte haben die Klage abgewiesen. Die Revision des Klägers führte zur Aufhebung und Zurückverweisung.

Aus den Gründen:

Das Oberlandesgericht stellt auf Grund der Beweisaufnahme fest, daß der Kläger erst nach dem Wiederanfahren auf den Führerstand des Anhängewagens geklettert sei. Es folgert hieraus, daß er sich eine kurze Strecke habe befördern lassen und daß deshalb die Gefährdungshaftung aus § 7 durch § 8 Nr. 1 KFG. ausgeschlossen sei.

Die Revision hält zunächst die Anwendung der Ausnahmevorschrift des § 8 Nr. 1 KFG. für rechtsirrig. Daß der Kläger nicht habe befördert werden wollen, gehe daraus hervor, daß er schon bald nach Beginn der Fahrt in der S.-Straße versucht habe, den Wagen wieder zu verlassen. Wenn er den Wagen in der Annahme bestiegen habe, daß dieser sofort wieder halten werde, so liege keine Beförderung mit dem Willen des Klägers vor. Sein Wille würde auch nicht ausgereicht haben, weil die Zustimmung seines gesetzlichen Vertreters fehle. Nach allgemeiner Lebenserfahrung sei aber überhaupt nicht anzunehmen und sehr unwahrscheinlich, daß der Kläger den fahrenden Wagen bestiegen und dann sofort Angst bekommen haben sollte, sodaß er dadurch zum Wiederabsteigen genötigt worden wäre. Diesen allgemeinen Erfahrungssatz hätte das Oberlandesgericht berücksichtigen müssen bei der Beantwortung der streitigen Frage, ob der Kläger vor oder nach Beginn der Fahrt aufgesprungen sei.

Die Revision kann insoweit keinen Erfolg haben. Wäre der Kläger auf den haltenden Lastzug in der Annahme aufgestiegen, daß vor Abladung der gesamten Steine die Abfahrt nicht stattfinde, und hätte sich dann der Lastzug wider sein Erwarten in Bewegung gesetzt, so möchte vielleicht die Anwendbarkeit des § 8 Nr. 1 KFG. zweifelhaft sein. So liegt aber die Sache nicht. Das Oberlandesgericht hält den damals siebeneinhalbjährigen Kläger für fähig, den Führerstand des langsam anfahrenden Lastwagens zu erklettern. Wenn er sich dann alsbald bemühte, wieder abzusteigen — etwa weil die übrigen Kinder absprangen und weil er fürchtete, der Wagen werde zu weit fahren — so kann nicht anerkannt werden, daß die schnelle Aufeinanderfolge des Auf- und Absteigens der Kindesnatur oder der allgemeinen Lebenserfahrung widerspräche. In diesem Rechtszuge ist daher von der tatsächlichen Feststellung auszugehen, daß der Kläger den schon in Bewegung befindlichen Anhängewagen erklettert hat. Er hat sich danach auf kurze Zeit durch das Fahrzeug befördern lassen. Nach der Sachlage hat er dabei lediglich seinen kindlichen Spieltrieb betätigt, und damit ist unvereinbar, daß er einen Beförderungsvertrag oder eine sonstige Rechtshandlung habe vornehmen wollen, zumal da der Führer von seiner Anwesenheit auf dem Anhängewagen nichts erfahren hatte. Eine rechtsgeschäftliche

Willenserklärung, die der Zustimmung des gesetzlichen Vertreters bedurft hätte, steht nicht in Frage, sondern nur ein tatsächlicher Vorgang. Das genügt aber, um die Voraussetzungen des § 8 Nr. 1 KFG. zu erfüllen. Es heißt dort: „Die Vorschriften des § 7 finden keine Anwendung, wenn zur Zeit des Unfalls der Verletzte ... durch das Fahrzeug befördert wurde." Nach dieser Fassung ist nicht der Rechtsgrund der Beförderung entscheidend, sondern für jeden Insassen des fahrenden Kraftwagens soll die Gefährdungshaftung entfallen. Dem entspricht auch die bei Müller, Automobilgesetz Vorbem. 1 zu § 8 wiedergegebene amtliche Begründung zu der Vorschrift. Danach bezweckt das Gesetz, die Öffentlichkeit vor den ihr durch den Kraftwagenverkehr aufgedrungenen Gefahren zu schützen; dagegen sah man die Vergünstigung als entbehrlich an für die Personen, welche durch Benutzung des Fahrzeugs zur Beförderung die damit verbundenen Gefahren auf sich genommen hätten. Mag auch der Gedanke der freiwilligen Gefahrübernahme im Gesetze keinen Ausdruck gefunden haben, so läßt doch der Wortlaut der Vorschrift keinen Zweifel, daß die erhöhte Haftung aus § 7 KFG. nur nach außen, nicht auch für die Insassen des Kraftfahrzeugs gelten soll. Hier hat sich der Kläger bewußt dem Lastwagen anvertraut und dessen Bewegung ausgenutzt, und es ist unerheblich, daß er nur sehr vorübergehend an der Fahrt hat teilnehmen wollen. Während des gefährlichen Umherkletterns auf dem Anhängewagen, das schließlich zum Abstürzen führte, war der Kläger noch Fahrtteilnehmer, sodaß für seine Verletzung Halter und Führer nicht nach den §§ 7, 18 KFG. haften. (Es folgen Ausführungen zum Verschulden der Beklagten unter dem Gesichtspunkt der unerlaubten Handlung; diese gaben zur Aufhebung des Berufungsurteils Anlaß.)

---

37. Zur Anwendung des § 271 Abs. 3 Satz 2 HGB.

II. Zivilsenat. Urt. v. 23. Januar 1931 i. S. H. (Kl.) w. M. B.-AG. (Bekl.). II 250/30.

I. Landgericht Duisburg, Kammer für Handelssachen.
II. Oberlandesgericht Düsseldorf.

Am 7. September 1927 fand eine Generalversammlung der verklagten Aktiengesellschaft statt, auf deren Tagesordnung u. a. stand:

1. Vorlage des Geschäftsberichts, der Bilanz und der Gewinn- und Verlustrechnung für das Geschäftsjahr 1926.
2. Bericht des Rechnungsprüfers, Beschlußfassung über die Genehmigung der Bilanz, der Gewinn- und Verlustrechnung und über die Gewinnverteilung.
3. Entlastung des Vorstands und Aufsichtsrats.

Mit der Aufstellung der Bilanz und mit der Gewinnverteilung beschäftigen sich die §§ 10 und 11 der Satzung. Hiernach findet der Abschluß der Jahresrechnung, die Aufstellung der Inventur und die Ermittlung des Reingewinns nach kaufmännischen Grundsätzen und nach den Vorschriften der §§ 261 und 262 HGB. statt. Bei Aufstellung der Inventur und der Bilanz sind angemessene Abschreibungen von denjenigen Werten vorzunehmen, die bei der Bilanzaufstellung nicht jedesmal abgeschätzt werden. Die Höhe der Abschreibungen und der außerordentlichen Zurückstellungen für den Reservefonds und für Spezialreserven ist vom Aufsichtsrat vorbehaltlich der Genehmigung der Generalversammlung festzusetzen; vom bilanzmäßig ausgewiesenen Reingewinn sind dem Reservefonds so lange 5% zuzuweisen, als er den zehnten Teil des Grundkapitals nicht überschreitet. Dann heißt es in § 11 Abs. 2 der Satzung weiter:

> Über die Verwendung des Restes beschließt die Generalversammlung auf Antrag des Aufsichtsrats. Sie kann denselben ganz oder teilweise zur Verteilung einer Dividende oder zur Rückstellung durch besondere Reserven, zum Vortrag auf neue Rechnung oder in irgendeiner anderen Form verwenden.

Vorgeschlagen war eine Gesamtdividende von 7%. Die Anträge der Verwaltung wurden durchweg mit 11393 Stimmen gegen die 110 Stimmen des Klägers angenommen, der gegen die Beschlüsse über die Genehmigung der Bilanz und der Gewinn- und Verlustrechnung, über die Gewinnverwendung und die Entlastung von Vorstand und Aufsichtsrat sofort Widerspruch zu Protokoll eingelegt hat. Er hat demnächst Klage auf Nichtigerklärung dieser Beschlüsse und Anfechtungsklage erhoben, ist aber in beiden Vorinstanzen abgewiesen worden. Seine Revision führte zur Aufhebung und Zurückverweisung, soweit die Anfechtungsklage abgewiesen worden ist.

Aus den Gründen:

... Die Vorschrift des § 271 Abs. 3 Satz 2 HGB. gilt unzweifelhaft nur für eine Klage, mit der Abschreibungen und Reservenstellungen und dadurch herbeigeführte Gewinnverkürzungen beanstandet werden sollen. Nun hat der Kläger am Ende der Klageschrift allerdings vorgetragen, daß er die Nichtigkeit des Bilanz- und Gewinnverteilungsbeschlusses betreibe, damit er eine „angemessene" Dividende für 1926 erhalte, um die er eben durch stille Rücklagen gebracht worden sei. Wäre dies der alleinige Klagegrund, dann müßte die Anfechtungsklage, soweit sie sich gegen die Bilanz- und Gewinnverteilungsbeschlüsse richtet, schon an § 271 Abs. 3 Satz 2 a. a. O. scheitern. Gewiß ist hier die angebliche Dividendenverkürzung durch mißbräuchliche Reservenstellungen einer der Klagegründe, aber er ist nicht der einzige. Wohl verfolgt der Kläger mit seinen weiteren Angriffen gegen die angefochtenen Beschlüsse das Endziel, nach deren Vernichtung bei der erforderlichen neuen Beschlußfassung eine höhere Dividende herauszuschlagen. Allein dieses Ziel ist nur wirtschaftlicher Zweck und nicht einziger Anfechtungsgrund selbst. Das kommt klar auch in der Klage zum Ausdruck, wenn dort gesagt ist, es müsse zur Anfechtung von Beschlüssen schon genügen, daß den Aktionären unrichtige und irreführende Angaben über die Grundlagen der zu fassenden Beschlüsse gemacht worden seien.

In dieser Richtung bemängelt der Kläger einmal die Aufmachung der Gewinn- und Verlustrechnung, die mit Sinn und Zweck des § 260 Abs. 2 HGB. unvereinbar sei. Dieser formale Anfechtungsgrund hat mit § 271 Abs. 3 Satz 2 HGB. nichts zu tun. Wenn das Berufungsgericht hierzu u. a. ausführt, daß nicht einmal das Fehlen einer Gewinn- und Verlustrechnung die Anfechtung des Bilanzgenehmigungs-Beschlusses rechtfertigen würde, so kann dem nicht beigetreten werden. Unzweifelhaft ist nach § 260 Abs. 2 a. a. O. auch diese Rechnung ein wesentliches Stück der Rechenschaftsablegung durch die Verwaltung; sie bildet mit die Grundlage für die Stellungnahme der Aktionäre zu den Verwaltungsvorlagen. Die Bedeutung, welche das Gesetz diesem Teil der Rechenschaftsablage beimißt, kommt auch darin zum Ausdruck, daß für Aktiengesellschaften die Veröffentlichung dieser Rechnung und jedenfalls auch deren Einreichung bei dem Registergericht vorgeschrieben ist (vgl. § 265 HGB.). Es ist dem Kläger ferner unbedenklich zuzugeben, daß eine Gewinn- und Verlustrechnung, wie sie hier vorliegt, außerordentlich dürftig ist. Denn sie enthält auf der Habenseite nur zwei Posten, nämlich den Posten „Betriebsüberschuß von 1926" und den Posten „Vortrag vom Vorjahr", auf der Sollseite den Posten „Abschreibungen" und den dann verbleibenden Reingewinn. Die Gewinn- und Verlustrechnung gibt also weder über die einzelnen Gewinn- und Verlustkonten Aufschluß, noch über den Bruttogewinn im ganzen, noch über die Gesamtunkosten. Der Posten „Betriebsüberschuß" stellt vielmehr den Schlußsaldo der saldierten einzelnen Gewinn- und Verlustkonten dar. Nun bestimmt aber § 260 HGB. nichts Näheres darüber, was unter einer Gewinn- und Verlustrechnung zu verstehen und wie sie aufzumachen ist. Das Handelsgesetzbuch enthält — anders als § 115 des Entwurfs betreffend die Aktiengesellschaft und die Kommanditgesellschaft auf Aktien — insbesondere nichts darüber, ob und inwieweit diese Rechnung durch Offenlegung der Ergebnisse der einzelnen Konten aufzugliedern ist. Daraus muß geschlossen werden, daß das Gesetz insoweit die Verkehrsauffassung und -übung maßgebend sein lassen will. Diese läßt aber Rechnungen, wie sie die Beklagte aufgestellt hat, immerhin noch zu. Dazu kommt hier noch, daß der Geschäftsbericht eine ganze Reihe von Einzelangaben enthält, die sich gerade auf die nach der Rechnung ganz im Dunkeln gebliebene Unkostenseite beziehen. Damit waren in Erläuterung der Gewinn- und Verlustrechnung wenigstens gewisse wesentliche Angaben über Hauptausgabeposten, nämlich über Löhne, Steuern und soziale Abgaben gemacht, an Hand deren in der Generalversammlung ohne weiteres Fragen gestellt werden konnten.

Nach alledem ist die Aufmachung der Gewinn- und Verlustrechnung nicht zu beanstanden, zumal wenn man noch berücksichtigt, daß die Generalversammlung völlig freie Verfügungsmacht über den Reingewinn hat. Soweit aber der Kläger geltend macht, daß der Reingewinn viel höher sei als in Wirklichkeit ausgewiesen, scheitert dieser Angriff schon an § 271 Abs. 3 Satz 2 HGB. Was er über Einnahmen aus Syndikatsvergütungen, Zinsen, Micumentschädigung, Erlösen aus Altmaterialien vorträgt, ist erst längst nach Ablauf der Monatsfrist in den Prozeß eingeführt worden und schon darum unbeachtlich.

Weiter hatte sich der Kläger darauf gestützt, daß in der Bilanz wesentliche Vermögensbestandteile überhaupt nicht aufgeführt seien, nämlich einmal die Vorräte an Kohlen, Koks, Briketts und Nebenprodukten, deren Wert mit 1000000 RM. viel zu niedrig eingesetzt sei. Insoweit hat also der Kläger die Bilanz selbst beanstandet. Er hat sodann behauptet, daß seine Frage nach den am Bilanzstichtag vorhandenen Vorräten von Verwaltungsseite unrichtig und irreführend beschieden worden sei, daß ferner die Beklagte am Bilanzstichtag rund 3½ Millionen Reichsmark eigener Aktien im Besitz oder durch Treuhänder in ihrer Verfügungsmacht gehabt habe, während seine Anfrage nach dem Besitz solcher Aktien wiederum unrichtigerweise verneint worden sei.

Der Vorderrichter hält dieses ganze Vorbringen für unerheblich. Wenn er aber dabei meint, falsche Auskünfte könnten überhaupt nicht zur Stütze der Anfechtungsklage dienen, so ist dies verfehlt. Gewiß kann die Verwaltung auf Anfragen eines Aktionärs die Auskunft verweigern, und es bleibt dann zunächst dem Fragesteller überlassen, ob er sein Begehren durch einen entsprechenden Antrag an die Generalversammlung weiterverfolgen will; erst wenn die Versammlung seinen Antrag ablehnt, erwächst ihm daraus möglicherweise ein Anfechtungsgrund. Ganz anders steht es, wenn sich die Verwaltung zur Beantwortung der Anfrage herbeiläßt. Wird die Auskunft z. B. wissentlich falsch erteilt, so kann das eine Irreführung der Generalversammlung oder erheblicher Teile davon bedeuten und, falls die Auskunft für die Beschlußfassung erheblich war oder wenigstens gewesen sein kann, die Anfechtbarkeit des so zustandegekommenen Beschlusses begründen. Die Behauptungen des Klägers laufen aber auf eine solche Irreführung der Generalversammlung oder erheblicher Teile von ihr hinaus. Dies hat das Berufungsgericht verkannt, wie die Revision zutreffend rügt. Der Kläger bemängelt außerdem die Bilanz selbst um deswillen, weil erhebliche Aktivposten, nämlich „die angeblichen Vorräte an Kohlen, Koks, Nebenprodukten" darin überhaupt nicht berücksichtigt seien, nicht einmal mit einem Merkposten. Der Berufungsrichter hält dieses Vorbringen, ohne sachlich dazu Stellung zu nehmen, für unerheblich, und zwar deshalb, weil dem Kläger auch insoweit § 271 Abs. 3 Satz 2 HGB. entgegenstehe. Allein damit verkennt er wieder, daß Anfechtungsgrund nicht die Bildung übermäßiger stiller Rücklagen ist, sondern eine unrichtige Bilanzaufstellung zufolge der Auslassung wesentlicher Vermögensstücke und die dergestalt bezweckte und bewirkte Verschleierung des

Vermögensstands der Beklagten. Insofern wird, ganz unabhängig von der Frage der Abschreibungen und stillen Reserven, Verletzung der §§ 40, 261 HGB. gerügt. Eine solche Bilanzgebarung könnte auch nicht auf die Satzung der Beklagten gestützt werden; diese enthält kein Wort davon, daß gewisse Gegenstände überhaupt nicht in die Bilanz aufzunehmen seien. Eine derartige Satzungsbestimmung wäre übrigens mit den §§ 40, 261, 314 Abs. 1 Nr. 1 HGB. unvereinbar und ungültig. Gegenteiliges kann auch nicht aus dem Urteil des erkennenden Senats RGZ. Bd. 105 S. 45 hergeleitet werden. Vielmehr ist dort ausgeführt, daß der damalige Kläger die Bilanz selbst oder das Zustandekommen des Genehmigungsbeschlusses hätte beanstanden müssen. Gerade dies hat aber der jetzige Kläger getan und er hat sich weiterhin noch auf geflissentlich unrichtige Auskunftserteilung berufen, die nach seiner Behauptung für die Beschlußfassung selbst von Erheblichkeit gewesen sein soll. Es hätte deshalb, wie die Revision zutreffend bemerkt, eines sachlichen Eingehens auf das hier erörterte Klagevorbringen bedurft. Daß die Vorräte, wenn sie vorhanden waren, nicht in die Bilanz eingestellt worden sind, ist anscheinend außer Streit. Nicht anders verhält es sich mit der weiteren Behauptung des Klägers, daß die Beklagte, entgegen der von Verwaltungsseite erteilten Auskunft, am Bilanzstichtag über 3500000 RM. eigene — voll eingezahlte — Aktien unmittelbar oder durch Treuhänder verfügt habe, die ebenfalls nicht in die Bilanz aufgenommen worden seien.

Schon hiernach muß die Revision in Ansehung des angefochtenen Bilanzgenehmigungs-Beschlusses wie auch des von ihm abhängigen Beschlusses über die Gewinnverteilung Erfolg haben. Das gleiche gilt aber auch für die Entlastungsbeschlüsse. Denn ist das hier erörterte Klagvorbringen richtig, so haben die Verwaltungsorgane der von ihnen in erster Reihe durch Vorlegung einer gesetz- und satzungsmäßigen Bilanz zu erfüllenden Rechnungsablegungspflicht nicht genügt.

---

38. 1. Gilt in dem Falle, daß der Antrag auf Eröffnung des Vergleichsverfahrens bei einem unzuständigen Gericht gestellt worden ist, der Tag dieser Antragstellung für die Berechnung der im § 84 der Vergleichsordnung bezeichneten dreißigtägigen Frist

jedenfalls dann als maßgebender Stichtag, wenn das unzuständige Gericht die Sache an das zuständige Gericht verwiesen hat?

2. Kann der Gläubiger, der gemäß § 84 der Vergleichsordnung das zur Befriedigung Erlangte der Konkursmasse herauszugeben hat, mit seiner wiederauflebenden ursprünglichen Forderung an den Gemeinschuldner aufrechnen?

Vergleichsordnung vom 5. Juli 1927 § 84. ZPO. § 276. KO. § 55 Nr. 1.

VII. Zivilsenat. Urt. v. 27. Januar 1931 i. S. Firma L. (Bekl.) w. T. als Verwalter im Konkursverfahren über das Vermögen des F. (Kl.). VII 455/30.

I. Landgericht I Berlin.

Die Beklagte ließ wegen einer Forderung von 8608 RM. nebst Zinsen und Kosten bei dem Ingenieur F. am 13. und 19. August 1929 Zwangsvollstreckungen vornehmen. Die gepfändeten Gegenstände wurden auf Grund eines gemäß § 825 ZPO. ergangenen Beschlusses des Vollstreckungsgerichts am 21. September 1929 freihändig einem Dritten übereignet; der dabei erzielte Erlös wurde der Beklagten zur Deckung ihrer Forderung überwiesen. Inzwischen hatte am 26. August 1929 der Schuldner F. beim Amtsgericht Potsdam den Antrag auf Eröffnung des Vergleichsverfahrens gestellt. Das Amtsgericht erklärte sich für unzuständig und verwies durch Beschluß vom 1. November 1929 die Sache an das Amtsgericht Berlin-Tempelhof. Dieses lehnte sodann die Eröffnung des Vergleichsverfahrens ab und eröffnete über das Vermögen des F. das Konkursverfahren. Zum Verwalter wurde der Kläger bestellt. Er verlangt von der Beklagten die ihr auf Grund der Zwangsvollstreckung überwiesene Summe von 9550,28 RM. nebst Zinsen nach § 84 der Vergleichsordnung (VO.) vom 5. Juli 1927 zurück, weil die Pfändungen innerhalb der Frist von 30 Tagen vor der Stellung des Antrags auf Eröffnung des Vergleichsverfahrens stattgefunden hätten und deshalb mit der Eröffnung des Konkursverfahrens unwirksam geworden seien. Der Kläger vertritt die Ansicht, daß der Eingang des Antrags beim Amtsgericht Potsdam für die Fristberechnung maßgebend sei. Die Beklagte hält die Voraussetzungen des § 84 a. a. O. nicht für gegeben, weil der Antrag frühestens am 1. November 1929 bei dem zuständigen Amtsgericht Berlin-Tempelhof anhängig geworden und an diesem Tage die dreißigtägige Frist bereits abgelaufen gewesen sei. Für den Fall, daß die Voraussetzungen des § 84 VO. bejaht würden, rechnet sie ihre — angeblich wiedererstandene — frühere Forderung gegen die Klageforderung auf und verlangt Sicherstellung gemäß § 54 Abs. 3 KO.

Das Landgericht erkannte nach dem Klagantrage. Die von der Beklagten unmittelbar eingelegte Revision wurde zurückgewiesen.

Gründe:

Im § 84 Satz 1 VO. ist bestimmt, daß die später als am dreißigsten Tage vor der Stellung des Antrags auf Eröffnung des Vergleichsverfahrens durch Zwangsvollstreckung erlangte Sicherung oder Befriedigung beim Vorliegen der Voraussetzungen des § 3 Abs. 2 oder 3 das. mit der Eröffnung des Konkursverfahrens unwirksam wird und das zur Befriedigung Erlangte nach den Vorschriften über die Herausgabe einer ungerechtfertigten Bereicherung herauszugeben ist.

Weil die dreißigtägige Frist keine die Entstehung eines Rechts begründende Frist ist, sondern nur der Umstand, daß sie noch nicht verstrichen sein darf, eine auflösende gesetzliche Bedingung für die Beendigung der Wirksamkeit eines Rechts bildet, so paßt zwar die vom Landgericht gebrauchte Bezeichnung „Rechtsentstehungsfrist" nicht. Aber unrichtig ist es auch, wenn die Revision diese Frist als Ausschlußfrist hinstellt oder sie doch wie eine solche behandelt wissen will. Denn mit Recht hebt das Landgericht hervor, daß Ausschlußfristen Rechtsausübungsfristen sind, während es sich bei der Frist des § 84 VO. um ein materiellrechtliches Tatbestandsmoment für das nachträgliche Unwirksamwerden eines Rechts handelt. Beide Fristen haben also eine ganz verschiedene Bedeutung, woran es auch nichts ändert, daß die Versäumung einer Ausschlußfrist den Verlust eines materiellen Rechts ebenfalls nach sich zieht. Hält man aber den vorbezeichneten Unterschied fest, so ist es auch verfehlt, wenn die Revision meint, die im § 84 geordnete Frist sei sowohl eine Rechtsentstehungsfrist wie eine reine Ausschlußfrist, je nachdem man sie vom Standpunkt des Gläubigers oder von dem des Konkursverwalters ansehe. Sie erhebt darum zu Unrecht den Vorwurf, daß das Landgericht sein Urteil nur mit einer Wortspielerei begründe, anstatt sich sachlich mit den vom Reichsgericht für Ausschlußfristen aufgestellten Grundsätzen auseinanderzusetzen und die abweichende Behandlung der Frist des § 84 VO. besonders zu rechtfertigen.

Die Beklagte hält die Voraussetzungen des § 84 a. a. O. nicht für erfüllt, weil der Antrag auf Eröffnung des Vergleichsverfahrens bei dem zuständigen Gericht erst nach dem Ablauf der dreißigtägigen Frist anhängig geworden sei. Das letztere trifft zu, denn die Sache kann frühestens am 1. November 1929 bei dem zuständigen Amtsgericht Berlin-Tempelhof anhängig geworden sein, und an diesem Tage waren seit den Pfändungen vom 13. und 19. August 1929 mehr als dreißig Tage verstrichen. Es fragt sich aber, ob es für die Berechnung der Frist auf die Stellung des Antrags bei dem zuständigen Gericht ankommt. Das Landgericht hat die Frage mit Recht verneint, mag auch der Begründung seiner Entscheidung nicht durchweg beizutreten sein.

Da das Amtsgericht Potsdam, an das der Antrag auf Eröffnung des Vergleichsverfahrens gerichtet worden war, sich für unzuständig erklärt und die Sache an das zuständige Amtsgericht verwiesen hat, so ist die Frage hier nur unter Zugrundelegung dieser Verweisung zu beantworten. Es kann daher unerörtert bleiben, was Rechtens wäre, wenn das angegangene Amtsgericht den Antrag wegen seiner örtlichen Unzuständigkeit abgewiesen und der Schuldner dann nach dem Ablauf der Frist einen neuen Antrag bei dem zuständigen Gericht gestellt hätte. Die Verweisung war nach § 8 VO. in Verb. mit § 276 ZPO. auch für das Vergleichsverfahren zulässig, weil die letztere Vorschrift auch auf diejenigen Verfahrensarten, die keine mündliche Verhandlung voraussetzen, anwendbar ist und dann nur an die Stelle der Verkündung des die Unzuständigkeit und Verweisung aussprechenden Beschlusses die Zustellung des Beschlusses tritt (RGZ. Bd. 121 S. 22flg.; Kiesow Vergleichsordnung 3. Aufl. S. 58; Cahn Vergleichsordnung S. 42). Allerdings setzt die Verweisung an das zuständige Gericht einen Antrag voraus, dessen Stellung nicht festgestellt und vielleicht auch nicht geschehen ist. Aber der erlassene Beschluß war unanfechtbar und für das Gericht, an das die Sache verwiesen wurde, bindend, sodaß seine etwa unrechtmäßige Erlassung nicht ins Gewicht fällt. Das Verfahren ist auch von der Revision nicht beanstandet worden.

Das Landgericht hält mit Rücksicht auf die Verweisung auch die Antragstellung beim unzuständigen Gericht für ausreichend, weil die

Verweisung rückwirkende Kraft habe und es daher so anzusehen sei, als wenn die Sache von vornherein bei dem Gericht, an das sie verwiesen wurde, anhängig geworden sei. Aber abgesehen davon, daß dieser auch in der Rechtsprechung des Reichsgerichts (WarnRspr. 1914 Nr. 84) ausgesprochene Satz in der Form, in der er ausgesprochen wurde, an sich schon Bedenken erwecken kann und im übrigen in der Rechtsprechung auch nicht ausnahmslos, besonders z. B. nicht für die Wahrung der Ausschlußfristen anerkannt ist (RGZ. Bd. 92 S. 43, Bd. 94 S. 133, Bd. 114 S. 126), paßt er auf die im § 84 VO. bezeichnete Frist nicht. Denn bei dieser Frist handelt es sich nicht sowohl um eine Fristwahrung zur Erhaltung eines Rechts, als vielmehr darum, daß ein gewisser Zeitraum vor dem Antrag auf Eröffnung des Vergleichsverfahrens verstrichen sein muß, damit die durch Zwangsvollstreckung erlangte Sicherung bestehen bleibt, oder, wenn man vom Eröffnungsantrage rückwärts rechnet, um eine Sperrfrist, während welcher wirksame Zwangsvollstreckungen gegen den Schuldner nicht mehr vorgenommen werden können. Und für eine solche Frist, die lediglich ein zeitliches Tatbestandsmoment für das Unwirksamwerden oder Unwirksamsein einer Rechtshandlung ist, spielt nur der Antrag auf Eröffnung des Vergleichsverfahrens als solcher eine Rolle, nicht aber der Umstand, ob der Antrag auch bei dem zuständigen Gericht gestellt worden ist. Allerdings mag die Rechtssicherheit auch hier verlangen, daß das Ereignis, von dem die Berechnung der Frist Ausgang zu nehmen hat, zeitlich genau abgegrenzt sein muß und die Bestimmung seines Eintritts nicht von Zufälligkeiten abhängen darf. Aber dafür ist im fraglichen Fall nur erheblich, daß der Tag der Antragstellung als solcher feststeht, und nicht auch, daß der Antrag auf Eröffnung des Vergleichsverfahrens bei dem zuständigen Gericht gestellt sein müßte. Denn allein die Kundgabe des Schuldners, daß er sich zahlungsunfähig fühle oder doch seine Verbindlichkeiten nicht mehr laufend erfüllen könne, ist der Grund, warum die während der dreißig Tage vor dieser Erklärung vorgenommenen Zwangsvollstreckungsakte im Falle der späteren Konkurseröffnung als unwirksam angesehen werden sollen. Infolgedessen kann aber ihre rechtliche Beachtlichkeit nicht dadurch bedingt sein, daß sie bei dem örtlich zuständigen Gericht abgegeben wurde, sondern es muß genügen, daß sie mit noch bestehender Wirkung ernstlich vor Gericht erklärt wurde. Jedenfalls kann die Zuständigkeitsfrage im Falle der Verweisung an das zuständige Gericht nicht anders beurteilt werden. Denn das Verfahren ist mit der Antragstellung beim unzuständigen Gericht rechtshängig geworden, und diese Rechtshängigkeit bleibt auch bestehen, wenn sich das angegangene Gericht für unzuständig erklärt und die Sache an das zuständige Gericht verweist. Die Aufhebung der eingetretenen Rechtshängigkeit im Falle der Verweisung ist im Gesetz nicht ausgesprochen. Wenn es im § 276 Abs. 2 ZPO. heißt, daß mit der Verkündung des Verweisungsbeschlusses — und Entsprechendes gilt im schriftlichen Verfahren von der Zustellung des Beschlusses — der Rechtsstreit als bei dem im Beschlusse bezeichneten Gericht anhängig gilt, so soll damit nur festgelegt sein, zu welchem Zeitpunkt die Sache an das zuständige Gericht übergeht. Bleibt aber die beim unzuständigen Gericht eingetretene Rechtshängigkeit auch nach dem Verweisungsbeschluß weiter bestehen (vgl. auch RGZ. Bd. 92 S. 44), so kann die Antragstellung bei dem unzuständigen Gericht nicht schlechthin als ein rechtlich belangloser Versuch, das Vergleichsverfahren in Gang zu bringen, behandelt werden (vgl. auch Jaeger Konkursordnung 6/7. Aufl. Anm. 3a zu § 41). Und dann besteht auch kein Bedenken, den Tag, an dem diese Rechtshängigkeit eingetreten ist, als den maßgebenden Stichtag für die Berechnung der hier erörterten Frist gelten zu lassen. Auch im Schrifttum wird dieser Standpunkt vertreten (vgl. Jaeger ZZP. Bd. 49 S. 279; Kiesow a. a. O. S. 134; Lucas Vergleichsordnung S. 72; Mayer Vergleichsordnung S. 84).

Sodann beanstandet die Revision noch, daß das Landgericht die Aufrechnung der der Beklagten zustehenden Forderung gegen den Bereicherungsanspruch des Klägers für unzulässig hält. Indes ist auch in dieser Beziehung die landgerichtliche Entscheidung zu billigen. Zwar ist es richtig, daß die ursprüngliche Forderung der Beklagten wiederauflebt, wenn diese wegen der Unwirksamkeit ihrer Zwangsvollstreckung das Empfangene zur Konkursmasse zurückgewähren muß. Der Konkursverwalter erwarb aber den Anspruch auf Rückgewähr des von der Beklagten erlangten Betrages erst mit oder zufolge der Konkurseröffnung, und das schließt nach § 55 Nr. 1 KO. die Aufrechnung aus. Die Vorschrift des § 84 VO. würde sonst auch ihre Bedeutung wesentlich verlieren und schlechthin zwecklos sein, wenn die Zwangsvollstreckung zur Befriedigung des Gläubigers geführt hat.

39. 1. Kann ein Gläubiger, der im Verteilungsverfahren zur Hebung gekommen ist, gegen einen widersprechenden Gläubiger Feststellungsklage dahin erheben, daß der Widerspruch unbegründet sei?

2. Zur Auslegung des § 881 Abs. 4 BGB.

ZPO. §§ 256, 878. ZVG. § 115. BGB. § 881 Abs. 4.

V. Zivilsenat. Urt. v. 28. Januar 1931 i. S. Kreis A. (Kl., zugleich Bekl.) w. L.-Bank AG. (Bekl., zugleich Kl.). V 136/30.

I. Landgericht Lyck.
II. Oberlandesgericht Königsberg.

Für die L.-Bank AG. in B. war im Grundbuch des den Eheleuten E. gehörigen Grundstücks in Bu. in Abteilung III unter Nr. 27 eine Restkaufgeldhypothek von 391955,24 M. eingetragen. Das Kapital war nach dem 15. Juni 1922 in Papiermark zurückgezahlt, die Hypothek am 28. März 1923 gelöscht und rechtzeitig zur Aufwertung angemeldet worden. In Abteilung III war unter Nr. 35 ein Widerspruch gegen die Löschung eingetragen worden. Am 17. Juli 1926 bewilligten und beantragten die Eheleute E. in Ausführung eines mit der L.-Bank am 23. April 1926 im Aufwertungsverfahren geschlossenen Vergleichs zu Protokoll des Amtsgerichts A. die Wiedereintragung der für die L.-Bank eingetragen gewesenen Papiermarkhypothek zu dem gesetzlichen Aufwertungsbetrag an ihrer bisherigen Rangstelle und ferner die Neueintragung eines weiter vereinbarten Aufwertungsbetrags (135000 GM. abzüglich des gesetzlichen Aufwertungsbetrags) zur bereitesten Stelle. Sie erklärten gleichzeitig, daß sie sich das Recht vorbehielten, mit dem Range vor der wieder einzutragenden und vor der neu einzutragenden Hypothek eine Hypothek oder Grundschuld bis zur Höhe von 41600 GM. nebst Zinsen bis zu 11% später eintragen zu lassen. Die Eintragung dieses Rangvorbehaltes wurde ebenfalls bewilligt und beantragt. Zufolge dieser Erklärungen wurde am 22. Juli 1926 für die L.-Bank in Abteilung III unter Nr. 37 der gesetzliche Aufwertungsbetrag mit 78317,75 GM. und unter Nr. 38 der darüber hinausgehende vereinbarte Aufwertungsbetrag mit 56682,25 GM. als Hypothek eingetragen; bei beiden Hypotheken wurde ein Rangvorbehalt zugunsten einer noch einzutragenden Post von 41600 GM. vermerkt.

Schon früher, nämlich am 26. Juni 1926, war auf Grund einer Bewilligung der Eheleute E. eine Sicherungshypothek zum Höchstbetrage von 60000 GM. für den Kaufmann W. in A. in Abteilung III unter Nr. 36 eingetragen worden.

Später, und zwar am 4. November 1927, wurde die im Rangvorbehalt vorgesehene Post von 41600 GM. in Abteilung III Nr. 41 für die Sparkasse des Kreises A. als Höchstbetrags-Sicherungshypothek mit dem Vorrange vor der Post der L.-Bank Nr. 37 eingetragen.

Im Jahre 1928 kam das belastete Grundstück zur Zwangsversteigerung. Den Zuschlag erhielt die Kreissparkasse in A. für ein Bargebot von 380001 RM. Nach dem vom Amtsgericht aufgestellten Teilungsplan sollten (abgesehen von den hier nicht in Frage kommenden vorstehenden Gläubigern) folgende Forderungen aus dem Barerlös zur Hebung kommen:

unter Nr. 46: das Liquidat der L.-Bank wegen ihrer Hypothek Abteilung III Nr. 37 nebst Zinsen und Kosten in voller Höhe mit 83433,88 RM.;

unter Nr. 47: das Liquidat der Kreissparkasse A. wegen einer Papiermarkhypothek Abteilung III Nr. 32 zum Aufwertungsbetrag von 711 RM.;

unter Nr. 48: das Liquidat des Kaufmanns W. wegen seiner Sicherungshypothek Abteilung III Nr. 36 in Höhe von 56163,99 RM.

Hiermit war die Teilungsmasse erschöpft; die Hypothek des W. in Abteilung III Nr. 36 sollte mit dem an 60000 RM. fehlenden Reste, die Hypothek der Kreissparkasse A. in Abteilung III Nr. 41 von 41600 RM. in voller Höhe ausfallen.

Die Kreissparkasse erhob im Verteilungstermin Widerspruch gegen das Liquidat der L.-Bank Nr. 46 in Höhe von 41600 RM. mit der Begründung, daß ihre Hypothek Abteilung III Nr. 41 der Post der L.-Bank Abteilung III Nr. 37 im Range vorgehe. Ferner erhob sie Widerspruch gegen das Liquidat des Kaufmanns W. Nr. 48 mit der Begründung, daß ihre Hypothek der Post des W. im Range vorgehe und daß die W.-sche Hypothek auch nicht valutiert sei. Der Versteigerungsrichter verkündete den Beschluß, daß die Zuteilung des streitigen Betrags vorbehalten bleibe für den Fall, daß die Widersprüche für begründet erachtet würden, daß es dagegen bei dem

Teilungsplan verbleiben solle, falls die Widersprüche für unbegründet erklärt würden. Im Einverständnis der Beteiligten wurde von dem Barerlös der Betrag von 41600 RM. bis zur Entscheidung über die Widersprüche hinterlegt.

Hierauf erhob die L.-Bank Klage gegen den Kreis A.:

1. auf Feststellung, daß der Widerspruch des Beklagten gegen ihr Liquidat in Höhe von 41600 RM. unbegründet sei,
2. auf Einwilligung des Beklagten in die Auszahlung des hinterlegten Restes von 41600 RM. an sie.

Ferner klagte der Kreis A. gegen die L.-Bank und den Gläubiger W. auf Feststellung, daß der Widerspruch der Kreissparkasse gegen den Teilungsplan begründet sei, auf Anfertigung eines neuen Teilungsplans oder Anordnung eines anderweitigen Verteilungsverfahrens, hilfsweise auf Verurteilung der L.-Bank und des W. zur Zahlung von 41600 RM.

Beide Klagen wurden vom Landgericht zur gemeinschaftlichen Verhandlung und Entscheidung miteinander verbunden. Das Landgericht wies die Klage der L.-Bank in vollem Umfange und die Klage des Kreises A. insoweit ab, als sie gegen den Kaufmann W. gerichtet war; der Klage des Kreises A. gegen die L.-Bank gab es dagegen statt und ordnete die Anfertigung eines neuen Teilungsplanes an.

Das Oberlandesgericht änderte durch Teilurteil das Urteil des Landgerichts auf die Berufung der L.-Bank dahin ab, daß es feststellte, der Widerspruch des Kreises A. gegen das Liquidat der L.-Bank in Höhe von 41600 RM. sei unbegründet, daß es den Kreis A. verurteilte, in die Auszahlung des hinterlegten Betrags von 41600 RM. nebst Zinsen an die L.-Bank zu willigen, und daß es die Klage des Kreises A. gegen die L.-Bank abwies.

Auf die Revision des Kreises A. wurde das landgerichtliche Urteil insoweit wiederhergestellt, als es die Klage der L.-Bank abgewiesen und diese gemäß der Klage des Kreises A. verurteilt hat.

Gründe:

Soweit die L.-Bank als Klägerin auftritt, war ihre Klage ohne sachliche Prüfung abzuweisen. Der streitige Teil des Versteigerungserlöses ist ihr in dem Teilungsplan zugeteilt. Widerspruch hat der

Kreis A. erhoben. Nach § 115 ZVG. in Verbindung mit § 878 ZPO. hat der Widersprechende seinen Widerspruch durch Klage zu verfolgen. Dies hat der Kreis A. getan. Für die Feststellungsklage der L.-Bank, daß der Widerspruch des Kreises unbegründet sei, fehlt das Feststellungsinteresse im Sinne des § 256 ZPO., das auch in der Revisionsinstanz von Amts wegen nachzuprüfen ist. Denn da die Widerspruchsklage fristgemäß erhoben wurde, wird auf sie über die Rechtmäßigkeit des Widerspruchs entschieden; wäre sie nicht fristgemäß erhoben worden, so wäre der Widerspruch im Verteilungsverfahren unberücksichtigt geblieben (§ 878 Abs. 1 Satz 2 ZPO.). Für den von der L.-Bank gestellten weiteren Antrag, den Kreis A. zur Einwilligung in die Auszahlung des hinterlegten Betrags zu verurteilen, fehlt aus den gleichen Gründen das Rechtsschutzinteresse. Denn wenn der Widerspruch des Kreises unbegründet ist, verbleibt es bei der Zuteilung des streitigen Betrags an die Bank. Einer Einwilligung des Kreises in die Auszahlung des hinterlegten Betrags an die L.-Bank bedarf es dann nicht. Die Auszahlung ist vielmehr ohne weiteres nach Rechtskraft des die Widerspruchsklage zurückweisenden Urteils vom Versteigerungsrichter zu veranlassen.

Sachlich hat der Berufungsrichter den Widerspruch des Kreises A. gegen den Teilungsplan, soweit er das Liquidat der L.-Bank betrifft, deshalb für ungerechtfertigt erklärt, weil diese sich auf die Bestimmung des § 881 Abs. 4 BGB. berufen könne. Die Belastung zugunsten des Kaufmanns W. in Höhe von 60000 GM. sei zwar bereits im Grundbuch eingetragen gewesen, als der Rangvorbehalt zu Lasten des Rechts der L.-Bank bewilligt und im Grundbuch vermerkt worden sei. Trotzdem sei die Post W. als Zwischenrecht im Sinne des § 881 Abs. 4 BGB. anzusehen. Es genüge, daß sie vor Eintragung des mit dem Vorrange begünstigten Rechts eingetragen gewesen sei und durch ihr Dazwischentreten die mit dem Vorbehalt belastete Post der L.-Bank über den Vorbehalt hinaus beeinträchtige.

Diese Meinung des Berufungsrichters wird von der Revision mit Recht bekämpft. Wie das Wort „inzwischen" klar ergibt, kommt als Zwischenrecht im Sinne des § 881 Abs. 4 BGB. nur ein solches Recht in Betracht, das in der Zeit zwischen der Eintragung des Vorbehalts und der Eintragung des mit dem Vorrang ausgestatteten Rechts entstanden ist. Diese Auslegung steht auch im Einklang mit dem Zweckgedanken, der dem Abs. 4 des § 881 BGB. zugrunde liegt. Während im Falle des Rangtausches gemäß § 880 BGB. der Zurücktretende weiß, daß er infolge der Rangänderung nicht nur hinter das vortretende Recht, sondern auch hinter die Zwischenrechte zu stehen kommt, gibt bei der Einigung über den Rangvorbehalt der Zurücktretende nur die Erklärung ab, daß er hinter das durch den Vorbehalt begünstigte Recht zurücktreten will, nicht aber darüber hinaus hinter etwaige künftige Zwischenrechte. Da anderseits der Eigentümer durch den Rangvorbehalt nicht gehindert ist, das Grundstück ohne Ausnutzung des Rangvorbehalts neu zu belasten, und da die Möglichkeit besteht, daß im Wege der Zwangsvollstreckung Hypotheken eingetragen werden, so bedurfte es für diesen Fall einer Schutzvorschrift für das mit dem Rangvorbehalt belastete Recht gegenüber künftigen Neubelastungen. Hinsichtlich der bereits bestehenden und aus dem Grundbuch ersichtlichen Belastungen ist dagegen ein solcher Schutz ebensowenig erforderlich wie im Falle des Rangtausches nach § 880 BGB. (vgl. Protokolle III S. 100).

Zu einer anderen Beurteilung nötigt im vorliegenden Falle auch der Umstand nicht, daß die Post W. infolge der Bestimmung des § 20 AufwG. den Rang hinter der Aufwertungshypothek der L.=Bank erhalten hat. Denn diese Rechtslage war bei der Eintragung des Rangvorbehalts zu Lasten dieser Aufwertungshypothek aus dem Grundbuch ersichtlich.

Hiernach ist der Rechtsstandpunkt des Landgerichts zutreffend, soweit es sich um den Streit des Kreises A. mit der L.=Bank handelt. Das Landgericht hat auch mit Recht, soweit der hier streitige Teil des Versteigerungserlöses in Betracht kommt, die Anfertigung eines neuen Teilungsplanes angeordnet. Denn das Versteigerungsgericht hat nicht gemäß § 124 ZVG. eine Hilfsverteilung vorgenommen für den Fall, daß der Widerspruch des Kreises A. für begründet erklärt werde, sondern es hat sich für diesen Fall die anderweitige Verteilung vorbehalten.

---

40. 1. Kann die Umbildung einer Reichsbehörde dadurch erfolgen, daß Maßnahmen, die jede für sich zur Herbeiführung einer solchen Umbildung nicht ausreichen würden, zusammengefaßt und gleichzeitig vorgenommen werden?

2. Kann ein Amt infolge Umbildung der Behörde, zu der es gehört, auch dann aufhören, wenn die mit dem Amte verbundenen Dienstaufgaben bei der Behörde verbleiben und nur ihre besondere Ausgestaltung fortfällt?

Reichsbeamtengesetz § 24.

III. Zivilsenat. Urt. v. 30. Januar 1931 i. S. J. (Kl.) w. Deutsches Reich (Bekl.). III 68/30.

I. Landgericht I Berlin.
II. Kammergericht daselbst.

Der Sach- und Streitstand ergibt sich aus dem Urteil des erkennenden Senats vom 9. April 1929 III 352/28, abgedr. RGZ. Bd. 124 S. 85. Das Kammergericht, an das die Sache zur Verhandlung und Entscheidung zurückverwiesen worden war, hat nunmehr die Berufung des Klägers gegen das die Klage abweisende Urteil des Landgerichts zurückgewiesen. Seine Revision blieb erfolglos.

Gründe:

Der gegenwärtigen Entscheidung ist die Rechtsauffassung zugrunde zu legen, die in dem Urteil des Senats vom 9. April 1929 entwickelt worden ist. Ihr ist das jetzt angefochtene Urteil gerecht geworden, während ihr die Ausführungen der Revision in wesentlichen Punkten widersprechen. Letzteres gilt insbesondere für die immer von neuem wiederholte Behauptung des Klägers, die Umbildung einer Behörde im Sinne von § 24 RBG. setze voraus, daß ihre Sachaufgaben verändert, vermindert würden. Das entspricht nicht dem Standpunkt, den der Senat in seinem früheren Urteil eingenommen hat. Er würde sonst, da stets unstreitig war, daß in dem maßgeblichen Zeitraum — September/Oktober 1926 — das Arbeitsgebiet des Reichsfinanzministeriums unberührt geblieben ist, schon damals der Klage entsprochen haben. Es heißt in dem Urteil aber auch ausdrücklich, daß eine Geschäftsplanänderung aus Zweckmäßigkeitsgründen sachlich und rechtlich eine organische Umbildung der Behörde enthalten könne. Nach ihm kommt es, ohne daß eine Arbeitsverminderung für die Behörde eingetreten zu sein braucht, nur darauf an, „ob wesentliche organisatorische Änderungen getroffen worden sind", „ob Veränderungen von solcher Art stattgefunden haben, daß nicht nur der Geschäftsgang, sondern auch die Organisation des Reichsfinanzministeriums sachlich geändert worden ist." Ergänzend soll dazu folgendes bemerkt werden. In dem früheren Urteil ist zwar ausgesprochen worden, der Unterschied zwischen der „Umordnung" und der „Umbildung" einer Behörde sei kein solcher des Umfangs, sondern ein solcher der Art. Damit vereinbar ist es aber, daß Maßnahmen, die, jede für sich vorgenommen, keine Umbildung der Behörde bewirken würden, doch durch ihre gleichzeitige Vornahme einen anderen Charakter erhalten und in solcher Zusammenfassung eine Änderung des Aufbaues der Behörde von Grund auf herbeiführen können, die dann als Umbildung im Sinne des Gesetzes angesehen werden müßte.

Nach den Feststellungen des Berufungsgerichts hat der Reichsminister der Finanzen auf Grund der Verordnung des Reichspräsidenten vom 7. September 1926 zum Zwecke der Vereinheitlichung der Geschäftsleitung sowie der besseren Verteilung und sparsamen Nutzung der Arbeitskräfte in seinem Ministerium folgende Maßnahmen vorgenommen: Zunächst ist von den beiden Staatssekretären, von denen der eine die Einnahmen-, der andere die Ausgabenverwaltung leitete, der eine weggefallen. Beide Verwaltungszweige wurden in eine Spitze zusammengefaßt. Sodann wurde die Bearbeitung der Angelegenheiten des Haushalts (einschließlich der Reichsschuld) neugeordnet. Früher waren diese Angelegenheiten nach Materien verteilt und wurden in den Abteilungen I (mit den Unterabteilungen I B, I C, I H), I A (Verkehrsabteilung), II (Zollabteilung), III P (Steuerverwaltungsabteilung) und V bearbeitet. Infolgedessen fielen sie nicht bloß in die Zuständigkeit verschiedener Abteilungen, sondern sogar in diejenige beider Staatssekretäre. Nunmehr wurden sämtliche Haushaltsangelegenheiten zusammengefaßt und einer Abteilung mit drei Unterabteilungen zugewiesen. Ähnliche neuartige Zusammenfassungen sind auch auf anderen Gebieten erfolgt, so bei den Bausachen und bei den Personalsachen und den allgemeinen Verwaltungsangelegenheiten der Zoll- und Steuerverwaltung und anderen mehr. Verbunden mit diesen neuartigen Maßnahmen war eine erhebliche Verminderung nicht nur der Abteilungen, sondern auch der Referate. Bei Herabsetzung der Zahl der letzteren war man gleichfalls bestrebt, größere Arbeitsgebiete in einer verantwortlichen Hand, nötigenfalls unter Beigabe von Mitarbeitern, zusammenzufassen. Die getroffenen Maßnahmen kennzeichnet das Berufungsgericht dahin, die gesamte Organisation des Reichsfinanzministeriums sei von den Referaten bis zu den Staatssekretären in der Richtung verändert worden, daß die Arbeitsgebiete nach neuen Gesichtspunkten gegliedert und zusammengefaßt worden seien, und zwar so, daß dabei die Verminderung der Zahl der Verantwortlichen, das Überschneiden der Zuständigkeitsgrenzen und damit Doppelarbeit und Anrufung einer höheren Stelle hätten verhindert werden sollen.

Diese tatsächlichen Annahmen des Berufungsgerichts beruhen auf der Denkschrift des Reichsministers der Finanzen über die Umbildung des Reichsfinanzministeriums vom 10. November 1926 (Drucks. des Reichstags III. Wahlperiode 1924/26 Nr. 2659). Die vom Kläger behaupteten Abweichungen dieser Denkschrift von den tatsächlichen Verhältnissen durfte der Vorderrichter in der ihm zustehenden Würdigung des Sachverhalts für unerheblich erklären. Auch sonst vermag die Revision gegen die tatsächlichen Grundlagen des Berufungsurteils keine durchgreifenden Bedenken zu erheben. Bestimmte Beweisanträge, die das Berufungsgericht zu Unrecht übergangen habe, sind nicht bezeichnet worden. Ob einige der geschilderten Maßnahmen erst nach dem 8. September 1926, an welchem Tage dem Kläger der seine Versetzung in den einstweiligen Ruhestand aussprechende Erlaß des Reichspräsidenten zuging, oder nach dem 1. Oktober 1926, dem Tage seines Übertritts in den einstweiligen Ruhestand, getroffen worden sind, ist unerheblich. Die sachlichen und persönlichen Anordnungen, die das Reichsfinanzministerium umgestalten sollten, konnten naturgemäß nur nacheinander getroffen werden. § 24 RBG. verlangt nicht, daß die Umbildung einer Behörde, die zur Versetzung eines an ihr beschäftigten Beamten in den einstweiligen Ruhestand Veranlassung gibt, schon vollständig abgeschlossen sein muß, ehe seine Überführung in den Wartestand erfolgen darf. Im vorliegenden Fall bildete die zeitliche Grenze nur die nach § 3 der Verordnung des Reichspräsidenten vom 7. September 1926 ihm zu erstattende Anzeige des Reichsministers der Finanzen vom Abschluß der Umbildung des Reichsfinanzministeriums. Diese hat er am 16. Oktober 1926 erstattet. Daß eine der vom Berufungsgericht für wesentlich gehaltenen Maßnahmen später liege, hat die Revision nicht behauptet. Im übrigen enthalten ihre auf § 286 ZPO. gestützten Beanstandungen der Begründung des angefochtenen Urteils durchweg

Angriffe gegen die tatsächliche Auffassung des Vorderrichters und sind als solche unbeachtlich. Die gesamten Umstände des Falles, von denen das Urteil spricht, sind die von ihm einzeln angeführten Anordnungen, die es in ihrer Zusammenfassung für wesentlich erklärt. Ob der Ausbau des Reichsfinanzministeriums in der Nachkriegszeit ebenfalls als eine Umbildung dieser Behörde anzusehen war, bedarf keiner Erörterung. Denn er hat nicht die Grundlage zur Anwendung des § 24 RBG. gegenüber dem Kläger gebildet; dieser Ausbau würde sich dazu auch deshalb nicht geeignet haben, weil ein Anwachsen der Geschäfte des Reichsfinanzministeriums kein Amt in ihm hat aufhören lassen, im Gegenteil zur Schaffung immer neuer Stellen Veranlassung gegeben hat.

Die entscheidende sachliche Frage, ob die von der Vorinstanz festgestellten und, wie oben wiedergegeben, gekennzeichneten Maßnahmen so wesentlich waren, daß sie nicht bloß den Geschäftsgang, sondern auch die Organisation des Reichsfinanzministeriums sachlich geändert haben, ist in erster Reihe wiederum eine tatsächliche. Ihre Beantwortung erfordert eine vergleichende Würdigung des früheren und des späteren Zustandes des Ministeriums, die nur vom Tatrichter vorgenommen werden kann. Dieser bejaht hier die Wesentlichkeit der vom Reichsminister der Finanzen angeordneten Veränderungen aus zwei Erwägungen, nämlich einmal ihres Umfangs wegen: sie hätten den Gesamtaufbau der Behörde ergriffen; dann aber auch ihrer Art wegen: der Aufbau der Behörde sei nach neuartigen Gesichtspunkten erfolgt. Dieser Beurteilung des Sachverhalts durch das Berufungsgericht kann rechtlich nicht entgegengetreten werden. Insbesondere läßt sie keine Verletzung des § 24 RBG. in dem vom Senat im Urteil vom 9. April 1929 entwickelten Sinne erkennen. Daß die Neugestaltung den gesamten Aufbau des Reichsfinanzministeriums erheblich berührte, hat seinen Grund allerdings mit darin, daß damals eine ganze Reihe von Einzelmaßnahmen zusammengefaßt und gleichzeitig getroffen wurden, die vereinzelt vorgenommen noch keine Umbildung des Ministeriums im Rechtssinne herbeigeführt haben würden. Aber wie schon oben gesagt, kann der Umfang die Art der Neuordnung einer Behörde entscheidend beeinflussen und sie erst zu einer Umbildung machen. So liegt nach Ansicht der Tatsacheninstanz gerade der gegenwärtige Fall. Es ist deshalb unerheblich, ob der Reichsminister der Finanzen die einzelnen Maßnahmen auch ohne

Ermächtigung des Reichspräsidenten hätte anordnen können. In der besonderen Gestalt, die sie durch ihre Zusammenfassung gewonnen haben, griffen sie in das Organisationsrecht des Reichspräsidenten über und bedurften der Zulassung durch ihn. Damit erledigen sich auch die Ausführungen der Revision darüber, daß eine Umbildung des Reichsfinanzministeriums nicht einmal beabsichtigt gewesen sei.

Die danach vom Berufungsgericht ohne Verletzung des Reichsbeamtenrechts als gegeben erachtete Umbildung des Reichsfinanzministeriums vermochte die einstweilige Versetzung des Klägers in den Ruhestand nach § 24 RBG. nur dann zu rechtfertigen, wenn sie das Aufhören des von ihm verwalteten Amtes bewirkt hat. In dem Urteil des Senats vom 9. April 1929 ist hierzu gesagt, mit solchem Aufhören würde es nicht unvereinbar sein, daß die vom Kläger bis dahin verwalteten Dienstgeschäfte nicht weggefallen seien und daß es nach wie vor im Reichsfinanzministerium Abteilungsdirigenten gebe; wesentlich sei vielmehr, ob die vom Kläger bisher innegehabte Amtsstelle im Rahmen und zum Zweck der in § 1 der Verordnung des Reichspräsidenten vorgeschriebenen Vereinheitlichung der Geschäftsleitung sowie der besseren Verteilung und der sparsamen Nutzung der Arbeitskräfte eingezogen worden sei. Wiederum setzt sich die Revision also mit den maßgebenden Rechtsausführungen des Senats in Widerspruch, wenn sie für entscheidend erklärt, daß die Dienstaufgaben, die der Kläger im Reichsfinanzministerium zu erfüllen gehabt habe, noch vorhanden seien, daß sie jetzt nur von anderen Beamten dieser Behörde wahrgenommen würden. Darauf kommt es nicht an. Ob man in Verfolg des vom erkennenden Senat am gleichen 9. April 1929 in einer anderen Sache erlassenen Urteils III 263/28 (RGZ. Bd. 124 S. 155) soweit gehen könnte, auf das dem Kläger durch die Geschäftsverteilung des Ministeriums zugewiesene Arbeitsgebiet überhaupt kein Gewicht zu legen, mag auf sich beruhen. Denn hier stellt das Berufungsgericht einen unmittelbaren Einfluß der Umbildungsmaßnahmen gerade auf die Tätigkeit des Klägers fest. Er war Abteilungsleiter und zugleich Referent. Seine Abteilung I H ist aufgelöst, ihre Geschäfte sind anderen Abteilungen zugewiesen worden. Aber auch sein Referat ist aufgeteilt worden. Mit Recht würdigt das Berufungsgericht diese Tatsachen dahin, daß das Amt des Klägers zum Zwecke der Erreichung des in der Verordnung des Reichspräsidenten gesteckten Zieles der Umbildung des Reichsfinanzministeriums weggefallen sei. Dabei hat es nicht die Planstelle im Auge, auf deren Streichung es auch nicht ankommt, da die Gestaltung des Reichshaushalts für die Rechtsstellung der Beamten ohne Bedeutung ist. Vielmehr meint es damit die dem Kläger übertragenen Dienstgeschäfte in ihrer besonderen Ausgestaltung. Diese besteht jetzt nicht mehr. Damit ist eine Rechtslage geschaffen, die sich als Aufhören des Amtes des Klägers kennzeichnet, obgleich seine Dienstaufgaben als einzelne beim Reichsfinanzministerium geblieben sind.

Daß die den vorstehenden Ausführungen zugrunde liegende Rechtsauffassung zu einer ausdehnenden Anwendung des § 24 RBG. führen könnte, die geeignet wäre, die in Art. 129 RVerf. ausgesprochene Gewährleistung der wohlerworbenen Beamtenrechte zu gefährden, ist eine unbegründete Befürchtung des Klägers. Denn nicht jede Zerlegung der von einem Beamten wahrgenommenen Amtsaufgaben führt zu einem Aufhören seines Amtes. Außerdem muß sie, um seine Versetzung in den einstweiligen Ruhestand zu ermöglichen, immer noch auf einer Umbildung seiner Behörde beruhen, die ohne Wegfall eines wesentlichen Teils ihres Arbeitsgebietes nur ausnahmsweise vorkommen wird.

---

41. Zur Frage der Sittenwidrigkeit der Kunden-Finanzierungsverträge.

BGB. §§ 138, 139, 229. Reichsgesetz betr. die Abzahlungsgeschäfte vom 16. Mai 1894 §§ 6, 8.

II. Zivilsenat. Urt. v. 30. Januar 1931 i. S. Versicherung der Br.-Unternehmungen GmbH. (Kl.) w. L. (Bekl.). II 219/30.

I. Landgericht I Berlin.
II. Kammergericht daselbst.

Der Beklagte bestellte am 20. Mai 1926 bei der offenen Handelsgesellschaft in Firma Gebr. R., Br.werke, zwei 8/32 PS.-Wagen für Droschkenzwecke zum Preise von je 6250 GM. Es sollte eine Anzahlung von je 1950 RM. geleistet und der Rest auf 18 Monate verteilt werden gegen Akzepte von je 286 RM. einschließlich Zinsen. In den Auftragsschreiben war vorgedruckt, daß sich die genannte Firma das Eigentumsrecht an dem betreffenden Wagen bis zur völligen Bezahlung des Kaufpreises vorbehalte. Beide Aufträge wurden durch Schreiben der Br.-Handelsgesellschaft mbH. vom 25. Mai 1926 „unter Zugrundelegung der Ihnen bekannten Verkaufsbedingungen des Werkes" bestätigt. Die Br.-Handelsgesellschaft mbH. bezeichnete sich in den Schreiben als bevollmächtigtes Verkaufsorgan der Firma Gebr. R., Br.werke. Über die Zahlungsbedingungen war in den beiden Bestätigungsschreiben gesagt: „Bis zur Lieferung 1950 RM., Rest von 4300 RM. durch Darlehen der Br.-Versicherungsgesellschaft, rückzahlbar in 18 Monatsraten von 286 RM. einschließlich Wechselzinsen ohne Versicherung. Der Käufer muß das Fahrzeug während der Darlehnszeit gegen Kasko und Haftpflicht versichern lassen." Der Beklagte hat, wie er behauptet, Anzahlungen von je 2050 RM. geleistet. Unstreitig hat er auf die zwei Wagen noch 2270 RM. und 2525 RM. aufgewandt zu ihrem Umbau in Kraftdroschken; das geschah im Einverständnis mit der Klägerin.

Die näheren Bedingungen, unter denen die beiden Kaufverträge abgeschlossen wurden, werden von der Klägerin und dem Beklagten verschieden dargestellt. Soweit es sich dabei um Gewährleistung handelt, stimmen aber die beiderseitigen Darstellungen im wesentlichen überein, und zwar dahin: Eine Gewähr wird von der Lieferfirma nur während der Dauer von 6 Monaten nach Meldung der Fertigstellung geleistet. Die Gewähr geht nach Wahl der Lieferfirma nur auf Instandsetzung oder auf Ersatz solcher Teile, die infolge von Material- oder Arbeitsfehlern schadhaft oder unbrauchbar geworden sind. Jeder Ersatz eines mittelbar oder unmittelbar in irgendeiner Form entstandenen Schadens wird abgelehnt. Keinesfalls berechtigt ein unter die Gewähr fallender Mangel zur Wandlung, zur Minderung oder zum Schadensersatz irgendwelcher Art.

Am 22. Juni und am 17. Juli 1926 schloß der Beklagte mit der Klägerin zwei gleichlautende „Darlehnsverträge" nach Vordruck. In beiden Fällen gewährte ihm die Klägerin ein Darlehen von 4300 RM., rückzahlbar in 18 gleichen Monatsraten, über welche der Beklagte der Klägerin vor Lieferung des Wagens 18 Wechselakzepte in Höhe von je 286 RM. hinzugeben hatte. Bei nicht pünktlicher, d. h. nicht innerhalb von fünf Tagen nach Fälligkeit erfolgender Ratenzahlung sollte das ganze Darlehen sofort zurückzuzahlen sein. Aufrechnung mit irgendeiner Gegenforderung sowie ein Zurückbehaltungsrecht war ausgeschlossen. Weiter bestimmte der Vertrag, daß der Beklagte als

Sicherheit für das Darlehen nebst Unkosten und Prämienkosten der Klägerin das Eigentum an dem gekauften Wagen bis zur völligen Rückzahlung des Darlehns nebst Unkosten (verauslagte Prämien, etwaige Zinsen, Kosten und Wechselspesen) zu übertragen habe; das Eigentum an dem Wagen gehe mit Abschluß des Darlehnsvertrags auf die Klägerin über; sämtliche auf dem Eigentümer ruhenden gegenwärtigen und zukünftigen Steuern habe der Beklagte zu tragen. Endlich sollte der Beklagte bis zum Übergang des Eigentums auf ihn nicht berechtigt sein, den Wagen im ganzen oder teilweise zu veräußern, zu vermieten, zu verleihen, zu verpfänden oder irgendeine Verfügung über ihn zu treffen, die den Rechten der Klägerin zuwiderlaufe und mutmaßlich von ihr nicht gebilligt werden würde. Im Zuwiderhandlungsfall sei das ganze Darlehen sofort fällig und die Klägerin sei, und zwar auch beim bloßen Versuch einer Zuwiderhandlung, berechtigt, den Wagen zurückzuverlangen und sich dessen Besitz auch selbst zu verschaffen, ohne daß darin verbotene Eigenmacht liege. Das gleiche Recht stehe der Klägerin dann zu, wenn der Käufer irgendeine durch den Darlehnsvertrag begründete Verpflichtung nicht oder nicht gehörig erfülle, wenn er mit der Zahlung einer Rückerstattungsrate, einer Versicherungsprämie oder des Darlehns im Verzug sei. Die Klägerin könne dann den Wagen, wann und wo es ihr beliebe, ohne Benachrichtigung oder Androhung öffentlich versteigern lassen oder freihändig verkaufen; aus dem Erlöse könne sie sich für alle Forderungen an den Beklagten, auch soweit sie noch nicht fällig seien, befriedigen und einen etwaigen Ausfall dürfe sie gegen ihn geltend machen. Dies sind die hauptsächlichsten Bestimmungen des Darlehnsvertrags.

Der Beklagte blieb mit den am 10. August, 10. September und 10. Oktober 1927 (aus dem einen Vertrag) und mit den am 20. August und 20. September 1927 (aus dem andern Vertrag) fälligen Ratenzahlungen im Rückstand. Daraufhin klagte die Klägerin einige Raten auf Grund der hingegebenen Wechsel ein, worauf Vorbehaltsurteil erging; das Nachverfahren in jenem Rechtsstreit ruht. Im gegenwärtigen Rechtsstreit verlangt die Klägerin im Urkundenprozeß Zahlung des infolge des Verzugs des Beklagten nach den beiden Darlehnsverträgen sofort fällig gewordenen Restbetrags (aus beiden Darlehen) von 5415 RM. Das Landgericht erließ Vorbehaltsurteil gemäß dem Klagantrag. Im Nachverfahren beantragte die Klägerin, das Urteil für vorbehaltlos zu erklären. Der Beklagte begehrte Aufhebung des Vorbehaltsurteils und Abweisung der Klage, indem er das Recht der Klägerin bestritt, sich auf die Vertragsbedingungen zu berufen. Diesen Bedingungen — führte er aus — habe er sich trotz ihrer Härte fügen müssen, weil er sich, wie die Automobilkäufer überhaupt, infolge des Zusammenschlusses der Verkäufer in einer Zwangslage befunden habe; außerdem sei er in rechtlichen Dingen unerfahren. Die Klägerin handle arglistig, wenn sie sich auf solche Bedingungen stütze. Durch die dauernden Instandsetzungen der mit mancherlei Mängeln behafteten Wagen sei er — Beklagter — wirtschaftlich zugrunde gerichtet worden, sodaß er den Offenbarungseid habe leisten müssen. Die Klägerin bestritt die Mangelhaftigkeit der dem Beklagten gelieferten Wagen und seine Behauptung, daß die ihm auferlegten Bedingungen zu hart und deshalb nicht für ihn verbindlich seien. Das Urteil des Landgerichts im Nachverfahren erging dahin, daß das Vorbehaltsurteil für vorbehaltlos erklärt wurde. Hiergegen legte der Beklagte Berufung ein. Die Klägerin schloß sich der Berufung an und erhöhte ihren Antrag dahin, daß ihr der Beklagte außer den vom ersten Richter zugesprochenen 5415 RM. noch weitere 858 RM., insgesamt also 6273 RM. zu zahlen habe. Das Kammergericht wies die Klage ab und versagte der Anschlußberufung den Erfolg. Die Revision der Klägerin führte zur Aufhebung und Zurückverweisung.

Gründe:

Das Berufungsgericht ist zu dem Ergebnis gelangt, die Darlehnsverträge vom 22. Juni und 17. Juli 1926 enthielten, vollends im Zusammenhalt mit den Kaufverträgen vom 20. Mai 1926, eine so weitgehende Beeinträchtigung der wirtschaftlichen Freiheit des Beklagten, daß sie im ganzen betrachtet gegen die guten Sitten verstießen und deshalb gemäß § 138 Abs. 1 BGB. nichtig seien. Demgegenüber rügt die Revision Verletzung der §§ 139, 286 ZPO. sowie sachlichrechtlicher Vorschriften, insbesondere der §§ 138, 139, 140 BGB.

Für die Frage der Sittenwidrigkeit ist, wie das Kammergericht nicht verkennt, zunächst erheblich, ob die finanziellen Vorteile, welche sich die Klägerin vom Beklagten in den Verträgen bedungen hat, noch als angemessen gelten können. Der Vorderrichter verneint dies. Er legt dabei seiner Beurteilung nicht nur den Unterschiedsbetrag von 848 RM. zwischen der Summe der 18 Ratenzahlungen vom 286 RM. = 5148 RM. (für jeden der beiden Verträge) und des einzelnen Darlehns von 4300 RM. zugrunde, sondern schlägt hierzu — für jeden Vertrag — noch weitere 371 RM., weil sich die Klägerin den Umstand anrechnen lassen müsse, daß sie nach den Verträgen den größten Teil der Darlehen schon vor Fälligkeit der letzten Ratenzahlung zurückerhalte. Diese Beträge — meint das Berufungsgericht — könne die Klägerin jeweils wieder nutzbringend anlegen; nehme man für diese Anlagen einen Zinsengewinn von 10% fürs Jahr an und schlage ihn je nach sechs Monaten, wie bankküblich, zum Kapital, so ergebe sich für die Klägerin ein weiterer Gewinn von je etwa 371 RM., mit obigen 848 RM. zusammen also je ein Gewinn von 1219 RM.; das entspreche einer Verzinsung des einzelnen Darlehns zu 28,3% innerhalb von 18 Monaten und zu 18,9% im Jahr.

Soweit die Revision demgegenüber geltend macht, daß ein etwaiger Gewinn aus den Erträgnissen der Ratenzahlungen bei Prüfung der Frage außer Betracht bleiben müsse, ob die Verträge gegen § 138 Abs. 1 BGB. verstoßen, kann ihr nicht gefolgt werden. Die Abrede ratenweiser Abtragung bedeutete an sich für die Klägerin insofern einen vertraglich ausbedungenen finanziellen Vorteil, als hiernach die Darlehnssumme nicht erst nach Ablauf von 18 Monaten, sondern zum weitaus größten Teil schon viel früher zurückgezahlt werden sollte und ihr damit für nutzbringende anderweitige Verwendung verfügbar war, während anderseits diese Beträge dem Betrieb des Beklagten entzogen wurden, sodaß dem Vorteil der Klägerin ein entsprechender finanzieller Nachteil des Beklagten gegenüberstand. Diese Seite der vertraglichen ratenweisen Abtragungspflicht des Beklagten konnte allerdings mitberücksichtigt werden bei Prüfung der Frage, welche geldlichen Vorteile und Lasten die Vertragsbestimmungen beiden Parteien brachten. Dagegen greifen schon hier die Prozeßrügen aus §§ 139 und 286 ZPO. durch. Die Klägerin hatte behauptet, daß sie den Kaufpreis in Form des Diskonterlöses alsbald an die Verkäuferin abgeführt habe. Das Berufungsgericht geht selbst davon aus, daß die vom Beklagten gegebenen Wechsel über die einzelnen Raten diskontiert worden seien; dies war in den Verträgen auch vorgesehen. War dem aber so, dann flossen die Ratenrückzahlungen, deren Entrichtung in Form der Einlösung der hierüber ausgestellten Akzepte des Beklagten erfolgen sollte, nicht der Klägerin zu; sie konnte dann diese Beträge auch nicht in ihrem Betrieb anderweit verwenden.

Mit Recht rügt die Revision aber auch Verletzung der §§ 139, 286 ZPO. bei der Errechnung der Unkosten, die der Vorderrichter der Klägerin in diesem Zusammenhang zubilligen will, sofern er nämlich einen Diskontsatz von 10% unterstellt. Hielt das Berufungsgericht diesen Punkt für wesentlich und vermißte es insofern die erforderlichen Einzelanführungen von seiten der Klägerin, so mußte es gemäß § 139 ZPO. vom Fragerecht Gebrauch machen und der Klägerin Gelegenheit zu weiterer Stellungnahme geben. Wenn sodann das Urteil ausführt, daß Großbanken Wechsel von kreditwürdigen Personen mit $1\frac{1}{2}\%$ bis 2% über Reichsbankdiskont zu diskontieren pflegten, so kann diese Erwägung doch nur für Wechsel mit normaler Laufzeit Platz greifen, nicht aber für solche, die, wie hier, zum weitaus größten Teil erst nach 4 bis zu 18 Monaten fällig waren.

Für die Frage der Sittenwidrigkeit der Verträge war ferner, wie die Revision mit Recht rügt, die Behauptung keineswegs unerheblich, ob die von der Klägerin geforderten Zinsen üblich waren. Das Kammergericht geht selbst davon aus, daß das Geschäft für die Klägerin mit einem Risiko verbunden gewesen sei. Daran ist um so weniger zu zweifeln, als die Klägerin, wenn sie die Akzepte des Beklagten diskontieren ließ, aller Voraussicht nach, um sie überhaupt diskontfähig zu machen, durch Girierung der Wechsel in den Verband der Regreßpflichtigen eintreten und, falls die Wechsel notleidend wurden, die Regreßsummen selbst zahlen mußte. Das Berufungsgericht läßt aber jede nähere Feststellung darüber vermissen, wie hoch diese Risikoprämie einzusetzen, ob und welcher Betrag etwa für sonstige allgemeine Unkosten der Klägerin in Abzug zu bringen, ob ihr ein Unternehmerlohn zuzubilligen ist, gegebenenfalls weshalb nicht.

Demnach entbehrt die Feststellung des Vorderrichters sowohl bezüglich der Höhe des von ihm errechneten „Gewinns" wie auch zur Frage seiner Angemessenheit der prozeßgerechten Grundlage. Bei der Frage der Sittenwidrigkeit des Vertrages spielt aber eine weitere wesentliche Rolle die Höhe der monatlichen Abzahlungen. Sie betrugen hier für jede der Kraftdroschken im Monat nur 286 RM., das macht auf den Tag für jede Droschke rund $9\frac{1}{2}$ RM., gegenüber den 21 RM. im Tag, wie sie im Falle RGZ. Bd. 128 S. 251 für einen Wagen allein zu zahlen waren. Darüber, inwiefern es von vornherein klar oder auch nur wahrscheinlich gewesen sei, daß hier die sehr viel kleineren Raten bestenfalls nur für wenige Monate hätten gezahlt werden können, fehlt es wiederum an näherer tatsächlicher Begründung. Insbesondere fehlt es an jeder Feststellung darüber, wie sich etwa nach den zur Zeit der Vertragsabschlüsse im Berliner Kraftdroschkengewerbe herrschenden Verhältnissen die Aussichten auf eine nutz- und gewinnbringende Ausnutzung der Droschken stellten. Im Falle RGZ. Bd. 128 S. 251 war sodann der Sachverhalt der, daß der damalige Beklagte wenig mehr als die Anzahlung zur Verfügung hatte und im übrigen als Selbstfahrer mit der Droschke sein Fortkommen suchen mußte. Hier handelt es sich dagegen nach der für die Revisionsinstanz zu unterstellenden Behauptung der Klägerin um ein von dem Beklagten kaufmännisch und unter eingetragener Firma betriebenes Unternehmen, das zudem keineswegs seine einzige Einnahmequelle gebildet haben soll. Mochten auch die wirtschaftlichen Reserven des Beklagten nicht groß sein, so liegen doch auch insoweit die tatsächlichen Verhältnisse nicht unwesentlich anders als in dem erwähnten früheren Fall.

Soweit der Berufungsrichter das für den Beklagten nach § 118 Abs. 2 ZPO. ausgestellte Zeugnis verwertet, durfte dies, wie die Klägerin mit Recht rügt, nicht geschehen, ohne daß ihr Gelegenheit gegeben war, zu dessen Inhalt Stellung zu nehmen. Das Zeugnis ist überdies im November 1927 ausgestellt, also rund $1^1/_2$ Jahre nach dem Abschluß der streitigen Verträge. Entscheidend konnte es aber nur darauf ankommen, wie die finanzielle Lage des Beklagten im letztgenannten Zeitpunkt war und ob sein Grundstück schon damals belastet war, gegebenenfalls wie hoch.

Nach alledem fehlt es bisher an hinreichenden tatsächlichen Grundlagen für die Annahme, daß die geldliche Belastung des Beklagten als unangemessen angesehen werden und — sei es für sich allein, sei es zusammen mit dem sonstigen Vertragsinhalt — zur Bejahung der Sittenwidrigkeit der Verträge führen könnte. Bestimmungen über eine Verpflichtung zur Zahlung von Verzugszinsen und Vertragsstrafe enthalten die hier in Rede stehenden Verträge überhaupt nicht (anders im Fall RGZ. Bd. 128 S. 251).

Schon nach dem Ausgeführten ist das angefochtene Urteil mit der bisherigen Begründung nicht zu halten, die jedenfalls dahin verstanden werden kann, daß die Bejahung der Sittenwidrigkeit der Gesamtdarlehnsverträge eben auf der angeblich unangemessen hohen finanziellen Belastung des Beklagten durch die Darlehnsverträge im Zusammenhalt mit dem Inhalt der sonstigen Vertragsabreden beruhe. Gerade aus der Verquickung der übermäßigen finanziellen Belastung des Käufers mit der Auferlegung sonstiger seine Bewegungsfreiheit unbillig einschränkender Bindungen ist auch im Falle RGZ. Bd. 128 S. 251 die Sittenwidrigkeit des Gesamtvertrags hergeleitet worden.

Die Vertragsklauseln zur Sicherung der Ansprüche der Klägerin sind allerdings sowohl im einzelnen wie in ihrer Gesamtheit streng, aber mit sofort zu erörternden Ausnahmen nicht derart, daß sie schon an und für sich als mit den guten Sitten unvereinbar bezeichnet werden müßten und daß durch sie dem Gesamtvertrag ohne weiteres der Stempel der Sittenwidrigkeit aufgeprägt würde. Daß sich die Klägerin das Eigentum an den verkauften Droschken zur Sicherung ihrer Ansprüche vorbehielt, ist etwas Alltägliches. Irgendwelche Umstände, die diese Klausel hier zu einer sittenwidrigen machen würden, sind nicht festgestellt. Die vom Berufungsgericht weiter angeführten Abreden zielen im Kern durchweg dahin, die Klägerin davor zu schützen, daß ihr Eigentumsrecht und damit ihre einzige dingliche Sicherheit durch rechtliche oder tatsächliche Verfügungen und Maßnahmen ernstlich gefährdet oder verletzt werde. Soweit die Versicherungspflicht in Frage kommt, bezwecken die Abreden offensichtlich, der Klägerin eine Gewähr dafür zu verschaffen, daß der Beklagte auch seiner vertraglichen Versicherungspflicht wegen der ihm zu treuen Händen überlassenen Kraftdroschken nachkomme und daß die bei deren Beschädigung etwa anfallenden Versicherungssummen bestimmungsgemäß, d. h. zur Wiederinstandsetzung der Wagen verwendet würden, zumal da die Klägerin sonst Gefahr lief, daß der Werklohngläubiger die Wagen für seinen Werklohn zurückbehielt.

Als unbillig bezeichnet das Urteil weiterhin, daß der Beklagte die Droschken nicht vermieten und ausleihen dürfe. Die Parteien sind indessen darüber einig, daß der Beklagte die Wagen in seinem eigenen Unternehmen gewerblich ausnützen konnte, insbesondere zur Personenbeförderung gegen Entgelt. Demnach richtet sich das Verbot der Vermietung oder Verleihung dagegen, daß der Mieter oder Entleiher selbst unmittelbarer Besitzer würde. Die Klägerin hatte aber als Eigentümerin wie als Darlehnsgläubigerin das erheblichste Interesse daran, daß die Wagen mindestens nicht ohne ihre Zustimmung im Wege der Untermiete oder Unterleihe in die Hände Dritter kamen, deren Verhältnisse und persönliche Vertrauenswürdigkeit ihr unbekannt waren. So gesehen, kann diese Abrede gerade vom Standpunkt billiger Interessenabwägung aus nicht beanstandet werden. Die Fälligkeitsklausel ist gewiß hart. Sie ist aber so, wie die Bedingungen lauten, beschränkt auf die Fälle verschuldeter Zuwiderhandlung gegen die Vertragspflichten des Beklagten und (wie die angeführten Beispiele zeigen: Verzug mit den Ratenzahlungen und mit der Zahlung für die Versicherungsprämie) auf erhebliche Verstöße gegen den Vertrag. So verstanden, verliert auch die Bestimmung, daß schon der Versuch einer solchen Zuwiderhandlung genügen solle, um die Fälligkeit des ganzen Darlehns und das Inbesitznahmerecht der Klägerin herbeizuführen, wesentlich von seiner sich aus dem bloßen Wortlaut ergebenden besonderen Härte. Wenn sodann z. B. der Käufer entgegen seinen Vertragspflichten, und obwohl er gar nicht Eigentümer der Wagen war, diese zu versilbern oder zu verpfänden suchte, so bedeutete dies in aller Regel objektiv und subjektiv einen gröblichen Vertragsbruch, der die Rechte, und Interessen der Klägerin aufs schwerste zu schädigen geeignet war. Wenn sie sich hiergegen so, wie geschehen, besondere Sicherungen schuf, die in ihrer Schärfe gerade derartige Vertragsverletzungen hintanhalten sollten, so verstößt dies noch nicht ohne weiteres gegen die guten Sitten.

Das Berufungsgericht beanstandet weiter die Unklarheit der Abrede, daß der Beklagte auch sonst keine Verfügung über die Wagen treffen dürfe, die den Rechten der Klägerin zuwiderlaufe und mutmaßlich von ihr nicht gebilligt würde. Dem kann indessen angesichts des Zusammenhangs, in dem die Klausel steht, keine erhebliche Bedeutung beigemessen werden. Gemeint sind „Verfügungen", die wie die Veräußerung, Verpfändung, Vermietung und Verleihung, nicht dem Leiher, sondern dem Eigentümer vorbehalten sind, und im besonderen solche, die zur Aufgabe des unmittelbaren Besitzes durch den Beklagten führen würden. Was das Wegnahmerecht der Klägerin betrifft, so ist zunächst die rechtliche Tragweite dieser Abrede festzustellen. Sie läuft auf eine vertragsmäßige Erweiterung des Selbsthilferechts aus § 229 BGB. hinaus. Sofern eine solche Abrede überhaupt für zulässig erachtet werden könnte, wäre sie doch nur im Sinne der Einräumung eines Anspruchs auf Duldung der Selbsthilfehandlung möglich, dessen Geltendmachung aber den allgemeinen Grundsätzen unterstände. Er müßte also regelmäßig im Wege der Klage und Zwangsvollstreckung durchgesetzt werden, soweit nicht im Einzelfall die Voraussetzungen des § 229 BGB. zutreffen würden (vgl. Oertmann Anm. I zu § 229 BGB.). Es liegt auf der Hand, daß dann auch diese Klausel ganz wesentlich an Schärfe verliert. Wäre sie aber im Hinblick auf § 229 BGB. (vgl. mit § 134 das.) oder auf § 138 das. nichtig, so würde daraus allein noch nicht die Nichtigkeit des ganzen Vertrags folgen; dann wäre vielmehr, da § 139 BGB. für alle Fälle der Nichtigkeit, insbesondere auch für die aus § 138 gilt (WarnRspr. 1917 Nr. 172), zunächst zu prüfen, ob deshalb der ganze Vertrag der Nichtigkeit anheimfiele. Rechtlich wäre hier eine Teilnichtigkeit (Nichtigkeit nur einzelner Sicherungsklauseln) sehr wohl möglich. Gegenteiliges ist auch in RGZ. Bd. 128 S. 251 nicht ausgesprochen.

Zu beanstanden ist allerdings schon an und für sich die weitere Bestimmung, daß die Klägerin berechtigt sein sollte, die Wagen ohne vorherige Androhung oder Ankündigung, wann und wo sie will, sei es in öffentlicher Versteigerung, sei es freihändig zu verkaufen, sich aus dem Erlös für alle auch etwa noch nicht fälligen Ansprüche gegen den Beklagten zu befriedigen und ihn für einen etwaigen Ausfall in Anspruch zu nehmen. Durch diese Gestaltung des Befriedigungsrechts der Klägerin war der Beklagte insoweit allerdings ihrer Willkür in einer mit den Anschauungen eines redlichen Geschäftsverkehrs nicht mehr vereinbaren Weise preisgegeben. Es ist auch nicht ersichtlich, welches berechtigte Interesse der Klägerin es rechtfertigen soll, daß dem Beklagten nicht wenigstens durch eine entsprechende Nachricht über Zeit, Ort und Art der Verwertung Gelegenheit zu geben war, bei diesem Selbsthilfeverkauf seine Interessen wahrnehmen zu können. Das Interesse der Klägerin beschränkte sich auf die Hereinholung des noch nicht bezahlten Teils ihrer Forderung, das des Beklagten ging naturgemäß, schon im Hinblick auf die geleistete Anzahlung, auf Erzielung eines möglichst hohen Erlöses. Sein Interesse fiel also keineswegs mit dem der Klägerin zusammen. Hierzu kommt, daß die Klägerin nach dem Vertrag bei

Bemessung der Höhe des Kaufpreises im Fall des freihändigen Verkaufs völlig freie Hand hatte; nicht einmal ein von unparteiischer Seite irgendwie zu ermittelnder Mindestpreis war festgesetzt, unter dem ein Wagen freihändig nicht sollte abgegeben werden dürfen. Insofern ist die Klausel über den Selbsthilfeverkauf noch erheblich schärfer als die in RGZ. Bd. 128 S. 251 erörterte; denn dort war wenigstens bestimmt, daß der freihändige Verkauf nicht unter einem Preise zulässig sein solle, den ein Sachverständiger als Schätzungspreis festsetze. Allein aus der Nichtigkeit dieser Klausel folgt wiederum noch nicht ohne weiteres die Nichtigkeit des gesamten Vertrags. Auch sie läßt sich an und für sich aus dem sonstigen Vertragsinhalt herauslösen, vollends dann, wenn die finanziellen Leistungspflichten des Beklagten nicht als unangemessen schwer bezeichnet werden können.

Die Abrede über den Ausschluß von Zurückbehaltungsrecht und Aufrechnung ist von nebensächlicher Bedeutung, um so mehr, als der Beklagte vertragsmäßig Wechselakzepte zu geben hatte, die von der Klägerin in Umlauf gesetzt werden durften mit der Folge, daß sich der Beklagte, von einem Nachmann der Klägerin in Anspruch genommen, verteidigungsweise weder auf Einreden aus dem Grundgeschäft noch auf Gegenforderungen an die Klägerin berufen konnte. Im übrigen war er nicht gehindert, in einem Rechtsstreit mit der Klägerin etwaige Gegenforderungen durch Widerklage geltend zu machen.

Soweit endlich der Berufungsrichter in diesem Zusammenhang auch die Bestimmungen der Kaufverträge heranziehen will, sind diese an sich nicht der Art, daß gerade ihretwegen, etwa im Zusammenhalt mit den Sicherungsbedingungen der Darlehnsverträge, die Sittenwidrigkeit der letzteren Verträge angenommen werden könnte. Gegenüber den Ausführungen über die monopolartige Stellung der Gemeinschaft der Deutschen Automobilfabriken, auf welche die vorgedruckten Bedingungen der Kaufverträge zurückgehen sollen, fehlt es einmal an einer Feststellung dahin, daß jene Gemeinschaft Kartellcharakter hatte und daß die fraglichen Verkaufsbedingungen auf kartellmäßigen Bindungen der Verkäuferfirmen beruhten. Die Revision weist sodann mit Recht darauf hin, daß gerade im Kraftwagengeschäft der ausländische Wettbewerb in Deutschland sehr scharf ist. Daß dies für die Zeit des Abschlusses der fraglichen Verträge noch nicht zuträfe, ist jedenfalls nicht festgestellt. Anlangend endlich die Beweggründe der Verkäuferin (als solche kann so, wie die Kaufverträge lauten, nur die offene Handelsgesellschaft in Firma Gebr. R., Br.werke, in Frage kommen) zur Gründung der klagenden Gesellschaft mbH., so führt der Berufungsrichter selbst aus, daß hierzu der „Wunsch" gehört haben möge, das finanzielle Risiko einer bestimmten Abteilung auf diese zu beschränken. Er erkennt also selbst an, daß die Verkäuferin ein weder rechtlich noch sittlich zu mißbilligendes Interesse an der Errichtung der Klägerin als Gesellschaft mbH. gehabt habe. Wenn dabei weiter der Gedanke mitbestimmend gewesen sein sollte, die rechtliche Stellung der Verkäuferin den Käufern gegenüber durch Einschiebung der Gesellschaft mbH. zu verbessern, insbesondere zur Frage der Anwendbarkeit des Gesetzes über die Abzahlungsgeschäfte und etwaiger Einreden aus dem Kaufgeschäft, so macht dies weder den Gründungsvertrag als solchen noch die von der Klägerin mit den Käufern abgeschlossenen Finanzierungsgeschäfte ohne weiteres sittenwidrig. Wegen der Einrederechte der Käufer ist wiederum darauf hinzuweisen, daß die Rechtsstellung der Käufer, die über ihre rückständige Kaufpreisschuld Wechselakzepte zu geben hatten, bei deren Diskontierung den Wechselerwerbern gegenüber ohnehin nicht besser war.

Nach alledem reichen die bisher getroffenen Feststellungen zur Bejahung der Sittenwidrigkeit der Darlehnsverträge als solcher nicht aus. Die Frage der Anwendbarkeit des § 139 BGB. hat das Kammergericht überhaupt nicht geprüft. In beiden Richtungen sind weitere tatsächliche Feststellungen erforderlich. Auch sonst ist der Fall nicht spruchreif.

Sollte das Berufungsgericht auf Grund der neuen Verhandlung zur Verneinung der Sittenwidrigkeit der Darlehnsverträge in ihrer Gesamtheit gelangen, so wären noch die übrigen Einwendungen des Beklagten zu prüfen, und zwar vorab der auf das Abzahlungsgesetz gestützte Einwand. Die Anwendbarkeit dieses Gesetzes würde allerdings dann ohne weiteres entfallen, wenn der Beklagte, wie die Klägerin behauptet, zur Zeit des Empfangs der Wagen als Kaufmann im Handelsregister eingetragen war (§ 8 des Gesetzes über die Abzahlungsgeschäfte vom 16. Mai 1894).

Abgesehen hiervon erhebt sich die weitere Frage, ob der Anwendbarkeit dieses Gesetzes grundsätzlich der Umstand entgegensteht, daß hier auf der Gläubigerseite dem Käufer zwei verschiedene Rechtspersonen gegenüberstehen: einmal die offene Handelsgesellschaft in Firma Gebr. R., Br.werke als Verkäuferin und dann die Klägerin als Gesellschaft mbH. und Darlehnsgeberin. Im Falle RGZ. Bd. 128 S. 251 wurde die Anwendbarkeit des Abzahlungsgesetzes verneint. Dabei wurde aber ausdrücklich hervorgehoben, daß die Beziehungen zwischen der damaligen Verkäuferin und dem Finanzinstitut zu wenig geklärt seien, um darauf die Annahme stützen zu können, daß ein sog. verhüllter Abzahlungsvertrag vorliege. Hier ist aber der Sachverhalt ein anderer. Nach den Feststellungen des Berufungsgerichts ist die klagende Gesellschaft eine Gründung der Verkäuferin; Gesellschafter und Geschäftsführer sind dieselben Personen. Nach der Satzung der Klägerin beschränkt sich der Gegenstand ihres Unternehmens ausschließlich auf die Versicherung der Werte der offenen Handelsgesellschaft Gebr. R., Br.werke (Verkäuferin) und auf den Betrieb aller sonstigen Versicherungszweige, jedoch nur für genannte Firma. Demnach besteht allerdings wirtschaftlich volle die Gleichheit zwischen Verkäuferin und Darlehnsgeberin. Letztere ist, wie das Kammergericht zutreffend bemerkt, nur ein Organ der ersteren und handelt als solches im Auftrag und für Rechnung der Verkäuferin selbst; nach wie vor steht diese, wenn auch verdeckt durch die Klägerin, dem Käufer gegenüber. Bei einer solchen Gestaltung des Verhältnisses zwischen Verkäufer und „Finanzierungsinstitut" können aber, zumal im Hinblick auf § 6 des Abzahlungsgesetzes, aus der formellen Verschiedenheit der Rechtspersönlichkeit der Verkäuferin und der Darlehnsgeberin keine grundsätzlichen Bedenken gegen die Anwendbarkeit dieses Gesetzes hergeleitet werden. Es kann deshalb auf sich beruhen, ob und unter welchen weiteren Voraussetzungen sonst die sog. Kunden-Teilzahlungsfinanzierungsverträge unter das Gesetz über die Abzahlungsgeschäfte fallen (vgl. Urt. des Kammergerichts vom 10. Oktober 1929 in JW. 1931 S. 75 Nr. 3).

---

42. Zur Frage der Verwirkung von Aufwertungsansprüchen.

BGB. § 242.

II. Zivilsenat. Urt. v. 30. Januar 1931 i. S. Firma B. (Kl.) w. Eisen- und Stahlwerk H. AG. (Bekl.). II 251/30.

I. Landgericht Dortmund.
II. Oberlandesgericht Hamm.

Die Parteien standen auf Grund Vertrags vom 26. August 1907 in einem Gesellschaftsverhältnis zum gemeinschaftlichen Betrieb einer Kokereianlage. Dieses Verhältnis sollte nach Ablauf von 15 Jahren damit endigen, daß die Klägerin ihre Rechte aus der Beteiligung ohne Vergütung auf die Beklagte zu übertragen hatte. Die Beklagte machte jedoch am 29. Dezember 1919 von einem ihr vertraglich zustehenden Kündigungsrecht zum 1. Januar 1921 Gebrauch, sodaß sie die Klägerin für die letzten drei Betriebsjahre abzulösen hatte. Die Anlage ging auf sie über. Über die Höhe der Abfindung entstand Streit. Die Klägerin errechnete eine Gesamtablösungssumme von 4923940,99 M., die Beklagte eine solche von 2299143,60 M.; die letztere zahlte unter Aufrechnung einer von ihr erhobenen Schadensersatzforderung von 2031996,37 M. am 5. April 1922 den Betrag von 267147,23 M. an die Klägerin. Nachdem diese wegen des Unterschieds auf die runde Summe von 2500000 M., sowie weiter wegen eines von ihr behaupteten Schadensersatzanspruchs auf die Teilsumme von 1000000 M. Klage erhoben hatte, unterzeichneten die Parteien am 4. November 1922 einen schriftlichen „Vergleich“, womit die beiden genannten Prozesse erledigt sein sollten. Danach hatte die Beklagte 15 Millionen Mark an den Inhaber der klagenden Firma Dr. B. zu zahlen; dies geschah noch am gleichen Tage durch Übergabe eines Schecks auf die Reichsbank, der am 10. November 1922 eingelöst wurde. Damit sollten die sämtlichen Ansprüche „endgültig abgegolten“ sein, welche Dr. B. aus der Übergabe der Kokereianlage an die Beklagte habe, ebenso alle Forderungen auf Schadensersatz irgendwelcher Art, die er bisher klagend oder außergerichtlich geltend gemacht habe oder die noch geltend gemacht werden könnten. Anderseits sollten auch für die Beklagte keinerlei Schadensersatzforderungen aus der Betriebsgemeinschaft mehr bestehen. Auch alle anderen Ansprüche aus der bisherigen Betriebsgemeinschaft sollten abgegolten sein, sodaß keine Verrechnung irgendwelcher Art mehr stattzufinden habe. Dagegen war gesagt, daß der Vertrag vom 26. August 1907 bestehen bleibe, soweit er noch nicht abgewickelt sei.

Die Klägerin, die ihre vorzeitig abgelösten Beteiligungsrechte auf 912625,90 GM. anschlägt, den Wert der Auszahlung auf den Scheck aber auf nur 8333 GM. angibt, trat am 22. November 1928 erstmals mit einem Aufwertungsverlangen an die Beklagte heran und erhob im Juli 1929 die vorliegende Klage, mit der sie einen Teilbetrag von 6100 RM. nebst Zinsen fordert. Beide Vorinstanzen wiesen die Klage ab. Auch die Revision der Klägerin war erfolglos.

Gründe:

1. Der Vorderrichter legt dem mit dem Wort „Vergleich" überschriebenen Vertrag der Parteien vom 4. November 1922 auch die Rechtsnatur eines Vergleichs bei, nimmt aber an, daß die Parteien damals an Aufwertung des der Klägerin aus dem Vertrag vom 26. August 1907 zustehenden Abfindungsanspruchs nicht gedacht haben. Er findet daher in diesem Vergleich an sich keinen Hinderungsgrund für ein nachträgliches Aufwertungsverlangen. Aber er erklärt das Recht hierauf für verwirkt wegen zu langen Zögerns der Klägerin mit der Geltendmachung und Einklagung ihrer Forderung. Die Revision macht Verletzung des sachlichen Rechts, insbesondere des § 242 BGB. geltend und bezeichnet auch die verfahrensrechtlichen Vorschriften der §§ 286 und 139 ZPO. als verletzt. Der Erfolg muß ihr versagt werden.

2. Richtig ist, daß dem Abkommen vom 4. November 1922 die Rechtsnatur eines Vergleichs zukommt. Das folgt schon daraus, daß sich die Parteien damals nicht nur über die Abfindungs- oder Ablösungsforderung der Klägerin wegen der vorzeitigen Gesellschaftskündigung durch die Beklagte und der Überlassung der Kokereianlage an sie, sondern auch über beiderseitige Schadensersatzansprüche bekannter und unbekannter Art aus der bisherigen Rechtsgemeinschaft geeinigt haben. Eine Einigung zum Zwecke der Beilegung des Streits wurde dabei aber auch über den ersten Punkt des Betrags der Abfindungs- oder Ablösungssumme selbst getroffen, der sog. Amortisationsquote des § 8 des Vertrags vom 26. August 1907 sowie des hälftigen Werts der bei der Übergabe der Anlage vorhandenen Material- und Warenvorräte, Geräte und Werkzeuge usw. Die „Amortisationsquote" selbst setzte sich wieder aus drei Bestandteilen zusammen, nämlich aus 16% des halben Wertes der von der Beklagten eingebrachten Teile der Anlage, also insbesondere ihrer 80 Koksöfen, aus 16% der halben Umbaukosten und aus dem dreifachen Betrag des halben Betriebsüberschusses aus Nebenprodukten und Dampferlös innerhalb der letzten drei der Abtretung der Anlage vorausgegangenen Kalenderjahre. Über diese Ablösungssumme

hatten die Parteien widersprechende Berechnungen aufgestellt; auch über ihre Höhe galt es sich zu einigen. Wie in dem durch Urteil dieses Senats vom 26. April 1929 II 512/28 (Zeiler AufwF. Nr. 1708) entschiedenen Falle ist auch hier, wo ausdrücklich gesagt ist, daß der noch nicht abgewickelte Teil des Vertrags vom 26. August 1907 bestehen bleibe, anzunehmen, daß durch die Vereinbarung vom 4. November 1922 nicht das ganze Vertragsverhältnis der Parteien auf eine neue selbständige Grundlage gestellt werden sollte, von der aus eine Aufwertung nur dann hätte in Frage kommen können, wenn das vergleichsweise angenommene Rechnungsergebnis nicht sofort beglichen worden wäre. Vielmehr handelt es sich lediglich um eine Ausführung und Bereinigung des alten Vertrags von 1907 in dem durch den Übergang der Anlage auf die Beklagte nicht mehr weiter durchführbaren Teile. Dies eröffnet rechtlich die Möglichkeit zu einer aus Umwertung und Aufwertung (seit der Übergabe der Anlage an die Beklagte als Alleineigentümerin) nach den Grundsätzen bei der Abschichtung eines ausscheidenden Gesellschafters vorzunehmenden Berichtigung des Anspruchs der Klägerin auf der Grundlage des Vertrags von 1907. Einen Vergleich derart, daß auch alle zukünftigen Rechtsansprüche wegen der Geldentwertung erledigt sein sollten, hat der Vorderrichter trotz der Wendung „endgültig abgegolten" mit Recht nicht angenommen. Wegen unterbliebener oder nicht genügender Beachtung der Geldentwertung und des bereits bestehenden Mißverhältnisses zwischen Geld- und Sachwerten wäre allerdings nicht eine Erneuerung der vorgenommenen und vollzogenen Ablösung zu beanspruchen, sondern lediglich eine Richtigstellung der geschehenen Ablösung wegen fehlerhafter Berechnung des Anspruchs der Klägerin (vgl. RG. Urt. vom 14. Oktober 1929 IV 596/28 und S. 92 dieses Bandes). Gewiß ist aber, daß dann nicht nur eine Berichtigung des Ablösungsanspruchs der Klägerin stattzufinden hätte, sondern daß auch die im Vertrag von 1922 zu ihm in Beziehung gesetzten beiderseitigen Schadensersatzansprüche nach Um- und Aufwertungsgrundsätzen nachzuprüfen wären und daß erst aus dem Gesamtergebnis die der Klägerin zukommende Forderung entnommen werden könnte. Es kann auf sich beruhen, ob dies noch jetzt möglich ist, zumal da nach der Erklärung des Vorderrichters nicht feststeht, auch schwerlich ermittelt werden kann, wie man im Jahre 1922 zu der Vergleichssumme von 15 Millionen PM.

gekommen ist. Denn das Berufungsgericht nimmt mit Recht an, daß jeder weitere Anspruch verwirkt sei.

3. Die Revision meint zunächst, der Vorderrichter sage zwar, daß bei der Entscheidung über die Frage der Verwirkung alle Umstände des Falles zu beachten und auch von ihm berücksichtigt worden seien, die nähere Prüfung der Urteilsgründe ergebe jedoch, daß er in Wirklichkeit die Klage ausschließlich deshalb abgewiesen habe, weil die Klägerin eine verhältnismäßig lange Zeit bis zur Geltendmachung ihrer Ansprüche habe verstreichen lassen. Dies ist jedoch nicht richtig. Der Vorderrichter nimmt neben der späten Zeit, in der die Klägerin mit ihren Ansprüchen hervortrat, auch auf den Gang der Rechtsprechung Rücksicht, der eine frühere Klagerhebung erlaubt habe, sowie auf die Möglichkeit, die der Klägerin offen stand, der Beklagten einstweilen kundzugeben, sie gedenke noch weitere Ansprüche zu erheben, ferner darauf, daß die Beklagte nach Lage der Dinge zu der Annahme berechtigt gewesen sei, die Angelegenheit werde beim Schweigen der Klägerin erledigt sein. Betont wird auch der Umstand, daß schon zur Zeit des Vergleichs die Anlage, aus deren Zustand die Beklagte ihre Schadensersatzansprüche herleite, beseitigt worden sei und daß deshalb jede Verzögerung der Wiederaufrollung der Sache weitere Schwierigkeiten in der Austragung des Streits habe bringen müssen. Es wird insbesondere bemerkt, die Beklagte habe sich auch gerade wegen des Zusammenhangs der Ablösung der Klägerin mit den Schadensersatzansprüchen nicht ohne weiteres darüber Gedanken machen müssen, daß die Vergleichssumme in auffälligem Mißverhältnis zu den berechtigten Ansprüchen der Klägerin gestanden habe, und die Beklagte habe dieses Zusammenhangs halber annehmen dürfen, die Klägerin werde sich bei der im Vergleichsweg erfolgten Regelung beruhigen.

a) Was die Erhebung der Ansprüche anlangt, so wird mit Recht gesagt, die Klage sei (im Juli 1929) ungewöhnlich spät erhoben. Dies gilt auch schon für die Geltendmachung des Anspruchs gegenüber der Beklagten vom 22. November 1928, worauf diese sofort ablehnend geantwortet hat. Warum die Klägerin dann noch einmal über ein halbes Jahr wartete, bis sie am 19. Juli 1929 die Klage einreichte, ist durch nichts erklärt. Für ihr spätes Auftreten gegenüber der Beklagten (erst Ende 1928) hat sie allerdings vorgebracht und unter Beweis gestellt, dem Inhaber der klagenden Firma sei „noch im Laufe des

Jahres 1928" durch seinen Rechtsanwalt von einer Klage abgeraten worden, da nach dem Stande der Rechtsprechung mit einem Obsiegen nicht zu rechnen sei. Dem hält der Vorderrichter jedoch entgegen, die Klägerin hätte dann doch mindestens der Beklagten zeitiger zu erkennen geben müssen, daß sie die Sache weiter betreiben wolle. Es hätte hier beigefügt werden können, daß sie dann auch die Rechtsprechung ständig hätte verfolgen lassen müssen, um mit einer Klage noch zurechtzukommen. In diesem Zusammenhang ist darauf hinzuweisen, daß es sich bei der Gesellschaft von 1907, auf die der Anspruch zurückgeht, zwar um ein sog. lebenswichtiges Geschäft für die Klägerin gehandelt haben mag, daß aber die Zahlung zufolge des Vergleichs auf den 10. November 1922, also in die Zeit nach dem 15. August 1922 fällt, den die Rechtsprechung bei Umsatzgeschäften des täglichen Lebens als Grenze für den Ausschluß der freien Aufwertung von Papiermarkforderungen ansieht. Der Aufwertung des alten Anspruchs stand demnach niemals ein Hindernis entgegen. Die Besonderheit des Falles liegt darin, daß zur Zeit der sog. Hochinflation ein sofort erfüllter Vergleich abgeschlossen wurde, der nach der Feststellung des Vorderrichters kein sog. Aufwertungsvergleich war und auf den auch deshalb, weil es sich hier um freie Aufwertung handelt, der § 67 AufwG. keine Anwendung findet.

Allein so viel war vom Erlaß des Aufwertungsgesetzes an klar, daß die Vorschrift des § 67 Abs. 2 das. auch auf dem Gebiete der freien Aufwertung die Frage der Verbindlichkeit der in der sog. Rückwirkungszeit vom 15. Juni 1922 bis zum 14. Februar 1924 (Inkrafttreten der Dritten Steuernotverordnung) abgeschlossenen Vergleiche in Fluß bringen mußte. Danach war es Sache der Klägerin, diese Rechtsprechung zu verfolgen oder verfolgen zu lassen, wenn sie sich für unbefriedigt ansah. Wie der Senat wiederholt betont hat, ist die freie Aufwertung, ebenso wie die Aufwertung auf dem Anwendungsgebiete des Aufwertungsgesetzes, das sie an eine kurzbefristete Anmeldung gebunden hat, ein außerordentlicher Rechtsbehelf, der nur für eine gewisse Übergangszeit zuzulassen ist. Der Satz, daß alle Umstände des Falles zu berücksichtigen seien, um gemäß § 242 BGB. zu ermessen, ob ein Aufwertungsanspruch nach Treu und Glauben im Verkehr noch zuzulassen ist oder nicht, gilt für Zweifelsfälle und bleibt bestehen. Mit dem Fortschreiten der Zeit tritt aber naturgemäß die zeitliche Verspätung mehr in den Vordergrund. Der erkennende Senat hat schon in einer Reihe von Fällen, die hinsichtlich der Entschuldigung einer Verspätung erheblich günstiger lagen als der gegenwärtige, wo es sich um kaufmännisch und rechtlich erfahrene Parteien handelt, Klagen vom Jahre 1928 als verspätet zurückgewiesen. Wie der Vorderrichter anführt, ist schon in den 1927 veröffentlichten Urteilen des VI. Zivilsenats vom 26. April und 4. Juli 1927 VI 2/27 und VI 11/27 (Zeiler AufwF. Nr. 726 und 734; WarnRspr. 1927 Nr. 167) ein derartiger Aufwertungsanspruch nach abgeschlossenem Vergleich, wie ihn die Vorinstanz anerkannt hat, zwar als statthaft, aber als verwirkt erklärt worden. In dem zu Anfang 1928 in der amtlichen Sammlung und schon im Dezember 1927 in der Juristischen Wochenschrift veröffentlichten Urteil des VII. Zivilsenats vom 20. September 1927 (RGZ. Bd. 118 S. 59 = JW. 1927 S. 2914 Nr. 13) wurde aber ein solcher Aufwertungsanspruch nach abgeschlossenem Vergleich ausdrücklich anerkannt, und dem sind zahlreiche andere Entscheidungen gefolgt (Zeiler AufwF. Nr. 900, 907, 1009, 1141; vgl. auch Mügel Das gesamte Aufwertungsrecht 5. Aufl. S. 964 Erl. 7 Abs. 2). Tatsächlich war also schon seit Ende 1927 — und nicht erst, wie die Klägerin behauptet hat, seit dem in RGZ. Bd. 122 S. 200 abgedruckten Urteil des erkennenden Senats vom 30. Oktober 1928 — die Möglichkeit der Verfolgung des Anspruchs mit Aussicht auf Erfolg gegeben, soweit überhaupt bei der Eigenart jedes einzelnen Falles und der stets betonten Notwendigkeit der Beachtung seiner Eigenart die Rechtsprechung in anderen Fällen eine Aussicht auf Erfolg gewähren konnte. Wenn man der eigenen Rechnung der Klägerin in der Klagschrift folgt, handelt es sich, jedenfalls zunächst, nicht um die von der Revision angeregte Frage der Angreifbarkeit von Papiermarkbilanzen, da als letztes Jahr für die Grundlagen der Berechnung das Jahr 1920 in Betracht kam, und die Klägerin die Betriebsüberschüsse dieses Jahres neben denen von 1918 und 1919 in Gold umgerechnet ohne weiteres in ihre Rechnung einstellt. Über die Umwertung von Papiermarkposten der Inflationsbilanzen lagen übrigens längst höchstrichterliche Entscheidungen vor, so RGZ. Bd. 111 S. 77, Bd. 117 S. 238. Der Umstand, daß für die richtige Berechnung der Betriebsüberschüsse eine Umwertung nötig werden konnte, weil schon die Betriebsbilanzen von 1919 und 1920 unter dem Mangel der ungleichartigen Bewertung der einzelnen Bilanzposten litten, konnte keinesfalls einen Grund abgeben, vom alsbaldigen Vorgehen abzusehen. Kein Aufwertungsgläubiger darf mit der Verfolgung seines Anspruchs so lange warten, bis ein ihm gleichartig erscheinender Fall höchstrichterlich günstig entschieden ist. Auch von dem Zufall, ob der Aufwertungsgläubiger an einen Rechtskundigen gelangt, der ihm richtigen Aufschluß über die Rechtsprechung gibt, kann die Entscheidung über die Verwirkung regelmäßig nicht abhängig gemacht werden; dabei mag darauf verwiesen werden, daß die Klägerin über den Zeitpunkt ihrer Ratseinholung keine bestimmte Angabe gemacht hat. Beachtet werden müssen auch die Belange des Aufwertungsschuldners und seine Berechtigung, die Untätigkeit des Anspruchsberechtigten als den Willen auszulegen, die Sache beruhen zu lassen.

Nicht durchzudringen vermag die Revision mit der Rüge, § 286 ZPO. sei deshalb verletzt, weil der Vorderrichter die angeführten höchstrichterlichen Urteile als der Klägerin „sicherlich bekannt" bezeichne und es hierbei an einer prozeßordnungsmäßigen Begründung fehlen lasse. Nur von den bei Zeiler AufwF. unter Nr. 726 und 734 veröffentlichten Urteilen meint der Vorderrichter, sie seien der Klägerin sicherlich bekannt geworden. Es ist aber nicht ersichtlich, daß er damit eine tatsächliche Feststellung positiver Kenntnisnahme habe treffen wollen. Vielmehr will er damit in der Reihe seiner Erwägungen nur einen weiteren Umstand dafür anführen, daß die Klägerin zur Klagerhebung hätte schreiten können und sollen, und zwar im Sinne einer ganz persönlichen Vermutung. Damit setzt sich der Vorderrichter keineswegs in Widerspruch mit der Erwägung des V. Zivilsenats (im Urteil vom 14. Dezember 1929 V 130/29, abgedr. bei Zeiler Nr. 1953): es lasse sich kein allgemeiner Erfahrungssatz dahin aufstellen, daß sich Leute aus gebildeten Kreisen über die Ergebnisse der höchstrichterlichen Rechtsprechung in Aufwertungssachen zuverlässig hätten unterrichten können. Hiermit sollte jedenfalls kein einem Rechtssatz gleich zu behandelnder Erfahrungssatz ausgesprochen werden. Das ist außerdem für die Zeit Ende 1924 gesagt, von welcher der damalige Vorderrichter angenommen hatte, daß dies der mögliche und richtige Zeitpunkt für die Klagerhebung (statt Ende 1927) gewesen sei. Wäre der Satz in dieser Fassung richtig, so könnte es kein Vertrauen auf Rechtsauskünfte in solchen Fragen geben. Wenn die Revision zur Annahme der Verwirkung die Feststellung eines Verstoßes der Klägerin gegen Treu und Glauben durch Nichthandeln trotz positiver Kenntnis der Rechtsprechung verlangt und die Möglichkeit solcher Feststellung durch die behauptete Rechtsbelehrung des Anwalts von 1928 für ausgeschlossen erklärt, so geht dies fehl. Nicht eine persönliche Treuverletzung des Berechtigten nach Art einer Arglist ist ausschließlicher Verwirkungsgrund. Wie die Revision selbst zum Ausgangspunkt ihrer Erörterungen genommen hat, kommt es auf die Gesamtheit der Umstände an, ob ein Verstoß gegen Treu und Glauben darin zu finden ist, daß der Aufwertungsgläubiger nach längerer Zeit von dem außerordentlichen Rechtsbehelf der Aufwertung noch Gebrauch macht. Dafür ist auch bloß fahrlässiges, ja selbst völlig schuldloses Verhalten des Gläubigers in Betracht zu ziehen; denn die Sachlage auf seiner Seite ist überhaupt nicht ausschließlich maßgebend. Die Bezugnahme auf das Urteil des erkennenden Senats vom 18. Oktober 1929 (Zeiler AufwF. Nr. 1868) sowie auf das Urteil des VI. Zivilsenats vom 28. März 1929 (Zeiler a. a. O. Nr. 1671), um darzutun, daß die Klägerin auf den Rechtsrat ihres Anwalts habe vertrauen dürfen, kann der Revision nicht zum Erfolg verhelfen. Im erstbezeichneten Urteil ist zwar von solchem Vertrauen und von einem dadurch gerechtfertigten Zuwarten die Rede, aber für die Zeit Dezember 1925 bei Geltendmachung von Ansprüchen im Juni 1927 und Klagerhebung im September 1927, sowie mit der Einschränkung, daß der Klagpartei ihr Vertrauen „nicht ohne weiteres" zum Schaden gereichen könne. In seinem Urteil vom 8. November 1929 (JW. 1930 S. 1499 Nr. 13) legt der erkennende Senat mit Rücksicht darauf, daß inzwischen die Entscheidung RGZ. Bd. 115 S. 201 über die Aufwertbarkeit alter Forderungen aus sog. lebenswichtigen Geschäften allgemein bekannt geworden war, keinen Wert mehr auf die Behauptung des Klägers, er habe um die Zeit der Erlassung jenes Urteils eine ungünstige Rechtsauskunft empfangen. Im Urteil des VI. Zivilsenats vom 28. März 1929 (die Klage war in jenem Fall Ende 1927 erhoben worden) wird dem Zuwarten auf Grund eines Rechtsrats die Verpflichtung des Aufwertungsklägers, die Rechtsprechung zu verfolgen, zur Seite gestellt. Eben hierin war die Klägerin nach der Annahme des Vorderrichters mindestens fahrlässig.

b) Wenn der Vorderrichter bemerkt, die Kostengefahr einer Klage wäre für die Klägerin gering gewesen, weil sie — wie auch jetzt geschehen — einen Teilanspruch hätte einklagen können, so ist das nicht „abwegig", wie die Revision meint; es ist aber unerheblich.

Denn gerade auf dieser Erwägung beruht das Urteil zum wenigsten. Auch der erkennende Senat hat im vorerwähnten Urteil vom 8. November 1929 die Frage berücksichtigt, ob dem Aufwertungsgläubiger die Übernahme einer derartigen Kostengefahr habe zugemutet werden können. Ohne Zweifel hat der Vorderrichter dabei nicht übersehen, daß eine endgültige Abweisung mit dem Teilanspruch die Klägerin in die Unmöglichkeit versetzen konnte, diesen Teil bei späterer Änderung der Rechtsprechung wieder geltend zu machen, daß also in Wahrheit nicht bloß die Kosten auf dem Spiel gestanden hätten, sondern auch der Teilanspruch selbst. Ebensowenig kann — trotz des Schweigens der Entscheidungsgründe auch über diesen Punkt — angenommen werden, der Vorderrichter habe verkannt, daß die Teilklage mit einer negativen Feststellungsklage des Gegners über den Gesamtanspruch beantwortet werden konnte. Das Berufungsgericht hatte keinen Anlaß, hierüber besondere Ausführungen zu machen. Das Oberlandesgericht wollte lediglich auf die Tatsache hinweisen (an der am Ende der Berufungsinstanz keine Änderung mehr eintreten konnte), daß mit der geringen Gefahr des jetzigen Prozesses auch schon 1927 oder 1928 hätte geklagt werden können. Hierzu muß die Feststellung in Vergleich gesetzt werden, daß schon 1927 die höchstrichterliche Entscheidung über die Aufwertungsmöglichkeit bei vergleichsweise erledigten Ansprüchen aus der Zeit vor der Inflation ergangen ist.

c) Unbegründet ist auch der Vorwurf der Revision, der Vorderrichter habe übersehen, daß die Befriedigung der Klägerin mit dem ihr im Jahre 1922 gezahlten Papiermarkbetrag besonders geringwertig gewesen sei und daß deshalb die Beklagte gar nicht habe annehmen können, sie werde sich damit zufriedengeben. Das Urteil führt jene Behauptung der Klägerin im Tatbestand ausdrücklich an und kommt auch in den Gründen auf diesen Punkt zu sprechen, indem es ausführt: die Dinge hätten nicht so gelegen, daß die Beklagte mit einem Zurückkommen der Klägerin auf die erledigte Sache von sich aus habe rechnen müssen; bei dem Vergleich hätten die Schadensersatzansprüche der Beklagten eine Rolle gespielt derart, daß sie nicht ohne weiteres habe bedenken müssen, die Vergleichssumme stehe in auffälligem Mißverhältnis zu den berechtigten Ansprüchen der Klägerin. Ob ein solches Mißverhältnis zutrifft, ist auch jetzt noch völlig ungeklärt, solange die beiderseitigen Schadensersatzansprüche nicht untersucht und aufgewertet worden sind.

d) Die Revision sieht sodann einen rechtlichen Verstoß darin, daß der Vorderrichter die Frage nicht erörtert habe, auf Grund welcher geschäftlicher Maßnahmen der Beklagten ihr eine Aufwertung nicht mehr zuzumuten sei. Die Klägerin behauptet in diesem Zusammenhang, „die Rechtsprechung sei darüber einig", daß der Schuldner die einzelnen Maßnahmen angeben müsse, die er im Vertrauen auf seine Nichtbeanspruchung getroffen habe, und daß er auch darlegen müsse, inwiefern diese Maßnahmen seine Vermögenslage entscheidend beeinflußt hätten. Sie beruft sich hierfür im Anschluß an die Übersicht zur reichsgerichtlichen Rechtsprechung über die Verwirkung der Aufwertungsansprüche von Mügel (JW. 1930 S. 1042 insbesondere S. 1047/48) auf zwei Urteile des VI. Zivilsenats vom 28. März und 14. November 1929 bei Zeiler AufwF. Nr. 1671 und 1911. Indessen handelt es sich hierbei, so sehr rechtsgrundsätzlich die Zuweisung der Darlegungs- und Beweislast an den Schuldner zutrifft, nicht um ein unerläßliches Erfordernis jeder Verwirkung. In den angeführten Entscheidungen ist das Erfordernis aufgestellt worden für Fälle, in denen die Klage noch im September und November 1927 erhoben war, also zu einer Zeit, die, verglichen mit der Möglichkeit einer aussichtsvollen Rechtsverfolgung, an sich noch nicht so spät war und wobei nur das Vorliegen einer besonderen Wirkung des Zuwartens auf die Verfügungen des Schuldners die Zulassung des Einwands der Verwirkung noch hätte rechtfertigen können. Je weiter das Hervortreten des Aufwertungsgläubigers mit seinen Ansprüchen von der unvollständigen Befriedigung und der Möglichkeit ihrer Geltendmachung abliegt, desto mehr tritt, zumal im Gebiete des Handelsverkehrs, die natürliche Erscheinung auf, daß vermögensrechtliche Verfügungen und geschäftliche Unternehmungen aller Art vorgenommen werden in der Annahme der Freiheit von Aufwertungsansprüchen, die einseitig weder erkannt wurden noch erkennbar waren. Daher hat sich auch der erkennende Senat im Urteil vom 16. Dezember 1930 II 161/30 gegenüber der Entschuldigung des Klägers, er habe mit der Klage bis Ende September 1928 gewartet, weil er erst im Juli 1928 von der rechtlichen Möglichkeit eines Aufwertungsbegehrens Kenntnis erlangt habe, mit dem Hinweis begnügt, es liege in der Natur der Sache, daß sich die Beklagte, eine Gesellschaft mbH., in ihrem Unternehmen auf das Nichtbestehen einer Aufwertungspflicht eingerichtet habe. Dort, wie auch im Urteil vom 25. November 1930 II 134/30 wird darauf Gewicht gelegt, daß der handelsrechtliche Verkehr, in den auch Ansprüche auf Grund solcher alten Beteiligungen einschlagen, klare und sichere Rechtsbeziehungen erfordere, und es wird weiter darauf hingewiesen, daß nach so langer Zeit (dort 8 bis 9, hier 6 bis 7 Jahre) bei äußerlich vorbehaltlos abgewickelten Rechtsverhältnissen geraume Zeit nach Eintritt der Verfolgungsmöglichkeit keine Aufwertungsansprüche mehr zugelassen werden könnten. Dazu tritt im vorliegenden Fall noch die Verwicklung mit den Schadensersatzansprüchen wegen ungenügenden Arbeitens oder ungenügender Auswertung einer mit Wissen der Klägerin längst aufgegebenen Anlage. Die Ausmittlung dieser Ansprüche hätte sobald wie möglich in Angriff genommen werden müssen. Dabei kommt es nicht auf die Gründe an, aus denen die Anlage zur Zeit des Vergleichsabschlusses beseitigt wurde, unter Umständen also, welche die Parteien nach dem Standpunkt der Klägerin selbst an eine Wiederaufrollung der Sache zum Zwecke der Aufwertung noch nicht denken ließen. Unerheblich ist, daß der Vertrag von 1907 in einzelnen besonderen Beziehungen noch aufrecht erhalten wurde.

e) Auf die Vermögensverhältnisse der Parteien brauchte der Vorderrichter für die Frage der Verwirkung nicht einzugehen, abgesehen von dem mit der Ausführung in 3b oben erledigten Punkt des Vermögens der Klägerin zur Kostentragung. Dann kommt auch die hierzu gerügte Verletzung der Fragepflicht nicht in Betracht.

---

43. Inwieweit hat bei einer Zwangsversteigerung, die während der Geltung der Dritten Steuernotverordnung stattfand, der Ersteher die persönliche Forderung einer im geringsten Gebot stehenden Restkaufgeldhypothek aufzuwerten, die im Zuschlagsbeschlusse mit ihrem Papiermarkbetrag aufgeführt war?

ZVG. § 53.

V. Zivilsenat. Urt. v. 31. Januar 1931 i. S. Preuß. Staat (Kl.) w. St. (Bekl.). V 170/30.

I. Landgericht Stade.
II. Oberlandesgericht Celle.

Auf einem Grundstück des B. stand für den Kläger seit dem 4. Dezember 1919 eine Restkaufgeldhypothek von 36000 M. eingetragen. Im Zwangsversteigerungsverfahren wurde das Grundstück nach Versteigerung am 18. Juni 1925 der Beklagten zugeschlagen. Im geringsten Gebot und im Zuschlagsbeschluß vom 25. Juni 1925 war als von der Beklagten zu übernehmen aufgeführt „die in Abt. III unter Nr. 3 eingetragene Restkaufgeldhypothek von 36000 M." Im Aufwertungsverfahren begehrte der Kläger nach rechtzeitiger Anmeldung (gegen die Grundeigentümerin) Aufwertung der Hypothek auf 25% des Goldmarkbetrags (= 936 GM.) und höhere Aufwertung der persönlichen Forderung. Jene Verpflichtung erkannte die Aufwertungsgegnerin an, diese bestritt sie. Nachdem die Aufwertungsstelle die Aufwertung der persönlichen Forderung auf 12310 GM. ausgesprochen hatte, setzte das Beschwerdegericht das Verfahren aus, damit der Gläubiger eine Prozeßentscheidung über das Bestehen des streitigen Anspruchs dem Grunde nach beibringe. Der Kläger verlangte im Prozeß die Feststellung, daß die Beklagte Schuldnerin der Restkaufgeldforderung im vollen Umfange sei. Er berief sich dabei auf von ihm genehmigte Schuldübernahme nach § 53 ZVG. Die Beklagte gab zu, in Höhe von 25% des Goldmarkbetrages der Hypothek auch persönliche Schuldnerin zu sein; eine weitergehende Schuldübernahme bestritt sie. Während das Landgericht dem Klagbegehren stattgegeben hatte, stellte das Berufungsgericht fest, daß die Beklagte persönliche Schuldnerin nur in Höhe von 25% des Goldmarkbetrags der Hypothek sei; im übrigen wies es die Klage ab. Die Revision des Klägers blieb ohne Erfolg.

Gründe:

Unstreitig ist, daß eine vom Kläger genehmigte Schuldübernahme der Beklagten nach § 53 ZVG. vorliegt, streitig aber, ob sie auf den Aufwertungsbetrag der Hypothek beschränkt oder im ganzen Umfange der höheren Aufwertung der persönlichen Forderung erfolgt ist. Dem Berufungsgericht ist, entgegen den Ausführungen der Revision, in der Annahme einer nur beschränkten Schuldübernahme beizutreten.

Im § 53 ZVG. ist bestimmt, daß der Ersteher die persönliche Schuld „in Höhe der Hypothek" übernehme. Es kommt also darauf an, mit welcher Bedeutung und in welchem Umfange die Hypothek nach den im Zuschlagsbeschluß vom 25. Juni 1925 enthaltenen Bedingungen auf den Ersteher als dessen Last übergegangen ist. Die

Beantwortung dieser Frage läuft auf eine Auslegung der Versteigerungsbedingungen hinaus. Hier kann nun nicht der Meinung von Harmening (Jäckel-Güthe Zwangsversteigerungsgesetz 6. Aufl. S. 1018), auf den sich die Revision beruft, zugestimmt werden, daß sich aus der Einsetzung der Hypothek in das geringste Gebot in Papiermark die Folgerung einer Schuldübernahme der Papiermarkschuld mit allen Entwicklungsmöglichkeiten ergebe. Insoweit ist wesentlich für den Inhalt der Versteigerungsbedingungen der Zeitpunkt, zu welchem sie festgesetzt worden sind. Lag dieser vor Erlaß der Dritten Steuernotverordnung, so war damals allerdings das Schicksal der Papiermarkhypothek und -schuld ganz ungewiß. Der Ersteher übernahm die volle Papiermarkhypothek und damit auch die sich mit dieser deckende persönliche Papiermarkschuld voll und mit der ganzen sich später ergebenden Aufwertungslast. Nach der Genehmigung der Schuldübernahme durch den Gläubiger wurde der frühere Schuldner davon völlig frei. Nach Erlaß der Dritten Steuernotverordnung aber war klar, daß eine Aufwertung der Hypothek nur beschränkt stattfinde und daß sich unter Umständen die Aufwertung der persönlichen Forderung von der der Hypothek unterscheide. Eine Aufführung der Hypothek mit ihrem Papiermarkbetrag als nach den Versteigerungsbedingungen zu übernehmende Last bedeutete damals die Übernahme zu dem gesetzlich beschränkten, sich allerdings möglicherweise noch ändernden Aufwertungsbetrage. Das war der klar ersichtliche Inhalt einer solchen Versteigerungsbedingung, auch wenn dabei — wie es in jener Zeit wohl meist geschehen ist — die Hypothek nicht mit einem in Goldmark umgerechneten Aufwertungsbetrag (sei es zu 15% oder zu 25% des Goldmarkbetrags), sondern noch im Papiermarkbetrag aufgeführt war. Ebenso war damals die gerade im Hinblick auf eine Schuldübernahme nach § 53 ZVG. wichtige Möglichkeit verschiedener Aufwertung der dinglichen und der persönlichen Schuld ersichtlich. Aus den Versteigerungsbedingungen ergab sich dann eine Beschränkung der Hypothekenhaftung. Über diese aber konnte die Schuldübernahme nach § 53 ZVG. nicht hinausgehen. Hiervon Abweichendes hätte in einer besonderen Versteigerungsbedingung bestimmt werden können (§ 59 ZVG.), was aber nicht geschehen ist. (Vgl. zur Frage der Übernahme der persönlichen Aufwertungslast: Harmening a.a.O.; Reinhard-Müller ZVG. 2. Aufl. § 53 Anm. V 1 d; Steiner ZVG. 4. Aufl. S. 192; Brand-Baur Zwangsversteigerung S. 163;

RGZ. Bd. 125 S. 100, wo die zu übernehmenden Hypotheken, wie im vorliegenden Falle, mit ihren Papiermarkbeträgen im geringsten Gebot gestanden haben; KG. in AufwRspr. 1928 S. 212.)

Da Versteigerung und Zuschlag hier zur Zeit der Geltung der Dritten Steuernotverordnung stattgefunden haben, so ging — schon damals ersichtlich — die Hypothek nur in ihrem Aufwertungsbetrage auf den Ersteher über. Auf diesen Betrag blieb auch damit die Schuldübernahme aus § 53 ZVG. beschränkt. Da die Beklagte ihre Haftung in Höhe von 25% des Goldmarkbetrags nicht bekämpft, so bedarf es keiner Erörterung darüber, ob für das Maß der Haftung der Umstand von Bedeutung sein könnte, daß die Dritte Steuernotverordnung die Hypothekenaufwertung geringer bemaß als das Aufwertungsgesetz. Eine weitergehende persönliche Haftung der Beklagten als auf 25% des Goldmarkbetrags der Hypothek ist aus § 53 ZVG. nicht herzuleiten.

---

44. 1. Welche Schuldverhältnisse werden dadurch begründet, daß eine Sparkasse dem Kreditsucher ein „Gefälligkeitssparbuch" über eine nichtgemachte Einlage ausstellt, damit dieser das Buch als Kreditunterlage benutzt?

2. Zur Auskunftspflicht der Sparkassen über die Ordnungsmäßigkeit der von ihnen ausgegebenen Sparbücher.

3. Kann die Haftung einer öffentlichen Körperschaft für schuldhafte Handlungen ihrer Beamten im Privatrechtsverkehr aus § 839 BGB. begründet werden?

BGB. §§ 31, 89, 276, 278, 610, 826, 839.

VIII. Zivilsenat. Urt. v. 2. Februar 1931 i. S. Stadtgemeinde H. (Bekl.) w. D. O. W.-Bank AG. (Kl.). VIII 559/30.

I. Landgericht Hagen.
II. Oberlandesgericht Hamm.

Die von der Beklagten betriebene Städtische Sparkasse unterstand seit dem Oktober 1923 der Leitung des Direktors H., der bis zu seiner Entlassung aus dem Amt (Ende März 1924) zahlreiche und bedeutende Geldgeschäfte, besonders durch Hereinnahme und Ausleihung großer Summen zwecks Zinsgewinns, unternahm und der

Beklagten schwere Verluste verursachte. Er trat dabei auch in Verbindung mit dem Kaufmann Sch., der für das Stahlwerk B. AG. in W. Geld suchte und gegen Akzepte dieser Gesellschaft insgesamt 4 bis 5 Millionen Goldmark an Krediten erhielt. Einen anfangs März 1924 von Sch. nachgesuchten Kredit für das Stahlwerk B. von 500000 GM. lehnte H. zwar ab; er erklärte sich aber bereit, nachdem Sch. die klagende Bank als Geldgeberin gefunden hatte, zur Kreditgewährung durch diese in der Weise zu helfen, daß er gegen $^1/_4$% Monatsprovision für die Sparkasse und Sicherung durch Akzepte des Stahlwerks in Höhe von 600000 GM. ein Sparbuch ausstellte, das der Klägerin als Sicherheit dienen sollte. Das Sparbuch (Nr. 23353) wurde am 7. März 1924 über 500000 Billionen Mark auf den Namen des Sch. ausgestellt; es war von H. und dem Sparkassenbeamten Mö. unterzeichnet und trug den Sperrvermerk „Einlage fest auf drei Monate". Durch Sch. gelangte das Sparbuch an die Klägerin, für die bei dem Geschäft ihr Direktor M. handelte. Die Klägerin behauptet, daß sie daraufhin an das Stahlwerk B. 500000 Billionen Mark gegeben habe. Nach Aufdeckung der Geschäftsführung des H. (seit einer Sitzung des Sparkassenvorstands vom 21. März 1924) lehnte die Beklagte, und zwar zuerst am 9. Mai 1924 der Klägerin gegenüber die Haftung aus dem Sparkassenbuch Nr. 23353 ab. Am 19. Mai 1924 kam das Stahlwerk B. unter Geschäftsaufsicht. Erst am Tage danach erhielt die Beklagte von Sch. die Akzepte des Stahlwerks über 600000 Billionen Mark.

Wegen der Nichtanerkennung des ihr übertragenen Guthabens reichte die Klägerin Klage auf Zahlung von 500000 GM. ein und beantragte gegen die Beklagte den Erlaß des dinglichen Arrestes. In dem Arrestverfahren kam es am 6. Juni 1924 zu einem gerichtlichen Zwischenvergleich, dessen Bestimmungen das Ziel hatten, den überaus dringlichen Geldbedarf der Klägerin mit Hilfe der Beklagten zunächst zu decken. Der Vergleich bestimmte unter anderem:

> Die Beklagte stellt zwei Wechsel über die Beträge von 300000 und 200000 GM. aus, welche die Klägerin akzeptiert und die von der Beklagten mit einem Blankoindossament versehen werden. Die Wechsel sind sechs Wochen nach Ausstellungsdatum zahlbar zu stellen und der Klägerin zur Diskontierung auszuhändigen . . .
>
> Die Beklagte behält im Einverständnis mit Paul Sch. die Akzepte des Stahlwerks B. per 5. August 1924 über insgesamt

600000 GM. als Sicherheit bis zur Abwicklung des vorliegenden Geschäfts in ihrem Besitz ... Werden die vorbezeichneten Wechsel des Stahlwerks B. eingelöst, so sind die darauf eingehenden Beträge zu verwenden zur Einlösung der vorgenannten beiden Akzepte der Klägerin von 300000 und 200000 GM. ...

Werden durch die Einlösung der Akzepte des Stahlwerks B. die beiden Wechselforderungen von 300000 und 200000 GM. abgedeckt, so ist die Klägerin verpflichtet, das Sparbuch Nr. 23353 an die Beklagte herauszugeben. ...

Werden die Wechsel diskontiert, so fällt die etwaige Haftung der Beklagten für Verzugsschaden für die Zeit vom 7. Juni 1924 bis zur Deckung der Wechsel fort. ...

Das Stahlwerk B. hat seine Akzepte nicht eingelöst. Es kam zur Diskontierung der Vergleichswechsel von 300000 und 200000 GM. und mehrmals zu deren Prolongation. Schließlich hat die Beklagte jene Wechsel bei Fälligkeit — im September und Oktober 1924 — eingelöst und daraufhin das Sparbuch zurückerhalten.

Die gegenwärtige Klage betrifft Wechselzinsen, die während der Laufzeit der diskontierten Tratten erwachsen sind, Diskontierungsunkosten und sonstige im Zusammenhang damit von der Klägerin berechnete Kosten in Höhe von insgesamt 90393,88 RM. Das Landgericht hat durch Teilurteil vom 30. Oktober 1925 die Klage in Höhe von 2800 RM. (Kosten eines Verkehrsanwalts) abgewiesen; in Höhe von 3246,20 RM. (Anwaltskosten des früheren Rechtsstreits) die Beklagte verurteilt und im übrigen den Klaganspruch dem Grunde nach festgestellt. Die Beklagte hatte Widerklage auf Zahlung eines Teilbetrags von 20000 GM. der von ihr zur Einlösung der Wechsel gezahlten 500000 GM. erhoben. Diese Widerklage hat das Landgericht durch ein zweites Teilurteil vom 15. Januar 1926 abgewiesen. Gegen beide Teilurteile hat die Beklagte Berufung eingelegt, um Abweisung der Klage und Verurteilung nach dem Antrag der Widerklage zu erreichen. Das Oberlandesgericht hat die Berufung zurückgewiesen.

Die Revision der Beklagten wurde zurückgewiesen, soweit sie sich gegen die Entscheidung zur Widerklage wandte; im übrigen führte sie zur Aufhebung und Zurückverweisung.

Aus den Gründen:

Gegenstand des Streits zur Klage ist zwar nicht unmittelbar, ob die Beklagte an die Klägerin den im Sparbuch Nr. 23353 verbrieften

Betrag von 500000 GM. aus den Gesichtspunkten der Vertragserfüllung oder des Schadensersatzes zu zahlen hat. Dennoch stellt der Berufungsrichter die Erörterung dieser Frage mit Recht in den Mittelpunkt seiner Ausführungen, weil die Klage Ansprüche wegen Verletzung dieser Verpflichtung erhebt. . . .

Der letzte Satz des Vergleichs vom 6. Juni 1924, daß im Fall des gelungenen Diskonts die Beklagte auf Verzugsschaden für die Zeit vom 7. Juni bis zur Deckung der Wechsel nicht haften solle, scheint der Geltendmachung solcher Ansprüche entgegenzustehen. Der Berufungsrichter hat aber in rechtlich einwandfreier Auslegung als den Sinn dieser Bestimmung erkannt, sie betreffe nur die unübersehbaren Schäden, die in den Vermögensverhältnissen der Klägerin während der bezeichneten Spanne künftig eintreten könnten, und lasse die Geltendmachung der Diskontunkosten, die nach dem Vergleichsinhalt entstehen mußten, als Verzugsschaden offen.

Die Rechtsgestalt des zwischen M., Sch. und H. vorgenommenen Geschäfts, bei dem H. mit dem Sparkassenbeamten Mö. ein Sparbuch über 500000 Billionen Mark auf Sch. ausstellte, ohne daß eine Einlage des Sch. bestand, und M. das Sparbuch als Sicherheit für ein an Sch. für die Stahlwerk B. AG. zu gewährendes Darlehen nahm, bezeichnet der Berufungsrichter als Bürgschaft, hilfsweise als Garantievertrag. Diese Rechtsauffassung unterliegt Bedenken. Der Vorderrichter stellt fest: Sch. habe aus dem Sparbuch keine Ansprüche erwerben sollen, wenn er den Kredit von der Klägerin nicht erlange; M. und H. seien beide darüber klar gewesen, daß die Beklagte der Klägerin nach Maßgabe des Sparbuchs zur Sicherung des von der Klägerin an Sch. (Stahlwerk B.) zu gebenden oder gegebenen Kredits verpflichtet werde. Der Berufungsrichter meint, das entspreche einem Bürgschaftswillen; bei der bankmäßigen, kaufmännischen Geschäftsführung des Sparkassenbetriebs sei die Wahrung der Bürgschaftsform entbehrlich gewesen. Aber auch wenn man darüber hinwegsieht, daß der Inhalt der zwischen H. und Sch. getroffenen Vereinbarung dem Vertreter der Klägerin, an den das Buch durch weitere Vermittlung ging, nicht bekannt war, so ergibt sich doch jedenfalls aus diesen vom Berufungsgericht festgestellten Abreden nichts für die der Bürgschaft wesentliche akzessorische Natur der von der Sparkasse übernommenen Verpflichtung, noch weniger aus den Einträgen des Sparbuchs. Die Gestaltung der Hauptschuldwar nach den Feststellungen des Berufungsrichters bei der Ausstellung des Sparbuchs vollkommen unklar und ist auch später im Verhältnis der Parteien zueinander nicht geklärt worden. Der Inhalt der von der Sparkasse zu vertretenden Leistung war dagegen nach Höhe, Verzinsung, Fälligkeit und anderen Bedingungen fest bestimmt.

Die Rechtsverhältnisse, die bei der Ausstellung eines einlageleeren „Gefälligkeitssparbuchs" zwecks Kreditbeschaffung entstehen, hat das Reichsgericht im Urteil RGZ. Bd. 124 S. 217 und in der Sache IV 419/26 (Urteil vom 23. Dezember 1926) behandelt. In dem letztgenannten Urteil kommt nur zum Ausdruck, daß der Umstand, daß keine Einlage gemacht ist, der Annahme eines ernstlichen Verpflichtungswillens nicht entgegensteht. Das in Bd. 124 abgedruckte Erkenntnis faßt die Ausstellung eines solchen Buchs zu Kreditzwecken dahin auf, daß der Aussteller dem Begünstigten (hier Sch.) ein Darlehnsversprechen im Sinne des § 610 BGB. und zwar dahin gebe, er werde dem berechtigten Vorleger des Buchs nach dessen Inhalt Zahlung leisten und damit dem Begünstigten ein Darlehen gewähren, das dieser zurückzuzahlen habe. Der Berufungsrichter hat auch diese Auffassung in Erwägung gezogen, sie aber abgelehnt, weil nach dem Zweck der Ausstellung des Sparbuchs die Verpflichtung der Beklagten gegenüber dem Geldgeber nicht von den Einwendungen habe abhängen sollen, die aus dem Schuldverhältnis der Sparkasse zu Sch. entsprangen, insbesondere nicht von der Erfüllung der von ihm zugesagten Sicherstellung durch Wechsel. Diese bindende und der Natur der Sache entsprechende Auslegung des Parteiwillens führt zu dem Gedankengang, der dem Urteil RGZ. Bd. 60 S. 21 zugrunde liegt. Auch in jenem Fall handelte es sich wie hier um Kreditverschaffung statt Kreditgewährung; dort wurde durch den Kredithelfer ein Schuldschein ausgestellt, der den Tatsachen zuwider den Empfang eines Darlehns von dem Kreditsucher bescheinigte und Rückzahlungsverpflichtungen enthielt. Das Urteil in Bd. 60 faßt diese zur Weitergabe bestimmte Schuldurkunde rechtlich dahin auf, daß sich der Aussteller (Kredithelfer) gegenüber dem Erwerber des Schuldscheins (Geldgeber) als Darlehnsschuldner verpflichte. Das, was der Erwerber an den Kreditsucher zahle, sei die der Schuldscheinsverpflichtung entsprechende Valuta. Weil der Helfer nicht gegen eine Zahlung des Kreditsuchenden, sondern auf Grund einer Zahlung des Erwerbers der Forderung diesem den verschriebenen Betrag schuldig werde, ständen ihm gegen den Erwerber auch nicht die Einreden aus dem zwischen ihm und dem Kreditsucher begründeten Schuldverhältnis zu. Diese Auffassung der Schuldbeziehungen deckt sich auch für den vorliegenden gleichartigen Fall mit dem, was der Berufungsrichter als Parteizwecke und Parteiwillen, für diese Instanz bindend, feststellt. Die vorgesehene Darlehnshingabe von seiten der Klägerin an Sch. (für das Stahlwerk B.) ist nach den tatsächlichen Feststellungen des Berufungsrichters zustandegekommen. Die „Rückzahlungspflicht" nach Maßgabe des Sparbuchs bestand deshalb (sei es als alleinige Schuld der Beklagten, sei es in Mitschuld mit dem Darlehnsempfänger) — wie der Berufungsrichter im Ergebnis zutreffend annimmt — unter der Voraussetzung, daß die Maßnahmen des H. die Beklagte wirksam verpflichten konnten.

Bei dieser Prüfung geht der Berufungsrichter von dem Inhalt der am 3. Mai 1923 in Kraft getretenen Satzung der Städtischen Sparkasse in H. aus. Nach § 3 dieser Satzung wird die Verwaltung der Sparkasse durch einen Vorstand geführt, der aus dem Bürgermeister als Vorsitzenden, aus sechs Mitgliedern, von denen mindestens zwei der Stadtverordnetenversammlung angehören müssen, und aus dem Leiter der Kasse als beratendem Mitglied besteht. Nach § 4 hat der Vorstand die Stellung einer öffentlichen Behörde und vertritt die Sparkasse gerichtlich und außergerichtlich mit der Befugnis zur Bestellung besonderer Vertreter für bestimmte Geschäfte. Als „Obliegenheiten des Vorstands" verordnet § 6:

> Der Vorstand verwaltet die Sparkasse nach Maßgabe der Satzung, für deren genaue Befolgung er verantwortlich ist. Der Vorstand ist befugt, die Bewilligung der Kredite aus den §§ 27, 28, 29 (Anlegung der Spargelder in Darlehen, gegen Faustpfand, gegen Schuldschein und Wechsel sowie an Gemeinden) einem Ausschuß zu übertragen, der aus dem Vorsitzenden oder seinem Stellvertreter, dem Leiter der Kasse und mindestens zwei Vorstandsmitgliedern besteht, welche Mitglieder der Stadtverordnetenversammlung sein müssen. Die durch diesen Ausschuß bewilligten Kredite sind dem Vorstand bei seinem nächsten Zusammentritt zur Prüfung und Genehmigung vorzulegen.

Über Beamte und Angestellte bestimmt § 9 Ziff. 1:

> Die Kassengeschäfte und die Buch- und Rechnungsführung besorgen unter Aufsicht des Leiters nach dem Inhalt der Satzung

und der Geschäftsanweisung die hierfür bestellten Beamten und Angestellten.

Nach Ziff. 3 sind alle Quittungen „nur gültig, wenn sie von zwei vom Vorstand dazu bestimmten Beamten und Angestellten gemeinschaftlich vollzogen sind."

Nach Ziff. 4 ist der Leiter der Kasse zur Einklagung und zwangsweisen Beitreibung der rückständigen Zinsen, Tilgungsraten und sonstigen fälligen Forderungen ermächtigt und verpflichtet.

Über „Urkunden" verordnet § 7:

Öffentliche Urkunden, durch welche die Sparkasse gegen andere verpflichtet werden soll, müssen von dem Vorsitzenden und dem Leiter der Kasse oder deren Stellvertretern vollzogen und mit dem Sparkassenstempel versehen sein, soweit in dieser Satzung nichts anderes bestimmt ist.

Für die Eintragungen über Ein- und Rückzahlungen im Sparbuch verlangt § 13 Ziff. 3 die eigenhändige Unterschrift von zwei dazu bestimmten Beamten (H. und Mö. waren bestimmt).

Der Berufungsrichter verkennt nicht, daß diese Satzungsbestimmungen unmittelbar keine Rechtsgrundlage für H. ergeben, unter der Maske der Sparbuchausstellung ein Kreditgeschäft der in Frage stehenden Art zu schließen. Dennoch gelangt der Berufungsrichter dazu, die Vertretungsmacht des H. für die Beklagte zu bejahen. Er stützt sich dabei im wesentlichen auf die Kaufmannseigenschaft des Sparkassenbetriebs, die er in Übereinstimmung mit der Rechtsprechung des Reichsgerichts (RGZ. Bd. 116 S. 227) annimmt wegen des starken Anteils von bankmäßigen Geschäften und des obwaltenden Gewinnzwecks. Diese Ausführungen halten den Angriffen der Revision nicht stand (wird ausgeführt).

... Somit ist die Meinung des Berufungsrichters abzulehnen, daß die Beklagte durch die Ausgabe des Sparbuchs von seiten des H. samt den diese Handlung begleitenden Abreden rechtsgeschäftlich wirksam verpflichtet worden sei.

Was für diese Vorgänge gilt, trifft in gleichem Maße zu, soweit eine rechtsgeschäftliche Verpflichtung der Beklagten zur Leistung gemäß dem Sparbuch aus den Erklärungen des H. gegenüber der Klägerin hergeleitet werden könnte. Dafür kommt nach den Feststellungen des Berufungsrichters in Betracht, daß der vertretungsberechtigte Vorstand der Klägerin, M., sich mündlich bei H. erkundigt hat, ob das Buch in Ordnung sei, und daß H. die Frage bejaht und schriftliche Bestätigung zugesagt hat. Dieser Rücksprache ist nach einigen Tagen das Ersuchen des M. um Bestätigung gefolgt, daß der Betrag von 500000 Billionen Mark für die Klägerin bei der Beklagten als Sicherheit liege und daß das Geld ohne Weisung der Klägerin an keinen Dritten ausgezahlt werde. H. hat daraufhin nur bestätigt, daß auf das Sparbuch Nr. 23353 Rückzahlungen vor dem 7. Juni 1924 nicht erfolgen würden und daß auch dann nur gegen Vorlage „des kompletten Buchs" Zahlung geleistet werde. Der Berufungsrichter hat aus dem Hergang dieser Erkundigungen, insbesondere aus der mündlichen Rücksprache vom 8. März 1924 entnommen, daß zum mindesten ein Vertrag auf Auskunfterteilung zwischen den Parteien zustande gekommen sei und daß H. als Erfüllungsgehilfe der Beklagten grobfahrlässig eine unrichtige Auskunft erteilt habe, weshalb die Beklagte nach den §§ 276, 278 BGB. auf Leistung von Schadensersatz hafte.

Die Angriffe der Revision gegen diese Stellungnahme sind im wesentlichen unbegründet. (Wird ausgeführt.)

.... Als Grundlage dieses Schadensersatzanspruchs sieht der Berufungsrichter die Rückfrage des M. und die von H. namens der Sparkasse gegebenen Antworten an, worin er die Abschlußhandlungen eines selbständigen Vertrags auf Auskunfterteilung sieht. Das ist rechtlich nicht zu beanstanden. Folgerungen auf den Abschluß solcher Auskunft-Verträge hat auch das Reichsgericht mehrfach — so in RGZ. Bd. 101 S. 301, im Urteil vom 17. Oktober 1925 I 31/25 und in dem vom Berufungsurteil angeführten Erkenntnis RGZ. Bd. 126 S. 50 — aus Frage und Auskunft in Verbindung mit der Würdigung der Verkehrsübung und des Verkehrsbedürfnisses gezogen. Die Revision stellt das zwar nicht in Zweifel; sie meint aber, auch zum Abschluß eines Vertrags auf Auskunftserteilung sei H. nicht befugt gewesen, weil es insoweit an jeder Grundlage in der Satzung der Sparkasse fehle. Der Berufungsrichter hat aber darin Recht, daß die Befugnis, verbindliche Auskunft an Kunden zu erteilen, nicht notwendig mit der Vertretungsmacht wegen des Geschäfts zusammenfällt, auf das sich die Anfrage bezieht. Er betont zutreffend, daß schon mit der selbständigen Bearbeitung der Post, die dem H. oblag, ein erhebliches Maß laufender verbindlicher Auskunftstätigkeit notwendig verknüpft sei. Dem ist hinzuzufügen, daß auch die nach § 13 der

Satzung dem H. übertragene Eigenschaft eines Urkundsbeamten für die Sparbucheinträge nach dem Verkehrsbedürfnis notwendig zur gleichen Folge führt. Es liegt zutage, daß sich die Frage nach der Echtheit der Unterschriften unter den Einträgen des Sparbuchs, das durch die zuständigen Ausgabebeamten in den Verkehr gelangt war, an keinen anderen zutreffender wenden könnte, als an den Sparkassendirektor. Aber auch im übrigen fällt die Beantwortung der Frage nach der Ordnungsmäßigkeit des Sparbuchs in den laufenden Geschäftsbereich des Direktors, soweit die Frage auf die satzungsmäßige Ausstellung oder auf sonstige Umstände zielt, die der zuständigen Prüfung des Sparkassenleiters unterliegen. Jedenfalls ist dem Berufungsrichter darin beizutreten, daß die Frage nach der Zuständigkeit der handelnden Beamten dazugehört, und daß ferner die Frage nach der Ordnungsmäßigkeit des Buchs von H. nicht ohne Aufklärung bejaht werden durfte, wenn es satzungswidrig auf Grund eines Geschäfts ausgestellt worden war, für das der Sparkassendirektor, wie er wußte, keine Vertretungsmacht hatte. Der Vorderrichter hat ohne Rechtsirrtum grobfahrlässiges Handeln des H. angenommen und deshalb nach den §§ 276, 278 BGB. zutreffend die vertragliche Schadensersatzpflicht der Beklagten wegen Verletzung der wirksam übernommenen Auskunftspflicht bejaht.

Soweit indes der Berufungsrichter diese Stellungnahme noch aus den Vorschriften über unerlaubte Handlungen begründet, sind seine Ausführungen von Rechtsirrtum beeinflußt. Er geht davon aus, daß sowohl H. wie der damalige Bürgermeister der Beklagten Dr. A. als verfassungsmäßig berufene Vertreter der Beklagten im Sinne der §§ 31, 89 BGB. die Klägerin geschädigt hätten, und zwar durch Erteilung fahrlässig falscher Auskunft, Dr. A. durch Vernachlässigung der gebotenen Aufsicht. Daß H., dem eine rechtsgeschäftliche Vertretung der Beklagten satzungsmäßig nur in den engen Grenzen des § 9 Abs. 1, 3 und 4 und des § 13 der Satzung zustand, zu den Vertretern im Sinne des § 31 oder auch des § 30 BGB. gehört, ist nach den Gesichtspunkten der insoweit grundlegenden Entscheidung RGZ. Bd. 74 S. 250 nicht anzuerkennen. Der Sparkassenrendant, den die Entscheidung in JW. 1912 S. 283 als verfassungsmäßig berufenen Vertreter der dort verklagten Sparkasse einer Amtsgemeinde gelten läßt, hatte als Vorsitzender des die Sparkasse allgemein vertretenden Vorstands eine andersartige Stellung als hier der im wesentlichen nur zur technischen Leitung berufene und im Vorstand nur beratende Direktor H. Bei im wesentlichen gleichartig gestellten Sparkassenleitern wurde die Anwendung der §§ 31, 89 BGB. in der Rechtsprechung des Reichsgerichts abgelehnt (JW. 1929 S. 1002 Nr. 3; Urteil vom 20. Januar 1930 VIII 505/29). Sicherlich trifft aber für den Bürgermeister Dr. A. zu, daß er verfassungsmäßig berufener Vertreter der Beklagten war, und das Berufungsgericht hat rechtlich einwandfrei dargelegt, daß er seine Aufsichtspflicht grobfahrlässig vernachlässigt hat. Ist damit das Schuldmoment, soweit die Person des Dr. A. in Frage steht, für die §§ 31, 89 BGB. und für den Haftungsweg nach § 831 BGB. aus der Verletzung der verkehrsmäßigen Auskunftspflicht durch H. gegen die Beklagte festgestellt, so bedarf es doch, um eine zum Schadensersatz verpflichtende Handlung im Sinne der genannten Gesetzesbestimmungen annehmen zu können, auch der Verwirklichung mindestens der objektiven Tatbestände einer deliktischen Schädigung, wie sie die §§ 823, 826, 831 BGB. ergeben. Der Berufungsrichter knüpft nicht an diese Haftungsgründe an, von denen er den des § 826 BGB. prüft und für nicht anwendbar erklärt, sondern an § 839 BGB. Diese Auffassung ist rechtsirrig. Zutreffend ist der Ausgangspunkt der Erörterung, daß sich die in § 839 geregelte Amtshaftung der Beamten, zu denen nach den Feststellungen des Berufungsrichters sowohl Dr. A. wie H. gehören, nicht auf das durch Art. 131 RVerf. geregelte Gebiet der Ausübung öffentlicher Gewalt beschränkt, sondern daß sie (den Beamten gegenüber) auch die Handhabung privatrechtlicher Belange der öffentlichen Rechtsträger durch ihre Beamten angeht. Es sind auch keine Rechtsbedenken gegen die Ausführung zu erheben, daß die Pflicht, richtige Auskunft zu geben, dem H. und die Aufsichtspflicht dem Bürgermeister nicht nur als Dienstpflichten gegenüber der Beklagten, sondern auch als Amtspflichten gegenüber dem mit der Sparkasse verkehrenden Publikum oblagen (RGZ. Bd. 53 S. 276, Bd. 91 S. 341).

Es steht aber kein Anspruch gegen die Beamten, sondern ein solcher gegen die Stadtgemeinde in Frage; die Anwendbarkeit des Art. 131 RVerf. zieht jedoch der Berufungsrichter nicht in Erwägung. Er will vielmehr aus dem Wortlaut des § 31 BGB. entnehmen, daß die beamtenrechtliche Bestimmung des § 839 BGB. — nicht weniger als die Haftungsgründe des allgemeinen bürgerlichen Rechts — im

Sinne des § 31 die Pflichtverletzung des vertretenden Beamten als „eine zum Schadensersatz verpflichtende Handlung" kennzeichne. Ob das gegen § 839 verstoßende, die Voraussetzungen des allgemeinen Deliktsrechts aber nicht erfüllende Verhalten eines Beamten auch als widerrechtliche Schadenszufügung im Sinne des § 831 angesehen werden soll, läßt der Berufungsrichter unerörtert. Auch das läge aber im Sinne seiner Beweisführung.

Dem Berufungsrichter ist zuzugeben, daß das Urteil in RGZ. Bd. 68 S. 278 auf dem Wege über § 839 BGB. in Verbindung mit den §§ 31, 89 das. die Haftung einer Stadtgemeinde für fahrlässig falsche Auskunft zuzulassen scheint, wenngleich das Erkenntnis einen unzweideutigen Ausspruch dieses Sinnes nicht enthält. Dagegen hat die neuere Rechtsprechung des Reichsgerichts diesen Gedankenweg abgelehnt, zwar nicht die vom Berufungsrichter angezogene Entscheidung RGZ. Bd. 126 S. 359, die einen Fall der Haftung auf dem Gebiet der öffentlichen Gewalt betrifft, wohl aber das Urteil RGZ. Bd. 122 S. 351 (insbes. S. 359) und im Anschluß daran das Urteil vom 20. Januar 1930 VIII 505/29. Ohne Erörterung der Frage geht aber die Rechtsprechung zur Staatshaftung im privatrechtlichen Kreise ganz regelmäßig davon aus, daß nur die Haftungsgründe des allgemeinen Rechts zur Herstellung der Verantwortlichkeit der öffentlichen Körperschaft in Frage kommen, und zieht den § 839 BGB. dazu nicht heran (so RGZ. Bd. 74 S. 250, Bd. 78 S. 325, Bd. 91 S. 341, Bd. 121 S. 382, Bd. 128 S. 353; JW. 1929 S. 1002 Nr. 3; Urt. vom 20. November 1928 II 414/28). An dieser auch im Schrifttum vorherrschenden Ansicht ist festzuhalten. Der Gedanke des § 89 BGB., der die nach § 31 das. für Körperschaften des Privatrechts bestimmte Haftbarkeit auf den Staat und andere Körperschaften des öffentlichen Rechts ausdehnt, ist der, „daß der Staat, wenn er auf Ersatz des Schadens in Anspruch genommen wird, den seine Beamten durch Vernachlässigung ihrer Dienstobliegenheiten Dritten zugefügt haben, keine gesonderte Rechtsstellung um deswillen beanspruchen kann, weil den Beamten die von ihnen verletzte Dienstpflicht als öffentlichrechtliche obliegt. Wird bei Handhabung dieser Obliegenheiten diejenige Sorgfalt außer acht gelassen, welche im Rechtsleben nach dem bürgerlichen Gesetze zu beobachten ist, so muß sich auch der Staat die Beurteilung der Handlungsweise seiner Beamten nach den allgemeinen Vorschriften des bürgerlichen Rechts

(§§ 276, 823 BGB.) gefallen lassen, wie seine eigene Haftung für diese den allgemeinen Vorschriften der §§ 31, 89, 831 BGB. untersteht." Diesen Ausführungen des III. Zivilsenats in RGZ. Bd. 78 S. 329 ist in vollem Umfange zu folgen. Ergibt sich daraus einerseits, daß die öffentliche Körperschaft bei unerlaubten Handlungen ihrer Beamten im Gebiete des privaten Rechts keinen Anspruch auf die in § 839 BGB. bestimmten Milderungen der Haftung hat, so kann anderseits die öffentliche Körperschaft auch nicht darin schlechter gestellt sein, daß sie für eine im Privatrechtsverkehr verübte Pflichtverletzung eines Beamten deshalb eintreten müßte, weil er eben Beamter ist, während im gleichen Falle eine Körperschaft nichtöffentlichen Rechts für ihren pflichtwidrig handelnden Angestellten nicht haften würde. Diese Erwägungen schließen gleichzeitig aus, daß die Verwirklichung des Tatbestandes einer Amtspflichtverletzung als widerrechtliche Schadenszufügung im Sinne des § 831 BGB. betrachtet oder § 839 BGB. als Schutzgesetz im Sinne von § 823 Abs. 2 das. anerkannt werden könnte.

Fällt damit die Grundlage der vom Berufungsrichter angenommenen deliktischen Haftung, so ist anderseits fraglich, ob seine Erwägungen zur Ausschließung des § 826 BGB. bei der Beurteilung der Handlungen des H. hinreichen. (Wird ausgeführt.)

Jedenfalls ist aber schon aus dem Gesichtspunkt der Vertragshaftung wegen fahrlässig unrichtiger Auskunft die Schadensersatzpflicht der Beklagten mit dem Vorderrichter zu bejahen. Er hat noch erwogen, ob der so begründeten Haftung ein mitwirkendes Verschulden des zur Vertretung der Klägerin berechtigten Direktors M. gegenüberstehe, und hat die Frage verneint. Die Revision greift jedoch diese Entscheidung mit Recht an. . . . (Wird ausgeführt; aus diesem Gesichtspunkt wird das Urteil zur Klage aufgehoben.)

---

45. 1. Ist der Beschluß des gemeinschaftlichen oberen Gerichts, durch den ein Amtsgericht als zuständige Aufwertungsstelle bestimmt wird, unwirksam, wenn das Fehlen eines für die mehreren Schuldner begründeten gemeinschaftlichen Gerichtsstandes zu Unrecht angenommen wurde?

2. Fallen unter die auf Polen übertragenen tous biens meubles, die ein Träger der deutschen sozialen Versicherungen

in Polnisch-Oberschlesien besaß, nur bewegliche Sachen im Sinne des deutschen Bürgerlichen Gesetzbuchs?

3. Ist die durch Hypothek auf einem Grundstück in Polnisch-Oberschlesien gesichert gewesene persönliche Forderung deshalb nicht kraft Rückwirkung aufwertbar, weil die Hypothek nach polnischem Recht nicht aufgewertet wird?

AufwG. §§ 9, 15, 16. DurchfVo. z. AufwG. v. 29. November 1925 Art. 118. Versailler Vertrag Art. 312. Entscheidung des Rates des Völkerbundes v. 9. Dezember 1924 (Bek. v. 14. Januar 1925, RGBl. II S. 2) Art. 2, 3, 6.

IV. Zivilsenat. Urt. v. 2. Februar 1931 i. S. Graf H. v. D. u. Gen. (Bekl.) w. Landesversicherungsanstalt Schlesien (Kl.). IV 243/30.

I. Landgericht Breslau.
II. Oberlandesgericht daselbst.

Nachdem der Rechtsstreit durch das Urteil vom 5. März 1928 (abgedr. RGZ. Bd. 120 S. 277) an das Berufungsgericht zurückverwiesen worden war, hat dieses, dem im neuen Berufungsverfahren von der Klägerin und Berufungsklägerin gestellten Antrag entsprechend, festgestellt: Die Beklagten sind als Gesamtschuldner verpflichtet, die persönliche Forderung der Klägerin, für welche (auf einem Grundstück im polnisch gewordenen Teil von Oberschlesien) eine am 17. Juli 1925 gelöschte Hypothek über 83000 M. eingetragen war, in Höhe von 31950,64 PM. nach den Bestimmungen des Aufwertungsgesetzes aufzuwerten.

Die Revision der Beklagten hatte keinen Erfolg.

Gründe:

Den Gegenstand des Streites bildet die Aufwertung desjenigen Restbetrages der durch eine Hypothek gesichert gewesenen persönlichen Darlehnsforderung, welcher in Höhe von 31950,64 M. in der Zeit vom 15. Juni 1922 bis zum 22. August 1923 zurückgezahlt worden ist. Die Aufhebung des früheren Berufungsurteils durch das Revisionsgericht beruht auf der Auffassung, daß auf diesen Betrag die persönliche Forderung als Markforderung im Sinne des § 1 AufwG. nach deutschem Recht aufzuwerten ist. Dieser Auffassung folgend sagt das Berufungsgericht, nachdem es die im früheren Berufungs- und Revisionsverfahren offen gelassene Frage der Sachbefugnis der Klägerin geprüft und bejaht hat: es seien die Bestimmungen des deutschen Aufwertungsgesetzes anzuwenden; da die nach § 16 das. erforderliche Anmeldung unstreitig rechtzeitig erfolgt sei, habe die Aufwertung stattzufinden.

1. Die Revision macht hiergegen geltend: Die Parteien seien stets von der Annahme ausgegangen, daß durch die beim Amtsgericht Breslau bewirkte Anmeldung des Anspruchs auf Aufwertung kraft Rückwirkung (§ 15 AufwG.) die Anmeldungsfrist des § 16 AufwG. gewahrt worden sei. In Wahrheit sei dieses Gericht aber örtlich nicht zuständig gewesen. Es sei zwar auf Antrag der Klägerin durch das Oberlandesgericht Breslau als Aufwertungsstelle bestimmt worden. Das Oberlandesgericht hätte aber den Antrag auf Zuständigkeitsbestimmung zurückweisen müssen, da sich aus Art. 118 Abs. 2 der Durchführungsverordnung vom 29. November 1925 für alle Inanspruchgenommenen ein gemeinsamer Gerichtsstand, und zwar (wie näher ausgeführt wird) bei einem anderen Amtsgericht ergebe. Die Zuständigkeitsbestimmung durch das Oberlandesgericht sei deshalb unwirksam. Die Anmeldung bei einer örtlich unzuständigen Aufwertungsstelle habe gemäß RGZ. Bd. 117 S. 346 (352flg.) zur Wahrung des Aufwertungsanspruchs nicht genügt. Damit entfalle die erste Voraussetzung des Anspruchs.

Die Einwendung ist unbegründet. Die in § 15 AufwG. zugelassene Aufwertung kraft Rückwirkung findet nach § 16 das. allerdings nur statt, wenn der Gläubiger den Anspruch auf Aufwertung rechtzeitig bei der Aufwertungsstelle angemeldet hat. Daß die Anmeldung bei einer örtlich unzuständigen Stelle zur Wahrung des Anspruchs genüge, hat der V. Zivilsenat des Reichsgerichts in dem angeführten Beschlusse auch für einen Fall verneint, in dem, wie hier, die angegangene Stelle selbst ihre Zuständigkeit angenommen hatte und demgemäß tätig geworden war. Indes braucht zu der damals entschiedenen Streitfrage nicht von neuem Stellung genommen zu werden. Denn durch den auch von der Revision angeführten Beschluß des Oberlandesgerichts ist das Amtsgericht Breslau als die zuständige Aufwertungsstelle für die persönliche Forderung bestimmt worden. Diese Zuständigkeitsbestimmung ist unanfechtbar. Sie konnte weder von dem als zuständig bestimmten Gericht noch von den Antragsgegnern in dem Anmeldungs- und Einspruchsverfahren des § 16 AufwG. mit der Begründung beanstandet werden, das Oberlandesgericht habe die Voraussetzung des Art. 118 Abs. 2 Satz 3 DurchfVo., nämlich das Fehlen eines für die mehreren Schuldner begründeten gemeinschaftlichen Gerichtsstandes, zu Unrecht angenommen. Noch weniger kann diese Beanstandung im gegenwärtigen Rechtsstreit erhoben werden (vgl. zu der rechtsähnlichen Vorschrift des § 36 Nr. 3 ZPO.: RGZ. Bd. 86 S. 404 und WarnRspr. 1917 Nr. 123; sowie zu § 5 FGG.: Schlegelberger Komm. 3. Aufl. Anm. 7). ...

2. In zweiter Reihe wendet sich die Revision gegen die Entscheidung über die Sachbefugnis der Klägerin. Diese Entscheidung geht aus von Art. 312 des Vertrags von Versailles (VV.) vom 28. Juni 1919. Nach Abs. 1 das. verpflichtet sich die deutsche Regierung, derjenigen Macht, an welche deutsche Gebiete in Europa abgetreten werden, einen entsprechenden Anteil der von der Reichsregierung oder von den Regierungen der deutschen Staaten oder von den unter ihrer Aufsicht tätigen öffentlichen oder privaten Körperschaften angesammelten Reserven abzutreten, die für den gesamten Dienst der sozialen und staatlichen Versicherungen in diesen Gebieten bestimmt sind. Nach Abs. 3 das. werden die Bedingungen dieser Übertragung durch besondere Übereinkommen zwischen der deutschen Regierung und den beteiligten Regierungen geregelt. In Abs. 4 das. heißt es:

> Falls diese besonderen Übereinkommen nicht nach Maßgabe des vorstehenden Artikels binnen drei Monaten nach Inkrafttreten des gegenwärtigen Vertrags geschlossen sind, werden die Übertragungsbedingungen in jedem Einzelfall einem aus fünf Mitgliedern gebildeten Ausschuß unterbreitet. ... Dieser Ausschuß hat mit Stimmenmehrheit innerhalb einer Frist von drei Monaten nach seiner Bildung Vorschläge aufzustellen, die dem Rat des Völkerbundes zu unterbreiten sind; die Entscheidungen des Rats sind von Deutschland und von dem anderen beteiligten Land mit sofortiger Wirkung als endgültig anzusehen.

Im Anschluß hieran bestimmt das am 15. Mai 1922 in Genf geschlossene, mit dem Gesetz vom 11. Juni 1922 (RGBl. II S. 237) veröffentlichte deutsch-polnische Abkommen über Oberschlesien in Art. 208, die Übertragung der Fonds der sozialen und staatlichen

Versicherungen bezüglich Polnisch-Oberschlesiens werde gemäß Art. 312 VV. durch ein besonderes Abkommen geregelt werden; die in Abs. 4 das. bezeichnete Frist beginne am Tage des Inkrafttretens dieses Abkommens. Das in den angeführten Bestimmungen des Versailler Vertrags und des Genfer Abkommens vorgesehene besondere Abkommen ist nicht zustandegekommen. Deshalb hat der Rat des Völkerbundes auf Grund des Art. 312 Abs. 4 VV. die Vermögensübertragung an Polen bezüglich der sozialen Versicherungen in Polnisch-Oberschlesien durch die Entscheidung vom 9. Dezember 1924 geregelt. Nach dieser vom Reichsarbeitsminister am 14. Januar 1925 bekannt gemachten Entscheidung (RGBl. II S. 2) zahlt das Deutsche Reich an Polen als Abfindung einen bestimmten Geldbetrag (Art. 3); außerdem wird laut der in der Bekanntmachung dem französischen Text beigefügten deutschen Übersetzung „das Eigentum an allen beweglichen Sachen, die ein Träger der genannten Versicherungen in Polnisch-Oberschlesien besaß", an Polen übertragen (Art. 2).

Das Berufungsgericht führt hierzu aus: Über die den Anstalten der sozialen Versicherung zustehenden Forderungen sei in der Entscheidung des Völkerbundsrates nichts bestimmt. Diese Forderungen seien daher den bisherigen Gläubigern geblieben. Die Klägerin, die zu jenen Anstalten gehöre, sei mithin nach wie vor Gläubigerin der streitigen Aufwertungsforderung. Die Entscheidung des Völkerbundsrates sei für Deutschland und Polen bindend. Daß sie laut den von den Beklagten angezogenen Entscheidungen des Bezirksgerichts und des Appellationsgerichts in Kattowitz aus den Jahren 1926 und 1927 wegen Fehlens der Bekanntmachung im polnischen Gesetzblatt von polnischen Gerichten nicht anerkannt worden sei, habe für die deutschen Gerichte keine Bedeutung.

Die Revision wendet zunächst ein: Die Entscheidung des Völkerbundsrates dürfe nicht als Grundlage für die Entscheidung dieses Rechtsstreits dienen. Denn einmal habe der polnische Staat, der die Meinung vertrete, daß durch Art. 2 der Entscheidung gerade die Hypothekenforderungen auf den in Polen neu geschaffenen Versicherungsträger übertragen werden sollten, das in Art. 6 der Entscheidung vorgesehene Schiedsgericht angerufen, dessen Spruch noch ausstehe. Sodann könne die sowohl Deutschland als auch Polen betreffende Entscheidung nach völkerrechtlichen Grundsätzen erst dann Gesetzeskraft erlangen, wenn sie in beiden Vertragsstaaten als Gesetz veröffentlicht worden sei; das sei aber in Polen nicht geschehen.

Demgegenüber ist zu sagen: Die Sachbefugnis der Klägerin ist mit ihrer ursprünglichen Eigenschaft als Darlehnsgläubigerin gegeben. Diese Eigenschaft hat sie noch nicht dadurch verloren, daß die deutsche Regierung in Art. 312 VV. die völkerrechtliche Verpflichtung eingegangen ist, einen Teil der für die sozialen Versicherungen angesammelten Reserven an Polen abzutreten, und daß dort sowie in Art. 208 des Genfer Abkommens die Regelung dieser Verpflichtung durch ein besonderes Abkommen, hilfsweise durch eine Entscheidung des Völkerbundsrates vorgesehen ist. Es fragt sich nur, ob die Entscheidung des Völkerbundsrates vom 9. Dezember 1924 der Klägerin ihr Gläubigerrecht genommen hat. Die Entscheidung ist nach Art. 312 Abs. 4 VV. von Deutschland und Polen „mit sofortiger Wirkung als endgültig anzusehen". Das hat indessen zunächst ebenfalls nur völkerrechtliche Bedeutung. Davon geht auch der Art. 6 der Entscheidung aus, indem er bestimmt, daß über „Streitigkeiten aus den vorstehenden Bestimmungen" ein Schiedsgericht entscheide, in das jede der beiden Regierungen zwei Vertreter entsende und für das der Präsident des Internationalen Gerichtshofs im Haag den Obmann benenne. Es handelt sich dabei um einen im schiedsgerichtlichen Verfahren zu erledigenden völkerrechtlichen Streit. Innerstaatliche Geltung hat die Entscheidung des Völkerbundsrates nur dann gewinnen können, wenn ihr Inhalt als innerstaatliches Recht gesetzt wurde. Ob dazu nach der Natur der durch die Entscheidung geregelten Rechtsbeziehungen für die Rechtsanwendung in Deutschland die Bekanntmachung durch den zuständigen Reichsarbeitsminister genügte oder ob die innerstaatliche Inkraftsetzung für Deutschland als durch die entsprechende innerstaatliche Inkraftsetzung für Polen bedingt anzusehen ist, kann auf sich beruhen. Denn die Entscheidung des Völkerbundsrates ist inzwischen auch im Gesetzblatt der Republik Polen (Dziennik Ustaw R. P.) 1929 S. 1014 mit einer Regierungserklärung vom 1. August 1929 im französischen Text nebst polnischer Übersetzung bekannt gemacht worden. Die für die Rechtsanwendung in Deutschland etwa anzunehmende Bedingung wäre damit eingetreten. Ob Polen zur Auslegung des Art. 2 der Entscheidung das in Art. 6 vorgesehene Schiedsgericht angerufen hat, ist unerheblich. Zusammengetreten ist ein solches Schiedsgericht noch nicht. Solange aber noch kein eine authentische Interpretation des Art. 2 enthaltender, auch innerstaatlich in Kraft gesetzter Spruch des Schiedsgerichts vorliegt, hat das im gegenwärtigen bürgerlichen Rechtsstreit zur Entscheidung über die Sachbefugnis der Klägerin berufene ordentliche Gericht den Art. 2 nach allgemeinen Grundsätzen auszulegen.

Legt man, wie es das Berufungsgericht getan hat, der Auslegung die im Reichsgesetzblatt bekannt gemachte deutsche Übersetzung zugrunde, so ist die Annahme, daß der Art. 2 die Klageforderung nicht treffe, ganz unbedenklich. Denn der Ausdruck „bewegliche Sachen" kann, zumal in Verbindung mit den Rechtsbegriffen des Eigentums und des Besitzes, nach der neueren deutschen Rechtssprache nur auf körperliche Gegenstände, nicht auf Forderungen irgendwelcher Art bezogen werden (vgl. §§ 90, 854 flg., 903 flg., 929 flg. BGB. gegenüber §§ 1 flg., 6 flg. I 2, §§ 5 flg. I 7, §§ 1 flg. I 8 Preuß. ALR.). Die deutsche Übersetzung ist jedoch nur als solche neben dem französischen Wortlaut der Entscheidung bekannt gemacht worden. Maßgebend ist weder sie noch die in gleicher Weise bekannt gemachte polnische Übersetzung, sondern der französische Wortlaut:

> La propriété de tous biens meubles possédés en Haute-Silésie polonaise par une institution des assecurances sociales ... est transférée à la Pologne.

Auf diesen Standpunkt hat sich in der mündlichen Verhandlung auch der Vertreter der Revision gestellt. Er hat, nunmehr davon ausgehend, daß die Entscheidung des Völkerbundsrates zur Grundlage für das Urteil in diesem Rechtsstreit zu nehmen sei, ausgeführt: Da jene Entscheidung im Gebiete des französischen Rechts in französischer Sprache abgefaßt worden sei, habe der Ausdruck „biens meubles" denjenigen Sinn, den das französische Recht damit verbinde. Demgemäß sei darunter das gesamte bewegliche Vermögen im Gegensatz zum unbeweglichen Vermögen zu verstehen. Auch aus der Sache selbst ergebe sich zwingend, daß die Übersetzung der Worte „biens meubles" mit „bewegliche Sachen" nicht richtig sein könne. Die Entscheidung des Völkerbundsrates sei in Ausführung des Art. 312 VV. erlassen. Dieser Artikel spreche nicht von der Teilung des Vermögens der Versicherungsanstalten, sondern ausschließlich von der Teilung der angesammelten Reserven, die für den gesamten Dienst der sozialen Versicherungen bestimmt seien. Es könne aber keine Rede davon sein, daß als solche Reserven bewegliche Sachen im Sinne des deutschen bürgerlichen Rechts jemals in irgendwie erheblicher Weise in Betracht gekommen seien. Unter den Reserven könnten nur Vermögensrechte, wie Forderungen, Wertpapiere u. dergl. verstanden werden. Die Bestimmung des Völkerbundsrates, daß von den Reserven „tous biens meubles possédés en Haute-Silésie polonaise“ auf Polen übertragen würden, müsse daher auch auf Rechte und Forderungen bezogen werden.

Gegenüber dieser Ausführung ist zuzugeben, daß nach der Ausdrucksweise des Code civil der Ausdruck „biens meubles“ nicht nur „les corps qui peuvent se transporter d'un lieu à un autre“, sondern auch die vermöge gesetzlicher Bestimmung beweglichen Güter umfaßt und unter diesen an erster Stelle „les obligations et actions qui ont pour objet des sommes exigibles“ (vgl. Art. 516, 527, 528, 529, 535). Aber es kann der Revision darin nicht gefolgt werden, daß deshalb, weil die Entscheidung des Völkerbundsrates in französischer Sprache abgefaßt ist, die darin vorkommenden bürgerlichrechtlichen Begriffe im Sinne des französischen Zivilrechts verstanden werden müßten. Noch weniger würde, wenn die Entscheidung „im Gebiete des französischen Rechts“ erlassen worden wäre, dieser Umstand erheblich sein. Ob der Völkerbundsrat am Sitze des Völkerbundes in Genf, also im Gebiete des schweizerischen Zivilgesetzbuchs, oder an einem anderen Orte mit anderem Zivilrecht tagt, berührt die rechtliche Tragweite seiner Entscheidungen nicht. In Wahrheit hat er aber während der 32. Sitzungsperiode, in deren Verlauf er die Entscheidung vom 9. Dezember 1924 gefällt hat, gar nicht im Gebiete des französischen Rechts, sondern in Rom getagt, während allerdings der in Art. 312 Abs. 4 VV. vorgesehene vorbereitende Ausschuß, nachdem er seine erste Sitzung in Genf und die zweite Sitzung in Breslau und Krakau abgehalten hatte, zu einer dritten Sitzung in Paris zusammengekommen ist und dort seine dem Völkerbundsrat unterbreiteten und von diesem angenommenen Vorschläge aufgestellt hat (vgl. des Völkerbundes Journal officiel 1925 S. 126flg., 200flg.). Wie in Kundgebungen von Organen des Völkerbundes bürgerlichrechtliche Begriffe zu verstehen sind, die je nach der Heranziehung des einen oder des anderen von mehreren untereinander verschiedenen Landeszivilrechten verschiedener Auslegung fähig sind, hängt von den Umständen des Falles ab. Hier, wo durch die Entscheidung des Völkerbundsrates die „Vermögensübertragung an Polen bezüglich der sozialen Versicherungen" aus Anlaß der Teilung Oberschlesiens geregelt wurde, ist die Rechtslage insofern einfach, als zur Zeit der Entscheidung in Oberschlesien jenseits wie diesseits der neuen Grenze noch das deutsche bürgerliche Recht galt. Weil dies der Fall war, ist anzunehmen, daß der Völkerbundsrat, als er die Übertragung gewisser Vermögensgegenstände der Träger der sozialen Versicherungen auf Polen festsetzte, die Kennzeichnung dieser Gegenstände den deutschen Rechtsbegriffen angepaßt und demnach mit dem Ausdruck „biens meubles" dasselbe bezeichnet hat, was das deutsche Bürgerliche Gesetzbuch unter beweglichen Sachen versteht, also körperliche Gegenstände, die ihrer Natur nach beweglich sind. Danach stellt sich der Ausdruck „bewegliche Sachen" in der amtlichen deutschen Übersetzung als eine bloße Rückübersetzung dar. Daß in der Sprache des Versailler Vertrags, auf dessen Art. 312 die Entscheidung vom 9. Dezember 1924 beruht, der Ausdruck „biens" auch sonst nicht Rechte (droits) mit sprachlicher Notwendigkeit begreift, ergibt sich aus den Art. 297, 298 des Vertrags, die sich mit den privaten Vermögenswerten in Feindesland („biens, droits et intérêts privés en pays ennemi") befassen und in der Überschrift wie im Text stets neben den „biens" die „droits" anführen. Richtig ist, daß die beweglichen körperlichen Gegenstände, die hiernach von Art. 2 jener Entscheidung allein getroffen werden, nicht oder wenigstens nicht in praktisch bedeutsamer Weise als Bestandteil der für den Dienst der sozialen Versicherungen „angesammelten Reserven" in Betracht kommen, von denen Art. 312 Abs. 1 VV. spricht. Daraus kann aber kein Bedenken gegen jene Auslegung des Art. 2 hergeleitet werden. Denn die in Art. 312 VV. der deutschen Regierung auferlegte Verpflichtung, von den für den Dienst der sozialen Versicherungen angesammelten, durch die Geldentwertung sehr zusammengeschmolzenen Reserven einen entsprechenden Anteil an Polen abzutreten, ist in der Entscheidung vom 9. Dezember 1924 mit Bezug auf den polnisch gewordenen Teil von Oberschlesien dadurch abgelöst worden, daß in Art. 3 die Zahlung einer „Abfindung" („somme forfaitaire") von 26 Millionen Goldmark durch das Deutsche Reich an Polen festgesetzt wurde. „La fixation de cette somme forfaitaire", so heißt es in dem Ausschußbericht vom 26. November 1924 (Journal officiel 1925 S. 203), „règle toutes les revendications réciproques qui, aux termes des dispositions de l'article 312 du Traité de Versailles, ont été ou pourraient être formulées par les deux Gouvernements pour les assurances sociales et assurances d'État, exception faite des caisses minières". Daneben dient der Art. 2 a. a. O. der „allgemeinen Auseinandersetzung", die sich die Entscheidung nach ihren Eingangsworten zum Ziele gesetzt hatte, nur noch insofern, als das Mobiliar, das die deutschen Versicherungsträger noch in Polnisch-Oberschlesien besaßen, auf Polen übertragen wurde. Wertpapiere, die an sich auch zu den beweglichen Sachen gehören, werden die deutschen Versicherungsträger zur Zeit der Entscheidung in Polnisch-Oberschlesien kaum mehr besessen haben. Der Art. 2 hat danach allerdings keine erhebliche praktische Bedeutung. Daß ihm auch von den Schöpfern der Bestimmung keine solche Bedeutung beigelegt worden ist, wird dadurch bestätigt, daß der Inhalt des Artikels in dem Ausschußbericht wie in den sonstigen im Journal officiel a. a. O. wiedergegebenen einschlägigen Urkunden des Völkerbundes überhaupt keine Erörterung gefunden hat, während es doch zu erwarten gewesen wäre, daß dann, wenn unter die „biens meubles" auch Forderungen, insbesondere die durch eine Hypothek auf Grundstücken in Polnisch-Oberschlesien gesicherten oder gesichert gewesenen Forderungen hätten fallen sollen, die finanzielle Tragweite der Bestimmung erwähnt worden wäre.

Aus diesen Gründen ist dem Berufungsgericht darin beizutreten, daß die Klägerin ihr Gläubigerrecht durch den Art. 2 a. a. O. nicht verloren hat.

3. Das mit dem Gesetz vom 17. Juli 1929 (RGBl. II S. 577) veröffentlichte deutsch-polnische Aufwertungsabkommen vom 5. Juli 1928 tritt nach seinem Art. 76 einen Monat nach dem Tage des Austauschs der Ratifikationsurkunden in Kraft. Der Tag des Inkrafttretens ist nach Art. 3 des Gesetzes im Reichsgesetzblatt bekanntzumachen. Eine solche Bekanntmachung hat bisher nicht stattgefunden, ebensowenig der Austausch der Ratifikationsurkunden. Es ist deshalb in diesem Urteil keine Stellung zu nehmen zu den

von den Parteien vor dem Revisionsgericht aufgeworfenen Fragen, wie der vorliegende Aufwertungsstreit nach jenem Abkommen (Art. 7 Abs. 1, Art. 10) zu beurteilen wäre und ob jenem Abkommen nicht das Genfer Abkommen vom 15. Mai 1922 mit seinem im ersten Revisionsurteil (RGZ. Bd. 120 S. 279) behandelten Art. 307 vorgeht (vgl. Quassowski in JW. 1928 S. 2001 flg.).

4. Abzulehnen ist die vom Vertreter der Revision in der mündlichen Verhandlung schließlich geäußerte Meinung, daß infolge der Nichtaufwertbarkeit der Hypotheken auch die persönliche Forderung der Klägerin nicht aufgewertet werden könne. Es handelt sich hier um eine Aufwertung kraft Rückwirkung. Die für eine solche in den §§ 15 flg. AufwG. gegebenen Vorschriften gelten nicht nur für die Hypothek, sondern auch für die persönliche Forderung (§ 9), und zwar für diese jedenfalls dann, wenn sie zu der Zeit, als die Leistung bewirkt wurde, noch durch Hypothek gesichert war (RGZ. Bd. 118 S. 342, 346; JW. 1929 S. 172 Nr. 4). Das von der Revision für ihre Meinung angezogene Urteil vom 25. Mai 1929 V 201/28 (Zeiler AufwF. Nr. 1760) betrifft die Aufwertung einer durch Hypothek gesicherten Kaufgeldforderung, die am 19. April 1922 zurückgezahlt worden war. Wegen des vor dem 15. Juni 1922 (§ 15 AufwG.) liegenden Zeitpunktes dieser Rückzahlung und wegen Fehlens eines Vorbehalts (§ 14 das.) lag kein Fall vor, in dem die Hypothek aufzuwerten gewesen wäre. „Dann" — nämlich, wenn die Voraussetzungen der §§ 14 Satz 1, 15 Satz 1 AufwG. fehlen — „ist aber auch", so heißt es bei der Wiedergabe des Urteils a. a. O. mit Recht, „für die persönliche Forderung, die im Zeitpunkt der Rückzahlung durch Hypothek gesichert war, eine Aufwertung ausgeschlossen." Die hier in Rede stehende Darlehnsforderung war bis zum 17. Juli 1925, dem Tage der Löschung der Hypothek, hypothekarisch gesichert. Der mit der Klage verfolgte persönliche Aufwertungsanspruch bezieht sich indessen nur auf einen Restbetrag der Forderung, der erst in der Zeit vom 15. Juni 1922 bis zum 22. August 1923 zurückgezahlt wurde. Dieser Restbetrag der persönlichen Forderung ist nach Maßgabe der §§ 15, 16, 18 AufwG. aufwertbar. Die Nichtaufwertbarkeit der Hypothek beruht hier darauf, daß das belastete Grundstück an Polen gefallen ist und daß das polnische Recht keine Aufwertung kraft Rückwirkung kennt. Das kann aber der nach deutschem Recht zu beurteilenden Aufwer-

tung der persönlichen Forderung nicht entgegengehalten werden. Diese Auffassung, auf deren Boden sich auch der VI. Zivilsenat in dem einen Danziger Fall betreffenden Urteil vom 6. Februar 1930 VI 260/29 (Zeiler AufwF. Nr. 2018) gestellt hat, liegt schon dem früheren Revisionsurteil des Senats zugrunde. An sie war nach § 565 Abs. 2 ZPO. das Berufungsgericht bei der erneuten Verhandlung und Entscheidung gebunden. Diese Bindung erstreckt sich auch auf das von neuem mit der Sache befaßte Revisionsgericht.

---

46. 1. Unterliegt die Wahrung der für einen Wiedereinsetzungsantrag vorgeschriebenen Form und Frist dem Parteiverzicht?

2. Muß eine Partei, die durch den ihr für das Einspruchsverfahren beigeordneten Rechtsanwalt die Wiedereinsetzung gegen die Versäumung der Einspruchsfrist beantragt, zur Darlegung der Rechtzeitigkeit des verspätet beschiedenen Armenrechtsgesuchs innerhalb der für den Wiedereinsetzungsantrag vorgeschriebenen Frist den Tag der Zustellung des Versäumnisurteils angeben?

ZPO. §§ 234, 236, 295.

IV. Zivilsenat. Urt. v. 2. Februar 1931 i. S. D. (Bekl.) w. Frau D. (Kl.). IV 426/30.

I. Landgericht Görlitz.
II. Oberlandesgericht Breslau.

Die Klägerin hat bei dem Landgericht das der Klage entsprechende Versäumnisurteil vom 1. März 1929 erwirkt, durch das der Beklagte zur Zahlung einer Geldsumme an sie verurteilt wurde. Das Versäumnisurteil wurde von ihr dem Beklagten am 9. März 1929 zugestellt. In einer beim Landgericht am 18. März 1929 (Montag) eingegangenen Eingabe vom 16. März suchte der Beklagte die Bewilligung des Armenrechts für das Einspruchsverfahren nach. Das Armenrecht wurde ihm durch Beschluß vom 26. März 1929 bewilligt. Der Beschluß wurde dem ihm beigeordneten Rechtsanwalt am 5. April 1929 zugestellt. An demselben Tage legte der Anwalt namens des Beklagten gegen das Versäumnisurteil Einspruch ein mit dem Antrage, 1. für den Fall der Versäumung der

Einspruchsfrist dem Beklagten Wiedereinsetzung in den vorigen Stand zu gewähren, 2. das Versäumnisurteil aufzuheben und die Klägerin mit der Klage abzuweisen. Das Landgericht erkannte auf Aufhebung des Versäumnisurteils und Abweisung der Klage. Es sprach aus, daß dem Beklagten wegen Versäumung der Einspruchsfrist die Wiedereinsetzung in den vorigen Stand zu gewähren sei, da er das Armenrecht für das Einspruchsverfahren vor Ablauf der Einspruchsfrist beantragt habe und sich die Versäumung der Frist infolge späterer Bewilligung des Armenrechts für ihn als unabwendbarer Zufall darstelle. Auf die Berufung der Klägerin wurde beim Oberlandesgericht zunächst sachlich über den Rechtsstreit verhandelt. Dann aber beanstandete die Klägerin die Zulässigkeit des Einspruchs gegen das erstinstanzliche Versäumnisurteil, weil der Wiedereinsetzungsantrag nicht den Erfordernissen des § 236 Nr. 1 und 2 ZPO. entspreche. Das Berufungsgericht erkannte dahin, daß der Einspruch des Beklagten gegen das Versäumnisurteil vom 1. März 1929 als unzulässig verworfen werde.

Auf die Revision des Beklagten wurde das Berufungsurteil aufgehoben und der Rechtsstreit zur sachlichen Verhandlung und Entscheidung an die Vorinstanz zurückverwiesen.

Gründe:

Wird gegen die Versäumung einer Notfrist die Wiedereinsetzung in den vorigen Stand beantragt, so muß der Antrag nach § 236 Abs. 1 ZPO. enthalten: 1. die Angabe der die Wiedereinsetzung begründenden Tatsachen; 2. die Angabe der Mittel für deren Glaubhaftmachung; 3. wenn die versäumte Prozeßhandlung noch nicht nachgeholt ist, ihre Nachholung. Der Schriftsatz vom 5. April 1929, in dem der Beklagte für den Fall der Versäumung der Einspruchsfrist die Wiedereinsetzung in den vorigen Stand beantragt hat, erfüllt von diesen Erfordernissen nur das dritte, die Nachholung des Einspruchs. Die unter Nr. 1 und 2 vorgeschriebenen Angaben fehlen. Liegt darin ein die Unzulässigkeit des Wiedereinsetzungsantrags begründender Mangel, so ist dieser nicht etwa gemäß § 295 Abs. 1 ZPO. dadurch geheilt, daß die Klägerin im ersten und zunächst auch im zweiten Rechtszuge zur Sache verhandelt hat, ohne den Mangel zu rügen, der ihr aus der Zustellung des Schriftsatzes vom 5. April 1929 bekannt war oder bekannt sein mußte. Denn die Voraussetzungen der Wiedereinsetzung, von der die Zulässigkeit des Einspruchs abhängt, sind gemäß § 341 ZPO. von Amts wegen zu prüfen. Diese Prüfung hat sich nicht nur auf das Vorhandensein eines Wiedereinsetzungsgrundes nach § 233 ZPO., sondern auch auf die Wahrung der für den Wiedereinsetzungsantrag in § 234 das. vorgeschriebenen Frist und der in § 236 Abs. 1 das. vorgeschriebenen Form zu erstrecken. Die Befolgung von Verfahrensvorschriften, deren Wahrung von Amts wegen zu prüfen ist, unterliegt aber keinem Parteiverzicht (§ 295 Abs. 2 ZPO.).

Die in § 236 Abs. 1 Nr. 1 und 2 ZPO. vorgeschriebenen Angaben sind indessen nicht schlechthin notwendig. Von ihnen kann, so wenig empfehlenswert auch ein solches Verfahren der Partei ist, nach feststehender Rechtsprechung dann abgesehen werden, wenn sich die Tatsachen, welche die Wiedereinsetzung begründen sollen, aus den Akten des Gerichts ergeben. Das läßt auch der Berufungsrichter gelten. Er führt dazu aus: Aus den Akten könne zwar entnommen werden, daß am 1. März 1929 dem Anwalt der Klägerin eine vollstreckbare Ausfertigung des Versäumnisurteils erteilt worden und am 18. März das Armenrechtsgesuch des Beklagten vom 16. März 1929 eingegangen sei. Was aber aus den Akten nicht festgestellt werden könne, sei die für die Frage der Fristwahrung grundlegend wichtige, dem Parteibetrieb überlassene Zustellung des Versäumnisurteils; ferner sei daraus nicht zu entnehmen, welche Umstände, wenn das Versäumnisurteil bald zugestellt worden sei, den Beklagten verhindert hätten, vor dem 16. März 1929 das Armenrechtsgesuch zu verfassen. Dem ist entgegenzuhalten: Über einen die Versäumung der Einspruchsfrist betreffenden Wiedereinsetzungsantrag wie über die Zulässigkeit des Einspruchs überhaupt kann nach den §§ 238, 340a, 341 ZPO., anders als gemäß §§ 519b, 554a das. über die Zulässigkeit der Berufung oder der Revision, nicht ohne mündliche Verhandlung durch Beschluß, sondern nur auf Grund mündlicher Verhandlung durch Urteil entschieden werden. In der Verhandlung hatte das Gericht, ehe es dem für den Fall der Versäumung der Einspruchsfrist gestellten Wiedereinsetzungsantrag nähertrat, von Amts wegen die Rechtzeitigkeit des Einspruchs zu prüfen und deshalb den Tag der Zustellung des Versäumnisurteils festzustellen. Erst als sich aus dieser Feststellung die Versäumung der Einspruchsfrist ergab, hatte es über den Wiedereinsetzungsantrag zu befinden. Dieser Antrag war begründet, da, wie nun feststand, der Beklagte sein Armenrechtsgesuch bei dem zuständigen Gericht, in dessen Hand sich die Prozeßakten befanden, fünf Werktage vor dem Tage des Ablaufs der Einspruchsfrist, also so rechtzeitig gestellt hat, daß er mit der Wahrung der Einspruchsfrist durch den ihm beizuordnenden Rechtsanwalt rechnen durfte. Die späte Erlassung und Zustellung des Armenrechtsbeschlusses stellen für ihn, wie das Landgericht mit Recht angenommen hat, einen unabwendbaren Zufall dar. Als Wiedereinsetzungsgrund können allerdings grundsätzlich nur solche Tatsachen verwertet werden, welche innerhalb der zweiwöchigen Frist des § 234 ZPO. gemäß § 236 Abs. 1 Nr. 1 und 2 das. geltend gemacht worden oder gerichtsbekannt sind. Zur Zeit der mündlichen Verhandlung über den Einspruch, in welcher der Tag der Zustellung des Versäumnisurteils festgestellt wurde, war die mit der Zustellung des Armenrechtsbeschlusses an den beigeordneten Anwalt in Lauf gekommene zweiwöchige Frist schon abgelaufen. Den während dieser Frist gerichtsbekannten Tatsachen ist aber die hier in Rede stehende Tatsache deshalb gleichzustellen, weil schon innerhalb der Frist feststand, daß sie vor der Entscheidung über die Wiedereinsetzung von Amts wegen festgestellt werden mußte.

Aus diesen Gründen ist dem Beklagten die Wiedereinsetzung zu gewähren und sein Einspruch gegen das landgerichtliche Versäumnisurteil zuzulassen. ...

---

47. Besteht an den öffentlichen Wegen in dem französischrechtlichen Teile der Rheinprovinz noch das Domaine public im Sinne des Art. 538 des Code civil?

Code civil Art. 538. EG. z. BGB. Art. 55, 113, 181. Preuß. AG. z. BGB. Art. 89 Nr. 2. Preuß. Dotationsgesetz vom 8. Juli 1875 (GS. S. 497) § 18. Preuß. Kommunalabgabengesetz vom 14. Juli 1893 (GS. S. 152) § 4. GVG. § 13.

VI. Zivilsenat. Urt. v. 2. Februar 1931 i. S. Stadtgemeinde K. (Bekl.) w. H. (Kl.). VI 250/30.

I. Landgericht Köln.
II. Oberlandesgericht daselbst.

Im Oktober 1926 ließ der Kläger an seinem Hause in der B.-straße in K. eine Lichtwerbeanlage anbringen, welche in den Luftraum über der Straße hineinragt. Vor deren Anbringung hatte er sich gegenüber der verklagten Stadtgemeinde schriftlich verpflichtet, während des Bestehens der Vorrichtung eine jährliche Anerkennungsgebühr von 76 RM. zu entrichten. Im Oktober 1926 und im April 1927 zahlte er je 76 RM. an die Beklagte. Der Kläger vertritt nun unter Hinweis auf die Urteile RGZ. Bd. 123 S. 181 und JW. 1930 S. 1961 Nr. 20 (vgl. auch RGZ. Bd. 118 S. 93, Bd. 123 S. 187, Bd. 125 S. 108) die Meinung, daß aus der Widmung der Straße für den Gemeingebrauch ein Recht des Straßenanliegers zur Anbringung einer polizeilich genehmigten Lichtwerbeanlage an seinem Hause herzuleiten sei, und daß daher die Beklagte zur Erhebung einer Anerkennungsgebühr für die von ihm angebrachte Anlage nicht berechtigt sei. Weil sie demgemäß um die gezahlten Beträge ungerechtfertigt bereichert und zu deren Rückerstattung verpflichtet sei, hat der Kläger Verurteilung der Beklagten zur Zahlung von 152 RM. beantragt.

Die Beklagte hat außer aus sachlichen Gründen auch wegen Unzulässigkeit des Rechtswegs Klagabweisung begehrt, gleichwohl aber Widerklage erhoben mit dem Antrag auf Feststellung, daß der Kläger für die Dauer der Beibehaltung der Lichtwerbeanlage an seinem Hause zur Entrichtung des Jahresgebühr von 76 RM. verpflichtet sei.

Das Landgericht hat nach dem Klagantrag erkannt und die Widerklage abgewiesen. Das Oberlandesgericht hat die Berufung der Beklagten zurückgewiesen. Auch ihre Revision hatte keinen Erfolg.

Gründe:

Da die Revisionssumme nicht gegeben ist, so findet die Revision nur insoweit statt, als es sich um die Unzulässigkeit des Rechtswegs handelt (§ 547 Nr. 1 ZPO.). Die Revision beschränkt sich auch darauf, die Zulässigkeit des Rechtswegs (§ 13 GVG.) zu bestreiten. Ihre Angriffe erweisen sich jedoch als unbegründet. Vielmehr ist den eingehenden Ausführungen, mit denen das Berufungsgericht die Frage der Zulässigkeit des Rechtswegs bejaht hat, in allen wesentlichen Punkten beizutreten.

Die Rügen der Revision nehmen ihren Ausgangspunkt von dem in Art. 89 Nr. 2 preuß. AG. z. BGB. aufrechterhaltenen Art. 538

des Code civil. Während in den landrechtlichen Teilen Preußens die Land- und Heerstraßen ein „gemeines Eigentum" des Staates sind (§ 21 II 14 ALR.) und in dem nur durch ihre Zweckbestimmung des Gemeingebrauchs beschränkten Privateigentum des Staates stehen (§§ 24 bis 26 II 14, §§ 2, 8, 18 bis 20 II 15 ALR.; Ecker Rheinisches Wegerecht § 255) und während in den gemeinrechtlichen Teilen Preußens nach der deutschrechtlichen Entwicklung der Grundsätze des römischen Rechts an den öffentlichen Wegen ebenfalls ein öffentlichrechtlich beschränktes Privateigentum besteht (Germershausen-Seydel Wegerecht und Wegeverwaltung in Preußen 4. Aufl. § 6 S. 91; vgl. Windscheid Pandekten § 146 unter Ziff. 4), bestimmt der Art. 538 c. c. folgendes:

> Les chemins, routes et rues à la charge de l'Etat ... et généralement toutes les portions du territoire français qui ne sont pas susceptibles d'une propriété privée sont considérés comme des dépendances du domaine public.

Die deutsche Übersetzung bei Cretschmar Rheinisches Civilrecht 4. Aufl. S. 86 — ähnlich das Badische Landrecht Satz 538 —

> Als zum Staatseigentum gehörig werden betrachtet: Die vom Staate zu unterhaltenden Wege, Heer- und andere Straßen ... und überhaupt alle des Privateigentums nicht fähigen Teile des Staatsgebietes

ist insofern nicht ganz treffend, als die auch in Art. 539 wiederkehrenden Worte „domaine public" — nicht „propriété publique" (vgl. Art. 544, 542, 537 Abs. 2, Art. 714 c. c.) — richtiger in „öffentliches Gut" oder „Staatsgut" übertragen werden. Gerade auch auf die Wahl des Ausdrucks „domaine public" — nicht „propriété publique" — stützt die Lehre des französischen Rechts ihre Auffassung, daß die in den Art. 538, 539 c. c. aufgeführten Gegenstände nicht privatrechtliches Eigentum des Staates bilden, daß vielmehr das „domaine public", das man auch als öffentlichrechtliches Eigentum bezeichnen kann, dem Staat die auf hoheitlicher Grundlage beruhende Verfügungsgewalt verleiht, die von der öffentlichen Gewalt, sei es unmittelbar vom Staate selbst, sei es mittelbar von den Selbstverwaltungskörpern, im Namen und im Interesse der Gesamtheit ausgeübt wird (Germershausen-Seydel a. a. O. S. 91; Ecker a. a. O. S. 92). Dieselbe Auffassung wird von Mayer Deutsches Verwaltungsrecht 3. Aufl. Bd. 2 §§ 35flg. grundsätzlich für das ganze

Gebiet des Deutschen Reiches vertreten, ohne daß diese Meinung jedoch, wenigstens in der Rechtsprechung, zur Anerkennung gelangt wäre. Aus dem Begriff des domaine public folgt hiernach, daß dieses außer Verkehr steht und unersitzbar ist (Art. 2226 c. c.), daß seine Verwaltung und die Verfügungen darüber nach den Regeln des öffentlichen Rechts erfolgen, daß die das domaine public betreffenden schuldrechtlichen Verträge, soweit sie überhaupt zulässig sein sollten (Art. 1128 c. c.), öffentlichrechtlicher Natur sind und daß endlich alle Streitigkeiten, welche mit dem domaine public im Zusammenhang stehen, keine bürgerlichrechtlichen Streitigkeiten darstellen können. Diese strengen Grundsätze sind jedoch nicht nur in der französischen Rechtsprechung (Ecker a. a. O. S. 96; Zachariä-Crome Handbuch des französischen Zivilrechts 8. Aufl. Bd. 1 §§ 108, 159), sondern auch in der Rechtsanwendung in Deutschland vielfach durchbrochen worden (vgl. über die Rechtsentwicklung in Baden Art. 12 bad. AG. z. BGB.; Dorner-Seng Badisches Landesprivatrecht § 36 zu und in Anm. 7 S. 120, 121; Platenius Grundriß des Badischen Landrechts § 29 I 2 a. E. S. 136). Insbesondere hat das Reichsgericht in dem Urteil vom 13. Februar 1883 (RGZ. Bd. 10 S. 271) die Möglichkeit des Bestehens privater, als Servituten anzusehender Benutzungsrechte an öffentlichen Wegen und unter Umständen Entschädigungsansprüche der Berechtigten bei Veränderung der Wege anerkannt und die Verfolgung solcher Ansprüche im ordentlichen Rechtswege für zulässig erachtet (vgl. auch die weiteren Nachweise bei Ecker a. a. O. S. 93—96 sowie bei Hachenburg Badisches Landrecht und Ergänzungsband dazu Anm. zu Satz 538; ferner RGZ. Bd. 62 S. 87, Bd. 66 S. 340). In den Urteilen des Reichsgerichts vom 12. März 1910 (Rheinisches Archiv Bd. 107 S. 375) und vom 1. Juni 1910 (SeuffArch. Bd. 65 Nr. 241) wurde ferner das Recht der dort klagenden Stadtgemeinde auf Beseitigung von Erkern, die in den Luftraum über der Straße ragen, auf Grund der §§ 905, 1004 BGB. zugesprochen und gegen die Zulässigkeit einer solchen Klage kein Bedenken aus § 13 GVG. erhoben; auch wurde die Gültigkeit entgeltlicher privatrechtlicher Verträge ausgesprochen, durch welche die Stadtgemeinde das Recht zur Anbringung von Erkern über ihren Straßen den Anliegern einräumt. Dagegen kann nicht anerkannt werden, daß das domaine public mit dem Inkrafttreten des Bürgerlichen Gesetzbuches gemäß Art. 181 EG. z.

BGB. in Privateigentum umgewandelt worden sei. Denn die Vorschriften des Art. 538 c. c. gehören dem öffentlichen Recht an und sind nach Art. 55 EG. z. BGB. zulässigerweise durch die Sondervorschrift in Art. 89 Nr. 2 AG. z. BGB. aufrechterhalten worden. Mit Recht hat daher das Reichsgericht in RGZ. Bd. 91 S. 89 angenommen, daß öffentliche Flüsse im Gebiete des rheinischen Rechts auch nach dem Inkrafttreten des Bürgerlichen Gesetzbuchs im öffentlichrechtlichen Eigentum des Staates (domaine public) standen (vgl. auch Art. 65 EG. z. BGB.), bis mit dem Inkrafttreten des preußischen Wassergesetzes vom 7. April 1913 (GS. S. 53) am 1. Mai 1914 das öffentlichrechtliche Eigentum an den öffentlichen Flüssen in Privateigentum des Staates übergeführt wurde (RGZ. Bd. 94 S. 35). Auch bei den Staatsstraßen würde durch Art. 181 EG. z. BGB. keine Umwandlung des domaine public in Privateigentum des Staates herbeigeführt worden sein. Denn wenn auch nach Art. 113 EG. z. BGB. (vgl. auch Art. 109, 111 das.) nur die landesgesetzlichen Vorschriften über die Regulierung der Wege, nicht aber allgemein die Vorschriften über das Wegerecht unberührt geblieben (Germershausen-Seydel a. a. O. S. 92) und also die privatrechtlichen Vorschriften der Landesgesetze über das Wegerecht, von jener Ausnahme abgesehen, aufgehoben worden sind (RGZ. Bd. 53 S. 384), so wären doch die Bestimmungen des Art. 538 c. c. auch in Ansehung der Staatsstraßen durch den Vorbehalt des Art. 55 EG. z. BGB. und nicht nur im Rahmen der Art. 124, 113 das. gedeckt. Es kommt aber hierauf nicht an. Denn durch das preußische sog. Dotationsgesetz vom 8. Juli 1875 (§ 18 Abs. 2) ist — und zwar auch für die Rheinprovinz (Abs. 1 das.) — bestimmt, daß das Eigentum an den Staatschausseen auf die Provinzialverbände übergeht, denen es nach Abs. 3 das. überlassen bleibt, die Verwaltung und Unterhaltung der ihnen überwiesenen Staatschausseen (einschließlich des Eigentums, vgl. Ecker a. a. O. S. 141) auf engere Kommunalverbände zu übertragen; unter Umständen muß eine solche Übertragung an die beteiligten Stadtgemeinden erfolgen (Abs. 4 das.); nur gewisse Staatschausseen verblieben auch weiter der Verwaltung und Unterhaltung des Staates (Abs. 5 das.). Damit hatte, von letzteren Ausnahmen vielleicht abgesehen, das domaine public an den Staatsstraßen sein Ende gefunden (Ecker a. a. O. S. 97; derselbe im Preuß. Verwaltungsblatt Bd. 23 S. 439; Germershausen-

Seydel a. a. O. S. 91). Denn für eine Unterscheidung dahin, daß etwa die Staatschausseen im französischrechtlichen Teile der Rheinprovinz als domaine public, in allen übrigen Teilen des preußischen Staatsgebiets aber als Privateigentum den Provinzen übertragen worden wären, ergeben die Gesetzesmaterialien nichts und besteht auch sonst nicht der mindeste Anhalt, zumal da die Chausseewärter- und Chausseegeldeinnehmerhäuser den Staatsstraßen gleichgestellt wurden und demnach auch diese Häuser, welche nicht Gegenstand des domaine public waren, in gleicher Weise wie die Straßen in das Eigentum der Provinzen übergingen.

Was nun die Frage der rechtlichen Natur des Eigentums an den Vizinalwegen anlangt — dieser Begriff in dem weiteren, die städtischen Straßen einschließenden Sinne genommen (Ecker a. a. O. § 75) — so gilt in den landrechtlichen und gemeinrechtlichen Teilen Preußens nichts anderes als für die Staatsstraßen, nur mit der Maßgabe, daß an den Vizinalwegen das Privateigentum regelmäßig nicht dem Staate, sondern dem Verfügungsberechtigten (Kreis, Stadt, Gemeinde) zusteht, dem zugleich auch die Wegebaulast obliegt (Germershausen-Seydel a. a. O. § 6 unter 1). Dagegen vertritt Ecker a. a. O. S. 89 (ebenso für die Pfalz Wand Die Rechtsverhältnisse der öffentlichen Wege in der Pfalz S. 17, 241) die Auffassung, daß die Vizinalwege in dem französischrechtlichen Teile der Rheinprovinz auf Grund des Art. 538 c. c. domaine public waren, und daß das öffentlichrechtliche Eigentum an ihnen dem Departement oder den sonstigen Kommunalverbänden, nicht also dem Staate zugestanden habe; dieser Auffassung sind außer anderen (vgl. RGUrt. v. 28. Juni 1892 in der Zeitschr. für französisches Zivilrecht Bd. 24 S. 72) die drei erwähnten reichsgerichtlichen Urteile vom 13. Februar 1883, 12. März 1910 und 1. Juni 1910 ohne nähere Begründung beigetreten. Diese Rechtsansicht muß schon für die Zeit vor Erlaß des Gesetzes vom 8. Juli 1875 Bedenken begegnen (Germershausen-Seydel a. a. O. S. 91). Wenn sich Ecker S. 88, 89 auf die Lage der französischen Gesetzgebung vor Erlaß des Code civil und auf die Entstehungsgeschichte des Art. 538 beruft, so sind seine Ausführungen schon an sich nicht beweisend; es steht ihnen aber auch entgegen, daß Art. 538 ausdrücklich nur von den Straßen „à la charge de l'Etat“ spricht und nur diese, noch dazu ebenso wie alle übrigen des Privateigentums nicht fähigen Teile des französischen

Staatsgebiets, zum „domaine public" erklärt. Es kommt hinzu, daß der kurz hinter dem Art. 538 stehende Art. 542 die „biens communaux" erwähnt, ohne dabei zu bestimmen, daß die Gemeindewege nicht im privaten Eigentum, sondern im öffentlichrechtlichen Eigentum der Gemeinden stehen. Es ist auch nicht ohne weiteres überzeugend, daß der französische Gesetzgeber für die nur örtliche Bedeutung besitzenden Vizinalwege die gleiche Bestimmung hätte treffen müssen, welche er für die großen Verbindungsstraßen — bei ihrer Wichtigkeit zumal für die Bedürfnisse des Heeres — gab, indem er diese Straßen zum domaine public erklärte. Der weitere Hinweis von Ecker a. a. O. S. 89 auf die Entwicklung der französischen Rechtslehre und auf das französische Gesetz vom 21. Mai 1836 schlägt nicht durch. Denn abgesehen davon, daß Ecker zugeben muß, einige französische Rechtslehrer hätten die Zugehörigkeit der Vizinalwege zum domaine public in Abrede gestellt und die die Gegenmeinung vertretende Mehrzahl sei darüber uneinig gewesen, ob die Departementsstraßen und die Vizinalwege domaine public des Staates oder der Kommunalverbände gewesen seien, hat sich diese Lehrmeinung erst nach 1815 entwickelt, und das zur Entscheidung jener Streitfragen erforderlich gewordene, das domaine public an den Vizinalwegen anerkennende Gesetz ist erst im Jahre 1836 ergangen. Dafür, daß etwa jene Rechtsauslegung oder gar das letzterwähnte Gesetz im französischrechtlichen Teile der Rheinprovinz rezipiert worden wäre, fehlt es an jedem Beweise. Es könnte sich also nur darum handeln, ob die Vorschrift des Art. 538 c. c. über das domaine public an den Staatsstraßen wegen Rechtsähnlichkeit auf die Vizinalwege anzuwenden sei. Aber auch wenn man diese Frage trotz der entgegenstehenden Bedenken bejahen wollte, so wäre doch mit dem Inkrafttreten des preußischen Gesetzes vom 8. Juli 1875 eine Änderung der Rechtslage eingetreten, wie auch von Ecker a. a. O. S. 97 und im Preuß. Verwaltungsblatt Bd. 23 S. 439 anerkannt wird (ebenso Germershausen-Seydel a. a. O. S. 91). Denn nachdem durch § 18 Abs. 2 des Gesetzes vom 8. Juli 1875 das domaine public an den Staatsstraßen im Gebiete des rheinischen Rechts in Privateigentum umgewandelt und damit der Art. 538 c. c. insoweit, und zwar gerade für die Straßen, die er erwähnt, aufgehoben worden ist, kann von einer rechtsähnlichen Anwendung des Art. 538 auf Vizinalwege wohl nicht mehr die Rede sein. Überdies wäre die Annahme, daß das domaine public an den minder wichtigen Vizinalwegen bestehen bleiben solle, mit der gesetzlichen Regelung, daß das domaine public für die wichtigeren Verkehrswege, die bisherigen Staatsstraßen, aufgehoben wurde, schlechthin unvereinbar und würde jedes vernünftigen Sinnes entbehren. Indem der Gesetzgeber das domaine public an den Staatsstraßen aufgab, brachte er zum Ausdruck, daß überhaupt an öffentlichen Wegen nur noch Privateigentum bestehen solle. Auch die Vorschriften in den §§ 6, 7 des preuß. Kleinbahngesetzes vom 28. Juli 1892 (GS. S. 225, vgl. auch das Reichstelegraphenwegegesetz vom 18. Dezember 1899 RGBl. S. 705) bestätigen, daß die Rechtsentwicklung in Preußen dahin gegangen ist, das domaine public des Art. 538 c. c. an öffentlichen Wegen in ein — wenn auch durch ihre öffentlichrechtliche Zweckbestimmung beschränktes — Privateigentum umzuwandeln und so auch im französischrechtlichen Teile der Rheinprovinz für die öffentlichen Wege insoweit denselben Rechtszustand herbeizuführen, der von altersher in den übrigen Teilen Preußens bestanden hat. Im übrigen ist auch nach dem Gange, den die deutsche Rechtsprechung genommen hat, nicht abzusehen, welche wesentlichen Unterschiede, vom Namen abgesehen, noch zwischen dem domaine public an öffentlichen Wegen und dem durch die Zweckbestimmung der Wege beschränkten Privateigentum an ihnen bestehen könnten. Denn wenn nach der reichsgerichtlichen Rechtsprechung u. a. den Anliegern bei Veränderung öffentlicher Wege Entschädigungsansprüche zustehen können, wenn sich der Wegeigentümer dem Anlieger gegenüber durch privatrechtliche Verträge zur Duldung einer über den Gemeingebrauch hinausgehenden Benutzung des Weges verpflichten darf, wenn die Ansprüche des Eigentümers wegen unzulässiger Benutzung des Weges nach §§ 905, 1004 BGB. zu beurteilen sind, und wenn über alle sich hieraus ergebenden Streitigkeiten im ordentlichen Rechtswege entschieden werden darf, so ist das, insbesondere soweit es sich um die Zulässigkeit des Rechtswegs handelt, ein mit dem Grundbegriffe des domaine public als eines Hoheitsrechts nicht mehr vereinbarer Rechtszustand, und wesentliche Folgerungen aus dem domaine public lassen sich dann nicht mehr herleiten. Es besteht auch, soweit ersichtlich, kein praktisches Bedürfnis dafür, daß am domaine public an öffentlichen Wegen festzuhalten wäre. Namentlich gilt dies von der etwa anzuerkennenden Möglichkeit, daß sich der Wegeeigentümer — außer durch schuldrechtlichen privatrechtlichen Vertrag — auch durch öffentlichrechtlichen Vertrag hinsichtlich der Wege bei Annahme eines domaine public an ihnen verpflichten könnte.

Insoweit der erkennende Senat in den vorstehenden Ausführungen, übrigens mehr in der formalen Begründung als im sachlichen Ergebnis, von der bisherigen Rechtsprechung des Reichsgerichts abweicht, bestand zu einer vorherigen Anrufung der Vereinigten Zivilsenate gemäß § 136 Abs. 1 GVG. kein Anlaß. Denn der in den früheren Urteilen enthaltene Ausspruch, daß den Gemeinden das domaine public an den Vizinalwegen zustehe, ist als eine bloß beiläufige Bemerkung anzusehen, auf der die Entscheidung in keinem Falle beruht hat.

Steht aber hiernach die V.-straße in K. in dem — wenn auch öffentlichrechtlich beschränkten — Privateigentum der verklagten Stadtgemeinde, so scheidet die von der Revision vertretene Annahme aus, daß der von den Parteien geschlossene Vertrag über die Benutzung des Luftraumes über der Straße durch die Lichtwerbeanlage des Klägers ein Vertrag öffentlichrechtlicher Natur sei, und daß sich daraus die Unzulässigkeit des Rechtswegs ergebe (vgl. RGZ. Bd. 53 S. 423). Um eine öffentlichrechtliche Gebühr, die etwa dem Kläger von der Beklagten auferlegt worden wäre, handelt es sich, wie die Revision zugibt, bei der streitigen Anerkennungsgebühr auch nicht. Denn der für die Benutzung der Straße unentbehrliche Luftraum über ihr ist zwar in den Schranken des § 905 Satz 2 BGB. Wegebestandteil und daher Eigentum der Beklagten (Germershausen-Seydel a. a. O. S. 98) — übrigens auch bei Annahme eines domaine public (RGUrt. v. 12. März 1910 und v. 1. Juni 1910; Ecker a. a. O. S. 93). Aber die Luftsäule über der Straße ist nicht angelegt, sie bildet keine Anstalt der Beklagten, und nach § 4 des preuß. Kommunalabgabengesetzes vom 14. Juli 1893 dürfen nur für öffentliche Leistungen und für die Benutzung öffentlicher Einrichtungen Gebühren von den Kommunen erhoben werden (vgl. das anscheinend einen rheinischrechtlichen Fall betreffende Urteil des Preuß. Oberverwaltungsgerichts in den Entscheidungen Bd. 28 S. 74 und das einen landrechtlichen Fall betreffende Urteil das. Bd. 35 S. 26). Es bleibt daher nur die Möglichkeit offen, daß der Vertrag der Parteien dem Privatrecht angehört, wie dies der Berufungsrichter zutreffend angenommen hat. Ist dies aber der Fall, so erübrigen sich für die Frage der Zulässigkeit des Rechtswegs alle weiteren Erörterungen darüber, welche rechtliche Natur der Klaganspruch und der Widerklaganspruch haben. Das die Grundlage beider Ansprüche bildende Rechtsverhältnis gehört dem bürgerlichen Recht an und die Besonderheit, daß die Entscheidung des Rechtsstreits die Beurteilung der öffentlichrechtlichen Vorfrage nach dem Umfang des Gemeingebrauchs an öffentlichen Wegen voraussetzt, ändert nach anerkannten Rechtsgrundsätzen nichts an der Zuständigkeit der ordentlichen Gerichte (RGZ. Bd. 57 S. 352, Bd. 67 S. 293, Bd. 76 S. 324, Bd. 89 S. 209, Bd. 102 S. 250, Bd. 107 S. 368). Entgegen der Ansicht der Revision kommt hier kein Versuch des Klägers der vom Reichsgericht oftmals zurückgewiesenen Art in Frage, einen öffentlichrechtlichen, dem Rechtsweg entzogenen Tatbestand zum Zwecke der gerichtlichen Verfolgung des Anspruchs lediglich durch Unterstellung des Tatbestandes unter den privatrechtlichen Gesichtspunkt der ungerechtfertigten Bereicherung zu einem privatrechtlichen zu stempeln, ihn in ein privatrechtliches Gewand zu kleiden, während es sich in Wahrheit um nichts anderes als um den öffentlichrechtlichen Tatbestand selbst handelt (vgl. u. a. aus neuerer Zeit RGZ. Bd. 100 S. 221, Bd. 101 S. 132, Bd. 103 S. 59, 134, Bd. 104 S. 208, 408, Bd. 105 S. 40, Bd. 106 S. 42, 385, Bd. 107 S. 367, Bd. 108 S. 245, Bd. 110 S. 164, 165, 348, 432, Bd. 113 S. 134, Bd. 121 S. 10).

Demgemäß kann es auf sich beruhen, ob auch der von der Revision beanstandeten Hilfserwägung des angefochtenen Urteils beizutreten sein würde. Diese geht dahin, daß auch Leistungen öffentlichrechtlicher Art den Gegenstand eines privatrechtlichen Vertrags bilden können (RGZ. Bd. 56 S. 9, Bd. 65 S. 3, Bd. 67 S. 291), und daß sich deshalb der Kläger durch einen solchen Vertrag — ohne Veränderung der rechtlichen Natur des Klaganspruchs — zur Zahlung der streitigen Gebühr habe verpflichten können. Denn wenn auch nach § 4 des Kommunalabgabengesetzes die Erhebung dieser Gebühr aus dem Gesichtspunkt der öffentlichrechtlichen Abgabe unzulässig war und sich insofern der vorliegende Fall von den in jenen Urteilen behandelten Fällen unterscheidet, so kommt es für die in der Revisionsinstanz allein zu entscheidende Frage der Zulässigkeit des Rechtswegs doch nur darauf an, daß der Klaganspruch auf ein privatrechtliches Rechtsverhältnis gestützt ist.

48. Inwieweit ist der Vermieter von Geschäftsräumen verpflichtet, dem Mieter Wettbewerb fernzuhalten?

BGB. §§ 535, 536, 537.

VIII. Zivilsenat. Urt. v. 2. Februar 1931 i. S. B. (Bekl.) w. H. (Kl.). VIII 503/30.

I. Landgericht Hamburg.
II. Oberlandesgericht daselbst.

Der Beklagte ist Eigentümer von zwei Nachbarhäusern in Hamburg (K.straße 66 und 67). Seit Ende 1921 führt der Kläger sein Juweliergeschäft in einem kleinen Laden des Hauses Nr. 66, den er von dem Vormieter, einem Briefmarkenhändler, gegen Zahlung einer Abstandssumme eingeräumt erhalten hat. Ende 1929 hat der Beklagte in dem Hause K.straße Nr. 67 einen Geschäftsraum, der von dem des Klägers durch zwei andere Läden getrennt ist, an einen anderen Juwelier L. vermietet, der seitdem sein Geschäft dort gleichfalls betreibt. Der Kläger hat daraufhin klagend verlangt, der Beklagte solle es unterlassen, in seinen beiden Grundstücken außer dem Juweliergeschäft des Klägers ein weiteres Juweliergeschäft aufzunehmen, und er solle — zur Vermeidung einer gerichtlich festzusetzenden Strafe — den Juwelier L. zur Räumung veranlassen.

Das Landgericht hat die Klage abgewiesen. Auf die Berufung des Klägers hat das Oberlandesgericht nach dem Klagantrag mit der Maßgabe erkannt, daß das Urteil keine Strafandrohung enthält. Die Revision des Beklagten führte zur Aufhebung und Zurückverweisung.

Gründe:

Der Berufungsrichter geht ohne Rechtsirrtum davon aus, daß der Kläger in einem Mietvertragsverhältnis zu dem Beklagten stehe, obgleich es zu der bei seinem Einzug in Aussicht genommenen schriftlichen Mietvereinbarung nicht gekommen ist. Der Vorderrichter nimmt an, man habe sich zunächst auf den für den Schriftvertrag vorgesehenen Mietzins von 6000 M. geeinigt und im übrigen die gesetzlichen Bedingungen zugrunde gelegt. Aus dem Gesetz (§ 536 BGB.) beurteilt er deshalb die Frage, ob der Beklagte verpflichtet sei, dem Kläger Wettbewerber in seinen Häusern fernzuhalten. Verkehrssitte und die Umstände des Falls will er berücksichtigen; er fügt aber an, daß es nicht auf die Rechtsauffassung oder die Verkehrssitte zur Zeit der Vermietung, sondern auf die „richtige" Rechtsauffassung ankomme.

Die Revision erhebt nicht mit Unrecht Bedenken gegen diese Ausgangserwägung; denn sie verkennt die Bedeutung der Verkehrssitte in § 157 BGB. als eines Elements der Vertragsauslegung und läßt außer acht, daß nach den Grundsätzen des Schuldrechts das Gesetzesrecht in der Regel gegenüber der besonderen Gestalt nachgibt, welche die Parteien, der Verkehrssitte folgend, ihrer Vertragsbeziehung bei dem Abschluß verleihen. Aus demselben Gesichtspunkt enthält es einen Verstoß gegen die §§ 133, 157 BGB. wie gegen § 286 ZPO., wenn der Berufungsrichter über eine Anführung des Beklagten hinweggegangen ist, die unmittelbar die Stellungnahme der Parteien zur Frage des Wettbewerbs bei dem Vertragsschluß betraf. Und zwar hatte der Beklagte auch im zweiten Rechtszug behauptet, er habe den Kläger beim Einzug auf das im selben Hause schon bestehende Juweliergeschäft von Th. hingewiesen und der Kläger habe erwidert: dadurch werde er nicht benachteiligt, das Gegenteil sei der Fall; in der K.straße befänden sich sowieso viele Juweliergeschäfte; dadurch werde die Kundschaft in die Straße gezogen; jeder Kunde gehe schließlich dahin, wo er am besten zu kaufen glaube. Wenn der Berufungsrichter dies Vorbringen mit der Erwägung erledigen will: sei der Kläger auf das Bestehen des Geschäfts von Th. hingewiesen worden, so könne das nicht mehr beweisen, als daß er das Bestehen dieses Geschäfts hinnehmen müsse, so übergeht er den wesentlichsten Teil der Behauptung, die angebliche Einlassung des Klägers auf den Hinweis.

Im übrigen ist der Revision aber auch darin beizutreten, daß der Berufungsrichter die gesetzlichen Verpflichtungen des Vermieters überspannt. Es entspricht nicht der Rechtsprechung des Reichsgerichts, daß die Verbindlichkeit des Vermieters, den vertragsmäßigen Gebrauch zu gewähren (§§ 535, 537 BGB.), schlechthin die Pflicht einschließe, dem Geschäftsmieter fühlbaren Wettbewerb fernzuhalten, und zwar nicht nur im Miethause, sondern grundsätzlich insoweit, als der Vermieter dazu imstande sei. In dem Falle des Erkenntnisses RGZ. Bd. 119 S. 353 stand der Vermieter (Rechtsnachfolger) einem Mieter gegenüber, dem der Gebrauch eines Ladens zum Betrieb eines Zigarrengeschäfts im Vertrag auf 25 Jahre zugesichert worden war, unter gleichzeitiger ausdrücklicher Verpflichtung des Vermieters, kein weiteres Zigarrengeschäft in dem (zu errichtenden) Miethause zu dulden. Der Rechtsnachfolger des Vermieters hatte dann unmittelbar vor der Eingangstür des vom damaligen Kläger gemieteten Ladens auf einem ihm gleichfalls gehörenden Grundstück den Aufbau eines Verkaufshäuschens zugelassen, in dem auch Zigarren verkauft wurden und das außerdem die Aussicht auf den Laden des Mieters für das Publikum verdeckte. Bei solcher Lage des Falles war allerdings nach § 242 BGB. in der Förderung des Wettbewerbs gegenüber dem Mieter eine Verletzung der Vermieterpflichten zu sehen, obwohl der Wettbewerb auf einem anderen als dem Mietgrundstück fußte. Eine Verallgemeinerung im Sinne der Stellungnahme des Berufungsrichters läßt aber diese Entscheidung nicht zu.

Überhaupt ist auszusprechen, daß gerade beim bloßen Gebrauchsüberlassungsvertrag den Vermieter keine Fürsorgepflicht zur Förderung oder Wahrung des vom Geschäftsmieter erwarteten Ertrages trifft, soweit nur die Möglichkeit gegeben ist und bleibt, die Geschäftsräume gemäß dem Vertragszweck zu nutzen (RGZ. Bd. 91 S. 54 und 310, Bd. 94 S. 267; RGUrt. vom 23. Oktober 1917 III 189/17). Was insbesondere den Wettbewerb angeht, so ist in dem in LZ. 1914 Sp. 1028 abgedruckten Urteil gesagt, der Mieter habe, von der Lage des Einzelfalls abgesehen, nicht grundsätzlich das Recht, daß ihm im Miethause jeder Wettbewerb ferngehalten werde. Nur aus dem besonderen Vertragszweck, den die Nennung im Schriftvertrag, die Einrichtung der Räume (so z. B. bei Schankwirtschaften) oder ein anderer Umstand klarstellen mag, kann nach den §§ 157, 242 BGB. eine solche Pflicht folgen (RGUrt. vom 19. Januar 1906 III 372/05). Es ist darüber hinaus nicht auszuschließen, daß eine Gestaltung, wie sie in dem in RGZ. Bd. 119 S. 353 entschiedenen Falle vorlag, ein Handeln des Vermieters als vertragswidrig (im Sinne des § 242 BGB.) erscheinen läßt, durch das er auch außerhalb des Mietgrundstücks das Erwachsen von Wettbewerb für den Mieter zuläßt. Die Annahme indes, daß ein Vermieter, der mehrere Grundstücke besitzt, von vornherein im Rahmen des Mietvertrags die Pflicht übernehme, auch in seine anderen Häuser kein Wettbewerbsgeschäft aufzunehmen, wird schon dem Bedenken begegnen, daß bei getrennter Veräußerung des Grundbesitzes die übernommene Vermieterpflicht nach § 571 BGB. auf den Eigentümer jedes Grundstücks besonders übergeht.

Der Berufungsrichter hat also verkannt, daß sich die weitgehende, von ihm angenommene Verpflichtung zum Schutz gegen Wettbewerb nicht ohne weiteres aus der gesetzlichen Pflicht ergibt, den Gebrauch der Mietsache zu gewähren, sondern daß eine solche Verbindlichkeit aus der besonderen Lage des Falles unter Berücksichtigung des § 242, aber auch der §§ 133, 157 BGB. begründet werden muß. Die Würdigung der nach den §§ 157, 242 BGB. bestimmenden Verhältnisse darf auch nicht nur, wie es der Berufungsrichter tut, die Belange des Geschäftsmieters ins Auge fassen, sondern wird auch berücksichtigen müssen, daß der Hauseigentümer in einer von Spezialgeschäften bevorzugten Straße bei der Ausnutzung seines Eigentums empfindliche Einbuße leiden würde, wenn er gerade Personen des besonderen Gewerbszweigs als Mieter ausschließen müßte.

Insgesamt bedarf es zur Feststellung und Umgrenzung der Pflicht des Beklagten einer erneuten Abwägung der Belange beider Parteien, die auch den Gang der Vertragsentwicklung zwischen ihnen in Betracht ziehen muß. Sollte danach in Frage kommen, daß der Beklagte auch bei der Vermietung des Hauses K.straße Nr. 67 Rücksicht auf den Vorteil des Klägers zu nehmen hätte, so würde ferner unter Prüfung des Vertrags mit L. besonders zu erwägen sein, ob dem Beklagten dessen Lösung und eine etwaige Abfindung des L. zugemutet werden könnten. Es ist zwar der Revision nicht zuzugeben, daß dieser Teil des Klagantrags nur aus dem Gesichtspunkt der schuldhaften Vertragsverletzung, grundsätzlich aber nicht auch aus dem der Vertragserfüllung gerechtfertigt werden könnte. Jedoch wäre es eine schlechterdings nicht annehmbare Erstreckung der Vermieterpflicht zur Hintanhaltung des Wettbewerbs, wenn der Beklagte auch ohne schuldhafte Vertragsverletzung zur Lösung des Vertrags mit L., gleichviel mit welchen Opfern, dem Kläger gegenüber verbunden sein sollte. Mit Recht verweist die Revision darauf, daß unter dem Gesichtspunkt der Vertragsverletzung auch der Schriftwechsel der Parteien vom September 1929 hätte gewürdigt werden müssen. Im Sinne dieser Erwägungen bedarf die Sache erneuter Prüfung.

49. 1. Zur Frage der Verjährung von Ansprüchen gegen Krankenkassen und Kassenärzte.

2. Unter welchen Voraussetzungen kann ein im Vergleichswege erklärter Verzicht auf alle künftigen Ansprüche aus einer Körperbeschädigung in seiner Tragweite begrenzt sein?

BGB. §§ 157, 242, 779, 852.

VIII. Zivilsenat. Urt. v. 5. Februar 1931 i. S. 1. Verband der Krankenkassen in B., 2. Dr. M. (Bekl.) w. Sch. (Kl.). VIII 470/30.

I. Landgericht I Berlin.
II. Kammergericht daselbst.

Am 19. Oktober 1925 wurde der Kläger im Ambulatorium des verklagten Verbandes durch einen dort angestellten Arzt, den anderen Beklagten, an Harnröhrenkatarrh mit der Folge behandelt, daß durch die angeordneten Einspritzungen schwere und sehr schmerzhafte Verbrennungserscheinungen auftraten, wegen deren der Kläger zunächst vom 22. Oktober bis 5. Dezember 1925 im Krankenhause war. Am 4. Dezember 1925 verhandelte er mit der hinter den Beklagten stehenden Versicherungsgesellschaft und unterschrieb gegen Zahlung von 1700 RM. eine Erklärung folgenden Inhalts:

> Hierdurch erkläre ich mich für alle Ansprüche, die von mir oder meinen Rechtsnachfolgern gegen die Geschäftsstelle der Ambulatorien des Verbandes der Krankenkassen B. resp. Herrn Dr. M. oder gegen sonst jemand aus dem Schadensereignisse vom 19. Oktober 1925 jetzt oder künftig hergeleitet werden könnten, gegen Zahlung von 1700 RM. für endgültig abgefunden. Über diesen Betrag wird hiermit quittiert.

Im Februar 1928 verschlimmerte sich der Zustand des Klägers erheblich. Er befand sich wiederum vom 18. Februar bis 31. Juli 1928 und vom 4. September 1928 bis 4. Juli 1929 im Krankenhause und steht seitdem in Behandlung mehrerer Fachärzte. Nach seiner Behauptung ist er völlig und dauernd arbeitsunfähig. Mit der im Februar 1929 erhobenen Klage verlangt er 13300 RM. als Abgeltung des ihm bis dahin entstandenen Schadens, ferner eine monatliche Rente von 400 RM. seit dem 1. März 1929, Schmerzensgeld und die Feststellung, daß die Beklagten zum Ersatz alles weiteren aus dem Unfall entstehenden Schadens verpflichtet seien. Der Kläger erstritt in beiden Vorinstanzen ihm günstige Entscheidungen. Die Revision der Beklagten führte zur Aufhebung des Berufungsurteils und zur Zurückverweisung der Sache.

Gründe:

Das Berufungsgericht hat als bewiesen angenommen, daß ein ärztlicher Kunstfehler infolge fahrlässiger Behandlung des Klägers begangen wurde und daß zwischen diesem Kunstfehler und dem seit Februar 1928 verschlimmerten Zustand des Klägers ein ursächlicher Zusammenhang besteht.

Gegenüber dem verklagten Verbande muß die von den Beklagten vorgeschützte Verjährungseinrede nach § 852 BGB. versagen. Denn zwischen ihm und dem Kläger hat ein Vertragsverhältnis, sei es privatrechtlicher, sei es auf öffentlichrechtlicher Verpflichtung beruhender Art, oder eine unmittelbare öffentlichrechtliche Verpflichtung bestanden, auf Grund deren der Verband zu einer sachgemäßen, Leib und Leben des Klägers nicht gefährdenden Behandlung diesem gegenüber verpflichtet war. Aus dieser Verpflichtung, nicht aus einer unerlaubten Handlung leitet sich der Klaganspruch gegen den Verband her. Auch auf derartige öffentlichrechtliche Verpflichtungen — wenn es sich hier um eine solche gehandelt hat — ist der Rechtsgedanke des § 278 BGB. anwendbar (RGZ. Bd. 112 S. 290, Bd. 118 S. 42; vgl. RGUrt. v. 7. Oktober 1930 III 13/30, DRZ. 1931 Nr. 5).

Erneuter Prüfung durch das Berufungsgericht bedarf es aber, ob der Anspruch des Klägers gegen den verklagten Arzt der Verjährung nach § 852 BGB. unterliegt, oder ob sich aus genauerer Aufklärung der Stellung, welche dieser bei dem Verbande einnahm, ergibt, daß er selbst in ein Vertragsverhältnis zum Kläger durch Übernahme seiner Behandlung getreten ist, sodaß es auf die Verjährung nach § 852 BGB. nicht ankäme (RGZ. Bd. 66 S. 86, Bd. 74 S. 434, Bd. 88 S. 435, Bd. 118 S. 141, 144).

Zur Entscheidung in der Sache selbst genügen ebenfalls die bisherigen tatsächlichen Feststellungen nicht, um erkennen zu lassen, ob der Anspruch des Klägers, dem die Einrede der Erledigung durch den am 4. Dezember 1925 abgeschlossenen Vergleich entgegensteht, dennoch begründet ist. Das Berufungsgericht sagt hierzu nur, in einem so außergewöhnlichen Falle wie dem vorliegenden stelle es eine grobe Unbilligkeit dar, nach der ganz erheblichen Verschlimmerung im Zustande des Verletzten an dem Vergleich festzuhalten. Wegen der Verschlimmerung selbst wird auf die Gutachten der Sachverständigen und auf die lange Dauer der Krankenhausbehandlung hingewiesen. Daß der Kläger völlig arbeitsunfähig sei und auf absehbare Zeit bleiben werde, wird nur als seine Behauptung mitgeteilt. In dem von ihm in Bezug genommenen Urteil betreffend eine einstweilige Verfügung zugunsten des Klägers hatte das Berufungsgericht ebenfalls nur ausgeführt, daß es mit Rücksicht auf das wesentlich veränderte Befinden des Klägers, auf die offensichtlich „ganz erheblich veränderten Umstände", der Billigkeit nicht entsprechen würde, ihn an seiner mehrere Jahre zurückliegenden Abfindungserklärung festzuhalten. Dabei wird gesagt, die Anwendung des aus Anlaß der Geldentwertung vom Reichsgericht aus der Vorschrift des § 242 BGB. entwickelten Gedankens des Rücktritts wegen veränderter Umstände auf den Vergleich als solchen sei bedenklich. Anderseits verneint das Berufungsgericht mit Recht, daß die Voraussetzungen der §§ 138, 779 BGB. vorlägen. Insbesondere kann nicht zweifelhaft sein, daß auch die Folgen der ärztlichen Behandlung Gegenstand des Vergleichs waren, während § 779 BGB. einen Irrtum über andere tatsächliche Voraussetzungen betrifft, auf die sich der Streit oder die Ungewißheit nicht bezieht. Die angefochtene Entscheidung ist also nur auf die allgemeine Bestimmung des § 242 BGB. gestützt. Eine so weitgehende und unbestimmte Anwendung des § 242, wie sie hier das Berufungsgericht vorgenommen hat, ohne den Zusammenhang einerseits mit dem, was die Parteien mit dem Vergleich gewollt haben, anderseits mit der zugrunde liegenden Handlung genau zu erörtern, kann nicht gebilligt werden. Eine Ähnlichkeit des vorliegenden Sachverhalts mit der Geldentwertung oder mit anderen allgemeinen Veränderungen, wie etwa der Gesetzgebung oder der Rechtsprechung, besteht nicht. Wenn die Rechtsprechung des Reichsgerichts aus derartigen allgemeinen Veränderungen, die in ihrem Ausmaß eine völlige Umwälzung der wirtschaftlichen Lebensunterlagen oder der rechtlichen Anschauungen bedeuteten, die Folgerung gezogen hat, daß bestehende vertragliche Pflichten oder Rechte ihrem Einfluß nicht entzogen bleiben könnten, so folgt daraus nichts für die Frage, ob Änderungen, die nur in der Person des Berechtigten eintreten, die Rechtsbeziehungen aus einem Vertrage beeinflussen können. Dies kann um so weniger in einem

Falle gelten, wo der Inhalt des Vertrags darin besteht, die Ansprüche, „die jetzt oder künftig hergeleitet werden könnten", durch eine einmalige Zahlung abzufinden. Gegenüber diesem Vertrage bedurfte es einer genaueren Prüfung des behaupteten Sachverhalts.

Der Kläger hatte neben dem Versuch, die Anwendbarkeit des § 779 BGB. darzutun, behauptet, man habe beim Abschluß des Vergleichs am 4. Dezember 1925, dem Tage vor seiner Entlassung aus dem Krankenhause, angenommen, „daß der Kläger der Heilung entgegengehe und daß er seinem Berufe als Kraftwagenführer bald wieder werde nachgehen können". Die Parteien hätten „nicht damit gerechnet, daß der Kläger dauernd Krüppel bleiben würde; daß ferner weitere lebensgefährliche Operationen und eine weitere jahrelange schwierige Behandlung notwendig sein würden; wenn die Parteien den richtigen Sachverhalt bei Vergleichsabschluß gekannt hätten, dann würde der abgeschlossene Vergleich mit der geringen Summe von 1700 RM. nicht vorgenommen worden sein". Der Kläger hatte außerdem behauptet, vor der Entlassung aus dem Krankenhause habe er sich, da er ohne Mittel gewesen sei, beschleunigt an die Versicherungsgesellschaft N. gewendet, an die er von den Beklagten verwiesen worden sei. Diese habe ihm „nach Vorlegung der Bescheinigung über seinen Arbeitsverdienst für den entgangenen Gewinn von sieben Wochen 700 RM. und schließlich auf die Frage, ob er denn die Schmerzen umsonst ertragen habe, weitere 1000 RM. bewilligt".

Diese Ausführungen des Klägers, die er außer mit §§ 779, 138 Abs. 2 BGB. auch mit § 242 BGB. in Verbindung gebracht hat, zielten offensichtlich auch darauf hin, geltendzumachen, die Parteien seien beim Abschluß des Vergleichs von ganz bestimmten, damals vorliegenden Tatsachen, insbesondere von einem bestimmten Lohnausfall, und von ganz bestimmten Vorstellungen über den Heilerfolg ausgegangen. Diesen Behauptungen hätte das Berufungsgericht nachgehen müssen. An sich ist es selbstverständlich, daß ein Vergleich, durch den alle Ansprüche abgefunden werden, die jetzt oder künftig aus einem Schadensereignis hergeleitet werden könnten, das Rechtsverhältnis der Parteien endgültig beendet. Auch daraus würde sich nichts anderes ergeben, daß im vorliegenden Falle die Rentenforderung, deren Ablösung der Vergleich diente, ihrer wirtschaftlichen Natur nach, jedenfalls zum Teil, dazu bestimmt war, den durch Arbeitsunfähigkeit geschmälerten Lebensunterhalt des Klägers zu ersetzen (RGZ. Bd. 106 S. 233 und S. 396). Wohl begünstigt das entwickelte Recht und die ihm in seinen Grundgedanken folgende Rechtsprechung Unterhaltsforderungen, solange sie als laufende Ansprüche bestehen (vgl. § 323 ZPO.). Damit aber eine durch eine geleistete Kapitalabfindung abgeschlossene Unterhaltsverpflichtung trotz der Abfindung zur Erhebung neuer Ansprüche führen könnte, bedürfte es besonderer Umstände, die eine ergänzende Vertragsauslegung zulassen (RGZ. Bd. 106 S. 402). Sie könnten im gegebenen Falle nur darin gefunden werden, daß beide Parteien, wie der Kläger behauptet hat, trotz des allgemeinen Wortlauts des Vergleichsvordrucks dem Vergleich nur eine beschränkte Wirkung hätten geben wollen. Dafür hat der Kläger drei Beweisgründe vorgebracht, deren Prüfung dem Berufungsgericht obliegt (RGZ. Bd. 105 S. 302 und S. 349, Bd. 118 S. 144). Einmal, daß beide Parteien damals der Meinung gewesen seien, die Heilung des unmittelbar vor der Entlassung aus dem Krankenhause stehenden Klägers sei im wesentlichen erreicht. Zweitens, daß die geringe Summe von 1700 RM. schon an sich zeige, daß an irgendwelche ernstliche Wendung nicht gedacht worden sei und nach dem damaligen Heilerfolg auch nicht habe gedacht werden können. Endlich, daß auch ausdrücklich eine Beziehung zwischen dieser Summe und dem schon in der Vergangenheit liegenden Lohnausfall nebst Schmerzensgeld bestanden habe. Wären diese Behauptungen oder wenigstens die beiden ersten richtig, so würde das allerdings dem Tatrichter ermöglichen, ohne Verstoß gegen rechtliche Gesichtspunkte den Schluß zu ziehen, daß die Parteien durch den Vergleich nicht solche Ansprüche erledigen wollten, die sich erst bei einer über alles Voraussehbare hinaus eintretenden späteren Verschlimmerung der Schadensfolgen ergeben würden. Es ist psychologisch und nach der Anschauungsweise des redlichen Verkehrs selbstverständlich, daß sich beide Teile bei den Vergleichsverhandlungen und ihrem Abschluß ein gewisses Bild der möglichen Unfallfolgen gemacht haben. Auf der Vorstellung, die dem damaligen Stand der erhofften Heilung entsprach, zusammengenommen mit Erwartungen, wie sie sich nach menschlicher Berechnung für die Zukunft ergeben konnten, würde es dann, wenn die klägerischen Behauptungen zutreffen, beruhen, daß „alle Ansprüche, die jetzt oder künftig aus dem Schadensereignis entstehen könnten", abgefunden wurden. Auf das alles bezog sich selbstverständlich der Vergleich und seine Wirksamkeit. Was aber völlig außerhalb dieser Vorstellung lag und — nach vernünftiger Beurteilung vom damaligen Sachstande aus — liegen mußte, war trotz seines umfassenden Wortlautes nicht ohne weiteres Gegenstand des Vergleichs. Würde der Vorderrichter bei nochmaliger Prüfung dem Sachverhalt entnehmen können, daß die Wirkungen, für die das Schadensereignis ursächlich war, soweit sie nach dem 18. Februar 1928 eingetreten sind, so sehr außerhalb aller menschlichen Erkennbarkeit, Voraussicht und Berechnung lagen, daß beide Parteien nach ihrer damaligen Auffassung nicht an sie denken konnten, sich vielmehr übereinstimmend in der Vorstellung eines beschränkten Schadensumfangs bewegten, so wäre er rechtlich nicht gehindert, hieraus auf einen begrenzten Vergleichswillen zu schließen. Dies namentlich dann, wenn auch die dritte Behauptung des Klägers zuträfe, daß er nur Ersatz für einen Teilschaden erhalten habe, der zur Zeit des Vergleichs schon der Vergangenheit angehörte.

Die Gesichtspunkte, die das Berufungsgericht seiner Entscheidung wird zugrunde legen müssen, sind demnach folgende: Es muß eine übereinstimmende Auffassung beider Parteien über den ungefähren Schadenskreis erkennbar sein, von dem sie beim Vergleichsschluß ausgingen. Dieser vorgestellte Schadenskreis muß als ein begrenzter erscheinen. Der nachträglich eingetretene Schaden muß objektiv völlig außerhalb des Vorgestellten liegen und subjektiv nach dem damaligen Sachstand unvorhersehbar gewesen sein. Dieser Schaden muß so erheblich sein, daß bei seiner Kenntnis beide Parteien, auch die Beklagten, nach den Grundsätzen des redlichen Verkehrs den Vergleich nicht geschlossen und die Beklagten seine Schließung dem Geschädigten nicht zugemutet hätten.

Ist hiernach der Einrede der Erledigung der Klagansprüche durch den Vergleich vom 4. Dezember 1925 nicht, wie im angefochtenen Urteil geschehen, mit allgemeinen Billigkeitserwägungen zu begegnen, ist sie vielmehr nur dann auszuschließen, wenn sich nach dem noch näher festzustellenden Sachverhalt annehmen läßt, daß redliche Vertragsparteien Ansprüche aus so gearteter Änderung der Umstände nicht hätten ausschließen wollen, weil sie an sie weder gedacht hätten, noch hätten denken können, und weil, hätten sie

sie voraussehen können, ein solcher Vergleich ihnen fern gelegen hätte, so fallen damit die Gefahren fort, welche die Revision mit Recht in der Nichtberücksichtigung des Vergleichs aus allgemeinen Billigkeitsgründen sieht. Zugleich ist damit die von der Revision vermißte Grenze gezogen, von der ab die Einrede des Vergleichs nicht mehr erhoben werden kann, nämlich von da an, wo sich aus dem Vergleich selbst, bezogen auf die Umstände bei seinem Abschlusse, seine dem beiderseitigen Parteiwillen entsprechende Begrenzung ergibt.

Dem kann nicht entgegengehalten werden, die Parteien hätten in solchen Fällen nicht an die später eingetretenen Schadensfolgen gedacht, sie hätten also auch nicht an eine Begrenzung ihnen gegenüber denken können. Gedacht haben die Parteien — davon ist jedenfalls auszugehen — an die damals bestehende und zu erwartende Gestaltung der Schadensfolgen, und es fragt sich eben, ob sie hierüber hinaus Vorsorge haben treffen wollen. Ist das im einzelnen Falle anzunehmen, so können natürlich auch unerwartete Folgen als abgefunden zu betrachten sein. Eine soweit gehende Vorsorge ist aber nicht ohne weiteres zu vermuten; sie folgt auch nicht notwendig aus allgemeinen Redewendungen, namentlich nicht aus solchen in Vordrucken, die für Vergleiche aller Art ohne Rücksicht auf die Eigenart des einzelnen Falles benutzt werden. Erst in Verbindung mit der wirklichen Sachlage läßt sich ermessen, welches der vertragliche Wille der Parteien unter Beachtung redlichen Verkehrs gewesen ist.

Die gesetzliche Grundlage der Entscheidung wird hiernach nicht sowohl § 242 BGB. bilden, da es sich hier nicht darum handelt, eine an sich geschuldete Leistung nach ihrer Art zu bestimmen, sondern § 157 BGB., der es nicht gestattet, aus einem nach beiderseitiger Parteivorstellung nur ein begrenztes Tatsachenfeld umfassenden Verzicht ohne weiteres unbegrenzte Verzichtwirkungen über dieses Feld hinaus herzuleiten.

---

50. Wie kann der Beweis der Unrichtigkeit einer in einer öffentlichen Urkunde bezeugten Tatsache geführt werden?

ZPO. §§ 418, 286.

VI. Zivilsenat. Urt. v. 5. Februar 1931 i. S. Stadtgemeinde D. (Kl.) — Streitgehilfe: Preuß. Staat — w. A. u. Gen. (Bekl.). VI 364/30.

I. Landgericht Düsseldorf.
II. Oberlandesgericht daselbst.

Für die Klägerin war im Grundbuch von D. seit dem 27. Juli 1917 eine Kaufpreisresthypothek von 143000 M. eingetragen. Am 24. Mai 1921 wurden zwischen der Klägerin und den Beklagten als den damaligen Eigentümern des belasteten Grundstücks und persönlichen Schuldnern neue Zins- und Rückzahlungsbedingungen vereinbart. Das Kapital wurde am 30. Dezember 1922 von den Beklagten zurückgezahlt. Die Löschung der Hypothek erfolgte am 2. Juni 1923. Die Klägerin meldete den Anspruch auf Aufwertung der persönlichen Forderung und der Hypothek in Höhe von 32174,80 GM. durch eine am 31. Dezember 1925 bei der Aufwertungsstelle des Amtsgerichts D. eingegangene Eingabe vom 20. Dezember 1925 an. Nach Ablauf der Einspruchsfrist wurde die Hypothek mit dem angemeldeten Aufwertungsbetrage wieder in das Grundbuch eingetragen. Ein Antrag auf höhere Aufwertung der persönlichen Forderung gemäß § 10 Abs. 1 Nr. 5, § 12 AufwG. war bis zum 3. Dezember 1926 nicht zu den Akten der Aufwertungsstelle gelangt. An letzterem Tage reichte die Klägerin einen solchen, die Aufwertung der Forderung zu 100% verfolgenden Antrag mit dem Datum vom 26. Dezember 1925 bei der Aufwertungsstelle ein und machte geltend, ein gleichlautender Antrag sei bereits mit dem Antrag auf Normalaufwertung zu 25% am 31. Dezember 1925 bei der Aufwertungsstelle eingereicht worden. Sie berief sich hierfür auf eine Quittung eines Beamten der Aufwertungsstelle, die folgenden Wortlaut hat:

Stadt D.

584/662	H.	62 Aw 1813
21/21	A. (Bekl.)	(zu 6/21 auch besonderer Antrag)
		14
2101/4001	A. (Bekl.)	15
1699/1909	Z.	16
4		erhalten.
Stempel des Amtsgerichts.		gez. L., Akt. 31. 12.

Die Beklagten erhoben Einspruch und bestritten, daß vor dem 1. April 1926 ein Antrag auf Abweichung vom normalen Höchstsatz bei der Aufwertungsstelle eingegangen sei. Die Aufwertungsstelle gab durch Beschluß vom 10. Februar 1927 der Klägerin auf, die Entscheidung des ordentlichen Gerichts herbeizuführen, daß rechtzeitig eine höhere Aufwertung der Forderung beantragt worden sei.

Die Klägerin verlangt im vorliegenden Rechtsstreit die Feststellung, daß die der Kaufgeldresthypothek zugrunde liegende persönliche Forderung von den Beklagten höher als zu 25% des Goldmarkwertes aufzuwerten sei. Sie ist in beiden Vorinstanzen unterlegen. Die Revision der Klägerin und ihres Streitgehilfen, des Preußischen Staates, führte zur Aufhebung des Berufungsurteils und zur Zurückverweisung der Sache.

Gründe:

Die Klägerin beansprucht eine über den normalen Satz hinausgehende Aufwertung ihrer persönlichen Restkaufgeldforderung auf Grund des § 10 Abs. 1 Nr. 5, Abs. 3 AufwG. Das Berufungsgericht geht von der Vorschrift des § 12 AufwG. aus, daß eine Abweichung vom normalen Höchstsatz der Aufwertung nur zulässig ist, wenn sie vor dem 1. April 1926 bei der Aufwertungsstelle beantragt wurde. Es prüft den bei der Aufwertungsstelle am 31. Dezember 1925 eingegangenen Antrag vom 20. Dezember 1925 und kommt zu dem Ergebnis, daß ein Verlangen nach erhöhter Aufwertung hierin nicht zu finden sei. Das ist nicht rechtsirrtümlich und wird von der Revision nicht angegriffen.

Die Klägerin behauptet, einen die in Rede stehende Forderung betreffenden besonderen Antrag auf erhöhte Aufwertung bei der Aufwertungsstelle am 31. Dezember 1925 eingereicht zu haben. Der Berufungsrichter prüft die zum Beweise dieser Behauptung vorgelegte Quittung des damaligen Aktuars L. Er hält für erwiesen, daß sich diese Urkunde auf den hier in Frage kommenden Antrag beziehe und daß sie den in ihr angegebenen Inhalt bereits zur Zeit ihrer Ausstellung gehabt habe. Das Berufungsgericht legt auch die Urkunde ohne Rechtsirrtum dahin aus, daß durch sie der Empfang des Antrags auf Erhöhung der Aufwertung bestätigt werde. Die Urkunde sei — so führt der Vorderrichter aus — eine öffentliche Urkunde im Sinne des § 415 ZPO., da sie von einer öffentlichen Behörde innerhalb der Grenzen ihrer Amtsbefugnis aufgenommen sei. Sie habe einen Inhalt, wie er in § 418 ZPO. geregelt sei, und zwar „einen anderen als den in §§ 415, 417 ZPO. bezeichneten Inhalt" insofern, als die Handlung einer öffentlichen Behörde, der Empfang einer bestimmten Urkunde, bescheinigt werde. Damit werde nach § 418 Abs. 1 der volle Beweis dieser Tatsache begründet, und es würde gemäß § 418 Abs. 2 Sache der Beklagten sein, den Beweis der Unrichtigkeit der bezeugten Tatsache zu erbringen. Das Berufungsgericht erachtet den Nachweis dieser Unrichtigkeit durch die Aussage des Zeugen K. als erbracht. Dieser Zeuge hat angegeben, daß die sämtlichen Aufwertungsanträge der Sparkasse der Klägerin am 31. Dezember 1925 zur Aufwertungsstelle gebracht worden seien. Er war damals noch bei der Sparkasse tätig; er bekundet, er erinnere sich genau, daß er schon vor dem Abgang der Anträge an das Amtsgericht den Zusatz auf der Urkunde gemacht habe: „Zu 6 aus 21 auch besonderer Antrag"; er erinnere sich noch ganz genau des Zeitpunktes und des Ortes, an dem er den Zusatz gemacht habe; dieser Zusatz könne sich nur auf den besonderen Antrag auf höhere Aufwertung der persönlichen Forderung beziehen; er habe den Antrag zum Teil gelesen und erinnere sich heute noch, daß der Antrag auf Aufwertung zu 100% gerichtet gewesen sei. Der Zeuge, der nach dem 31. Dezember 1925 auf die Bitte der Aufwertungsstelle bei dieser tätig gewesen ist, bekundet weiter, daß sämtliche Empfangsbestätigungen erst in den ersten Tagen des Januar 1926 von den Beamten der Aufwertungsstelle unterzeichnet worden seien und daß der damalige Aktuar L. die Quittungen ausgestellt habe, ohne das Vorhandensein der Anträge nachzuprüfen. Das Berufungsgericht hält auf Grund dieser beiden Umstände (Unterzeichnung nach dem 31. Dezember 1925 und Ausstellung ohne Prüfung des Eingangs des Antrags) für widerlegt, daß der Aktuar L. den Antrag am 31. Dezember 1925 erhalten habe.

Mit dieser Annahme verletzt der Berufungsrichter, wie die Revision mit Recht rügt, die Vorschrift des § 418 ZPO. Er gewinnt nicht etwa aus dem gesamten Inhalt der Verhandlung im Rahmen des § 286 ZPO. die Überzeugung, daß der Beamte der Aufwertungsstelle die Urkunde nicht am 31. Dezember 1925 erhalten habe; mit der Würdigung des gesamten Inhalts der Verhandlung, insbesondere der Beweisaufnahme, befaßt er sich erst im zweiten, selbständigen Teile der Entscheidungsgründe, der noch besonders zu prüfen sein wird. Der Vorderrichter hält vielmehr die gesetzliche Vermutung des § 418 zunächst deshalb für widerlegt, weil der Beamte der Aufwertungsstelle die Urkunde nicht am 31. Dezember 1925, sondern erst später unterzeichnet habe. Diese Erwägung trifft nicht zu. Der wesentliche Inhalt der Urkunde bescheinigt nicht den Tag, an dem das Empfangsdatum niedergeschrieben worden ist, sondern den Tag, an dem der Beamte den Antrag empfangen hat. Die gesetzliche Vermutung des § 418 ist nicht widerlegt, so lange nicht die Möglichkeit völlig beseitigt ist, daß der Inhalt der Bescheinigung richtig ist (RGZ. Bd. 92 S. 71/72). Die Möglichkeit, daß der Beamte den Antrag am 31. Dezember 1925 empfangen hat, wird aber offenbar nicht dadurch weggeräumt, daß er den Empfangstag später niedergeschrieben hat. Das hat nichts mit der Rechtslage zu tun, die gegeben ist, wenn die Wirksamkeit eines Rechtsgeschäfts selbst an die Beobachtung einer Form geknüpft wird und diese davon abhängt, daß der Zeitpunkt der Abgabe der Willenserklärung wahrheitsgemäß in der Urkunde wiedergegeben ist (vgl. etwa § 313 BGB. in Verb. mit § 176 FGG. oder §§ 2231, 2241 BGB.). Noch weniger wird die Beweiskraft der öffentlichen Urkunde durch den zweiten vom Berufungsgericht herangezogenen Umstand aufgehoben, daß der Beamte die Quittung ausgestellt hat, ohne sich im Zeitpunkt der Unterzeichnung vom Vorhandensein des Antrags auf der Aufwertungsstelle zu überzeugen. Dadurch wird in die Urkunde ein Vorgang hineingetragen, der gar nicht ihren Inhalt zum Gegenstande hat. Der Beamte hat nicht bescheinigt, daß er sich im Augenblick der Unterzeichnung vom Vorhandensein des Antrags auf der Aufwertungsstelle überzeugt habe, sondern er bescheinigt den Empfang des Antrags. Die volle Beweiskraft, die das Gesetz einer öffentlichen Urkunde im Rahmen des § 418 ZPO. beilegt, würde in bedenklicher Weise abgeschwächt, wenn man eine Erwägung jener Art mit der Urkunde verknüpfen wollte, ganz abgesehen davon, daß sich der Beamte die Überzeugung von der Richtigkeit des Inhalts in verschiedener Weise und auch vor oder alsbald nach der Unterzeichnung — etwa in der Absicht sofortiger Vornahme irgendwelcher Ermittlung — verschafft haben kann. Andernfalls würde die öffentliche Urkunde in dieser Beziehung der privaten Urkunde an Bedeutung nachstehen, bei welcher, wenigstens regelmäßig, nicht einmal der Einwand zugelassen wird, man habe die Urkunde vor der Unterzeichnung nicht gelesen (RGZ. Bd. 77 S. 312).

Im zweiten Teil der Entscheidungsgründe, der das Urteil selbständig tragen soll, nimmt der Vorderrichter an, daß eine freie Würdigung des gesamten Beweisergebnisses gleichfalls zur Widerlegung der gesetzlichen Vermutung des § 418 ZPO. führe. Er zweifelt zwar auf Grund der glaubwürdigen Aussage des Zeugen K. nicht daran, daß der in Rede stehende Antrag den für die Abgabe an die Aufwertungsstelle gesammelten Anträgen beigelegen habe; er meint aber, es müsse mit einem Abhandenkommen des Antrags vor der Abgabe der gesammelten Anträge an die Aufwertungsstelle oder während der Beförderung gerechnet werden. Die erste Möglichkeit sei um so ernster ins Auge zu fassen, als die in den Akten der Klägerin enthaltene Urschrift des Antrags von dem Beigeordneten O. nicht gezeichnet sei. Es sei deshalb nicht ausgeschlossen, daß der für das Gericht bestimmte Antrag wieder herausgenommen worden sei, weil er dieser Unterschrift noch entbehrt habe, und dann zurückgeblieben sei. Diese für den Nichteingang des Antrags bei der Aufwertungsstelle möglichen Ursachen könne die Klägerin nicht ausräumen; ihre Beweisführung müsse daran scheitern. Mit Recht bemängelt die Revision auch diese Begründung. Gegenüber der vollen Beweiskraft der öffentlichen Urkunde, von der das Berufungsgericht ausgeht, reicht die Möglichkeit nicht aus, daß der Inhalt der Urkunde unrichtig sei, sondern ihr Inhalt müßte widerlegt werden. Eine solche Feststellung konnte der Berufungsrichter aber nicht treffen. Er verkennt die Bedeutung der gesetzlichen Beweiskraft nach § 418 ZPO., wenn er meint, die Beweisführung der Klägerin müsse daran scheitern, daß sie die für den Nichteingang möglichen Ursachen nicht beseitigen könne. War der Tatbestand des § 418 Abs. 1 ZPO. gegeben, so hatte die Klägerin keinerlei weitere Beweislast.

---

51. 1. Unterliegt der Antrag auf Eintragung einer (Sicherungs-) Hypothek dem Stempel der Tarifstelle 14 III des preußischen Stempelsteuergesetzes, wenn über die zugrunde liegende persön-

liche Verbindlichkeit Teilschuldverschreibungen auf den Inhaber ausgegeben und mit der Wertpapiersteuer des Reiches belegt worden sind?

2. Ist dann, wenn die Eintragung einer Höchstbetragshypothek beantragt ist und der Höchstbetrag die Summe des Nennwerts der Teilschuldverschreibungen übersteigt, der Stempel wenigstens von dem Mehrbetrage zu erheben?

Preuß. Stempelsteuergesetz v. 27. Oktober 1924 Tarifstellen 14, 15. Finanzausgleichsgesetz in der Fassung v. 27. April 1926 (RGBl. I S. 203) § 2. Kapitalverkehrsteuergesetz v. 8. April 1922 (RGBl. I S. 354) §§ 1, 25. BGB. § 1190.

VII. Zivilsenat. Urt. v. 6. Februar 1931 i. S. Preuß. Staat (Bekl.) w. J. H. AG. (Kl.). VII 151/30.

I. Landgericht Lüneburg.
II. Oberlandesgericht Celle.

Die klagende Aktiengesellschaft hat im Jahre 1926 in Amerika eine Anleihe abgeschlossen und dafür mit behördlicher Genehmigung auf den Inhaber lautende, mit 7% jährlich zu verzinsende Teilschuldverschreibungen im Betrage von 7,5 Millionen Golddollar ausgegeben. Zu notariellem Protokoll vom 28. April 1926 hat die Klägerin in Berlin den Antrag gestellt, zur Sicherung für die Ansprüche aus den Schuldverschreibungen im Grundbuch ihrer im Amtsgerichtsbezirk P. gelegenen Grundstücke eine Sicherungshypothek zum Höchstbetrage von 9 Millionen Golddollar einzutragen. Der Antrag ist am 14. Mai 1926 bei dem Amtsgericht P. eingegangen, die Eintragung ist demnächst bewirkt worden.

Die Klägerin hat für die Teilschuldverschreibungen 157000 RM. Reichssteuer nach § 25 des Kapitalverkehrsteuergesetzes bezahlt. Außerdem hat das Amtsgericht P. von ihr für den Eintragungsantrag 63000,08 RM. Stempel nach Tarifst. 14 III des preußischen Stempelsteuergesetzes vom 27. Oktober 1924 eingezogen. Diesen Betrag nebst 8% Zinsen seit der Klagezustellung fordert die Klägerin vom Beklagten zurück. Das Landgericht hat die Klage abgewiesen, das Oberlandesgericht hat ihr stattgegeben. Die Revision des Beklagten blieb in der Hauptsache ohne Erfolg.

Gründe:

1. Das Oberlandesgericht befindet sich im Irrtum, wenn es meint, daß in der notariellen Urkunde vom 28. April 1926 die Schuldurkunde über die Anleihe enthalten sei. Tatsächlich wird dort nur gesagt, was hinsichtlich der Anleihe geschehen sollte, was beschlossen und in Aussicht genommen wurde. Die Pflicht zur Zurückzahlung der Anleihe ist dort nicht übernommen worden, auch nicht in der Form der Bestätigung ihres Empfangs (vgl. § 607 BGB. und RGZ. Bd. 122 S. 127). Es ist bei der Sicherstellung der Anleihe die zugrunde liegende Schuld nur zur Verdeutlichung erwähnt worden, vgl. § 3 Abs. 3 StStG. und Urt. des Reichsgerichts vom 19. Juni 1928 VII 69/28. Eben deshalb ist auch nicht der Stempel für „Schuldverschreibungen, hypothekarische und persönliche aller Art" nach Tarifst. 14 I StStG. in Ansatz gekommen, sondern der Stempel nach Tarifst. 14 III das. für den Antrag auf Eintragung der Hypothek. Der Irrtum des Oberlandesgerichts hat seine Schlußfolgerungen wesentlich beeinflußt; diese vermögen also sein Urteil nicht zu tragen.

2. Die Tarifst. 14 III StStG. soll verhüten, daß bei hypothekarischen Schuldverschreibungen der Schuldverschreibungsstempel dadurch umgangen wird, daß ohne Beurkundung der persönlichen Schuld nur der Antrag auf Eintragung der Hypothek gestellt wird (vgl. Loeck-Eiffler Stempelsteuergesetz 10. Aufl. Anm. 28b zu Tarifst. 14). Ohne diese Tarifstelle würde der Antrag auf Eintragung einer Hypothek nur unter die Tarifst. 15 fallen, welche Beurkundungen über die Sicherstellung von Rechten besteuert und einen niedrigeren Steuersatz enthält als die Tarifst. 14 III. Daß diese Tarifstelle lediglich bezweckt, den Ansatz des Schuldverschreibungsstempels zu gewährleisten, zeigt deutlich ihr 2. Absatz, welcher den 6. Absatz der Tarifst. 1 für sinngemäß anwendbar erklärt. Danach soll der Stempel für den Eintragungsantrag nicht erhoben werden, wenn die Urkunde über das dem Antrag zugrunde liegende Geschäft vorgelegt wird. Dies Geschäft ist nicht, wie die Revision meint, die Bestellung der Hypothek, sondern die Übernahme der persönlichen Schuldverbindlichkeit (vgl. Loeck-Eiffler a. a. O. Anm. 29b). Diese Zusammenhänge ergeben, daß es sich auch bei dem Stempel der Tarifst. 14 III um den Schuldverschreibungsstempel handelt. Nur mußte sein Fälligwerden, da der preußische Stempel ein

Urkundenstempel ist, wiederum an das Ausstellen einer Urkunde geknüpft werden. Als solche wurde zweckmäßig der Eintragungsantrag gewählt, da er notwendig ist, wenn für eine Schuldverbindlichkeit eine Hypothek eingetragen werden soll. Das gewonnene Ergebnis wird bestätigt durch die gemeinsame Überschrift, mit welcher die Tarifst. 14 den Gegenstand der Besteuerung in ihren Nummern I, II und III bezeichnet. Sie lautet: „Schuldverschreibungen".

3. Der Schuldverschreibungsstempel darf aber im vorliegenden Falle kraft Reichsrechts nicht erhoben werden. Der § 2 Abs. 1 des Finanzausgleichsgesetzes in der Fassung der Bekanntmachung vom 27. April 1926 ordnet an:

> Die Inanspruchnahme von Steuern für das Reich schließt die Erhebung gleichartiger Steuern für die Länder . . . aus, wenn nicht reichsgesetzlich ein anderes vorgeschrieben ist.

Die ausgegebenen Teilschuldverschreibungen bilden in ihrer Gesamtheit die Schuldurkunde über die persönliche Verbindlichkeit der Klägerin. Für sie ist nach den §§ 1 und 25 des Kapitalverkehrsteuergesetzes die sogenannte Wertpapiersteuer erhoben worden, die nach § 1 zu b den ersten Erwerb von Wertpapieren und sonstigen Vermögensrechten des Kapitalverkehrs trifft, und der nach § 25 Abs. 1 Nr. 3 auch unterliegen „verzinsliche Schuldverschreibungen, wenn sie in Teilabschnitten ausgefertigt sind". Dieser Wertpapiersteuer des Reichs ist der preußische Schuldverschreibungsstempel gleichartig. Das erkennt die Tarifst. 14 I StStG. ausdrücklich an, wenn sie in Abs. 1 Satz 1 als stempelpflichtig aufführt:

> Schuldverschreibungen, hypothekarische und persönliche aller Art, insoweit es sich nicht um nach dem Kapitalverkehrsteuergesetze reichsteuerpflichtige Wertpapiere handelt.

Und daraus zieht auch die Tarifst. 14 III StStG. ihre Folgerung. Sie erkennt in dem schon oben besprochenen Abs. 2 an, daß die Steuer auf den Eintragungsantrag nicht zu erheben ist, wenn die dem Antrag zugrunde liegende Schuldurkunde vorgelegt wird. Da die Anleihe-Teilschuldverschreibungen nicht sämtlich vorgelegt werden können, bestimmt Abs. 3 das.:

> Die Abgabe wird bei einem Antrag auf Eintragung einer Hypothek für die Ansprüche aus Anleihe-Teilschuldverschreibungen nicht erhoben, wenn dem Grundbuchamte rechtzeitig der Nach-

weis erbracht wird, daß die Versteuerung der Teilschuldverschreibungen nach den Vorschriften des Kapitalverkehrsteuergesetzes erfolgt ist.

Damit wird der preußische Schuldverschreibungsstempel, auch wenn er in der Form der Tarifst. 14 III StStG. auftritt, grundsätzlich als der Wertpapiersteuer des Reiches gleichartig behandelt. Nun fährt allerdings diese Tarifstelle in ihrem Abs. 3 fort:

Die näheren Bestimmungen über die Frist, innerhalb der der Nachweis erbracht werden muß, und über die Art, in der er zu führen ist, trifft der Finanzminister

und die Ausführungsbestimmung des Ministers (FinMinBl. 1926 S. 9) geht in Nr. 47 Abs. 5 dahin, daß innerhalb einer Frist von fünf Monaten vom Eingang des Eintragungsantrags an die nach dem Kapitalverkehrsteuergesetz erfolgte Versteuerung der sämtlichen, die Hypothek erschöpfenden Teilschuldverschreibungen durch Vorlegung der mit der Quittung der Finanzkasse versehenen Anmeldung der Wertpapiere zur Abstempelung nachzuweisen ist. Der hier erforderte Nachweis ist im gegenwärtigen Falle nicht rechtzeitig beigebracht worden. Darauf kommt es aber nicht an. Das Berufungsgericht, das sich auch auf diesen Standpunkt gestellt hat, glaubt in dem angeführten Abs. 3 der Tarifst. 14 III StStG. nur eine „Hebungsvorschrift" sehen zu können, welche die Frage offen lasse, ob der Stempel endgültig der Staatskasse zu verbleiben habe. Die Richtigkeit dieser Ansicht mag zweifelhaft sein, keinesfalls aber kann das Land Preußen eine reichsgesetzlich gewährleistete Freiheit von Landessteuern dadurch einschränken, daß es die Beibringung gewisser Urkunden innerhalb bestimmter Frist verlangt und davon die Fortdauer der Steuerfreiheit abhängig macht.

Unerheblich ist unter diesen Umständen die unstreitige Tatsache, daß die Klägerin den von Preußen erforderten Nachweis überhaupt nicht rechtzeitig erbringen konnte, weil sich die Reichsbehörden innerhalb der Frist von fünf Monaten über die Höhe der Wertpapiersteuer noch nicht schlüssig geworden waren. Auch die von der Klägerin aufgeworfene Frage braucht nicht erörtert zu werden, ob Tarifst. 14 III Abs. 3 StStG. nur dann anwendbar ist, wenn den Steuerpflichtigen an der Versäumung der Frist ein Verschulden trifft.

4. Gegenüber diesen grundsätzlichen und alle Hypotheken um-

fassenden Darlegungen kann unerörtert bleiben, ob nicht auch schon Tarifst. 14 I Abs. 1 Satz 2:

> Urkunden, in denen der Betrag der verschriebenen Schuld nur dem Höchstbetrage nach bestimmt ist, sind dem Stempel dieser Tarifstelle nicht unterworfen

und Tarifst. 15 Abs. 2:

> Auf Höchstbetragshypotheken und -schiffspfandrechte im Sinne der §§ 1190 und 1271 des Bürgerlichen Gesetzbuchs findet der vorstehende Steuersatz — d. h. der Steuersatz der Tarifst. 15 Abs. 1 für die Beurkundungen der Sicherstellung von Rechten — gleichfalls Anwendung

im gegenwärtigen Falle dem Ansatz des Schuldverschreibungsstempels nach Tarifst. 14 III entgegenstehen und bestenfalls das Erheben des Stempels nach Tarifst. 15 Abs. 1 rechtfertigen würden (vgl. dazu RGZ. Bd. 115 S. 240). Hier würde dann aber, wie schon in der angezogenen Entscheidung ausgeführt ist, Abs. 3 der Tarifst. 15 eingreifen:

> Der Stempel darf in keinem Falle den für die Beurkundung des sicherzustellenden Rechtes zur Erhebung gelangenden Stempel übersteigen.

Das „sicherzustellende Recht" ist in den Teilschuldverschreibungen beurkundet. Nach § 793 BGB. wird die Verpflichtung aus der Schuldverschreibung auf den Inhaber schon durch das einseitige Leistungsversprechen des Ausstellers begründet. Es bedarf also hier nicht erst, wie sonst vielfach (vgl. z. B. RGZ. Bd. 130 S. 231), der Unterstellung, daß ein Vertrag zwischen Gläubiger und Schuldner beurkundet sei, und der Berechnung des dafür etwa anzusetzenden Stempels, um in ihm das Höchstmaß des nach Tarifst. 15 in Frage kommenden Stempels zu finden. Die hiernach maßgebenden Teilschuldverschreibungen haben aber der Wertpapiersteuer des Reichs unterlegen; für sie darf kein Landesstempel erfordert werden, und deshalb würde auch aus dem Gesichtspunkt der Tarifst. 15 für den Antrag auf Eintragung der Höchstbetragshypothek ein Stempel nicht berechnet werden dürfen. Daß die Landesstempelfreiheit der Teilschuldverschreibungen auf Reichsrecht beruht, ist dabei unerheblich (RGZ. Bd. 127 S. 231).

5. Hilfsweise meint die Revision, daß der Landesstempel, sei es aus Tarifst. 14 III oder aus Tarifst. 15, mindestens nach dem

Betrage von 1,5 Millionen Dollar zu berechnen sei, weil die Teilschuldverschreibungen insgesamt nur auf 7,5 Millionen Dollar lauteten, während der Eintragungsantrag 9 Millionen Dollar betreffe. Dabei wird übersehen, daß die Anleihe mit 103% rückzahlbar ist, die verschriebene Kapitalschuld sich also auf 7,725 Millionen Dollar beläuft. Vor allem beachtet aber die Revision nicht, daß nach § 1190 Abs. 2 BGB. bei der Höchstbetragshypothek für eine verzinsliche Forderung die Zinsen in den Höchstbetrag eingerechnet werden. Es dürfen also Zinsen von der gesicherten Forderung nicht neben dem eingetragenen Höchstbetrag beansprucht werden, sondern nur innerhalb seiner Grenzen. Wäre der Höchstbetrag auf nur 7,725 Millionen Dollar bemessen worden, so hätten die Gläubiger der Teilschuldverschreibungen für ihre Zinsforderungen — mindestens zunächst — überhaupt keine Sicherheit erlangt. Jetzt sind mit den überschießenden 1,275 Millionen Dollar immerhin die Zinsen für annähernd 2½ Jahre gedeckt, während die Anleihe bis 1946 läuft. Danach ist durch die Hypothek nicht eine höhere Forderung gesichert als die in den Teilschuldverschreibungen beurkundete, sondern eine geringere und jedenfalls keine andere als die dort beurkundete. Auch die Zinsforderung ist eben durch die Teilschuldverschreibungen schon begründet.

Sollte die Revision annehmen, daß die 1,5 Millionen oder doch die 1,275 Millionen Dollar als Hauptforderung eingetragen seien, so wäre auch das nicht richtig. Trotz § 1190 Abs. 2 BGB. bleiben die Zinsen Nebenforderungen (RGZ. Bd. 90 S. 152). Eine Trennung von Hauptforderung und Zinsen ist bei der Eintragung nicht zulässig, da der Höchstbetrag einheitlich angegeben werden muß. Die Grenze zwischen Hauptforderung und Zinsen ist dabei flüssig. Nach Tilgung eines Teils der Hauptforderung können in dem eingetragenen Höchstbetrag mehr Zinsen ihre Deckung finden, als dies ursprünglich der Fall war. Mit diesen Bemerkungen erledigt sich auch die Ansicht der Revision, daß die eingetragene Hypothek in eine eigentliche Sicherungshypothek von 7,5 Millionen und eine Höchstbetragshypothek von 1,5 Millionen Dollar zu zerlegen sei. Es handelt sich um eine einheitliche Höchstbetragshypothek von 9 Millionen Dollar mit allen oben daraus hergeleiteten Folgen.

6. Nach alledem muß der eingezogene Stempelbetrag zurückgezahlt werden. An Zinsen hat die Klägerin 8% seit der Klage-

zustellung gefordert und das Oberlandesgericht hat sie auch zugesprochen. Eine Begründung hat weder die Klägerin für ihre Forderung noch der Berufungsrichter für seinen Ausspruch gegeben. Es kann also nur angenommen werden, daß es sich um Prozeßzinsen handelt. Diese betragen aber nur 4% (§§ 291, 246 BGB.). Der Mehrbetrag läßt sich nicht rechtfertigen. Daß der Beklagte in Verzug gekommen wäre, daß die Klägerin dadurch einen Schaden erlitten und dieser sich auf 8% des gezahlten Stempelbetrags belaufen hätte, alles das ist nicht behauptet, geschweige denn festgestellt worden (vgl. RGZ. Bd. 122 S. 283). Deshalb mußte die Revision mit der Maßgabe zurückgewiesen werden, daß der Beklagte nur 4% Zinsen zu vergüten hat.

---

52. Darf der Stempel der Tarifstelle 14 III des preußischen Stempelsteuergesetzes erhoben werden, wenn der Antrag auf Eintragung einer Grundschuld gestellt ist und die Teilschuldverschreibungen auf den Inhaber, welche über die der Grundschuld tatsächlich, wenn auch nicht rechtlich, zugrunde liegende Forderung ausgestellt wurden, mit der Wertpapiersteuer des Reiches belegt worden sind?

Preuß. Stempelsteuergesetz v. 27. Oktober 1924 Tarifstelle 14 III. BGB. §§ 1113, 1187 flg., 1191.

VII. Zivilsenat. Urt. v. 6. Februar 1931 i. S. R. K. AG. (Kl.) w. Preuß. Staat (Bekl.). VII 197/30.

I. Landgericht Dortmund.

Die klagende Aktiengesellschaft hat im Oktober/November 1928 bei zwei New Yorker Bankfirmen eine Anleihe von 15 Millionen Dollar aufgenommen, über welche vereinbarungsgemäß 15000 Teilschuldverschreibungen über je 1000 Dollar ausgegeben worden sind. Die dafür fällig gewordene Kapitalverkehrsteuer ist ordnungsmäßig entrichtet worden. In dem grundlegenden Vertrage hatte sich die Klägerin auch verpflichtet, die Schuldverschreibungen „durch dingliche Sicherungen in Dollarwährung (Grundschulden) in einem Gesamtbetrage von 17 Millionen Dollar zu sichern, wobei jede derartige Grundschuld eine erststellige Belastung darstellen sollte auf bewährtem städtischen Grundbesitz der Gesellschaft". Entsprechend der somit übernommenen Pflicht hat die Klägerin eine Grundschuld von 904000 Dollar auf ihrem Hausgrundstück in E. eintragen lassen, und zwar zugunsten der D. K. Aktiengesellschaft in Berlin als der deutschen Treuhänderin der Schuldverschreibungsinhaber. Der Eintragungsantrag ist zu notariellem Protokoll vom 7. Dezember 1928 in Berlin erklärt worden. Das Amtsgericht E., welchem der Antrag zuging, hat dazu nach Tarifst. 14 III Abs. 1 des preußischen Stempelsteuergesetzes 6325 RM. Stempel erfordert. Die Klägerin hat den Betrag gezahlt und fordert ihn nebst Zinsen mit der Klage zurück.

Das Landgericht hat die Klage abgewiesen. Auf die von der Klägerin unmittelbar eingelegte Revision hat das Reichsgericht der Klage stattgegeben.

Gründe:

1. Im Urteil des Reichsgerichts vom heutigen Tage VII 151/30 (S. 289 dieses Bandes) ist dargelegt, daß auch der an den Antrag auf Eintragung einer Hypothek geknüpfte Stempel der Tarifst. 14 III StStG. der Schuldverschreibungsstempel ist und daß die genannte Vorschrift die Erhebung dieses Stempels für die Fälle sichern will, in denen eine Schuldurkunde nicht aufgenommen, sondern nur der Antrag auf Eintragung einer Hypothek für die Schuld gestellt wird. Jenes Urteil führt weiter aus, daß der preußische Schuldverschreibungsstempel der Wertpapiersteuer des Reiches gleichartig ist und deshalb mit Rücksicht auf § 2 Abs. 1 des Finanzausgleichsgesetzes in der Fassung der Bekanntmachung vom 27. April 1926 (RGBl. I S. 203) für den Antrag auf Eintragung einer Hypothek nicht erhoben werden darf, wenn die dem Antrage zugrunde liegende Schuld in Wertpapieren, z. B. Teilschuldverschreibungen auf den Inhaber, beurkundet worden ist, welche der Wertpapiersteuer des Reiches unterworfen sind. Endlich ist dort ausgesprochen, daß die reichsgesetzlich gewährleistete Landessteuerfreiheit nicht landesgesetzlich, etwa durch die Absätze 2 und 3 der Tarifst. 14 III StStG., eingeschränkt werden darf.

2. Von jenem Falle unterscheidet sich der gegenwärtige hauptsächlich dadurch, daß für die in den Teilschuldverschreibungen auf den Inhaber beurkundete Anleiheschuld nicht eine Hypothek (Siche-

rungshypothek), sondern eine Grundschuld eingetragen worden ist. Das Landgericht hat den Antrag auf Eintragung der Grundschuld für stempelpflichtig nach Tarifst. 14 III StStG. angesehen, weil zwischen der Anleiheschuld und der eingetragenen Grundschuld zwar ein wirtschaftlicher, aber kein rechtlicher Zusammenhang bestehe. Es ist dem Vorderrichter zuzugeben, daß die Grundschuld eine abstrakte, von jedem persönlichen Schuldgrund unabhängige Schuld ist. Sie unterscheidet sich von der Hypothek gerade dadurch, daß bei dieser die Geldsumme aus dem Grundstück zur Befriedigung wegen einer dem Berechtigten zustehenden Forderung zu zahlen ist, während bei der Grundschuld die Summe schlechthin aus dem Grundstück an den Berechtigten zu zahlen ist, ohne jede Beziehung zu einer Forderung (vgl. §§ 1113, 1191 BGB.). Dieser rechtliche Unterschied darf aber nicht darüber hinwegtäuschen, daß in aller Regel kein Grundstückseigentümer für einen Dritten eine Grundschuld bestellt, wenn nicht der Dritte eine Forderung an ihn hat oder wenigstens erwerben soll. Im wirtschaftlichen Leben wird es also häufig, wenn nicht rechtliche, so doch tatsächliche Zusammenhänge zwischen einer Forderung und einer Grundschuld geben. Ausschlaggebend für die hier zu treffende Entscheidung ist nun, daß das preußische Stempelsteuergesetz auch diese tatsächlichen Zusammenhänge berücksichtigt. Die Tarifst. 14 III unterwirft im ersten Absatz dem Schuldverschreibungsstempel den Antrag auf Eintragung einer Hypothek oder einer Grundschuld, der Stempel soll aber nach Abs. 2 das. in Verb. mit Tarifst. 1 Abs. 6 StStG. nicht erhoben werden, wenn die Urkunde über das dem Antrag zugrundeliegende Geschäft vorgelegt wird, d. h., wie in dem eingangs angezogenen Urteil ausgeführt ist, die Urkunde, in welcher die persönliche Schuldverbindlichkeit übernommen worden ist. Einen Unterschied in der Richtung, ob der an sich steuerpflichtige Antrag die Eintragung einer Hypothek oder einer Grundschuld betrifft, macht das Gesetz nicht. Es bringt dadurch zum Ausdruck, daß auch die nur tatsächliche Beziehung zwischen einer Grundschuld und einer persönlichen Schuldverbindlichkeit für das Stempelrecht erheblich sein soll. Entsprechend haben auch der Justizminister und der Finanzminister Preußens in ihrer Gemeinschaftlichen Verfügung über gerichtliche Landesstempelsachen vom 19. Januar 1926 (JMBl. S. 17) in § 13 unter Nr. 1 ausgesprochen:

Der Stempel für Anträge auf Eintragung einer Hypothek, Grundschuld ... bleibt unerhoben, wenn bei Beurkundung oder Einreichung des Eintragungsantrags die Urkunde über das dem Antrage zugrunde liegende Rechtsgeschäft (z. B. Schuldurkunde) ... vorgelegt wird.

Sie sind damit einer schon im Jahre 1876 von ihnen vertretenen Ansicht treu geblieben, vgl. die Verfügung des Justizministers vom 14. August 1876, abgedr. im Zentralblatt der Abgaben- usw. Verwaltung 1876 S. 187.

3. Im Abs. 3 der Tarifst. 14 III StStG., wo von dem Antrag auf Eintragung einer Hypothek für die Ansprüche aus Anleihe-Teilschuldverschreibungen gehandelt wird, ist die Grundschuld allerdings nicht erwähnt. Das dürfte absichtlich geschehen sein. Das Bürgerliche Gesetzbuch stellt in den §§ 1187 flg. besondere Grundsätze auf für die Eintragung einer (Sicherungs-) Hypothek für Forderungen aus Schuldverschreibungen auf den Inhaber. Auf den als Regel angesehenen Fall der Eintragung einer Hypothek weist offenbar jener Abs. 3 der Tarifst. 14 III StStG. hin. Man wird deshalb in ihn nicht, wie die Revision will, im Wege der Auslegung das Wort „Grundschuld" hineinsetzen dürfen. Darauf kommt es aber auch nicht an, weil, wie dargelegt, im preußischen Stempelsteuergesetz die tatsächlichen Beziehungen zwischen einer Grundschuld und einer Forderung grundsätzlich beachtet werden, und weil die Landessteuerfreiheit eines an sich dem Schuldverschreibungsstempel unterworfenen Eintragungsantrags in Fällen, in denen die dem Antrag zugrunde liegende Schuldurkunde mit der Wertpapiersteuer des Reiches belegt ist, schon auf dem Reichsrecht beruht (vgl. oben Nr. 1).

4. Das Landgericht hat ein Bedenken gegen den Klaganspruch noch daraus hergeleitet, daß die Forderungsgläubiger, d. h. die Inhaber der Schuldverschreibungen, und die dinglich berechtigte D. K. Aktiengesellschaft verschiedene Personen seien. Auch dieses Bedenken kann aber der Senat nicht teilen. Die dinglich Berechtigte ist die Treuhänderin der Forderungsgläubiger und nur in dieser Eigenschaft steht ihr das dingliche Recht zu. Damit ist die Übereinstimmung in den Personen der Berechtigten genügend gewahrt. Darauf, daß die Treuhänderin unter Verletzung ihrer Pflichten einmal zum Nachteil der Treugeber handeln

könnte, ist bei Entscheidung der hier streitigen Frage keine Rücksicht zu nehmen.

5. Der Beklagte hat also den Schuldverschreibungsstempel von der Klägerin zu Unrecht erfordert und muß den Betrag mit 4% Zinsen seit Klagezustellung zurückzahlen.

---

53. Haftet der Reeder den gemäß § 64 Nr. 4 der Seewasserstraßenordnung beförderten Elblotsen für das Verschulden eines Besatzungsmitglieds?

HGB. § 485. Seewasserstraßenordnung (SWO.) vom 31. März 1927 — RGBl. II S. 157 — § 64.

I. Zivilsenat. Urt. v. 7. Februar 1931 i. S. Ü.-Reederei AG. (Bekl.) w. B. (Kl.). I 322/30.

I. Landgericht Hamburg, Kammer für Handelssachen.
II. Oberlandesgericht daselbst.

Der klagende Patentlotse sollte in der Nacht vom 15. zum 16. April 1928 mit mehreren anderen Lotsen vom Feuerschiff „Elbe 3" nach Hamburg mit dem der Beklagten gehörenden Dampfer „Rhön" zurückbefördert werden. Als der Kläger von der Barkasse des Feuerschiffs mittels einer vom Bord des Dampfers herabgelassenen Strickleiter (Lotsentreppe) auf den Dampfer überzusteigen im Begriff war, verlor er den Halt, stürzte rücklings in die Barkasse und zog sich Verletzungen zu. Er behauptet, daß die Lotsentreppe nicht ordnungsmäßig befestigt gewesen sei, und begehrt Ersatz des ihm entstandenen Schadens und Schmerzensgeld. Die Beklagte hat zu ihrer Verteidigung geltend gemacht, gemäß § 64 SWO. würden die Lotsen auf eigene Gefahr befördert.

Durch Teil-Zwischenurteil hat das Landgericht den ziffernmäßig bestimmten Klagantrag dem Grunde nach für berechtigt erklärt und hierin die Billigung des Berufungsgerichts erfahren. Die Revision der Beklagten blieb erfolglos.

Gründe:

In tatsächlicher Beziehung stellt der Berufungsrichter fest, der Unfall des Klägers sei darauf zurückzuführen, daß ein Matrose der

Beklagten die Lotsentreppe nicht ordnungsmäßig befestigt habe. Er kommt so zu dem Ergebnis, daß dem Kläger, auch wenn man den Abschluß eines unentgeltlichen Beförderungsvertrags zwischen den Parteien annehme, der geltend gemachte Schadensersatzanspruch aus außervertraglicher Haftung der Beklagten nach § 485 HGB. zustehe. Die Revision macht demgegenüber in erster Linie geltend, durch die Vorschrift in § 64 Nr. 4 SWO., wonach die elbaufwärts bestimmten Schiffe die vom dritten Elbfeuerschiff zurückzubefördernden Lotsen auf deren eigene Gefahr unentgeltlich mitzunehmen hätten, sei insoweit die Haftpflicht des Reeders nach § 485 HGB. für Verschulden eines Besatzungsmitglieds aufgehoben. Der Berufungsrichter hat zu dieser Rechtsfrage nicht selbst Stellung genommen. Die rechtliche Stellungnahme des Landgerichts, die er zu billigen erklärt, beschränkt sich auf die Anführung einer Anmerkung von Sebba in dessen Erläuterungsbuch zur Seewasserstraßenordnung, wo die Haftung aus § 485 HGB. als durch diese Bestimmung der Seewasserstraßenordnung nicht ausgeschlossen bezeichnet wird.

Die Entscheidung des Berufungsgerichts ist jedoch, wenn man diese Rechtsfrage prüft, nicht zu beanstanden. Die Seewasserstraßenordnung ist, wie schon ihre nähere Bezeichnung als „Polizeiverordnung zur Regelung des Verkehrs auf den deutschen Seewasserstraßen" erkennen läßt, eine schiffahrtspolizeiliche Verordnung, zu deren Erlaß der unterzeichnete Reichsverkehrsminister nach den Eingangsworten seine Ermächtigung aus § 11 des Staatsvertrags betreffend den Übergang der Wasserstraßen von den Ländern auf das Reich und aus dem in Betracht kommenden Landespolizeirecht ableitet. In ihrem Rahmen ist die in Rede stehende Anordnung ersichtlich zu dem Zweck ergangen, durch die Regelung der Zurückbeförderung der Lotsen im Interesse der Schiffahrt die Abwicklung des Lotsendienstes zu erleichtern. Es handelt sich danach um eine Verbindlichkeit, die auf einem öffentlichrechtlicher Regelung zugänglichen Gebiet aus öffentlichrechtlichen Beweggründen den einlaufenden Schiffen auferlegt worden ist. Bei der Rückbeförderung der Lotsen handeln die Reedereien demnach in Erfüllung einer öffentlichrechtlichen Verpflichtung. Schon aus diesem Grunde kommt, wie gegenüber den Ausführungen von Ehlers in der „Hansa" Jahrg. 1931 S. 153 (Über die Reederhaftung bei Mitnahme von Lotsen) zu bemerken ist, bei dieser Leistung eine Schenkung oder eine sonstige freiwillige unentgeltliche Zuwendung, die zur Annahme einer erleichterten Haftung Anlaß geben könnte, nicht in Frage.

Die Bestimmung des Inhalts und Umfangs dieser Verbindlichkeit und der ihr entsprechenden Berechtigung der Lotsen lag im Ermessen der zu dieser polizeilichen Regelung befugten Behörde. Allerdings mag diese danach auch als befugt erscheinen, die Verpflichtung zur Heimbeförderung der Lotsen in der Richtung zu begrenzen, daß bei ihr die nach Lage der Sache mögliche Gefährdung der die Beförderung in Anspruch Nehmenden in weitem Umfang zu Lasten der Berechtigten geht, einschließlich einer Gefährdung, die durch Verschulden eines Besatzungsmitgliedes herbeigeführt wird. Keinesfalls aber kann der Revision zugegeben werden, daß der in Rede stehenden Bestimmung ein so weitgehender Sinn zu entnehmen ist. Nach ihrem Wortlaut braucht ihr an sich keine weitergehende Bedeutung zuzukommen, als daß die Rückbeförderung der Lotsen stattzufinden habe im Rahmen des regelmäßigen, ordnungsmäßigen Schiffahrtsbetriebes mit den ihm an sich innewohnenden Gefahren und Schwierigkeiten, und daß keine Verpflichtung der Reederei bestehe zu irgendwelcher besonderen Anpassung ihrer Einrichtungen und ihres Betriebes an diese Beförderung, wie sie beim regelmäßigen Überfahrtsvertrag in Frage kommt. Hierzu gehört vor allem wegen ihrer an sich bestehenden objektiven Gefährlichkeit die Anbordnahme der Lotsen vom Boot aus (vgl. hierzu auch „Hansa" Jahrg. 1928 S. 110). Bei solchem Sinn der Bestimmung entfällt aber selbstverständlich nicht die Verpflichtung der Reederei, ihrer allgemeinen Verkehrspflicht nachzukommen, durch Beobachtung sachgemäßer Sorgfalt eine Beschädigung der mit ihrem Schiffsbetriebe in Berührung kommenden Personen zu vermeiden. Zwingende Anhaltspunkte zu einer Auslegung in weiterem Sinne sind nicht erkennbar. Von Bedeutung ist in dieser Hinsicht, daß nach seerechtlichem Sprachgebrauch unter einer Beförderung auf Gefahr einer Person keineswegs unbedingt eine Beförderung unter Ausschluß der Haftung auch für Verschulden verstanden wird (RGZ. Bd. 116 S. 215; Schaps Seerecht I § 566 Anm. 2, § 606 Anm. 32; vgl. auch RGZ. Bd. 117 S. 105). Unter diesen Umständen kann aus der Vorschrift eine Regelung der Beförderungsverpflichtung in dem von der Beklagten in Anspruch genommenen Sinne nicht hergeleitet werden.

Die Haftung der Beklagten für das Verschulden des Besatzungsmitglieds (§ 485 HGB.) entfällt somit nicht auf Grund von § 64 Nr. 4 SWO. Die Entscheidung des Berufungsgerichts ist danach berechtigt.

---

54. Hat der Gläubiger, der seine Buchhypothek auf Grund einer in der Rückwirkungszeit erfolgten Zahlung abgetreten hat, gegen den Erwerber, auf den die Hypothek erst nach dem 13. Februar 1924 im Grundbuch umgeschrieben worden ist, auch dann einen Ausgleichsanspruch, wenn eine sog. unechte Abtretung vorliegt?

BGB. § 242. AufwG. § 2.

V. Zivilsenat. Urt. v. 14. Februar 1931 i. S. Ehefrau Sch. (Bekl.) w. Stadtgemeinde H. (Kl.). V 229/30.

I. Landgericht Chemnitz.
II. Oberlandesgericht Dresden.

Die Klägerin trat am 15. Oktober 1923 eine schon vor dem Krieg erworbene Darlehnsbuchhypothek von 56000 M. auf Ansuchen des Grundstückseigentümers Sch. gegen Zahlung des Betrags in Papiermark an dessen Ehefrau, die Beklagte, ab. Diese reichte die Abtretungsurkunde dem Grundbuchamt erst im Herbst 1924 ein, sodaß die Hypothek erst dann auf sie umgeschrieben wurde. Sie ließ die Hypothek später löschen, auf Grund des Aufwertungsgesetzes aber mit 14000 GM. wieder für sich eintragen. Auch die Klägerin hatte ihr Recht zur Aufwertung angemeldet. Sie verfolgt jetzt gegen die Beklagte einen Ausgleichsanspruch in Höhe von einstweilen 6100 RM. Die Beklagte wendet ein, daß ein solcher Ausgleichsanspruch wenigstens bei der unechten Abtretung, wie sie hier vorliege, nicht anzuerkennen sei. Sie behauptet, ihr Mann habe den Betrag aus eigenen Mitteln gezahlt und damit seine Schuld getilgt; bei oder gar erst nach der Auszahlung sei er, übrigens ohne das mit ihr zu vereinbaren, auf den Gedanken gekommen, die Hypothek auf sie übertragen zu lassen, um sie wegen ihres Eingebrachten zu sichern; ihr Mann habe sein Vermögen inzwischen verloren.

Das Landgericht hat die Klage abgewiesen mit der Begründung, daß bei der unechten Abtretung kein Vertragsverhältnis zwischen den Parteien und daher auch keine Ausgleichspflicht bestehe. Das Berufungsgericht geht ebenfalls davon aus, daß eine unechte Abtretung erfolgt sei, hält aber den Unterschied für unerheblich und hat daher den Anspruch dem Grunde nach für gerechtfertigt erklärt. Die Revision der Beklagten blieb ohne Erfolg.

Gründe:

Die Klägerin sucht auf dem durch den Beschluß des Senats vom 22. Juni 1928 (RGZ. Bd. 121 S. 263) gewiesenen Wege einen Ausgleich für die Härte, die darin liegt, daß die Hypothek nicht für sie, sondern nur für die Beklagte nach dem Goldmarkbetrage des Erwerbs der Klägerin aufgewertet wird. Die Besonderheit des Falles finden die Vorinstanzen darin, daß hier eine „unechte Abtretung" vorliege. Diese Folgerung ergibt sich nicht ohne weiteres daraus, daß Sch. die Hypothekensumme an die Klägerin gezahlt und sie ersucht hat, die Hypothek an die Beklagte abzutreten. In der Abtretungsurkunde hat die Klägerin die Abtretung mit dem Bekenntnis erklärt, den Gegenwert von der Beklagten ausgezahlt erhalten zu haben. Diese Fassung deutet darauf hin, daß der Mann der Beklagten als deren Vertreter gegenüber der Klägerin aufgetreten ist, mag auch das Geld aus seinen eigenen Mitteln stammen und die Vertretung erst nachträglich von der Beklagten genehmigt worden sein. Doch kann man von diesem in den Vorinstanzen nicht erörterten Bedenken absehen. Das Berufungsgericht bejaht den Ausgleichsanspruch, obgleich es eine unechte Abtretung annimmt, und führt zur Begründung aus: Bei der unechten Abtretung gleiche die Leistung des Schuldners zwar wirtschaftlich einer Schuldtilgung; rechtlich sei die Stellung des früheren Gläubigers aber dieselbe wie bei der echten Abtretung und darauf, nicht auf das ihr zugrunde liegende Schuldverhältnis komme es an; das Aufwertungsgesetz unterscheide nicht zwischen der echten und der unechten Abtretung, sehe vielmehr vom Grundgeschäft ab. Ob diese Ausführungen über das Grundgeschäft in ihrer Allgemeinheit dem Aufwertungsgesetz entsprechen, braucht hier nicht geprüft zu werden. Jedenfalls geht es zu weit, wenn die Revision meint, daß Rechtsbeziehungen, wie sie der Ausgleichsanspruch voraussetzt, bei der unechten Abtretung fehlten.

Wird die Abtretung einer Buchhypothek gegen eine in der Rückwirkungszeit erfolgte Zahlung erklärt, aber erst nach dem 13. Februar 1924 im Grundbuch eingetragen, so kommt der alte Gläubiger um die auch ihm im Regelfalle vom Aufwertungsgesetz zugebilligte und nach dessen wirtschaftlichen Zwecken gebührende Aufwertung. Solche tritt vielmehr nach § 2 Abs. 1 Satz 4 AufwG. nur zugunsten des Erwerbers ein. Diese Regelung des Verhältnisses zwischen dem Aufwertungsgläubiger und dem Aufwertungsschuldner verlangt einen Ausgleich zwischen dem neuen Gläubiger und seinem Vormann nach den Anforderungen der Billigkeit auf Grund des allgemeinen bürgerlichen Rechts (vgl. Mügel in JW. 1928 S. 2826). Die hierin liegende Ergänzung der Aufwertungsgesetzgebung ist zulässig, weil man beim Erlaß des Aufwertungsgesetzes die nähere Bestimmung des Rechtsverhältnisses zwischen dem Aufwertungsgläubiger und seinem Vormann der Rechtsprechung überlassen hat. Sie findet ihre Rechtsgrundlage im § 242 BGB. Dessen Anwendung hat der Senat in der eingangs erwähnten Entscheidung bereits anerkannt für den Fall, daß sich der alte und der neue Gläubiger als Verkäufer und Käufer der Hypothek gegenüberstanden. Aber auch bei der sog. unechten Abtretung tritt der Erwerber der Hypothek zur Abwicklung der zwischen dem Eigentümer und dem bisherigen Gläubiger getroffenen Vereinbarung mit dem letzteren in Rechtsbeziehungen. Auf den Erwerber geht nach dem Willen beider, des bisherigen Gläubigers wie des Eigentümers, unmittelbar über, was auf Grund der Leistung des Eigentümers diesem gebührt. Daß er so zu den Vertragsparteien hinzutritt, hat die Rechtsfolge, daß die durch das Aufwertungsgesetz geschaffene Veränderung der Rechtslage zu seinen Gunsten erfolgt, und daß der bisherige Gläubiger sich nicht an den Eigentümer halten kann. Dann muß sich der neue Gläubiger auch gefallen lassen, daß sein Vormann bei ihm den Ausgleich dafür sucht, daß ihm die Aufwertung durch den Eigentümer entgeht. Das Rechtsverhältnis zwischen dem bisherigen Gläubiger und dem Eigentümer war, wie sich nun herausstellt, infolge der unzureichenden Leistung des Eigentümers noch nicht endgültig abgewickelt. Es entspricht der Rechtsstellung, die der neue Gläubiger bei der Abwicklung bisher eingenommen hat, daß er nunmehr aus dem dabei erlangten Aufwertungsrecht seinem Vormann zu gewähren hat, was recht und billig ist. Bei der Bemessung der Leistung, die hiernach dem neuen

Gläubiger zuzumuten ist, wird auch sein Verhältnis zum Eigentümer und der Umfang des von ihm etwa für die Abtretung gewährten Entgelts zu berücksichtigen sein. Im vorliegenden Fall ergeben sich insofern keine Bedenken, weil die Beklagte die Hypothek nach ihrem eigenen Vortrag ohne eine Gegenleistung nur zur Sicherung ihres Anspruchs gegen ihren Ehemann, den Eigentümer, auf Erstattung ihres Eingebrachten erhalten hat. Auch mit Bezug auf die Hypothek sind die für ein Grundurteil nötigen Feststellungen getroffen. Die Hypothek steht noch jetzt der Beklagten zu und ist ausweislich des Grundbuchs voll aufgewertet; ihr Unwert wird nicht behauptet, sondern nur geltend gemacht, daß der Eigentümer für seine Person in Vermögensverfall geraten sei.

Schließlich sei bemerkt, daß der Senat mit dieser Beurteilung nicht die Rechtsprechung über den Ausgleichsanspruch des Grundstücksveräußerers (RGZ. Bd. 130 S. 115) in Zweifel ziehen will; denn der hier behandelte Anspruch hat trotz der gleichen Bezeichnung nicht ganz denselben Charakter.

---

55. Gilt für die preußischen Gemeindeforstbeamten der Grundsatz der lebenslänglichen Anstellung?

Preuß. Kommunalbeamtengesetz vom 30. Juli 1899 (GS. S. 141) § 23.

III. Zivilsenat. Urt. v. 3. Februar 1931 i. S. W. (Kl.) w. Stadtgemeinde P. (Bekl.). III 79/30.

I. Landgericht Neuruppin.
II. Kammergericht Berlin.

Der Kläger war seit dem 1. Juli 1917 bei der verklagten preußischen Stadtgemeinde als Hilfsförster auf Privatdienstvertrag angestellt. Am 2. Februar 1918 wurde er auf Grund des § 23 des preußischen Forstdiebstahlgesetzes vom 15. April 1878 (GS. S. 222) durch das Amtsgericht P. vereidigt. Ein im Juli 1918 von ihm angebrachtes Gesuch um lebenslängliche Anstellung wurde von der Beklagten abgelehnt. Am 30. September 1923 kündigte der Kläger seine Stellung zum 1. Januar 1924 unter der Bedingung, daß er eine andere Stellung finden würde. Die Beklagte nahm die Kündigung am 2. Oktober 1923 an, lehnte aber eine Weiterbeschäftigung des Klägers über den 1. Januar 1924 hinaus ab. Mit Schreiben vom 8. Januar 1924 kündigte sie dann dem Kläger, der über den 1. Januar 1924 hinaus im Dienst geblieben war, das Dienstverhältnis zum 1. April 1924.

Der Kläger hat zunächst sein Gehalt für die Zeit vom 1. März bis 31. Dezember 1924 eingeklagt. Er führt zur Begründung an, er sei dadurch lebenslänglich angestellter Beamter der Beklagten geworden, daß ihm die hoheitsrechtlichen Befugnisse eines Forstschutzbeamten übertragen worden seien. Die Beklagte bestreitet seine Beamteneigenschaft und macht noch geltend, der Kläger habe durch die von ihr angenommene Kündigung auf seine Ansprüche aus dem Beamtenverhältnis verzichtet.

Das Landgericht hat die Klage abgewiesen. In der Berufungsinstanz hat der Kläger seinen Antrag erweitert. Das Kammergericht hat jedoch seine Berufung zurückgewiesen. Seine Revision blieb ohne Erfolg.

Gründe:

Der Angriff der Revision richtet sich dagegen, daß das angefochtene Urteil den Kläger nicht als Beamten, insbesondere nicht als lebenslänglich angestellten Beamten anerkannt hat.

Sowohl die Beklagte als auch der Kläger sind bei der Anstellung im Jahre 1917 davon ausgegangen, daß der Kläger auf Grund eines Privatdienstvertrages angestellt werden, also nicht Beamteneigenschaft erhalten sollte. Das ergibt eindeutig der Wortlaut des später — am 6. August 1919 — schriftlich abgefaßten Vertrags und folgt auch aus dem Ortsstatut der Beklagten vom 2. April 1912. Nach dessen § 4 sollte die Verwaltung des städtischen Forstes zu den städtischen Betriebsverwaltungen gerechnet, und nach § 5 sollten alle Personen, die in städtischen Betriebsverwaltungen beschäftigt würden, im Wege des Privatdienstvertrages angestellt werden, mit Ausnahme der Förster (Reviervewalter). Daß der Kläger nicht Förster im Sinne dieser Vorschrift gewesen ist, hat das Berufungsgericht bedenkenfrei festgestellt. Die sich hiergegen richtenden Angriffe der Revision sind unbegründet. Soweit das Kammergericht dabei als Förster nur den Revierverwalter ansieht, beruht dies auf einer Auslegung des Ortsstatuts, deren Nachprüfung gemäß § 549 Abs. 1 ZPO.

dem Revisionsgericht entzogen ist. Weiter stellt das Berufungsgericht — allerdings nicht im Tatbestande, aber in den Gründen — als unstreitig fest, daß der Kläger nicht als Revierförster angestellt war, sondern nur zeitweilig dessen Geschäfte wahrgenommen hat. An diese Feststellung ist das Revisionsgericht gebunden.

Obschon hiernach der Wille aller bei der Anstellung Beteiligten, daß ein privates Dienstverhältnis begründet werden sollte, vollständig klarliegt, könnte doch in Frage kommen, ob der Kläger nicht um deswillen Beamter geworden ist, weil ihm in seiner Stellung obrigkeitliche Verrichtungen übertragen worden sind. Denn nach der ständigen Rechtsprechung des Reichsgerichts, woran der erkennende Senat bis in die neueste Zeit hinein festgehalten hat (RGZ. Bd. 99 S. 267, Bd. 106 S. 19, Bd. 125 S. 420; RGUrt. vom 3. Oktober 1930 III 97/30), erlangt ein Angestellter einer Gemeinde schon durch die Übertragung obrigkeitlicher Befugnisse trotz der Bezeichnung seiner Dienststelle als Angestelltenstelle Beamteneigenschaft, und zwar auch dann, wenn es an der — z. B. in § 1 des preuß. Kommunalbeamtengesetzes vom 30. Juli 1899 vorgesehenen — Aushändigung einer Anstellungsurkunde fehlt. Es bedarf jedoch im vorliegenden Falle keiner Entscheidung dieser Frage, weil der Kläger, selbst wenn ihm die Beamteneigenschaft zugesprochen werden müßte, nicht lebenslänglich angestellter Beamter der Beklagten geworden wäre.

Der Kläger ist unter dem Geltungsbereich des preußischen Kommunalbeamtengesetzes (KBG.) vom 30. Juli 1899 angestellt worden. Dieses regelt unter der Überschrift „Gemeindeforstbeamte" im § 23 die Rechtsverhältnisse der Gemeindeforstbeamten. Nach dem Wortlaut der Einleitung dieses Paragraphen kann kein Zweifel darüber sein, daß alle Gemeindeforstbeamten ausschließlich den Bestimmungen dieses Gesetzes unterfallen sollen, soweit nicht die folgenden Nr. 1 bis 3 besonderes festsetzen. Von diesen betreffen Nr. 2 und 3 ältere Bestimmungen rein örtlichen Charakters. Schwierigkeit in der Auslegung bereitet die Nr. 1, welche die grundlegenden §§ 8 bis 10 KBG. „außer Anwendung" setzt. Die Fassung könnte dahin gedeutet werden, und die Revision schließt sich dieser Auslegung an, daß damit für die Gemeindeforstbeamten alle bisher geltenden gesetzlichen Vorschriften über die Anstellung weiterhin in Kraft bleiben sollten. Dann würde besonders für den Kläger noch die Vorschrift in § 56 Nr. 6 Satz 2 der östlichen Städteordnung vom 30. Mai 1853 (GS. S. 261) Anwendung zu finden haben, wonach die Gemeindebeamten auf Lebenszeit anzustellen sind. Das kann aber nicht der Sinn von § 23 Nr. 1 KBG. sein. Denn Nr. 2 läßt ausdrücklich unberührt das Gesetz betr. die Forstschutzbeamten der Gemeinden und öffentlichen Anstalten im Regierungsbezirk Wiesbaden usw. vom 12. Oktober 1897 (GS. S. 411), dessen §§ 4 und 5 gerade für die Forstschutzbeamten die lebenslängliche Anstellung vorsehen. Es wäre nicht zu begreifen, warum gerade diese Aufrechterhaltung hervorgehoben wurde, wenn schon die Nr. 1 den Grundsatz enthielte, daß die bis dahin geltenden Anstellungsvorschriften weiter gelten sollten. Einen Fingerzeig für die Auslegung gibt die Ausführungsanweisung zum Kommunalbeamtengesetz vom 12. Oktober 1899 (MinBl. d. inn. Verw. S. 192) im Art. VII. Der Satz „Der Ausschluß der §§ 8 bis 10 hat indessen nicht etwa irgendwelche Verschlechterungen der äußeren Lage der Gemeindeforstbeamten zur Folge; vielmehr will er nur die zur Zeit über Art und Dauer ihrer Anstellung geltenden anderweiten Regeln unberührt lassen" will offenbar, ganz in Übereinstimmung mit Nr. 2 des § 23, den Grundsatz hervorheben: wo für die Gemeindeforstbeamten eine Sonderregelung über die Art ihrer Anstellung erlassen ist, da soll sie in Kraft bleiben, während bisherige Bestimmungen allgemeinerer Art über die Anstellung von Gemeindebeamten überhaupt abgelöst werden durch die Bestimmungen des Kommunalbeamtengesetzes. Folgte man der Auslegung der Revision, so würde dies zu dem Widersinn führen, daß gerade die Gemeindeforstbeamten, soweit die Städteordnung auf sie Anwendung finden könnte, sämtlich lebenslänglich angestellt werden müßten, während für alle anderen Gemeindebeamten die Grundsätze der §§ 8 bis 10 KBG. gelten würden.

Danach kann der Nr. 1 des § 23 KBG. nur der Sinn beigelegt werden, daß die für die Anstellungsart der Gemeindebeamten aufgestellten Normen der §§ 8 bis 10, die als Regel die lebenslängliche Anstellung, als Ausnahme die Anstellung auf Kündigung und auf Probe vorsehen, für die Gemeindeforstbeamten aufgehoben worden sind, dergestalt, daß nunmehr die Gemeinden freie Hand haben, ob sie ihre Forstbeamten lebenslänglich, auf Zeit oder auf Kündigung anstellen wollen. Diese Auslegung wird auch ganz überwiegend vom Schrifttum vertreten (vgl. von Brauchitsch Verwaltungsgesetze für Preußen Bd. 7 S. 623 Anm. 2 zu § 23 KGB.; Illing-Kautz

Handbuch für preuß. Verwaltungsbeamte 10. Aufl. Bd. 1 S. 335 Anm. 1; Kautz-Appelius KBG. S. 103; Vogels Anstellung und Versorgung der Kommunalbeamten S. 150 Anm. 2; Ledermann-Brühl KBG. 2. Aufl. S. 149; Oertel Städteordnung 6. Aufl. S. 372cc.).

Hieraus folgt aber unter Berücksichtigung der näheren Umstände seiner Anstellung, daß der Kläger, selbst wenn ihm Beamteneigenschaft beigelegt werden müßte, nicht als lebenslänglicher Beamter, sondern nur als Kündigungsbeamter angesehen werden könnte. Demnach finden für ihn unter allen Umständen die Bestimmungen seines Dienstvertrages vom 6. August 1919 Anwendung.

---

56. Wie ist der Mietstempel für einen auf mehr als ein Jahr geschlossenen Mietvertrag zu berechnen, dessen Verlängerung für einen weiteren Zeitraum der Mieter bis zu einem bestimmten Zeitpunkt vor Ablauf der ursprünglichen Vertragsdauer verlangen kann?

Preuß. Stempelsteuergesetz vom 27. Oktober 1924 § 3 Abs. 2, § 6 Abs. 2, Tarifstelle 10 II c Abs. 2 Satz 3.

VII. Zivilsenat. Urt. v. 17. Februar 1931 i. S. Preuß. Staat (Bekl.) w. D. Bank AG. (Kl.). VII 201/30.

I. Landgericht I Berlin.
II. Kammergericht daselbst.

Die Klägerin hatte mit dem Eigentümer eines Berliner Gebäudegrundstücks im Mai 1929 einen Mietvertrag für die Zeit vom 1. Januar 1930 bis 31. Dezember 1934 mit der Bestimmung geschlossen, daß sich der Vertrag je um ein Jahr verlängern sollte, falls er nicht ein Jahr vor Ablauf schriftlich gekündigt würde, und daß „die Mieterin das Recht haben sollte, ihn — spätestens am 1. Juli 1934 — über den 31. Dezember 1934 hinaus bis zum 31. Dezember 1939 zu verlängern". Das Finanzamt zog für diesen Vertrag einen Mietstempel von 2388 RM. ein, indem es den zehnjährigen Mietzins nebst Nebenkosten zugrunde legte und davon $^3/_{10}$ v. H. berechnete. Die Klägerin erhob Klage auf Rückzahlung von 1194 RM., weil der Vertrag nur auf fünf Jahre abgeschlossen worden sei und für die weiteren fünf Jahre nur ein für den Vermieter bindendes Vertragsangebot vorliege, und weil zudem derartige Mietverlängerungsabreden nach Tarifst. 10 IIc Abs. 2 Satz 3 preuß. StStG. steuerfrei seien. Der Beklagte bestreitet die Anwendbarkeit dieser Vorschrift und macht geltend, es handle sich für die zweiten fünf Jahre um einen bedingt geschlossenen Mietvertrag.

Das Landgericht sprach die Klage zu. Die Berufung des Beklagten wurde zurückgewiesen. Auch seine Revision blieb erfolglos.

Gründe:

Das Berufungsgericht hält den Anspruch auf Rückzahlung der Hälfte des erforderten Mietstempels für begründet, weil für die zweiten fünf Jahre kein bedingter Mietvertrag, sondern ein einseitiges Vertragsangebot des Vermieters vorliege, das nur ihn binde, und weil nach Tarifst. 10 IIc Abs. 2 Satz 3 StStG. für Mietverträge, deren Dauer „nach Ablauf der zunächst bestimmten mehr als einjährigen Vertragszeit unter gewissen Voraussetzungen als verlängert gelten solle", der Stempel nach der zunächst bestimmten Vertragszeit zu berechnen sei. Es kann dahingestellt bleiben, ob die erste von diesen Erwägungen zutrifft, weil die zweite Erwägung für sich allein die Stempelberechnung des Finanzamts als unrichtig und das Rückzahlungsverlangen als berechtigt erscheinen läßt. Wenn der vom Berufungsgericht angeführte Satz des Stempeltarifs von einer „unter gewissen Voraussetzungen" eintretenden „Verlängerung der Vertragsdauer" spricht, so fehlt es an jedem Grunde für die Annahme, daß er unter diesen „Voraussetzungen" eine dem einen Vertragsteile freigestellte einseitige Willenserklärung nicht mitbegreifen wolle. Die von der Revision vertretene Meinung, daß der Ausdruck „Verlängerung" eine im voraus bindend zugesagte, aber von seiten des andern Teils noch ausdrücklich zu verlangende Erstreckung der Vertragsdauer nicht mitumfasse, findet im üblichen Sinne der Worte gleichfalls keinen Anhalt. Die dem natürlichen Wortsinn entsprechende Auslegung erhält zudem noch dadurch eine Bestätigung, daß schon das frühere preußische Stempelsteuergesetz vom 31. Juli 1895/26. Juni 1909 unter Tarifst. 48 I Abs. 20 eine Sondervorschrift für den Fall enthielt, daß in einem Miet- oder Pachtvertrage bestimmt war, das Rechtsverhältnis solle „unter gewissen Voraussetzungen als verlängert gelten", und daß diese Vorschrift, die für jenen Fall eine Mitberücksichtigung der Verlängerungszeit vorsah, allgemein auf Vertragsbestimmungen der hier umstrittenen Art bezogen wurde. Wenn die Begründung zum gegenwärtigen Gesetze (Drucks. des preuß. Landtags S. 8827) nur die stillschweigende Vertragsverlängerung erwähnt, so bedeutet dies lediglich die Hervorhebung des häufigsten und deshalb praktisch wichtigsten Anwendungsfalls. Eine Einschränkung der ihrem Wortlaute nach weitergehenden Vorschrift auf diesen Fall läßt sich daraus nicht rechtfertigen.

Endlich stehen auch die von der Revision verwerteten Vorschriften der §§ 3 Abs. 2 und 6 Abs. 2 StStG. einer Anwendung der umstrittenen Vorschrift der Tarifst. 10 auf die vorliegende Vertragsbestimmung nicht entgegen. § 3 Abs. 2 beansprucht nur insoweit Geltung, als das Gesetz oder der Tarif keine gegenteilige Bestimmung enthält, und § 6 Abs. 2 muß als allgemeine Regel hinter der für einen Sonderfall getroffenen Tarifvorschrift zurücktreten. ...

---

57. Können die in den einstweiligen Ruhestand versetzten Reichsbeamten, die nach dem Außerkrafttreten von Art. 1 IV der Personal-Abbau-Verordnung in den dauernden Ruhestand treten, verlangen, daß ihre Wartestandszeit auf ihr pensionsfähiges Dienstalter angerechnet wird?

Reichsbeamtengesetz § 46 Abs. 1 Nr. 1.

III. Zivilsenat. Urt. v. 20. Februar 1931 i. S. Deutsche Reichsbahn-Gesellschaft (Bekl.) w. G. (Kl.). III 185/30.

I. Landgericht Kassel.
II. Oberlandesgericht daselbst.

Der Kläger stand als Lokomotivführer im Dienste zunächst der Preußisch-Hessischen Staatseisenbahn, dann des Reichs. Auf Grund der Personal-Abbau-Verordnung wurde er zum 1. Februar 1924 in den einstweiligen Ruhestand versetzt. Zum 1. September 1929 erfolgte seine Versetzung in den dauernden Ruhestand, ohne daß er inzwischen im Reichs- oder Landesdienst wieder verwendet worden war. Der Berechnung seines Ruhegehalts ist nur die Dienstzeit bis zu seinem Übertritt in den einstweiligen Ruhestand zugrunde gelegt worden. Der Kläger verlangt aber außerdem Anrechnung seiner Wartestandszeit vom 1. Februar 1924 bis zum 31. August 1929 und hat darauf Klage erhoben. Die Vorinstanzen haben die Beklagte dem Klagantrag entsprechend verurteilt. Ihre Revision blieb erfolglos.

Gründe:

Die rechtlichen Folgen der Versetzung eines Beamten in den dauernden Ruhestand sind zu beurteilen nach dem Recht, das zur Zeit dieser Versetzung gilt. Ob dieser Grundsatz für solche Änderungen der Ruhegehaltsvorschriften, die den Beamten ungünstig sind, mit Rücksicht auf Art. 129 Abs. 1 Satz 3 RVerf. einer Einschränkung bedarf, kann hier ebenso dahingestellt bleiben wie in dem durch Urteil des Senats vom 26. Oktober 1928 III 307/28 (abgedr. JW. 1928 S. 3237 Nr. 6) entschiedenen Falle. Denn nur das Eingreifen einer ihm günstigen Rechtsänderung wird vom Kläger geltend gemacht. Für die Bemessung des Ruhegehalts des zum 1. September 1929 endgültig in den Ruhestand versetzten Klägers kommt es deshalb auf den an diesem Tage geltenden Rechtszustand an, während der Rechtszustand zur Zeit seiner Versetzung in den einstweiligen Ruhestand ohne Belang ist. Die Beklagte ist vor dem Revisionsgericht dieser Auffassung nicht mehr entgegengetreten, sondern hat lediglich den Standpunkt bekämpft, den der Kläger hinsichtlich der an dem genannten Tage und auch jetzt noch bestehenden Rechtslage vertritt. Für deren Beurteilung kommen die folgenden gesetzlichen Bestimmungen in Betracht.

Das Reichsbeamtengesetz in seiner ursprünglichen Fassung vom 31. März 1873 (RGBl. S. 61) bestimmte in § 46 Abs. 1:

Bei Berechnung der Dienstzeit kommt auch die Zeit in Anrechnung, während welcher ein Beamter

1. unter Bezug von Wartegeld im einstweiligen Ruhestand oder
2. . . . sich befunden hat . . .

Die volle Anrechnung der Wartestandszeit auf die pensionsfähige Dienstzeit wurde wesentlich eingeschränkt durch Art. 1 der Personal-Abbau-Verordnung (PersAbbVo.) vom 27. Oktober 1923 (RGBl. I S. 999). Dort wurde bestimmt:

Das Reichsbeamtengesetz . . . wird wie folgt geändert:

. . . IV. Der § 46 Abs. 1 Nr. 1 erhält folgende Fassung:

„1. im einstweiligen Ruhestand im Reichs- oder Landesdienste verwendet worden ist, oder".

Eine zeitliche Begrenzung dieser Vorschrift sah die Personal-Abbau-Verordnung selbst nicht vor. Erst das Gesetz über Einstellung des Personalabbaues und Änderung der Personal-Abbau-Verordnung vom 4. August 1925 (RGBl. I S. 181) brachte sie in Art. 2, der folgendes bestimmte:

§ 2. Die Personal-Abbau-Verordnung wird wie folgt geändert:
... X. (2) Artikel 1 IV, die Artikel ... treten am 31. März 1926 mit der Maßgabe außer Kraft, daß erworbene Rechte bestehen bleiben.

Das damit auf den 31. März 1926 festgesetzte Außerkrafttreten des Art. 1 IV PersAbbVo. wurde indessen durch das Gesetz zur Abänderung des Gesetzes über Einstellung des Personalabbaues und Änderung der Personal-Abbau-Verordnung vom 27. März 1926 (RGBl. I S. 185) hinausgeschoben. Dieses strich in Art. 2 § 2 Abschnitt X Abs. 2 des Gesetzes über Einstellung des Personalabbaues usw. vom 4. August 1925 die Worte „Artikel 1 IV" (Art. 1 Nr. 1) und ordnete statt dessen an, daß Art. 1 IV PersAbbVo. am 31. Juli 1926 mit der Maßgabe außer Kraft trete, daß erworbene Rechte bestehen blieben (Art. 1 Nr. 2). Durch weitere Änderungsgesetze vom 15. Juli 1926 (RGBl. I S. 411), vom 28. Dezember 1926 (RGBl. I S. 531), vom 16. Juli 1927 (RGBl. I S. 185) und vom 25. Juli 1928 (RGBl. I S. 289) wurde jedoch die Geltungsdauer von Art. 1 IV PersAbbVo. immer wieder verlängert. Das letztgenannte Gesetz setzt das Außerkrafttreten der genannten Vorschrift schließlich auf den 31. Januar 1929 fest. Der Versuch, die Anrechnung der Wartestandszeit auf das Pensionsdienstalter bis dahin endgültig zu regeln, mißlang. Der von der Reichsregierung vorgelegte Entwurf eines Gesetzes über Änderung der Rechtsverhältnisse der Wartegeldempfänger (Drucks. des Reichstags IV. Wahlperiode 1928 Nr. 736) erhielt nicht die seines verfassungändernden Inhalts wegen erforderliche Zustimmung von zwei Dritteln der anwesenden Reichstagsmitglieder (Sitzung vom 1. Februar 1929, StenBer. Bd. 423 S. 971). So ist es bei dem einfachen Außerkrafttreten des Art. 1 IV PersAbbVo. mit dem 31. Januar 1929 geblieben.

Der Kläger meint, mit dem Wegfall der mehrgenannten Vorschrift der Personal-Abbau-Verordnung am 1. Februar 1929 sei § 46 Abs. 1 Nr. 1 RBG. wieder in seinem alten Wortlaut in Kraft getreten, sodaß er volle Anrechnung der Wartestandszeit auf sein

Pensionsdienstalter fordern könne. Die Beklagte leitet dagegen aus dem Außerkrafttreten vom Art. 1 IV PersAbbVo. her, daß es nunmehr an einer Vorschrift fehle, welche die Anrechnung der Wartestandszeit anordne, womit jede Möglichkeit solcher Anrechnung entfalle. Das Berufungsgericht hat die Auffassung des Klägers gebilligt. Ihm ist beizutreten: seit dem 1. Februar 1929 gilt § 46 Abs. 1 Nr. 1 RBG. wieder in seiner ursprünglichen, die volle Anrechnung der Wartestandszeit vorschreibenden Fassung.

Im allgemeinen ist es zwar richtig, daß ein aufgehobener Rechtssatz nicht schon dadurch von selbst wiederauflebt, daß das ihn aufhebende Gesetz später wegfällt (RGZ. Bd. 19 S. 181). Hier liegt aber ein Fall vor, der eine andere Beurteilung erheischt. Allerdings hat die Personal-Abbau-Verordnung eine zeitlich unbegrenzte Änderung des § 46 RBG. getroffen. Sie hat die Anrechnung der Zeit seit der Versetzung in den einstweiligen Ruhestand beschränkt auf die Zeit einer Wiederverwendung des Wartestandsbeamten im Reichs- oder Landesdienst. Diese Beschränkung war anfänglich als dauernde gewollt. Für sie hat dann aber doch schon nach verhältnismäßig kurzer Zeit das Gesetz über Einstellung des Personalabbaues usw. vom 4. August 1925 eine zeitliche Grenze eingeführt. Nach ihm sollte Art. 1 IV PersAbbVo. am 31. März 1926 außer Kraft treten. Das Abänderungsgesetz vom 27. März 1926 und die folgenden Änderungsgesetze haben nur den zunächst in Aussicht genommenen Zeitpunkt hinausgeschoben, aber sachlich nichts daran geändert, daß nicht § 46 Abs. 1 Nr. 1 RBG., sondern Art. 1 IV PersAbbVo. außer Kraft trat. Diese Fassung der aufhebenden Vorschrift läßt mit hinreichender Deutlichkeit erkennen, daß § 46 Abs. 1 Nr. 1 RBG. bestehen bleiben sollte, was beim Wegfall der durch Art. 1 IV getroffenen Änderung das Wiederaufleben der Vorschrift in ihrer ursprünglichen Gestalt bedeutete. Dies Ergebnis entspricht allein dem klar zutage liegenden sachlichen Verhältnis der beiden Bestimmungen. Art. 1 IV enthielt, wie schon bemerkt, eine Änderung, eine Einschränkung des in § 46 alter Fassung ausgesprochenen Grundsatzes der allgemeinen Anrechnung der Wartestandszeit. Mit seiner Aufhebung fiel nur diese Einschränkung fort. Hätte die Grundregel ebenfalls beseitigt werden sollen, so hätte das im Gesetz zum Ausdruck kommen müssen. Da das nicht geschehen, ist die Folgerung unabweislich, daß nunmehr der allgemeine Satz in seiner früheren Ausdehnung erneut zur Wirkung gekommen, daß also die Wartestandszeit seitdem wieder voll anzurechnen ist.

Die dem Außerkrafttreten des Art. 1 IV PersAbbVo. beigefügte Maßgabe, daß erworbene Rechte bestehen blieben, kann zu keiner anderen Beurteilung führen. Ihr positiv die Deutung zu geben, § 46 Abs. 1 Nr. 1 RBG. sei nicht wieder zur Geltung gelangt, gestattet ihr Wortlaut nicht. Sie beschränkt lediglich die in den Gesetzen vom 4. August 1925 und 27. März 1926 ausgesprochene allgemeine Anordnung des Außerkrafttretens von Art. 1 IV PersAbbVo. in gewisser Hinsicht, besagt aber nichts über dessen Verhältnis zu dem ursprünglichen § 46 Abs. 1 Nr. 1 RBG. Deshalb kann jene Maßgabe nur als eine vorsorglich getroffene Bestimmung angesehen werden.

Aus den Verhandlungen, die zu den verschiedenen, oben im einzelnen genannten Gesetzen geführt haben, mag sich nichts für die dargelegte Auffassung gewinnen lassen. Ebensowenig sprechen sie aber dagegen. Die Begründung zum Entwurf eines Gesetzes über eine zweite Änderung der Personal-Abbau-Verordnung, des späteren Gesetzes über Einstellung des Personalabbaues usw. vom 4. August 1925 (Drucks. des Reichstags III. Wahlperiode 1924/25 Nr. 1050 Seite 7) bemerkte zu dem in Aussicht genommenen Außerkrafttreten des Art. 1 IV PersAbbVo., der Entwurf lasse die Frage, welche Vorschrift am 1. April 1926 an die Stelle der durch Art. 1 IV PersAbbVo. geänderten Vorschrift trete, offen, weil angenommen werden könne, daß bis zu diesem Zeitpunkt das neue Reichsbeamtengesetz fertiggestellt sein werde; sollte sich diese Annahme nicht erfüllen, so werde die in Rede stehende Frage durch ein besonderes Gesetz zu regeln sein. Der Entwurf der Reichsregierung zu dem Abänderungsgesetz vom 27. März 1926 (Drucks. des Reichstags III. Wahlperiode 1924/26 Nr. 2008) schlug vor, den Art. 1 IV mit dem Inkrafttreten der pensionsrechtlichen Vorschriften des neuen Reichsbeamtengesetzes außer Wirksamkeit treten zu lassen. Begründet wurde das damit, daß es nicht zweckmäßig sei, vor Inkrafttreten des neuen Beamtenrechts die Frage, ob und in welchem Umfange die Wartestandszeit als ruhegehaltsfähige Dienstzeit zu gelten habe, grundsätzlich neu zu regeln. Die Reichsregierung hielt es deshalb für angezeigt, den bestehenden Zustand bis zum Inkrafttreten des neuen Beamtenrechts aufrechtzuerhalten. Der Reichstag konnte sich jedoch zu einer so unbestimmten Hinausschiebung des Wegfalls von Art. I IV nicht entschließen, sondern bewilligte eine Verlängerung seiner Geltungsdauer nur für kurze Zeit. Der Berichterstatter Abgeordneter Dr. Cremer hob aber bereits hervor, daß es zweifelhaft sei, wie sich die Rechtslage gestalte, wenn die Bestimmung der Personal-Abbau-Verordnung außer Kraft trete, ohne daß eine andere Bestimmung an ihre Stelle gesetzt werde; entweder gelte § 46 RBG. wieder oder es trete ein Vakuum ein (Sitzung des Reichstags vom 26. März 1926, StenBer. Bd. 390 S. 6748). Der Abgeordnete Dr. Frick sagte sogar, die Lücke werde durch die Rechtsprechung zweifellos so ausgelegt werden, daß die Wartestandsbeamten aktive Beamte seien und daß ihnen die im Wartestand zugebrachte Zeit genau so angerechnet werde wie die aktive Dienstzeit. Der Auffassung, daß eo ipso der alte Zustand des § 46 wieder eintrete, gab auch der Abgeordnete Torgler Ausdruck (a. a. O. S. 6749). Die Meinungen im Reichstage waren also von vornherein geteilt, als die Frage auftauchte, was denn Rechtens sei, wenn Art. 1 IV PersAbbVo. fortfalle, ohne daß zuvor die Frage der Anrechnung der Wartestandszeit gesetzlich geregelt sei. Derselbe Zwiespalt zeigte sich bei den Verhandlungen über den obengenannten Entwurf betr. Änderung der Rechtsverhältnisse der Wartegeldempfänger. Der Reichsminister der Finanzen Dr. Hilferding hat zwar geäußert, bei Ablehnung des Regierungsentwurfs werde die Wartestandszeit nicht angerechnet werden (Sitzung des Reichstags vom 30. Januar 1929, StenBer. Bd. 423 S. 926). Jedoch hat dessen Meinung keineswegs die Billigung des Reichstags gefunden; dieser hat sich jedenfalls nicht gegen die oben aus dem Wortlaut der verschiedenen Gesetze hergeleitete Ansicht ausgesprochen.

Außer Zweifel gestellt wird ihre Richtigkeit nun aber dadurch, daß sie, nicht die Gegenmeinung der Beklagten übereinstimmt mit den allgemeinen Grundsätzen des Beamtenrechts des Reichs. Nach diesem, wie übrigens auch nach preußischem Recht, hat das durch den Eintritt in den Staatsdienst einmal begründete Beamtenverhältnis dauernden Bestand. Es wird nicht dadurch unterbrochen, daß der Staat von den Diensten des zu seiner Verfügung stehenden Beamten keinen Gebrauch macht; vielmehr besteht es fort, bis es nach Maßgabe der gesetzlichen Vorschriften oder der Anstellungsbedingungen förmlich gelöst wird (RGZ. Bd. 86 S. 291 und die dort angeführten Entscheidungen, ferner Bd. 94 S. 200). Dienstzeit im Sinne der §§ 41, 45 RBG. ist nicht die Zeit, während welcher der Beamte tatsächlich Dienste leistet, sondern die Zeit, während welcher er in einem Beamtendienstverhältnis zum Reiche steht. Dessen Dauer ist der Berechnung der pensionsfähigen Dienstzeit zugrunde zu legen. Alles das gilt auch für die in den einstweiligen Ruhestand versetzten Beamten. Sie leisten zwar keine Dienste mehr, da der Staat darauf verzichtet hat; sie sind aber noch weiterhin Beamte. Ihr Beamtendienstverhältnis besteht fort und endet erst mit ihrer Versetzung in den endgültigen Ruhestand. Der Senat hat denn auch bereits in RGZ. Bd. 51 S. 306 mit ausführlicher Begründung dargelegt, daß § 14 Nr. 1 des preußischen Pensionsgesetzes vom 27. März 1872 (GS. S. 268) eine Anerkennung des Grundsatzes des § 13 das. enthält und nur, um etwaigen Zweifeln vorzubeugen, einen Sonderfall besonders hervorhebt. Dasselbe gilt von § 46 Abs. 1 Nr. 1 RBG., der dem genannten § 14 nachgebildet ist (Begründung zum Reichsbeamtengesetz, Drucks. des Reichstags 1. Legislaturperiode III. Session 1872, Nr. 9 S. 38), mit ihm sogar ursprünglich (von der Anführung der die Versetzung in den einstweiligen Ruhestand zulassenden preußischen Gesetzesvorschriften abgesehen) wörtlich übereinstimmte, während dem § 13 preuß. PensG. § 45 RBG. entspricht. Das Wiederinkrafttreten der eigentlichen Fassung des § 46 Abs. 1 Nr. 1 RBG. mit dem 1. Februar 1929 enthält also nur eine erneute Bestätigung dessen, was sich schon aus den in den sonstigen Vorschriften zutage tretenden Grundgedanken des Reichsbeamtengesetzes ergibt. Wörtliche und sachliche Auslegung führen demnach hier zu dem gleichen Ergebnis und stützen sich damit gegenseitig.

---

58. Unter welchen Umständen kann eine Gesellschaft mbH. von ihren Gesellschaftern Aufwertung — kraft Rückwirkung — ihrer Stammeinlageforderungen verlangen?

GoldbilVo. §§ 4, 5. GmbHG. § 19. AufwG. § 63.

II. Zivilsenat. Urt. v. 20. Februar 1931 i. S. H. (Bekl.) w. L.er Stärkefabrik GmbH. i. Liqu. (Kl.). II 228/30.

I. Landgericht Greifswald.
II. Oberlandesgericht Stettin.

Das Stammkapital der klagenden Gesellschaft mbH. i. Liqu. betrug in der Vorkriegszeit zuletzt 400000 M.; der Beklagte war Gesellschafter mit einer Stammeinlage von 13000 M., wovon 50% eingezahlt waren. Durch Beschluß einer Gesellschafterversammlung vom 20. Mai 1921 wurde das Stammkapital auf 1200000 M., durch weiteren solchen Beschluß vom 18. Juli 1921 auf 1500000 M. erhöht. Die Beschlüsse wurden ins Handelsregister eingetragen. Aus Anlaß der Kapitalerhöhungen übernahm der Beklagte weitere Stammeinlagen von 6500 M. und 19500 M. Diese wurden, ebenso wie der Rückstand von 6500 M. aus der ursprünglichen Stammeinlage, im Wege der Verrechnung mit einem von der Gesellschaft gewährten „Bonus" bereinigt, sodaß alle Stammeinlagen als voll eingezahlt galten. Eine Gesellschafterversammlung vom 29. Februar 1924 beschloß, das Stammkapital der Gesellschaft von 1500000 M. auf 500000 GM. umzustellen. Eine Goldmark-Eröffnungsbilanz war damals nicht vorhanden. Sie wurde erst der Gesellschafterversammlung vom 6. Februar 1925 vorgelegt, die zugleich über die in Billionen Papiermark aufgemachte Bilanz nebst Gewinn- und Verlustrechnung für das Geschäftsjahr vom 1. Oktober 1923 bis zum 30. September 1924 zu beschließen hatte, und zwar mit dem 1. Oktober 1924 als Stichtag. In der Goldmark-Eröffnungsbilanz ist unter den Passiven das Stammkapital mit 500000 RM., unter den Aktiven ein Posten „noch nicht eingezahltes Stammkapital" mit 250000 RM. aufgeführt. Die Verwaltungsvorlagen wurden einstimmig genehmigt. In das Handelsregister wurde am 8. Juni 1925 eingetragen, daß das Stammkapital auf 500000 RM. umgestellt sei.

Am 20. August 1928 beschloß die Gesellschafterversammlung die Auflösung und Liquidation der Gesellschaft; der Beschluß wurde demnächst ins Handelsregister eingetragen. Schon am 17. Februar 1927 hatte der Aufsichtsrat der Klägerin beschlossen, die angeblich noch ausstehende zweite Hälfte der Stammeinlage zum 1. Oktober 1927 einzufordern. Da der Beklagte jede Zahlung verweigerte, erwirkte die Klägerin gegen ihn am 7. Dezember 1927 einen Zahlungsbefehl über 6500 RM. (nach ihrer Behauptung war dies die noch restliche Stammeinlageschuld nebst Zinsen seit 1. Oktober 1927). Der Beklagte erhob Widerspruch, worauf die Klägerin ihren Zahlungsanspruch im Klageweg weiter verfolgte. Sie stützt ihn auf den Umstellungsbeschluß und die nachfolgenden Beschlüsse der Gesellschafterversammlung über die Goldmark-Eröffnungsbilanz und die späteren Jahresbilanzen, außerdem auf den Gesichtspunkt der Aufwertung kraft Rückwirkung. Der Beklagte behauptet, der Umstellungsbeschluß sei nichtig, und bestreitet seine Aufwertungspflicht, da seine Stammeinlageschulden laut Kontoauszug vom 4. September 1920 getilgt seien; etwaige Aufwertungsansprüche der Klägerin hält er für verwirkt.

Das Landgericht gab der Klage statt; das Oberlandesgericht erklärte den Klaganspruch dem Grunde nach für gerechtfertigt. Die Revision des Beklagten hatte keinen Erfolg.

Aus den Gründen:

Mit Recht hält das Berufungsgericht den Umstellungsbeschluß vom 29. Februar 1924 für unheilbar nichtig, weil ihm keine Goldmark-Eröffnungsbilanz zugrunde lag, eine solche vielmehr erst in der Gesellschafterversammlung vom 6. Februar 1925 mit dem 1. Oktober 1924 als Stichtag beschlossen wurde. Die Grundsätze, welche der erkennende Senat in dem auch vom Berufungsgericht angeführten Urteil RGZ. Bd. 120 S. 28 (besonders S. 33flg.) für einen ähnlich liegenden aktienrechtlichen Fall aufgestellt hat, gelten entsprechend auch für die Gesellschaft mbH.; bei ihr ist die Rechtslage insoweit dieselbe (§§ 4, 5 GBVo.).

Die Gesellschafterversammlung vom 6. Februar 1925 hat nur über die Goldmark-Eröffnungsbilanz Beschluß gefaßt; nur diese stand auf der Tagesordnung, nicht aber auch die Goldmarkumstellung des Stammkapitals und der Geschäftsanteile, die man schon durch den Beschluß vom 29. Februar 1924 für erledigt hielt. Ist aber der Umstellungsbeschluß nichtig, so kann die Klägerin weder aus ihm noch aus den späteren Beschlüssen zur Jahresbilanz irgendwelche Rechte gegen den Beklagten herleiten. Hieran vermag auch der Umstand nichts zu ändern, daß der Umstellungsbeschluß ins Handelsregister eingetragen und bekanntgemacht worden ist (RGZ. Bd. 120 S. 363flg. [369]). Auch insoweit ist also dem angefochtenen Urteil beizutreten.

Das Berufungsgericht hat aber den Klaganspruch unter dem Gesichtspunkt der Aufwertung dem Grunde nach für gerechtfertigt erklärt. Die Revision bittet zunächst um Nachprüfung, ob dem nicht Umstellungsgrundsätze im Wege stehen. Jedoch sind insoweit keine rechtlichen Bedenken zu erheben. Gewiß hat im allgemeinen die

Gesellschafterversammlung im Rahmen der Umstellung über die Frage der Aufwertung rückständiger Stammeinlagen zu beschließen. Sie könnte auch noch im Abschnitt der Liquidation Umstellungsbeschlüsse fassen (vgl. für Genossenschaften m. beschr. Haftpfl. das Urteil des erkennenden Senats RGZ. Bd. 121 S. 246). Allein angesichts der Stellungnahme des Beklagten, der jedwede Zahlungsverbindlichkeit bestreitet, müßte die Frage seiner Nachzahlungspflicht und deren Höhe schließlich ohnehin im Prozeßweg ausgetragen werden. Bei dieser Sachlage muß der klagenden Gesellschaft das Recht zugestanden werden, ihren angeblichen Aufwertungsanspruch kraft Rückwirkung ohne weiteres gegen den Beklagten zu verfolgen (RGZ. Bd. 124 S. 264; JW. 1930 S. 2941 Nr. 11a). Wie der erkennende Senat schon wiederholt ausgesprochen hat, bestehen bei Stammeinlageforderungen einer Gesellschaft mbH. gegen eine Aufwertung kraft Rückwirkung keine grundsätzlichen Bedenken (RGZ. Bd. 124 S. 264; JW. 1930 a. a. O. und für einen aktienrechtlichen Fall Urt. v. 7. November 1930 II 81/30, bei dem es sich übrigens nur um die Frage der Aufwertung — kraft Rückwirkung — von Einlagerückständen gegenüber einem Gründeraktionär, nicht aber darum handelte, ob solche Ansprüche auch gegenüber dem gutgläubigen Weitererwerber bestehen; vgl. auch Flechtheim im Bank-Archiv Jahrg. XXX S. 194).

Die Revision rügt sodann Verletzung des § 551 Nr. 7 ZPO., weil das Berufungsgericht den Verwirkungseinwand nicht beschieden habe. Es ist richtig, daß das Urteil diesen Gesichtspunkt nicht ausdrücklich erörtert. Der Einwand greift aber offenbar nicht durch; denn das Vorbringen des Beklagten ist nicht schlüssig. Es handelt sich keineswegs um ein auch nach Einführung der Festmark längere Zeit hindurch als abgewickelt behandeltes Rechtsverhältnis. Im Gegenteil, die Gesellschaft hat sich schon im Februar 1924 auf den Standpunkt gestellt, daß die Stammeinlagen nicht voll eingezahlt und auf Anfordern des Aufsichtsrats noch weitere Zahlungen darauf zu leisten seien; daran hat sie die ganze Zeit über festgehalten. Sie hat dies mit aller Deutlichkeit in ihren Jahresbilanzen zum Ausdruck gebracht. Ihre Gesellschafter konnten mithin nicht im Unklaren darüber sein, daß die Stammeinlageschuld von der Klägerin nicht als voll getilgt angesehen werde. Blieb der Beklagte den Gesellschafterversammlungen fern, kümmerte er sich nicht um die Goldmarkumstellung und die

Jahresbilanzen und sollte ihm deshalb der Standpunkt der Klägerin unbekannt geblieben sein, so kann er aus dieser seiner eigenen Gleichgültigkeit gegenüber seinen Belangen als Gesellschafter keinen Einwand gegen die Klägerin herleiten (§ 242 BGB.). Die Tatsache, daß der Umstellungsbeschluß selbst nichtig war, ändert hieran nichts; wesentlich ist nur, daß die Klägerin unter Billigung der Mehrheit der Gesellschafter die Stammeinlageschuld als nicht getilgt behandelte, sondern allen Ernstes Nachzahlungsansprüche erhob. Mochte sie auch ihre Einzahlungsansprüche zunächst auf Umstellungsrecht, nicht auf den Gesichtspunkt der Aufwertung stützen, so handelte es sich doch im einen wie im andern Fall um die Anpassung gerade auch der innergesellschaftlichen Verhältnisse aus der Papiermarkzeit an die neue Festwährung.

Der angebliche Tilgungsvorgang durch Aufrechnung fiele sodann in den Sommer 1920; eine Bereinigung der Stammeinlageschuld durch Aufrechnung mit der Gegenforderung des Beklagten zum Nennbetrag käme nur dann in Betracht, wenn für jene Zeit noch der Grundsatz Mark gleich Mark schlechthin anzuerkennen wäre. Dies ist aber auch auf dem Gebiete der freien Aufwertung nicht der Fall, wie im Urteil des erkennenden Senats RGZ. Bd. 115 S. 201 dargelegt ist. Es kommt vielmehr auf die Art des in Rede stehenden Rechtsverhältnisses an. Hier handelt es sich um Stammeinlageforderungen einer Gesellschaft mbH. Die Stammeinlagen der Gesellschafter bilden die finanzielle Grundlage der Gesellschaft. Sie sollen die Stammkapitalziffer auffüllen; auf ihnen beruht — wenn nicht ausschließlich, so doch sehr wesentlich — das geschäftliche Ansehen und der Kredit der Gesellschaft. Eben deshalb sind diese Forderungen mit besonderen Sicherungen umkleidet (§ 19 Abs. 2, §§ 24, 30 GmbHG.). Die Ansprüche auf Leistung der Stammeinlagen haben sonach für die Gesellschaft geradezu lebenswichtige Bedeutung; sie wurzeln auch nicht in kaufmännischen Umsatz- oder Wirtschaftsgeschäften des täglichen Lebens. Der Beklagte kann sich daher der Aufwertungspflicht nicht schon deshalb entschlagen, weil das angebliche Tilgungsgeschäft vor Mitte August 1922 liegt. Soweit es sich um die Stammeinlage aus der Vorkriegszeit handelt, war die Schuld in vollwertigem Geld begründet. Bis Mitte 1920 war jedoch der Währungszerfall schon so weit vorgeschritten, daß Zahlung zum Nennbetrag in Papiermark, z. B. nach Dollar oder Lebenshaltungsindex gerechnet, dem Gläubiger nur noch rund ein Zehntel bis ein Neuntel des ursprünglichen Geldwerts brachte; die Geldentwertung hatte mithin ein so beträchtliches Maß erreicht, daß insoweit keine Bedenken gegen eine Aufwertungsmöglichkeit bestehen. Es kommt aber noch weiter in Betracht, daß die Tilgung nicht durch Zahlung, sondern durch Verrechnung mit Gegenansprüchen an die Klägerin erfolgt ist. Die Gegenforderung, um die es sich im wesentlichen handelt, nämlich der Anspruch auf Auszahlung des „Bonus", wäre aber selbst erst Mitte 1920 entstanden, also mit einem inneren Wert, der nur einen Bruchteil vom Goldwert des Anspruchs der Gesellschaft auf die rückständige Vorkriegs-Stammeinlage darstellte, nämlich rund ein Zehntel bis ein Neuntel von 6500 RM. Anders verhält es sich naturgemäß, soweit es sich um die aus den Kapitalerhöhungen in der Geldentwertungszeit stammenden weiteren Stammeinlagen des Beklagten handelt. Denn dessen Einlageschulden können ihrem Goldwert nach nur mit dem Zeitpunkt der Entstehung angesetzt werden. Es ist deshalb anzunehmen, daß zwischen dem Goldwert der aus den Kapitalerhöhungen vom Jahre 1921 stammenden Einlageschulden und dem Goldwert der Gegenansprüche des Beklagten aus dem „Bonus" kein Unterschied besteht, der eine Aufwertung rechtfertigen könnte. Insoweit müßte auch der für die Aufwertung von Stammeinlagerückständen geltende Grundsatz der „schematischen" Aufwertung zurücktreten. Denn die oberste Grenze der Aufwertung bildet auf alle Fälle der ursprüngliche Goldwert der Stammeinlageschuld, der je nach der Entstehungszeit sehr verschieden sein kann (vgl. das einen aktienrechtlichen Fall betreffende Urteil des erkennenden Senats RGZ. Bd. 120 S. 363 [373]).

---

59. Ist die bei teilweiser Ablösung einer Hypothek nach § 268 Abs. 3 in Verb. mit § 1150 BGB. eintretende Rangfolge dinglich wirksam oder wirkt sie nur zugunsten des Hypothekengläubigers persönlich?

V. Zivilsenat. Urt. v. 18. Februar 1931 i. S. C. (Kl.) w. D. (Bekl.). V 131/30.

I. Landgericht III Berlin.
II. Kammergericht daselbst.

Auf den Grundstücken des Bergingenieurs R. waren in Abt. III unter Nr. 9 eine Darlehnshypothek von 250000 GM. für Frau M. und unter Nr. 10 eine solche von 50000 GM. für den Fabrikbesitzer G. zur Gesamthaft mit gleichem Rang eingetragen. Hinter diesen Hypotheken stand eine Sicherungshypothek für den Kläger zum Höchstbetrage von 30000 RM. Für die Zahlung der Zinsen der Hypotheken von Frau M. und von G. hatte der Kläger selbstschuldnerische Bürgschaft übernommen.

Nachdem die Zwangsversteigerung der Grundstücke angeordnet worden war, zahlte der Kläger, um sie abzuwenden, am 12. Januar und am 8. Juni 1927 an Frau M. und an G. die am 1. Januar und 1. April 1927 fälligen Hypothekenzinsen im Gesamtbetrage von 13500 RM. Am 22. November 1927 zahlte der Beklagte zu dem gleichen Zweck an Frau M. auf die Hypothek von 250000 GM. den Betrag von 63000 RM. (60000 RM. Hauptforderung und 3000 RM. Kosten). In notariell beglaubigter Urkunde vom gleichen Tage erklärte R., daß er, wenn eine „cessio legis“ hinsichtlich des Teilbetrags von 60000 RM. auf den Beklagten nicht anzunehmen sein sollte, die durch Zahlung entstandene Eigentümergrundschuld unter Umwandlung in eine Hypothek an den Beklagten abtrete. Am 14. März 1928 traten Frau M. und G. den Zinsanspruch von 13500 RM. an den Kläger ab „unter Vorbehalt des Ranges für die Hypothekenkapitalbeträge nebst den zukünftigen Zinsen“.

Die Grundstücke wurden demnächst versteigert. Im Teilungsplan vom 5. Mai 1928 waren unter Nr. 7 für den Beklagten 60000 RM. nebst Zinsen und Kosten (Gesamtbetrag 63435,10 RM.) und unter Nr. 9 für den Kläger 13500 RM. und 120 RM. Kosten in Ansatz gebracht. Das Liquidat des Klägers fiel bei der Versteigerung aus, das des Beklagten kam größtenteils zur Hebung. Nachdem der Kläger im Termin gegen den Teilungsplan Widerspruch erhoben hatte, wurde der Betrag von 13620 RM. als Streitmasse unter den Parteien hinterlegt. Im Rechtsstreit beantragt der Kläger, den Beklagten zur Anerkennung der Berechtigung des Widerspruchs und zur Einwilligung in die Auszahlung der hinterlegten Summe an den Kläger zu verurteilen.

Das Landgericht erkannte nach dem Klagantrage. Das Berufungsgericht wies die Klage ab. Die Revision des Klägers blieb erfolglos.

Gründe:

Der auch an anderen Stellen des Bürgerlichen Gesetzbuches (§ 426 Abs. 2 Satz 2, § 774 Abs. 1 Satz 2, §§ 1225, 1249, 1143 Abs. 1, §§ 1150, 1164, 1176) wiederkehrende Grundsatz des § 268 Abs. 3 Satz 2 BGB., wonach der Gläubiger durch das Ablösungsrecht des zahlenden Dritten nicht benachteiligt werden darf, hat die Bedeutung, daß der durch den Dritten befriedigte Gläubiger durch den Übergang der Forderung und Hypothek auf jenen gegenüber der Lage, die durch eine Zahlung des Schuldners nach allgemeinen Rechtsgrundsätzen, also durch Tilgung der Forderung eingetreten wäre, nicht schlechter gestellt werden darf (RGZ. Bd. 82 S. 136; RGRKomm. Anm. 4 zu § 268 BGB.). Unstreitig hat der Kläger zum Zwecke der Abwendung der Zwangsversteigerung an die Hypothekengläubiger Frau M. und G. die am 1. Januar und 1. April 1927 fälligen Hypothekenzinsen gezahlt. Wären diese Gläubiger insoweit durch den Grundstückseigentümer befriedigt worden, so wäre nach § 1178 BGB. die Hypothek für die Zinsrückstände erloschen; es wäre also keine Eigentümergrundschuld entstanden, sondern die Hypothekengläubiger wären mit ihrer Hauptforderung in die Rangstelle der nach § 12 ZVG. bei der Zwangsversteigerung des Grundstücks vorgehenden Zinsforderung aufgerückt. Dadurch, daß der Kläger die Zinsrückstände getilgt hat und daß infolgedessen nach den §§ 1150, 268 Abs. 3 Satz 1 BGB. die Hypothek für die Zinsrückstände auf ihn übergegangen ist, würde der Gläubiger bei unveränderter Rangfolge gegenüber dem Falle einer Tilgung der Zinsen durch den Grundstückseigentümer benachteiligt worden sein. Denn infolge dieses Übergangs wäre ihm ein Vorrücken mit seiner Kapitalforderung in die Rangstelle der getilgten Zinsen verwehrt. Eine solche Benachteiligung des Gläubigers will die Vorschrift des § 1150 in Verb. mit § 268 Abs. 3 Satz 2 BGB. verhindern. Sie hat die Bedeutung, daß der auf den Kläger übergegangene Zinsanspruch hinter den dem Hypothekengläubiger verbliebenen Anspruch auf das Hypothekenkapital im Range zurücktritt, dem letzteren also der Vorrang vor den Zinsen gebührt.

Es fragt sich, ob in diesem Rangverhältnis dadurch eine Änderung eingetreten ist, daß der Beklagte am 22. November 1927 zum Zwecke der Abwendung der Zwangsversteigerung des Grundstücks auf die Hypothek der Frau M. den Betrag von 63000 RM. gezahlt hat, was kraft Gesetzes (§§ 1150, 268 Abs. 3 Satz 1 BGB.) den Übergang der Hypothek in Höhe des abgelösten Betrags auf ihn zur Folge hatte. Eine solche Rangänderung würde nur dann eintreten, wenn es sich bei dem dem Gläubiger durch Abs. 3 Satz 2 des § 268 BGB. eingeräumten Recht um ein rein persönliches Recht handelte, das bei rechtsgeschäftlichem oder gesetzlichem Übergang der Hypothek auf den neuen Gläubiger nicht mit überginge. Das ist jedoch zu verneinen.

Für die den gleichen gesetzlichen Zweck verfolgende Vorschrift des § 1176 BGB. wird von der herrschenden Lehre und Rechtsprechung anerkannt, daß die Rangänderung, welche durch die Zerlegung der Hypothek in eine Resthypothek und eine Eigentümergrundschuld wegen der Teilbeträge eintritt, nicht zugunsten oder zu Lasten der Berechtigten persönlich, sondern zugunsten oder zu Lasten der Teile der Hypothek wirkt. Die gesetzliche Rangfolge des § 1176 BGB. ist also eine absolute, dinglich wirksame, nicht bloß eine zugunsten des Gläubigers persönlich wirkende, relative. Daß für die das gleiche bezweckende Bestimmung des § 268 Abs. 3 Satz 2 BGB. etwas anderes zu gelten habe und daß die durch sie herbeigeführte Rangänderung lediglich dem Gläubiger persönlich zukommen müsse, kann nicht angenommen werden. Allerdings bestimmt § 1176 BGB., daß die Hypothek, die auf Grund der daselbst genannten Vorschriften dem Eigentümer, einem der Eigentümer oder dem persönlichen Schuldner zufällt, nicht zum Nachteil der dem Gläubiger verbleibenden Hypothek geltend gemacht werden kann, während nach § 268 Abs. 3 Satz 2 BGB. eine Geltendmachung zum Nachteil des Gläubigers untersagt ist. Aber aus dieser, durch die Stellung des § 268 BGB. im Rechte der Schuldverhältnisse ohne weiteres erklärten anderen Fassung der Gesetzesbestimmung läßt sich für die Annahme eines bloß persönlichen Rechts des Hypothekengläubigers für den Fall der §§ 1150, 268 Abs. 3 Satz 2 BGB. nichts herleiten. Es muß vielmehr auch für die nach § 268 Abs. 3 Satz 2 in Verb. mit § 1150 BGB. eintretende Rangänderung in entsprechender Anwendung des § 1176 BGB. der Grundsatz gelten, daß der Vorrang nicht dem Gläubiger persönlich, sondern der ihm verbleibenden Hypothek als dinglicher Rang gebührt, und daß daher, wenn der Erwerber der Zinsrückstände die Zwangsversteigerung in das Grundstück betreibt, das Kapital in das geringste Gebot aufzunehmen ist.

Soweit der erkennende Senat in seinem Urteil vom 2. April 1913 (RGZ. Bd. 82 S. 133) ausgesprochen hat, daß die Bestimmung im § 1150 mit § 268 Abs. 3 Satz 2 BGB. lediglich ein rein persönliches Recht für den Gläubiger, nicht ein der Hypothek anklebendes Recht darstelle, und daß dieses im Falle der Abtretung seine Wirkung verliere (a. a. O. S. 138), kann diese Ansicht nicht aufrechterhalten werden. Eine solche Meinung würde auch mit dem im Grundbuchrecht geltenden Grundsatz der Stetigkeit der dinglichen Rechte im Widerspruch stehen. Sie hätte die Folge, daß jeder nach Eintritt der Rangänderung zwischen den Teilen der Hypothek rechtsgeschäftlich oder gesetzlich erfolgende Übergang eines der Teile auf einen Dritten die nach den §§ 1150, 268 Abs. 3 BGB. eingetretene Rangänderung wieder zuungunsten des vorgetretenen und zugunsten des zurückgetretenen Hypothekengläubigers verändern würde. Jene Ansicht würde auch, zumal bei mehrfacher Ausübung des Ablösungsrechts gegenüber Teilbeträgen der Hypotheken und darauf folgendem gesetzlichem oder rechtsgeschäftlichem Übergang von Teilen der abgelösten Rechte auf Dritte, zu praktisch kaum lösbaren Schwierigkeiten bei der Feststellung des geringsten Gebots und bei der Aufstellung des Teilungsplans führen.

Wird daher, wie es hier der Fall war, nach der vorhergehenden Ablösung der für die Zinsrückstände bestellten Hypothek und dem dadurch hervorgerufenen Rangrücktritt der Zinshypothek hinter die für die Hauptforderung bestehende Hypothek auch die vorgehende Hypothek für die Hauptforderung durch einen Dritten nach §§ 268, 1150 BGB. ganz oder teilweise abgelöst, so erfolgt der Übergang der letzteren auf den Dritten nach § 268 Abs. 3 mit dem ihr dinglich anhaftenden Range vor der Zinshypothek. Mit Recht hat daher das Kammergericht angenommen, daß der Hypothek der Frau M. von 250000 GM. der Rang vor der auf den Kläger übergegangenen Hypothek für die rückständigen Zinsen zustand und daß sich an diesem Rangverhältnis dadurch nichts geändert hat, daß von der Hypothek der Frau M. ein Teilbetrag von 60000 RM. nach § 268 Abs. 3 Satz 2 BGB. auf den Beklagten übergegangen ist. Auch dieser Teilhypothek des Beklagten gebührt hiernach der Vorrang vor der Zinshypothek des Klägers. An dieser Rangordnung haben die rechtlich überflüssigen (RGZ. Bd. 91 S. 302) rechtsgeschäftlichen

Übertragungen der bereits kraft Gesetzes zuvor auf den Kläger und den Beklagten übergegangenen Ansprüche nichts zu ändern vermocht.

---

60. Erfordernisse und Grenzen der Diensterfindung. Macht der Betriebsführer eines Kohlenbergwerks Erfindungen, welche dessen Sicherheit gegen Kohlenstaubexplosionen und schlagende Wetter erhöhen, als Diensterfindungen für das Unternehmen oder macht er sie für sich selbst?

I. Zivilsenat. Urt. v. 21. Februar 1931 i. S. M.-Werke AG. (Kl.) w. U. GmbH. (Bekl.) I 136/29.

I. Reichspatentamt.

Dem Betriebsführer R. in W. wurde auf seine Anmeldung vom 29./31. Oktober mit Wirkung vom 1. November 1919 an das Patent 337150 erteilt. Der Patentanspruch lautet:

> Ausrüstung eines im Verhieb stehenden Flözteiles mit Vorrichtungen zur Bekämpfung von Grubenexplosionen, dadurch gekennzeichnet, daß die Betriebspunkte durch Anordnung dieser Vorrichtungen an jedem Zugang zu den Arbeitsstellen einzeln für sich eingekapselt sind.

Am 11. April 1921 wurde die Erteilung des Patents bekannt gemacht. R. übertrug das Patent an die verklagte Gesellschaft. Die fünfjährige Frist seit der Bekanntmachung (§ 27 Abs. 1, § 28 Abs. 3 PatG.) verstrich, ohne daß ein Antrag auf Nichtigerklärung wegen mangelnder Patentfähigkeit (§ 10 Abs. 1 Nr. 1 PatG.) gestellt wurde. Nach Ablauf der Frist erhob die Beklagte gegen die Aktiengesellschaft L. Klage wegen Verletzung des Patents. Während dieses Verletzungsstreites machte die Klägerin unter Berufung auf § 10 Abs. 1 Nr. 3 PatG. die vorliegende Nichtigkeitsklage anhängig.

Zu deren Begründung bringt sie vor: R. habe als Betriebsführer der — später in der klagenden Aktiengesellschaft aufgegangenen — Gewerkschaft U. F. den im DRP. 337150 ihm nachher geschützten Gedanken aus deren Betrieb entnommen und, ohne ihre Erlaubnis einzuholen, zum Patent angemeldet. In der genannten Grube sei die Abriegelung einzelner Betriebspunkte zur Zeit der Patentanmeldung schon durchgeführt gewesen. Für die Anmeldung habe sich R. Zeichnungen der Zeche U. F. unerlaubt zu eigen gemacht. Nach der Art seiner Stellung und Aufgabe als Betriebsführer hätte er die Anmeldung überdies, auch wenn ihr Gegenstand auf seinen eigenen Gedanken beruhte, nicht für sich selbst einreichen dürfen, sondern dem Unternehmen zur Verfügung stellen müssen. Die Klägerin vertritt sonach die Ansicht, daß eine sog. Betriebserfindung, allenfalls eine Diensterfindung vorliege.

Das Reichspatentamt hat die Nichtigkeitsklage abgewiesen. Die Berufung der Klägerin blieb erfolglos.

Aus den Gründen:

I. Da die Klägerin ihre Nichtigkeitsklage darauf gründet, R. habe den wesentlichen Inhalt seiner Anmeldung zum DRP. 337150 den Einrichtungen und Zeichnungen der Gewerkschaft U. F. und einem dort bereits angewendeten Verfahren ohne Einwilligung entnommen (§ 10 Abs. 1 Nr. 3 PatG.), so muß vor allem geprüft werden, welches der wesentliche Inhalt der Anmeldung war. Dies kommt, weil sich im Erteilungsverfahren nichts Erhebliches am Anmeldungsinhalt geändert hat, darauf hinaus, welchen Gegenstand die Patentschrift offenbart.... (Es folgt eine Darlegung des Inhalts der Patentschrift.)

II. Zu prüfen ist sodann, ob R. den gekennzeichneten Inhalt seiner Anmeldung den Beschreibungen, Zeichnungen, Modellen, Gerätschaften oder Einrichtungen eines anderen oder einem von diesem angewandten Verfahren ohne dessen Einwilligung entnommen hat.

1. Da wegen widerrechtlicher Entnahme nur der Verletzte klagen kann (§ 28 Abs. 2 PatG.), so müßte jener „Andere" die Klägerin oder ihr Rechtsvorgänger sein. Die Klagbegründung geht dahin, daß die in den M.-Werken (d. i. der Klägerin) aufgegangene Gewerkschaft U. F. auf solche Weise verletzt worden sei.... (Es folgt die Erörterung einer Parteibehauptung; dann wird fortgefahren:)

Die Behauptung, daß R. den Inhalt seiner Anmeldung zum DRP. 337150 aus dem Betriebe der Gewerkschaft U. F. entnommen habe, ist nicht bewiesen.... (Wird ausgeführt.)

2. Aus dem dargelegten Hergang ergibt sich weiter, daß es sich bei dem Erfindungsgegenstand, der in der Patentschrift 337150

beschrieben und gekennzeichnet ist, um keine Betriebserfindung aus der Zeche U. F. handelte. Denn durch allmähliches Zusammenarbeiten mehrerer Angestellter unter Benutzung der schon bei dem Unternehmen vorhandenen Vorarbeiten und Erfahrungen — derart, daß die Anteile der einzelnen und des Unternehmens nicht mehr von einander zu sondern wären —, ist die R.sche Betriebspunkte-Einkapselung nicht entstanden. Es fehlt somit gerade an denjenigen Merkmalen, die nach herrschender Gesetzesanwendung für den Begriff der Betriebserfindung wesentlich sind. (RGZ. Bd. 127 S. 201.).... (Wird dargelegt.)

3. Dem Reichspatentamt ist endlich insofern beizutreten, als die Klägerin ihre Behauptung widerrechtlicher Entnahme des Erfindungsgegenstandes darauf gründet, daß es sich um eine sog. Diensterfindung handle, die R. nicht für sich selbst, sondern für die Grube U. F. gemacht habe, oder die er ihr wenigstens hätte anbieten müssen. Die angegriffene Entscheidung verneint die Diensterfindung mit Recht.

A. Den Dienstvertrag mit R. hat die Gewerkschaft im Februar 1914 mit Benutzung ihres dafür bestimmten Vordrucks geschlossen. Sie nahm ihn als Betriebsführer unter dem Vorbehalt an, daß er seine Befähigung zu der ihm übertragenen Stellung nachweise (Nr. 1). Seine Obliegenheiten sollten in der Leitung und Beaufsichtigung des Grubenbetriebes der Schachtanlage I/IV bestehen, er sollte die mit diesem Amte verbundenen schriftlichen Arbeiten unter persönlicher Verantwortlichkeit anfertigen, den Anordnungen der Direktion Folge leisten (Nr. 2). Als Bezüge wurden vereinbart: 400 M. Monatsgehalt, eine monatliche Prämie nach besonderen Bestimmungen (sie betrug tatsächlich 150 bis 200 M.), freie Wohnung nebst freiem Licht und Brand (Nr. 3). Am 1. April 1914 sollte der Dienst angetreten werden (was denn auch geschehen ist); R. übernahm von diesem Tage an die getreue Erfüllung der mit seinem Dienste verbundenen und später zu übertragenden Obliegenheiten und Geschäfte (Nr. 4). Sodann wurde ihm Verschwiegenheit über alle bei seiner Dienstverrichtung ihm bekannt werdenden Geschäftsverhältnisse zur Pflicht gemacht (Nr. 5). Bestimmungen über Auflösung des Dienstverhältnisses (Nr. 6) und Versetzung (Nr. 7) schlossen sich an.

Über Erfindungen enthielt der schriftliche Vertrag nichts. Ausdrückliche Bestimmungen, wonach R. verpflichtet gewesen wäre, auf Erfindungen bedacht zu sein oder der Zechenverwaltung die von ihm etwa gemachten Erfindungen anzubieten, wurden unstreitig nicht getroffen.

B. Ermangelte sonach der Dienstvertrag besonderer Vorschriften, welche für die Entscheidung des gegenwärtigen Streites einen Anhalt böten, so gibt nach herrschender Gesetzesauslegung vornehmlich die Stellung des Erfinders im Betriebe des Unternehmens, also der ihm vermöge dieser Stellung zugewiesene Arbeits- und Pflichtenkreis, den Ausschlag. Höhere Angestellte oder Beamte machen in der Regel die von ihnen erdachten Verbesserungen, auch erfinderischer Art, für das Unternehmen. Anders verhält es sich meistens bei Beamten oder Angestellten in untergeordneten Posten und ohne höhere Fachausbildung. Auch die Höhe der Besoldung kann ins Gewicht fallen. Die Rechtsanwendung hat stets betont, daß es keine in jedem Falle sicher zutreffenden Unterscheidungsmerkmale gebe, sondern daß die Eigenart des einzelnen Tatbestandes ermittelt und beurteilt werden müsse (RPatABeschl. vom 17. Februar 1904, PMZBl. Bd. 10 S. 187; RGUrt. vom 26. April 1905 und 17. April 1907, PMZBl. Bd. 11 S. 263, Bd. 13 S. 176; RGZ. Bd. 127 S. 203 flg.).

a) Die grundlegenden Vorschriften über die Stellung der Betriebsführer sind im Allgemeinen Berggesetze für die preußischen Staaten (ABergG.) vom 24. Juni 1865 §§ 73 flg. (in der Fassung des Änderungsgesetzes vom 28. Juli 1909) enthalten.

Betriebsführer gehören danach zu den Aufsichtspersonen, die auf anerkannte Befähigung hin zur Leitung eines Bergwerksbetriebs berufen werden dürfen (§ 73 ABergG.). Der Bergwerksbesitzer hat sie, unter Angabe des ihnen zu übertragenden Geschäftskreises, der Bergbehörde namhaft zu machen. Sie müssen ihre Befähigung zu den Geschäften, die ihnen aufgetragen werden sollen, nachweisen und sich dazu auf Erfordern einer Prüfung durch die Bergbehörde unterwerfen. Erst nachdem diese Behörde die Befähigung anerkannt hat, dürfen sie die ihnen zugewiesenen Geschäfte übernehmen (§ 74 das.). In dem ihnen anvertrauten Geschäftskreise sind sie für die Innehaltung der Betriebspläne und für die Befolgung aller im Gesetz enthaltenen oder auf Grund des Gesetzes ergangenen Vorschriften und Anordnungen verantwortlich (§ 76 Abs. 1 das.).

Die Anforderungen der Bergbehörde an die Betriebsführer wurden, um die Durchführung der bergpolizeilichen Vorschriften zu sichern, noch erheblich gesteigert. Später grenzte das Gesetz vom 28. Juli 1909 die Verantwortlichkeit der Aufsichtsbeamten durch Beschränkung ihrer Tätigkeit auf einen bestimmten Geschäftskreis ab und gewährte ihnen dadurch größere Rechtssicherheit (Klostermann-Fürst-Thielmann Allg. Berggesetz 6. Aufl. 1911 S. 178 Anm. zu § 73.). Ihre Vorbildung erhalten die Betriebsführer durch Besuch einer Bergschule, und zwar der Oberklasse. Liegt dieser Befähigungsnachweis vor, so richtet der Bergrevierbeamte seine Prüfung lediglich auf die Zeugnisse und die Bewährung in früheren Stellungen. Doch hat er auch die sittlichen Eigenschaften zu beachten, die für das Verantwortungsbewußtsein zur Grundlage dienen; eine Rücksicht, die bei der Gefährlichkeit des Bergbaues für Leben und Gesundheit zahlreicher Menschen besonders wichtig ist.

b) Wie der gerichtliche Sachverständige bekundet, entsprachen die Einkünfte des R. ungefähr dem, was damals für Betriebsführer westfälischer Gruben üblich war. Die Stellung eines Betriebsführers bei Privatunternehmen war im allgemeinen die gleiche wie die von Obersteigern fiskalischer Gruben. Doch nahm R. bei der Gewerkschaft U. F. eine etwas höhere, selbständigere Stellung als die gewöhnliche des Betriebsführers ein; unter ihm war — als sein Stellvertreter — noch ein Obersteiger (der älteste Fahrsteiger) vorhanden. Eine gewisse Selbständigkeit seines Postens prägte sich auch in der Erledigung des Schriftverkehrs, bei Anträgen und Berichten an die Bergbehörde aus. Befand er sich demnach in einer verantwortlichen, verhältnismäßig selbständigen Aufsichtsstellung, so gehörte er doch nach Vorbildung und Aufgabenkreis nicht zu den höheren Beamten; jedenfalls nicht zu denjenigen Angestellten, denen es nach der Eigenart ihrer Tätigkeit obliegt, auf Erfindungen für das Unternehmen, dem sie dienen, bedacht zu sein. Der Sachverständige bemerkt dazu, daß im Bergbau eine allgemeine Regelung hinsichtlich des Erwerbes von Patenten zwischen Verwaltung und Angestellten fehlt; eine Ordnung durch Reichstarif, wie seit etwa zehn Jahren in der chemischen Industrie, besteht also nicht. Die seit 1928 unternommenen Versuche in der Bergwerksindustrie, die Frage nach ähnlichen Grundsätzen zu regeln, sind bisher gescheitert; einerseits weil der Bergwerksbetrieb verhältnismäßig wenig Gelegenheit bietet, Patente zu erwerden, anderseits weil man Beamten mit Erfindungsgeist die Möglichkeit nicht beschränken wollte, diesen nutzbar zu machen. Unter Würdigung dieser im Bergbau bestehenden Übung und der Stellung des R. als Betriebsführer kommt der Gutachter zu dem Ergebnis, es habe dem R. freigestanden, sich um die Erteilung von Patenten zu bemühen.

Die Auffassung der Klägerin, daß R. vom Leiter der Gewerkschaft U. F. geradezu damit beauftragt worden sei, dasjenige als Betriebsmaßnahme durchzuführen, was er dann als Patent (337150) angemeldet habe, wird bei solcher Sachlage durch die Tatsachen, auf die sie sich gründet, nicht gerechtfertigt.... (Wird dargelegt.)

Ist ein erteilter und angenommener Auftrag zu erfinderischer Tätigkeit des R. für die Gewerkschaft U. F. nicht bewiesen, so läßt sich nicht annehmen, dessen Erfindung habe schon ohnedies der Gewerkschaft gehört oder ihr überlassen werden müssen. Die Klägerin verficht allerdings die Ansicht: R. habe vermöge seiner Stellung als Betriebsführer, um seinen dienstlichen Pflichten zu genügen, auf die günstigste Gestaltung der Sicherheitsmaßregeln bedacht sein müssen; in den damit umgrenzten Bereich aber falle der Erfindungsgegenstand des DRP. 337150.

Diese Auffassung ist nicht zu billigen. Zur peinlich genauen Durchführung der die Sicherheit bezweckenden bergpolizeilichen Vorschriften war R. als Betriebsführer allerdings verpflichtet. An den jeweils bestehenden Vorschriften etwas zu ändern, lag jedoch außerhalb seines Befugniskreises. Vorschläge, welche die Sicherheit erhöhten, aber Änderung der geltenden Vorschriften erforderten, konnten — sofern sie den gesetzlichen Voraussetzungen im übrigen genügten — Erfindungsgegenstand sein. Meldete R. einen solchen Gegenstand an, so war das keine unerlaubte Entnahme.

Was die Klägerin ferner vorbringt, um ihre Ansicht zu begründen, ist nicht schlüssig. Sie vertritt die Meinung, daß zwischen Vorrichtungen wie Gesteinsstaubkästen (dem Gegenstande der R.'schen Patente 316206 und 326186) und einer Anordnung wie der Abschließung aller einzelnen Betriebspunkte (DRP. 337150) ein starker Unterschied bestehe. Die Einkapselung der Betriebspunkte sei eine Maßnahme des Grubenbetriebs, die ein Angestellter überhaupt nicht für sich beanspruchen, also schlechterdings nicht zum Patent anmelden dürfe; solche Entnahme sei stets unerlaubt. Dem ist nicht beizustimmen. Die von der Klägerin befürwortete Ausscheidung aller Betriebsmaßnahmen wäre nicht durchführbar. Im vorliegenden Falle käme sie schon deshalb nicht in Betracht, weil R. zu dem Gedanken der Betriebspunkte-Abschließung gerade gelangt ist von der vorangehenden Erfindung her, jener der Gesteinsstaubkästen als Mittel zur Bekämpfung der Explosionsgefahr. Zwischen beiden derart zu unterscheiden, daß das eine zu den Betriebsmaßregeln gehöre, das andere nicht, geht nicht an; es stünde auch nicht im Einklange mit der Verkehrsauffassung.

Die Klägerin behauptet sodann, das eigene Gebaren des R. beweise, daß er in seiner Patentanmeldung vom 29./31. Oktober 1919 eine unbefugte Entnahme gesehen habe. Denn während er von früheren Patentanmeldungen die Zeche U. F. in Kenntnis gesetzt, habe er die des DRP. 337150 geheim gehalten, auch von Bekanntmachung und Patenterteilung nichts verlauten lassen, bis die fünfjährige Ausschlußfrist verstrichen gewesen sei. Diese Darstellung trifft so, wie die Klägerin sie gibt, nicht zu. ... (Es folgt eine nähere Darlegung für die Jahre 1919 bis 1921.) Auch in der folgenden Zeit, sowohl vor als nach der Erteilung des Patents 337150 und lange bevor die am 11. April 1921 in Lauf gesetzte fünfjährige Ausschlußfrist (PatG. § 28 Abs. 3) ablief, wurden der Gegenstand der Erfindung und sein Patentschutz in verschiedenster Weise von R. sowohl als von der Beklagten in Eingaben an Behörden, in Verhandlungen mit Bergwerksunternehmen und bei den mannigfaltigsten auf geschäftliche Verwertung berechneten Maßnahmen erwähnt und inhaltlich erörtert. Neue, im Frühjahr oder Sommer 1921 versandte Werbeschriften des R. verzeichneten sogar neben dem Patent 316206 (Hauptsperre, Wander- und Zwischensperre) ausdrücklich das Patent 337150 (Abbausicherung System R., Ausrüstung eines im Verhieb stehenden Abbaufeldes mit Gesteinsstaubapparaten). Wenn R. in der Eingabe vom 28. Juni 1922 dem Oberbergamt unter näherer Begründung empfahl, sein „System" allgemein einzuführen, so kann darin nicht, wie der gerichtliche Sachverständige will, eine Verheimlichung des unterdessen erteilten Patentes 337150 gefunden werden. Mit „System" faßte R. nur die Vorkehrungen zusammen, die er im Anschluß an die Verwendung seiner Gesteinsstaubkästen entwickelt und vorgeschlagen hatte. Für eine Absicht, erteilte Patente zu verheimlichen, fehlt beim DRP. 337150 der Anhalt ebenso wie beim

DRP. 316206, das R. der Gewerkschaft U. F. mitgeteilt und angeboten hatte.

Ein Beweis dafür, daß R. selbst seine Patentanmeldung vom 29./31. Oktober 1919 für eine unberechtigte Entnahme, die Erfindung für eine Diensterfindung gehalten habe, liegt nach allem dem nicht vor.

---

61. Kann der Eigentümer die Beseitigung eines auf seinem Grundstück mit seiner Einwilligung errichteten Baues verlangen?

BGB. § 1004.

IV. Zivilsenat. Urt. v. 16. Februar 1931 i. S. Stadtgemeinde G. (Kl.) w. B. (Bekl.). IV 421/30.

I. Landgericht Potsdam.
II. Kammergericht Berlin.

Auf Grund eines von dem Bürgermeister S. namens der klagenden Stadtgemeinde mit dem Beklagten am 1. März 1924 abgeschlossenen, mangels Genehmigung durch den Magistrat aber unwirksamen Vertrags wurde auf einem Grundstück des Beklagten aus Mitteln der Klägerin ein Haus errichtet. Die Klägerin betrachtet den Beklagten als Bauherrn und verlangt von ihm Ersatz ihrer Aufwendungen zu einem Teilbetrage von 6100 RM. nebst Zinsen. Sie stützt ihre Klage ferner auf Geschäftsführung ohne Auftrag und auf ungerechtfertigte Bereicherung, sei es nach §§ 951, 946, sei es nach § 812 BGB.

Die Vorinstanzen haben die Klage abgewiesen. Die Revision der Klägerin führte zur Aufhebung und Zurückverweisung.

Gründe:

Nach den Feststellungen des Berufungsgerichts hat die Klägerin den Bau für sich errichtet. Der Beklagte hat mit ihr keinen Werkvertrag abgeschlossen, ihr auch keinen Auftrag zur Errichtung des Hauses für ihn erteilt. Eine Geschäftsführung ohne Auftrag liegt gleichfalls nicht vor. Nach den §§ 2 und 8 des Vertrags vom 1. März 1924 sollte der Beklagte das Grundstück der Klägerin unentgeltlich zur Verfügung stellen, aber berechtigt sein, es gegen Ersatz der Kosten des darauf zu errichtenden Gebäudes wieder zu erwerben. Hiernach sollte der Beklagte zur Übereignung des Grundstücks an die Klägerin verpflichtet werden. Zu dieser Übereignung ist es nicht gekommen. Der Beklagte ist infolgedessen Eigentümer des auf dem Grundstück errichteten Gebäudes geworden und auch geblieben. Die Klägerin führte daher durch die Herstellung des Gebäudes in Wahrheit ein fremdes Geschäft im Sinne des § 687 BGB. aus. Da sie aber vermeinte, damit ein eigenes Geschäft zu besorgen, finden die Vorschriften über die Geschäftsführung ohne Auftrag keine Anwendung.

Den Bereicherungsanspruch versagt das Berufungsgericht, weil der Beklagte berechtigt sei, nach § 1004 BGB. die Beseitigung des Gebäudes zu verlangen. Die Klägerin habe durch dessen Errichtung das Eigentum des Beklagten beeinträchtigt. Es treffe sie hierbei zwar kein Verschulden; solches sei aber auch nicht erforderlich. Der Beseitigungsanspruch werde durch § 1004 Abs. 2 BGB. nicht ausgeschlossen; denn der Beklagte sei wegen der Unwirksamkeit des Vertrags vom 1. März 1924 nicht zur Duldung des Gebäudes verpflichtet.

Diese Ausführungen verkennen, daß der Beseitigungsanspruch des Eigentümers einen rechtswidrigen, wenn auch nur objektiv rechtswidrigen Eingriff in sein Eigentum voraussetzt. § 1004 Abs. 2 BGB. hebt nur einen wichtigen Fall des Ausschlusses des Beseitigungsanspruchs hervor. Dabei ist vor allem an die sog. Immissionen (§ 906 BGB.) und an den Überbau (§ 912 BGB.) gedacht. Die Beseitigung der Immissionen und deren Unterlassung kann der Eigentümer im Falle des § 1004 Abs. 2 auch dann nicht verlangen, wenn sie gegen seinen Willen erfolgen. Ist der Eigentümer zur Duldung eines Überbaues verpflichtet, so darf er ihn auch nicht selbst beseitigen. Um all dieses handelt es sich hier nicht. Die Rechtswidrigkeit der Beeinträchtigung ist dadurch ausgeschlossen, daß das Gebäude mit Wissen und Willen des Beklagten auf seinem Grundstück errichtet wurde. Er selbst hat in weitgehender Weise an der Bauausführung mitgewirkt. Er war es, der die Erteilung der Bauerlaubnis beantragt hat. Er hat die Bauausführung beaufsichtigt und die Abrechnungen und Lohnzettel bestätigt. Das Einverständnis des Beklagten mit der Bauerrichtung und seine Beteiligung bei der Bauausführung beruhte allerdings darauf, daß er die Genehmigung des Vertrags durch den Magistrat erwartete. Durch die Versagung der Genehmigung und die dadurch verhinderte Übereignung des Grundstücks wurde aber die Tatsache seines Einverständnisses und seiner Mitwirkung an der Bauausführung nicht beseitigt.

Der aus § 1004 Abs. 1 BGB. abgeleitete Einwand gegen den Bereicherungsanspruch ist daher nicht begründet. . . .

---

62. Wann läuft die um einen Monat verlängerte Revisionsbegründungsfrist ab, wenn der letzte Tag der ursprünglichen Frist ein Sonntag war?

BGB. §§ 188, 190, 193. ZPO. §§ 222, 224, 554 Abs. 2.

VII. Zivilsenat. Beschl. v. 27. Februar 1931 i. S. Bu. (Kl.) w. Bo. (Bekl.). VII 590/30.

I. Landgericht III Berlin.
II. Kammergericht daselbst.

Die vom Kläger eingelegte Revision wurde wegen Versäumung der Revisionsbegründungsfrist nach § 554a ZPO. als unzulässig verworfen.

Gründe:

Die Revision ist am 18. Dezember 1930 eingelegt worden. Die Frist für die Revisionsbegründung wurde durch Verfügung vom 15. Januar 1931 um einen Monat verlängert. Sie lief also am 18. Februar 1931 ab (ZPO. §§ 222, 224; BGB. §§ 187, 188, 190). Unzutreffend ist die Ansicht des Klägers, die verlängerte Frist sei deshalb, weil der 18. Januar 1931 ein Sonntag war, erst am 19. Februar abgelaufen. Sowohl aus § 224 Abs. 3 ZPO. als auch aus dem inhaltlich übereinstimmenden § 190 BGB. ergibt sich, daß die verlängerte Frist unmittelbar mit Ablauf der alten Frist zu laufen beginnt. Infolge der Verlängerung tritt eine Beendigung der ursprünglichen Frist tatsächlich nicht ein, die Frist läuft deshalb über den zunächst vorgesehenen Ablaufstermin hinaus fort. Auch wenn der letzte Tag der alten Frist ein Sonntag oder Feiertag ist, wird die neue Frist unmittelbar anschließend vom nächsten Tage ab berechnet (Stein ZPO. 14. Aufl. Bd. 1 S. 607 Anm. III zu § 224; Warneyer BGB. 2. Aufl. Bd. 1 S. 364 Anm. 2 zu § 190; so auch der für die Hemmung der Frist dasselbe aussprechende Beschluß des erkennenden Senats vom 2. Januar 1931, abgedr. S. 107 dieses Bandes). Die verlängerte Frist bildet mit der ursprünglichen Frist eine zusammenhängende Einheit; sie endet also an dem Tage des letzten Monats, der durch seine Zahl dem Tage entspricht, an welchem die Revision eingelegt worden ist. Nur wenn dieser Tag ein Sonntag oder Feiertag ist, findet § 222 Abs. 2 ZPO. Anwendung. Da aber der 18. Februar 1931 ein Wochentag war, lief an diesem Tage die Revisionsbegründungsfrist ab; die erst am 19. Februar eingegangene Revisionsbegründung war demnach verspätet.

---

63. Haften Streitgenossen für die Gerichtskosten auch dann als Gesamtschuldner, wenn sie am Rechtsstreit mit verschiedenen Ansprüchen beteiligt sind, eine gerichtliche Entscheidung über die Kostenteilung aber nicht ergangen ist?

Deutsches Gerichtskostengesetz § 87. ZPO. § 100.

VII. Zivilsenat. Beschl. v. 27. Februar 1931 i. S. 1. F., 2. Frau W. (Kl.) w. Fl. (Bekl.). VII 53/30.

I. Landgericht Nürnberg.
II. Oberlandesgericht daselbst.

Die von den Klägern erhobene Schadensersatzklage war von seiten des F. gerichtet auf Zahlung von 3000 RM. an ihn, von seiten der Frau W. auf Zahlung weiterer 3000 RM. an sie; ferner hatte die letztere einen Feststellungsanspruch erhoben. Die Klage wurde in allen Instanzen abgewiesen.

Die Geschäftsstelle des Reichsgerichts berechnete die Gebühr auf

405,40 RM. und forderte den gesamten, nach Abzug der schon gezahlten Prozeßgebühr von 200 RM. verbleibenden Restbetrag von 205,40 RM. vom Kläger F. ein, da die Klägerin W. zahlungsunfähig war. Die hiergegen von F. erhobene Erinnerung wurde zurückgewiesen.

Gründe:

Die Klagpartei besteht aus mehreren Personen. Eine gerichtliche Entscheidung über die Verteilung der Kosten der Revisionsinstanz ist nicht ergangen. Gemäß § 87 GKG. haften daher beide Kläger für die gesamten Kosten als Gesamtschuldner. Daran wird durch den Umstand, daß hier die Kläger selbständige Ansprüche geltend gemacht haben, daß also die Ansprüche und die Kosten eines jeden Klägers „ausscheidbar" sind, nichts geändert. Nach der angeführten Gesetzesvorschrift haften mehrere Streitgenossen, sofern nicht eine gerichtliche Entscheidung über die Kostenverteilung ergangen ist, als Gesamtschuldner und nicht, wie nach § 91 GKG. alter Fassung, nach Kopfteilen. Nur Entscheidungen über die Kostenverteilung (vgl. § 100 Abs. 2 und 3 ZPO.), die an sich nur das Verhältnis der Parteien untereinander betreffen, sind nach §§ 79, 87 GKG. auch für das Verhältnis der Staatskasse zu den kostenpflichtigen Streitgenossen maßgebend. Sind dagegen den unterlegenen Streitgenossen die Kosten schlechthin (ohne Teilung unter ihnen) auferlegt worden, so liegt eine „Entscheidung über die Kostenverteilung" nicht vor; die Streitgenossen haften alsdann der Staatskasse als Gesamtschuldner, obwohl sie nach der Regel des § 100 Abs. 1 ZPO. im Verhältnis zum obsiegenden Gegner für die Kostenerstattung nur nach Kopfteilen haften. Die durch § 87 GKG. neuer Fassung begründete Gesamtkostenhaftung der Streitgenossen dem Staate gegenüber ist nicht auf die Fälle beschränkt, wo der Streitgegenstand für die Streitgenossen derselbe ist. Vielmehr besteht die Gesamthaftung für die Kosten auch dann, wenn die einzelnen Streitgenossen verschiedene Ansprüche geltend gemacht haben oder wenn gegen sie verschiedene Ansprüche erhoben worden sind (Beschlüsse des IV. Zivilsenats des Reichsgerichts vom 18. Juni und 22. September 1927 IV 685/26, IV 759/26; Sydow-Busch Deutsches Gerichtskostengesetz 11. Aufl. S. 290). Die gegenteilige, von Jonas (Deutsches Gerichtskostengesetz 2. Aufl. S. 304) und von Rittmann-Wenz (Deutsches Gerichtskostengesetz 15. Aufl. S. 494 flg.) vertretene Ansicht findet im Gesetz keine Stütze und ist mit dem klaren Wortlaut des § 87 GKG. unvereinbar.

Mit Recht hat daher die Geschäftsstelle die gesamten noch unbeglichenen Gebühren der Revisionsinstanz vom Kläger F. erfordert.

---

64. 1. Darf der Anfechtungskläger, für den im Wege der Zwangsvollstreckung eine Hypothek auf dem Grundstück des Schuldners eingetragen worden ist, und der die vorher zugunsten des Beklagten erfolgte Eintragung einer Hypothek anficht, den Klagantrag dahin stellen, daß der Anfechtungsgegner verurteilt werde, der Zwangshypothek den Vorrang vor der angefochtenen Hypothek einzuräumen?

2. Darf der Anfechtungskläger neben dem Empfänger des anfechtbaren Erwerbs auch den Schuldner verklagen?

AnfG. §§ 1, 7, 9.

VII. Zivilsenat. Urt. v. 3. März 1931 i. S. 1. W., 2. K. (Bekl.) w. U. A. Kreditbank AG. (Kl.). VII 218/30.

I. Landgericht Breslau.
II. Oberlandesgericht daselbst.

Die Klägerin hat gegen den Zweitbeklagten aus einem vollstreckbaren Wechselurteil vom 6. Mai 1927 eine Forderung von 2800 Millionen ungarische Kronen nebst Zinsen, Kosten und Wechselspesen (insgesamt rund 200000 RM.). Sie hat auf zwei Grundstücken des Schuldners im Wege der Zwangsvollstreckung am 19. August 1927 je eine Hypothek von 30000 RM. eintragen lassen. Vorher, am 21. Mai 1927, war für den Erstbeklagten eine Darlehnshypothek von 120000 RM. auf den Grundstücken eingetragen worden.

Die Klägerin hat diese Hypothekenbestellung nach § 3 Nr. 1 AnfG. angefochten. Ihren Antrag hat sie dahin gestellt, die Beklagten zu verurteilen, einzuwilligen, daß bei den in Frage kommenden Hypotheken der Vorrang der zweimal 30000 RM. vor den 120000 RM.

im Grundbuch eingetragen werde, den Erstbeklagten auch zu verurteilen, den Hypothekenbrief über die 120000 RM. zur Ermöglichung der Eintragung der Rangänderung herauszugeben.

Das Landgericht hat die Klage abgewiesen. Das Oberlandesgericht hat die Entscheidung abhängig gemacht von einem Eide des Erstbeklagten über seine Kenntnis von der Absicht des Zweitbeklagten, seine Gläubiger zu benachteiligen. Die Beklagten haben Revision eingelegt. Danach haben die Parteien übereinstimmend erklärt, daß inzwischen die Hypotheken bei der Zwangsversteigerung der Grundstücke ausgefallen seien und daß sich damit die Hauptsache erledigt habe. Die Beklagten haben sodann beantragt, das Berufungsurteil aufzuheben und der Klägerin die Kosten des Rechtsstreits aufzuerlegen. Diesem Antrag hat das Reichsgericht entsprochen.

Aus den Gründen:

... Das gegen die beiden Beklagten gerichtete Verlangen nach Einwilligung in die Eintragung des Vorrangs der für die Klägerin eingetragenen Hypotheken vor der Hypothek des Erstbeklagten findet im Gesetz keine Stütze. Zwar wird in der Rechtslehre und auch in der Rechtsprechung vielfach die Ansicht vertreten, der Anfechtungskläger, für den eine nachstehende Hypothek eingetragen ist, dürfe den Klagantrag dahin richten, daß der Anfechtungsgegner verurteilt werde, jener Hypothek den Vorrang vor der angefochtenen Hypothek einzuräumen (Hartmann-Meikel Anfechtungsgesetz 6. Aufl. S. 238 Nr. 5; Falkmann Anfechtung 2. Aufl. S. 78 Nr. 50; Sydow-Busch Konkursordnung 15. Aufl. S. 738; OLG. Dresden in ROLG. Bd. 6 S. 258 (= Bd. 8 S. 307) und Bd. 31 S. 312; KGJ. Bd. 49 S. 202; a. M. Jaeger Gläubigeranfechtung S. 71; OLG. Darmstadt in SeuffArch. Bd. 66 Nr. 11). Allein dieser, auch vom erkennenden Senat im Urteil vom 28. September 1900 (Gruch. Bd. 46 S. 391) nicht beanstandeten, in RGZ. Bd. 86 S. 101 beiläufig als unbedenklich bezeichneten Ansicht kann nach nochmaliger Prüfung nicht beigetreten werden. Nach § 1 AnfG. werden die Rechtshandlungen des Schuldners durch die Anfechtung des Gläubigers nur „diesem gegenüber unwirksam" und nach § 7 das. kann der Gläubiger nur, soweit es zu seiner Befriedigung erforderlich ist, beanspruchen, daß dasjenige, was durch die anfechtbare Rechtshandlung aus dem Vermögen des Schuldners veräußert, weggegeben oder aufgegeben ist, als noch zu demselben gehörig von dem Empfänger zurückgewährt werde. Der Empfänger muß also die Zwangsvollstreckung des Anfechtungsgläubigers in das empfangene Vermögensstück dulden, gleich als ob dieses noch zum Vermögen des Schuldners gehörte; jedoch besteht vermöge der Anfechtung kein Anspruch auf Einräumung eines dinglichen Rechts (RGZ. Bd. 60 S. 404, Bd. 67 S. 40). Der Anfechtungsanspruch bildet ein Forderungsrecht auf Beseitigung der dem Gläubiger nachteiligen Folgen der angefochtenen Rechtshandlung. Die Anfechtung hat aber nur obligatorische Kraft; sie führt zur Rechtsunwirksamkeit der angefochtenen Rechtshandlung nur dem anfechtenden Gläubiger gegenüber. Handelt es sich um beiderseits eingetragene Hypotheken, so ist die angefochtene Eintragung dem anfechtenden Gläubiger gegenüber infolge der Anfechtung ohne rechtliche Bedeutung, sodaß es einer buchmäßig zu verlautbarenden Rangänderung nicht bedarf (vgl. Jaeger a. a. O. S. 71). Eine solche würde aber — namentlich im Hinblick auf den öffentlichen Glauben des Grundbuchs — auch geeignet sein, Dritten gegenüber Wirkungen auszuüben, und somit über die nach § 7 AnfG. zulässigen Folgen hinausgehen (vgl. auch Jaeger Konkursordnung 6./7. Aufl. S. 491, 686).

Die Rückgewähr nach §§ 7, 9 AnfG. hat vielmehr in einem Falle wie dem vorliegenden in der Weise zu erfolgen, daß der Anfechtungsgegner von seinem Pfandrecht dem Anfechtungskläger gegenüber keinen Gebrauch macht und in die Auszahlung des bei der Zwangsversteigerung auf die angefochtene Hypothek entfallenden Erlöses an den Anfechtungskläger bis zum Betrage von dessen Forderung willigt (RGZ. Bd. 47 S. 222; Urt. des erkennenden Senats vom 3. April 1928 VII 462/27, abgedr. JW. 1928 S. 1345 Nr. 2). Wenn die Klägerin mit ihrer Klage die Einräumung des Vorrangs ihrer Hypotheken vor der des Erstbeklagten verlangte, ging sie mithin über das hinaus, was sie zulässigerweise nach § 7 AnfG. beanspruchen konnte. Ihr Anspruch blieb nicht — wie der Berufungsrichter meint — unter dem, was sie fordern durfte. Die Klage konnte daher so, wie sie erhoben war, keinen Erfolg haben. Eine Änderung oder Beschränkung des Klagantrags kommt nach Erledigung der Hauptsache nicht mehr in Betracht. Da die Klägerin sonach mit der Klage abzuweisen gewesen wäre, hat sie nunmehr die Kosten des Rechtsstreits zu tragen.

Übrigens wäre die Klage gegen den Zweitbeklagten auch deshalb abzuweisen gewesen, weil die Anfechtungsklage nur gegen den Empfänger des anfechtbaren Erwerbs, nicht auch gegen den Schuldner gerichtet werden darf (vgl. Jaeger Gläubigeranfechtung S. 111; Warneyer Anfechtungsgesetz S. 40 IX).

---

65. 1. Wann sind bei Geltendmachung mehrerer Klagegründe die Voraussetzungen für die Erlassung eines Grundurteils gegeben und wie ist in solchen Fällen die Urteilsformel zu fassen?

2. Ist eine öffentlichrechtliche Baubeschränkung als Rechtsmangel oder als Sachmangel anzusehen?

3. Zur Frage der Vertragsauslegung.

4. Wann liegt eine unerhebliche Wertminderung im Sinne des § 459 Abs. 1 Satz 2 BGB. vor?

5. Wann liegt dem Grundstückskäufer in Ansehung verborgener Mängel eine Untersuchungs- und Erkundigungspflicht ob? In wessen Person müssen die Voraussetzungen der groben Fahrlässigkeit (§ 460 Satz 2 BGB.) erfüllt sein, wenn der Fiskus Käufer ist?

ZPO. § 304. BGB. §§ 133, 157, 166, 276, 278, 436, 459, 460, 472.

VI. Zivilsenat. Urt. v. 19. Februar 1931 i. S. S. u. Gen. (Bekl.) w. Preuß. Staat (Kl.). VI 389/30.

I. Landgericht Duisburg.
II. Oberlandesgericht Düsseldorf.

Nach notariellem Angebot vom 6. Februar 1926 verkauften die unter Nr. 1 und 3 verklagten Ehefrauen durch den von dem Urkundsbeamten des Klägers beurkundeten Vertrag vom 18. März 1926 einen Teil ihres an der R.straße in D. gelegenen Grundbesitzes nebst dem darauf stehenden Hause zum Preise von 265000 RM. an den durch den Oberregierungsrat Dr. R. vertretenen Kläger, der auf dem Grundstück ein Gebäude für das Polizeipräsidium errichten wollte. Die §§ 3 und 6 des Vertrags lauten:

§ 3. Die Verkäuferinnen übernehmen Gewähr dafür, daß in Abt. II und Abt. III bei der Auflassung keinerlei Lasten und Schulden eingetragen stehen und daß auch keine Wegegerechtigkeit oder sonstige Beschränkungen des Eigentumsrechtes bestehen.

§ 6. Die auf dem neu zu vermessenden Grundstück befindlichen Gebäude werden in dem jetzigen Zustande verkauft. Eine Gewähr für Beschaffenheit des Grundstücks und der Gebäude übernehmen Verkäuferinnen nicht. ...

Zur Zeit des Vertragsschlusses war bereits für die vom Siedlungsverband Ruhrkohlenbezirk als Verbandsstraße vorbereitete R.straße eine neue Fluchtlinie festgestellt, welche von dem verkauften Grundstück einen Frontstreifen von 7,20 m Tiefe abschneidet. Nach dem Tatbestande des angefochtenen Urteils war den Vertretern des Klägers und den Verkäuferinnen beim Abschluß des Vertrags dieser Fluchtlinienplan nicht bekannt.

Der Kläger macht geltend, die Verkäuferinnen hätten in § 3 des Vertrags für das Fehlen von Eigentumsbeschränkungen jeder, auch öffentlichrechtlicher Art Gewähr geleistet. Die durch die neue Fluchtlinie bedingte Baubeschränkung habe zur Folge, daß das mitgekaufte Gebäude zur Herstellung des geplanten Polizeipräsidiums nicht mit verwendet werden könne. Die Baukosten würden sich deshalb um 36000 RM. erhöhen. Der Kläger verlangt daher Verurteilung der Erstbeklagten und der Drittbeklagten zur Zahlung von 36000 RM. nebst Zinsen und ihrer unter Nr. 2 und 4 mitverklagten Ehemänner zur Duldung der Zwangsvollstreckung. Nachdem der Kläger im Laufe des ersten Rechtszuges das Grundstück für 250000 RM. an die Stadt D. weiterverkauft hatte, hat er erklärt, daß er den Klaganspruch in erster Reihe auf Schadensersatz und in zweiter Reihe auf Kaufpreisminderung stütze.

Die Beklagten bestreiten den Anspruch nach Grund und Betrag. Sie stellen in Abrede, daß sie in § 3 des Vertrags vom 18. März 1926 eine Gewährleistung in dem vom Kläger behaupteten Umfang übernommen hätten. Ihrer Meinung nach beschränkt sich ihre Haftung nach dem Wortlaut der Bestimmung und dem Inhalt der mit dem Regierungsbaurat Sch., dem Vorsteher des staatlichen

Hochbauamtes in D., als dem Vertreter des Klägers geführten Vorverhandlungen auf privatrechtliche Beschränkungen; für öffentlich-rechtliche Beschränkungen durch den Fluchtlinienplan hätten sie gemäß § 436 BGB. nicht einzustehen. Überdies begründe die neue Fluchtlinienfeststellung weder in rechtlicher noch in tatsächlicher Hinsicht einen die Minderung des Kaufpreises rechtfertigenden sachlichen Mangel, da das über 110 m tiefe Grundstück auch nach dem neuen Fluchtlinienplan völlig die Eignung zu dem nach dem Vertrage vorausgesetzten Gebrauch behalte. Jedenfalls aber könne der Kläger, falls ein erheblicher Sachmangel vorliegen sollte, hieraus Ansprüche deshalb nicht herleiten, weil die Gewährleistung hierfür durch § 6 des Vertrags ausgeschlossen, und weil ferner der neue Fluchtlinienplan nur infolge grober Fahrlässigkeit dem Kläger unbekannt geblieben sei.

Demgegenüber macht der Kläger geltend, die Ausführung des Bauplans, der den Vorbau zweier Flügel an das vorhandene Gebäude bis an die alte Fluchtlinie vorsehe, sei infolge der neuen Fluchtlinie nicht möglich, und deshalb habe er das Grundstück weiterverkauft. Die vertragliche Haftung für den im Vorhandensein des neuen Fluchtlinienplans und in der dadurch herbeigeführten Baubeschränkung liegenden Sachmangel sei durch § 6 a. a. O. nicht ausgeschlossen. Daß seine Nichtkenntnis von dem neuen Fluchtlinienplan auf grober Fahrlässigkeit beruhe, bestreitet der Kläger.

Das Landgericht hat die Klage abgewiesen. Dagegen hat das Oberlandesgericht das erste Urteil aufgehoben und die Sache zur erneuten Verhandlung und Entscheidung an das Landgericht zurückverwiesen. In den Urteilsgründen wird ausgeführt, daß der Kläger auf den Minderungsanspruch beschränkt, dieser aber dem Grunde nach als gerechtfertigt anzuerkennen sei; daher habe die Sache gemäß § 538 Ziff. 3 ZPO. zur Entscheidung über die streitige Höhe des Anspruchs an das Landgericht zurückverwiesen werden müssen.

Die Revision der Beklagten führte zur Aufhebung des Berufungsurteils und zur Zurückverweisung der Sache in die Vorinstanz.

Gründe:

I. In verfahrensrechtlicher Beziehung ist folgendes vorauszuschicken.

1. Gegen die Zulässigkeit der nur von den Beklagten eingelegten Revision bestehen keine Bedenken. Die Formel des angefochtenen Urteils erweckt allerdings, indem sie ausspricht, das Urteil des Landgerichts werde nicht abgeändert (§ 536 ZPO.), sondern aufgehoben und die Sache an das Landgericht zurückverwiesen, den Eindruck, als ob die Aufhebung wegen eines wesentlichen Verfahrensmangels gemäß § 539 ZPO. erfolgt wäre. Die Urteilsgründe, welche zur Erläuterung der Formel heranzuziehen sind, stellen dagegen klar, daß das Urteil den Klaganspruch, freilich nur insoweit, als er auf Kaufpreisminderung gestützt ist, für dem Grunde nach gerechtfertigt erklären wollte, daß also das Berufungsgericht in diesem Umfang ein Zwischenurteil gemäß § 304 ZPO. zu erlassen beabsichtigte. Ein entsprechender Ausspruch hätte zwar in der Formel erfolgen müssen, aber diese Unterlassung ändert an der Anfechtbarkeit des Urteils im Rechtsmittelwege nichts. Denn hier handelt es sich nur um ein offenbares Versehen in der Fassung der Urteilsformel. Ein Sonderfall der in RGZ. Bd. 93 S. 156 (vgl. RGZ. Bd. 120 S. 320) behandelten Art liegt nicht vor.

2. Dagegen, daß der Berufungsrichter ein Zwischenurteil erlassen hat, ist ein Bedenken daraus nicht herzuleiten, daß der Kläger den Klaganspruch auf zwei Gründe — Schadensersatz und Minderung — gestützt hat. Diese Häufung der Klagegründe im Eventualverhältnis war trotz § 463 BGB. gemäß §§ 146, 260 ZPO. zulässig (RGZ. Bd. 87 S. 238; Sydow-Busch Anm. 3 zu § 146 ZPO.). Das Oberlandesgericht hatte auch seiner Meinung nach den Sachverhalt so weit geklärt, daß es den ersten Klagegrund des Schadensersatzes für unbegründet, den der Minderung aber für begründet hielt (RGZ. Bd. 77 S. 126, Bd. 87 S. 237, Bd. 91 S. 411, Bd. 97 S. 29 und S. 213, Bd. 105 S. 242, Bd. 122 S. 290; Sydow-Busch Anm. 5 zu § 304 ZPO.). Allein zum mindesten deswegen, weil in der Urteilsformel jeder Ausspruch über den Umfang fehlt, in welchem der Klaganspruch dem Grunde nach für gerechtfertigt erklärt wurde, wäre es geboten gewesen, den Klaganspruch auch in der Urteilsformel insoweit abzuweisen, als er auf Schadensersatz gegründet ist (RGZ. Bd. 97 S. 29). Denn bei der jetzigen Fassung der Formel können, da die Gründe nicht in Rechtskraft erwachsen, Zweifel darüber entstehen, ob der Kläger mit seinem Schadens-

ersatzanspruch bereits rechtskräftig (§ 322 Abs. 1 ZPO.) abgewiesen ist oder ob er befugt wäre, im Betragsverfahren auf diesen Klagegrund zurückzukommen. Zu derartigen Zweifeln darf ein Urteil keinen Anlaß geben. Demnach wird das Berufungsgericht, falls es wiederum zu demselben Ergebnis kommen sollte wie im angefochtenen Urteil, auch in der Urteilsformel auszusprechen haben, daß der Klaganspruch insoweit abgewiesen wird, als er sich auf Schadensersatz stützt, daß er aber insoweit dem Grunde nach für gerechtfertigt erklärt wird, als er auf Kaufpreisminderung gegründet ist; allenfalls würde der Ausspruch genügen, daß der Klaganspruch nur in letzterem Umfange dem Grunde nach für gerechtfertigt erklärt werde.

3. Im Zusammenhang hiermit mögen zwei allgemeine Bedenken erörtert werden, welche dagegen bestehen, daß der Vorderrichter ein Urteil über den Grund des Anspruchs schon jetzt erlassen hat.

a) Der Kläger verlangt hilfsweise aus dem Gesichtspunkt der Minderung (§ 462 BGB.) Zahlung von 36000 RM. Demnach hätte er die in § 472 Abs. 1 BGB. vorgeschriebene Verhältnisrechnung aufmachen müssen. An einer solchen Berechnung, die zu den Grundlagen einer Minderungsklage gehört, fehlt es bisher. Schon deshalb hätte das Oberlandesgericht kein Grundurteil erlassen dürfen. Die erneute Verhandlung vor dem Berufungsgericht wird dem Kläger Gelegenheit geben, das Versäumte nachzuholen.

b) Die Erlassung des Grundurteils setzt zwar nicht die unumstößliche Gewißheit, wohl aber ein hohes Maß von Wahrscheinlichkeit voraus, daß sich im Nachverfahren irgendein Betrag des dem Grunde nach zuerkannten Anspruchs ergeben werde (Sydow-Busch Anm. 4 zu § 304 ZPO. nebst Nachweisen). Es kann zweifelhaft sein, ob die zu diesem Punkt in dem angefochtenen Urteil enthaltenen Erörterungen zu einer solchen Feststellung ausreichen. Zwar ist der Kläger durch den Weiterverkauf des Grundstücks seines Minderungsanspruchs nicht verlustig gegangen, und ebensowenig kommt es grundsätzlich auf den Kaufpreis an, den er hierdurch erzielt hat (vgl. RGRKomm. Erl. 4 zu § 463 BGB.). Aber die Beklagten hatten unter Hinweis auf die §§ 13, 14 des preußischen sog. Fluchtliniengesetzes vom 2. Juli 1875 (GS. S. 561) — um Anlegung einer neuen Straße (§ 15 das.) handelt es sich bei der beabsichtigten Verbreiterung der R.straße in D. allem Anschein nach nicht — und unter näheren Darlegungen bestritten, daß das Grundstück infolge der neuen Fluchtlinie irgendwie minderwertig geworden sei. Auf dieses Vorbringen ist das angefochtene Urteil zum Teil überhaupt nicht, im übrigen aber nur in unzulänglicher Weise eingegangen. Wenn auch hierzu keine Rüge aus § 286 ZPO. von der Revision erhoben worden ist, so bleibt doch nach Lage der Umstände der aus dem materiellen Recht herzuleitende Zweifel übrig, ob dem Grundstück ein Minderwert anhaftet. In jedem Falle wird der Berufungsrichter Anlaß haben, diese Frage nach Aufklärung des Sachverhalts einer erneuten Prüfung zu unterziehen.

II. Auch von den bisher erörterten Bedenken abgesehen, erweist sich die Revision als begründet, obgleich die von ihr erhobenen Angriffe nicht überall als berechtigt anzuerkennen sind. Im einzelnen ist folgendes zu bemerken.

1. Der Revisionsbeschwerde, daß § 436 BGB. durch Nichtanwendung und § 459 das. durch Anwendung verletzt seien, ist nicht beizutreten. Allerdings ist der Revision zuzugeben, daß die Rechtsprechung des Reichsgerichts in der Frage, ob öffentlichrechtliche Baubeschränkungen als Rechtsmängel oder als Sachmängel anzusehen sind, keine einheitliche gewesen ist (RGRKomm. Erl. 3a zu § 434 BGB. und Erl. 4 Ic zu § 459 BGB., anderseits Erl. 3 zu § 436 das.). Die ältere Rechtsprechung hat sich im wesentlichen auf den ersteren Standpunkt gestellt (vgl. u. a. RGZ. Bd. 52 S. 429; Gruch. Bd. 47 S. 833; JW. 1909 S. 132 Nr. 3; WarnRspr. 1908 Nr. 201 und Nr. 593; ebenso die Oberlandesgerichte Stuttgart im Recht 1907 Nr. 3786 und Celle in ROLG. Bd. 24 S. 319 sowie Planck 4. Aufl. Erl. 1b zu § 459 S. 695). Einige Schriftsteller (vgl. u. a. Oertmann Anm. 4 zu § 459 S. 592; Staudinger Bem. III 4 und IV 13 zu § 459, Bd. II 2 S. 134 und 143 der 9. Aufl.) wollen die Entscheidung von dem Umfang der Wirkung der Baubeschränkung auf die Bebaubarkeit des Grundstücks abhängig machen. Dagegen hat sich die neuere Rechtsprechung des Reichsgerichts zum mindesten weit überwiegend dafür ausgesprochen, daß öffentlichrechtliche Baubeschränkungen als Sachmängel zu beurteilen seien (vgl. u. a. RGZ. Bd. 69 S. 356 = JW. 1908 S. 712 Nr. 7; JW 1911 S. 322 Nr. 13, 1912 S. 850 Nr. 2; WarnRspr. 1911 Nr. 17 und Nr. 172, 1914 Nr. 11 und Nr. 215; Recht 1910 Nr. 3906,

1918 Nr. 1520; LZ. 1921 Sp. 221 Nr. 6; vgl. auch die rechtsähnlich liegenden Fälle in JW. 1906 S. 57 Nr. 9, 1907 S. 478 Nr. 9; WarnRspr. 1913 Nr. 224 sowie Soergel BGB. 4. Aufl. Anm. I 6 und II 10 zu § 459). Der erkennende Senat tritt dieser neueren, innerlich für begründet zu erachtenden (vgl. RGZ. Bd. 52 S. 2, Bd. 59 S. 243, Bd. 61 S. 86) Rechtsprechung bei. Der Hinweis der Revision auf S. 215 des 2. Bandes der Motive (Mugdan Materialien Bd. 2 S. 118) ist unbeachtlich, da dort nur von öffentlichen Abgaben die Rede ist, bei denen die Rechtslage eine völlig andere ist.

2. Die — übrigens rechtlich unbedenklichen — Ausführungen des angefochtenen Urteils, daß öffentlichrechtliche Baubeschränkungen nicht unter die von den Verkäuferinnen in § 3 des Vertrags vom 18. März 1926 übernommene Gewährleistungspflicht fallen, sind den Beklagten günstig und werden von der Revision nicht angefochten.

3. Dagegen wendet sich die Revision gegen die Auslegung des § 6 dieses Vertrags durch den Vorderrichter, welcher annimmt, durch diese Bestimmung sei die gesetzliche Gewährleistung (§ 459 BGB.) des Verkäufers für das Nichtvorhandensein öffentlichrechtlicher Baubeschränkungen nicht wegbedungen worden (§ 476 BGB.). Das Berufungsgericht hat hierzu im wesentlichen folgende Gründe gegeben. Der Wortlaut der Bestimmung lasse entnehmen, daß die Parteien hierbei nur an äußere, physische Mängel des Grundstücks und der Gebäude gedacht hätten. Jedenfalls müsse man von den Beklagten den Nachweis fordern, daß darüber hinaus etwaige öffentlichrechtliche Baubeschränkungen in die Haftungsbefreiung hätten eingeschlossen werden sollen. Diesen Beweis könnten sie nicht erbringen. Denn wenn auch der Kläger nicht bewiesen habe, daß § 3 des Vertrags die öffentlichrechtlichen Baubeschränkungen habe mitumfassen sollen, so bleibe doch die Möglichkeit, daß der Kläger die Belastung der Beklagten mit dieser Haftung gewollt habe, wenn es auch zu einer Willensübereinstimmung der Parteien in diesen Punkten nicht gekommen sei. Wenn aber die Möglichkeit einer solchen Willensrichtung des Klägers bestehe, so lasse sich schon aus diesem Grund nicht die Feststellung treffen, er habe in § 6 des Vertrags den Beklagten die Haftung für Baubeschränkungen der fraglichen Art erlassen wollen.

Klauseln der hier vorliegenden Art haben die Gerichte oftmals beschäftigt und eine sehr verschiedene Auslegung gefunden (vgl. die Nachweise bei Soergel Anm. 1 zu § 476 BGB.). Die Auslegung hängt im allgemeinen von der tatsächlichen Würdigung der besonderen Umstände des Einzelfalls ab und ist daher dem Tatrichter vorbehalten. Für ein Eingreifen des Revisionsgerichts ist im wesentlichen nur dann Raum, wenn entweder gegen gesetzliche Auslegungsgrundsätze (§§ 133, 157 BGB.) oder gegen die Denkgesetze verstoßen worden ist oder wenn die Auslegung des Tatrichters mit dem klaren Sinn und Wortlaut des Vertrags in Widerspruch steht. Ersichtlich kommt hier kein Verstoß gegen die Denkgesetze in Betracht. Der Revision kann auch nicht zugegeben werden, daß der Wortlaut der Klausel so klar wäre, daß er nur im Sinne der Beklagten ausgelegt werden könnte. Ferner kann der von der Revision vertretene Rechtsgrundsatz, daß der Vertrag immer gegen denjenigen auszulegen sei, der ihn entworfen habe, in dieser Allgemeinheit nicht als zutreffend anerkannt werden; es kann daher auf sich beruhen, daß bisher nicht feststeht, ob gerade die Fassung des § 6 vom Kläger herrührt. Aber das Berufungsgericht hat die §§ 133, 157 BGB. nach mehrfacher Richtung verletzt. Zunächst ist gegen den Grundsatz verstoßen, daß der Richter die Auslegung von sich aus vorzunehmen hat und daß die Auslegung mit Beweislast und Beweisführung nichts zu tun hat. Sodann hat der Berufungsrichter rechtsirrig auf den inneren Willen des Klägers abgestellt, während der erklärte Wille entscheidend ist. Und endlich muß die Auslegung auf die Belange beider Parteien billige Rücksicht nehmen (vgl. zu den vorstehenden Ausführungen RGRKomm. Erl. 3 zu § 157 nebst Nachweisen). Der vorliegende Fall zeigt die Besonderheit, daß die Parteien darüber einig sind, daß keine von ihnen an die Möglichkeit des Vorhandenseins öffentlichrechtlicher Baubeschränkungen gedacht hat. Dieser Umstand kann, muß aber nicht zu der Annahme einer Lücke in dem Vertrage führen; denn es ist keine Voraussetzung für den Haftungsausschluß, daß sich die Parteien alle die Mängel, die in Betracht kommen können, als möglicherweise vorliegend vorgestellt hätten. Sollte beispielsweise anzunehmen sein, daß den Beklagten die Gewährleistung für alle Sachmängel erlassen worden sei, so würden hierunter je nach Umständen auch die öffentlichrechtlichen Baubeschränkungen fallen können, da sie nach den Ausführungen unter II 1 zu den Sachmängeln gehören. Alles in allem kann das Revisionsgericht zur Frage der unmittelbaren Vertragsauslegung nur so viel sagen, daß unter Berücksichtigung des ganzen Zusammenhangs, insbesondere des Gesamtverhaltens der Parteien, und des wirtschaftlichen Zwecks des Rechtsgeschäfts zu ermitteln ist, wie die Beteiligten ihre Erklärungen nach allgemeinen, im Verkehr zwischen billig denkenden Menschen herrschenden Anschauungen zu verstehen berechtigt waren (RGZ. Bd. 64 S. 167, Bd. 90 S. 373, Bd. 119 S. 25 nebst Nachweisen). Sollte aber das Berufungsgericht zur Annahme einer Vertragslücke gelangen, so würde diese nach den hierfür in der Rechtsprechung aufgestellten Grundsätzen auszufüllen sein (RGRKomm. Erl. 1 Abs. 2 zu § 157 BGB.). Erst äußerstenfalls hätten die gesetzlichen Regeln über die Haftung für Sachmängel (§§ 459flg. BGB.) Platz zu greifen.

4. Auf die Ausführung der Revision, daß sich der Kläger deshalb, weil die Verträge von seinem Beamten beurkundet worden seien, auf die Folgen eines Fehlers dieses Beamten — mangelnde Aufklärung und Belehrung — nicht berufen könne, kann nicht eingegangen werden. Denn hierbei handelt es sich, soweit die Akten erkennen lassen, um ein neues tatsächliches Vorbringen, das in der Revisionsinstanz unzulässig ist.

5. Weiter beanstandet die Revision die Auffassung des Vorderrichters, daß die durch den neuen Fluchtlinienplan hervorgerufene Baubeschränkung keinen unerheblichen Fehler im Sinne des § 459 Abs. 1 Satz 2 BGB. darstelle. Diese Frage ist zwar in erster Reihe Tatfrage, insoweit jedoch eine der Nachprüfung in der Revisionsinstanz zugängliche Rechtsfrage, als die Geringfügigkeit des Mangels nach bestimmten Rechtsgrundsätzen beurteilt werden muß. Das Berufungsgericht hat für seine Ansicht zwei Gründe gegeben. Beide sind rechtsirrig. Der erste Grund geht dahin, daß der Wert des Grundstücks durch den Fortfall des Frontstreifens für die Bebauung nicht unerheblich gemindert werde. Auf die Frage der Wertminderung kommt es aber für die Beurteilung des Fehlers nach § 459 Abs. 1 Satz 2 BGB. grundsätzlich nicht an, sondern lediglich auf die Geringfügigkeit des Fehlers als solchen (RGRKomm. Erl. 4 Ie zu § 459 BGB.). Ferner verweist das angefochtene Urteil darauf, daß die Tauglichkeit des Grundstücks zu dem nach

dem Vertrage vorausgesetzten Gebrauch erheblich gemindert werde, weil nicht das ganze Grundstück zur Herstellung des Polizeipräsidialgebäudes zur Verfügung gestanden habe. Dabei ist nicht beachtet, daß die Annahme eines nach dem Vertrage vorausgesetzten Gebrauches nicht schon dann gerechtfertigt ist, wenn dem Verkäufer die Zweckbestimmung bekannt ist, die der Käufer der Kaufsache zu geben beabsichtigt, daß vielmehr diese Zweckbestimmung für beide Teile Geschäftsgrundlage geworden sein muß (RGZ. Bd. 67 S. 87, Bd. 70 S. 86). Letztere Voraussetzung mag zwar auf das Kaufgrundstück im allgemeinen zutreffen, aber bisher fehlt es an einer Feststellung sogar nach der Richtung, daß die Beklagten zur Zeit des Vertragsschlusses vom 18. März 1926 auch nur von einer Absicht des Klägers Kenntnis gehabt hätten, die Flügelbauten bis an die Straßengrenze heranzuziehen. Vielmehr hat der Vorderrichter diese Frage an einer anderen Stelle des Urteils offen gelassen. Daß etwa ein erheblicher Fehler deswegen anzunehmen wäre, weil der gewöhnliche Gebrauch des Kaufgrundstücks durch den Wegfall des Frontstreifens von 7,20 m Tiefe für die Bebauung erheblich beeinträchtigt wird, während hierfür nach der Behauptung der Beklagten noch rund 117 m Tiefe zur Verfügung stehen würden, ist bisher nicht erörtert und würde der näheren Darlegung bedürfen.

6. Die Frage, ob dem Kläger beim Abschluß des Kaufvertrags der neue Fluchtlinienplan infolge grober Fahrlässigkeit unbekannt geblieben sei (§ 460 Satz 2 BGB.), hat das Berufungsgericht im wesentlichen aus folgenden Erwägungen verneint. Der Kläger habe durch Dr. R. als seinen rechtsgeschäftlichen Vertreter den Vertrag vom 18. März 1926 geschlossen. Nach § 166 Abs. 1 BGB. komme es daher darauf an, ob dem Dr. R. die grobe Fahrlässigkeit zur Last falle, nicht aber darauf, ob dies auf den Baurat Sch. zutreffe. Denn dieser sei nur als örtlicher Baubeamter bei der Vorbereitung des Vertrags, nicht aber als rechtsgeschäftlicher Vertreter des Klägers tätig geworden. Eine in seiner Person begründete Fahrlässigkeit könne gemäß § 278 BGB. nur dann erheblich sein, wenn dem Kläger eine vertragliche oder gesetzliche Pflicht, sich nach dem Vorliegen von Mängeln der Kaufsache zu erkundigen, obgelegen und er sich zur Erfüllung dieser Pflicht des Baurats Sch. bedient hätte. Eine solche Erkundigungspflicht sei aber nicht anzuerkennen. Daher würde eine bei der Vertragsvorbereitung dem

Sch. etwa unterlaufene Fahrlässigkeit nicht von unmittelbarer Erheblichkeit sein. Den Beweis, daß dem Dr. R. grobe Fahrlässigkeit zur Last falle, hätten jedoch die Beklagten nicht erbracht. Denn es liege nichts dafür vor, daß er hätte befürchten müssen, daß irgendwelche der Bebaubarkeit des Grundstücks entgegenstehende Bedenken bei der Vorbereitung des Vertrags nicht zur Sprache gekommen wären. Darüber hinaus sei ihm eine eigene Nachprüfung im Hinblick auf das etwaige Vorliegen neuer Fluchtlinien nicht zuzumuten gewesen. Es gehe nicht an, in dieser Hinsicht an den Vertreter des Fiskus ohne weiteres größere Anforderungen zu stellen als an einen Privatmann. Eine andere Beurteilung würde vielleicht Platz zu greifen haben, wenn die Behörde, welcher der Vertreter des Fiskus angehöre, oder sogar der Vertreter selbst dienstlich gleichzeitig mit der Fluchtlinienangelegenheit befaßt gewesen wäre, sodaß sie der Aufmerksamkeit des Vertreters nicht hätte entgehen können. Hierfür spreche aber nichts, da die Fluchtlinie vom Siedlungsverband Ruhrkohlenbezirk, einer selbständigen kommunalen Körperschaft, festgestellt worden sei. Aus diesem Grunde versage auch eine Berufung auf § 166 Abs. 2 BGB.

Diese Ausführungen verletzen, wie die Revision zutreffend hervorhebt, nach mehrfacher Richtung das Gesetz.

a) Zunächst kann darüber kein Zweifel obwalten, daß die grobe Fahrlässigkeit nach § 460 Satz 2 BGB. dem Käufer nicht gerade im Augenblick des Vertragsschlusses zur Last fallen muß, daß es vielmehr genügt, wenn er vorher aus grober Fahrlässigkeit von den Mängeln der Kaufsache keine Kenntnis erlangt hat. Nur eine nach dem Kaufabschluß eintretende Fahrlässigkeit hat außer Betracht zu bleiben (RGRKomm. Erl. 1 zu § 460 BGB.).

b) Im allgemeinen trifft es zu, daß der Käufer nicht die Pflicht hat, vor dem Kaufabschluß den Kaufgegenstand auf verborgene Mängel zu untersuchen und nach dem Vorhandensein solcher Mängel Erkundigungen einzuziehen. Aber dieser Satz erleidet nach zwei Richtungen Ausnahmen, die beide hier in Betracht kommen. Einmal dann, wenn die Umstände des Falles den Käufer zu besonderer Vorsicht mahnen müssen (vgl. das im übrigen auf anderem Gebiete liegende RGUrt. im Recht 1908 Nr. 1162). In dieser Hinsicht hatten die Beklagten behauptet, daß schon vor dem Kaufabschluß gerade in D. Fluchtlinienänderungen in besonders großer Zahl vorgenommen worden seien. Das angefochtene Urteil hat hierzu keine Stellung genommen; Verletzung des § 286 ZPO. wird daher von der Revision mit Recht gerügt. Die andere Ausnahme von jenem allgemeinen Grundsatz ist — worauf schon die Motive Bd. 2 S. 226 (Mugdan Bd. 2 S. 125) hinweisen — dann gegeben, wenn dem Käufer eine besondere Sachkunde innewohnt (Kammergericht in DJZ. 1903 Sp. 405 Nr. 15; RGRKomm. Erl. 2 zu § 460 BGB.; Staudinger Anm. 3 zu § 460; Soergel Erl. 3 zu § 460), und um so mehr muß dies gelten, wenn anderseits dem Verkäufer diese Sachkunde fehlt. Schon von einem Privatmann, der ein Grundstück zur Erbauung eines Hauses kaufen will, wird man je nach Umständen fordern können, daß er sich zuvor danach erkundigt, ob seinem Bauvorhaben die Fluchtlinienziehung entgegensteht. Jedenfalls aber muß man dies von einem Architekten verlangen, und der Fiskus, dem sachkundige Baubeamte zur Seite stehen, kann in diesem Punkte nicht anders beurteilt werden als ein Architekt. Zumal im vorliegenden Falle hätten die besonderen Umstände vom Berufungsgericht erörtert werden müssen. Es handelte sich um den Bau des Polizeipräsidiums in einer Großstadt; allein der Ankauf des Grundstücks nebst dem aufstehenden Gebäude erforderte einen Kostenaufwand von 265000 RM.; mit der Vorbereitung der Sache war der in D. selbst tätige Leiter des staatlichen Hochbauamtes beauftragt; unter Teilnahme der Vertreter der Regierung und sogar der beteiligten Ministerien fand eine Ortsbesichtigung statt. Aber trotz dieser Tatumstände hat keiner der Teilnehmer die Frage der Fluchtlinienziehung zur Sprache gebracht, obwohl der Kläger seiner Angabe nach von vornherein die Bebauung des Grundstücks bis zur Straßengrenze beabsichtigte. Die Beklagten hingegen wohnen nicht in D.; sie waren, wie unterstellt werden darf, nicht sachkundig und wußten nach den bisherigen Feststellungen nichts davon, daß der Kläger das Grundstück bis an die Straßengrenze bebauen wollte. Bei solcher Sachlage würde der Tatrichter je nach den noch der näheren Aufklärung bedürftigen Umständen zu prüfen haben, ob nach den Grundsätzen des Beweises des ersten Anscheins ein so hohes Maß von Wahrscheinlichkeit für das Vorliegen eines Verschuldens des Klägers spricht, daß demgegenüber die gegenteilige Annahme völlig zurückträte (vgl. u. a. RGZ. Bd. 112 S. 231, 296, 340, Bd. 117 S. 255, Bd. 119

S. 62, 353 nebst Nachweisen, Bd. 120 S. 161, 263, 316, Bd. 128 S. 154, Bd. 130 S. 357). Je nach Umständen könnte diese Beweisvermutung auch auf grobe Fahrlässigkeit ausgedehnt werden; eine solche würde dann vorliegen, wenn die Verkehrssorgfaltspflicht in ungewöhnlich großem Maß verletzt oder das nicht beachtet worden wäre, was jedem einleuchten mußte (RGRKomm. Erl. 1 zu § 277 BGB. nebst Nachweisen). Die Folge wäre dann die, daß nicht die Beklagten dem Kläger, wie sich dies an sich aus § 460 Satz 2 BGB. ergibt, grobe Fahrlässigkeit nachweisen müßten, sondern daß sich der Kläger entlasten müßte. Wenn die Revision in diesem Zusammenhang auf § 13 Abs. 2 Satz 1 der Regierungs-Instruktion vom 23. Oktober 1817 (GS. S. 248) verweist, wonach bei Eingehung fiskalischer Verträge von den Regierungen mit aller Vorsicht und Überlegung zu Werke gegangen werden muß, so erscheint es freilich bedenklich, den Vertragsgegnern des Fiskus die Befugnis einzuräumen, aus dieser innerdienstlichen Vorschrift Rechte für sich herzuleiten. Auch die durch Art. 89 preuß. AG. z. BGB. als öffentliches Recht aufrechterhaltenen Vorschriften im Titel II 10 Preuß. ALR. ergeben nichts zugunsten der Beklagten.

c) Es ist dann weiter gemäß § 166 BGB. zu prüfen, in wessen Person die Voraussetzungen der groben Fahrlässigkeit erfüllt sein müssen, damit eine solche bei dem Kläger angenommen werden kann; dabei würde es genügen, wenn der Vorwurf auch nur einen der Vertreter trifft, die in dieser Kaufangelegenheit für ihn tätig geworden sind (vgl. RGZ. Bd. 59 S. 408, Bd. 110 S. 145).

Zuständiger gesetzlicher Vertreter des Klägers für den Abschluß des Kaufvertrags war lediglich der Regierungspräsident in Düsseldorf. Es bedarf keiner Stellungnahme zu der Frage, ob dieser den Justitiar und das bautechnische Mitglied der Regierung an der Vorbereitung des Kaufvertrags zu beteiligen hatte trotz der Vorschriften der §§ 18, 19 des Landesverwaltungsgesetzes vom 30. Juli 1883 (GS. S. 195), wie dies die Revision unter Hinweis auf § 24 Abs. 3, 4, §§ 44, 48 der erwähnten Instruktion vom 23. Oktober 1817 vertritt (vgl. auch § 3 Nr. 4 das. und die Kabinettsorder vom 31. Dezember 1825 unter D II 1 Abs. 2 — GS. 1826 S. 5). Denn jedenfalls wurde dadurch keiner dieser beiden Beamten zum gesetzlichen Vertreter des Klägers. Ebensowenig trifft dies auf den Vorstand des staatlichen Hochbauamts in D. zu. Dieser mag ein verfassungsmäßig berufener Vertreter des Klägers im Sinne der hier nicht in Betracht kommenden §§ 89, 31 BGB. sein (vgl. JW. 1915 S. 395 Nr. 7; RGRKomm. Erl. 2 zu § 89), aber allgemeiner gesetzlicher Vertreter des Klägers, zumal für den Abschluß von Kaufverträgen bei einem Preise von 265000 RM., ist er nicht, wie sich ergibt aus der Dienstanweisung für die Ortsbaubeamten der Staats-Hochbauverwaltung vom 1. Dezember 1910 (erschienen bei Wilhelm Ernst und Sohn in Berlin 3. Aufl. 1910, vgl. u. a. § 1 Satz 2, 3 das.). Nun haben bisher die Beklagten nichts dafür vorgebracht, daß dem Regierungspräsidenten persönlich ein grobes Verschulden zur Last falle; er ist, soweit die Akten erkennen lassen, persönlich bei den Verhandlungen nicht beteiligt gewesen. Es besteht daher zur Zeit kein Anlaß, auf die Vorschrift des § 166 Abs. 2 BGB. einzugehen; sollten die beteiligten Beamten des Klägers nach bestimmten Weisungen des Regierungspräsidenten gehandelt haben, so würde der Begriff der bestimmten Weisungen nicht eng auszulegen sein (RGRKomm. Erl. 2 zu § 166 BGB. nebst Nachweisen; Staudinger Anm. 6 zu § 166).

Bei dem Abschluß des Vertrags war als rechtsgeschäftlicher (bevollmächtigter) Vertreter des Klägers der Oberregierungsrat Dr. R. tätig. Ob diesem grobe Fahrlässigkeit zur Last fällt, war daher in erster Linie zu prüfen. Diese Frage hat der Berufungsrichter zwar erörtert, aber die Erwägungen, aus denen er sie verneint hat, beruhen auf Rechtsirrtum. Sie gehen aus von der rechtlich nicht zutreffenden Grundanschauung, daß dem Grundstückskäufer schlechthin keine Erkundigungspflicht nach verborgenen Mängeln obliege. Aber auch die fernere Ausführung des Urteils kann rechtlich nicht gebilligt werden, R. habe sich darauf verlassen dürfen, daß etwaige der Bebaubarkeit des Grundstücks entgegenstehende Bedenken schon bei der Vorbereitung des Vertrags zur Sprache gekommen sein würden. Diese Begründung ist um so weniger überzeugend, als der Vorderrichter ein etwa dem Baurat Sch. bei der Vorbereitung des Vertrags zur Last fallendes Verschulden dem Kläger nicht anrechnen will; sie läuft nämlich darauf hinaus, R. habe sich auf Sch. verlassen dürfen und für dessen Versehen hafte der Kläger nicht. Ein solches Ergebnis entspricht nicht der Rechtslage. R. war der Bevollmächtigte des Klägers und als solcher machte er ihn für seine Handlungen und Unterlassungen verantwortlich. Seine

Sache war es, die Sach- und Rechtslage einer eingehenden Prüfung zu unterziehen; verließ er sich dabei auf Sch., zumal in einem Punkte, der, wie die Fluchtlinienziehung, keineswegs eine rein technische Frage betraf, so tat er dies auf Gefahr des Klägers. Hiernach wird das Berufungsgericht erneut die Frage zu prüfen haben, ob die Voraussetzung einer groben Fahrlässigkeit des Klägers in der Person des Dr. R. erfüllt ist.

In zweiter Reihe kommt es für diese Frage auf die Person des Baurats Sch. an. Aus den Akten ist nicht mit Sicherheit zu entnehmen, ob Sch. nur mit der Vornahme der vorbereitenden Ermittlungen beauftragt oder auch zur Führung der Vorverhandlungen mit den Beklagten bevollmächtigt war. Dies bleibt aufzuklären. Ist letzteres der Fall, so ergibt sich die Haftung des Klägers für ein etwa dem Sch. zur Last fallendes grobes Verschulden unmittelbar aus der Vorschrift des § 166 Abs. 1 BGB. (WarnRspr. 1913 Nr. 86). Andernfalls ist die bisher nicht geprüfte Frage zu erörtern, ob der Kläger die gesamte Tätigkeit des Sch. genehmigt und deshalb in rechtsähnlicher Anwendung des § 166 Abs. 1 für dessen Unterlassungen einzustehen hat (RGZ. Bd. 68 S. 376, Bd. 76 S. 109, Bd. 128 S. 120). Daß für die Fluchtlinienziehung in der R.-straße in D. der kommunale Zweckverband Siedlungsverband Ruhrkohlenbezirk zuständig war (vgl. Graf Hue de Grais Handbuch der Verfassung und Verwaltung 24. Aufl. § 41 bei Anm. 7 bis 9 S. 107, 108 und § 63 bei Anm. 4 S. 155, 156 sowie die dort angeführten Gesetze und Verwaltungsvorschriften), mußte Sch. als Vorstand des Hochbauamtes in D. ebenso wissen wie der Justitiar und das bautechnische Mitglied der Regierung, und er mußte an sich jene maßgebliche Stelle um Auskunft angehen. Ob aber gleichwohl der vom Kläger angetretene Entlastungsbeweis nach den Umständen ausreichen könnte, um Sch. vom Vorwurf der groben Fahrlässigkeit zu befreien, liegt auf dem Gebiete der tatrichterlichen Würdigung.

Darüber, welche Beamte des Klägers an der vor Kaufabschluß stattgehabten Besichtigung des Grundstücks teilnahmen und welche Vollmachten oder Aufträge sie dabei hatten, enthält das angefochtene Urteil keine Feststellungen. Auch bezüglich dieser Beamten wird die Frage der groben Fahrlässigkeit der Prüfung bedürfen. Im Falle der Beteiligung eines Beamten der staatlichen Polizeiverwaltung in D. an der Ortsbesichtigung oder an sonstigen Vorverhandlungen könnte diesem Umstande dann besondere Bedeutung zukommen, wenn jene Verwaltungsstelle die in § 1 Abs. 1 des Fluchtliniengesetzes vom 2. Juli 1875 (vgl. §§ 5, 6 das.) vorgeschriebene Zustimmung der Ortspolizeibehörde zu der Fluchtlinienfestsetzung erteilt haben sollte. Diese Ermittlung und die Auslegung der hierfür in Betracht kommenden irrevisiblen (§ 549 ZPO.) Zuständigkeitsvorschriften muß dem Berufungsgericht überlassen bleiben (vgl. Graf Hue de Grais a. a. O. Anm. 11 zu § 189 S. 385 und Entsch. des Preuß. Oberverwaltungsgerichts Bd. 58 S. 406). Auch das bautechnische Mitglied der Regierung kann je nach Umständen grobfahrlässig gehandelt haben. Denn wenn auch der Regierungspräsident der dienstliche Vorgesetzte des Vorstandes des Hochbauamtes ist (§ 5 Abs. 1 der erwähnten Dienstanweisung vom 1. Dezember 1910, vgl. Graf Hue de Grais a. a. O. § 46 bei Anm. 4 S. 112), so kann doch angenommen werden, daß mit der Nachprüfung der von Sch. beschafften Unterlagen auch das bautechnische Regierungsmitglied in weitem Umfang befaßt wurde. Endlich bedarf die Fahrlässigkeitsfrage auch bezüglich desjenigen Beamten der Erörterung, der für den Preußischen Minister des Innern die diesem im Vertrage vom 18. März 1926 vorbehaltene Genehmigung erteilt hat, durch die der Kaufvertrag erst zum Abschluß gekommen ist.

7. Die Revision deutet an, daß für die Entscheidung des Rechtsstreits auch die Frage des Verschuldens beim Vertragsschluß bedeutsam sein könnte (RGRKomm. Erl. 3 zu § 276 BGB. nebst Nachweisen). Wäre dem Kläger ein solches, neben dem § 460 Satz 2 BGB. selbständiges Verschulden nachzuweisen, so wäre die Rechtsstellung der Beklagten nach zwei Richtungen günstiger. Einmal würde der Kläger für alle seine mit dieser Kaufangelegenheit befaßten Beamten als für seine Erfüllungsgehilfen gemäß § 278 BGB. haften (RGRKomm. Erl. 3 zu § 278 BGB. S. 462 Abs. 3 nebst Nachweisen), ferner aber würde für die Annahme dieser Haftung das Vorliegen gewöhnlicher Fahrlässigkeit deshalb genügen, weil es sich dabei um einen allgemeinen Rechtsgrundsatz handelt. Allein die Beklagten haben nicht behauptet, daß sie etwa deshalb, weil sie auf die sorgfältige Vorbereitung des Vertrags und die umfassende Beschaffung aller für das Bauvorhaben erforderlichen Unterlagen durch den Kläger oder auf seine etwaige Angabe, nur der hinter dem Hause liegende Teil des

Grundstücks solle bebaut werden, vertraut hätten, eigene Nachforschungen nach dem Bestehen einer neuen Baufluchtlinie unterlassen hätten. Sie geben vielmehr zu, an eine solche Möglichkeit überhaupt nicht gedacht zu haben. Damit entfällt der ursächliche Zusammenhang zwischen dem etwaigen Verschulden des Klägers und dem etwaigen Schaden der Beklagten, wie wenigstens nach bisheriger Sachlage angenommen werden muß. . . .

---

66. 1. Kann aus einem Lebensversicherungsvertrage, der den Versicherer — eine unter Reichsaufsicht stehende ausländische Versicherungsunternehmung — verpflichtet, beim Eintritt des Versicherungsfalles neben der Versicherungssumme einen Gewinnanteil zu vergüten, der Versicherte über die im Aufwertungsstockverfahren ihm zugeteilten Beträge hinaus noch weitere Aufwertungsansprüche erheben?

2. Ist die Vorschrift im Art. 115 Satz 3 der Durchführungsverordnung zum Aufwertungsgesetz vom 29. November 1925 rechtsgültig?

3. Zum Begriff der „bestimmten" Geldsumme im Sinne des § 1 Abs. 1 Satz 1 des Aufwertungsgesetzes.

AufwG. §§ 1, 59 bis 61. Durchführungsverordnung zum Aufwertungsgesetz vom 29. November 1925 (RGBl. I S. 392) Art. 95 bis 115. Versicherungsaufsichtsgesetz §§ 56, 57, 90, 99. RVerf. Art. 105.

VII. Zivilsenat. Urt. v. 10. März 1931 i. S. M. (Kl.) w. New York Life Insurance Company (Bekl.). VII 508/30.

I. Landgericht I Berlin.
II. Kammergericht daselbst.

Der Kläger hatte bei der verklagten Gesellschaft auf Grund des Versicherungsscheins Nr. 1086392 vom 7. Oktober 1901 sein Leben für den Todes- und Erlebensfall auf die Dauer von 25 Jahren, zu rechnen seit dem 1. Oktober 1901, bei ebenso langer Ansammlung des

Gewinns zu einem Betrage von 20000 M. versichert. Nachdem die Beklagte mit Wirkung vom 1. Januar 1905 zum Betriebe der Lebensversicherung in Deutschland zugelassen worden war, wurde die Versicherung des Klägers im deutschen Versicherungsbestande der Beklagten fortgeführt. Die im Vertrage auf jährlich 821 M. deutscher Reichswährung festgesetzte Prämie zahlte der Kläger bis zum Jahre 1922.

Am Fälligkeitstage, dem 1. Oktober 1926, hat die Beklagte dem Kläger weder die Versicherungssumme noch einen Gewinnanteil ausgezahlt. Nach Maßgabe der Vorschriften in den Art. 95 flg. der Durchführungsverordnung zum Aufwertungsgesetz vom 29. November 1925 ist der Beklagten ein Treuhänder für ihren deutschen Versicherungsbestand bestellt worden. Dieser hat im Jahre 1930 die den deutschen Versicherten zu gewährende Aufwertungsquote für Versicherungssumme und Gewinnanteil auf 15% festgesetzt. Der von der Beklagten für die Gruppe oder Generation des Klägers an Gewinnansammlungs-Dividende errechnete pro mille-Satz beträgt 474,68; demzufolge errechnet der Kläger für sich einen Gesamtbetrag dieser Dividende von 9493,60 M.

Den aufzuwertenden Anspruch hierauf verfolgt der Kläger mit der im Juni 1929 eingereichten Klage. Im ersten Rechtsgang hatte er, nachdem sich ein zunächst von ihm gestellter Antrag auf Verurteilung zur Auskunftserteilung erledigt hatte, Zahlung von 7000 RM. mit Zinsen verlangt. Das Landgericht gab durch Urteil vom 7. Januar 1930 diesem Antrag statt. In der von der Beklagten beschrittenen Berufungsinstanz schränkte der Kläger mit Rücksicht auf die inzwischen geschehene Festsetzung durch den Treuhänder seinen auf Zurückweisung der Berufung gerichteten Antrag dahin ein: die Beklagte zu verurteilen, über die im Aufwertungsstockverfahren ihm zukommenden Beträge hinaus mindestens den Betrag von 6100 RM. nebst Zinsen an ihn zu zahlen. Das Kammergericht erkannte auf Abweisung der Klage (Urteil vom 1. Oktober 1930). Die Revision des Klägers wurde zurückgewiesen.

Gründe:

Der Berufungsrichter, der zutreffend von der Anwendbarkeit deutschen Rechts ausgeht, stellt zunächst als unstreitig fest, daß der Anspruch des Klägers aus dem Lebensversicherungsvertrage vom

7. Oktober 1901 in dem für den deutschen Versicherungsbestand der Beklagten nach den Vorschriften der Art. 95flg. der Durchführungsverordnung zum Aufwertungsgesetz vom 29. November 1925 (DurchfVo.) eingeleiteten und inzwischen (bis zum Februar 1930) durchgeführten Treuhänderverfahren berücksichtigt worden ist, und zwar in vollem Umfange, sowohl wegen der eigentlichen Versicherungssumme wie auch wegen des angesammelten Gewinns. In seinen weiteren Ausführungen erklärt der Vorderrichter die von der Beklagten vertretene Auffassung für berechtigt, daß der Kläger weitere oder andere Ansprüche aus dem Vertrage gegen sie nicht erheben könne, und gelangt so zur Abweisung der Klage. Die hierzu im Berufungsurteil angestellten Erörterungen stimmen in allen wesentlichen Punkten überein mit den Darlegungen des erkennenden Senats im Urteil vom 27. Mai 1930 (RGZ. Bd. 129 S. 134, auch JW. 1930 S. 2378 Nr. 1). Die Bedingungen desjenigen Versicherungsvertrags, der damals der Beurteilung unterstand, lauteten — bis auf die natürlich für die Einzelfälle besonders festgesetzten Summen und Zeiträume — ebenso wie die Bedingungen des mit dem Kläger geschlossenen Vertrags.

Die Revision trägt eine Reihe von Einwendungen gegen die Auffassung des Berufungsgerichts vor, von denen jedoch keine als begründet anerkannt werden kann.

In den Vordergrund stellt die Revision den Gesichtspunkt, die Ansprüche der Versicherungsnehmer der Beklagten auf Auskehrung von Gewinnansammlungs-Anteilen trügen deshalb einen besonderen rechtlichen Charakter, der ihre Unterstellung unter die §§ 59flg. AufwG. und die Art. 95flg. DurchfVo. ausschließe, weil für diese Ansprüche kein Prämienreservefonds gebildet worden, sondern die in Wirklichkeit gebildete Prämienreserve nur zum Anspruch auf die Versicherungssumme in Beziehung zu setzen sei. Dem kann nicht beigepflichtet werden. Der Kläger vermag nicht zu bestreiten, daß die Beklagte seit ihrer Zulassung zum Betriebe der Lebensversicherung in Deutschland — nur dieser Zeitraum kann hier in Betracht kommen — die Verpflichtungen erfüllt hat, die ihr in Ansehung des Prämienreservefonds durch das Versicherungsaufsichtsgesetz (§§ 56flg., §§ 90, 99) auferlegt worden sind. Zweifellos hat dabei diejenige Jahresprämie als Berechnungsgrundlage gedient, welche der Kläger und die anderen zu denselben Bedingungen versicherten Personen vertragsmäßig zu entrichten hatten. Diese einheitliche Prämie, die einzige Gegenleistung der Versicherungsnehmer, war aber dazu bestimmt, alle von der Beklagten übernommenen Leistungen zu decken, also neben dem Anspruch auf die Versicherungssumme auch die außerdem von ihr zugesicherten Gewinnanteil-Ansprüche. Denn die Beklagte mußte, wollte sie nicht wirtschaftlich in Nachteil geraten, ihre Prämienberechnung so aufstellen, daß sie — nach der hier anzuwendenden Wahrscheinlichkeitsrechnung — in der Lage war, ohne Schaden ihren sämtlichen Verpflichtungen aus den in Rede stehenden Versicherungsverträgen nachzukommen. Offenbar war sie deshalb genötigt, ihre Prämien höher anzusetzen, als dies bei gleich hoher Versicherungssumme andere Gesellschaften zu tun brauchten, die keine Gewinnanteil-Ansprüche gewährten; eine Tatsache, die übrigens in anderem Zusammenhang auch der Kläger hervorgehoben hat. Nach dieser erhöhten Prämie wurde dann die von der Beklagten zu bildende Prämienreserve berechnet. Sonach ist im Sinne der Versicherungsaufsichtsgesetzes und demzufolge auch im Sinne des Aufwertungsgesetzes und der Durchführungsverordnung die Sachlage so anzusehen, daß der von der Beklagten für ihren deutschen Versicherungsbestand gebildete und sichergestellte Prämienreservefonds zur Deckung der sämtlichen vertraglichen Ansprüche ihrer deutschen Versicherten, auch der Ansprüche auf Auskehrung von Gewinnansammlungs-Anteilen bestimmt war. Wenn im Art. 96 Abs. 1 Satz 1 DurchfVo. von den „auf sie (die im Art. 95 das. bezeichneten Ansprüche) entfallenden Reserven" die Rede ist, die in erster Reihe bei der Aufwertung zugrunde zu legen sind, so hat demgemäß der Prämienreservefonds der Beklagten als auch auf die Gewinnanteilansprüche ihrer Versicherten entfallend zu gelten.

Mit diesen Erwägungen erledigt sich zugleich der von der Revision an anderer Stelle gebrachte Hinweis auf Art. 109 DurchfVo. Denn da in Ansehung des Klaganspruchs nicht von „unzureichend gedeckten" Verpflichtungen gesprochen werden kann, so fehlt schon aus diesem Grunde, von sonstigen Bedenken abgesehen, jede Möglichkeit einer rechtsähnlichen Anwendung der im Art. 109 für ganz anders geartete Fälle aufgestellten Vorschriften.

In weiteren Ausführungen wendet sich die Revision dagegen, daß aus Art. 115 DurchfVo. die Annahme hergeleitet werde, für die Aufwertung des Klaganspruchs fänden nur die Vorschriften der

Art. 95 bis 114 das. Anwendung und nicht die allgemeinen gesetzlichen Bestimmungen, insbesondere § 242 BGB. Der Vorderrichter erwägt in dieser Hinsicht, in den Entscheidungen des Reichsaufsichtsamts für Privatversicherung vom 25. Oktober 1928 und vom 13. Februar 1929 (abgedruckt JW. 1929 S. 1608flg.) sei ausdrücklich erklärt worden, daß die Beklagte im Sinne des Art. 115 DurchfVo. als ein unter Reichsaufsicht stehendes Unternehmen anzusehen sei; an diese Entscheidung sei das Gericht gebunden. Dem ist beizutreten. Zunächst kann in der Richtung kein Zweifel obwalten, daß der 3. Satz im Art. 115 („Darüber, ob eine Unternehmung im Sinne dieser Bestimmung als nicht unter Reichsaufsicht stehend anzusehen ist, entscheidet endgültig das Reichsaufsichtsamt für Privatversicherung; das im Art. 101 Abs. 3 vorgesehene Verfahren findet entsprechende Anwendung") eine solche Bindung des ordentlichen Richters beabsichtigt. Die Revision meint, der Vorschrift sei die Rechtsgültigkeit abzusprechen, weil sie gegen Art. 105 RVerf., gegen § 17 GVG. und gegen § 61 Satz 2 AufwG. verstoße. Dem ist entgegenzuhalten, daß es sich hier um eine Frage öffentlichrechtlicher Natur handelt und daß es deshalb nichts Ungewöhnliches darstellt, wenn ihre Entscheidung dem Verwaltungsverfahren überlassen wurde. Nach § 13 GVG. kann sogar für bürgerliche Rechtsstreitigkeiten die Zuständigkeit von Verwaltungsbehörden oder Verwaltungsgerichten begründet werden. Im Sinne des Art. 105 RVerf. ist eben in derartigen Fällen die Verwaltungsbehörde oder das Verwaltungsgericht der gesetzliche Richter, dem niemand entzogen werden darf. In RGZ. Bd. 128 S. 167, 168 hat der erkennende Senat näher dargelegt, daß jederzeit durch einfaches Gesetz bestimmt werden kann, welches Gericht oder welche sonstige Stelle über gewisse Ansprüche zu entscheiden hat, und ob für sie überhaupt ein Rechtsweg eröffnet ist. Was für Ansprüche gilt, hat sinngemäß auch für Vorfragen zu gelten, von denen ihre Erhebung abhängig ist. Eine Verletzung des Art. 105 RVerf. kommt also nicht in Frage. Ebensowenig ist ersichtlich, daß § 17 GVG. verletzt wäre. Was den § 61 AufwG. angeht, so eröffnete dieser der Reichsregierung den Weg, die Durchführung der Aufwertung von Versicherungsansprüchen im Verordnungswege mit derselben verbindlichen Kraft zu regeln, wie sie einem Gesetze zugekommen wäre, das man über diesen Gegenstand etwa noch erlassen hätte. Der Schlußsatz des § 61: „Darüber hinaus kann sie zur Ergänzung der Vorschriften dieses

Gesetzes die Anordnungen treffen, die sie zur Durchführung der Aufwertung für notwendig erachtet" deckt zweifellos auch die im Art. 115 Satz 3 DurchfVo. getroffene Anordnung.

Hiernach kommt nichts mehr an auf die Hilfserwägung des Kammergerichts, das auch seinerseits noch die Frage geprüft und das Vorhandensein der Reichsaufsicht über die verklagte Gesellschaft bejaht hat. Die Revision macht noch geltend, daß seit der endgültigen, im Rekursverfahren erlassenen Entscheidung des Reichsaufsichtsamts vom 13. Februar 1929 die Reichsaufsicht über die Beklagte wegen gewisser, vom Kläger zum Teil unter Beweis gestellter Umstände ihr Ende erreicht habe. Ein Eingehen hierauf ist aber abzulehnen. Zwar hat der erkennende Senat in RGZ. Bd. 127 S. 360 ausgesprochen, daß die Frage, ob eine ausländische Versicherungsunternehmung als unter Reichsaufsicht stehend anzusehen ist, dann der Prüfung durch die Gerichte unterliegt, wenn darüber keine Entscheidung des Reichsaufsichtsamts für Privatversicherung eingeholt worden ist. Dieser Satz ist jedoch, dem Sinne des Art. 115 Satz 3 DurchfVo. entsprechend, dahin zu verdeutlichen, daß eine selbständige richterliche Prüfung dann nicht mehr statthaft ist, wenn in Sachen einer bestimmten ausländischen Versicherungsunternehmung das Aufsichtsamt die Frage bereits entschieden hat. Für einen solchen — hier gegebenen — Fall muß angenommen werden, daß die Bindung der Gerichte an den Spruch des Aufsichtsamts solange andauert, bis etwa dieses selbst seine Entscheidung aufhebt oder ändert. Daß derartiges geschehen wäre, hat der Kläger nicht behauptet.

Die Revision hat sodann Ausführungen vorgetragen, die unter verschiedenen Gesichtspunkten dartun sollen, daß der Anspruch des Klägers als solcher der in den Art. 95 bis 114 (in Verb. mit Art. 115) DurchfVo. vorgesehenen Regelung nicht unterworfen sei. Hier legt die Revision zunächst darauf Wert, daß es sich bei der vertraglichen Zusicherung eines am Schlusse der Lebensversicherungsperiode auszuzahlenden Gewinnansammlungs-Anteils um eine verbotene Versicherungsart gehandelt habe. Dazu wäre zuvörderst zu bemerken, daß, falls wirklich ein gegen ein gesetzliches Verbot verstoßendes Rechtsgeschäft in Frage stände, dieses gemäß § 134 BGB. nichtig und somit der Anspruch des Klägers unklagbar sein würde, wobei der Einwand der Revision, die Parteien seien darüber einig gewesen, daß die Nichtigkeit nicht eintreten sollte, durchaus unerheblich wäre (vgl.

RGZ. Bd. 111 S. 28; RGRKomm. Anm. 1 zu § 134 BGB.). Von einem gesetzlichen Verbot ist aber keine Rede. Nach den übereinstimmenden Angaben der Parteien liegt weiter nichts vor, als daß das Reichsaufsichtsamt, nachdem seit dem 1. Januar 1905 die Beklagte unter seine Aufsicht getreten war, neue Abschlüsse von Lebensversicherungsverträgen mit Anspruch auf Gewinnansammlungs-Anteile nicht mehr genehmigt hat. Die schon vorher abgeschlossenen Verträge solchen Inhalts — darunter auch der mit dem Kläger geschlossene — wurden hingegen unter Duldung und Aufsicht des Reichsaufsichtsamts auch in Deutschland durchgeführt. Dieser Sachverhalt kann in keiner Weise die Ansicht der Revision rechtfertigen, daß dadurch der Klaganspruch „einen ganz eigenartigen Charakter bekommen habe", aus dem besondere Rechtsfolgen herzuleiten wären.

Die Revision will ferner durch die Akten des Reichswirtschaftsministeriums und des Reichsjustizministeriums sowie durch eine von ihr mitgeteilte Eingabe des Versicherungsmaklers C. in Hamburg vom 26. Juli 1924 beweisen, daß man mit dem Art. 115 DurchfVo. eine Schutzbestimmung für die Versicherten habe schaffen wollen, und damit die vom erkennenden Senat in RGZ. Bd. 127 S. 361 kundgegebene gegenteilige Meinung bekämpfen. Diesem Vorbringen kann indes keine Bedeutung beigemessen werden. Es mag dahinstehen, ob der Gesetzgeber der Durchführungsverordnung mehr die Belange der Versicherer oder die der Versicherungsnehmer im Auge gehabt hat; seine Aufgabe konnte er gewiß nur bei Berücksichtigung der beiderseitigen Belange erfüllen. Mit den erlassenen Vorschriften war aber jedenfalls beabsichtigt, in Ansehung der Aufwertung von Versicherungsansprüchen die ausländischen Unternehmungen, soweit sie im maßgebenden Zeitpunkt (vgl. dazu RGZ. Bd. 127 S. 21) unter Reichsaufsicht standen, den inländischen gleich zu behandeln. Nur dies ist von Wichtigkeit für die hier zu fällende Entscheidung.

Weiter führt die Revision den Gesichtspunkt ins Feld, die Berufung auf das „formale Recht" könne Mißbrauch sein und es müsse gegenüber der Einstellung der Beklagten mit Rücksicht auf die in ihren Versicherungsverträgen und ihren Werbeschriften enthaltenen Zusicherungen der Einwand der allgemeinen Arglist durchschlagen. Dem ist zunächst entgegenzuhalten, daß Formvorschriften hier nicht in Frage stehen, daß aber selbst die Berufung auf den Schutz solcher

Vorschriften nach feststehender Rechtsprechung des Reichsgerichts die Arglisteinrede der Regel nach nicht zu begründen vermag. Um so weniger ist das der Fall, wenn sich eine Partei auf die deutsche Aufwertungsgesetzgebung beruft. Die in den §§ 59 bis 61 AufwG. und den Art. 95 flg. DurchfVo. aufgestellten Vorschriften sind ein Teil dieser Gesetzgebung und sollen den Anforderungen von Treu und Glauben im Verkehr ebenso Genüge leisten, wie es der Fall wäre, wenn freie Aufwertung nach den Grundsätzen des § 242 BGB. Platz griffe. Die Annahme der Revision, wegen der angeblich „verbotenen" Versicherungsform mit Gewinnbeteiligung müsse für das Schuldverhältnis der Parteien Abweichendes gelten, ist abzulehnen.

Die Revision sucht sodann aus § 57 Abs. 1 Satz 2 VAG. in Verbindung mit Art. 103 Abs. 2 Satz 4 DurchfVo. vom 29. November 1925 die Notwendigkeit einer gesonderten Behandlung der Gewinnanteilansprüche der bei der Beklagten versicherten Personen herzuleiten. Auch diese Erörterung geht fehl. Es mag dahinstehen, wie die Lage zu beurteilen wäre, wenn das Vorhandensein der im § 57 Abs. 1 Satz 2 VAG. geforderten tatsächlichen Voraussetzung festzustellen wäre. Das Berufungsgericht hat aber nicht festgestellt, daß etwa die Beklagte durch die amerikanische Gesetzgebung oder sonstwie verpflichtet gewesen wäre, im Ausland zugunsten der Versicherungen des Klägers und der mit ihm in gleicher Rechtslage befindlichen Personen besondere Sicherheit aus der Prämieneinnahme zu stellen. Soweit ersichtlich, hat der Kläger derartiges auch nicht in den Vorinstanzen behauptet. Damit fällt das ganze Vorbringen der Revision zu diesem Punkte. Auch eine rechtsähnliche Anwendung der Vorschrift im Art. 103 Abs. 2 Satz 4 DurchfVo., welche die Revision mit weiteren Ausführungen verlangt, kann nicht in Frage kommen. Die Vorschrift hat nur Versicherungen im Auge, die von deutschen Unternehmungen im Ausland abgeschlossen wurden, bei denen also, wie anzunehmen, die Versicherungsnehmer zumeist Ausländer waren. Insoweit wollte die deutsche Gesetzgebung, falls die im § 57 Abs. 1 Satz 2 VAG. erforderte Voraussetzung zutrifft, die Aufwertungsansprüche der Versicherungsnehmer nicht regeln; deshalb ist auch in Art. 97 Abs. 3 DurchfVo. angeordnet, daß solches Vermögen einer Versicherungsunternehmung, das gemäß § 57 Abs. 1 Satz 2 VAG. als besondere Sicherheit gestellt ist, nicht in den Aufwertungsstock fließen soll (vgl.

Berliner-Pfaffenberger Aufwertung von Versicherungsansprüchen Bd. 1 S. 89 Anm. 2a Abs. 3 zu Art. 97 bis 101 DurchfVo.). Diese Vorschriften liegen also auf einem ganz anderen Gebiete als demjenigen, dem das Versicherungsverhältnis zwischen dem Kläger und der Beklagten zugehört. Durch sie kann und soll nichts an der grundsätzlichen Einstellung der deutschen Gesetzgebung geändert werden, daß sie die Aufwertung aller Versicherungsansprüche inländischer Versicherungsnehmer regeln will. Daß damit die ausländischen Versicherungsgesellschaften, wie die Revision meint, privilegiert würden, kann ihr nicht zugegeben werden. Man könnte davon in diesem Zusammenhang nur reden, wenn etwa jene Gesellschaften im Verhältnis zu ihren ausländischen Versicherten günstiger gestellt wären, als die deutschen Gesellschaften. Dies kommt aber nicht in Frage, denn selbstverständlich stehen die Vertragsbeziehungen ausländischer Versicherer zu ausländischen Versicherten außerhalb jeder Einwirkung der deutschen Gesetzgebung.

Die Revision versucht weiter darzulegen, es müsse als Wille des Gesetzgebers gelten, „daß in den Fällen, in denen das vereinfachte Verfahren des Aufwertungsgesetzes dem Versicherten nicht den Ausgleich nach den Grundsätzen dieses Gesetzes bringen kann, es insoweit, als das Aufwertungsstockverfahren versagt, bei dem ursprünglichen Verfahren, dem Gerichtsverfahren, sein Bewenden behält". Darauf ist wiederum zu entgegnen, daß der Schwerpunkt des Aufwertungsgesetzes und der Durchführungsverordnung keineswegs in den Verfahrensvorschriften liegt. Im übrigen hat der erkennende Senat bereits in RGZ. Bd. 127 S. 22 grundsätzlich ausgesprochen, daß neben einer Aufwertung nach den §§ 59, 60 AufwG. und den Art. 95flg. DurchfVo. keine Aufwertung nach allgemeinen Grundsätzen mehr beansprucht werden kann, auch nicht mit Rücksicht auf das durch die Inflation nicht betroffene ausländische Vermögen einer Versicherungsunternehmung. An dieser Auffassung, die auch durch § 62 AufwG. vollauf gestützt wird, ist festzuhalten; um so mehr als es an jeder Grundlage dafür fehlen würde, wie eine Abgrenzung zwischen den Ansprüchen nach dem Aufwertungsgesetz und den sonstigen Aufwertungsansprüchen des Gläubigers zu finden wäre. Die sog. Individualaufwertung ist für das hier in Frage stehende Gebiet vom Gesetz abgelehnt worden; sie kann nicht auf Umwegen wieder in dieses hineingebracht werden. Fehl geht auch eine Heranziehung des Konkursverfahrens zum Vergleich, wie sie von der Revision unternommen wird. Der Gedanke, daß nach Begleichung der Aufwertungsquote noch eine — etwa später zu tilgende — Restschuld verbleiben sollte, wurde bei den Kämpfen um das Aufwertungsgesetz allerdings vertreten; er hat aber in dieses keinen Eingang gefunden.

Die Revision weist noch darauf hin, daß die Durchführung des in den Art. 95 bis 114 DurchfVo. vorgesehenen gesetzlichen Zwanges gegen die Versicherungsunternehmungen und die Vollstreckung der Aufwertungsansprüche gegenüber einer ausländischen Unternehmung wie der Beklagten unmöglich seien, und meint, daß der deutsche Richter auch aus diesem Grunde den Deutschen nicht auf das „für ihn insoweit illusorische Verfahren der Durchführungsverordnung" verweisen dürfe. Aber auch dieser Gesichtspunkt kann nicht entscheidend ins Gewicht fallen. Es ist anerkannten Rechtens, daß sich Ausländer als Schuldner in der gleichen Weise wie Inländer auf die durch das Aufwertungsgesetz angeordnete Aufwertung berufen können (RGZ. Bd. 113 S. 44). Auch hat der deutsche Gesetzgeber zweifellos gewußt, daß Zwangsmaßnahmen, insbesondere von seiten des Reichsaufsichtsamts, gegen ausländische Versicherungsunternehmungen nicht in demselben Maße durchführbar sind wie gegen inländische Unternehmungen. Wenn er es trotzdem für angezeigt gehalten hat, die ausländischen Unternehmungen, soweit sie unter Reichsaufsicht stehen, ebenso zu behandeln wie die inländischen, so muß das hingenommen werden.

In weiteren Darlegungen wendet sich die Revision gegen die Annahme, der vom Kläger geltend gemachte Anspruch auf Auskehrung des Gewinnansammlungs-Anteils habe die Zahlung einer bestimmten in Mark ausgedrückten Geldsumme zum Gegenstande (§ 1 Abs. 1 Satz 1 AufwG., Art. 95 Satz 2 DurchfVo.). Sie stützt sich dabei auf die Ausführungen, mit denen Mügel das Urteil des erkennenden Senats vom 27. Mai 1930 bekämpft hat (JW. 1930 S. 2378flg.). Auch diese Angriffe vermag indes der Senat nicht für begründet zu halten. Auf seine Bedenken bezüglich der Frage, ob eine in Mark ausgedrückte Geldsumme geschuldet wird, will Mügel entscheidendes Gewicht nicht legen (a. a. O. S. 2379 1. Sp.). Was der Senat zu diesem Punkte in RGZ. Bd. 129 S. 138 ausgeführt hat, hält er vollkommen aufrecht. Es kann nicht verlangt werden, daß im Versicherungsvertrage mit ausdrücklichen Worten bestimmt sein müßte, daß neben der Versicherungssumme auch der Gewinnansammlungs-Anteil in deutscher Reichswährung zahlbar sein sollte, sondern es genügt, wenn sich die dahingehende Absicht der Vertragschließenden aus den sonstigen Vertragsbestimmungen mit Sicherheit entnehmen läßt. Daß hier die Dinge so liegen, hat der Senat in seinem früheren Urteil dargelegt.

Was dann das Erfordernis der Bestimmtheit der Geldsumme betrifft, so wendet sich Mügel (a. a. O. S. 2379 2. Sp., S. 2380) dagegen, daß der „bestimmten" Geldsumme die „bestimmbare" gleichgestellt wird. Die gegenteilige, in RGZ. Bd. 129 S. 139 im Anschluß an die bisherige Rechtsprechung des Reichsgerichts vertretene Auffassung gibt der erkennende Senat nicht preis; er ist indes der Meinung, daß es hier nach Lage des Falles einer erneuten Stellungnahme dazu nicht bedarf. Er hatte auch in jenem Urteil die Ansicht, der Anspruch müsse als nach den Vertragsbedingungen „bestimmbar" gelten, nur als Hilfserwägung verwendet. Vorangestellt hatte er die Sätze: „Was das Erfordernis der Bestimmtheit der Geldsumme betrifft, so muß dieses im vorliegenden Falle schon deshalb als erfüllt gelten, weil die Leistungen der Beklagten seit dem 1. Januar 1924 fällig sind. Auch der Gewinnanteilanspruch ist nach Vorgängen zu berechnen, die durchweg der Vergangenheit angehören, und daher als „bestimmt" anzusehen, mögen auch die Parteien über die anzuwendende Berechnungsart und demgemäß über die Höhe der Zahlung noch streiten" (S. 139). Mügel sagt hierzu freilich, daß ihm der Sinn dieser Bemerkung nicht klar geworden sei (a. a. O. S. 2381 1. Sp.). Auch dem Kammergericht scheinen jene Sätze Schwierigkeiten bereitet zu haben; seine Annahme, daß dabei an den 14. Februar 1924 gedacht sei, trifft nicht zu, denn dieser Tag hat nach § 1 Abs. 1 Satz 1 AufwG., Art. 95 Satz 2 DurchfVo. nur Bedeutung für die Entstehung des Rechtsverhältnisses, also für den Abschluß des Versicherungsvertrags, der hier lange vor 1924 erfolgt ist. Der Sinn des vorstehenden Ausspruchs über die Bestimmtheit der Geldsumme ist der: der Vorgang der vertragsmäßig bedungenen Gewinnansammlung liegt, da die hierfür festgesetzte Periode bereits verstrichen ist — in dem in RGZ. Bd. 129 entschiedenen Falle am 1. Januar 1924, in dem vorliegenden am 1. Oktober 1926, was rechtlich keinen Unterschied bedeutet — vollständig in der Vergangenheit; der an den betreffenden

Tagen fällig gewordene Gewinnanteil bedarf also nur noch der Ausrechnung nach Maßgabe der abgeschlossen vorhandenen Unterlagen; dadurch, daß noch eine rechnerische Operation nötig ist, wird aber das Merkmal der Bestimmtheit nicht in Frage gestellt. An dieser Auffassung hält der Senat fest. Ihre Richtigkeit wird jedenfalls dann von niemandem bezweifelt werden, wenn die vorzunehmende Rechenoperation einfacher Natur ist, wenn also z. B. eine Verpflichtung dahin ginge, für zehn in der Vergangenheit liegende Jahre je einen Betrag von 1000 M. zu zahlen, und nur 10 × 1000 gerechnet zu werden brauchte. Es kann aber begrifflich keinen Unterschied bedeuten, ob sich ein verwickelterer Rechnungsvorgang nötig macht. Auch geht der hier von der Revision erhobene Einwand fehl, daß die Art und Weise, wie der eingeklagte Gewinnansammlungs-Anteil zu berechnen sei, bei Eintritt seiner Fälligkeit noch nicht festgestanden habe. Ausweislich des Versicherungsscheins war zwischen den Parteien vereinbart, daß die Bestimmung des Gewinnanteils nach den Grundsätzen und Methoden zu erfolgen habe, wie sie die Beklagte für die bezügliche Verteilung annehme; die Berechnungsart stand also vertraglich fest. Dieses Ergebnis würde auch nicht dadurch in Frage gestellt, daß etwa — was dahinstehen mag — mit der Revision und mit Mügel (a. a. O. S. 2382 1. Sp.) anzunehmen wäre, der Kläger könne unter gewissen Voraussetzungen der Berechnungsart der Beklagten gemäß § 315 BGB. widersprechen. Denn ein solcher besonderer Rechtsbehelf würde nichts daran ändern, daß nach der von vornherein getroffenen und bis zum Eintritt der Fälligkeit des Gewinnanteilanspruchs nicht angefochtenen Vereinbarung der Parteien die Berechnungsart festgelegt war.

Jener Anspruch hat also eine bestimmte in Mark ausgedrückte Geldsumme zum Gegenstande. Die von der Revision ferner unter Hinweis auf die Ausführungen Mügels (a. a. O. S. 2381 2. Sp., S. 2382, 2383) vorgetragenen Angriffe gehen in der Richtung, daß der Gewinnanteilanspruch als Wertanspruch anzusehen sei. Mügel erinnert daran, daß nach feststehender Rechtsprechung der Auseinandersetzungsanspruch des stillen Gesellschafters ebenso behandelt werde wie der des offenen Handelsgesellschafters, obwohl nur dem letzteren ein Anteil am Gesellschaftsvermögen, dagegen dem ersteren nur eine Forderung zustehe; er will diesen Grundsatz in rechtsähnlicher Anwendung auf den hier gegebenen Sachverhalt übertragen. Dem kann der erkennende Senat nicht folgen. Die auch hier festzuhaltende Grundlage der Erwägungen, die der Senat zur Frage der Wertbeständigkeit des Anspruchs im Urteil vom 27. Mai 1930 angestellt hat, war die dort näher begründete Meinung, daß man es mit einem einheitlichen Lebensversicherungsvertrage zu tun hat, eine Annahme, die übrigens auch Mügel billigt (a. a. O. S. 2379 1. Sp.). Ist dem aber so, dann bleibt für eine Anwendung des Gesellschaftsrechts in irgendwelcher Form kein Raum; denn Gesellschaftsvertrag und Versicherungsvertrag sind völlig verschiedene Rechtsfiguren. Mithin kann — wie im Urteil vom 27. Mai 1930 (RGZ. Bd. 129 S. 140) dargelegt — ein Wertanspruch nur dann in Frage kommen, wenn die Beklagte auf Grund des Versicherungsverhältnisses ein Sondervermögen in wertbeständigen Werten gebildet hätte mit der Bestimmung, daß es zur Sonderbefriedigung einer Gemeinschaft der Versicherten wegen ihrer Gewinnanteilansprüche dienen sollte. Daß derartiges geschehen sei, hatte der Kläger im Vorprozesse nicht behauptet. Im Gegensatz dazu hat der Kläger des gegenwärtigen Rechtsstreits die Behauptung aufgestellt, die Beklagte habe in New York für die einzelnen Gruppen der Versicherten besondere Gewinnansammlungsfonds gebildet. Der Berufungsrichter hält dieses Vorbringen für widerlegt auf Grund des Gutachtens des Sachverständigen K., das im Rechtsstreit G. wider New York erstattet, aber auch hier von den Parteien vorgetragen worden ist. Den vom Kläger für die Bildung der Fonds benannten Zeugen Dr. Sch. hat das Kammergericht nicht vernommen; insoweit erhebt die Revision eine Verfahrensrüge aus § 286 ZPO. Diese ist unbegründet. Der Vorderrichter stellt als unstreitig fest, daß der Zeuge zu Anfang der 1890er Jahre nur zwei Jahre lang bei der Beklagten beschäftigt war. Es liegt demnach auf der Hand, daß er über deren Geschäftsgebarung während der Versicherungszeit des Klägers (seit 1901) nichts bekunden kann. Unter diesen Umständen ist die Stellungnahme des Berufungsgerichts nicht zu beanstanden, daß seine Überzeugung durch das Gutachten des K. voll begründet sei und auch nicht erschüttert werden würde, wenn etwa Sch. etwas Abweichendes angeben würde.

Unerheblich ist endlich das vom Kammergericht am Schlusse seiner Begründung erörterte Vorbringen des Klägers, der für die Beklagte bestellte Treuhänder habe seiner — des Klägers — Prozeßführung zugestimmt. Die Bemerkung im Urteil des Senats vom

27. Mai 1930, an die der Kläger damit anknüpft, war in dem Sinne gemeint, daß möglicherweise die Bedenken wegen der Passivlegitimation der Beklagten behoben werden könnten, wenn der Treuhänder der Prozeßführung dergestalt zustimmen würde, daß er ihr Ergebnis gegen sich gelten lassen wollte. Eine Zustimmung solchen Inhalts hat aber der Kläger nicht behauptet; er hat vielmehr — wie der Berufungsrichter feststellt — auf richterliches Befragen keine näheren Angaben über die Zustimmung des Treuhänders machen können. Damit erledigt sich auch die von der Revision in dieser Hinsicht erhobene Rüge.

Nach alledem ist der Klaganspruch mit dem Vorderrichter für unberechtigt zu halten.

Anhang:

Entscheidung des Staatsgerichtshofs.

In der verfassungsrechtlichen Streitsache

des Landes Baden,

Antragstellers und Antragsgegners,

und

1. des Landes Bayern,

2. des Landes Sachsen,

3. des Landes Württemberg,

Antragsgegner,

gegen

das Deutsche Reich,

Antragsteller und Antragsgegner,

wegen Benennung von Mitgliedern zum Verwaltungsrat der Deutschen Reichsbahn-Gesellschaft (StGH. 11/28),

hat der Staatsgerichtshof für das Deutsche Reich auf die mündliche Verhandlung vom 22. November am 25. November 1930 für Recht erkannt:

1. Der Antrag des Reichs wird abgewiesen.

2. Auf Grund der zur Auslegung des Staatsvertrages über den Übergang der Staatseisenbahnen auf das Reich vom 30. April 1920 abgegebenen Erklärungen haben die Länder

Bayern, Sachsen, Württemberg und Baden das Recht, je ein Mitglied des Verwaltungsrates der Deutschen Reichsbahn-Gesellschaft zu benennen.

Gründe:

I.

Nach Abschluß des vom Deutschen Reiche mit den ehemaligen Eisenbahnländern Preußen, Bayern, Sachsen, Württemberg, Baden, Hessen, Mecklenburg-Schwerin und Oldenburg geschlossenen Staatsvertrags über den Übergang der Staatseisenbahnen auf das Reich vom 30. April 1920, der dem Reiche das Eigentum und die Verwaltung der nunmehrigen Reichsbahn gebracht hatte, setzten alsbald früher lautgewordene Bestrebungen ein, die ganze Organisation von Grund aus zu ändern. Nach einem den Ländern schon im Jahre 1922 zugegangenen Referentenentwurf wollte man unter der Bezeichnung „Deutsche Reichsbahn" ein Sondervermögen bilden und die Verwaltung der Reichsbahn dem Reichsverkehrsminister unter Mitwirkung eines Verwaltungsrates unterstellen. Letzterer sollte für „die maßgeblichen dem Reichstag und Reichsrat bisher vorbehaltenen oder von ihm mit Recht beanspruchten Entscheidungen über die Führung der Verwaltung, insbesondere die Regelung des Haushaltes und die wichtigsten Tarife" zuständig sein. Zu einer solchen Änderung suchte damals das Reich die Zustimmung der Länder nach, die mit der Ausschaltung des Reichsrates ihren Einfluß auf die Verwaltung verloren haben würden, und stellte ihnen als Ersatz Sitze in dem zu bildenden Verwaltungsrate in Aussicht. Die Verhandlungen hierüber führten zu keinem Ergebnis, weil das Reich den Ländern ein Mitwirkungsrecht in dem Umfange, wie sie es verlangten, nicht einräumen wollte.

Im Januar 1924 ging den Ländern ein Entwurf einer Notverordnung zu — damals galt das Ermächtigungsgesetz vom 8. Dezember 1923 —, welche die Reichsbahn zu einem selbständigen wirtschaftlichen Unternehmen umgestalten sollte. In der Begründung zu diesem Entwurfe war ausgeführt, das Reich gewähre der Eisenbahn keinen Kredit mehr, es müsse mit ihrer Verselbständigung im Sinne des Art. 92 RVerf. Ernst gemacht werden. Die Begründung sagt dann weiter:

Zu § 2: Da die vorliegende Verordnung nur die rechtliche Grundlage für das neue Betriebsunternehmen „Deutsche Reichsbahn" schafft, tritt nicht von selbst eine Änderung in der Organisation der Deutschen Reichsbahn ein. Die innere Neugestaltung des Unternehmens muß — und zwar mit größter Beschleunigung — besonders durchgeführt werden. Die Verordnung sieht deshalb in § 10 ausdrücklich den Erlaß eines Gesetzes über die Deutsche Reichsbahn vor, dessen Hauptaufgabe die innere Ausgestaltung des neuen Unternehmens sein wird. Hierbei wird dem Reiche und den im Reichsrat vertretenen Ländern der zur Wahrung der öffentlichen Interessen notwendige Einfluß auf die Geschäftsführung zu sichern sein.

Zu § 10: . . . Deshalb wird die Leitung einem Vorstande unter Mitwirkung eines Verwaltungsrats zu übertragen sein. Das Nähere darüber, wie Vorstand und Verwaltungsrat zu bilden und wie überhaupt die Verfassung des neuen Unternehmens auszugestalten sein wird, muß dem künftigen Gesetz und der Geschäftsordnung überlassen bleiben. Dem Reich als dem Eigentümer der Reichseisenbahnen wird der ausschlaggebende Einfluß im Verwaltungsrat vorzubehalten sein. Indessen sollen dabei auch die Länder bezw. der Reichsrat wesentlich berücksichtigt werden.

Zu § 10 Abs. 2: Die Neuordnung der Reichsbahnverwaltung nach verkehrstechnischen und wirtschaftlichen Grundsätzen ist bereits vom Staatsvertrag über den Übergang der Staatseisenbahnen auf das Reich vorgesehen (Schlußprotokoll zu § 24 Ziff. 3). Insofern erfüllt die vorliegende Verordnung den Staatsvertrag. Sie will auch sonst ebensowenig wie das in Ergänzung dieser Verordnung vorgesehene Gesetz an den vertraglichen Abmachungen zwischen dem Reich und den Ländern etwas ändern.

Hieran schlossen sich Verhandlungen mit den Ländern Preußen, Bayern, Sachsen, Württemberg und Baden, die mit jedem Lande besonders geführt wurden. Die früheren Eisenbahnländer Hessen, Mecklenburg-Schwerin und Oldenburg hatte das Reich weder angegangen noch war es mit ihnen in Verhandlungen eingetreten.

Die getrennt geführten Verhandlungen, die sich auf verschiedene Punkte erstreckten, hatten betreffs der Beteiligung der Länder an dem in Aussicht genommenen Verwaltungsrate der Reichsbahn für Preußen, Bayern, Württemberg und Baden dasselbe Ergebnis. Es wurden zwischen ihnen und dem Reiche Erklärungen folgenden Inhalts ausgetauscht:

> In dem zukünftigen Verwaltungsrat der Deutschen Reichsbahn, auch dem vorläufig zu bildenden, erhält die . . . Regierung eine Vertretung aus eigenem Recht. Es soll angestrebt werden, daß unter den Mitgliedern des Verwaltungsrates, die etwa aus der freien Wirtschaft genommen werden, auch . . . vertreten ist.

Für Sachsen lautete die Bestimmung folgendermaßen:

> In dem zukünftigen Verwaltungsrat der Deutschen Reichsbahn, auch in dem vorläufig zu bildenden, erhält die Sächsische Regierung eine Vertretung aus eigenem Recht. Sollte im Verwaltungsrate ein engerer Ausschuß gebildet werden, so erhält Sachsen einen Sitz im engeren Ausschuß. Es soll angestrebt werden, daß unter den Mitgliedern des Verwaltungsrates, die etwa aus der freien Wirtschaft genommen werden, auch Sachsen vertreten ist.

Es heißt dann unter Punkt VII für Sachsen weiter:

> Sollten Bayern oder Preußen Anträge stellen, wie sie unter X des mit Bayern geschlossenen Abkommens vorbehalten sind, so behält sich die Sächsische Regierung ausdrücklich die gleichen Rechte wie Preußen vor.

Die einzelnen Erklärungen sind mit der gleichlautenden Formel eingeleitet: „Zur Auslegung des Staatsvertrags . . . werden . . . folgende Erklärungen abgegeben".

Der Vollzug der Erklärungen fand den getrennten Verhandlungen entsprechend zu verschiedenen Zeiten statt.

Für Bayern sind sie bereits am 13. Februar 1924 durch den Reichsverkehrsminister und den Bayerischen Handelsminister unterzeichnet worden. In einem Schreiben vom 19. Februar 1924 hat das Bayerische Handelsministerium dazu u. a. mitgeteilt, daß es den größten Wert darauf lege, nicht nur im Verwaltungsrate, sondern auch in einem etwa zu bildenden Arbeitsausschuß vertreten zu sein. Darauf hat der Reichsverkehrsminister am 25. März

1924 erwidert, die Zusammensetzung des Verwaltungsrates hänge nach den neuesten Mitteilungen wesentlich von der außenpolitischen Entwicklung, besonders davon ab, in welcher Art die Deutsche Reichsbahn zu den Reparationen herangezogen werde; das gleiche gelte von der Bildung eines Arbeitsausschusses. Er werde jedoch dafür eintreten, daß Bayern in dem Arbeitsausschuß entsprechend seiner Bedeutung vertreten sei.

Für Sachsen sind die Erklärungen vom Reichsverkehrsminister am 5. April 1924 und vom Sächsischen Wirtschaftsministerium am 24. April 1924 unterzeichnet worden. In dem Anschreiben des Reichsverkehrsministers vom 5. April 1924 wird hierzu unter Ziffer 10 bemerkt:

> Zugeständnisse, die vom Reich an Preußen und Bayern im Zusammenhang mit den aus Anlaß der Notverordnung ausgetauschten Erklärungen gemacht werden, werden auch Sachsen gemacht werden. Dies gilt jedoch nicht für die Vertretung Preußens und Bayerns im Direktorium. Im übrigen darf ich als bekannt voraussetzen, daß gegenwärtig zur Lösung der Reparationsfrage auf seiten unserer früheren Gegner Pläne erwogen werden, bei deren Durchführung die Verfassung der Deutschen Reichsbahn und die Verwirklichung der getroffenen Vereinbarungen wesentlich beeinflußt werden könnten. Deshalb muß auch die Frage, ob bei Bildung einer Aktiengesellschaft den Ländern eine Konsortialbeteiligung einzuräumen ist, bis zur Bekanntgabe dieser Pläne zurückgestellt werden.

Die Erklärungen gegenüber Württemberg hat der Reichsverkehrsminister am 25. März 1924 unterzeichnet und am 5. April 1924 an die Württembergische Regierung übersandt. Dazu schrieb er an demselben Tage:

> Die Zusammensetzung des Verwaltungsrates hängt nach den neuesten Mitteilungen wesentlich von der außenpolitischen Entwicklung, besonders davon ab, in welcher Weise die Deutsche Reichsbahn zu den Reparationen herangezogen wird; das gleiche gilt von der Bildung eines Arbeitsausschusses. Ich würde es sehr begrüßen, wenn eine Regelung nach der Richtung getroffen werden könnte, daß auch die Württembergische Regierung in dem Arbeitsausschuß mit beratender Stimme vertreten sein könnte. Ob sich

eine Berücksichtigung der württembergischen Wünsche in dieser Art oder durch Mitwirkung in einem von mehreren derartigen Arbeitsausschüssen ermöglichen läßt, entzieht sich naturgemäß zur Zeit jeder Beurteilung. Ich würde aber eine derartige Regelung für gangbar und im Interesse der Württembergischen Regierung liegend halten.

Darauf hat das Württembergische Arbeitsministerium am 12. April 1924 geantwortet:

Von den Ausführungen des dortigen Schreibens vom 25. v. M., das am 7. d. M. hier eingegangen ist, habe ich gern Kenntnis genommen. Ich darf hiernach feststellen, daß über folgende Punkte endgültige Einigkeit besteht:

1. über sämtliche Ziffern der dortseits bereits unterzeichneten Niederschrift vom 25. v. M. mit Ausnahme der Ziffer I 4 (Beschaffungswesen).

Weiter heißt es dann:

In meinem Schreiben vom 26. Februar d. J. hatte ich um Mitteilung der mit Preußen getroffenen Verabredung gebeten. Ich darf diese Bitte wiederholen und sie auf die mit Sachsen und Baden getroffenen Verabredungen ausdehnen. Je nach dem Inhalte dieser Verabredungen würde eine Änderung meiner Stellungnahme in Frage kommen. Des weiteren habe ich in meinem Schreiben vom 26. Februar d. J. erklärt, daß die Württembergische Regierung besonderen Wert darauf legen müsse, daß ihr der Schriftwechsel mit Bayern, soweit er sich auf die in der Niederschrift getroffene Vereinbarung bezieht und zu deren Ergänzung oder Erläuterung bestimmt ist, zur Kenntnis gebracht wird. Es handelt sich hierbei um das Begleitschreiben des Bayerischen Staatsministeriums für Handel, Industrie und Gewerbe vom 19. Februar d. J.

Die als Beilage zu dem dortigen Schreiben vom 25. v. M. übermittelten beiderseitigen Erklärungen werde ich vollziehen, sobald über die noch offene Frage der Regelung des Beschaffungswesens Einigkeit erzielt ist.

Zu einer Regelung des Beschaffungswesens ist es trotz mehrfacher Besprechungen nicht gekommen. Württemberg hat die Erklärungen nicht unterzeichnet.

Gegenüber der Badischen Regierung hat der Reichsverkehrsminister die Erklärungen am 26. März 1924 vollzogen. In dem Begleitschreiben vom 5. April 1924, mit dem sie übersandt wurden, hat der Reichsverkehrsminister wegen der Zusammensetzung des Verwaltungsrates dieselbe Erklärung abgegeben, wie sie vorstehend Württemberg gegenüber wiedergegeben ist. Die Badische Regierung hat die Schriftstücke am 5. Mai 1924 unterzeichnet.

Nachdem am 8. April 1924 der Dawesplan in Paris übergeben und am 9. April 1924 beim Auswärtigen Amt in Berlin eingegangen war, fand am 9. Mai 1924 im Reichsfinanzministerium eine Besprechung mit den Vertretern der früheren Eisenbahnländer statt, in der über die Frage der Einwirkung des Planes auf den Staatsvertrag über den Übergang der Eisenbahnen auf das Reich verhandelt wurde. Dabei erklärte der Vertreter der Reichsregierung:

> Die zwischen dem Reichsverkehrsministerium und den einzelnen Ländern ausgetauschten Erklärungen werden, soweit dies bis jetzt zu übersehen ist, durch das Sachverständigengutachten nicht berührt, abgesehen von den Erklärungen über die Beteiligung am Verwaltungsrate, die durch die anderweitige Erklärung der Reichsregierung ersetzt sind.

Gleichzeitig machte er den Vorschlag, den Ländern zur Regelung der Restabfindung ein Fünftel der Stammaktien zu überweisen und von den durch die Reichsregierung zu besetzenden Sitzen im Verwaltungsrat ebenfalls ein Fünftel zu überlassen. Dieser Erklärung widersprachen die Ländervertreter, sie lehnten auch den Vorschlag ab.

Zwischen der Reichsregierung und der Bayerischen Regierung haben dann noch weitere Verhandlungen über etwaige Einwirkungen des Dawesplanes auf die Erklärungen vom 13. Februar 1924 stattgefunden, die unter der Überschrift „Erklärungen der Reichsregierung und der Bayerischen Landesregierung" am 30. Juli 1924 zu folgender Abmachung geführt haben:

1. Die Reichsregierung wird sich bemühen, zu erreichen, daß das Organisationskomitee das Abkommen vom 13. Februar 1924 vollständig oder in möglichst großem Umfang als nicht mit dem Reichsbahngesetz und der Gesellschaftssatzung in Widerspruch stehend erklärt.

2. Die Reichsregierung wird sich mit allen ihr gegenüber der neuen Gesellschaft zur Verfügung stehenden Möglichkeiten dafür einsetzen, daß die Bestimmungen des Februar-Abkommens von der Gesellschaft erfüllt werden, soweit dies im Rahmen des Gesellschaftszweckes überhaupt möglich ist. Insbesondere wird die Reichsregierung für die Beibehaltung des Grundsatzes der Dezentralisation gemäß § 24 des Staatsvertrages und des Schlußprotokolls hierzu und gemäß den Bestimmungen des erwähnten Abkommens eintreten; sie wird sich auch dafür einsetzen, daß der Leiter der Gruppe Bayern Mitglied des Vorstandes wird, und daß seine Ernennung im Einvernehmen mit der Bayerischen Regierung erfolgt.
3. Die Reichsregierung wird einen Bayern zum Mitglied des Verwaltungsrats der Deutschen Reichsbahn-Gesellschaft ernennen und sich wegen der Auswahl der Persönlichkeit mit der Bayerischen Regierung verständigen.

In seinem Übersendungsschreiben vom 8. August 1924 bemerkt der Reichsverkehrsminister hierzu:

Was die Besetzung des Verwaltungsrats anlangt, so möchte ich zugleich namens des Herrn Reichsministers der Finanzen aus der mündlichen Erörterung festhalten, daß die Bayerische Staatsregierung mit der Reichsregierung den Punkt 3 der Erklärungen dahin versteht, daß der Personenkreis, der für die Auswahl in Betracht kommt, sich in den Gesamtrahmen der Verteilung der Plätze durch die Reichsregierung eingliedern muß. Als Beispiel wurde angeführt, daß die Bayerische Regierung sich nicht auf einen Beamten versteifen werde, wenn die Reichsregierung ihrerseits nicht einen Beamten wünscht, und daß auch die etwaige andere Frage, ob ein Industrieller oder ein Landwirt auszuwählen ist, sich nach der allgemeinen von der Reichsregierung vorgenommenen Verteilung der Sitze auf die Berufsgruppen richten muß.

Das Antwortschreiben des Bayerischen Handelsministeriums vom 31. August 1924, das zu den Erklärungen vom 30. Juli 1924 Stellung nimmt, geht auf die Frage des Personenkreises nicht ein und bemerkt zu der vorangeführten Ziffer 3 nur, es sei von der Fassung des Reichsverkehrsministers zu Ziffer 3 der Erklärungen Kenntnis genommen.

Als im September 1924 die Besetzung des Verwaltungsrates zum ersten Male vor sich gehen sollte, entstanden Meinungsverschiedenheiten zwischen Bayern und der Reichsregierung über die Bedeutung der Ziffer 3. Letztere vertrat den Standpunkt, Bayern müsse sich mit seinen Vorschlägen im Rahmen des von ihr aufgestellten Gesamtplanes halten, die Berufsgruppe, aus der die zu ernennende Persönlichkeit zu entnehmen sei, habe sie, die Reichsregierung, zu bestimmen. Dieser Auffassung widersprach die Bayerische Regierung in einem Schreiben an den Reichskanzler vom 14. September 1924:

Der Sinn und die Bedeutung dieser Abmachung kann nur der sein, daß die Bayerische Regierung auf die Ernennung dieses bayerischen Mitglieds zum Verwaltungsrat unmittelbaren und ausschlaggebenden Einfluß nehmen kann. Dieser Einfluß der Bayerischen Regierung wird durch die Forderung des Herrn Reichsfinanzministers, daß der bayerische Vorschlag nur innerhalb einer von der Reichsregierung bestimmten Gruppe erfolgen könne, wenn nicht überhaupt wirkungslos gemacht, so doch wesentlich eingeschränkt. Es ist richtig, daß bei den Verhandlungen in München am 30. Juli d. J. von der Reichsregierung der Wunsch geäußert worden ist, daß der Vorschlag der Bayerischen Regierung die von der Reichsregierung aufgestellte Gruppe berücksichtigen möge. Die Bereitwilligkeit der Bayerischen Regierung, diesem Wunsche nachzukommen, hatte jedoch zwei Voraussetzungen.

Einmal ging die Bayerische Regierung selbstverständlich auch hierbei von der Meinung aus, daß auch über die Gruppenzuteilung eine Verständigung zwischen dem Reich und der Bayerischen Regierung erfolgen müsse, und daß nicht die Reichsregierung ohne jede Fühlungnahme mit der Bayerischen Regierung einfach eine Gruppe für Bayern bestimmen könne. Dann aber war man damals der Ansicht, daß deutscherseits in den Verwaltungsrat nur ausschließlich Männer der Wirtschaft, die aus den einzelnen Wirtschaftsgruppen genommen werden müßten, benannt werden könnten. Nun aber zeigt sich, daß durch den Treuhänder — sicherlich aber nicht ohne Fühlungnahme mit der Reichsregierung — zwei deutsche Eisenbahnfachleute in den Verwaltungsrat gebracht werden (Stieler und Sarre).

In einem Antwortschreiben des Reichsfinanzministers vom 19. September 1924 wurde entgegnet:

Vor allen Dingen legt die Reichsregierung aber Gewicht darauf, daß durch ihr großes Entgegenkommen im vorliegenden Falle die Rechtslage nicht verdunkelt wird. Bei der Besprechung in München vom 30. Juli 1924 ist mündlich festgestellt worden, daß die Berufsgruppe oder der Lebenskreis, aus dem die Persönlichkeit, die Gegenstand der Verständigung sein sollte, zu entnehmen ist, von der Reichsregierung im Rahmen des Gesamtplanes festzustellen ist. Außerdem ist dieser Gesichtspunkt im Schreiben des Herrn Reichsverkehrsministers Oeser vom 8. August 1924 an die Bayerische Staatsregierung ausdrücklich festgelegt worden, ohne daß hiergegen alsbald Einspruch erhoben worden ist. Die Reichsregierung legt auf die Innehaltung dieser Regelung bei einer etwaigen Neubesetzung des Postens besonderen Wert.

Am 20. Oktober 1924 erwiderte der Bayerische Staatsminister des Äußern, die Auslegung der Abmachungen durch die Reichsregierung könne nicht anerkannt werden, der Sinn der Abmachung könne nur der sein, daß die Bayerische Regierung auf die Ernennung des bayerischen Mitglieds unmittelbar und ausschlaggebend Einfluß nehmen könne. Er fährt dann fort:

Die Bereitwilligkeit der Bayerischen Regierung, bei dem Vorschlagsrecht zum Verwaltungsrat die Wünsche der Reichsregierung für eine bestimmte Gruppe im Rahmen des Gesamtplanes zu berücksichtigen, wurde nur unter der selbstverständlichen Voraussetzung gegeben, daß auch über die Gruppenzuteilung eine Verständigung zwischen dem Reiche und der Bayerischen Regierung erfolgt, und daß Bayern nur dann auf die Wirtschaft beschränkt wird, wenn auch tatsächlich nur Männer aus der Wirtschaft deutscherseits für den Verwaltungsrat benannt werden. Bei dem Eingange des Schreibens des Herrn Reichsverkehrsministers Oeser vom 8. August d. J. konnte angenommen werden, daß diese beiden Voraussetzungen erfüllt werden. Da aber dann überraschenderweise auch bekannte erstklassige Eisenbahnfachleute in dem Verwaltungsrat Platz fanden, mußte die Bayerische Regierung das Verlangen stellen, dem dankenswerterweise die Reichsregierung entsprochen hat ...

Der Reichsfinanzminister entgegnete am 28. November 1924:

Auch die Reichsregierung legt besonderen Wert darauf, daß über die Berufsgruppe, der das bayerische Verwaltungsratsmitglied zu entnehmen ist, mit der Bayerischen Regierung eine Verständigung herbeigeführt wird. Sie muß aber für den Fall, daß eine Verständigung nicht gelingen sollte, für sich das Recht der Bestimmung der Berufsgruppe in Anspruch nehmen, da sich diese in den Rahmen des Gesamtplanes einfügen muß. Eine Überlassung dieses Rechts an die Bayerische Regierung würde dahin führen, daß die Bayerische Regierung das bayerische Verwaltungsratsmitglied einseitig und ohne Rücksichtnahme auf die von der Reichsregierung dabei zu beobachtenden Gesichtspunkte bestimmen könnte. Es liegt auf der Hand, daß ein solches Ergebnis für die Reichsregierung nicht annehmbar gewesen wäre.

Die in dem dortigen Schreiben der zu Ziffer 3 des Abkommens getroffenen Verabredung gegebene Auslegung findet weder in der ihr unmittelbar zugrundeliegenden noch in später geführten mündlichen Verhandlungen eine Stütze. Etwa nur Männer der gleichen Gruppe, z. B. der Wirtschaft, für den Verwaltungsrat zu benennen, ist niemals Absicht der Reichsregierung gewesen, deshalb ist eine solche Absicht auch niemals von ihrer Seite bekundet worden. Es ist vielmehr von Anfang an darauf hingewiesen worden, daß gerade, weil die Auswahl sich auf mehrere Berufsgruppen erstrecken muß, es notwendig wird, daß Bayern bei Benennung eines Mitgliedes auf die gebotene Gruppenverteilung Rücksicht nimmt. Wenn dessen ungeachtet die Bayerische Regierung es als selbstverständlich bezeichnet, daß auch über die Gruppenverteilung eine Verständigung erfolge, und Bayern nur dann auf eine bestimmte Gruppe beschränkt werde, wenn tatsächlich deutscherseits nur Männer aus dieser Gruppe benannt würden, so steht das mit den dieserhalb gepflogenen Verhandlungen in unmittelbarem Widerspruch. Eine solche Annahme kann daher auch nicht als selbstverständliche Voraussetzung für die dortige Zusage geltend gemacht werden.

Ich muß hiernach an dem in meinem Schreiben vom 19. September 1924 dargelegten Standpunkt festhalten und für die Reichsregierung in Anspruch nehmen, daß die getroffenen Abreden von ihr durchaus in loyaler Weise durchgeführt werden.

Am 28. Januar 1925 schrieb der Reichsverkehrsminister an das Bayerische Handelsministerium:

In der Anlage übersende ich ergebenst zwei für die Reichsregierung unterzeichnete Stücke der „Erklärungen" vom 30. Juli v. J. in der in dem dortigen Schreiben vom 31. August vorgeschlagenen Fassung. Hinsichtlich der Auslegung der Ziffer 3 der „Erklärungen" verweise ich ergebenst auf die Schreiben des Reichsministers der Finanzen an die Bayerische Staatsregierung und das Bayerische Staatsministerium des Äußern vom 19. September und 28. November 1924 — I A 4587 und 5162.

Darauf antwortete das Bayerische Handelsministerium am 5. März 1925:

Anliegend übersende ich ein Stück der „Erklärungen" vom 30. Juli 1924 unterzeichnet zurück.

Hinsichtlich der Auslegung der Ziffer 3 der Erklärungen kann ich die Auffassung des Reichsministers in seinem Schreiben an die Bayerische Staatsregierung und das Bayerische Staatsministerium des Äußern vom 19. September und 28. November v. J. — I A 4587 und 5162 — nicht anerkennen.

Ich verweise demgegenüber vielmehr auf das Schreiben des Bayerischen Handelsministeriums vom 14. September v. J. — Nr. 18131 — an den Herrn Reichskanzler und des Ministeriums des Äußern vom 20. Oktober v. J. — Nr. 26877 — an den Herrn Reichsminister der Finanzen. Ich muß an der in diesen Schreiben niedergelegten Auffassung festhalten. Es muß daher leider festgestellt werden, daß hinsichtlich der Auslegung der Ziffer 3 der Erklärungen eine Übereinstimmung zwischen der Reichsregierung und der Bayerischen Regierung nicht besteht. Ich darf jedoch hierbei bemerken, daß der Wortlaut der Ziffer 3 zweifellos für die bayerische Auffassung spricht. Weitere Verhandlungen über die Auslegung dieser Bestimmung müssen daher für gegebene Zeit vorbehalten bleiben.

Die Sächsische Regierung hat auf die bei der Besprechung vom 9. Mai 1924 abgegebene Erklärung der Vertreter der Reichsregierung am 13. Mai 1924 dem Reichsverkehrsminister mitgeteilt, sie bestehe auf der Erfüllung der Zusage, die in Kenntnis der Verhandlungen mit der Entente und zu einer Zeit abgegeben worden sei, da schon mit Bestimmtheit damit habe gerechnet werden können, daß der Feindbund die Überführung der Reichsbahn in ein Aktienunternehmen verlangen werde. Sachsen habe die Zusage auf einen Sitz im Verwaltungsrate und einen weiteren im engeren Ausschusse. Darauf habe es stets bestanden, auch als durch neue Unterhändler versucht worden sei, es zur Rückgängigmachung derselben im Wege der Angleichung an die den übrigen Eisenbahnländern gemachten Zusicherungen zu bewegen. Der engere Ausschuß habe aus 4 bis 5 Personen bestehen sollen. Wenn man Sachsen unter diesen einen Sitz habe einräumen wollen, so sei nicht einzusehen, warum es unter den 9 Sitzen, die das Reich im Verwaltungsrate zur Verfügung habe, nicht einen sollte erhalten können. Es erwecke den Eindruck, als ob die erfolglosen nach dem 8. Februar 1924 einsetzenden Versuche, den Vertrag zu diesem Punkte aufzuheben, nunmehr mit Hilfe des Ententegutachtens unter dem Deckmantel außenpolitischer Bedenken durchgesetzt werden sollten. Es würde auch eine ungerechtfertigte Bevorzugung Bayerns bedeuten, wenn dieses einen Direktorposten und einen Sitz im Verwaltungsrate erhalte, während Sachsen leer ausgehe.

Am 14. Mai 1924 fand dann noch eine Besprechung des Sächsischen Finanzministers mit dem Staatssekretär Fischer im Reichsfinanzministerium statt, in der letzterer den Standpunkt vertrat, die Erklärungen des Reichsverkehrsministers hätten eine staatsrechtliche Bindung des Reichs nicht herbeiführen können, sie hätten sich nur auf den Verwaltungsrat des Unternehmens „Deutsche Reichsbahn", nicht aber auf den in dem damals noch unbekannten Sachverständigengutachten vorgesehenen bezogen. Damit sei eine ganz neue Lage geschaffen.

Weitere Schritte hat Sachsen, dem ein Sitz in dem erstmalig gebildeten Verwaltungsrat eingeräumt wurde, nicht unternommen.

Baden hat im Herbst 1924 bei Bildung des Verwaltungsrates keinen Sitz in diesem erhalten. Es führt hierüber in einem an den Reichskanzler gerichteten Schreiben vom 15. Oktober 1924 Klage und sagt:

Das Sachverständigengutachten und seine Auswirkung haben

wohl die Voraussetzungen geändert, unter welchen jene Verhandlungen abgeschlossen worden waren. Wenn aber der Herr Reichsverkehrsminister damals von der Berechtigung der badischen Forderungen so sehr überzeugt war, daß er in dankenswerter Weise für Baden die erwähnten Zugeständnisse machte, so erscheint es unerträglich, daß bei der nun vollzogenen Neuregelung der Reichsbahn-Gesellschaft Baden auch nicht in einem einzigen Punkte Berücksichtigung fand.

In einem weiteren Schreiben vom 20. Februar 1928, in dem Baden seinen Anspruch erneut geltend gemacht hat, heißt es:

Daß die ausgetauschten Erklärungen vom Frühjahr 1924 durch den Dawesplan beeinflußt werden, ist ohne weiteres zuzugeben. Auf die seitens der Reichsregierung in der Verhandlung vom 9. Mai 1924 abgegebenen Erklärungen kann Bezug genommen werden, wenn auch einschränkend erwähnt werden darf, daß die einseitige Mitteilung des Reiches die zuvor abgeschlossene Vereinbarung mit den Ländern nicht ersetzen konnte. Dazu waren neue Verhandlungen erforderlich, die, wie wir jetzt erst den veröffentlichten Drucksachen entnehmen, tatsächlich auch zwischen dem Reich und einzelnen Ländern (Preußen, Bayern) im Sommer 1924 stattgefunden haben.

Nach Erlaß der Notverordnung vom 12. Februar 1924 ist es zur Bestellung eines Verwaltungsrates noch nicht gekommen. Erst im Herbst 1924, nach Erlaß des Gesetzes über die Deutsche Reichsbahn-Gesellschaft, wurde er gebildet. Preußen, Bayern und Sachsen erhielten je einen Sitz, die von ihnen benannten Vertreter wurden als Mitglieder ernannt. Als der Vertreter Preußens im Laufe seiner Amtszeit starb, schlug Preußen einen neuen Vertreter vor, dessen Persönlichkeit dem Reiche nicht genehm war. Da beide Parteien in den nun folgenden Verhandlungen sich nicht einigen konnten, beendete das Reich die Verhandlungen damit, daß es selbständig den ehemaligen Reichskanzler **Luther** als Nachfolger bestellte. Darauf erhob **Preußen** Klage beim Staatsgerichtshof für das Deutsche Reich, der in seiner Entscheidung vom 7. Mai 1927 (StGH. 3/26, abgedr. RGZ. Bd. 116 Anh. S. 1) für Recht erkannte:

Auf Grund Ziffer IV der zur Auslegung des Staatsvertrags über den Übergang der Staatseisenbahnen auf das Reich vom

30. April 1920 von dem Reichsverkehrsminister und dem Preußischen Minister für Handel und Gewerbe abgegebenen Erklärungen vom 25. März 1924 hat Preußen gegenüber dem Reiche das Recht, ein Mitglied des Verwaltungsrates der Deutschen Reichsbahn-Gesellschaft zu benennen.

Das Urteil führt im wesentlichen folgendes aus:

a) Die Rechtsgültigkeit der Erklärungen sei von beiden Streitteilen anerkannt, gegen sie beständen keine Bedenken.

b) Die Zusage bedeute, daß Preußen ganz allgemein für den vorläufigen und für jeden in Zukunft zu bildenden Verwaltungsrat der Reichsbahn unmittelbar einen Vertreter zu ernennen berechtigt sein solle.

c) Bei Abgabe der Erklärungen sei dem Reiche bekannt gewesen, daß die Gutachten der von der Reparationskommission bestellten Ausschüsse die Neuregelung des Eisenbahnwesens stark beeinflussen und die Durchführung seiner eigenen Absichten besonders bezüglich des Verwaltungsrates ausschließen würden. Wenn es gleichwohl Preußen in dem zukünftigen Verwaltungsrate der Reichsbahn eine Vertretung aus eigenem Rechte zugesagt habe, so könne es sich nachträglich der Erfüllung seiner Verpflichtungen nicht damit entziehen, daß es sich auf die durch den Dawesplan und seine Auswirkungen herbeigeführte Änderung der Umstände berufe.

d) Das Reichsbahngesetz lasse der Reichsregierung in der Ernennung der Mitglieder des Verwaltungsrates völlig freie Hand, allerdings übertrage es die Ernennung ausschließlich ihr selbst. Preußen nehme nunmehr nur noch in Anspruch, daß eine von ihm zu benennende Persönlichkeit von der Reichsregierung ernannt werde. Einer dahingehenden vertraglichen Bindung stehe das Gesetz nicht entgegen.

e) Die Undurchführbarkeit der Zusage habe das Reich nicht dargetan.

Seinem Interesse an einem Einfluß in dem Verwaltungsrate stehe ein ebenso erhebliches und berechtigtes Interesse der Länder gegenüber. Ihnen sei das Recht unter Umständen zugesagt worden, die dem Reiche keinen Zweifel darüber gelassen hätten, daß ihm die Erfüllung einmal sehr lästig werden könne.

Eine auf diese Gefahr hin abgegebene feste und verbriefte Zusage lasse sich nicht damit abtun, daß man ihr den Eintritt des zur Zeit der Abgabe als möglich vorauszusehenden Erfolges entgegenhalte.

Das Reich habe nach dem Reichsbahngesetz auch noch andere Rechte, so daß sein Einfluß auf die Verwaltung der Reichsbahn auch beim Verluste sämtlicher Verwaltungsratssitze keineswegs ausgeschaltet sei. Umgekehrt sei die Vertretung in ihm das einzige Recht, das den Ländern verblieben sei. Eine Abwägung der beiderseitigen Interessen könne also nicht zu einem völligen Ausschlusse der Länder, sondern höchstens dazu führen, daß das Reich eine angemessene Verteilung der ihm zur Verfügung stehenden Sitze zwischen ihm und den Ländern fordern könne.

Die Befürchtungen des Reiches nach dieser Richtung hin hielten aber auch einer vorurteilslosen Prüfung nicht stand.

Daß die Ländervertreter den Instruktionen ihrer Regierungen folgen und eine unsachliche Haltung einnehmen würden, entbehre jeder Begründung.

Mit dem Verluste der auf die Vertreter der Inhaber der Vorzugsaktien entfallenden und von der Reichsregierung für sie frei zu machenden Sitze sei vorerst nicht zu rechnen.

Es könne allerdings der Fall eintreten, daß die übrigen an den Erklärungen beteiligten Länder denselben Anspruch wie Preußen erhöben. Zurzeit sei jedoch dieser Einwand unbegründet, da solche Ansprüche nicht erhoben seien. Wenn aber auch die Besetzung von fünf Stellen mit Ländervertretern unmöglich sein sollte, so folge daraus noch nicht, daß nun sämtliche Sitze dem Reiche verbleiben müßten. Preußen gegenüber, das 75% des Eisenbahnbesitzes eingebracht habe, entbehre der Einwand selbst für den Fall der Berechtigung, daß alle anderen Sitze außer diesen fünf dem Reiche verloren gingen.

Der damals als möglich unterstellte Fall, daß auch andere Länder denselben Anspruch erheben könnten wie Preußen, ist im Jahre 1928 eingetreten, da das Land Baden unterm 30. Juni 1928 eine Klage beim Staatsgerichtshofe für das Deutsche Reich erhoben und beantragt hat:

für Recht zu erkennen, daß Baden auf Grund von Ziffer III der zur Auslegung des Staatsvertrags über den Übergang der Staatseisenbahnen auf das Reich vom 30. April 1920 von dem Reichsverkehrsminister und dem Badischen Finanzminister abgegebenen Erklärungen vom 26. März / 5. Mai 1924 gegenüber dem Reiche das Recht hat, ein Mitglied des Verwaltungsrates der Deutschen Reichsbahn-Gesellschaft zu benennen.

Zur Begründung seines Antrags hat sich Baden auf die Ausführungen des früheren Urteils des Staatsgerichtshofes bezogen und besonders darauf hingewiesen, daß es als Grenzland und infolge seiner besonderen wirtschaftlichen Verhältnisse ein Interesse an einer Vertretung im Verwaltungsrat der Reichsbahn-Gesellschaft habe.

Das Reich hat die Streitigkeit auf die übrigen an den Erklärungen beteiligten Länder mit Ausnahme von Preußen ausgedehnt. Es macht geltend, die Ansprüche der Länder seien nur einheitlich zu prüfen, sie ständen untereinander, wie auch das frühere Urteil ausführe, in einem konkurrierenden Verhältnisse. Wenn auch die Erklärungen jede für sich abgegeben worden seien, stellten sie im ganzen doch eine einheitliche Maßnahme dar und stimmten, soweit die Frage des Verwaltungsrates in ihnen behandelt sei, nach Inhalt und Fassung überein.

Das Reich stellt den Antrag:

Der Staatsgerichtshof wolle unter Zurückweisung des von Baden gestellten Antrags feststellen, daß die Länder Bayern, Baden, Sachsen und Württemberg keinen Rechtsanspruch darauf haben, ein Mitglied des Verwaltungsrates der Deutschen Reichsbahn-Gesellschaft zu benennen.

In erster Linie bestreitet das Reich nunmehr, im Gegensatz zu seiner Einstellung in der früheren Streitigkeit, daß die von dem Reichsverkehrsminister abgegebenen Erklärungen rechtsverbindlich seien.

I. Grundsätzlich sei davon auszugehen, daß Staatsverträge, die wie der Staatsvertrag über den Übergang der Eisenbahnen auf das Reich vom 30. April 1920 unter Mitwirkung der gesetzgebenden Körperschaften des Reichs und der Länder geschlossen seien, auch nur unter Mitwirkung derselben Staatsorgane geändert werden könnten. Es sei allerdings möglich, daß den zuständigen Regierungen besondere Ermächtigungen erteilt und sie so in die Lage versetzt seien, selbständig zu handeln. Dieses Recht sei den am

Staatsvertrage beteiligten Regierungen in § 43 StV. in gewissem Umfang und unter folgenden Voraussetzungen erteilt:

1. Die Ausführungsvereinbarungen müßten von den beteiligten Regierungen getroffen sein.
2. Sie müßten zur Auslegung oder Ergänzung des Staatsvertrags dienen.
3. Sie müßten Fragen regeln, die sich bei der Ausführung des Staatsvertrags ergeben hätten.

An allen diesen Voraussetzungen fehle es für die Erklärungen von 1924.

Es gebe Sachgebiete, bei denen Sondervereinbarungen zwischen dem Reiche und einzelnen Ländern in Frage kommen könnten. Dies gelte aber nicht für den vorliegenden Fall, da grundlegende und entscheidende Fragen der Organisation, nämlich die Besetzung des Verwaltungsrates, geregelt worden seien. Sie hätten nur einheitlich unter Zuziehung der Länder Hessen, Mecklenburg-Schwerin und Oldenburg geordnet werden dürfen (vgl. RGZ. Bd. 115 Anh. S. 1).

Die Erklärungen gingen aber auch über eine Auslegung oder Ergänzung des Staatsvertrags, wie sie § 43 zulasse, hinaus; sie enthielten eine Änderung des Vertrags. In § 16 sei klar ausgesprochen, daß die Verwaltung der Reichsbahn ausschließlich Sache des Reichs sei. Das Gegenteil dieses Grundgedankens sei es, wenn in den Erklärungen den Ländern ein Einfluß auf die Besetzung des Verwaltungsrates eingeräumt und sie so in die Lage versetzt würden, ihre besonderen Interessen zur Geltung zu bringen. Darin liege eine Abänderung des Vertrags.

Bei den organisatorischen Maßnahmen, die mit der Errichtung der Reichsbahn-Gesellschaft getroffen worden seien, handle es sich aber auch nicht mehr um eine Ausführung des Staatsvertrags, sondern um einen davon völlig unabhängigen staatsrechtlichen Akt, der eine vollkommene Umgestaltung der Rechtsverhältnisse der Reichsbahn gebracht habe und nicht durch den Staatsvertrag bedingt, sondern erst durch später eingetretene Umstände — Inflation und Dawesplan — veranlaßt worden sei.

II. Scheide somit § 43 StV. aus, so erkläre § 9 der Notverordnung vom 12. Februar 1924 die Bildung eines Verwaltungsrates durch die Reichsregierung für zulässig. Ihr habe daher ohne Mitwirkung der gesetzgebenden Körperschaften die Entscheidung über die Bildung eines Verwaltungsrates überhaupt und über seine Organisation zugestanden. Für die Besetzung dieses Verwaltungsrates habe also der Reichsverkehrsminister Zusagen machen dürfen. Sie hätten aber nur für den Geltungsbereich der Notverordnung, also für das Unternehmen „Deutsche Reichsbahn" verbindliche Kraft gehabt und nur insoweit Rechtsansprüche der Länder erzeugen können. Soweit hingegen der Verwaltungsrat im Sinne des nach § 10 Abs. 1 NotVo. in Aussicht genommenen Gesetzes in Frage komme, das unter Mitwirkung der gesetzgebenden Körperschaften zu schaffen gewesen sei, handle es sich nur um Bedingungen in dem Sinne, daß die Reichsregierung dafür eintreten werde, daß auch in diesem Gesetze den Ländern das Recht auf Ernennung eines Mitgliedes zum Verwaltungsrate eingeräumt werde.

Im Reichsbahngesetz sei bestimmt, daß die Reichsregierung die Mitglieder des Verwaltungsrates ernenne. Sie sei nicht berechtigt, ihr Ernennungsrecht auf die Länderregierungen weiter zu übertragen. Dies geschehe aber, wenn sie ihnen ein Benennungsrecht mit der Folge der Ernennung zugestehen wolle.

Wolle man aber gleichwohl den § 9 der Gesellschaftssatzung dahin verstehen, daß die Reichsregierung den Ländern ein Präsentationsrecht einräumen dürfe, so folge daraus noch nicht, daß die Erklärungen von 1924 für den Verwaltungsrat der Deutschen Reichsbahn-Gesellschaft rechtliche Bedeutung hätten, da sie nur im Rahmen der zur Zeit ihrer Abgabe vorhandenen Rechtsgrundlage Rechtswirkungen haben könnten. Billige man der Reichsregierung die Einräumung von Präsentationsrechten aus § 9 der Gesellschaftssatzung zu, so sei damit erst die Rechtsgrundlage hierfür geschaffen. Hätten die Erklärungen auch für den Verwaltungsrat der Reichsbahn-Gesellschaft rechtswirksam werden sollen, so hätte es nach Erlaß des Reichsbahngesetzes einer Wiederholung bedurft.

III. Bei den Verhandlungen über die Erklärungen habe nie ein Zweifel bestanden, daß sie nur für den Verwaltungsrat des Unternehmens „Deutsche Reichsbahn" gelten sollten. Es sei dies ein Verwaltungsrat von etwa 30 Mitgliedern gewesen. Wenn zwischen dem zukünftigen und dem vorläufig zu bildenden unterschieden worden sei, so sei der letztere der im Sinne der Notverordnung zu bildende gewesen. Der zukünftige sei nicht der der Reichsbahn-Gesellschaft, sondern der gewesen, der in dem in § 10 NotVo. vorgesehenen Gesetze zu schaffen gewesen sei. Damals sei im Reichsverkehrsministerium ein Entwurf ausgearbeitet worden, der einen Verwaltungsrat von 28 Mitgliedern vorgesehen habe, von denen ein Teil durch die Länder habe ernannt werden sollen. Der Dawesplan habe dies verhindert.

Auch bei der Besprechung vom 9. Mai 1924, die bereits erwähnt ist, habe die Reichsregierung keinen Zweifel darüber gelassen, daß die früheren Erklärungen für den Verwaltungsrat der Deutschen Reichsbahn-Gesellschaft keine Geltung haben würden.

Die Erklärungen seien aber auch nach den einzelnen Ländern und den mit ihnen geführten Verhandlungen verschieden zu werten.

Zu der Zeit, als sie zwischen Bayern und dem Reiche vollzogen worden seien, am 13. Februar 1924, sei von dem Dawesplan und seinen Absichten noch nichts bekannt gewesen. Sie hätten sich also nur auf den durch die Notverordnung geschaffenen und den durch das in ihr vorgesehene Gesetz zu schaffenden Zustand beziehen können. In Erkenntnis dessen hätten zwischen Bayern und dem Reiche Verhandlungen darüber stattgefunden, inwieweit die durch den Dawesplan gegebene Änderung auch eine Abänderung der Erklärungen notwendig mache. Es seien am 30. Juli 1924 die — oben wiedergegebenen — Vereinbarungen getroffen worden, aus denen sich ergebe, daß damals Übereinstimmung bestanden habe, daß die früheren Erklärungen für den durch den Dawesplan geschaffenen Zustand nicht gelten sollten; andernfalls hätte es der Neuregelung nicht bedurft. In Ziffer 3 dieses Abkommens sei bestimmt, daß die Reichsregierung einen Bayern zum Mitgliede des Verwaltungsrates ernennen und sich wegen der Auswahl der Persönlichkeit mit der Bayerischen Regierung verständigen werde. Diese Abmachung sei eine endgültige, durch sie seien die früheren Erklärungen ersetzt worden. Sie begründe auch im Gegensatz zu den früheren Erklärungen keinen Rechtsanspruch Bayerns; es heiße in ihr nur: „Die Reichsregierung wird sich wegen der Auswahl der Persönlichkeit mit der Bayerischen Regierung verständigen."

Der Standpunkt der Reichsregierung zu dieser Abmachung

sei der, daß der Verwaltungsrat eine wirtschaftliche, nicht eine politische Körperschaft sei, und daß zur Wahrung der Wirtschaftsinteressen ein Gesamtplan aufzustellen sei, aus welchen Wirtschaftszweigen die zu ernennenden Mitglieder zu entnehmen seien. Diesen Plan habe die Reichsregierung aufzustellen und Bayern sei an ihn gebunden. Halte es sich daran nicht, komme auch keine Verständigung zustande, so erhalte die Reichsregierung für die Ernennung freie Hand. Über die Maßgeblichkeit dieses Planes habe bei den Verhandlungen kein Zweifel bestanden, darüber hätten sich auch der Reichsverkehrsminister und der Reichsfinanzminister in ihren Schreiben vom 8. August, 19. September und 28. November 1924 deutlich ausgelassen. Im Schreiben des Bayerischen Handelsministeriums vom 31. August 1924 sei nur gesagt, es werde von der Fassung der Ziffer 3 Kenntnis genommen. Erst nachher hätten sich über die Bedeutung Meinungsverschiedenheiten ergeben, die nicht hätten beseitigt werden können.

Ein Rechtsanspruch auf Benennung eines Mitgliedes zum Verwaltungsrate stehe also Bayern nicht zu; einen Rechtsanspruch auf eine Verständigung gebe es überhaupt nicht. Komme eine solche nicht zustande, so habe die Reichsregierung eben freie Hand. Auch das erste bayerische Mitglied sei im Herbst 1924 nicht einseitig von Bayern, sondern im Einvernehmen mit ihr berufen worden.

In dem Anschreiben an Sachsen vom 5. April 1924, mit dem die Erklärungen übersandt worden seien, habe der Reichsverkehrsminister auf die Pläne der früheren Gegner hingewiesen, bei deren Durchführung die Verfassung der Reichsbahn und die Verwirklichung der getroffenen Vereinbarungen wesentlich beeinflußt würden. Wenn dabei auch die Konsortialbeteiligung besonders hervorgehoben sei, so gehörte zu diesen Vereinbarungen auch die Zusage betreffs des Verwaltungsrates. Damit habe die Reichsregierung den nach Lage der Verhältnisse gebotenen Vorbehalt gemacht und sich für den Fall der Ausführung der gegnerischen Pläne freies Handeln gesichert.

Das Schreiben bringe auch klar zum Ausdruck, daß die Erklärungen nur für das Unternehmen „Deutsche Reichsbahn" rechtsverbindlich sein sollten. Auch das Schreiben des Sächsischen

Ministerpräsidenten an den Reichsfinanzminister vom 13. Mai 1924 besage in seinem Eingange, die Verhandlungen hätten den Zweck gehabt, die Rechte der Länder bei der Gründung des Unternehmens „Deutsche Reichsbahn" sicherzustellen. Lediglich für dieses sei also ein Recht gewährt worden.

Eine Meistbegünstigungsklausel könne Sachsen aus der Ziffer 10 des Schreibens des Reichsverkehrsministers vom 3. April 1924, wo von den Zugeständnissen an Preußen und Bayern die Rede sei, nicht herleiten. Die Einräumung eines Sitzes im Verwaltungsrate sei Preußen durch das Urteil des Staatsgerichtshofes zuerkannt, die Erfüllung sei also kein Zugeständnis.

Württemberg habe die Erklärungen nicht vollzogen. Es sage zwar in seinem Schreiben vom 12. April 1924 unter Nr. 1, es bestehe über sämtliche Punkte mit Ausnahme des Beschaffungswesens endgültig Einigkeit. Daraus wolle es entnommen haben, daß die Erklärungen bezüglich des Verwaltungsrates von ihm angenommen seien. Württemberg verlange aber in demselben Schreiben Mitteilung der mit Baden und Sachsen getroffenen Vereinbarungen; je nach deren Inhalte würde eine Änderung seiner Stellungnahme in Frage kommen. Es sage auch, es werde die Erklärungen vollziehen, wenn über das Beschaffungswesen Einigkeit erzielt sei. Diese Bedingung sei nicht eingetreten, eine Einigung sei nicht erfolgt; infolgedessen sei es nach § 154 BGB., der auch für öffentlichrechtliche Vereinbarungen gelte, zu einer Vereinbarung nicht gekommen.

Auf jeden Fall hätten sich die Vereinbarungen mit Württemberg nur auf den Zustand bezogen, der durch die Notverordnung geschaffen gewesen sei und durch das in ihr vorgesehene Gesetz habe geschaffen werden sollen. Es bringe aber auch das Schreiben des Reichsverkehrsministers vom 25. März 1924, mit dem die Erklärungen übersandt worden seien, zum Ausdruck, daß die Gestaltung des Verwaltungsrates von der außenpolitischen Entwicklung abhänge. Damit sei gesagt, die Zusammensetzung des Verwaltungsrates sei bei der von den Gegnern geplanten Organisation unübersehbar, der Reichsverkehrsminister müsse deshalb in dieser Hinsicht freie Hand behalten.

Die gleiche Erklärung sei auch in dem Anschreiben an Baden

enthalten, für das also dieselbe Folgerung zu ziehen sei. In seinen Schreiben vom 15. Oktober 1924 und 20. Februar 1928 bestätige Baden selbst einmal, daß der Dawesplan und seine Auswirkungen die Voraussetzungen geändert hätten, unter denen die Erklärungen abgegeben worden seien; ferner werde aber auch zugegeben, daß die Erklärungen vom Frühjahr 1924 durch den Dawesplan beeinflußt worden seien.

Die Schreiben an Württemberg und Baden vom 25. und 26. März 1924 seien erst am 5. April 1924 abgesandt worden, aber nicht mit Rücksicht auf den Dawesplan, sondern um die Erklärungen nicht eher herausgehen zu lassen, als bis auch mit Sachsen eine endgültige Fassung vereinbart worden sei.

Soweit hiermit noch nicht dargetan sein sollte, daß die Zusagen des Reiches sich nur auf den durch die Notverordnung geschaffenen und den durch das in ihr vorgesehene Gesetz zu schaffenden Zustand bezogen hätten, werde Beweis durch Zeugen angetreten.

Gegenüber dem ursprünglichen Ausgangspunkte, daß ein Verwaltungsrat von 30 Mitgliedern gebildet werden sollte, habe das Reichsbahngesetz nur 18 Mitglieder zugelassen. An dieser Zahl habe auch das Gesetz zur Änderung des Reichsbahngesetzes vom 13. März 1930 festgehalten. Damit sei die Durchführung der unter ganz anderen Verhältnissen gegebenen Zusagen ausgeschlossen. Mit dem Verluste der vier für die Inhaber der Vorzugsaktien vorgesehenen Sitze müsse das Reich rechnen. Von den verbleibenden Sitzen sei einer Preußen zugesprochen. Die restlichen 13 reichten kaum aus, um den verschiedenen wirtschaftlichen und regionalen Interessen gerecht zu werden, zumal da auch die Interessen des Personals zu berücksichtigen seien. Es sei also unmöglich, auch nur einen Sitz an die Länder abzugeben.

Außer Preußen, Bayern, Sachsen, Württemberg und Baden würden aber auch mit der Gewährung von Sitzen an diese alle übrigen Teile des Reiches von einem Einflusse auf die Verwaltung der Reichsbahn ausgeschaltet und eine den Größenverhältnissen der Länder nicht entsprechende Besetzung des Verwaltungsrates herbeigeführt. Unter den ausgeschalteten Ländern befänden sich auch Hessen, Mecklenburg-Schwerin und Oldenburg, die ihren Eisenbahnbesitz auf das Reich übertragen hätten.

Die auf Benennung der Länder zu ernennenden Mitglieder des Verwaltungsrates seien allerdings an Instruktionen ihrer Regierungen nicht gebunden. Es werde aber nicht ausbleiben, daß sie die Länderinteressen in den Vordergrund stellen würden. Dies würde dem Sinn des Reichsbahngesetzes widersprechen, das eine Vertretung der Interessen der gesamten Volkswirtschaft wolle, hinter welche die besonderen Länderinteressen zurücktreten müßten.

Es sei auch nicht zutreffend, daß die Vertretung im Verwaltungsrate das einzige den Ländern verbliebene Recht sei. Ihre Rechte aus dem Staatsvertrage seien durch das Reichsbahngesetz nicht berührt, sie dauerten entweder dem Reiche oder der Reichsbahn-Gesellschaft gegenüber fort. Außerdem sei ihr Einfluß durch sonstige Maßnahmen sichergestellt. Bayern habe eine besondere Gruppenverwaltung erhalten, deren Leiter im Einvernehmen mit der Bayerischen Regierung zu ernennen und Mitglied des Vorstandes der Gesellschaft sei. Er habe die bayerischen Interessen außer den Reichsinteressen zu wahren, der Regierung Auskunft zu erteilen und ihr von wichtigen Maßnahmen Kenntnis zu geben. Dieselben Verpflichtungen habe die Präsidenten der Reichsbahndirektionen Dresden, Stuttgart und Karlsruhe.

Das Organisationskomitee für das Reichsbahngesetz vom 30. August 1924 habe ebenso wie der Treuhänder stets den Standpunkt vertreten, das Reich dürfe in der Besetzung der Stellen durch Präsentationsrechte der Länder nicht behindert werden. Danach sei es von vornherein aussichtslos gewesen, nach dieser Richtung hin etwas zu erreichen. Ein Versuch hätte höchstens zum Nachteile des Reiches ausschlagen können. Deshalb sei hiervon abgesehen worden.

Die Länder haben folgende Anträge gestellt:

I. Bayern.

1. Der Antrag des Reiches wird zurückgewiesen.
2. Es wird festgestellt, daß das Land Bayern einen Rechtsanspruch darauf hat, dem Reiche gegenüber ein Mitglied des Verwaltungsrates der Deutschen Reichsbahn-Gesellschaft zu wählen, das alsdann vom Reiche nach § 11 Abs. 2 der Satzung der Deutschen Reichsbahn-Gesellschaft ernannt werden muß.

3. Für den Fall der Ablehnung der Anträge unter Ziffer 1 und 2 wird beantragt, zu erkennen, daß das Land Bayern einen Rechtsanspruch darauf hat, daß die Reichsregierung einen Bayern zum Mitglied des Verwaltungsrates der Deutschen Reichsbahn-Gesellschaft ernennt und sich wegen der Auswahl der Persönlichkeit mit der Bayerischen Regierung verständigt, ohne daß hierbei die Bayerische Regierung an den Gesamtverteilungsplan der Reichsregierung oder an eine vom Reiche verlangte Berufsgruppe gebunden ist.
4. Es wird festgestellt, daß die Rechtsansprüche der Bayerischen Regierung nach Ziffer 2 evtl. nach Ziffer 3 durchführbar sind.

II. Sachsen.
1. Der Antrag des Reiches wird abgewiesen.
2. Zu erkennen, daß dem Lande Sachsen dem Reich gegenüber das Recht zusteht, ein Mitglied zum Verwaltungsrat der Deutschen Reichsbahn-Gesellschaft zu benennen, und das Reich verpflichtet ist, dieses benannte Mitglied zu ernennen.

III. Württemberg.
1. Der Antrag des Deutschen Reiches wird abgewiesen.
2. Das Land Württemberg hat gegenüber dem Deutschen Reich das Recht, ein Mitglied für den Verwaltungsrat der Deutschen Reichsbahn-Gesellschaft zu benennen, und das Deutsche Reich hat die Pflicht, die benannte Persönlichkeit zum Mitglied des Verwaltungsrats der Deutschen Reichsbahn-Gesellschaft zu ernennen.

IV. Baden.
1. Der Antrag des Deutschen Reiches wird zurückgewiesen.
2. Baden steht gegenüber dem Reich das Recht zu, ein Mitglied des Verwaltungsrats der Deutschen Reichsbahn-Gesellschaft zu benennen.
3. Das Deutsche Reich ist verpflichtet, die von Baden benannte Persönlichkeit zum Mitglied des Verwaltungsrats der Deutschen Reichsbahn-Gesellschaft zu ernennen.

Allgemein haben die vier Länder zu den rechtlichen Ausführungen des Reiches übereinstimmend, wenn auch in verschiedenen Erklärungen, wie folgt Stellung genommen:

1. Eine einheitliche Behandlung der Ansprüche der Länder sei nicht begründet. Im Vorprozeß habe der Staatsgerichtshof sie nicht für erforderlich gehalten. Es sei auch nicht richtig, daß die Erklärungen gleich lauteten; die Sachsen gegenüber abgegebene erstrecke sich auch auf den engeren Ausschuß. Auch das Schlußprotokoll zum Staatsvertrage behandle die Länder nicht gleich. Eine solche unterschiedliche Behandlung der Länder habe das Reich 1924 selbst eingeschlagen, indem es mit den einzelnen besondere und getrennte Verhandlungen geführt und ebenso mit ihnen abgeschlossen habe.

Die Heranziehung sämtlicher Eisenbahnländer sei nicht erforderlich gewesen. Hessen, Mecklenburg-Schwerin und Oldenburg hätten im Reichsrat von dem Frühjahrsabkommen Kenntnis erhalten und seien nicht gehindert gewesen, sich ähnliche Vereinbarungen zu sichern. § 43 StV. stehe Einzelabkommen nicht entgegen.

2. Die Erklärungen seien durch § 43 StV. gedeckt. Sie seien, soweit sie nicht eigentlich zur Auslegung des Staatsvertrags dienten, als Ergänzung anzusprechen. Dieser Auffassung seien auch das Reich und die Länder gewesen, sonst hätten sie die Überschrift: „Zur Auslegung des Staatsvertrags . . . werden . . . folgende Erklärungen abgegeben" nicht gewählt. Auch das Urteil des Staatsgerichtshofs in der Streitigkeit Preußen gegen das Reich gehe davon aus.

Daß eine zur Ergänzung des Staatsvertrags getroffene Vereinbarung sich auf alle beteiligten Länder erstrecke, sei nicht erforderlich. Dies ergebe sich unmittelbar, wenn man die Einräumung von Verwaltungsratssitzen unter dem Gesichtspunkt eines Einflusses auf die Verwaltung betrachte. Jedes Land habe nur ein Interesse an seiner Einwirkung auf die Reichsbahnverwaltung.

Die Erklärungen gingen auch über die Grenze des § 43 nicht hinaus. § 16 StV. besage nichts anderes als Art. 89 RVerf. Das Unternehmen „Deutsche Reichsbahn" habe sich im Rahmen des Art. 92 RVerf. gehalten, seine Organisation habe aber einen Verwaltungsrat vorgesehen, der in weitem Umfange an die Stelle von Reichstag und Reichsrat habe treten sollen. Den Einfluß des Reichsrats habe der Staatsvertrag bei Unterstellung der Reichsbahn unter den Reichsverkehrsminister nicht zu regeln brauchen, er habe sich aus der Reichsverfassung von selbst ergeben. Sobald aber die Sonderorganisation den Reichstag und den Reichsrat ausgeschaltet habe, habe der Staatsvertrag ergänzt werden müssen, um den Ländern einen Einfluß auf die Verwaltung der Reichsbahn auf andere Weise zu sichern. Dies gelte nicht nur für das Unternehmen „Deutsche Reichsbahn", sondern auch für die Deutsche Reichsbahn-Gesellschaft.

Das Benennungsrecht der Länder widerspreche auch dem Art. 89 RVerf. ebensowenig wie § 16 StV. Die Mitglieder des Verwaltungsrates, eines Reichsbahnorgans, seien, auch wenn sie von einem Lande benannt seien, nicht Teile eines Landes-, sondern eines Reichsbahnorgans. Es gelte hier dasselbe wie für den Reichsrat, in dem die Länder durch Mitglieder eines Reichsorgans zu Worte kämen. Nur seien die letzteren der Instruktion ihres Landes unterworfen, die Mitglieder des Verwaltungsrates aber nicht.

Die Verselbständigung der Reichsbahn habe schon mit der Annahme der Reichsverfassung grundsätzlich festgestanden. Um sie zu ermöglichen, sei die Ergänzung des Staatsvertrags durch die Erklärungen notwendig gewesen. § 43 StV. sei nicht so zu verstehen, daß die Ausführung des Staatsvertrags die Ursache für das Auftauchen der betreffenden Frage abgeben müsse. Vielmehr regele sich die Organisation der Reichsbahn nach der Reichsverfassung und anderen Gesetzen. Bei deren Verwirklichung könne allerdings die wörtliche Durchführbarkeit des Staatsvertrags unmöglich werden. Für solche Fälle sei die Ergänzungsmöglichkeit des § 43 geschaffen.

3. Zu Unrecht wolle das Reich die Erklärungen auf § 9 NotVo. stützen. Dem widerspreche schon der Wortlaut selbst. Sie hätten auch nicht nur für das Unternehmen „Deutsche Reichsbahn", den vorläufigen Verwaltungsrat gelten sollen, sondern auch für den von dem künftigen Gesetze zu schaffenden. Ob der Reichstag damit gebunden gewesen sei, den Gesetzesinhalt mit den Vereinbarungen in Einklang zu bringen, brauche nicht erörtert zu werden. Das

Reichsbahngesetz schließe die getroffene Regelung nicht aus; daß der Inhalt der Vereinbarung im Wortlaute des Gesetzes seinen ausdrücklichen Niederschlag gefunden habe, sei nicht erforderlich.

4. Die Gesellschaftssatzung verbiete auch dem Reiche nicht, den Ländern ein Benennungsrecht einzuräumen. Damit übertrage die Reichsregierung nicht eine ihr übertragene Funktion weiter, ihr sei das Ernennungsrecht voll gewahrt. Die Vereinbarungen mit den Ländern hätten bei Gestaltung des Reichsbahngesetzes bereits vorgelegen. Es hätte also nicht einer Wiederholung nach Erlaß des Gesetzes bedurft, um sie auch für den Verwaltungsrat der Deutschen Reichsbahn-Gesellschaft wirksam werden zu lassen. Im Gegenteil sei eine ausdrückiche Bestimmung im Gesetze notwendig gewesen, um ihre Anwendbarkeit auszuschließen.

Es komme also nicht darauf an, ob die Reichsregierung sich nachträglich gegenüber dem Gesetze eine Beschränkung habe auferlegen dürfen. Denn die Erklärungen hätten bei Erlaß des Gesetzes bereits vorgelegen und, auf einen Staatsvertrag gestützt, selbst die rechtliche Wirkung von Staatsverträgen gehabt. Die Bindung habe damals bereits bestanden, und zwar für das Reich. Ob das beschlußfassende Organ des Reichs sich dessen bewußt gewesen sei, sei gleichgültig, jedenfalls habe das Gesetz die Durchführung der Erklärungen nicht untersagt.

5. Es sei bereits in dem früheren Urteile festgestellt, daß die Erklärungen nicht nur für den Verwaltungsrat des Unternehmens „Deutsche Reichsbahn" hätten gelten sollen, sondern für jeden noch zu bildenden. Dies ergebe sich auch aus den vorangegangenen Verhandlungen. Es gehe aber daraus ferner hervor, daß das Reich auch noch nach Bekanntwerden des Dawesplans mit den Ländern, z. B. mit Bayern, über die Benennung von Mitgliedern verhandelt, sonach selbst auf dem Standpunkt gestanden habe, die Abmachungen hätten auch für einen nach diesem Plane zu bildenden Verwaltungsrat Geltung.

Hierzu hat Württemberg folgende Ausführungen gemacht:

Art. 92 RVerf. habe in erster Linie daran gedacht, die Wirtschaftsführung der Reichsbahn von der allgemeinen Finanzverwaltung loszulösen, habe aber ausdrücklich die Eingliederung des Reichsbahnhaushaltes und der Reichsbahnrechnung in den allgemeinen Haushalt vorgesehen. Der verfassungsmäßige Einfluß der Länder im Reichsrate habe also nicht aufgegeben werden sollen. Den früheren Eisenbahnländern hätten aus dem Staatsvertrage vertragsmäßige Rechte zugestanden. Schon seit der Vorlage eines ersten Entwurfs im Jahre 1922 hätten die Länder immer den Standpunkt vertreten, sie hätten ihre Eisenbahnen nicht einer sie nichts angehenden juristischen Person, sondern dem organisierten Reiche mit der in der Reichsverfassung festgelegten Reichsverwaltung übertragen, die den Ländern eine Einwirkungsmöglichkeit im Reichsrate und im Reichstage verliehen habe. Deshalb habe der Staatsvertrag nur noch gewisser ergänzender Bestimmungen bedurft. Es sei nicht so, daß das Reich die Organisation der Reichsbahn beliebig ändern könne, wenn es nur die Rechte aus dem Staatsvertrage unberührt lasse; den Ländern dürften ihre Einwirkungsmöglichkeiten, die in der Verfassung begründet seien, nicht genommen werden. Es habe aber auch das Reich in den §§ 16 und 24 StV. den Ländern Zusicherungen gegeben, auf deren Einhaltung sie bei einer Änderung der Organisation der Reichsbahn hätten dringen müssen. Es sei ihnen auch in Ziffer 3 des Schlußprotokolls zu § 24 des Staatsvertrages das Recht der Mitwirkung an einer grundlegenden Neuorganisation zugesagt worden.

Seit 1922 habe das Reich die Zustimmung der Länder immer wieder damit herbeizuführen versucht, daß es ihnen Sitze in dem Verwaltungsrate zugesichert habe, der die Funktionen des Reichsrats und des Reichstags habe übernehmen sollen. In dem Entwurfe von 1922 habe man einen Verwaltungsrat von 36 Köpfen vorgesehen, von denen den Ländern 6 zufallen sollten. Dies hätten die Länder abgelehnt und ein stärkeres Mitwirkungsrecht und Garantien für ihre Vertragsrechte verlangt.

Am 12. Januar 1924 habe eine Besprechung im Württembergischen Arbeitsministerium stattgefunden, wobei der Reichsverkehrsminister Oeser hervorgehoben habe, daß die Länder im Verwaltungsrat und Vorstand einen wesentlich stärkeren Einfluß ausüben könnten als bisher. Wenige Tage darauf sei in der deutschen Presse die Befürchtung laut geworden, der Sachverständigenausschuß wolle die Reichsbahn vom Reiche völlig loslösen und Privatgesellschaften mit internationaler Kapitalbeteiligung übertragen. Man habe damals bereits damit rechnen müssen, daß man gewissen dieser Forderungen nachgeben müsse. Deshalb habe ihnen die Reichsregierung möglichst zuvorkommen wollen.

In einer Sitzung der Vertreter der ehemaligen Eisenbahnländer vom 25. Januar 1924 hätten diese sich geeinigt, daß jedes Land im Verwaltungsrate, der schon für die Notverordnung gebildet werden sollte, Sitz und Stimme haben müsse. Württemberg habe diese seine Ansprüche am 2. Februar 1924 dem Reichsverkehrsminister mitgeteilt. In seinem Anschreiben zum endgültigen Entwurfe vom 2. Februar 1924 habe der Reichsverkehrsminister eine Regelung der Mitwirkung der Länder bei der Verwaltung der Reichsbahn in Aussicht gestellt und mit Rücksicht hierauf dringend gebeten, der Vorlage beim Reichsrat keinen Widerstand entgegenzusetzen. In der Begründung sei gesagt, die Verordnung sehe den Erlaß eines Gesetzes vor, dessen Hauptaufgabe die innere Ausgestaltung des neuen Unternehmens sein werde. Hierbei werde dem Reiche und den im Reichsrate vertretenen Ländern der zur Wahrung der öffentlichen Interessen notwendige Einfluß auf die Geschäftsführung zu sichern sein. Es heiße dann noch zu § 10: „Dem Reich als dem Eigentümer der Reichseisenbahn wird der ausschlaggebende Einfluß im Verwaltungsrate vorzubehalten sein. Indessen sollen dabei auch die Länder bezw. der Reichsrat wesentlich berücksichtigt werden."

Am 5. Februar 1924, bei einer Besprechung des endgültigen Entwurfs der Verordnung zwischen dem Reichsverkehrsministerium und den Vertretern der ehemaligen Eisenbahnländer, habe Staatssekretär Vogt erklärt: Die Erledigung sei eilig, weil die Entente die Reichsbahn nicht nur für Reparationszwecke, sondern auch zwecks Beherrschung des deutschen Wirtschaftslebens in die Hand bekommen wolle. Belgien wolle anscheinend internationale Aktiengesellschaften. Die Reichsregierung versuche, die Dinge in ihrem Sinne zu beeinflussen, um die Reichsbahn und den Betrieb einschließlich der Tarifhoheit in der Hand behalten zu können. Ohne Opfer werde sich dies nicht durchsetzen lassen. Zum mindesten werde eine Kontrolle eingeführt werden durch einen Generalkontrolleur oder durch interalliierte Beteiligung an der Verwaltung. Der Reichsverkehrsminister stehe auf dem Standpunkte, alle diese

Kontrollen könnten in Kauf genommen werden, wenn es gelinge, die Reichsbahn dem Reiche zu erhalten. Dies zu erreichen, müßten alle Anstrengungen gemacht werden, um die Reichsbahnen auf eine wirtschaftliche Grundlage zu stellen und den Bestrebungen auf eine Internationalisierung auf privatwirtschaftlicher Grundlage eine vollendete Tatsache entgegenzustellen. Es sei beabsichtigt, einen Verwaltungsrat möglichst bald einzusetzen. Zu § 9 habe Vogt erklärt: Um die Überwachung durch die Reichsregierung möglichst bald zu ermöglichen, solle ein Verwaltungsrat geschaffen werden. Der Reichsverkehrsminister wolle verbindlich erklären, daß den Ländern in diesem stets mindestens ein Drittel der Sitze zustehen solle. Im übrigen sei bei Bildung und Zusammensetzung des Verwaltungsrats die Zustimmung des Reichsrats nach dem Schlußprotokoll zu § 24 StV. notwendig.

Am 6. Februar 1924 habe der Reichsverkehrsminister die von Staatssekretär Vogt in Aussicht genommene Erklärung übersandt. Ihre Ziffer V laute:

> Im Verwaltungsrat des neuen Unternehmens werden die Länder insgesamt mit einem Drittel aller Stimmen vertreten sein, ebenso in einem etwa zu bildenden Arbeitsausschuß des Verwaltungsrats. Über die Verteilung der Stimmen muß eine Vereinbarung unter den Ländern erfolgen. Änderungen von dem aufgestellten Grundsatz müssen für den Fall vorbehalten werden, daß auch ausländische natürliche oder juristische Personen zu Mitgliedern des Verwaltungsrats ernannt werden müßten.

Auf diesen Vorbehalt habe das Reich schon beim Abschlusse mit Bayern am 13. Februar 1924 verzichtet. Es habe auch durch sein Schreiben vom 25. März 1924, das am 7. April 1924 beim Württembergischen Arbeitsministerium eingegangen sei, vorbehaltlos die Erklärung abgegeben, obwohl ihm der demnächstige Aufbau des Verwaltungsrats inoffiziell bereits bekannt gewesen sei. Es sei auch durch einen Aufsatz Bernhard Dernburgs im Berliner Tageblatt vom 23. März 1924 auf die beabsichtigte Gestaltung des Verwaltungsrates hingewiesen worden. Trotzdem habe das Reich den Ländern am 5. April 1924, also in voller Kenntnis der Lage, die Erklärungen zur Unterzeichnung übersandt. Es könne sich also auf die Veränderung der Verhältnisse durch den Dawesplan nicht berufen.

Daraus ergebe sich aber auch, daß die Erklärungen nicht nur für die Notverordnung, sondern zur Sicherung des Einflusses der Länder für alle etwa zu bildenden Verwaltungsräte abgegeben worden seien.

6. Von einer Undurchführbarkeit der Erklärungen könne keine Rede sein. Sie sei früher nicht vorhanden gewesen, wie das Urteil in Sachen Preußen gegen Reich ausgeführt habe, sie könne aber auch im Ernste nicht mehr geltend gemacht werden, nachdem das Reich durch das Gesetz über die Änderung des Reichsbahngesetzes vom 13. März 1930 die Verfügung über sämtliche 18 Sitze erlangt habe. Von einer unerträglichen Schmälerung des Einflusses des Reiches könne bei einer Abgabe von 5 Sitzen an die Länder nicht gesprochen werden.

7. Abwegig sei auch der Hinweis des Reiches, daß bei einer Zuteilung von Sitzen an die fünf Länder die kleineren und besonders die übrigen früheren Eisenbahnländer leer ausgingen. Gerade das Reich habe doch von Anfang an die kleineren Länder ausgeschaltet und nur mit den fünf Ländern Verhandlungen geführt. Es vergesse aber dabei auch, daß es die fünf größten Eisenbahnländer seien, welche die Sitze beanspruchten. Sie hätten ihren ganzen Besitz ohne entsprechende Entschädigung eingebracht und müßten nunmehr um die wenigen ihnen verbliebenen Rechte kämpfen. Es stehe aber auch keineswegs einer Berücksichtigung der kleineren Länder etwas im Wege. Aus den jetzigen 18 Sitzen könnten auch sie noch berücksichtigt werden.

Zu Unrecht führe das Reich auch jetzt wieder an, daß die etwaigen Ländervertreter, auch wenn sie nicht an die Instruktionen ihrer Länder gebunden seien, deren Sonderinteressen in den Vordergrund stellen und so den Zweck, der gesamten Volkswirtschaft zu dienen, erschweren könnten. Diese Gefahr bestehe viel mehr, wenn die Mitglieder des Verwaltungsrates aus der Wirtschaft genommen würden; denn deren Vertreter seien unter Umständen geschäftlich an der Reichsbahn-Gesellschaft interessiert. Hier drücke sich ein ganz ungerechtfertigtes Mißtrauen gegen die Ländervertreter und die Länder selbst aus, die doch Anspruch darauf machen dürften, als

Teile des Reiches und in dieser Eigenschaft als gleichwertig für die Wahrung seiner Interessen angesehen zu werden.

Im einzelnen haben die Länder noch vorgetragen:

Bayern:

Daß die Erklärungen auch für die Deutsche Reichsbahn-Gesellschaft hätten Geltung haben sollen, ergebe sich unzweideutig aus den Erklärungen vom 30. Juli 1924. Damals habe das Reich den Dawesplan und den Entwurf des Reichsbahngesetzes genau gekannt. Hätte es damals auf dem Standpunkt gestanden, daß die Februar-Erklärungen nur für das Unternehmen „Deutsche Reichsbahn" zu gelten hätten und mit dem Reichsbahngesetz hinfällig geworden seien oder würden, so hätten die Erklärungen vom 30. Juli 1924 überhaupt keinen Zweck gehabt und seien unverständlich. In Ziffer 1 sei gesagt, die Reichsregierung werde sich bemühen, zu erreichen, daß das Organisationskomitee das Abkommen vom 13. Februar 1924 vollständig oder in möglichst großem Umfange als nicht mit dem Reichsbahngesetz in Widerspruch stehend erkläre. Ähnliches besage die Ziffer 2 betreffs der Reichsbahn-Gesellschaft. Wenn eine Ersetzung der Februar-Erklärungen durch die vom 30. Juli 1924 gewollt gewesen sei, hätte dies deutlich zum Ausdruck kommen müssen. Es sei aber im Gegenteil auf die Möglichkeit ihres Fortbestehens hingewiesen worden. Da sich das Organisationskomitee mit den Februar-Erklärungen überhaupt nicht befaßt, noch weniger sie für unwirksam erklärt habe, beständen sie fort.

Dies werde auch bestätigt durch zwei Briefe des Ministerialrats Dr. Hellmann und des damaligen Finanzrats Schmelzle vom 17. Juli und 11. August 1924, die in London den Verhandlungen über den Dawesplan und über das Reichsbahngesetz beigewohnt hätten. Ihnen sei damals von den Vertretern des Reiches mitgeteilt worden, daß dieses an den Februar-Abmachungen festhalte, und daß deren Durchführung auch unter dem neuen Gesetz möglich sei.

Die Erklärungen vom 30. Juli 1924 hätten also nur subsidären Charakter. Sie enthielten die Bestimmung: „Die Reichsregierung wird einen Bayern ernennen und sich wegen der Auswahl der Persönlichkeit mit der Bayerischen Regierung verständigen." Es fehle jede rechtliche Handhabe, daß im Falle einer Nichtverständigung das Reich freie Hand haben solle; dann sei der Staatsgerichtshof anzurufen. Irreführend sei die Formulierung des Reiches, daß es einen Rechtsanspruch auf eine Verständigung nicht gebe. Bayern habe auf die Ernennung eines Bayern einen Rechtsanspruch, und zwar auf Ernennung der Persönlichkeit, auf die man sich verständigt habe. Gegebenenfalls müsse die Verständigung durch richterlichen Spruch ersetzt werden.

In seinem Schreiben vom 8. August 1924 habe allerdings der Reichsverkehrsminister gefordert, daß Bayern sich an die vom Reiche angegebene Berufsgruppe halten müsse. Eine Übereinstimmung zu diesem Punkte habe nie bestanden, sie sei auch in den Erklärungen vom 30. Juli 1924 nicht enthalten, Bayern habe diese Auffassung stets abgelehnt.

Sachsen:

Sachsen sei in Ziffer 10 des Anschreibens des Reichsverkehrsministers vom 5. April 1924 eine Meistbegünstigungsklausel zugesagt. Da nun das frühere Urteil des Staatsgerichtshofes Preußen ein Recht auf einen Sitz im Verwaltungsrate der Reichsbahn-Gesellschaft zugesprochen habe, sei schon aus diesem Grunde der Anspruch Sachsens unabweisbar. Die Sachsen gegenüber abgegebenen Erklärungen hätten einen weitergehenden Inhalt als die für die anderen Länder bestimmten. Daraus ergebe sich seine besondere Stellung, die anders beurteilt werden müsse als die der anderen Beteiligten. Eine einheitliche Behandlung der Länder, wie das Reich sie jetzt verlange, sei hiernach ausgeschlossen.

Gegen die Behauptung des Reiches, daß die Erklärungen nur für den durch die Notverordnung geschaffenen Zustand gelten sollten, spreche auch das Anschreiben des Reichsverkehrsministers vom 5. April 1924. Dort sei darauf hingewiesen, daß von den früheren Gegnern Pläne erwogen würden, welche die Verwirklichung der getroffenen Vereinbarungen wesentlich beeinträchtigen könnten. Deshalb müsse auch die Frage einer Konsortialbeteiligung der Länder bis zur Bekanntgabe dieser Pläne zurückgestellt werden. Die Frage der Besetzung des Verwaltungsrates oder des engeren Ausschusses sei gar nicht berührt worden. Daraus ergebe sich, daß das Reich nach diesen Richtungen hin die Erklärungen auch für die neue Rechtsform als bindend angesehen habe.

Für den Hergang der Besprechung vom 9. Mai 1924 benennt Sachsen Zeugen.

Württemberg:

Entgegen den Ausführungen des Reiches sei mit Württemberg eine bindende Vereinbarung zustandegekommen. Das Reich habe 1924 mit den Ländern getrennt verhandelt, die Zugeständnisse an das eine Land seien den anderen unbekannt gewesen. Jedes habe sich gegen weitergehende Zusagen an ein anderes schützen wollen. Dies habe Württemberg in seinem Schreiben vom 12. April 1924 auch getan, es habe einen Vorbehalt gemacht, dessen Sinn sich aus dem Schlußsatz ergebe. Er wolle eine Sicherung besonders für den Fall, daß Sachsen und Baden günstiger gestellt worden seien. Da die Erklärungen sich fast ganz deckten, sei der Vorbehalt nie praktisch geworden. Rechtlich stelle er sich als auflösende Bedingung dar, die nie eingetreten sei. Die Zustimmung sei also eine endgültige.

Von einer aufschiebenden Bedingung in dem Sinne, daß die Zustimmung von einer Einigung in der Beschaffungsfrage abhängig gemacht werde, könne keine Rede sein. Allerdings habe eine Unterzeichnung der Abmachung nicht erfolgen können, ehe auch die darin enthaltene Beschaffungsfrage geordnet gewesen sei. Gerade deshalb sei in dem Schreiben zum Ausdruck gebracht worden, inwieweit eine endgültige Einigung erzielt sei. Damit habe man gerade dem Ersuchen des Reichsverkehrsministers in seinem Schreiben vom 2. Februar 1924 Rechnung tragen wollen, worin er die Austragung etwaiger streitig bleibender Fragen vor dem Staatsgerichtshofe vorgeschlagen habe.

Das Reich hat auf diese Ausführungen der Länder erwidert:

Die Feststellungen des Staatsgerichtshofs in dem früheren Urteile hätten keine Geltung für den nunmehrigen Streit. Es sei auch daran festzuhalten, daß die Frage einheitlich allen Ländern gegenüber zu entscheiden sei.

Sondervereinbarungen im Sinne des § 43 StV. seien zulässig. Hier habe es sich aber um grundsätzliche organisatorische Fragen gehandelt, deren Regelung die Teilnahme aller Länder erfordert hätte (vgl. RGZ. Bd. 115 Anh. S. 1). Man könne auch nicht darauf verweisen, daß die nicht beteiligten Länder im Reichsrate von den Erklärungen Kenntnis erhalten hätten. Nach den Protokollen des

Reichsrats sei eine offizielle Vorlage der Erklärungen nicht erfolgt; ob die Vertreter Hessens, Mecklenburg-Schwerins und Oldenburgs gesprächsweise Kenntnis davon erhalten hätten, lasse sich nicht mehr feststellen und werde bestritten. Aber selbst wenn dies der Fall sein sollte, fehle es an dem Willen dieser Länder, sich an den Verhandlungen zu beteiligen, vor allem aber auch an der notwendigen Schriftform.

Es sei nicht richtig, daß den Ländern von den im Staatsvertrag gewährleisteten Rechten nichts verblieben sei. Sie könnten allerdings nicht mehr im Reichsrate eine Einwirkung ausüben, wie früher, aber dieses Recht habe ihnen nicht der Staatsvertrag verliehen, sondern lediglich die Verfassung. Durch den Fortfall des Rechtes sei also auch keine Lücke im Staatsvertrag entstanden, die eine Ergänzung notwendig gemacht hätte.

Hessen, Mecklenburg-Schwerin und Oldenburg Sitze im Verwaltungsrat einzuräumen, sei nicht möglich. Seine Besetzung bereite schon jetzt die größten Schwierigkeiten, wenn alle regionalen und wirtschaftlichen Interessen ausreichend berücksichtigt werden sollten.

Der Vergleich des Verwaltungsrates mit dem Reichsrate sei verfehlt. Ersterer sei kein politisches Organ und solle die gesamtdeutschen Interessen vertreten, letzterer sei gerade zu dem Zwecke geschaffen, den Ländern Gelegenheit zu geben, ihren Standpunkt unter dem Gesichtspunkte der Landesinteressen zum Ausdruck zu bringen.

Zur Weiterübertragung der Ernennungsfunktion der Reichsregierung auf die Länder werde auf zwei Abhandlungen von Ficker „Vertragliche Beziehungen zwischen Gesamtstaat und Einzelstaat im Deutschen Reich" und Liermann „Begriff und Wesen der Sonderrechte des einzelnen Landes im neuen Reichsstaatsrecht" verwiesen. Letzterer spreche solchen Vereinbarungen jede rechtliche Bedeutung ab, ersterer wolle die Entscheidung hierüber von Fall zu Fall getroffen sehen. Im vorliegenden Falle handle es sich um ein so bedeutsames und weittragendes Hoheitsrecht des Reiches, daß eine Beschränkung zugunsten der Länder unzulässig erscheinen müsse. Die früheren Erklärungen seien durch das mit verfassungändernder Mehrheit angenommene Reichsbahngesetz aufgehoben.

Gegenüber Bayern:

Die Ziffern 1 und 2 der Erklärungen vom 30. Juli 1924 hätten sich nicht auf die Vertretung im Verwaltungsrate bezogen. Die Parteien seien sich damals einig gewesen, daß die dahingehende Zusage mit der Neugestaltung nicht mehr vereinbar gewesen sei, und hätten deshalb die früheren Erklärungen durch die neue ersetzt. Bezüglich des Verwaltungsrates treffe auch die Auffassung Bayerns über die subsidiäre Natur der Erklärungen vom 30. Juli 1924 nicht zu. Es sei eine ganz neue Regelung erfolgt. Etwas anderes ergebe sich auch aus den Unterredungen in London nicht.

Da die Bayerische Regierung in ihrem Schreiben vom 31. August 1924 der in dem Schreiben des Reichsverkehrsministers vom 8. August 1924 niedergelegten Ansicht über den Berufskreis nicht widersprochen habe, sei anzunehmen, daß sie Einwendungen dagegen nicht zu machen gehabt habe.

Der Annahme Bayerns, für den Fall der Nichtverständigung über die zu ernennende Persönlichkeit habe der Staatsgerichtshof zu entscheiden, könne nicht beigetreten werden.

Gegenüber Sachsen:

Die Reichsregierung behandle Preußen nicht anders als die übrigen Länder, sie habe lediglich das Urteil des Staatsgerichtshofes zur Ausführung gebracht. Darin liege aber kein Zugeständnis, das Sachsen zu Forderungen aus der Meistbegünstigungsklausel berechtige.

Das Schreiben des Reichsverkehrsministers vom 5. April 1924 spreche nicht nur von einem Einfluß der Pläne der Gegner auf die Frage der Konsortialbeteiligung der Länder, sondern ganz allgemein auf die Vereinbarungen überhaupt.

Gegenüber Württemberg:

Von dem wirklichen Inhalte des Dawesplanes habe die Reichsregierung erst am 9. April 1924 Kenntnis erhalten; die unkontrollierbaren Mitteilungen der Zeitungen hätten für sie nicht maßgebend sein können.

Es möge sein, daß Staatssekretär Vogt bei einer Unterredung vom 5. Februar 1924 gesagt habe, es solle ein Verwaltungsrat geschaffen und den Ländern in ihm ein Drittel der Sitze zugestanden werden. Diese Erklärung habe sich aber auf den Verwaltungsrat des Unternehmens „Deutsche Reichsbahn" bezogen.

Gegenüber Baden:

Es möge sein, daß die übrigen Punkte der Erklärungen eine Ergänzung des Staatsvertrages im Sinne des § 43 darstellten. Für die Frage der Besetzung des Verwaltungsrates treffe dies nicht zu, insoweit liege eine Änderung vor.

Die Verhandlung vom 9. Mai 1924 ergebe nichts dafür, daß die Reichsregierung sich damals noch an die Erklärungen gebunden gefühlt habe. Das Gegenteil habe sie klar und deutlich zum Ausdruck gebracht. Aus den Ausführungen, die Staatssekretär Vogt damals gemacht habe, gehe einwandfrei hervor, daß sie den Standpunkt eingenommen habe, die Erklärungen betreffs des Verwaltungsrates seien nur für den Fall der Bildung eines rein deutschen Unternehmens „Deutsche Reichsbahn" abgegeben und durch das Sachverständigengutachten völlig überholt.

Die Verhandlungen mit Bayern im Juli 1924 ergäben keineswegs, daß die Reichsregierung sich damals noch an die Erklärungen gebunden gefühlt habe. Sie seien gerade aus der entgegengesetzten Erkenntnis entsprungen, aus der Überzeugung nämlich auf beiden Seiten, die Erklärungen vom Frühjahr seien mit dem Dawesplan nicht mehr vereinbar.

II.

Die Zuständigkeit des Staatsgerichtshofs für das Deutsche Reich zur Entscheidung des vorliegenden Streitfalles ergibt sich aus Art. 19 Abs. 1 RVerf. in Verbindung mit § 16 Ziffer 3 des Gesetzes über den Staatsgerichtshof.

In der mehrgenannten Streitsache zwischen Preußen und dem Reiche waren die Beteiligten darüber einig, daß die „Erklärungen" rechtsgültig und rechtsverbindlich abgeschlossen seien und nach wie vor ihre Geltung behalten hätten. Diese Übereinstimmung ging damals so weit, daß das Reich ausdrücklich erklärte, im Falle einer rückläufigen Entwicklung, die ihm die freie Verfügung über die Verwaltung der Reichsbahn und die Zusammensetzung des Verwaltungsrates wiederbringe, werde die Preußen gegenüber abgegebene Zusage wieder zu voller Wirksamkeit gelangen. Es bestand damals weiter Einigkeit darüber, daß die Erklärungen Preußen einen Rechtsanspruch auf Ernennung eines Vertreters zum Verwaltungsrate aus eigenem Rechte gewährten. Insoweit machte das Reich nur geltend, die Erklärungen hätten nur für den durch die Verordnung vom 12. Februar 1924 geschaffenen Zustand, nicht aber für die durch das Reichsbahngesetz getroffene Regelung Geltung haben sollen. Mit den Fragen der Rechtsgültigkeit und der Bedeutung der Erklärungen brauchte sich der Staatsgerichtshof in seinem damaligen Urteile bei dieser Stellungnahme beider Beteiligten nicht näher zu befassen; er durfte sich damit begnügen, das Ergebnis seiner Prüfung kurz dahin zusammenzufassen, daß Bedenken gegen die Rechtsgültigkeit der Erklärungen nicht beständen.

Nachdem nunmehr das Reich seinen Standpunkt geändert und sowohl die Form als auch die Zulässigkeit der Erklärungen im Rahmen des § 43 StV. bemängelt hat, muß sich der Staatsgerichtshof mit diesen Fragen näher auseinandersetzen.

Das Reich stellt zunächst den Satz auf, Staatsverträge wie der über den Übergang der Staatseisenbahnen auf das Reich, die unter Mitwirkung der gesetzgebenden Körperschaften des Reiches und der Länder zustandegekommen seien, könnten nur auf demselben Wege, also wiederum unter Mitwirkung dieser Körperschaften abgeändert werden, es sei denn, daß den zuständigen Regierungen eine besondere Ermächtigung die Befugnis erteile, selbständig Änderungen zu vereinbaren. In gewissem Umfange enthalte § 43 StV. eine solche Ermächtigung, er mache aber die Zulässigkeit von Vereinbarungen von bestimmten Voraussetzungen abhängig. Es dürften nur Fragen, die sich bei der Ausführung des Staatsvertrags ergäben, geregelt werden, der Staatsvertrag dürfe nur ausgelegt und ergänzt, nicht aber geändert werden, es müßten endlich sämtliche Beteiligte dabei mitwirken. An diesen Voraussetzungen habe es im vorliegenden Falle gefehlt, insbesondere enthielten die Erklärungen eine Änderung des Staatsvertrages, die durch § 43 nicht zugelassen sei.

Diese Einwendungen sind nicht stichhaltig. Schon der allgemeine Satz widerspricht dem, was der Staatsgerichtshof in seinem Urteile vom 3. Dezember 1927 (StGH. 5/26, abgedr. RGZ. Bd. 120 Anh. S. 12) unter Bezugnahme auf ein früheres Urteil des Reichsgerichts (RGZ. Bd. 105 S. 159) ausgesprochen hat. Damals handelte es sich um einen Streit zwischen Sachsen und dem Reiche und ein zwischen dem Reiche und den Ländern abgeschlossenes

Übereinkommen wegen der Übernahme der Länderfinanzbeamten in den Reichsdienst. Das Reich hatte geltend gemacht, das Übereinkommen habe nur politische Bindungen, nicht aber Rechtsansprüche entstehen lassen. Diese Auffassung hat der Staatsgerichtshof zurückgewiesen. Zur Erreichung politischer Ziele habe man sich rechtlicher Mittel bedient, hätten das Reich und die Länder, ohne deren rechtliche Bindung das politische Ziel überhaupt nicht zu erreichen gewesen wäre, gegenseitig rechtliche Verpflichtungen übernommen. Vielleicht erkläre sich der Standpunkt des Reiches aus der Annahme, es könne, wie gegenüber außerdeutschen Staaten, auch den Ländern gegenüber rechtliche Verpflichtungen nur im Wege förmlicher Staatsverträge übernehmen. Dies sei aber nicht richtig. Vertraglich könne es nicht nur durch den Reichspräsidenten, sondern auch durch seine sonstigen Organe verpflichtet werden; innerhalb ihrer sachlichen Befugnisse könnten auch sie vertragliche, das Reich bindende Vereinbarungen mit anderen Ländern treffen. Das Übereinkommen, das sich nicht auf einen Gegenstand der Reichsgesetzgebung beziehe, habe also nicht nur politische, sondern auch rechtliche Bedeutung.

Diesen Ausführungen schließt sich der Staatsgerichtshof auch für den vorliegenden Fall an. Zur Zeit der Abgabe der Erklärungen befanden sich die Reichseisenbahnen in der Verwaltung des Reichs, und die Länder waren als Mitglieder des Reichsrats verfassungsgemäß dazu berufen, an ihr mitzuwirken. Darüber hinaus standen ihnen weitere vertragliche Rechte aus dem Staatsvertrage über den Übergang der Staatseisenbahnen auf das Reich zu. Ohne die Zustimmung der Länder in dieser ihrer doppelten Eigenschaft als Glieder des Reichs und als Vertragsparteien war die Überführung der Reichsbahn in ein selbständiges Unternehmen im Sinne der Verordnung vom 12. Februar 1924 nicht möglich. Sollte die Verwaltung in die Hand des Reichsverkehrsministers und eines Verwaltungsrates gelegt werden, so mußten zunächst die Rechte der Länder beseitigt sein. Dieses Ziel sollte durch die Erklärungen erreicht werden. Sie stellen somit eine Vereinbarung dar, in der die Länder ihre bisherigen Rechte aufgaben und das Reich ihnen als Gegenleistung eine Vertretung in dem zu bildenden Verwaltungsrate zusagte. Es ist also ein förmlicher Vertrag zustandegekommen, der auf beiden Seiten Rechte und Pflichten erzeugte. Von lediglich politischen Bindungen kann keine Rede sein.

Das Reich behauptet aber auch weiter zu Unrecht, die Erklärungen gingen über den Rahmen des § 43 StV. hinaus.

Es macht in erster Linie geltend, der § 16 StV. lege die Verwaltung der Reichseisenbahnen ausschließlich in die Hand des Reiches. Das Gegenteil dieses Grundgedankens sei es aber, wenn die Erklärungen den Ländern ein Präsentationsrecht zum Verwaltungsrate und damit einen Einfluß auf die dem Reiche allein zustehende Verwaltung einräumten. Ein solches Präsentationsrecht gewähre der Staatsvertrag den Ländern nicht, er sei also durch die Erklärungen *geändert* worden. Dies sei nach § 43 StV. nicht zulässig.

Diese Auffassung geht nach zwei Richtungen hin fehl.

Zunächst stellt § 16 StV. den Grundgedanken einer ausschließlichen Verwaltung der Reichsbahn durch das Reich im Sinne einer Ausschaltung der Länder überhaupt nicht auf. Die Bestimmung besagt:

> Das Reich wird die Reichseisenbahnen als einheitliche Verkehrsanstalt verwalten.
>
> Die Reichseisenbahnverwaltung wird das ganze Reichseisenbahnnetz nach gleichen Gesichtspunkten behandeln, insbesondere die Interessen des Eisenbahnpersonals und die Verkehrs- und volkswirtschaftlichen Interessen aller Länder unter Abwägung der verschiedenen Verhältnisse gleichmäßig berücksichtigen und bei widerstreitenden Interessen auf einen gerechten Ausgleich bedacht sein.

Damit wird aber dem Reiche keineswegs eine Verwaltungsbefugnis eingeräumt, die von dem Einflusse der Länder freigestellt ist, im Gegenteil, es wird ihm eine Reihe von Auflagen gemacht, nach denen es sich zu richten hat, auf deren Befolgung den Ländern vertraglich ein Anspruch zugestanden wird.

Ein solcher Grundgedanke konnte aber auch zur Zeit des Abschlusses des Staatsvertrags überhaupt nicht in Frage kommen. Die Länder befanden sich damals noch im Besitz ihrer Eisenbahnen und verwalteten sie selbst. Die Reichsverfassung hatte in Art. 89 die Übernahme der Eisenbahnen in das Eigentum und in die Verwaltung des Reiches angeordnet und in Art. 92 die Umwandlung in ein selbständiges wirtschaftliches Unternehmen vorgesehen. Sie hatte aber den Haushalt und die Rechnung des Unternehmens in den allgemeinen Haushalt und die allgemeine Rechnung eingegliedert, die Eisenbahnverwaltung also zu einem Teile der Reichsverwaltung überhaupt gemacht. Verfassungsmäßig unterstand sie somit, wie jede andere Reichsverwaltung, der Mitwirkung der gesetzgebenden Körperschaften, darunter dem Reichsrat, in dem die ehemaligen Eisenbahnländer ihren Einfluß geltend zu machen in der Lage waren. Bei dieser Rechtslage können die Vertragschließenden unmöglich eine Verwaltung durch das Reich unter Ausschluß des Einflusses der Länder gewollt haben. Dann enthalten aber auch die Erklärungen nichts Neues, sie billigen den Ländern mit dem Präsentationsrechte zum Verwaltungsrate nicht erst einen Einfluß auf die Verwaltung zu, den sie bis dahin nicht gehabt hätten; sie bringen vielmehr den bisher ihnen zustehenden Einfluß nur in eine andere Form, wobei sein Umfang und seine Bedeutung allerdings erheblich eingeschränkt worden sind. Der Grundgedanke des § 16 StV. ist hingegen derselbe geblieben.

Zum Verständnisse des § 43 StV. muß man sich aber auch in die Zeit des Vertragsabschlusses zurückversetzen, um sich über die Tragweite und die Bedeutung dieser Bestimmung klar zu werden. Damals hatte das Reich die Aufgabe, die dem allgemeinen Verkehr dienenden Eisenbahnen in sein Eigentum zu übernehmen und als einheitliche Verkehrsanstalt zu verwalten. Diese Anordnung hatte Art. 89 RVerf. getroffen und Art. 92 hatte die Verwaltung der Reichsbahnen als ein selbständiges wirtschaftliches Unternehmen innerhalb des allgemeinen Haushalts und der allgemeinen Rechnung des Reiches vorgesehen. Grundsätzlich war hiermit eine bestimmte Richtung für die Entwicklung festgelegt; wie sie sich im einzelnen gestalten sollte und werde, war noch ungewiß. Die Anordnung der späteren Verselbständigung war den Vertragschließenden naturgemäß geläufig, und sie haben sie beim Abschlusse des Staatsvertrags mit in Rechnung gestellt. Dies ergeben deutlich die Bestimmungen des § 24 StV., der für die Neuregelung der Verwaltung verschiedene Richtlinien aufstellte, aber auch das Schlußprotokoll zu § 24, das weitere Grundsätze enthält und die Neugestaltung ebenso wie „spätere wichtige Änderungen grundsätzlicher Art der Genehmigung des Reichsrats" unterwarf. Der Staatsvertrag fand also einen Zustand vor, der von vornherein eine durchgreifende Änderung des Bestehenden erforderte. Es war nicht nur notwendig, an die Stelle der früheren Eigentümer und Verwalter der Bahnen das Reich zu setzen, es mußten auch die verschiedenen buntscheckigen Verwaltungen zu einer einheitlichen verschmolzen werden. Dies ließ sich natürlicherweise nicht auf einmal erreichen, es war eine gewisse Übergangszeit notwendig. Wie die Organisation sich gestalten sollte und würde, war noch nicht klargestellt, aber auch nicht nach allen Richtungen und bis in die Einzelheiten klarzustellen. Man wußte nur, daß die Bahnen in der Hand des Reiches zu vereinigen und dann zu einem selbständigen wirtschaftlichen Unternehmen auszubauen seien. Diese Neuorganisation versuchte man grundsätzlich und in der Form von Richtlinien festzulegen und zu umschreiben. Daß man von Einzelregelungen Abstand nehmen mußte, daß auch die Richtlinien nicht unabänderlich ein für allemal feststehend niederzulegen waren, daß die Entwicklung eine Anpassung der Vereinbarungen an sie erfordern könne, darüber bestand unter den Vertragschließenden kein Zweifel. Ergaben die Entwicklung und etwa geänderte Verhältnisse die Notwendigkeit einer anderweiten Regelung, so sollten darüber Verhandlungen stattfinden und eine geeignete einigende Formel gesucht und gefunden werden. Diesen Weg sollte § 43 StV. eröffnen, er sollte die Möglichkeit schaffen, unvorhergesehene Schwierigkeiten im Wege der Auslegung und Ergänzung des Staatsvertrags durch weniger umständliche und weniger zeitraubende Vereinbarungen unter den Regierungen zu bereinigen, als dies bei einer Hinzuziehung der gesetzgebenden Körperschaften möglich gewesen wäre. Dies allein kann auch die Absicht der gesetzgebenden Körperschaften des Reiches und der ehemaligen Eisenbahnländer gewesen sein, als sie den Vertrag als Gesetz bestätigt haben. Die vertragschließenden Regierungen sollten berechtigt sein, sich über die Auslegung bestehender Bestimmungen zu verständigen. Sie sollten aber auch darüber hinaus ermächtigt werden, im Laufe der Entwicklung etwa auftretende Lücken im Vertrage auszufüllen, insbesondere aber auch durch die Entwicklung überholte Bestimmungen durch andere, den geänderten Verhältnissen angepaßte zu ersetzen. Nur von dieser Auffassung aus ergibt § 43 StV. einen vernünftigen Sinn.

Lagen nun die Voraussetzungen für eine Auslegung oder Ergänzung des Staatsvertrags vor, als die Erklärungen im Frühjahr 1924 zwischen dem Reiche und den Ländern ausgetauscht wurden? Die Frage ist zu bejahen.

Mit dem Abschluß des Staatsvertrags hatte sich die Lage so gestaltet, daß die Verwaltung zwar in der Hand des Reiches lag, daß aber den Ländern auf Grund des Staatsvertrags vertragliche und als Teilen des Deutschen Reiches verfassungsmäßige Rechte zur Mitwirkung an der Verwaltung der Reichsbahnen zustanden. Die verfassungsmäßigen Rechte wurden in der Hauptsache im Reichsrat ausgeübt und waren von so entscheidender Bedeutung, daß ohne die Zustimmung der ehemaligen Eisenbahnländer — es handelte sich um die acht größten Länder — weder die Reichsregierung noch der Reichsverkehrsminister irgendeine eingreifende organisatorische Maßnahme selbständig treffen konnte. Die Verwaltung lag wohl beim Reiche, sie wurde aber entscheidend und ausschlaggebend durch die Länder beeinflußt. Es kann auch keinem Zweifel unterliegen, daß die Rechte der Länder aus der Reichsverfassung und die aus dem Staatsvertrage als ein Ganzes von den Vertragschließenden aufgefaßt worden sind. Denn einmal war eine Zweiteilung der einheitlichen Rechtspersönlichkeit der Länder in eine verfassungsmäßige und eine vertragsmäßige schon begrifflich ausgeschlossen, anderseits haben die Beteiligten eine solche Zweiteilung niemals behauptet.

Nun sollte im Jahre 1924 die Organisation der Reichsbahnverwaltung grundlegend umgestaltet werden. Die Reichsverfassung hatte die Bildung eines Sondervermögens unter Loslösung der Eisenbahnverwaltung von der übrigen Reichsverwaltung abgelehnt. Aber schon kurz danach tauchte der Gedanke der Notwendigkeit einer Verselbständigung von neuem auf; es wurde sogar die Überlassung der Reichseisenbahnen an die Privatwirtschaft ernsthaft erörtert. Im Jahre 1922 legte die Reichsregierung den Entwurf eines Reichsbahnfinanzgesetzes vor, der ein Sondervermögen schaffen und die bisher dem Reichstag und dem Reichsrat zustehenden Befugnisse auf einen Verwaltungsrat übertragen wollte. Verhandlungen mit den Ländern führten zu keinem Ergebnis, insbesondere waren die

Länder nicht geneigt, auf ihre verfassungs- und vertragsmäßigen Rechte zu verzichten, da ihnen die als Ersatz angebotene Vertretung im Verwaltungsrat unzureichend erschien. Im November 1923, als der Reichsfinanzminister der Reichsbahn die Zuschüsse entzog und etwas Durchgreifendes geschehen mußte, trat die Reichsregierung mit dem in der Verordnung vom 12. Februar 1924 niedergelegten Vorschlage aufs neue an die Länder heran. Das Eigentum an den Bahnen sollte dem Reiche verbleiben. Es sollte aber ein selbständiges wirtschaftliches Unternehmen mit juristischer Persönlichkeit gebildet werden, das den Betrieb im Namen des Reiches führen sollte. Die Mitwirkung des Reichstags und des Reichsrats sollte in Fortfall kommen, an ihre Stelle sollte die Reichsregierung treten. Aufsicht und Leitung sollten dem Reichsverkehrsminister übertragen werden. Die Mitwirkung der Reichsregierung sollte diese einem Verwaltungsrate übertragen dürfen. Der so zu schaffende Zustand sollte nur ein vorübergehender sein, die endgültige Neugestaltung sollte in einem zu erlassenden Gesetz über die Deutsche Reichsbahn erfolgen. Der Staatsvertrag sollte durch die Verordnung nicht berührt werden.

Mit dieser Neuordnung mußten die Rechte der Länder, die sie im Reichsrat zur Geltung bringen konnten, in Wegfall kommen, es mußten aber auch die Rechte an der Verwaltung fallen, die ihnen im Staatsvertrage vorbehalten waren. Da beide zusammen ein Ganzes bildeten, entstand im Staatsvertrag eine Lücke, die durch andere, den neuen Verhältnissen angepaßte Vorschriften ausgefüllt werden mußte. Da die geplante Änderung nur mit Zustimmung der Länder möglich war, trat das Reich dieserhalb mit den Ländern in Verhandlungen ein, die zum Austausch der streitigen Erklärungen führten.

Mit ihrer Abgabe ist also nur etwas geschehen, was die Beteiligten schon beim Abschlusse des Staatsvertrags ins Auge gefaßt hatten. Die damals noch nicht vorauszusehende Neuregelung, wie sie nun vor sich gehen sollte, erforderte einen teilweisen Verzicht der Länder auf die Rechte aus dem Staatsvertrage und einen Ersatz derselben durch anderweite Bestimmungen, nämlich die Erklärungen. Die weitere Aus- und Durchführung des Staatsvertrags machte die Lösung der Frage notwendig, wie sein Inhalt den neuen Verhältnissen angepaßt und die entstehende Lücke ausgefüllt werden könne.

Es lag somit der Fall des § 43 StV. vor, der gerade für eine solche Sachlage eine Ergänzung des Vertrags durch neue Vereinbarungen vorsieht. Nicht eine Abänderung, sondern lediglich eine Ergänzung des Vertrags ist vorgenommen worden. Diese Auffassung bringt auch die Begründung zur Verordnung vom 12. Februar 1924 zum Ausdruck, wenn sie zu § 10 Abs. 2 sagt:

> Die Neuordnung der Reichsbahnverwaltung nach verkehrstechnischen und wirtschaftlichen Grundsätzen ist bereits vom Staatsvertrag über den Übergang der Staatseisenbahnen auf das Reich vorgesehen (Schlußprotokoll zu § 24 Ziff. 3). Insofern erfüllt die vorliegende Verordnung den Staatsvertrag. Sie will auch sonst ebensowenig wie das in Ergänzung dieser Verordnung vorgesehene Gesetz an den vertraglichen Abmachungen zwischen dem Reich und den Ländern etwas ändern.

Von diesem Standpunkt sind denn auch die Beteiligten offensichtlich bei Abgabe der Erklärungen ausgegangen, wie sie dies durch die Fassung der Eingangsformel: „Zur Auslegung des Staatsvertrags ..." klar zum Ausdruck gebracht haben.

Das Reich meint nun weiter, selbst wenn sich die Erklärungen im Rahmen des § 43 StV. hielten, seien sie nicht rechtswirksam, weil eine Vereinbarung in dessen Sinne die Mitwirkung und Zustimmung sämtlicher ehemaliger Eisenbahnländer erfordere, die Länder Hessen, Mecklenburg-Schwerin und Oldenburg aber nicht zugezogen worden seien. Es kann dahingestellt bleiben, ob das Reich sich mit Recht auf diesen Umstand berufen kann, nachdem es selbst diesen Weg eingeschlagen hat und die Zuziehung dieser Länder nur infolge seines eigenen Verhaltens und Vorgehens unterblieben ist. Denn die Auffassung, daß Sondervereinbarungen zwischen dem Reiche und einem einzelnen Lande über Rechte und Ansprüche aus dem Staatsvertrag nicht getroffen werden können, ist abzulehnen. Es ist nicht ersichtlich, wie ein Land verhindert werden könnte, auf seine Rechte aus ihm ganz oder teilweise zu verzichten, und wie das Reich gehindert sein sollte, einen solchen Verzicht anzunehmen und seinerseits eine Gegenleistung dafür zu gewähren. Im Staatsvertrage ist ein entsprechendes Verbot nicht zu finden. Eine Grenze könnte höchstens da gezogen werden, wo durch eine Sondervereinbarung Rechte Dritter, die sie aus dem auch Gesetz gewordenen Vertrage erworben haben, verletzt oder die übrigen Vertragsbeteiligten benachteiligt werden würden. Beides kommt hier nicht in Frage. Das Reich will denn auch anerkennen, daß es Fälle geben kann, in denen Sondervereinbarungen zwischen den einzelnen Regierungen möglich seien, nämlich dann, wenn es sich um weniger wichtige und entscheidende grundsätzliche Fragen handle; hier seien aber entscheidende organisatorische Fragen zu regeln gewesen, zu denen die übrigen ehemaligen Eisenbahnländer hätten hinzugezogen werden müssen. Dieser Unterscheidung kann der Staatsgerichtshof nicht folgen. Sind Sondervereinbarungen grundsätzlich überhaupt zugelassen, so kann ihre Zulässigkeit nicht auf die größere oder geringere Bedeutung der zu regelnden Frage, sondern nur darauf abgestellt werden, ob die getroffene Regelung in die Rechte und Interessen Dritter eingreift, sie beeinträchtigt.

Die Entscheidung des Staatsgerichtshofs vom 20. November 1926 (RGZ. Bd. 115 Anh. S. 1) nimmt das Reich zu Unrecht für sich in Anspruch. Der aus ihr entnommene Satz gilt nur für den damals zu entscheidenden Fall, ob das Recht eines Beamten auf Einberufung eines Schiedsgerichts aus § 33 Abs. 5 StV. dadurch beseitigt sei, daß das Reich und das Land darüber einig seien, daß ihm Beförderungsansprüche überhaupt nicht zuständen. Hier waren die Beförderungsrechte der Beamten unter Zusammenfassung und Vereinheitlichung der verschiedenartigen Beamtenrechte der Länder einheitlich gestaltet worden. Dem insoweit einheitlich gestalteten und weiter auszugestaltenden Beamtenkörper mußte auch eine einheitliche Ausgestaltung ihrer Rechte entsprechen. Diese beim Abschlusse des Staatsvertrags kundgegebene Absicht der sämtlichen Vertragsparteien durfte nicht durch die Vereinbarung zwischen einem Lande und dem Reiche wieder beseitigt werden. An ihrer Durchführung waren sämtliche Vertragschließenden beteiligt, sie mußten also auch alle zu einer Änderung herangezogen werden. Mehr hat der Staatsgerichtshof an dieser Stelle nicht ausgesprochen. Er hat vielmehr klar zum Ausdruck gebracht, daß die Beamten aus dem Staatsvertrage Rechte erworben hätten und daß eine Auslegung, wie das Reich sie für zulässig erachte, keine Auslegung der betreffenden Bestimmung, sondern einen Eingriff in erworbene Rechte darstelle, der einer Abänderung des Vertrages gleichstehe und nur auf dem Wege über die Gesetzgebung zulässig sei, aber auch insoweit nur unter Berücksichtigung der Vertragsnatur des Gesetzes. Daß eine am Staatsvertrag beteiligte Regierung in Angelegenheiten, die sie allein angehen, eine Sondervereinbarung mit dem Reiche nicht abschließen dürfe, hat der Staatsgerichtshof damit nicht ausgesprochen.

Handelt es sich sonach bei den Erklärungen nur um eine im Rahmen des § 43 StV. zugelassene Ergänzung des Staatsvertrags, so kann an ihrer Rechtsverbindlichkeit kein Zweifel mehr obwalten. Ob in § 9 Abs. 2 der Verordnung vom 12. Februar 1924 eine Ermächtigung des Reichsverkehrsministers zu der getroffenen Vereinbarung zu finden ist, bedarf hiernach keiner weiteren Untersuchung.

An dieser Rechtsverbindlichkeit hat aber auch der § 11 der Satzung der Deutschen Reichsbahn-Gesellschaft nichts geändert. In dieser Hinsicht hat das frühere Urteil in der Streitsache Preußen gegen Reich bereits dargelegt, daß § 11 die Ernennung der Mitglieder des Verwaltungsrates allerdings ausschließlich der Reichsregierung übertrage, daß sie aber, soweit die gesetzlichen Erfordernisse vorliegen, in der Auswahl der zu ernennenden Persönlichkeiten völlig freie Hand habe. Sie sei also ohne weiteres in der Lage, eine von Preußen benannte geeignete Persönlichkeit zu ernennen. Daß sich eine vertragliche Verpflichtung der Reichsregierung zu einer solchen Ernennung mit dem Reichsbahngesetz oder mit der Satzung nicht vereinbaren lasse, sei weder aus dem Wortlaute noch aus dem Zusammenhange noch aus dem Zwecke des Gesetzes zu entnehmen. Dieser Auffassung schließt sich der Staatsgerichtshof auch für den gegenwärtigen Fall an.

Das Reich macht für den Fall, daß die Erklärungen an sich rechtsverbindlich seien, weiter geltend, sie seien entweder nur unter Vorbehalt abgegeben und deshalb von Anfang an nicht voll wirksam gewesen oder sie seien durch spätere Vereinbarungen oder Erklärungen des Reiches und der Länder ihrer ursprünglichen Wirksamkeit wieder entkleidet worden. Da die hierfür vorgebrachten Gründe für die einzelnen Länder verschieden sind, muß diese Frage für jedes Land besonders behandelt werden.

Bayern gegenüber behauptet das Reich, es sei eine neue Vereinbarung mit diesem Lande am 30. Juli 1924 getroffen worden. Sie laute:

Die Reichsregierung wird einen Bayern zum Mitglied des Verwaltungsrats der Deutschen Reichsbahn-Gesellschaft ernennen und sich wegen der Auswahl der Persönlichkeit mit der Bayerischen Regierung verständigen.

Zur Zeit des Abschlusses dieser Vereinbarung sei der Dawesplan bereits bekannt gewesen; seinen Auswirkungen auf die Organisation der Reichsbahn und auf die Durchführbarkeit der Erklärungen hätten beide Parteien Rechnung tragen, die früheren Erklärungen beseitigen und durch die neue ersetzen wollen. Diese bedeute, daß das Reich die Berufsgruppe, aus der Bayern die vorzuschlagende Persönlichkeit auszuwählen habe, zu bestimmen habe. Komme eine Verständigung nicht zustande, so erhalte das Reich freie Hand und dürfe eine ihm genehme Persönlichkeit ernennen. Diesen Sinn der neuen Abmachung bestreitet Bayern, macht aber in erster Linie geltend, sie habe nur subsidiäre Geltung und habe nur dann an die Stelle der früheren treten sollen, wenn das Organisationskomitee die letztere als mit dem Reichsbahngesetz unvereinbar befunden hätte. Dies sei nicht geschehen, das Komitee habe sich überhaupt nicht damit befaßt.

Die Richtigkeit der Behauptung Bayerns ergibt sich schon aus der Vereinbarung vom 30. Juli 1924 allein. Wie aus ihrem — weiter oben wiedergegebenen — Wortlaute hervorgeht, sollte das Reich gehalten sein, sich dahin zu bemühen, daß das Organisationskomitee das Abkommen vom Februar 1924 vollständig oder in möglichst großem Umfange für mit dem Reichsbahngesetz nicht in Widerspruch stehend erkläre. Das Reich sollte sich aber auch weiter der neuen Gesellschaft gegenüber mit allen ihm zur Verfügung stehenden Mitteln dafür einsetzen, daß die Bestimmungen des Februar-Abkommens von ihr erfüllt würden, soweit dies im Rahmen des Gesellschaftszweckes überhaupt möglich sei.

Nun muß man doch davon ausgehen, daß beide Parteien in der Lage waren, ihren wahren Willen klar und deutlich zum Ausdruck zu bringen und schriftlich niederzulegen, was sie als endgültig vereinbart betrachteten. Dann kann aber aus dieser Vereinbarung nur entnommen werden, daß beide Beteiligte die ursprünglichen Erklärungen ganz oder so weit irgend möglich aufrechterhalten wollten, daß mithin die neue Abmachung erst dann an ihre Stelle treten sollte, wenn das Organisationskomitee das Ernennungsrecht der Länder als mit dem Reichsbahngesetz unvereinbar ablehnen würde. Da das letztere unbestritten nicht geschehen ist, ist also die frühere Erklärung voll in Kraft geblieben. Auf den Inhalt und die Bedeutung des Juli-Abkommens braucht hiernach nicht weiter eingegangen zu werden.

Sachsen hält das Reich entgegen, es könne eine volle Wirksamkeit der Erklärungen deshalb nicht für sich in Anspruch nehmen, weil in dem Schreiben des Reichsverkehrsministers vom 5. April 1924, mit dem sie zur Unterzeichnung übersandt worden seien, ein Vorbehalt enthalten sei. Darin ist nun allerdings gesagt, es würden von den früheren Gegnern — was als bekannt vorausgesetzt werde — Pläne erwogen, bei deren Durchführung die Verfassung der Deutschen Reichsbahn und die Verwirklichung der getroffenen Vereinbarungen wesentlich beeinflußt werden könnten. „Deshalb" müsse auch die Frage, ob bei Bildung einer Aktiengesellschaft den Ländern eine Konsortialbeteiligung einzuräumen sei, bis zur Bekanntgabe dieser Pläne zurückgestellt werden. Sachsen wendet demgegenüber ein, es habe aus diesem Schreiben unmöglich einen Vorbehalt betreffs des Verwaltungsrates entnehmen können, es habe ihn nur auf die Konsortialbeteiligung bezogen, aber auch nur auf sie beziehen können. Darin ist ihm beizutreten.

Die Februar-Erklärungen regelten eine ganze Reihe von Fragen, von denen das Ernennungsrecht nur eine darstellte. Schon Anfang Februar 1924 hatte der Reichsverkehrsminister darauf hingewiesen, daß die Gegner eine Beteiligung an der Verwaltung der Reichsbahn anstrebten und daß eine solche sich nicht werde vermeiden lassen. Trotzdem hat er hinterher mit Bayern vorbehaltlos die Vereinbarung abgeschlossen und mit Sachsen weitere Verhandlungen gepflogen, die dazu führten, daß diesem über die eigentlichen Erklärungen hinaus Zugeständnisse bezüglich des engeren Ausschusses gemacht wurden und seine Gleichstellung mit etwa mehr begünstigten anderen Ländern zugesagt wurde. Wenn nun der Reichsverkehrsminister das Ergebnis der eben abgeschlossenen Verhandlungen vorbehaltlos in den Erklärungen niederlegte und Sachsen zur Unterzeichnung übersandte, so durfte Sachsen diese Niederschrift als das auffassen, was sie in der Regel im Rechtsverkehr darstellt, nämlich als die endgültige

Abmachung der Parteien, die mangels jeden Vorbehalts in vollem Umfange verbindlich sein sollte. Wollte der Reichsverkehrsminister zu dem einen oder anderen der mehreren Punkte einen Vorbehalt machen, so mußte er dies in der Niederschrift oder wenigstens in dem Begleitschreiben klar und ausdrücklich aussprechen. Dies ist nicht geschehen. Das Begleitschreiben weist allerdings auf die bekannten Pläne der Gegner hin, zieht aber mit dem Verbindungsworte „deshalb" daraus nur den Schluß, die Frage der Konsortialbeteiligung müsse zurückgestellt werden. Da diese nach der eigenen Angabe des Reiches bei den Verhandlungen mit Sachsen eine besondere Rolle gespielt hatte, durfte letzteres nach Treu und Glauben davon ausgehen, daß nur über diese Frage eine spätere Einigung vorbehalten werden, der übrige Inhalt der Erklärungen aber endgültig vereinbart sein sollte. Der Einwand des Reiches Sachsen gegenüber kann also keinen Erfolg haben.

Württemberg hat die ihm mit Begleitschreiben vom 25. März 1924 zugegangenen Erklärungen nicht unterzeichnet. Es hat aber in einem Schreiben vom 12. April 1924 dem Reichsverkehrsminister mitgeteilt, es stelle fest, daß „endgültige Einigkeit" über folgende Punkte bestehe:

1. über sämtliche Ziffern der dortseits bereits unterzeichneten Niederschrift vom 25. v. M. mit Ausnahme der Ziffer I 4 (Beschaffungswesen).

Es kann dahingestellt bleiben, ob § 43 StV. eine schriftliche Niederlegung etwaiger Vereinbarungen erfordert, denn mit dem Schreiben Württembergs vom 12. April 1924 wäre diesem Erfordernis genügt. Württemberg war aber auch nicht gehalten, die Erklärungen im ganzen anzunehmen, denn die Verhandlungen sollten nach dem die Grundlage bildenden Schreiben des Reichsverkehrsministers vom 2. Februar 1924 keineswegs den Zweck haben, eine Einigung über alle Punkte herbeizuführen, es sollten nur möglichst viele Fragen endgültig geregelt werden. Er schreibt dort selbst:

Sollte endlich über die eine oder andere grundsätzliche Frage hinsichtlich der Auslegung des Staatsvertrags eine Verständigung nicht zu erzielen sein, so möchte ich schon jetzt vorschlagen, zur Vermeidung jeder politischen Spannung zwischen Reich und Ländern diese Frage im beiderseitigen Einvernehmen dem Staatsgerichtshof als dem in dem Staatsvertrag dafür vorgesehenen Organ zur Entscheidung zu unterbreiten.

Danach war von vornherein die Möglichkeit einer auch nur teilweisen Einigung vorgesehen, von der Württemberg lediglich Gebrauch gemacht hat.

Nun hat aber Württemberg in dem Schreiben vom 12. April 1924 Aufklärung über die den anderen Ländern gemachten Zusagen verlangt und hinzugesetzt, je nach dem Inhalte dieser Verabredungen würde eine Änderung seiner Stellungnahme in Frage kommen. Daraus möchte das Reich entnehmen, die Annahme der Erklärungen sei von Württemberg von einer aufschiebenden Bedingung abhängig gemacht, also nicht endgültig erklärt worden. Auch dieser Einwand geht fehl. Württemberg hat in dem Schreiben vom 12. April 1924 erklärt, es bestehe über alle Punkte, mit Ausnahme des Beschaffungswesens, „endgültige Einigkeit". Damit hat es sich bedingungslos bis auf den einen Punkt mit der Niederschrift einverstanden erklärt; sie sollte auf alle Fälle für die Folge die rechtliche Grundlage für das Verhältnis des Reiches zu Württemberg bilden. Gegenüber einer solchen festen und endgültigen Bindung konnte der Hinweis auf die anderen Ländern etwa gemachten weitergehenden Zusagen nur dahin verstanden werden, daß es dem Reiche für diesen Fall auch seinerseits weitergehende Ansprüche in Aussicht stellen wollte, ohne seine derzeitige Zusage davon abhängig zu machen. So hat offenbar auch das Reich die Mitteilung Württembergs aufgefaßt. Es hat bis nach der Einleitung des gegenwärtigen Verfahrens weder auf die Nichtunterzeichnung hingewiesen noch irgendwie zum Ausdruck gebracht, daß daraus Folgerungen gegen die Gültigkeit der Abmachungen zu ziehen seien. Es hat sich im Gegenteil auf den Standpunkt gestellt, daß die Erklärungen von Württemberg endgültig angenommen worden seien, und diesen seinen Standpunkt dadurch deutlich kundgegeben, daß es die beabsichtigten, nur auf Grund einer endgültigen Zustimmung der Länder zulässigen organisatorischen Maßnahmen durchgeführt hat.

Baden hat bei der ersten Bildung des Verwaltungsrates im Herbst 1924 keinen Sitz erhalten. In einem an den Reichskanzler gerichteten Schreiben vom 15. Oktober 1924 beschwert es sich hierüber und sagt, das Sachverständigengutachten und seine Auswirkung hätten wohl die Voraussetzungen geändert, unter welchen die Verhandlungen abgeschlossen worden seien. Wenn der Reichsverkehrsminister damals von der Berechtigung der badischen Forderungen so überzeugt gewesen sei, daß er die Zugeständnisse gemacht habe, so sei es unerträglich, daß Baden bei der Neuregelung auch nicht in einem einzigen Punkte berücksichtigt worden sei.

Eine Aufgabe seiner Rechte aus den Erklärungen von seiten des Landes Baden kann in diesem Schreiben nicht gefunden werden.

In den Übersendungsschreiben vom 25. März 1924 an Württemberg und Baden hat der Reichsverkehrsminister darauf hingewiesen, daß die Zusammensetzung des Verwaltungsrats nach den neuesten Mitteilungen wesentlich von der außenpolitischen Entwicklung, besonders davon abhänge, in welcher Art die Deutsche Reichsbahn zu den Reparationen herangezogen werde. Damit will das Reich zum Ausdruck gebracht haben, die Zusammensetzung des Verwaltungsrats sei bei der von den früheren Gegnern geplanten Organisation unübersehbar; es müsse sich in dieser Richtung freie Hand vorbehalten. Es habe also einen Vorbehalt gemacht, dem gegenüber die Ansprüche Württembergs und Badens nicht standhalten könnten.

Hier ist die Sachlage insofern etwas anders gelagert als Sachsen gegenüber, als die Zusammensetzung des Verwaltungsrates ausdrücklich erwähnt ist. Gleichwohl muß auch dieser Einwand des Reiches scheitern. Hinweise auf eine Einmischung der früheren Gegner in die Verwaltung der Reichsbahn hatte das Reich schon im Februar 1924 gegeben, ohne daß es sich hierdurch hätte abhalten lassen, die Verhandlungen mit den Ländern auch zur Frage ihrer Beteiligung am Verwaltungsrate fortzusetzen in der Absicht, eine endgültige Einigung darüber herbeizuführen. Wenn es dann, nachdem die Einigung erzielt war, das Ergebnis der Verhandlungen als ein endgültiges schriftlich niederlegte, wie es geschehen ist, und den Ländern zur Annahme und Unterzeichnung vorlegte, so konnte es sich darüber nicht im unklaren sein, daß diese damit in den Glauben versetzt werden mußten, sie träten mit ihrer Zustimmung einem endgültigen und vorbehaltlosen Abkommen bei. Diese ihre berechtigte Auffassung muß das Reich gegen sich gelten lassen. Wollte es selbst nur ein Abkommen unter einem Vorbehalt abschließen, so mußte der letztere ausdrücklich und unzweideutig den Ländern bekannt gegeben werden. So wie der Hinweis in dem Begleitschreiben erfolgt ist, kann er nur die Bedeutung haben, es werde eine endgültige Vereinbarung getroffen, es könnten sich aber ihrer Erfüllung später Schwierigkeiten von seiten der Gegner entgegenstellen. Insoweit handelt es sich aber lediglich um die Frage der Durchführbarkeit des Abkommens, auf die weiter unten einzugehen sein wird.

Nach alledem ist festzustellen, daß die Erklärungen für alle Beteiligten rechtsverbindlich gewesen sind und noch sind. Daß nachträglich, nach Abschluß der Vereinbarungen, abgegebene Erklärungen des Reiches, wie sie z. B. in der Besprechung vom 9. Mai 1924 geäußert worden sind, für die Rechtsverbindlichkeit überhaupt nicht in Frage kommen können, versteht sich von selbst. Es handelt sich hierbei lediglich um einseitige Meinungsäußerungen des Reiches, welche die Länder überdies sofort und entschieden zurückgewiesen haben.

Mit besonderem Nachdruck macht das Reich auch in diesem Verfahren wieder geltend, selbst wenn die Erklärungen rechtsverbindlich abgegeben seien, so hätten sie doch nur für den Zustand Geltung haben sollen, der durch die Verordnung vom 12. Februar 1924 und das in ihr vorgesehene Gesetz habe geschaffen werden sollen. Damals sei in einem Referentenentwurf ein Verwaltungsrat von 28 Mitgliedern in Aussicht genommen gewesen, diese Absicht habe der Dawesplan durchkreuzt, der eine ganz andere Regelung in dem Reichsbahngesetz herbeigeführt habe. Für dieses könnten also die Erklärungen keine Geltung beanspruchen; darüber habe auch allseitiges Einverständnis bestanden. In der Besprechung vom 9. Mai 1924 habe das Reich ausdrücklich erklären lassen, daß sich die Vereinbarungen unter dem Reichsbahngesetz nicht mehr würden durchführen lassen.

Diese Auffassung wird durch den Wortlaut und durch die Umstände widerlegt, unter denen die Erklärungen zustandegekommen sind.

Hält man sich den Wortlaut der Erklärungen: „In dem zukünftigen Verwaltungsrat der Deutschen Reichsbahn, auch dem etwa vorläufig zu bildenden erhält die ... Regierung eine Vertretung aus eigenem Recht" unbefangen vor, so kann man ihm nur eine Deutung, nämlich die geben, daß den Regierungen das Recht zur Bestellung eines Vertreters zwar auch für einen etwa zu bildenden vorläufigen Verwaltungsrat, in erster Reihe und hauptsächlich aber für das wichtigste Stadium der Entwicklung, nämlich für den endgültig zu bildenden Verwaltungsrat gesichert werden sollte, ohne daß aber dieses Recht irgendwie von dem Inhalte der gesetzlichen Regelung abhängig gemacht werden sollte. Einen anderen Sinn damit zu verbinden, hieße dem Wortlaute Zwang antun. Dies wäre um so weniger angebracht, als die Vertragschließenden sich erst nach langen Verhandlungen über den Inhalt der Erklärungen geeinigt und genau gewußt haben, worüber sie sich einig waren, ihnen aber auch ohne weiteres zuzutrauen ist, daß sie bei der schriftlichen Niederlegung ihres Willens mit der erforderlichen Sorgfalt vorgegangen und bestrebt gewesen sind, ihren wahren Willen zum Ausdruck zu bringen.

Diese Auffassung wird aber auch bestätigt durch die Unterscheidung zwischen dem zukünftigen und dem vorläufigen Verwaltungsrat. Dabei ist zu beachten, daß die Vertretung in erster Linie für den zukünftigen Verwaltungsrat festgelegt worden ist; für den vorläufigen sollte sie nur in Frage kommen, wenn er überhaupt ins Leben treten werde, was damals noch recht ungewiß war und sich auch nicht verwirklicht hat. Dieses In-den-Vordergrund-Rücken des zukünftigen Verwaltungsrats, demgegenüber der vorläufige, nur für einen ganz kurzen vorübergehenden Zustand gedachte, vollkommen zurücktritt, beweist deutlich, daß die Erklärung auf einen dauernden, noch zu schaffenden Zustand hinzielte, daß den Ländern ein Einfluß im Verwaltungsrate auf alle Fälle sichergestellt werden sollte, gleichgültig wie derselbe sich in Zukunft gestalten werde.

Dies ergibt sich aber aus den Umständen, unter denen die Erklärungen zustandegekommen und ausgetauscht worden sind. Es ist weiter oben bereits ein Überblick über die Entwicklung der Verhältnisse bei der Reichsbahn gegeben worden. Danach war sie im Jahre 1923 zwar ein selbständiges wirtschaftliches Unternehmen geworden, aber immer noch ein Unternehmen des Reichs, das dem

Einflusse und der Aufsicht des Reichstags und des Reichsrats unterstand. Besonders im letzteren waren die ehemaligen Eisenbahnländer in der Lage, neben den ihnen aus dem Staatsvertrage zustehenden auch ihre verfassungsmäßigen Rechte hinsichtlich der Verwaltung der Reichsbahnen mit einem solchen Nachdrucke geltendzumachen, daß eine Änderung der bisherigen Gestaltung des Unternehmens ohne ihre Zustimmung überhaupt unmöglich und ausgeschlossen war. Diese Zustimmung hatte die Reichsregierung bereits im Jahre 1922 herbeizuführen gesucht, als sie mit dem Entwurfe eines Reichsbahnfinanzgesetzes an die Länder herantrat. Damals wollte sie die Verwaltung der Reichsbahnen von der übrigen allgemeinen Verwaltung des Reiches loslösen und bot den Ländern als Ersatz für die ihnen damit verloren gehenden Rechte und Einflußmöglichkeiten Sitze in dem zu bildenden Verwaltungsrate an. Die Länder verweigerten jedoch ihre Zustimmung, weil ihnen die Zahl der ihnen angebotenen Sitze den Einfluß nicht zu gewährleisten schien, den sie beanspruchen zu müssen glaubten. Damit hatten sie unzweideutig zum Ausdruck gebracht, daß sie ihre durch die Reichsverfassung und den Staatsvertrag zugesicherten, auf Dauer abgestellten Rechte aufzugeben nicht gesonnen waren, wenn ihnen nicht in anderer Gestalt ein dauernder und ihrer Ansicht nach ausreichender Einfluß auf die Verwaltung sichergestellt wurde.

So war die Lage auch im Januar 1924, als die Reichsregierung den Entwurf der späteren Notverordnung den Ländern vorlegte. Sie sollte nach der Begründung zunächst nur „die rechtliche Grundlage für das neue Betriebsunternehmen" schaffen. Die innere Neugestaltung sollte einem mit größter Beschleunigung zu erlassenden Gesetze vorbehalten bleiben, worin dem Reiche und den im Reichsrate vertretenen Ländern der zur Wahrung der öffentlichen Interessen notwendige Einfluß auf die Geschäftsführung gesichert werden sollte. Dieses Gesetz sollte die Verwaltung einem Vorstande unter Mitwirkung eines Verwaltungsrates übertragen, das Reich sollte den ausschlaggebenden Einfluß im Verwaltungsrate haben, indessen sollten dabei auch die Länder und der Reichsrat wesentlich berücksichtigt werden. Für die Übergangszeit sollte die Leitung und die Aufsicht über das Unternehmen in die Hand des politisch verantwortlichen Reichsverkehrsministers gelegt, der Reichsregierung aber ein Mitwirkungsrecht zugestanden werden, das sie auf einen mit ihrer Zustimmung zu bildenden Verwaltungsrat übertragen konnte.

Hier wird also zwischen einem vorläufigen und einem endgültigen Zustande unterschieden, dementsprechend auch ein vorläufiger und ein zukünftiger Verwaltungsrat vorgesehen. In beiden sollten die Länder Sitze erhalten, und auf diese Weise sollte ihr Einfluß auf die Verwaltung sichergestellt werden. Auf dieser Grundlage erteilten die Länder ihre Zustimmung zu der beabsichtigten Neugestaltung. Beachtet man diesen Gang der Verhandlungen und der Entwicklung, so treten darin zwei Merkmale besonders deutlich hervor. Die Länder haben unentwegt an den ihnen einmal zustehenden Rechten festgehalten und sind zu deren Aufgabe nur unter der Voraussetzung bereit gewesen, daß ihnen ein dauernder und ausreichender Ersatz für sie sichergestellt wurde. Anderseits hat das Reich von Anfang an und während der ganzen Dauer der Verhandlungen diesen Anspruch der Länder anerkannt und ihnen Sitze im Verwaltungsrate zugesagt, damit sie in diesem ihren bisherigen Einfluß weiter geltend machen könnten.

Bei dieser beiderseitigen Einstellung, die bis zum Austausche der Erklärungen ersichtlich nicht geändert worden ist, ist es nicht möglich, der Behauptung des Reiches zu folgen, nach der die Zusage sich nur auf den Verwaltungsrat des Unternehmens „Deutsche Reichsbahn" und den Verwaltungsrat bezogen haben soll, der in dem in der Notverordnung in Aussicht genommenen Gesetz auf der Grundlage von 28 Mitgliedern habe eingerichtet werden sollen, der aber infolge des Dawesplans im Reichsbahngesetz nicht verwirklicht worden sei.

Danach hätten die auf die Wahrung und dauernde Erhaltung ihres Einflusses so entschieden bedachten Länder ihre gewährleisteten Rechte aufgegeben, um folgendes dagegen einzutauschen:

1. ein Mitwirkungsrecht in dem vorläufigen Verwaltungsrat, dessen Verwirklichung aber dadurch in Frage gestellt war, daß seine Bildung allein von dem Willen der Reichsregierung abhing, der denn auch niemals ins Leben getreten ist,

2. ein Mitwirkungsrecht in dem zukünftigen Verwaltungsrat, das aber nur bedingungsweise, nämlich nur für den Fall zugesagt war, daß es zur Einsetzung eines Verwaltungsrats von 28 Mitgliedern kommen werde, das aber entfallen sollte, wenn infolge des — damals bereits bekannten — Eingreifens des Dawesplans der künftige Verwaltungsrat anders gestaltet werden würde, als das Reich es bis dahin beabsichtigt hatte.

Mit diesem vom Reiche behaupteten Inhalte der Erklärungen ist ihre den endgültigen Willen der Beteiligten zum Ausdruck bringende, auf jeden künftigen Verwaltungsrat erstreckte Fassung unvereinbar. Es ist aber auch ausgeschlossen, daß die Länder, die bis dahin an ihren vertrags- und verfassungsmäßigen Rechten gerade zu diesem Punkte so entschieden festgehalten hatten, von deren Zustimmung die Durchführung der Pläne der Reichsregierung abhing, sich mit einer solchen Gegenleistung zufrieden gegeben hätten, die in ihrer Ungewißheit überhaupt nichts bedeutete. Aber auch die Vertreter des Reiches konnten sich darüber nicht im unklaren sein, daß dies nicht der Wille der Länder sein konnte. Endlich widerspricht sich aber auch das Reich selbst und setzt sich mit seinen eigenen Erklärungen in Widerspruch, wenn es nunmehr der Vereinbarung einen beschränkten Inhalt geben will. Schon am 5. Februar 1924 hatte Staatssekretär Vogt darauf hingewiesen, daß die Entente die Reichsbahn in die Hand bekommen wolle, daß es ohne Opfer nicht abgehen werde und daß zum mindesten mit einem Generalkontrolleur oder einer interalliierten Beteiligung an der Verwaltung gerechnet werden müsse. Am 6. Februar 1924 hat der Reichsverkehrsminister eine Erklärung dahin abgegeben, in dem neuen Verwaltungsrate würden die Länder mit einem Drittel aller Stimmen vertreten sein, über ihre Verteilung unter sich sollten sich die Länder selbst verständigen; Änderungen dieses Grundsatzes müßten für den Fall vorbehalten werden, daß auch ausländische natürliche oder juristische Personen zu Mitgliedern des Verwaltungsrats ernannt werden müßten. Danach sollte eine Vertretung der Länder doch auch in diesem, in seiner neuen Zusammensetzung noch nicht bekannten Verwaltungsrate ihren Platz haben; es sollte für den Fall des Eintritts von Ausländern nur der Grundsatz der Drittelung der Stimmen einer Abänderung unterliegen.

Damals war somit dem Reiche auch schon bekannt, daß der ursprünglich vorgesehene Verwaltungsrat von 28 Mitgliedern nicht zustandekommen werde, daß wenigstens damit nicht zu rechnen sei. Diese seine Kenntnis hatte es auch den Ländern weitergegeben. Wenn dann die Beteiligten über eine Vertretung in dem künftigen Verwaltungsrate weiter verhandelt haben, so können sie unmöglich unter diesem Verwaltungsrate nur den ursprünglich beabsichtigten, der durch die Ereignisse bereits unmöglich geworden war, nicht aber den in sicherer Aussicht stehenden, durch den Druck der Entente zustande zu bringenden Verwaltungsrat verstanden haben. Was hier für Anfang Februar 1924 gesagt ist, gilt erst recht für Ende März/Anfang April 1924, zu welchem Zeitpunkte der Austausch der Erklärungen in der Hauptsache vor sich ging, zu dem aber auch die Beeinflussung der Zusammensetzung des Verwaltungsrats durch die Entente noch sicherer feststand, als Anfang Februar.

Zu Unrecht beruft sich das Reich auf die Besprechung mit den Ländern vom 9. Mai 1924. Damals, als die Gestaltung des Verwaltungsrats, wie ihn das Reichsbahngesetz später bestätigte, bereits feststand, hat das Reich den Ländern den Vorschlag gemacht, es wolle ihnen von den durch die Reichsregierung zu besetzenden Sitzen ein Fünftel überlassen. Es erklärte weiter, soweit zu übersehen sei, würden die Erklärungen durch das Sachverständigengutachten nicht berührt, abgesehen von denen über die Beteiligung am Verwaltungsrat, die durch die anderweite Erklärung der Reichsregierung ersetzt seien. Hier kommt derselbe Standpunkt des Reiches zum Ausdruck, den es am 5./6. Februar 1924 eingenommen hatte. Es erkennt an sich an, daß sich die Vereinbarung auch auf diesen unter Einwirkung des Sachverständigengutachtens gebildeten Verwaltungsrat bezieht, ihr Inhalt soll aber insoweit „berührt" sein, als nunmehr nicht mehr jedem Lande ein Sitz, sondern allen zusammen nur ein Fünftel der von der Reichsregierung zu besetzenden Sitze zufallen soll.

Damit wird aber die Behauptung des Reiches widerlegt, die Erklärungen hätten sich nur auf den ursprünglich in Aussicht genommenen Verwaltungsrat bezogen. Es scheint, als wenn das Reich seiner am 9. Mai 1924 abgegebenen Erklärung die Wirkung zuschreibt, daß mit ihr die früheren Erklärungen insoweit beseitigt seien. Diese Auffassung wäre unzutreffend. Nachdem die Erklärungen bindend abgegeben waren, war das Reich nicht in der Lage, sich einseitig von ihnen loszusagen. Mit dem Widerspruche der Länder gegen den neuen Vorschlag vom 9. Mai 1924 und gegen die dabei bekundete Auffassung des Reichs über den rechtlichen Bestand der Vereinbarung wurde ihnen jede rechtliche Bedeutung genommen.

Aus alledem ergibt sich zwingend, daß sich die Zusage des Reiches auch auf den im Reichsbahngesetz eingesetzten, den „künftigen" Verwaltungsrat bezogen haben muß. Auf die vom Reiche noch angetretenen Beweise kann es hiernach nicht mehr ankommen.

Nun macht das Reich noch weiter geltend, die Zusage an die Länder sei von ihm ohne Kenntnis des Dawesplans und in der Voraussetzung gemacht worden, daß ihm das freie Verfügungsrecht über die Neuorganisation und die Besetzung des Verwaltungsrats zustehe. Auch damit kann es keinen Erfolg haben.

Bereits am 7. Juni 1923 hatte die Reichsregierung in einem Memorandum der Entente den Vorschlag gemacht, die Reichsbahn in ein Sondervermögen umzuwandeln und alljährlich aus ihr einen bestimmten Betrag als Reparationszahlung abzuführen. Die Reparationskommission hatte am 30. November 1923 zwei Ausschüsse eingesetzt, von denen der Dawes-Ausschuß am 11. Januar 1924 in Paris zusammengetreten und vom 31. Januar bis zum 13. Februar 1924 in Berlin selbst tätig geworden war. Ist an sich schon anzunehmen, daß die Reichsregierung über den Verlauf der Kommissionsverhandlungen, zu denen doch auch Deutsche, mindestens als Auskunftspersonen, zugezogen gewesen sein müssen, wenigstens bis zu einem gewissen Grade unterrichtet worden ist, so ergibt sich dies aus den oben näher angeführten Äußerungen des Staatssekretärs Vogt vom 5. Februar 1924 und des Reichsverkehrsministers vom 6. ds. Mts. zur Gewißheit. Mag sie auch den Dawesplan im einzelnen nicht gekannt haben, daß sie über die Neuorganisation der Reichsbahn und die Besetzung des Verwaltungsrats nicht mehr frei verfügen könne, war der Reichsregierung nach ihrer eigenen Angabe vor Abgabe der Erklärungen bekannt. Es geht also nicht an, daß sie nunmehr diese Kenntnis in Abrede stellt und daraus Folgerungen ziehen will.

Zur Zeit des Erlasses des Urteils in Sachen Preußen gegen Reich im Mai 1927 bestand der Verwaltungsrat der Reichsbahn-Gesellschaft gemäß § 11 der Satzung, die nach § 1 Abs. 2 des Gesetzes selbst einen Bestandteil desselben bildet, aus achtzehn Mitgliedern. Die eine Hälfte war von dem Treuhänder zu ernennen, darunter konnten fünf Deutsche sein. Die andere Hälfte hatte die Reichsregierung zu ernennen mit der Maßgabe, daß bei Ausgabe der Vorzugsaktien vier Sitze an deren Inhaber zu fallen hatten und von der Reichsregierung für diesen Fall frei zu machen waren. Es bestand also die Möglichkeit, daß der Reichsregierung nur fünf Sitze verblieben. Durch das Gesetz zur Änderung des Reichsbahngesetzes vom 13. März 1930 ist der Einfluß des Treuhänders beseitigt und die Reichsregierung in die Lage versetzt worden, allein über die Besetzung der sämtlichen Sitze zu verfügen. Es können davon in Abgang kommen höchstens vier Sitze für die Vorzugsaktionäre; insoweit ist eine gewisse Sicherung gegen den Übergang dieser Sitze durch das Gesetz über Maßnahmen zur Besserung der Kassenlage des Reiches vom 17. Mai 1929 gegeben, welches das Verbleiben der Stimmen beim Reiche zu erreichen sucht. Rechnet man aber diese vier Stellen und die eine, die Preußen zugesprochen ist, ab, so verbleiben immer noch dreizehn Sitze zur freien Besetzung durch die Reichsregierung übrig. Und wenn hiervon an die vier Länder je ein Sitz abgegeben wird, so sind immer noch neun Sitze zu ihrer völlig freien Verfügung.

Das Reich ist der Ansicht, auch bei diesen Zahlenverhältnissen seien die unter anderen Umständen abgegebenen Erklärungen nicht durchführbar. Die dreizehn Sitze reichten kaum aus, um den verschiedenen wirtschaftlichen und regionalen Interessen in gebührendem Maße Rechnung zu tragen, zumal auch die Interessen des Personals berücksichtigt werden müßten. Mit der Zubilligung von Sitzen an die vier Länder würden die übrigen Teile des Reiches von jedem Einfluß auf die Verwaltung ausgeschaltet, darunter auch die ehemaligen Eisenbahnländer Hessen, Mecklenburg-Schwerin und Oldenburg. Es würde überdies die Besetzung des Verwaltungsrats den Größenverhältnissen der Länder nicht entsprechen. Es könne auch nicht ausbleiben, daß die Ländervertreter die Interessen ihrer Länder in den Vordergrund stellen würden; dies würde gegen den Sinn des Reichsbahngesetzes verstoßen, wonach die Mitglieder des Verwaltungsrats die Interessen der gesamten Volkswirtschaft wahrzunehmen hätten.

In seinem früheren Urteile hat der Staatsgerichtshof die Undurchführbarkeit der Erklärungen schon unter den damaligen Verhältnissen verneint und ausgeführt, das Reich stelle die Verminderung seines Einflusses im Verwaltungsrat zu Unrecht einer Undurchführbarkeit der vertraglichen Vereinbarung gleich. Seinem sicher erheblichen Interesse, darin vertreten zu sein, stehe ein ebenso erhebliches und ebenso berechtigtes Interesse der Länder gegenüber. Sie hätten sich gegen Hingabe ihres Eisenbahnbesitzes gewisse Rechte gesichert und in die Überführung in den jetzigen Zustand, die durch ihre Zustimmung bedingt gewesen sei, nur unter der Bedingung eingewilligt, daß ihnen diese Rechte, wenn auch in beschränktem Umfange, erhalten blieben. Die dahingehende Zusage sei von dem Reiche unter Umständen abgegeben worden, die ihm keinen Zweifel gelassen hätten, daß ihm ihre Erfüllung einmal sehr lästig werden könne. Der Eintritt dieses als möglich vorausgesehenen Erfolges rechtfertige ein Abgehen von der Vereinbarung nicht. Die Vertretung im Verwaltungsrate sei aber auch das einzige den Ländern verbliebene Recht; mit seinem Fortfall wären sie ganz ausgeschaltet. Hingegen sei der Reichsregierung im Reichsbahngesetz für eine Anzahl wichtiger Angelegenheiten eine bestimmende und entscheidende Mitwirkung vorbehalten, sodaß ihr Einfluß selbst beim Verluste sämtlicher Sitze keineswegs vollständig beseitigt sei. Ein Ausgleich dieser beiderseitigen Interessen müsse dazu führen, daß das Reich die Länder nicht ganz ausschließen, sondern höchstens eine angemessene Verteilung der verbleibenden Sitze verlangen könne.

Diese Ausführungen, an denen festzuhalten ist, gelten in erhöhtem Maße für die heutigen Verhältnisse, da das Reich selbst bei Abgabe je eines Sitzes an die vier Länder auf jeden Fall neun Sitze, also die Hälfte der Gesamtzahl, zu seiner freien Verfügung behält. Daß unter diesen Umständen die Durchführung der in den Erklärungen gemachten Zusage nicht möglich wäre, kann nicht anerkannt werden.

Wenn das Reich meint, es sei bei dreizehn Sitzen kaum möglich, bei neun Sitzen aber ausgeschlossen, bei der Zusammensetzung des Verwaltungsrates den zu berücksichtigenden Interessen, den verschiedenen regionalen und wirtschaftlichen Verhältnissen Rechnung zu tragen, so geht es anscheinend davon aus, daß es allein und einseitig den Kreis dieser Interessen zu bestimmen habe. Diese Auffassung ist schon deshalb nicht zutreffend, weil die bei der Besetzung des Verwaltungsrats zu berücksichtigenden Interessen nicht nach dem Ermessen einer Seite, sondern nur nach objektiven Gesichtspunkten, nach der allgemeinen Lage der Wirtschaft, des Verkehrs und des Unternehmens selbst festgelegt werden können. Selbst wenn man aber jener Auffassung beitreten wollte, so würde daraus nicht folgen, daß das Versprechen des Reichs, den Ländern Sitze im Verwaltungsrate einzuräumen, undurchführbar sei, sondern höchstens der Schluß gezogen werden können, daß der durch dieses Versprechen herbeigeführte Rechtszustand nicht als ein idealer Zustand anzusehen sei. Aber es kann auch nicht anerkannt werden, daß der Einfluß der Länderregierungen auf die Zusammensetzung des Verwaltungsrates zu einer Schmälerung der Gesamtinteressen des Reichs führen würde. Soweit es sich um die Berücksichtigung der verschiedenen „wirtschaftlichen und regionalen" Verhältnisse handelt, so wird sie nicht beeinträchtigt, sondern eher gefördert, wenn Vertreter der Länder im Verwaltungsrate sitzen, welche die verschiedenen wirtschaftlichen und regionalen Verhältnisse der einzelnen Teile des Reichs aus eigener Wahrnehmnng kennen und geltend zu machen in der Lage sind. Aber auch die Besorgnis des Reichs erscheint nicht begründet, daß die Ländervertreter die Interessen ihrer Länder in den Vordergrund stellen und damit gegen den Sinn des Reichsbahngesetzes verstoßen würden, das eine Wahrnehmung der Interessen der gesamten Volkswirtschaft wolle. Bei der Bedeutung der Länder und dem Anteil der Länderregierungen an der Gesetzgebung und Verwaltung des Reiches muß davon ausgegangen werden, daß sie Persönlichkeiten für den Verwaltungsrat benennen werden, die gewillt und in der Lage sind, die Gesamtinteressen des Reiches zu würdigen und sich nicht von Sonderinteressen leiten zu lassen, die mit diesen Gesamtinteressen unvereinbar wären. Diese Erwartung ist um so mehr begründet, als bereits seit Herbst 1924 Vertreter der Länder im Verwaltungsrate zugelassen sind. Nichts spricht dafür, daß sich aus der Art der Ausübung ihres Amtes Unzuträglichkeiten ergeben hätten.

Ebensowenig kann zugegeben werden, daß den Ländern bereits ein ausreichender Einfluß auf die Verwaltung damit gesichert sei, daß Bayern eine Gruppenverwaltung habe, deren Leiter im Vorstande der Reichsbahn-Gesellschaft sitze, daß ferner dieser Leiter und die Präsidenten der Reichsbahndirektionen in Dresden, Stuttgart und Karlsruhe angewiesen seien, die Interessen der Länder wahrzunehmen und ihnen über wichtige Maßnahmen Auskunft zu erteilen. Derartige mehr oder minder von der Reichsbahn-Gesellschaft abhängige Stellen können die selbständige Stellung der Ländervertreter im Verwaltungsrate nicht ersetzen, vor allem aber die Zusage, neben der sie vertraglich festgelegt sind, nicht gegenstandslos machen.

Der Zuerkennung von Sitzen im Verwaltungsrate kann auch nicht entgegengehalten werden, daß dann andere Gebietsteile des Reiches unvertreten sein würden. Dem Rechte der hier im Streit befindlichen Länder, das sie auf Grund der Erklärungen in Anspruch zu nehmen berechtigt sind, kann dieser Umstand keinen Abbruch tun. Im übrigen würden die anderen Länder im Verwaltungsrate auch dann nicht vertreten sein, wenn die vier Länder ihrerseits keine Sitze erhielten. Dem Reiche selbst ist es überdies freigestellt, jene anderen Länder zu berücksichtigen, wenn es deren Nichtvertretung als einen Übelstand empfindet.

Ebensowenig kommt den Größenverhältnissen der vier Länder eine Bedeutung zu. Ihr Anspruch findet lediglich in den Erklärungen seine Begründung, die jedem Lande nur einen Sitz im Verwaltungsrate zugesichert haben. Aus ihnen heraus kann jedes Land nicht mehr als einen Sitz verlangen, hat aber auch ohne Rücksicht auf seine Größe mindestens auf einen vollen Sitz Anspruch.

Register.

Die Zahlen bedeuten die Seiten.

A. Sachregister.

A

H

B. Gesetzesregister.

1. Reichsrecht.

b. Einführungsgesetz zum Bürgerlichen Gesetzbuche.

c. Handelsgesetzbuch von 1897.

d. Gerichtsverfassungsgesetz.

e. Zivilprozeßordnung.

2. Landesrecht.

Baden.

Bremen.

Preußen.

a. Allgemeines Landrecht.

b. Einzelne Gesetze und Verordnungen.

Thüringen.

3. Rheinisches Recht. Code civil.

4. Ausländisches Recht.

Frankreich.

Polen.

C. Zusammenstellung der Entscheidungen nach der Zeitfolge.

Entscheidung des Staatsgerichtshofs.

Zusammenstellung
der
im 131. Bande
mitgeteilten Entscheidungen
nach
Oberlandesgerichtsbezirken.

(Die Zahlen bezeichnen die Nummern der Entscheidungen.)

Bamberg .... 26.
Berlin ...... 1. 7. 10. 11. 12. 16. 17. 19. 21. 29. 32. 40. 41. 49. 55. 56. 59. 61. 62. 66.
Breslau ..... 4. 45. 46. 64.
Celle .... 43. 51.
Dresden ..... 3. 14. 54.
Düsseldorf ... 6. 13. 18. 25. 37. 50. 65.
Hamburg .... 8. 20. 35. 36. 48. 53.
Hamm ...... 42. 44.
Kassel .... 57.
Kiel .... 22. 28.
Köln .... 5. 15. 34. 47.
Königsberg ... 2. 39.
Marienwerder. 33.
München .... 9.
Naumburg ... 24.
Nürnberg .... 63.
Stettin ...... 58.

Landgericht I Berlin .... 30. 38.
Landgericht Dortmund .... 52.
Landgericht Leipzig .... 23.
Landgericht Stade .... 27.
Reichspatentamt .... 60.
Reichsgericht unmittelbar .... 31.
Staatsgerichtshof. Anhang .... 1*.

FSC
www.fsc.org
MIX
Papier | Fördert gute Waldnutzung
FSC® C083411

Kolibri 360 GmbH
Ferdinand-Jühlke-Straße 7
99095 Erfurt, Deutschland
produktsicherheit@kolibri360.de